抗日战争
正面战场

KANGRI
ZHANZHENG
ZHENGMIAN ZHANCHANG

中国第二历史档案馆 编

凤凰出版社

肆、海空军抗战

律海空军抗战

〔一〕海 军 抗 战

（一）抗战爆发后海军部往来电报

海军部长陈绍宽关于征船填塞长江下游航道等致行政院长蒋介石呈

（1937年8月13日）

（1）8月13日

窃奉钧座面谕,就海军中酌拨军舰数艘,填塞江阴以下港道,其尚需用之船只,则征集商轮拨用。等因。奉此。遵由本部抽拨通济、大同、自强、德胜、威胜、武胜、辰字、宿字等八舰艇,并征集回安、新平安、大赍、通利、茂利二号、宁静、源长、瑞康、通和、嘉禾、遇顺、广利、鲲兴、醒狮、华新等商轮十五艘,于本月十一晚在江阴下游开始工作,至十二夜业将以上各舰船在该处水道填塞完竣,并经电禀在案。此后如再征有商船,当随征随填,俾臻巩固。理合备文呈报,伏乞鉴核备案。谨呈
行政院院长蒋
海军部部长陈绍宽(印)
中华民国二十六年八月十三日

（2）8月13日

窃奉钧座面谕,着即毁灭通州及通州下游航路标志。等因。

遵经即饬甘露、皦日、青天、绥宁、威宁等五舰艇，于本月十一晚起，将通州及通州下游航路标志，次第毁灭，现已蒇事。理合备文呈报，伏乞鉴核备案。谨呈
行政院院长蒋

海军部部长陈绍宽（印）

中华民国二十六年八月十三日

（3）行政院致海军部指令稿（8月29日）

指令　第肆—三五九七号

令海军部

廿六年八月十三日呈报，派舰艇毁灭通州及通州下游航路标志，又另呈报告派舰艇及征集商轮填塞江阴以下港道各情形，请鉴核备案由。

两呈均悉，准予备案。此令。

（国民政府行政院印）

中华民国廿六年八月廿九日

〔国民政府行政院档案〕

海军部交通部为堵塞航道征用军舰商轮情况与行政院来往密呈指令

（1937年8—9月）

（1）海军部交通部密呈（8月29日）

海军部交通部呈　呈航司密字第九五七号

案查此次江阴防御工事，所需商轮，系由本海军部事前商同本交通部征集江轮二十艘，先后拨充应用。各该轮均由本交通部会同军政部，以租用名义向国营招商局暨各轮船公司征集而来。谨将各该轮之船名、公司行号、名称及总吨数，分别开列清单，会衔呈请钧院鉴核备案。再此呈系由本交通部主稿，合并陈明。谨呈

行政院

　　附呈清单一份

　　　　　　　　　海军部长陈绍宽(部长印)
　　　　　　　　　交通部长俞飞鹏(部长印)

中华民国二十六年八月二十九日

　　谨将此次拨充江阴防御工事之商轮二十艘,开列清单,仰祈鉴核。计开:

嘉　　禾	国营招商局	总吨数	一七三三
新　　铭	同前	总吨数	二一三三
同　　华	同前	总吨数	一一七六
遇　　顺	同前	总吨数	一六九六
广　　利	同前	总吨数	二三〇〇
泰　　顺	同前	总吨数	一九六二
回　　安	惠海轮船公司	总吨数	一三七七
通　　利	天津航业公司	总吨数	二二六〇
宁　　静	宁绍商轮公司	总吨数	一六九三
鲲　　兴	肇兴轮船公司	总吨数	二四五五
新 平 安	通裕商号	总吨数	一五二四
茂利二号	茂利轮船局	总吨数	一四一二
源　　长	中威轮船公司	总吨数	二二六四
醒　　狮	三北轮船公司	总吨数	二〇一八
母　　佑	中国合众码头仓库公司	总吨数	一一七三
华　　富	华胜轮船公司	总吨数	三二五一
大　　贲	中兴煤矿公司	总吨数	一六五五
通　　和	和丰新记轮船公司	总吨数	一二三三
瑞　　康	寿康轮船公司	总吨数	二三一六
华　　新	华新公司	总吨数	二三三八
共计二十艘,总吨数三万七千九百六十九吨			

(2) 行政院指令稿(9月1日)

指令　第肆—三六三〇号

令海军部、交通部

廿六年八月会同交通部、海军部呈报江阴防御工事征集商轮清单,请备案由。

呈件均悉,准予备案。此令。

(国民政府行政院印)

中华民国廿六年九月一日

(3) 海军部交通部密呈(9月10日)

交通部呈　呈航司密字第一一二四号

案查上次江阴防御工事,征集商轮二十艘拨充应用一案,前经本海军部、本交通部开列清单会衔呈报,并奉钧院指令准予备案等因,各在案。兹经本海军部商同本交通部陆续征用商轮公平、万宰、泳吉三艘,仍拨江阴应用。谨将该三轮船名所有人名称及总吨数分别开列清单,续行会衔呈请钧院鉴核备案。再此呈系由本交通部主稿,合并陈明。谨呈

行政院

附呈清单一份

海军部长陈绍宽(部长印)

交通部长俞飞鹏(部长印)

中华民国二十六年九月十日

谨将续拨江阴防御工事之商轮三艘开列清单,仰祈鉴核。计开:

公平	国营招商局	总吨数二七零五
万宰	丁耀东	总吨数一一七六
泳吉	大振航业公司	总吨数一九三六
以上共计轮船三艘,总吨数五千八百一十七吨。		

(4) 行政院指令(9月18日)

指令　第四一三八五一号

令交通部、海军部

二十六年九月十日航司密字第一一二四号呈,为会同海军部、交通部呈送续拨江阴防御工事之商轮清单,请鉴核备案由。

呈件均悉,准予备案。此令。

(国民政府行政院印)

中华民国廿六年九月十八日

(5) 交通部呈(9月23日)

交通部呈　呈航司密字第一二三四号

查自抗战以来,各地驻防军队,征集商轮拨充防御工事者,为数颇多。除拨充江阴方面防御工事之商轮,业经本部会同海军部先后开列清单,会衔呈准钧院备案外,兹将闽江口、黄浦江、海州等处陆续拨充工事之各商轮,列表乙纸,呈请钧院鉴核备案。谨呈
行政院

附表一纸

交通部长俞飞鹏(部长印)

中华民国二十六年九月二十三日

谨将续拨各处防御工事之商轮二十一艘,列表一纸,仰祈鉴核。

附表

船名	所有人	总吨数	工事地点	征用机关	备考
靖安	三北轮埠公司	二一四五	闽江口	马尾要港司令部	
同利	共和轮船公司	四六一	闽江口	同上	

(续表)

船名	所有人	总吨数	工事地点	征用机关	备 考
建康	王洪钧	三七一	同上	同上	
宁安	王振昌	九二六	同上	同上	
闽海			同上	同上	
华顺兴	邱允泽	二八六	同上	同上	
镇波	福宁茶叶轮船公司	四三一	同上	同上	
江门	太安公司	二三七	同上	同上	
福兴	达兴商轮公司	六一九	黄浦江	上海市警察局水巡总队	已由水巡队沉塞十六铺江面
三江	同上	四六〇	同上	同上	同上
普安	海军部	四二九一	同上	同上	同上
富阳	三北轮埠公司	九八七	同上	同上	同上
利平	利平轮船公司	二〇九五	同上	同上	原泊十六铺对开江面，八月廿三日被炮击中，现已沉没。
中和	华通轮船公司	二〇三二	同上	同上	现泊十六铺对开江面，塞断航路。
中兴	中兴轮船公司	二五五八	同上	同上	同上
平济	直东轮船公司	一八三二	同上	同上	同上
安兴	安通轮船公司	二九三一	海州	海州当地驻军	

(续表)

船名	所有人	总吨数	工事地点	征用机关	备考
益荪	中兴轮船公司	一八三四	同上	同上	
郑州	中国合众航业公司	一三三三	同上	同上	
徐州	同上	一六四六	同上	同上	
时和	公济轮船公司	一五一三	同上	同上	

以上共计轮船二十一艘,除闽海轮船吨数未详外,计总吨数为二万八十九百八十八吨。

(6) 行政院指令稿(9月30日)

指令 第四—三九一二号

令交通部

廿六年九月廿三日航司密字第一二三四号,呈报续拨各处防御工事商轮二十一艘由。

呈件均悉,准予备案。此令。

(国民政府行政院印)

中华民国廿六年九月卅日

(7) 海军部呈(9月25日)

窃奉九月二十日军事委员会委员长蒋手令开:海圻、海琛、海容等凡年在四十以上之大舰,须将其炮卸下,准备沉没,堵塞长江各段之用。如三日内卸拆不及,则连炮沉塞亦可,务如期办到,以示我海军牺牲之精神。等因。奉此。遵饬海圻、海容、海筹、海琛等四舰遵照办理。正在拆卸各炮之际,复奉委员长谕,以近两日来敌机轰炸我主力舰队,情形紧张,恐有冲破我江阴防御工事之企图,应将该四舰速行沉塞,增强该处防线。等因。遵饬圻、容、筹、琛等四舰,即将已卸各炮搬移后,经于本晨拂晓沉塞完妥,理合备文密报,伏乞鉴核备案。谨呈
行政院院长蒋

海军部部长陈绍宽(印)

(8) 行政院指令稿(10月2日)

指令　第四—三九三五号

令海军部

廿六年九月廿五日呈报沉没海圻、海容、海筹、海琛等四舰,增强江阴防御工事由。

呈悉,准予备案。此令。

(国民政府行政院印)

中华民国廿六年十月二日

(9) 交通部密呈(10月2日)

交通部呈　呈航司密字第一三〇一号

案查续拨闽江口、黄浦江、海州等处防御工事之商轮,业经本部呈请钧院鉴核备案在案。兹将镇海、黄浦江两处陆续拨充防御工事之各商轮,列表乙纸,呈请钧院鉴核备案。谨呈
行政院

附表乙纸

交通部长俞飞鹏(印)

中华民国二十六年十月二日

谨将续拨各防御工事之商轮七艘列表一纸,仰祈鉴核。

附表

船　名	所　有　人	总吨数	工事地点	征用机关
新江天	国营招商局	三六四五	镇海	宁波防守司令部
大　通	益祥轮船局	一〇九七	同上	同上
福　安	义安轮船公司	八四三	同上	同上
象　宁	象山商轮公司	二〇一	同上	同上
定　海	定海商轮公司	二六〇	同上	同上
姚　北	三北轮埠公司	二四一	同上	同上
海　晏	国营招商局	一三七八	黄浦江	上海市警察局水巡总队
以上共计轮船七艘,计总吨数为七千六百六十五吨。				

(10) 行政院指令稿(10月15日)

指令　第四—四〇二六号

令交通部

廿六年十月二日航司密字第一三〇一号呈为续拨镇海、黄浦江两处防御工事之商轮七艘,列表呈报由。

呈表均悉,准予备案。此令。

(国民政府行政院印)

中华民国廿六年十月十五日

〔国民政府行政院档案〕

海军部关于日军进攻海军要塞等及海军抗战的有关文电

(1937年9—12月)

(1) 海军部代电(9月9日)

行政院蒋院长钧鉴:据报江晨有敌舰两艘开东沙岛,嗣后该岛海军观象台电讯不通。旋又据报敌江晨侵占东沙岛,获海军密码,台长等被敌舰"夕张"号掳去。等语。查该岛孤悬海外,电讯一断,消息莫通,详情如何,俟查明续禀。谨闻。陈绍宽叩。佳巳。

(2) 海军部代电(9月14日)

行政院蒋院长钧鉴:密。本早七时四十五分,敌巡洋舰一艘、驱逐舰三艘来犯厦门,向我要塞各台开炮射击,经我胡里山台还炮,至九时止始将敌舰击退。我各台因中敌弹,伤士兵八名。谨闻。陈绍宽叩。盐申。

(3) 海军部代电(9月19日)

行政院蒋院长钧鉴:密。巧晨八时,敌舰员兵四十名至海军坎门无线电报警台包围,并将该台机件捣毁。谨闻。陈绍宽叩。皓辰。

(4) 海军部代电(9月22日)

行政院蒋院长钧鉴:密。本上午十一时及下午一时,敌机多架围炸我驻澄舰队,各舰与之抗战多时,敌机始去。计平海舰左右舷钢板被弹碎炸穿数十处,并窗门玻璃破碎颇多。应瑞舰左鱼雷炮炸穿一孔,前桅及左舷钢板被炸多处。是役平海舰长高宪申腰部受伤多处,情势颇重;平海舰官员阵亡两人,士兵阵亡三名,士兵伤十八名。应瑞舰官员伤两人,宁海舰士兵伤二名。谨闻。陈绍宽叩。养申。

(5) 海军部代电(9月23日)

行政院蒋院长钧鉴:密。本午后,敌机两次共五十余架围我舰,投弹百余枚,平海左右舷及舱底被炸,钢板裂开,进水猛烈。现已驶靠浅处,试行堵塞。宁海被炸进水,现搁在浅处。谨闻。陈绍宽叩。漾申。

(6) 海军部代电(9月25日)

行政院蒋院长钧鉴:密。海军第一舰队司令陈季良率逸仙舰在江阴附近指挥堵塞,并收辑伤亡员兵之际,敌机十七架忽于本晨八时半来攻,该舰被炸伤,进水不已,搁于浅处,极力救援,但该舰伤势颇重,恐将沉没,员兵伤亡颇多,确实人数查明续报。谨闻。陈绍宽叩。有未。

  (7) 海军部代电(9月25日)

  行政院蒋院长钧鉴:密。本军主力舰队奉命防守江阴,并担任堵塞工事。旋值上海发生战事,各舰艇员兵日夜防守,并时与敌机苦战,计历四十余日。敌机来袭时,或经击退,或经击落,各舰艇尚无甚大损伤。但至本月二十二日上午十一时至下午五时,敌以多量飞机来江阴向各舰轰炸,平海等舰均大受伤,员兵亦多伤亡。二十三日下午三时许,敌机五六十架又来江阴,以巨型炸弹向我各舰轰炸,历时甚久。经各舰员兵奋勇苦战,以敌机众多,平海、宁海两舰卒被敌炸中要害,进水不已,宁海舰沉搁浅处,平海舰一面抽水,一面航行,中途亦因进水过速沉搁浅处。其余在澄各舰或机件被弹震坏,或船底震伤漏水。是役各舰员兵均有伤亡,而宁海舰员兵伤亡最多,或立时阵亡,或随船下沉,或受重伤毙命,伤亡确数俟查明续报。所有本军主力舰队在澄抗战情形,谨电奉陈,伏乞钧察。陈绍宽叩。有申。

  (8) 海军部代电(9月25日)

  行政院蒋院长钧鉴:密。有未、有申两代电计蒙垂察。兹查本月廿三日本军舰队在江阴与敌机抗战,击落敌机四架。二十五日,在江阴附近击落二架,均系落于江中,随流漂去。谨闻。陈绍宽叩。有巳。

  (9) 海军部代电(9月27日)

  行政院蒋院长钧鉴:密。本军建康舰本月二十五日在江阴附近工作,适遇敌机多架来袭,该舰员兵与之抗战多时,终因敌机众多被其炸沉。该舰长受伤,员兵亦伤亡颇多。详情容续报。谨闻。

陈绍宽叩。感。

(10) 海军部代电(9月30日)

行政院蒋院长钧鉴：密。俭晨十时，敌机数架来袭江阴，向楚有舰掷弹。经该舰抗战约历一小时，被弹炸伤，舰底进水不已，拖搁附近浅处，拆卸炮械。正在工作间，艳晨八时许，敌机复来掷弹，该舰又被炸中，遂致下沉，员兵重伤者二人，轻伤者十六人，尚有失踪者，恐系漂流，正在调查中。谨闻。陈绍宽叩。卅辰。

(11) 海军部代电(9月30日)

行政院蒋院长钧鉴：极机密。本军在淞沪等处秘密工作，经于元未代电密陈在案。该项工作人员不断进行，艳晨四时半左右，谋炸敌之出云旗舰，因附近水流甚急，将近目的地时，即被敌舰发觉，开枪扫射，致未能迫近敌舰，将其炸沉。相距该敌舰仅及一百码即须爆发，免为敌人所夺。但其爆炸力甚猛烈，敌舰出云号舰旁之防御物悉受损坏，舰体受震动，似亦有损伤。除仍继续秘密工作外，谨闻。陈绍宽叩。卅戌。

(12) 海军部代电(10月4日)

行政院蒋院长钧鉴：密。本月冬日，青天测量舰及湖鹏鱼雷艇在江阴附近起卸逸仙舰械件之际，被敌机多架掷弹炸沉，死伤员兵人数容查明续报。谨闻。陈绍宽叩。支辰。

(13) 海军部代电(10月6日)

行政院蒋院长钧鉴：密。本军在沪秘密工作人员，于本月支晨四时炸敌之浦东新三井栈海军码头，计炸沉浮船两节，毁铁码头船一座，船内存有军需物品。现该段已无敌方码头。除饬仍继续秘密工作外，谨闻。陈绍宽叩。鱼辰。

(14)海军部代电(10月7日)

行政院蒋院长钧鉴:密。本军江宁炮艇拖石船前往江阴防御线,办理增加填塞工作,于歌日任务完毕回航之际,在江阴附近遇敌机多架,与之抗战多时,卒被敌机炸沉。谨闻。陈绍宽叩。阳辰。

(15)海军部代电(10月10日)

行政院蒋院长钧鉴:密。本军湖鹗鱼雷艇在江阴拆卸鱼雷炮毕,于虞日下午五时航至鳗鱼沙,被敌机六架掷弹十二枚,船身洞穿进水,船首下沉。士兵伤亡,查明续报。谨闻。陈绍宽叩。蒸巳。

(16)海军部代电(10月14日)

行政院蒋院长钧鉴:密。本月十三日上午十时及下午一时,敌机多架在十二圩上空向绥宁炮艇掷弹,该艇艇首及机舱上向铁板,均被炸坏,无线电房、驾驶房发火,救援无效,士兵舱亦全毁,舱底进水,艇首下垂,员兵死伤人数容查明续报。谨闻。陈绍宽叩。盐申。

(17)海军部代电(10月23日)

行政院蒋院长钧鉴:密。本早九时,敌机七架乘应瑞舰在采石矶搬卸火炮之际,数次向该舰投弹多枚。该舰力与抗战,卒被敌弹炸中要害,立时发火,首段焚毁,舱底被炸成穿,经员兵抢救多时,旋因毁伤过重,倾斜下沉,员兵死伤颇多,确数容查明续行具报。谨闻。陈绍宽叩。漾。

(18)海军部代电(10月26日)

行政院蒋院长钧鉴:密。本早九时四十分,敌机侵犯厦门,轰炸厦口要塞,胡里山炮台内外均被炸,略有损坏。磐石炮台附近亦被炸,副台长受伤。又厦门附近之金门县,据报本早已失陷,各机关人员随金门县长退往大登。谨闻。陈绍宽叩。宥酉。

1733

(19) 海军部代电(10月28日)

行政院蒋院长钧鉴:密。本午十二时四十五分,敌巡洋舰一艘、驱逐舰二艘,在厦门口外向厦口要塞白石炮台炮击多发,旋即退去。谨闻。陈绍宽叩。俭。

(20) 海军部代电(10月29日)

行政院蒋院长钧鉴:密。据报金门县附近之烈屿,即小金门于俭日上午失陷。谨闻。陈绍宽叩。艳申。

(21) 海军部代电(11月14日)

行政院蒋院长钧鉴:密。淞沪方面现经全线撤退,吴淞本军海岸巡防处及张华滨海军医院,均于第一次驻军撤退时失陷。谨闻。陈绍宽叩。盐。

(22) 海军部代电(11月14日)

行政院蒋院长钧鉴:密。元日下午一时至三时半,敌机来袭厦口要塞胡里山炮台,计四次,台内外均有中弹,损坏尚轻。谨闻。陈绍宽叩。盐辰。

(23) 海军部代电(11月14日)

行政院蒋院长钧鉴:密。本早十时,敌驱逐舰一艘向厦门五通炮击二十余发,至十一时停止。谨闻。陈绍宽叩。寒酉。

(24) 海军部代电(11月15日)

行政院蒋院长钧鉴:密。盐日下午一时半至四时,敌机四度来袭厦口要塞,向屿仔尾炮台轰炸,台内堡垒房屋,均被损坏。谨闻。陈绍宽叩。咸辰。

〔国民政府行政院档案〕

抗战前海军原有舰艇吨位武装及舰艇长姓名一览表[①]

(1937年)

抗战前海军原有舰艇吨位武装及舰艇长姓名一览表

区分队别	舰艇种类	舰艇名称	排水量(吨)	武　装		舰艇长姓名
				舰　炮	鱼　雷	
第一舰队	练习舰	应瑞	二四六〇	6″二门,4″四门,3″二门,3磅六门,2磅A.A二门,1磅二门	18″水面鱼雷发射管二只	陈永钦
		通济	一九〇〇	6″二门,6磅三门,4″五门,1磅八门		严寿华
	巡洋舰	海容	二九五〇	6″三门,4″八门,3磅四门,1磅四门,2磅A.A一门	14″水底鱼雷发射管一只	欧阳勋
		海筹	二九五〇	同右	同右	林镜寰
		宁海	二六〇〇	5.5″六门,3.4″L.P六门,M.G八挺	21″鱼雷发射管四只	陈宏泰
		平海	二六〇〇	同右	同右	高宪申
	轻巡洋舰	逸仙	一五〇〇	6″一门,5.5″一门,3″A.A四门,3磅二门,M.G四挺		陈秉清
		自强	一〇五〇	4.7″二门,3″一门,6磅二门,2.79A.A一门,M.G六挺		张日章

---

① 沿用原标题。原文无时间。

(续表)

区分 队别	舰艇 种类	舰艇 名称	排水量 (吨)	武　装 舰　炮	鱼　雷	舰艇长 姓名
第一舰队	炮舰	大同	一〇五〇	同右		罗致通
		中山	八四四	4.1″一门,3″一门,3磅四门,1磅二门		萨师俊
		永健	八六〇	4″一门,3″一门,3磅四门,1磅二门,2磅 A.A一门		邓则勋
		永绩	八六〇	同右		曾冠瀛
	驱逐舰	建康	三九〇	3″二门,3磅四门	18″鱼雷发射管二只	齐粹英
	运输舰	克安	一二九〇			汪肇元
		定安	一一四〇			
第二舰队		楚泰	七四五	4.7″二门,3″二门,6磅三门,2磅A.A一门,M.G二挺		程嵋贤
		楚有	七四五	同右		郑耀恭
		楚同	七四五	同右		林建生
		楚谦	七四五	同右		王致光
		楚观	七四五	同右		任光海
	炮舰	江元	五六五	4.7″一门,3″一门,3磅四门,M.G四挺		刘孝鋆
		江贞	五六五	同右		郑耀枢
		永绥	六〇〇	6″一门,4.7″一门,3″A.A三门,6磅四门,1磅P.P一门,M.G四挺		傅　成

(续表)

区分队别	舰艇种类	舰艇名称	排水量（吨）	武装 舰炮	武装 鱼雷	舰艇长姓名
第二舰队	炮舰	民权	四六〇	4.7″一门,4″一门,3″一门,6磅二门,1磅P.P一门,M.G四挺		刘焕乾
		民生	五〇〇	4.7″一门,4″一门,3″A.A二门,6磅二门		郑世璋
		咸宁	四二〇	4.7″一门,4″一门,6磅三门		薛家声
		德胜	九三〇	4.7″一门,3″一门,M.G四挺		郑体慈
		威胜	九三〇	同右		王夏萧
	浅水炮舰	江鲲	一四〇	3.4″H一门,1磅一门,M.G四挺		杨道钊
		江犀	一四〇	同右		
	鱼雷艇	湖鹗	九六	3磅一门,1磅一门	14″鱼雷发射管三只	
		湖隼	九六	同右		高鹏举
		湖鹰	九六	同右		梁聿麟
		湖鹏	九六	同右		贾珂
第三舰队	巡洋舰	海圻	四三〇〇	8″二门,4.7″十门,3磅十二门,1磅四门,M.G六挺	18″水面鱼雷发射管五只	唐静海
		海琛	二九五〇	6″三门,4.1″八门,3磅四门,2磅A.A一门,1磅四门	14″水底鱼雷发射管一只	张凤仁

1737

(续表)

区分队别	舰艇种类	舰艇名称	排水量（吨）	武装 舰炮	武装 鱼雷	舰艇长姓名
第三舰队	练习舰	肇和	二四六〇	6″二门，4″四门，3″二门，3磅六门，2磅A.A二门，1磅二门	18″水面鱼雷发射管二只	方念祖
	炮舰	楚豫	七四五	4.7″二门，3″二门，9磅五门，1磅四门，1磅A.A一门		李信侯
		永翔	八六〇	4.1″一门，3″一门，3磅四门，1″二门		曹树芝
		江利	五六五	4.7″一门，3″一门，3磅四门，M.G四挺		孟宪愚
	驱逐舰	同安	三九〇	3″二门，3磅四门	18″鱼雷发射管二只	晏治平
	运输舰	镇海	一四〇〇	75MM野炮四门		汪于洋
		定海	九〇〇			谢渭鲫
巡防队	炮舰	顺胜	三八〇	8CM一门，7.5CM一门，37MM二门，M.G四挺		汤宝璜
		江宁	三〇〇	6磅二门，M.G三挺		郭鸿久
		海宁	三〇〇	同右		何乃诚
		肃宁	三〇〇	同右		郑畴芳
		威宁	三〇〇	同右		李孟元
		抚宁	三〇〇	同右		蒋元福

(续表)

区分队别	舰艇种类	舰艇名称	排水量（吨）	武装 舰炮	武装 鱼雷	舰艇长姓名
巡防队	炮舰	绥宁	三〇〇	同右		曾伟
		崇宁	三〇〇	同右		叶水源
		义宁	三〇〇	同右		严传经
		正宁	三〇〇	同右		林赓藩
		长宁	三〇〇	同右		林良镠
		义胜	三五〇	9磅一门,6磅一门,M.G二挺		熊兆
		仁胜	二六〇	3.4″一门,6磅一门,M.G二挺		曾国奇
		勇胜	二八〇	3″一门,6磅一门,N.G二挺		
测量队	测量舰	甘露	四〇〇	3″二门		梁同怡
		瞰日	五〇〇	3磅四门,M.G二挺		谢为良
		青天	二八〇	3″一门,6磅一门,M.G二挺		叶裕和
	测量艇	诚胜	二八〇	3磅一门,6磅一门,M.G二挺		李申荣
		公胜	二八〇	3.4″一门,6磅一门,M.G二挺		何传永
未编队	炮艇	武胜	七四〇			
	鱼雷艇	辰字	九〇	3.7CM二门,M.G二挺	鱼雷炮三	
		宿字	九〇	3.7CM三门,11MM机炮二门	同右	

1739

(续表)

区分 队别	舰艇 种类	舰艇 名称	排水量 （吨）	武　装		舰艇长 姓名
				舰　炮	鱼　雷	
未编队	运输舰	普安	二三〇五	麦式七九机枪二挺		
附记	全军原有舰艇总计六十六艘 全军舰艇吨位共计五万七千六百〇八吨					

（二）海军总司令部编《海军抗战纪事》
（1939年）

海军抗战纪事①

敌人处心积虑，侵略我国，匪伊朝夕，自前年卢沟桥事变发生，野心益炽，政府为求国家民族之独立生存起见，遂发动全面抗战，时海军部陈部长因春间奉明令为庆贺英皇加冕典礼副使，甫经蒇事，正在各国考察海军，并筹充我国海军海防军备，闻警星夜飞回，领导全军，参加全面抗战。当就现有海军实力，对于国防要点，加以精密之配备，经即集中军舰力量，并先后将长江各段，建成封锁防线，阻止敌舰深入，务使敌人步步受重大打击，以达我长期消耗战之目的。兹将海军前后抗战情况，分区列纪如次：

（一）淞沪抗战　淞沪抗战，有击破敌人速战速决战略之作用，故当战云酝酿之时，海军部即令驻沪海军练习舰队司令王寿廷分饬所属严加戒备。迨战事发生，复饬在沪海军努力抗战，固守防地，一面协助陆军，联络作战。敌军力图报复，自二十六年八月二十日起，敌机迭向淞沪海军各机关轰炸，海军司令部、江南造船所、

---
① 原稿无时间。

海军军械处、海军制造飞机处、海军无线电台、海军上海医院、海军警卫营驻所、吴淞海岸巡防处等，均先后被敌炸毁。时永健军舰适在沪所修理，亦屡遭空袭，迭次抗战，相持数日，终于二十五日被炸沉没。海军虽受重大损失，而抗战精神愈趋激奋。海军为严防敌溯黄浦江上犯，抄我陆军后路起见，先于二十六年八月十四日以普安运舰沉塞董家渡水道，敌军进路被阻，沪战因而延长，粉碎敌人速战速决之固定战略，建立我国最后胜利之基础，故敌人不得不迂回金山卫登陆。旷日持久，我国战略上之目的既可达到，陆空军亦得以从容退出淞沪，均与本军堵塞董家渡水道之策划，大有关系。

此外，本军并派员在沪秘密工作，敷设水雷，图炸敌舰及其重要之军事建筑，浦东新三井之第三、第四两号码头及趸船，均于九月八日晨，被我军炸毁，并炸沉敌之汽油艇二艘。九月二十九日晨，谋炸敌之出云旗舰，亦几命中，该舰左右之防御物均被炸毁，舰体受震损伤。适敌海陆军及外交界各酋于军事会议闭幕后，回宿舰中亦遭剧烈震动。至海军存沪之高射炮，则尽量借给浦东陆军，组设炮队，扼守要隘，借增抗战力量。旋以沪战紧张，则令海军警卫营加入当地军警作战，并饬誓死御敌，直至十一月十一日高昌庙失陷，海军各机关均被敌占，而海军警卫营仍随最后留沪之第五十五师部队共同抗战。其由海军在董家渡所布之水雷，封锁该处港道，至高昌庙失陷后，敌海军尚不得前进，因敌在扫雷之际有爆炸毁沉敌艇之效。又本军除将黄浦江划为三道防御线，分别敷布水雷外，又因上海港汊纷歧，另用中小型水雷于作战陆军各部队防区择要敷设，并担任破坏桥梁、供给陆军地雷等工作。此为本军在淞沪防战之概况。

（二）江阴抗战　　上海战事爆发，本军第一步工作，即实行破除航路标志，如灯标、灯桩、灯塔、灯船及测量标杆等，酌定必要地点，以次破除毁灭，使敌舰失去目标，不易活动。此项工作，于二十六年八月十一日起，先就江阴下游一段，开始实施，派甘露、瞰日、青天三测量舰及绥宁、威宁两炮艇分别担任,经各该舰艇努力进行,先后将西周、浒浦口、铁黄沙、西港道、狼山下、姚港嘴、狼山、大姚港、通州沙、青天礁、刘海沙、长福沙、海北港沙、龙潭港、福姜山等各项航行标志,一律毁除,完成任务。毁除标志之外,其主要工作,即将港道阻塞,阻止敌舰冲入。二十六年八月十二日起,就江阴下游一段,实施此项策略,本部陈部长亲率舰队赴江阴指挥,事先即已抽调海军舰龄较大之通济、大同、自强、德胜、威胜、武胜、辰字、宿字八舰艇,及向国营招商局及各轮船公司征集之嘉禾、新铭、同华、遇顺、广利、泰顺、回安、通利、宁静、鲲兴、新平安、茂利二号、源长、醒狮、母佑、华富、大赉、通和、瑞京、华新等二十艘,合计二十八艘,下沉堵塞。旋又征用公平、万宰、泳吉三商轮,继续沉塞。又为增强防线力量起见,再行抽出海圻、海容、海筹、海琛四军舰以资沉塞,前后共沉大小军舰商轮三十五艘,合计吨数为六万三千八百余吨。旋复先后将镇江、芜湖、九江、汉口、沙市各地敌之趸船共八艘,陆续拖往堵塞,并先后由江苏、浙江、安徽、湖北各地,征用石子三千零九十四英方,又六万五千零二十担,又二千三百五十四英吨,民船盐船一百八十五艘,陆续填下,弥补罅隙。同时并从事布雷工作,将江阴一段敷布水雷,以期在国防上造成坚强之封锁线。二十六年八月二十六日,瞰日测量舰在通州附近,继续进行破除标志工作,遇敌舰三艘追击,益以敌机踵至,座被击中,立时焚毁,为江阴抗战中海军舰艇第一次之壮烈牺牲。

海军为拱卫首都巩固江防起见,江阴封锁线初步建成时,关于防御任务,随派海军第一舰队司令陈季良、海军第二舰队司令曾以鼎先后驰往防御,而平海、宁海、应瑞、逸仙舰等主力军舰,则列最前线,其余各舰艇,亦各严阵以待,准备敌舰来袭,予以迎头痛击。海部陈部长随时亲赴前线巡察防务,指示机宜。敌方对我执行此项策略,视为一重大障碍,敌之军舰力量无可施展,不敢来犯,遂尽量利用其空军暴力,对我扼守防线各军舰肆行袭击。

二十六年八月十六日起,即开始不断向各舰空袭,二十二日被宁海舰击落敌机一架,自是敌军谋我益急,日派敌机向我舰队压逼,冀遂其冲破封锁线之企图。各舰奋勇抗战,益将舰队各高射炮,构成一整个江阴封锁线之防空网,与敌机周旋三四十日之久,敌卒不获一逞。至九月二十二日,敌机大队来袭,各舰员兵均浴血苦战,历六小时,敌机不支遁去。是役我平海、应瑞两舰受伤,平海舰长高宪申,正在指挥抗战,弹中腰部,伤势甚剧,高射炮指挥见习生孟汉霖、高昌衢接续炮击,并亲自发射,奋不顾身,均被弹阵亡,为海军抗战中之最先壮烈牺牲者,其余员兵伤亡亦极惨烈。我舰虽有损失,敌机中亦有五架受创。

二十三日,敌机六七十架,分批向舰队四周围攻,尤以平海、宁海为其轰炸目标,遂再度展开极猛烈之海空战,各舰员兵死守炮位,前仆后继,相持苦斗,宁海员兵伤亡尤众。当时奋勇力战者,除航海员林人骥等立时阵亡外,舰长陈宏泰已受重伤,犹在望台指挥作战,枪炮官陈嘉枒、军需员陈惠、枪炮员刘崇端等裹创力战,迄不少却;见习生孔繁均见炮兵受伤,冒险疾进,自充射手,发弹甚多。而平海副长叶可钰于舰长重伤后执行指挥职务,继续抗战。机关枪指挥见习生刘馥,因高射机枪发射过多,发生障碍,在极度危险之露天炮位,且战且修,至枪架被敌击断纵轴时,尚忍痛执赤热之无架机枪,向敌发射,均属难能可贵。当双方酣战之时,敌机弹落如雨,本军抗战官兵视死如归,再接再厉,奋勇杀敌,无如敌机麇集,众寡悬殊,平、宁两舰先后炸中要害,并以积日抗战,炮弹告竭,逐渐倾斜,而至沉没,作壮烈之牺牲。是役敌机,被我舰击落者,又有四架,负伤之敌机,中有二机低飞,经我击中,其机体碎片,散堕于平海后望台者十余片,是则敌方所付之代价,亦正靡轻也。两日鏖战,我军官兵,颇多伤亡,至殉职或负伤之地点,均在炮座之下,即未受伤者,亦未寸步离开其战时职守之处所,洵为我国抗战上有重大价值之光荣历史。

平、宁两舰被炸后，第一舰队司令陈季良，移驻逸仙舰继续指挥抗战，该舰员兵因敌机肆虐日甚，咸抱有我无敌之决心。九月二十五日，该舰在江阴附近执行防守任务，敌机十六架更番来扑，弹片纷飞，该舰沉着应战，但以高射炮经迭次抗战，及前两日之巨量射击，此时复经猛烈发射，消耗殆尽，乃于存亡呼吸之交，突发舰首十五生炮两出，击落敌机两架，沉没江中，余机始遁去。该舰亦被炸伤进水，堵塞罔效，不得已驶搁浅处。是役阵亡士兵三人、伤六人，经此次抗战后，该舰仍时被敌机掷弹，卒至倒沉。

当逸仙舰被炸时，海军部赶派建康等舰驰往救护，并令第二舰队司令曾以鼎，率楚有赴江阴接防。建康途次龙梢港，突遇敌机十余架来袭，该舰以高射机枪及步枪猛烈抵御，敌机分前后队夹击，该舰被炸八弹，舰长齐粹英、副长严又彬、航海员孟维洸，在望台上执行作战职务，均被炸伤，员兵阵亡七人，受伤者二十七人，该舰以各部损坏甚多，各舱同时进水，遂亦倾斜下沉。楚有抵澄后，于二十八、二十九两日遭敌机分批来袭，虽经激烈抵御，而众寡不敌，卒被炸中要害，并伤员兵十八人。该舰遂驶六圩港附近，一面抽水塞漏，一面御敌，但敌机仍不断前来轰炸，该舰乃于十月二日下沉。第二舰队司令部即移驻江防总部，继续办理江防要塞各事宜。

是月，敌机在江阴一带，不断空袭，而海军各舰艇仍不避艰险，担负防守职务，并迭次击落敌机，予以重创，故为敌方所仇视，以致青天、湖鹏、湖鹗、江宁等舰艇，均因抗战甚力，先后被敌炸沉于龙梢港、鳗鱼沙、鲥鱼港、炮子洲等处，绥宁亦于同月十三日在十二圩防地被炸重伤。应瑞舰则于九月间防守江阴之际，累次抗战，曾被敌机炸伤，十月二十五日在采石矶进行卸炮工作，系为装置炮位巩固江防起见，忽为敌机侦悉，率队来袭，该舰抗战激烈，牺牲甚巨，殉职员兵十五员名，受伤五十九员名。此外海军各舰艇或任军事输送，或任特殊工作，随时往来江阴，屡遭敌机袭击，躬冒万险，达成任务。

顾江阴战役,本军虽蒙重大损失,但抗战之精神益为发扬,故于二十六年十月间,设法拆卸各舰艇之重炮,组织炮队,首先成立者,为海军太湖区炮队,原分五个分队,分别配置于江阴、浦东及太湖各处,队部则驻于苏州,惟江阴炮队关系尤巨。十一月九日,又成立镇江区炮队,将原有江阴炮队组织加以扩充,于总台部外,分设第一、第二两队担任巫山、六助港职务,步步设防,准备候敌来犯,予以痛击。

嗣以沪锡军事情形突变,配置各区之炮队奉令西移,海军当局以江阴炮台之海军炮队,关系首都防卫策划,地位扼要,且时值锡常失陷,敌军进窥江阴,形势吃紧,为阻止敌军深入及策应京沪路线各部队作战起见,认为江阴炮位有立即安设之必要,乃饬将巫山炮位,先行赶工装置,配备炮队兵力,令其死守,该队遂奋勇抗敌。至十一月三十日上午八时半,敌舰五艘,先后上驶,向六助港进逼,该队队长陈秉清乃下令开炮,甫经四发,即击中敌舰一艘。见其内部冒烟,敌舰立即还击,炮弹密如联珠,巫山台第三炮竟被摧毁,第一炮旁亦落一弹,炮座负伤,相持至十一时。最后之敌舰两艘先退,其余三艘正在逡巡之际,我巫山台员兵复乘机炮击,第七发又重伤敌舰一艘,遥见该舰人员纷下小艇逃逸,其他两舰还炮掩护,并分左右靠拢该伤舰夹拖退却。

十二月一日,敌军进抵江阴县城,巫山下发现便衣队,与我驻澄防军接战,是夜十时半,江防总司令部下令所属移南京待命,要塞部亦准备炸毁各台炮位,巫山台海军炮队遵令毁灭该台炮件,并支持至三日晚十时许,于我方作战部队安全离澄后,陆续后撤,各区海军炮队先后后撤,移转防地,继续抗战。

(三)长江上游抗战　海军炮队因势处孤立,至无所用武时,最后撤退,江阴虽被敌陆军占领,惟我海军所筑之封锁线,则屹然砥柱中流,不啻扼住长江咽喉,敌舰因而不敢贸然溯江西上。我陆军既得作有利之防御,本军亦得于长江上游各重要地点,从容布置新防线,何处宜于堵塞,何处适合敷雷,均经缜密设计,实地测定,并妥慎布置。至于南北两岸,则多配有海军炮队,以资控制,务达到步步设防,节节抗战目的,以粉碎敌人由水道直趋长江上游之策略。爰分段汇述如次:

(甲)马当、湖口方面

二十七年六月间,敌方以在豫东战事,受黄水泛滥影响,其重机械化部队无从发挥力量,乃集结各地寇众,倾其全力,猛犯我皖赣西部,大通、安庆相继失陷,长江战况,遂趋紧张。惟我马当封锁线,早已于二十六年十二月间实施工作,除将官洲港道、东流及马当之夹水道敷设水雷,并将荻港以上九江以下各航路标志,次第毁除外,由马当至湖口一带,并筑有坚固炮垒,配以海军新编之炮队及三团之海军陆战队,防守布置,力求精密,同时派有宁字、胜字各炮艇轮流在封锁线附近,严密梭巡,以资监视。海军陈总司令则随时亲赴前方,指示一切机宜。

敌舰队既受困于我马当新封锁线,无法冲入,乃利用其空军暴力,对我监视炮艇频施轰炸。其第一次系在二十七年三月二十七日,敌机三架突向守卫防线之义胜炮艇投弹暴〔爆〕炸,望台即时着火,抢救五小时始熄,该艇前段除火药舱幸获抢护未被延及外,其余焚毁无遗,副长马世炳背部受伤,并伤信号兵一名。嗣于同年六月二十四日,敌机九架,又在马当附近,向我巡防该处之威宁炮艇投弹四十余枚,艇体被炸多孔漏水,头目舱着火,经即分别抢救,艇长李孟元、轮机长傅宗祺均受伤,士兵阵亡三名、伤十四名。我为增强防御力量起见,除于大通方面,密布新式水雷,将敌驻防或经过该处之敌舰艇炸沉或炸伤外,同时在马当方面前后加布水雷六百余具,东流方面加布百余具,湖口方面亦于是月起布,水雷线路既密,数量尤多。敌方对我海军此种设施,认为于其军事上之进展,有莫大之阻力,故遣派大批敌机,从事搜索我布雷各舰艇,予以威胁。

我艇于万分困难之中,冒险进行,虽将任务分别达成,然牺牲已不在少数。如崇宁炮艇奉令在田家镇装布水雷，突于七月二、三两日间接连被敌机轰炸四次，该艇员兵负创抗战，迄不少却，终以最后一次敌机五架猛投燃烧弹十余枚，艇体重伤之下，继以着火，无法挽救，艇身遂全部下沉，艇长叶水源亦受伤。该艇被炸已经数次，前后均能运用巧妙战术，将敌机击退，而脱重围，此次冒险任事，卒为壮烈之牺牲。至长宁炮艇，被炸亦非一次，尤以七月一日在田家镇武穴中途与敌机七架，竭力抗战，虽车轴舱中弹漏水，经堵塞后，尚能继续上驶，迨到达武穴时，因咸宁火药舱为敌弹击中起火，该艇乃智靠利济码头，分派员兵往咸宁救护，时敌机十六架又来轰炸，该艇以要害中弹，乃至沉没，轮机长谢仲冰肋下及胫部受伤，其他员兵，均有死伤。至于咸宁炮舰抗战经过情形则尤为壮烈，该舰于七月一日，奉令在九江北港布设水雷，工作完后，经九江驶向田家镇，航至火焰山附近，发现敌机七架，向其先后投弹四十余枚，该舰员兵一面奋勇应战，一面继续上驶，虽其时火药舱、头目舱、士兵舱均着火，中段机锅等舱，被洞穿孔穴无数，漏水甚猛，员兵伤亡枕藉，然该舰仍复沉着应战，卒能于存亡绝续之间，击落敌机两架，可谓已向敌人身上，取得相当代价。迨敌机遁去，该舰驶抵武穴，暂靠前日清公司码头，极力救火塞漏，并移送伤亡员兵上岸，而敌机十六架续至，又投弹六十余枚，在舰继续抗战员兵又死伤颇众，终以舰体中弹，遂与码头船同时沉没。此役我咸宁忠勇员兵，死伤达三分之二，发炮百余出，战况壮烈已极，舰长薛家声、副长陈嘉牨皆受伤。以上各舰艇，皆因执行布雷任务，与敌机对抗相继牺牲之大略情形也。

至炮台方面，同年六月二十一日，敌舰开始向我马当炮台窥伺。二十二日，有敌汽艇十余艘，在敌舰掩护下，向我炮台进攻，各台员兵沉着应战，于其迫近时，突发子母弹，向敌猛击，轰沉敌艇三艘，余众向下游遁去，是役我亦有损失。二十三、二十四两日，均在与敌相持中。二十五日，敌驱逐舰多艘，在巡洋舰领导下，复驶迫马当,我炮台即与该敌舰展开极猛烈之炮战,遥见敌队中火焰冲天,敌巡洋舰已被我炮击中起火,敌众纷乱异常,我各台愈发挥炮力,乘机予以痛击,敌无力还击,极〔仍〕由两驱逐舰挟拖而逃,余舰亦纷纷向下游窜去,我毫无损失。二十六日,敌之陆军迂回兜击,迫近马当,炮台附近且已发现敌之部队,各分台虽极力抵御,但在敌海陆空军夹击之下,形成包围之势,炮力失效,员兵且有伤亡。驻在该处担任指挥作战之陆军马当要塞司令王锡焘用电话令海军炮队,将炮闩掩埋,该炮队遵令办理,至支持力尽时,始突围冲出。

当马当炮队与敌抗战之际,海军各布雷队,加紧后方布雷工作,复于湖口段布下三百余具。敌舰无法进犯,乃由陆军担任前锋,七月四日,敌军进至湖口,迫近该处炮台。时陆军已陆续后撤,我各炮队以敌舰被我马当雷区阻隔下游,既无目标,无从发挥火力,又炮台所装海炮系属固定,无法将各炮移转使向内地,俾与敌陆军作战,不得已遂以特务兵据守山头,在敌机极度威胁下,咸抱必死决心,与敌相持,以完成最后之使命。嗣敌源源推进,于众寡情势判成之下,山头无法扼守,而炮台炮位,复被敌机轮流投弹,旋敌军愈迫愈近,向我炮台猛攻,炮兵守兵力量单薄,但仍继续抵御,至最后之时,始将炮闩忍痛拆卸退出。其时海军陆战队先已奉令调充粤汉路护路工作,仅留炮兵一连,随同陆军守卫湖口,该连奋勇作战,损失甚重。湖口失陷后,我封锁线仍具有相当价值,所布水雷,亦至有力量,敌舰溯江上驶,触雷爆炸者,时有所闻,其始不敢冒险轻进,仅以小型敌舰,从事活动。

七月九日以后,湖口方面始发现敌之中小型军舰,时适电雷学校奉令取消,将适用于作战部分移交海军总司令部接收。七月初旬,海军总司令部鉴于长江战事紧张,赶将所接收之快艇一部,整理就绪,于是月十四日密令快艇文九三号向驻泊湖口江面之敌中型舰袭击。该艇奉令出发,在敌方严密炮火监视下,向敌发射鱼雷,予以命中,任务完成后,负创回航。是役该艇员兵均稍受伤,艇身亦中数弹。十七日,复派史二二三号及岳二五三号两快艇,再度向湖口敌舰夜袭,惜于中途因陆军之补助工程处所布阻网,流出原位,误被缠绞,史二二三号因而沉没,岳二五三号亦受微伤,致未克完成其伟大使命。

惟敌舰在我快艇威胁之下,深感不安,遂复派遣其残暴空军,四出搜索。七月二十一日,向我之蕲春附近之快艇驻泊地侵袭,当被投弹多枚,虽未直接命中,但因弹落甚近,我文四二号及文八八号两艇,均受震损伤。八月一日,岳二二、颜一六一两艇,于奉令准备出发之际,被敌机侦悉,率队来袭,岳二二被炸下沉,颜一六一受伤。是月杪,奉令将鱼雷快艇移交广东江防司令部配用,自是派艇袭击武汉下游敌舰之计划遂告中止。斯时我之布雷工作,愈益加紧进行,沿湖口、九江以上各重要水道,凡在不妨碍我军事交通及第三国利益之下,均以次划为雷区,实施封锁。又以各差轮、各小火轮等,分别增装布雷料件,用以担任敷设工作,而雷队员兵均奋勇以赴,前后达成任务甚多。讵各小轮虽目标较小,但在敌机不断低飞搜索之下亦终不免牺牲,计七、八两月间,此项布雷小轮,牺牲于敌机暴力之下者,已达十余艘之多。而前在江阴抗战受伤,经修理完后,重上前线之绥宁炮艇,亦因执行布雷任务,于七月十三日,在黄石港为敌机三次轰炸之目标,先后投弹数十枚,艇之左右舷被炸穿甚多,漏水极速,无法挽救而告牺牲,士兵数名受伤。七月下旬,敌方亟图进逼,敌舰渐肆活动。九江方面,遂展开保卫大武汉之前哨战,海军陈总司令以前线战事紧急,亲乘湖隼雷艇到达前方视察,旋湖鹰雷艇,因奉有紧要使命,赶往前方工作,在兰溪地方,适与敌机作遭遇战,在两次大量敌机环攻下,被投炸弹及燃烧弹多枚,该艇遂作壮烈之牺牲,此八月九日事也。

自瑞昌、黄梅两地相继失守后,沿江两岸战事愈趋激烈,海军当局认为专布固定水雷,阻止敌舰西上,尚属消极防御,乃采用更进一步之积极办法,放布浮雷,沿江顺流而下,向敌舰迎头痛击，而予以致命之碰炸，使敌舰于仓皇急剧之中，无法躲避，收效必更伟大，惟执行此项工作，尤为艰险，尽必须探测敌舰停泊或经行地点，在相当之距离与时间内，方能获得所希望之成效。于是组织布雷别动队数队，专任是项工作，秘密分别出发，曾越出数道雷区，到达距敌舰仅数公里之江面，冒万险而进行敷布工作，立将敌舰炸沉，及炸伤各一艘；另一队则绕道出大通、贵池，奇袭敌舰以完成此重大艰巨之使命。

（乙）鄱阳湖方面

鄱阳湖为入南昌之重要水道，为防止敌人深入江西腹地，西渡匡卢，及策应马当、湖口后方安全起见，调派宁字炮艇数艘，及配有武装之大小火轮多艘，担负该湖防务，并于二十七年六月间，分别在鄱阳湖口及姑塘敷布水雷。敌以我戒备严密，遂复出其空军肆扰之惯技，向我巡防各炮艇频施压迫。二十七年六月二十六日，义宁炮艇在鄱阳湖内白浒镇巡弋，被敌机九架，轮流轰炸，共投弹三十余枚，艇长严传经殉职，其他员兵阵亡及受伤者颇多，艇体被弹伤大小数十孔，而机件多因受震损坏。长宁、崇宁两炮艇，则均于是月间，与敌机在湖内抗战受伤后，复奉派另有任务，相继在武穴及田家镇牺牲。

湖口失守之后，鄱阳湖陷入孤立状态，情况益趋严重，时守卫该处之军舰，仅有海宁炮艇一艘，而担任协同戒备之平明炮轮，适奉派赴田家镇运雷未回。七月九日，据报敌小型舰已进至姑塘，我海宁炮艇亟开赴吴城附近丁家山扼守，严加警戒。敌知我有备未敢继续推进，遂派遣飞机多架，于七月十四日，向我海宁炮艇两次猛烈侵袭，投弹七八十枚，该艇与之作殊死战，亦炮击数十发，终以敌众我寡势力极端悬殊，被炸焚烧，继以下沉。员兵除壮烈牺牲者外，余仍留组布雷队，在鄱阳湖内随时担任布雷工作。九月十三日，于吴城布下水雷数十具，海军总司令部并加派负责人员前往南昌主持是项布雷任务，以期缜密。二十八年三月间，敌谋南昌益急,复由海军总司令部赶运水雷一百具,分布鄱阳湖及赣江各水道,用以增强防御力量。

(丙)武汉及田葛方面

自马湖失守后,武汉防务渐形吃紧,同时我之各项防御工事设施,亦已进行至成熟之阶段。先是我军于退出南京之后,当以武汉已成为我国政治及军事中心,在整个战略与政略上,有坚决保卫之价值,故于配备马当、湖口各要区防务之时,另拨海炮一部分在武汉前卫之田家镇,分台装置,构成长江第三道防御线。同时即于武汉门户之葛店,设立武汉区炮队,分台安装海炮,并配备相当兵力,严行戒备,一面将九江以上汉口以下各航路标志,逐段毁除,以阻敌舰西犯。马湖吃紧之际,为保卫我长江南北两岸作战之联络起见,随将田家镇半壁山间、蕲春岚头矶间、黄石港石灰窑间、黄冈鄂城间,均划作主要雷区,各区附近,并分别划成补助雷区甚多,先后布雷封锁,计共布下一千五百余具。另于两岸通要地区,构成掩护阵地,俾资联击,团风、阳邃、谌家矶各段,亦筹划封锁,并调遣军舰驻防武汉。另指派永绩、中山、江元、江贞、楚观、楚谦、楚同、民生等八军舰,担任驻汉军事委员会之运输工作,用利军运。并布雷小轮在敌机不断毒炸下,不分昼夜,奋勇进行。平明、永平、楚发、远东、三星、远通、万利、楚吉、临昌、飞鸢等各布雷船,均因执行此项工作,相继牺牲于蕲春、田家镇、新洲、苇源口、李家洲、余家洲、石灰窑、道士袱各处,储雷驳船,亦复被炸不少。

敌虽肆其暴力,连续向我压迫,赖我员兵忠勇任事,绝未稍受威胁之阻,我之布放漂雷别动队,且于其时大事活跃,迭建奇功。某别动队,曾携带大批水雷,密往前方布放,于越出数道雷区后,过富池口时,即伏在鲤鱼山待机工作,探知敌舰多在新洲之南抛锚,并于停泊之处,均用铁丝网为防卫物,以防我水雷鱼雷之袭击,该队遂决定在敌舰上驶巡弋之时,推算布放漂雷时刻,适合敌舰离开铁丝网之后而予以迎击。九月八日晚十一时许,于鲤鱼山下游突

1751

闻炮声，并发现火光闪烁，知敌舰已上驶，在龙坪武穴间，向马头镇炮击，我布雷别动队立时由鲤鱼山出发，追至离敌舰约数公里处，将雷拖抵中流。斯时一发千钧，成功成仁，在兹顷刻。我员兵誓死歼敌，沉着工作，幸未被敌发觉，于翌晨三时许，将任务达成，安全回航。是日新洲江面，即发出巨大之声响，探知我方所放漂雷，发生效果，而敌舰已炸沉两艘矣。查此项漂流水雷，顺流推进，防扫不易，且数量甚多，能直入敌舰密集之地，深信所收效果，必不止此，惜在敌区发动，敌军讳莫如深，情况不明，然对于使用漂雷，均认为有相当之成效。同时敌图大举进犯，沿江输运频繁，海军总司令部乃复派遣布雷别动队，携带多量漂雷，分途抄出大通、贵池，准备向该处下游之敌舰出其不意，予以奇袭，并对敌运输舰艇严加遏阻，以断敌方之接济，而缓和田家镇局势之紧张。该队于九月五日到达大通，正与驻军接洽，将封闭线开一临时水道，以便拖雷出口，着手布放。不意六日晨，敌舰不断向我大通方面轰击，敌兵节节由羊山矶、五里山各处登陆，大通遂于是日午后失陷，港口泊有敌舰数艘，我布雷队在敌舰严密探索下，遂失去活动能力，无法下布。

至于贵池方面，则在万分困难之中，积极进行，但因地接战区，交通不便，一切供应材料，均无办法，海军各员兵伏处深山内，破木成板，自行改造民船，利用手工，遂将布雷设备制造完后，随即继以布放工作，昼伏夜出，经三夜之冒险经营，终于九月十一日晚，将任务完成，并将备放大通方面之雷，以之加布贵池，借增歼敌能力。其时复以贵池方面，有调派炮队参加作战之必要，特另修整海炮数尊，派遣员兵编成炮队，随炮出发，开赴前线增援。嗣因贵池形势危逼，配置固定炮位已赶不及，顾司令长官乃商请将该炮队改派温州驻扎，随饬该队遵办。此外青阳方面，亦经设置敌舰监视哨，调派员兵，蜷伏山中，从事探报敌舰动态，以筹应付对策及作施放漂雷之准备。同时并派员兵三组，每组军官二员、炮兵三名，前往第三战区，担任指导沿江邀击敌舰任务。

九月中旬，田家镇方面发生激战。查田家镇位大别山之南，系长江锁钥，且为保卫大武汉之前卫，与广济互为屏障，成犄角之势。海军曾于该处设置炮位，配置炮队兵力。自马当、湖口相继失守后，敌机即时向该要塞炮台窥伺，赖我炮位装配完善，掩护得力，目标终未被敌发现。九江陷落之后，敌舰即于二套口、新洲一带，从事活动，有进窥田家镇之图谋，嗣知我戒备严密，未敢正视，乃改变其沿江西犯计划，而采取进攻广济，期抚田家镇之背，切断田蕲交通，进而威胁武汉之策略。九月七日，广济失陷，敌以大军由广济西南继续挺进，另由武穴方面会合，向我田家镇猛犯，复以飞机舰炮，连日向马头镇猛轰，掩护扫雷。十四日，敌在马头镇以东登陆，我陆军转移阵地，该镇随于十五日失陷。

马头镇既失，南岸顿入危急状态，武穴一带雷区，无法控制，敌得任意扫雷，江防因之吃紧。同时田家镇北面亦渐趋严重，我炮台守军严加戒备，决俟敌舰迫近，予以痛击。十八日，有敌舰二艘，驶至晒山附近，各台员兵愤慨异常，突向敌舰发炮两出，弹着均落敌舰左右舷，敌大震慑，亟即下退。嗣据探报，中有一艘负伤下逃。二十日，敌舰六艘于雨雾迷蒙时掩护汽艇十一艘，向炮台进犯，被我发炮击退。旋复开来敌巡洋舰、驱逐舰各二艘，以猛烈炮火，迫入我炮台八千公尺内频施炮击，经我炮台猛烈还击，敌乃不支退去。二十一日，又有敌汽艇十四艘上驶扫雷，我炮台发挥威力，于其迫近时突发子母弹，立将其击沉八艘，余六艘狼狈向下游遁去。二十二日，复有敌之浅水舰率汽艇十数艘上驶，企图突破我之要塞阵地，我沿江部队纷以轻溜弹炮轰击，惜弹着点不甚准确，致被敌迫入六千码以内，我炮台立发子母弹，向敌迫击，中有一弹在敌四汽艇中爆炸，敌复不逞，相继引退。二十三日，敌以沿江正面，扼于我方炮台守卫綦严，进展困难，遂有敌之汽艇在上巢湖企图偷渡，又复被我炮台发觉，立将其击沉两艘，既而敌因北岸田家镇，屡犯未能得手，乃变计亟图南岸。是晚南岸守军撤退，富池口要塞随之

1753

失守。该处要塞系由江防守备第一大队担任作战,配备武力,与北岸炮台相埒,为赣北主要阵地,陷落之后,北岸要塞,不惟失去策应力量,且因敌占据南岸后在富池口选择高地,安装炮位,以田家镇炮台为目标,不断开炮轰击。我炮台在其瞰制之下,顿呈不利状况。惟我台员兵终日在敌大炮、飞机之下,坚勇支持,继续抗战,未尝稍馁锐气。敌又每于黑夜向南岸进行扫雷,该处守军之轻溜弹炮队已经他调,情势益趋急迫。二十五日,敌以海陆空军全力,进窥田家镇要塞,敌机终日投弹轰炸,而敌舰又借其射程远大,亦屡发炮协攻,第一、第四两分台,均于是日被炸。时敌陆军已进抵崔家山,敌之汽艇亦渐向富池口活动,虽被我炮台击沉数艘,但敌已愈迫愈近,我遂不断炮击,阻其前进。二十六日,敌由崔家山、黄谷脑各处向我猛冲,马口湖亦告失守,情势非常严重。是晚我炮台开炮向富池口、吴王庙各处,频使攻击,但仍未能挽回危局。其时田家镇实已处于四面包围之中,缘东南之敌,已由上洲头登陆,北面之敌进至黄谷脑,离台均不及三千码,西向之敌,与我隔湖剧战于东址一带,南向之敌,亦向半壁山推进,各台员兵坚决死守,各抱敌忾决心,以完成此最后之使命。二十七日,我炮台于重围孤立中再展威力,复击沉窜入黄莲洲敌之汽艇两艘,入晚敌艇十余艘,乘我炮台与南岸敌军炮战正酣之际,突向炮台猛袭,企图冲破我之要塞阵地,我炮台守兵,亟以机关枪向敌密集扫射,敌伤亡甚重,余众循原路逸去。是晚我并向上巢湖频发警戒炮,以防敌人偷渡,于上洲方面,亦发炮甚多。二十八日,敌集海空军全力,再度向我炮台猛犯,弹落如雨,我炮台炮位复被击坏,同时有敌汽艇二十余艘,图在盘塘登陆,惟因我炮台死力抵御,未得即逞,支持达数小时。敌之陆空军掩护火力,猛烈异常,卒于盘塘附近强行登陆,随迫至冯家山,离台仅数百公尺,我炮台亟将兵力集中,进扼沿江战壕,以机步枪继续抗战。计自九月十七日起,至二十八日止,平均敌每日对我炮台发炮约五百发,投弹在千枚以上,田家镇核心之海军工事,暨各炮位及指挥所等阵地全毁,无法保持。至是我已〔之〕消耗战目的已达,于二十八日晚奉令撤退。

当田家镇危急之际,为增强防务计,曾派员冒险于半边山以下,加布多量水雷,同时另派布雷别动队,装载大批漂流水雷,兼程赶到田家镇布放,向敌舰迎击。该队于到黄石港时,知鲤鱼山已失,我炮台正与敌激战,沿江火力猛烈,雷驳无法通过,遂令其改在黄颡口沙镇间布放漂流水雷一百二十具,向敌舰施展伟大游击战。先是田家镇一段,敷布固定水雷数量已达四百数十具之多,防御力量不为不强,惜南岸守军撤退,失却联络,致被敌军舰控制,遭受威胁。同时因田家镇后路被敌陆军切断,陷入重围,否则敌军在我雷区封锁及炮台严密监视之下,当不易得手。但此次战役,敌之海军仍推动其活动性,不得谓为非我水雷力量,田家镇失陷十天,两岸守军尽撤之后,敌舰深具戒心,尚逡巡于田家镇附近,频以舰炮作盲目之远射,未敢深入。我海军于田家镇至苇源口间,已布有水雷五百六十余具,而黄石港石灰窑间,黄岗鄂城间,及团风至白浒镇,阳逻至谌家矶间,各已划定雷区暨辅助区,均于十月间,以次完成封锁工作,沿江层层阻塞。

葛店方面,更分别配备坚强之防御工事,构成视发沉雷区,并设立观测所、瞭望所多处,以监视敌舰之活动。视发沉雷工程浩大,本军担任监工任务,各员兵在敌机不断轰炸下工作,颇多殉职。十月下旬,敌采取大迂回战略,武汉突受威胁,葛店顿时陷入三面包围之中。是月二十二日,敌舰由三江口溯江上驶,触我漂雷炸沉两艘后,余均不敢前进,乃改用巡洋舰舰炮,以远射程向葛店炮台轰击,我炮台亦猛烈还击,阻其前进。陈总司令以前线吃紧,亟于二十四日清晨,由汉赶往葛店,指示作战机宜。是日午后,情况益趋严重,敌图在赵家矶登陆,被我炮台击退,并击沉敌汽艇四艘。二十五日晨,敌在汀桥镇及葛店公路间,分兵向要塞进迫,以气球指挥炮火,对我炮台不断炮击,并以飞机轮流轰炸,我炮台备受威胁,但对敌发炮甚多,敌仍无法推进。是时要塞当局认为葛店在战略上已无守卫价值,决定放弃。午后,观音山发现敌之便衣队,我炮台方面,各炮队队长犹自督率炮兵向敌发炮,支持至是日十七时许,炮台发现我方指示退却标志,但在敌机盘旋搜索下仍贾余勇,继续作战。入晚始将炮闩拆卸,整队分别后撤。葛店失守,武汉藩离已撤,亦于同日沦陷,葛店炮台员兵因撤退较晚,后路被阻,但在武汉局面极度紧张之际,借此遏阻敌氛,于武汉后移方略上亦有裨益。

当时敌方虑我军舰在武汉上游从事布防工作,二十四日,敌机终日不断于金口以上城陵矶以下,全港道往来搜索,任意狂炸,我中山舰、楚同、楚谦、勇胜、湖隼各舰艇,均于同日与敌机遭遇,发生恶战。陈总司令亦于是晚,亲率驻汉办事人员乘永绥军舰,于沿途备战下,离汉上驶。是日各军舰与敌作战结果,楚谦、勇胜、湖隼三舰艇,均脱重围,楚同炸伤于嘉鱼附近,中山舰与敌机抗战最烈,上午九时,即有敌机一架前来侦察,并施放机关枪后飞去。十一时,复有敌机九架,分作两小队,发现于该舰上空,高飞盘旋继续侦察五分钟后又逸去。该机飞度均在高射炮射程以外,故未加炮击。十五时十五分,三度发现敌机六架,成一字鱼贯阵,开始向该舰轮流投弹,经该舰以全舰火力,集中射击,敌机用最快速度之急降法,俯冲掷弹,致我高射炮不易命中,船尾左舷首先中弹,舵机即转动不灵,旋锅炉舱继之被炸,进水猛速,抢塞无效,不及三分钟,水深达四尺余,炉火被淹,锅炉无汽,舰体逐渐向左倾侧,无何,舰首亦中弹着火。时舰长萨师俊正在望台指挥作战,腿部立被炸断,臂部亦受重伤,各官兵之在望台执有任务者前仆后继,情况惨烈。该舰长身受重伤,神智尚清,犹勉自发施命令,敦嘱各官兵努力杀敌,一面饬将该舰设法搁浅,以冀保全舰体。奈以机件炸坏,不能活动,前舱并已冒火,且水龙等设备大半被炸,灌救工作悉感困难,各官兵往还于浓烟烈焰之中,拼命抢救,一弹之来,均血肉横飞,伤亡枕藉。其时舰体已随水漂流,旋转不定,前舵无法驾驶,运用船尾硬舵亦告失灵,舰长萨师俊仍固守望台,未离位置,各员兵以舰体即将下沉,强掖该舰长下舰舨,乃离舰未远,在敌机之无情机枪下,饮弹毕命,舢舨覆沉,未酬壮志。中山舰此时已倾斜四十度,亦在此一刹那间,突然舰首稍昂立即沉没,同为国家作壮烈之牺牲矣。

(丁)荆河湘河方面

当敌人汴全力于武汉之时,我为长期抗战计,对于武汉上游荆、湘两河各重要防区防御作战之设施,亦有缜密准备,以期后防巩固,增加抗战力量。海军总司令部除以城陵矶为荆湘门户,防务重要,组成洞庭区炮队,于该区各适要地点之临湘矶、白螺矶、洪家洲、杨林矶、道人矶等处,分设炮台,装置海炮,以资防御外,并计划将湘河、荆河各段,节节布雷封锁。荆河方面,业于二十七年七月间徘徊就绪,金口、嘉鱼、新堤、临湘、道人矶、城陵矶各地,为武汉上游首段,均划作布雷区域,旋复划定监利、郝穴、马家寨、沙市、松滋、宜都、宜昌等处为雷区,其监利以上,郝穴以下,所有各区掩护阵地,亦经勘择地点,配成各项防御工事。洞庭湖方面,如岳阳、鹿角、磊石山、营田、芦林潭、湘阴、益阳、常德、安乡等处,亦经分别划作布雷区域。此外复于金口、城陵矶、岳州、长沙各处,配备相当舰队实力,以固后方防务,驻防岳州方面各军舰,尤负有重要之任务。

讵敌方对我后方防务,每尽其破坏能事,企图消灭我之舰队实力。二十七年七月二十日,有敌机二十七架,向岳州方面空袭,专以我舰队为目标,大肆轰炸,当经各军舰集中火力,协加炮击,与敌展开猛烈之海空战,接战一时许,敌机不支遁去。我民生、江贞两舰伤重,各舱进水,机件损坏亦多,遂即移搁浅处。其他各舰亦有受伤,定安运舰受震较重,另有驳船两艘,被炸受伤。又装有本军重要军备配件,待送前方之民船三艘,均被波及,损失甚重。计是役,我江贞舰长张秉燊殉职,民生副长林赓尧受伤,其余员兵死伤者数十人。查民生军舰以有任务留驻岳州,江贞军舰奉有重要使命,甫由汉口兼程抵岳,抛锚方毕,而敌机急至,加入作战,遂被牺牲。

十月二十一日,永绩舰在新堤、江元舰在岳州,均从事战时工作,被敌机侦悉,率队来袭,经剧战后,永绩被炸重伤,搁浅;江元舰壳损坏多处,无线电机亦坏,航海员何博元腿部受伤,士兵伤亡亦多,但该舰机器无恙,尚能航行脱险。是月二十五日,汉口失陷,陈总司令于廿四晚离汉移驻江犀军舰,指挥策动武汉上游荆、湘两河各项防战设施,继续抗战。当将箪洲、宝塔洲、新堤、临湘矶、道人矶、城陵矶、监利、藕池间各段,分别加紧布雷,并察勘陆上地形,择其易于构筑防御阵地者,划为辅助雷区,所有荆湘两河各段航行标志,均随布雷艇船,逐段撤除,一面饬令城陵矶等处海军各炮台,严行戒备。自蒲圻之敌进入路口铺车站后,城陵矶防务立时紧张,城、岳驻军后撤时,亟令将重伤搁浅之民生、江贞两军舰自行焚毁,永绩舰亦以新堤放弃时,令其焚毁,以免资敌。

十一月八日午后,临湘矶发现敌舰,经我临湘矶、杨林矶两炮台发炮,向敌舰猛轰后,敌知我方有备,始退去,旋又派遣敌机多架,在我城陵矶、临湘矶、道人矶各台上空,低飞盘旋,任意投弹,以致我之炮位损失颇重。九日,复有敌机多架,轮流在洪家洲上空,掷弹轰炸,各台奋勇抵御,并以全力监视敌舰行动。敌改用避实就虚策略,洪家洲炮台之背后芭蕉湖中发现敌之橡皮艇,企图登陆。是时该处之我陆军以后路被抄,业经撤退,该台海炮对侵入芭蕉湖之敌艇,限于炮之射角,不能向后转动,无法开炮截击,不得已乃以机步枪抵御,阻敌迫近。同日,道人矶台附近亦发现敌之汽艇,经我开炮遏阻,嗣因陆军后撤,孤立无助,敌军愈迫愈近,炮台火力失其效用,各台得守军通知,将炮闩拆卸,向后移转。其时石首、藕池等处,已在布雷封锁之中。义胜、勇胜、仁胜三炮艇,及四号、六号驳船,于十一月十一日,因护运水雷,被敌机发觉,分别尾逐投弹,各艇驳均被炸甚剧,同日在藕池口烧沉,员兵各有伤亡。

先是宜昌方面,已派有海军第一舰队司令陈季良坐镇,沙市方面,亦经调派海军第二舰队司令曾以鼎执行荆河布雷任务。至于封锁湘河计划,原定由湘省府征集船只,交由海军执行,当长沙未大火前,迭经海总部向湘省府一再接洽,迄无具体办法。迨城岳失守,海总部认为敌舰有进迫可能,亟应及时堵塞,以备不虞,遂决计将洞庭湖航行标志,一律毁除,加以敷布水雷,一面将海军留在洞庭湖内之顺胜等各艇轮,暨铁驳、大木驳等计七艘,横沉在营田滩附近之南达长沙西通常德交叉江面,芦林潭、湘阴两处,建成坚强之封锁线。是项封锁,系于十一月十三日办理竣事,当时适值长沙情况极度纷乱,海军员兵沉着将事,昕夕工作,在短促之时间内,卒能完成此举足轻重之封锁任务。查湖湘冬季航路浅窄,横沉船只已足阻敌前进,况新洲、东港,均属浅滩,北方水道亦已布雷,其他港汉虽多,或系不能通航,或因水已就涸,可无即时封锁之必要。惟石首方面,于布雷外,复于十一月间,会同沙市陆军集到小轮二十余艘,下沉堵塞,造成封锁防线,并于十一月十九日在监利下游布放漂雷,以阻敌舰闯入荆河。至藕池、石首之间,本拟全部封锁,嗣以陆军方面,商请保留一线,经海总部加以考虑,亦认为在兹江水低落期间,敌舰不致上驶,为便利军运起见,暂缓施行原定计划,俟必要时予以全布。此外宜昌水道,亦已进行堵塞计划,划定宜昌东西两处适要地区,以为填塞地点,派员负责办理。该处沉船任务,宜昌以上巴东以下之港道,并经从事勘测,除筹布多量水雷外,更就两处地形,择平善坝等五要区,为安设海炮阵地。

查此次荆、湘两河所布之雷,虽以固定为主,但间亦布放漂流水雷,敌舰触雷,时有所闻。十二月间,本部先后接到各方情报,谓沦陷已久之九江方面,及汉口一带各港道,尚常常发生敌舰触雷情事,即敌方亦自承我水雷力量之惊人。十一月间,日本评论内载有敌海军山岖大佐与桑原中佐之报告,该文内容,亦曾说及敌舰因于我方水雷之密布,进展不易各情形,并对于布雷工作人员之勇敢,表示惊异。又日本军事作家菊池等在日本杂志话十二月号中亦有同样之记载,对于我方所布水雷之威力,及其防扫之困难,曾下以严切评语,而自承其军舰防碰水雷,不敢行驶,是敌方对我水雷之设施,确曾受到深刻教训。

(四)闽厦防战　当中日战衅未开前,暴日增编在华特务舰队,并派阿部海军大将来我国视察,又在汕、厦等地设立海军陆战队出张所,举动诡密。二十六年六月间,海军部密令厦门要港司令林国赓切实注意。卢沟桥事件发生后,情势益形严重,复饬马尾要港司令李世甲侦查密报,以资应付。沪战既启,海军对于闽口亦即着手封闭,于二十六年九月十八日,将川石、马尾间所有航行标志一律破除竣事,并征用商船、帆船、沙石等,于十月中旬,将堵塞线建成,及从事敷雷工作,更将留闽之舰炮移岸,构成炮兵阵地。海军陆战队并协同重要各炮台,并力防御,一面与兴泉一带,切实联络,巩固防务。至于厦门方面,以系逼近粤境,尤为敌方所觊觎,自二十六年九月三日以后,敌机敌舰即开始向我厦口要塞各炮台袭击,及滥炸我海军驻厦各机关,海军要港司令部、海军航空处、海军飞机场、海军无线电台、海军陆战队驻扎所,均先后被炸损坏。至于要塞各台虽亦时遭损害,员兵各有伤亡,但各该台员兵坚强抵抗,不予敌人丝毫机会。金门被占后,厦防愈形吃紧,各炮台屡将敌舰击退。嗣因敌舰迭图进犯五通,为应战略上之需要,经将其他部分大炮拆卸一部,移装五通、何厝两处,敌舰来袭迭受重创。讵料二十七年五月十日晨四时,敌舰十一艘、敌机十八架,猛向我何厝一带攻炸,旋即掩护敌之汽艇三十余艘,装载敌兵,由五通附近登陆,何厝、江头相继失守,禾山随陷,何厝一台,只有士兵一名脱险。十一日晨,敌机又复麇集,不断炸我阵地,形势险恶。同时敌另由厦门口外海边之黄厝、塔头登陆,围攻白石炮台,另有敌驱逐舰三艘、炮舰两艘,在该台正面猛烈攻击。十时半,胡里山、磐石两台及白石炮台,均被围攻。各台员兵坚决死守,抗战尤烈,卒因弹尽援绝,伤亡惨重。同时敌机数十架分途狂炸,驻厦陆军抵抗力量已告损失，逐渐后撤，敌于是日午刻进占市内，厦门因而完全失陷。

时海军厦门要港司令林国赓已另有任务，改由抗战受伤之宁海舰长高宪申充任，该司令奉兼绥靖主任陈仪令移往漳州候令，当晚即在嵩屿收容员兵。时屿仔尾炮台，乃在我军坚守中。为增强防御力量起见，于磐石炮台失陷后遂移该台员兵，加入屿仔尾继续作战，由磐石台台长邓宝初率带并担任指挥，由十二日晨起，即在敌机敌舰极速猛攻下，拼力苦守，支持至十三日下午，该台因火药库及炮之要件，暨轨道等全被炸毁，始无法抵御，最后退出厦地。至于各台炮闩要件，除五通、何厝两台，因伤亡过重，未及卸毁，屿仔尾台之炮已全部被炸外，其余各台，均经分别将炮闩要件拆卸，或秘密掩埋。禾山药弹库，已经我自行炸毁，以免资敌。计本军设在厦门之机关，有海军厦门要港司令部，厦门要塞白石、胡里山、磐石、兴仔尾各炮台，五通、何厝临时炮台，海军厦门造船所、海军厦门医院、海军无线电台、海军航空处，及水陆飞机场、海军厦门火药库等，均于是役随厦门而告失陷。

厦门既失，福州省垣顿受威胁，五月二十三日，敌舰开始向我梅花及黄岐、北茭各处炮击，敌机亦复时加骚扰，要塞各台，虽迭遭炮击，但我守台员兵沉着应战，敌卒不获逞志。五月三十一日及六月一日，我扼守闽口封锁线之抚宁、正宁、肃宁各艇，均先后与敌机奋勇抗战，被炸沉没，员兵均有伤亡，同时停泊南港之楚泰军舰，亦复被炸受伤。而本军设在马尾各机关，如海军马尾要港司令部、海军学校、海军练营、海军马尾造船所、海军马尾医院、海军马尾大操场、海军陆战队驻扎所等，前后均被轰炸，我军气不稍挫，复将各沉艇员兵编成巡防队，担任闽口防线守卫任务。最近敌人图闽之心益急，敌舰敌机相继肆虐，在闽海军愈严加戒备，整阵以待，务使进犯之敌受重大打击。

（五）浙粤桂防战　浙江方面，当上海初期作战时，海军曾于乍浦设置炮位，并派海军陆战队第三团入驻衢州、金华布防，其第二步工作,即系封锁富春江。经海总部赶制水雷,并派布雷队入浙敷布,此项任务于二十七年十月间达成。继续着手封锁瓯江,于十一月间实行布雷,同时另由青阳抽调海军炮队一队开赴温州,于十二月间到达芳竹岭择地安装炮位,协同温台防守司令部担任作战任务。近又实施椒江布雷计划,并拟将飞云江、鳌江、清江各水道一律封锁。至于广东方面,当以珠江防务紧要,曾将派在该处测量之公胜炮艇,加配武装,协助江防。嗣以敌舰由大亚湾登陆,粤局陡紧,该炮艇奉令在东江警戒,于二十七年八月二十二日在容奇镇巡弋,被敌机十余架,分三批投弹炸沉。广州既失,敌又进窥广西,海总部赶速进行西江布雷工作,经组织布雷队驻往梧州,担任勘测水道及敷布水雷等任务。

（六）陆队防战　此次全国抗战,海军各舰艇既担任防战工作,而海军陆战队亦在闽、浙、赣等处执行战时任务。陆队第二旅两团,除第四团第三营外,原在闽驻防,自上海战事发生,敌方有进窥华南之企图,闽防吃紧,海军分区戒备,马尾、长门附近防线,由该旅第四团一、二两营择要担任,向江面之敌协同警戒,第三团则在长乐等处防堵,旅部特务排协助要港部特务排维持马尾治安。嗣以沪杭局势紧张,陆队第三团复于二十六年十一月间,由长乐开拔入浙,先后驻扎衢州、金华,担任各项任务。嗣因马当一带防务紧要,又令开赣,转赴华阳扼守,但闽省陆队,自该团开浙后,兵力薄弱,特调回第四团第三营队伍赴闽填防,为御敌之准备。至陆队第一旅全部队伍,在抗战时期内,分驻于浔、湖一带,扼要防堵,二十六年九月曾派队伍保护九江船舶分所。至二十七年一月间,该旅第一团调驻马当,掩护封锁线,及戒备敌人上陆。二月间,旅部及第二团开驻彭泽布防,团长何志兴并率带队伍,担任柘机要塞试炮警卫,旅长林秉周以该旅列在前线,作战设备,宜臻周密,特组成通信两排,俾利军讯。继而湖口防务紧要,第一旅队伍暨第二旅第三团各营,复先后调湖警备。四月间,敌机迭在粤汉路轰炸,海军总司令部奉令调陆战队第一独立旅及第二独立旅第三团,开入湘鄂,接替陆军第一百九十七师担任粤汉护路工作,将现驻马当、湖口各处防务交由陆军第五十三师接防。林旅长奉令后,于五月初旬,将防务交妥,率队出发,先后到达,于五月杪将路防接收完毕,并将兵力配备竣事。计防地自武昌纸坊起,至白石渡止,约长七百余公里,其间桥梁、隧道、车站、仓库等甚多,应行派兵防守者一百六十余处,任务綦重。敌方对我后方运输每尽破坏之能事,全线各站,屡遭空袭,在站守兵,尽力保卫,时有伤亡。武汉放弃之后,敌军继迫岳阳,该旅奉令随守军沿铁路线逐渐后移。当敌侵入路口铺时,该旅驻在临湘之队伍一部,被敌包围,后经突围退出,但损失颇重,该旅现仍在岳阳以南,继续执行护路工作。

(三) 海军总司令部等往来文件

(1940年7月—1941年8月)

海军总司令部向美购运炸药的一组文件

(1) 钱币司、国库署、贸易委员会签呈(1940年7月4日)

遵查任嗣达俭电所称之梯恩梯(TNT)四四六吨,系海军总司令部请购,以备制造江防水雷之用。前奉委座六月真电饬由本部拨款定购,并奉钧批:"一面电询,一面陈报实情。"等因。遵于六月有日电纽约任嗣达、李国钦查询价格,接洽定购。核与兵工署六百万购料单内所列之TNT一千吨,系属两案。经询,据兵工署称,该署购额一千吨内,难于分拨,应否准予拨款定购,谨请核示。至TNT价格,上年十月定购者,为每磅美金一角九分,现报每磅一角二分二五(四四六公吨约共合美金十二万一千余元),较前为廉。在此国际军事紧张之际,此项军需品价反低落,或恐电文有误。拟

1763

俟奉准定购时,并电查询。是否有当,谨候钧裁。

        钱币司

        国库署   谨签

        贸易委员会

        七月四日

  附:任嗣达致孔祥熙电(6月30日)

  孔副院长钧鉴:密。有电奉悉。查TNT在续购六百万购料案内,须购一千吨,另有特出儿〔?〕一百吨,前均已由武官直接向杜邦洽购。该公司已开价TNT每磅一角二分二五,特出儿六角,即可签订合同。惟兵工署购料款,前在桐油余款项下挪垫一百万,现尚有四十万未动用。如用以购买TNT四四六公吨,可敷支配;如订购两歧〔?〕,尚缺二十五万。除前已由该署驻美专员电署请示要否详复,敬希电示为荷。嗣达叩。俭。

  (2)海军总司令部给财政部代电(1940年7月5日)

  重庆财政部密鉴:关于本军制雷需用梯恩梯炸药一千吨,请饬购美金外汇四十七万一千元,及由仰内运用费港币外汇一百五十万零七百五十元,经于六月寒辰渝、巧酉渝电请查照办理在案。兹奉委座东西令一亨渝电抄发贵部渝国丙0626代电,并饬径商办办理。等因。查本军制雷需用炸药至为急切,尚请惠予饬购上项外汇,以便转请中信局订购。倘贵部其他方面可以设法洽购或拨让,亦无不可。只求炸药早日运到,完成本年度制雷计划,以利抗战。如何,并祈示复为荷。海军总司令部。歌辰。渝。

  (3)财政部复海军总司令部代电(1940年7月18日)

  代电(渝贸秘字第六六四号)

  海军总司令部公鉴:密。本月歌辰渝代电敬悉。贵部所需梯恩梯炸药,业电纽约世界公司由桐油余款项下拨款,迅为购运四四六公吨矣。相应复请查照为荷。财政部。渝贸进三(7.18)。印。

(4) 海军总司令部致财政部代电(1940年7月19日)

重庆财政部密鉴：渝贸秘字第六六四号、渝贸进三7、18代电敬悉。承向美国订购梯恩梯炸药四四六公吨，至感。惟最好能设法购足一千吨备用。又该项炸药何时可以内运，在何处交货，统请查明见复为荷。海军总司令部。皓未。渝。

(5) 财政部给海军总司令部代电(1940年8月7日)

代电(渝贸秘进三字第七〇五号)

海军总司令部公鉴：极密。查贵部所需梯恩梯四四六公吨，经于七月皓日电请任嗣达迅为洽办在案。兹准七月梗日来电称，缅甸禁运军火，该项炸药拟俟运有办法后，再为洽购如何，乞示复。等语。查现在军火无法内运，除电复照办外，相应电请查照为荷。财政部。渝贸进三(08.07)。印。

(6) 海军总司令部复财政部电(1940年8月7日)

重庆财政部密鉴：渝贸进三字第七〇五号、渝贸进三08、07代电敬悉。关于本军制雷本年度所需梯恩梯四四六公吨，极属需要。缅甸禁运军火，不过暂时，此时尚请先行洽购，将货订妥，并购足一千吨，一俟运输有办法，即可起运，以免将来无货可购。相应电复，即请查照办理见复为荷。海军总司令部。阳未。渝。

(7) 军事委员会致财政部快邮代电(1940年8月10日)

国民政府军事委员会快邮代电 亨字第四〇六九号

中华民国二十九年八月十日

急。财政部孔部长密鉴：兹据海军陈总司令阳未渝代电称：窃查关于本年度制雷所需炸药，顷准财政部渝贸进三08、07代电，略以所需梯恩梯四四六公吨,经于七月皓日电请任嗣达迅为洽办在案。兹准七月梗日来电称:缅甸禁运军火,该项炸药拟俟运输有办法后再为洽购。等语。查现在军火无法内运,除电复照办外,请查照。等因。窃查炸药一项,制雷极为需要,缅甸禁运军火,系属暂时性质,拟恳饬下财政部此时仍须先行洽购,将货定妥,并购足一千吨,俟运输有办法时,即可起运,以免将来无货可购,至为恳祷。等语。查梯恩梯为目前制造水雷所急需,应仍进行洽购定妥,俾运输有办法时即可起运,以免临时不及。希遵办见复。中正。灰午。令一亨。

(8) 军委会致财政部快邮代电(1940年7月31日)

国民政府军事委员会快邮代电　令一亨字第3896号

中华民国二十九年七月三十一日

财政部孔部长:密。据海军陈总司令漾亥渝代电节称:查本部前准军令部五月梗午一亨代电,略以奉令增制漂雷,请将二十九年度长江江防用雷一百磅漂雷五百具、定雷一千五百具、一百五十磅漂雷五百具、定雷五百具,改为一百磅漂雷一千五百具、定雷五百具,一百五十磅漂雷一千具、定雷五百具。等因。上项增制数量,较原计划多出一百五十磅漂雷五百具,梯恩梯炸药须增加三十四公吨。此次财政部向美订购四四六公吨,系照本年度原计划数量订购,而所增出之三十四公吨,尚未在内。再查三十年度转瞬即届,制雷用药似应即早准备。美国既有现货出售,拟恳饬下财政部购足一千公吨,一面补足本年度应用数量,一面备三十年度应用,以免将来再请订购费时费事。等情。事关尔后作战,深属重要,希核办具报。中正。世辰。令一亨。

(9) 财政部复军委会代电(1940年8月27日)

代电　进三字第30303号

军事委员会委员长蒋钧鉴:密。七月令一亨字第三八九六号世辰代电及八月令一亨字第四〇六九号灰午代电奉悉。关于海军总司令部所需梯恩梯一千公吨,除前购之四四六公吨外,兹再电美加购五五四公吨,补足原请购数量,俟运输有办法时,即行起运。迭奉前因,理合电复鉴核备查。财政部长孔〇〇叩。渝贸进三。

(10) 海军总司令部致财政部代电(1940年10月29日)

重庆财政部密鉴:进三字第三三四一六号渝贸进三(10、28)代电敬悉。关于商借兵工署炸药一节,经于养酉渝代电复,以前经洽商并无存药在案,尚请惠予迅电美国,设法提前交货内运,俾应急需,并祈见复为荷。海军总司令部。艳辰。渝。

(11) 兵工署致财政部代电(1940年11月4日)

财政部公鉴:渝贸进(三)(6,07)、(10,22)代电奉悉。查海总部廿七、廿八两年度制造水雷,拨借本署梯恩梯先后已达二千一百二十吨。本年度复拨借制造鄱阳湖水雷用十二吨,长江江防水雷用一百三十吨。前以顾全该部完成巩固陪都江防水雷工程,又将所短少之五十七吨于上月敬日一次拨借。统计历年拨借数量共达一千三百一十九吨之多。本署实已尽最大之勉力,经将拨借困难情形,承办部稿呈报委座鉴核,并恳赐饬该部,嗣后制雷所需梯恩梯,本署不能再行拨借,以免影响出品。各在案。近以该项炸药购运不易,本署所存者供应各厂需要尚苦无法维持,正待该部偿还济用,嘱再挪用一节,因事实困难,歉难照办。相应电复,敬希查照为荷。兵工署。支。渝。造丁。印。

(12) 任嗣达致财政部电(1940年11月16日)

孔副院长钧鉴:密。真电敬悉。海军总部炸药,经向前途接洽,可特别提前至明年一月起交货,至少二百吨,云云。兵工署本月底可装千吨,明年一月可装六百吨,全部装完。谨闻。嗣达叩。铣。

(13) 海军总司令部致财政部代电(1941年1月5日)

重庆财政部密鉴：前准二十九年十二月渝贸进三12、13代电，略以美购物资到仰后，由各购货机关委托西南运输处代为内运，等由。查本部美购梯恩梯一千吨，前承电美，特别提前于本年一月起交货二百吨，惟该项梯恩梯提货单，请即惠饬迅予填发，以便洽提赶运，俾应急需，并祈见复为荷。海军总司令部。歌卯。渝。

(14) 任嗣达致财政部电(1941年1月24日)

孔副院长钧鉴：密。号电敬悉。海军所购梯恩梯，每磅美金一角二分二五，合每公吨二百七十元六分。用美军部运往外国根据地标准出口，蔽水油纸及木箱，每箱净重五十磅，原分四批，至十一月交完。经向杜邦公司交涉，已允提前本月运仰三百吨，三月运四、五百吨，四月间或可运完。合同一份，前已航邮寄上，仰光已请西南运输处提货。又厂方有用铅皮内箱者，开价极贵，并无大用，美军部亦不用。谨闻。嗣达叩。敬。

(15) 任嗣达致财政部函(1941年2月10日)

孔副院长钧鉴：关于海军总司令部所购炸药，前经去年十二月二十三日航函，及本年一月敬电呈闻在案。兹据厂家交来炸药化验单三份，系属于第一批装出之三百吨，除将船名及启行日期另行电闻外，谨将该化验单三份附呈，敬请转致海军总司令部备查。专此。敬颂钧安

　　　　　　　　世界贸易公司协理任嗣达谨启

(16) 财政部致军委会代电(1941年2月17日)

代电　渝贸秘进三字第九四七号

军事委员会委员长蒋钧鉴：极密。二月冬申令一亨签字第三七八号代电奉悉。查海军总司令部梯恩梯一千公吨，因需用

紧急,迭经本部电美提前购运。近据纽约世界公司一月敬电略称,前订购买梯恩梯一千公吨合同,原分四批交货,在本年二、五、八、十一等月各交二百五十公吨。兹经向杜邦公司竭力交涉,蒙允在本年一月运仰三百吨,三月运仰四五百公吨,四月间约可运完。等语。奉电前因,理合复请鉴核。财政部部长孔○○叩。渝。贸进三(2.17)。印。

(17)任嗣达致财政部电(1941年2月18日)

孔副院长钧鉴:密。海军总部炸药三百吨已于真(十一)日装Nidarnes船离美,约三月可到仰,敬乞转知该部准备内运。嗣达叩。巧。

(18)复兴商业公司致贸易委员会代电(1941年4月9日)
复兴商业公司代电　渝易业字第30611号
中华民国三十年四月九日

贸易委员会钧鉴:密。案查海军总司令部前由世界公司代向杜邦公司订购梯恩梯一千吨一案,前奉电饬,于收到该项货物提货单时,即径转送海军司令部,以便洽提等因。惟本公司对于该项货物之单据,迄无收到,经函准世界公司本年三月十九日函复,略以海军司令部所订购之梯恩梯一千吨,系转由CRITERION公司代向杜邦公司订购,其所有提货单,均由CRITERION公司径寄仰光西南运输处,并委托该处代为内运等语。理合节录原函代电,呈请鉴核转知为祷。复兴商业公司。附呈节录世界公司函一段(略)。

(19)财政部致纽约世界公司代电稿(1941年7月16日)
代电　48974

纽约世界公司鉴:密。前准贵公司六月元电,略以海军总司令部梯恩梯五百二十五吨,业已装船运仰,约七月底可到,其余正觅船待运等由。当经转电海军总司令部查照在案。兹准该部六月卅日舰字第六六六一号代电称,所余未交运之梯恩梯,计尚有一百七十五吨,何时在美装船,似请先期电知等语。相应电请查照,俟该项梯恩梯装船时,即行电知,以便转达为荷。财政部。渝。贸进三(07.16)。印。

(20) 纽约洛海致财政部电(1941年8月27日)

孔副院长钧鉴:密。七月铣日钧代电所示海军总部TNT尚有二百七十五短吨,装WARRIOR船赴仰,约十月下旬到。该部TNT购货全部装讫,即乞转知该部为荷。洛海。感。

〔国民政府财政部贸易委员会档案〕

海军总司令部关于长江中游布雷游击队布雷战果致蒋介石代电
(1940年10月—1941年2月)

(1) 10月11日电

海军总司令部代电

重庆。军事委员会蒋委员长钧鉴:密。窃本军长江中游布雷游击队于九月梗夜,在彭泽下游扒灰岭龟山间之江中,潜布漂雷二十三具,经于九月沁戌渝代电呈报在案。兹据报该次布雷成果,九月有日十四时在香口以东涯字桥江面,炸沉敌上驶运输舰一艘,炸伤敌军舰一艘,搁浅江北,大部沉没,桅杆犹露出水面。谨电陈报,伏乞钧鉴。海军总司令陈绍宽叩。尤辰。渝。

(2) 12月13日代电

海军总司令部代电

重庆。军事委员会蒋委员长钧鉴:密。窃本军长江中游布雷游击队于十一月沁晨,在贵池属氽水洲南北港布雷五十五具,经于本月支辰渝代电呈报在案。兹据报布雷后成果,十一月沁日上午,敌运输舰一艘在长生洲江面触雷沉没后,敌即以汽艇四艘由下江口向南北港上驶扫雷,其中一艘复触雷沉没,遂停止扫捞。俭日,敌水上飞机六架由安庆沿江向芜湖方面搜索,当日复有敌舰一艘在大通上游约五华里处触雷沉没。卅日,敌汽艇一艘内载食盐,复在梅埂触雷沉没,立成齑粉。现敌在两河口增兵,每日在王家缺、朱家庵一带巡视,并将该处保长及良民捕去讯问。除饬相机续布外,谨电陈报,伏乞钧鉴。海军总司令陈绍宽叩。元戌。渝。

(3) 12月20日代电

海军总司令部代电

重庆。军事委员会蒋委员长钧鉴:密。十一月号午渝代电计呈钧鉴。兹据续报:敌大汽艇一艘装载炮弹、食米、罐头等件,在浙东浦阳江下狮子触雷沉没,其日期为十月十七日十三时。又敌汽艇二艘在七贤山触雷沉没,其日期为十月十八日九时。谨电陈报,伏乞钧鉴。海军总司令陈绍宽叩。号戌。渝。

(4) 12月29日代电

海军总司令部代电

重庆。军事委员会蒋委员长钧鉴:密。窃本军长江中游布雷游击队于十一月沁晨,在贵池属氽水洲南北港潜布漂雷五十五具,其成果经于十二月元戌渝、马戌渝代电报请察鉴在案。兹据续报十一月艳日,敌铁驳一艘在氽水洲附近触雷后拖往上游,至安庆西门附近沉没。又十二月三日敌军舰一艘在铜陵县坝埂头附近触雷后,飘流将到荻港时沉没,舰上敌人全数淹毙,损失惨重。又坝埂头敌在江中捞起漂雷一具,该雷在岸边爆炸,炸死敌数名。谨电陈报,伏乞钧鉴。海军总司令陈绍宽叩。艳亥。渝。

(5) 12月29日代电

海军总司令部代电

重庆。军事委员会蒋委员长钧鉴：密。窃本军长江中游布雷游击队于本月咸晚在吉阳镇南布漂雷二十具，铣晚在东流属上毛淋洲布漂雷二十具，经于驾巳渝、养亥渝两代电呈报在案。兹据报布雷后，皓日七时，敌中型运输舰一艘在东流附近同时触水雷，两具爆炸，立即沉没。谨电陈报，伏乞钧鉴。海军总司令陈绍宽叩。艳亥。渝。

(6) 1941年2月25日电

海军总司令部代电

重庆。军事委员会蒋委员长钧鉴：密。窃本军长江中游布雷游击队于一月敬晚，在东流上游三华里布雷十五具，经于一月艳酉渝代电呈报在案。兹据报此次布雷效果，一月有日，敌运输舰一艘，内载汽车二十余辆、马数十匹、敌兵二百余人，在铁板洲附近触雷沉没。谨电陈报，伏乞钧鉴。海军总司令陈绍宽叩。有亥。渝。

蒋介石为海军布雷队成果与顾祝同薛岳来往电

(1940年10—12月)

(1) 蒋介石致顾祝同电(10月21日)

上饶。顾长官：密。篠巳事电悉。该布雷队所报成果是否确实，希查明核实具报。中○。马辰。令一亨。

(2) 顾祝同复蒋介石电(12月12日)

特急。渝。军委会委员长蒋：势密。奉马辰令一亨重发电，饬查布雷成果。经转饬确查去后，兹据第五十军范军长巧电略称：九月东日，大通附近爆炸声甚烈，据谍息，炸沉敌汽艇一艘。复据布雷总队鱼代电略称，前元午代电所报各节，均系属实，并称九月冬日在旧县炸沉之敌运舰，系黑色双烟筒，其炸沉地点在旧县黑沙洲北港。九月感日至艳日炸沉敌舰内中之一艘，系白赴浅水炮艇,其炸沉地点在大通铁板洲附近。各等情。谨电。职顾祝同。文辰。攻印。

(3) 薛岳致蒋介石电(11月18日)

重庆。委员长蒋:兹据李总指挥文酉参一电称:据第二布雷区司令王件楫鱼巳代电称,转据第四布雷【总队】第六队长陈在中酉灰代电,八月凵日,职饬第二大队长吴荣率四五二中队会同薛、高二队附将漂雷四枚运往鄂城县属之刘家渡(距黄石港十一华里)江边,伺机敷布至次日。据确报,有由浔驶汉黑色商轮一艘、小型汽艇二艘,商轮装载洋火、香烟、肥皂、罐头、红白糖等物,汽艇载石灰碱开汉,寇兵四十余人,各一外〔?〕轻机枪二挺、小钢炮二门。该队长乃于二十二日晚将雷敷布完毕,二十三日拂晓,敌轮驶抵布雷地点,汽艇在前触雷炸沉,敌寇人枪俱殁,敌轮在后,惜未命中。等情。除饬将在事出力人员造册呈核,以凭请奖外,谨闻。职薛岳。巧巳。永参印。

(4) 顾祝同致蒋介石电(12月13日)

急。渝。委座蒋:势密。据海军布雷总队庚申代电略称,十月俭日,敌运舰一艘名兴洋丸,装满汽油弹药,在大通和悦洲触雷沉没。另有敌汽艇一艘,于艳日在该处附近触雷沉没。等情。经查属实,谨闻。顾祝同。元巳。攻印。

海军总司令部报告福斗岛沦陷及闽口作战情况有关文电
(1941年4—5月)

(1) 陈绍宽为报福斗岛沦陷致蒋介石密电(4月19日)

重庆。军事委员会蒋委员长钧鉴:密。皓申渝代电计蒙钧鉴。窃查皓晨五时,敌在福斗岛企图登陆,经本军陆战队第四团第八连抗战,至七时半被敌包围,损失极重,福斗岛旋即沦陷,敌军已迫近东岸。本军要塞各炮台开炮截击,我下岐驻军亦力与抵抗,阻其渡江。又嘉登岛登陆之敌已迫近龙台,驻在该岛本军陆战队队伍已集中龙台、凤窝间,竭力抵抗,俾确保烟台山、金牌山两炮台。惟第四团第一连被其包围,情况不明。再查龙台距烟、金两台甚近,炮火失效,经由电光山炮台炮击阻敌前进。谨电陈报,伏乞钧鉴。海军总司令陈绍宽叩。皓戌。渝。

(2) 陈绍宽为报嘉登岛战况致蒋介石密电(4月19日)
重庆。军事委员蒋委员长钧鉴:密。窃查皓日下午三时半,嘉登岛后龙发现敌人企图登陆,本军陆战队第四团第四连队伍,即与抵抗一时后,敌以飞机掩护占据白云山,连长郑崇濂受伤,士兵伤亡亦重。又原驻琅岐之第四团第二营营长李传馨率第一营第一连并机两排,尚在吴庄与敌对抗中。同时本军陆战队第一营第二、三两连及第三营第七连,已驰赴东岐增援,反攻长门。谨电陈报,伏乞钧鉴。海军总司令陈绍宽叩。效戌。渝。

(3) 陈绍宽为日军向福斗岛进攻致蒋介石密电(4月19日)
重庆。军事委员会蒋委员长钧鉴:密。窃查皓晨五时,闽口、川石敌向福斗岛赤沙楼企图登陆,同时琅岐岛方面亦有敌人企图登陆,经本军陆战队分别抗战,并经各要塞炮台开炮截击后缩回。谨电陈报,伏乞钧鉴。海军总司令陈绍宽叩。皓申。渝

(4) 陈绍宽为报闽口敌情致蒋介石密电(4月19日)
重庆。军事委员会蒋委员长钧鉴:密。窃查皓日闽口敌情:(一)晨三时一刻,连江辖浦口方面炮声紧密,似系敌伪军企图登陆。五时,长门发现敌机七架向我掷弹,口外罩雾,情况不明。(二)敌在连江、东山、浦口、大小澳等处登陆,共有千余人,距连江城已迫近。(三)晨六时半,琅岐岛白云山附近发现敌踪。(四)晨

五时,敌在长乐牛榕山登陆,午十二时半,长乐失陷。谨电陈报,伏乞钧鉴。海军总司令陈绍宽叩。皓酉。渝。

（5）陈绍宽为报闽口要塞战斗情况致蒋介石密电(4月19日)

重庆。军事委员会蒋委员长钧鉴:密。窃查皓日闽口要塞各炮台情况:(一)下午一时,敌分三路猛攻闽口、烟台山、金牌山炮台,情况不明。经由电光山炮台向烟、金两台方面之敌炮击,至下午一时半,烟、金两台均被敌占据,电光山炮台仍继续向其炮击阻敌前进。(二)划鳅台下午三时半,被敌占据。(三)长门各炮台下午四时许,断绝消息,情况不明。谨电陈报,伏乞钧鉴。海军总司令陈绍宽叩。皓亥。渝。

（6）陈绍宽为报闽口要塞激战情况致蒋介石密电(4月20日)

重庆。军事委员会蒋委员长钧鉴:密。窃查皓日闽口要塞各炮台自晨至暮,向敌炮击不停,本军陆战队因奋勇抗战,损失惨重。现敌迫近白潭,本军陆战队仍在竭力抗战中。又本军驻防下岐之陆战队第四团第三营队伍,与敌五百余人抗战达五时余,现仍在竭力抗战中。谨电陈报,伏乞钧鉴。海军总司令陈绍宽叩。号子。渝。

（7）陈绍宽为报闽口北岸战况致蒋介石密电(4月20日)

重庆。军事委员会蒋委员长钧鉴:密。窃查号日八时,闽口北岸后山发现敌便衣队,本军要塞北岸炮台即予抵抗,而前面水路突来民船五艘,载敌军二百余人,由敌机掩护登岸进犯。经抵抗至十时许,消息断绝,情况不明。再本军陆战队一连机、迫各一排,特务两排,防务辽阔,而敌机多架,终日盘旋轰炸,兵力单薄,但仍在竭力防守中。谨电陈报,伏乞察鉴。海军总司令陈绍宽叩。号申。渝。

(8) 陈绍宽报告福斗岛战况致蒋介石密电(4月23日)

重庆。军事委员会蒋委员长钧鉴：密。窃查本军陆战队第四团第三营第八连,皓晨在福斗岛抗战后,被敌包围,连长汪丙椿生死不明,连附刘志舜阵亡,连附陈超等率残余士兵突围渡江,节节抵抗,于皓日晚转进东岐待机返〔反〕攻。谨电陈报,伏乞钧鉴。海军总司令陈绍宽叩。漾卯。渝。

(9) 陈绍宽关于海军各作战部队在闽情况已不明致蒋介石电(4月25日)

重庆。军事委员会蒋委员长钧鉴：本军在闽口马江一带作战各机关部队,自福州城失守后,电讯断绝,其情况莫由查探,恐被敌由后截围。除仍查探续报外,谨先电陈,伏乞察鉴。海军总司令陈绍宽叩。有未。渝。

(10) 蒋介石致陈绍宽代电稿(4月30日)

海军总司令部陈总司令勋鉴：有未渝代电悉。查海军要港部队刻在古田附近整理,李世甲已到南平。特复。中○。卅。令一元新。渝。

(11) 陈绍宽报告马尾海军突围损失甚重致蒋介石密电(5月2日)

重庆。军事委员会蒋委员长钧鉴：密。据马尾要港司令李世甲电称,奉陈主任仪令转移来南平,已于东日至达。惟在马尾长门作战时被敌包围,及率队突围而出,敌又追击,人员死伤散失甚多,公物损失尤重。等语。除已饬从速整理,并设法收容散失人员,详查损失外,谨先陈报,伏乞察鉴。海军总司令陈绍宽叩。冬辰。渝。

(四) 海军官兵出国参战受训的函电

交通部人事司关于奉发选派海军官员赴英美参战与见习暨造船考选办法致邮政总局函

(1942 年 7 月 17 日)

案奉交下行政院三十一年七月十一日顺二字第一三五三〇号训令开：准军事委员会六月二日渝办一通字第二二一四六号公函内开：本会为使海军优秀青年军官参加同盟国海军作战，与受潜艇训练，暨造船工作等，特考选海军毕业官员一百名，派遣赴英美舰队及船厂服务与见习。查海军人员散在各机关、部队、学校服务或深造者为数甚多，相应检送考选办法二十份，函请查照，分令所属机关、部队、学校，于文到十日内，调查具备应选资格之海军人员，保送到会办公厅，以便审查为荷。等因。准此。除分行并函复外，合行检发原附考选办法，令仰遵办径复。等因。计检发选派海军官员赴英美参战与见习暨造船考选办法一份。奉此，相应抄同上项考选办法及附表，函请贵局就所属职员中调查具备应选资格之海军人员，于本月二十一日前，连同相片及各项证件，函送本司，发凭汇办为荷。此致
邮政总局
　　附发选派海军官员赴英美参战与见习暨造船考选办法一份。
　　　　　　　　　　　人事司启　　七月十七日

　　选派海军官员赴英美参战与见习暨造船考选办法
　　一、本会为使海军青年军官参加同盟国海军作战，与受潜艇训练，暨造船工作等，特考选海军青年军官，派遣赴英美舰队及船厂服务与见习，以增进其学历，而备为我国将来海军整建之基础。

二、考选海军官员总额为一百名,分参战军官三十名(航海科二十名,轮机科十名),潜艇见习学员三十名(航海科二十名,轮机科十名),造船学员四十名。

三、应考选各员须具备左列各项之资格:

(1)曾在马尾海军学校、黄埔海军学校、青岛海军学校、电雷学校、商船专校造船科毕业者,或国外海军学校毕业者(但商船专校造船科毕业生,只得参与造船学员考试);

(2)民国二十五年以前毕业,曾在海军舰船任职海上勤务一年半以上者,可应军官考试。二十五年以后者,可应学员考试;

(3)年龄在三十五岁以下者(潜艇见习学员年龄须在三十岁以下);

(4)思想纯正,品行端方,学术优良者;

(5)身体强健,确无暗疾及不良嗜好者(潜艇见习学员尤须有最强健之体格)。

四、为使全国优秀青年海军官员皆得参与考选,选拔真才计,其召集办法分为机关保送与自由投考两种。

(甲)机关保送　　各机关、部队、学校应就所属海军军官或学员具备前项资格者,不拘名额,慎重选送,但不得有假借名义顶补情事;

(乙)自由投考　　各投考人员自行按照本会办法规定,到本会办公厅报名投考。

五、保送与报名时,应缴呈详细履历、毕业文凭(或毕业登记证)、舰船服务证件,最近四寸半身军服脱帽相片三张及证明书,(如附表一〔缺〕,甲、乙、丙,其机关保送者,由该机关最高长官负责审核证明;其自由投考者,须有现职上校以上或简任官二人负责证明,并确实担保。)以凭审查。合格与否,由本会办公厅函知保送机关或本人。

六、保送及投考各员,经审查合格后,在八月十日以前来本会办公厅报到,听候考选。

七、考选委员会由本会办公厅、铨叙厅、军令部、军政部、军训部、海军总司令部各派委员一名,联合组织之,以商主任为主任委员。

八、考试项目如左:

(1) 身体检查(由军政部军医署按海军体格标准,分参战军官体格、潜艇学员体格、造船学员体格施行检查后,分别榜示周知);

(2) 笔记试验(课目如附表二〔缺〕);

(3) 口述试验(仪表、言语、精神、军人常识、海军常识、航海经验,均用英语问答)。

九、考选日次递次接续举行之。第一次为参战军官考试,第二次为潜艇见习学员考试,第三次为造船学员考试,每次时间约为五日,其日期另行规定之。

十、经考试录取各员,由本会函令各原保送机关,保留原薪至出国之日止,并在未出国前,应集合受训。至未录取各员,则仍回原机关、部队、学校服务。

十一、保送来本会参加考选试验之各员,其返往旅费得准陆海空军旅费规则,由原保送机关发给之(自由投考各员往返旅费,须由本人自备)。

十二、录取各员出国时,须以本会规定之职级为准,高于规定者,应降低其原阶级,派遣出国。

十三、在英美服务与见习之期间待遇等,另案规定之。

十四、本办法如有未尽事宜,得随时修正之。

十五、本办法自公布之日施行。

〔邮政总局档案〕

抗战期间我国选派海军学员与官兵赴美国训练的回忆

(1946年2月)①

对于我国选派海军学员与官兵来美训练之回忆

(一) 前言

民国卅一年,美国同意我国选派海军青年军官来美学习各项专科。卅三年春,美国复接受我国提议,愿以小型军舰八艘,租与我国,内计护航驱逐舰二、扫雷兼布雷舰四、巡逻舰二,并照此八舰人员编配,代我训练海军官员七十人、士兵约千人,以备接舰。此为吾国外交上一大成就,在我国海军史上尚无先例。

惟我海军内部人事上之余毒未能澄清,一旦遭遇时会,自不免起种种摩擦掣肘之现象,尤其在官兵来美受训期间,某系竟不惜施用策略,以谋攘夺,故其成果不能尽如人意。

我国战后必须建设相当之海军,以保海疆治安,与内外航运,此实吾国上下一致之期望与应有之责任,其演变如何,不能不有至大之关心。爰就三年来之观感,简述如次。

(二) 选派第一批学员之经过

本案经美国同意以后,我国乃于军委会组织考选委员会,以全国各海军学校出身人员为选拔之对象,不限于学系或省籍之范围。其结果延至卅二年四月,始将此批学员选定,八月出国,十月底到达美国开始受训。其迟滞原因,系受海军某系之阻挠,举其事实可得如下:

(1) 考选以前之阻挠

其一、某系主官初以业务繁重,不能抽派为口实,继以旅费浩大为理由,拒绝派人应考,盖其意以为如斯,可使录取名额与规定名额相差至巨,而此举可望中辍。

---

① 原文无时间。此系据文意推出。原作者不详。

其二、提出审查资格办法,凡曾为其部属而未经其准许径自投考者,则谓其人曾受通缉,无应试资格。

其三、不参加考选委员会,不派监考官,以作消极抵制。

(2) 考选以后之阻挠

该系在考选以前,不但未达阻挠之目的,且使该系人员仅占录取名额之少数。因而益增愤懑,乃凭借其地位,结交美国驻华海军武官,告以"录取人员多非海军出身(此事某副武官在渝并公言为'挂羊头卖狗肉'),其中患花柳、痧眼等症者占大多数"。于是美国武官提出各个口试,及由美军医再行体格检查等要求,以为签署护照条件。经军委会严词拒绝,相持甚久,由我外交部向美外交方面人员解说,始得解决。及至我学员到美训练站照例检验体格,其结果并无其事,美海军部始知其武官所报者不确,未久该武官即被调回国矣。

(三) 某系少壮派作风之改变

彼辈以其主帅作风不合时宜,乃改变方式,对于外界,则扬言被其主官开革,实则暗中联系,互相为用,并以中训团受训为阶梯,同时利用其留学外国之资历,取得重要地位,以便实行其一贯主张。盖其时考送英国留学者,尚有半数(廿五名)未能足额,彼辈曾签请,目前海军人员之派遣,应以闽系居半,其他非闽系者居半为原则,因此次闽系录取者过少,故其不足之数,应交海军总司令部办理,不必公开考试。本案未经考选会采纳。

"附记":以上各情,办公厅侯天士将军知之最详。

(四) 接舰官兵在美受训经过之概况

民国卅四年春,我接舰官兵先后抵美国南部迈亚米(Miami)市,即入美国海军训练站,开始受训。我方为便于训练进行起见,乃于事前与美海军训练站主任议定,关于官兵管理,由我方负责督行,美方则按照我官兵程度与实际需要,规定技术教育与实习计划,以备施行。同时美方并向我方建议,设办事处于训练站附近，派校官一人主办其事，外派官员五人，协助主任与美方共商进行。乃以此情呈报军委会办公厅，及美军事代表团团长，奉准以资深副武官宋锷为迈亚米训练办事处主任。该员于二月下旬率助理员前往迈亚米筹备一切。三月初，该办事处成立，四月下旬，该员奉派为驻英海军武官，六月底该员离任，其时该员深感业务困难，已一再请辞。关于继任之人选问题，颇感难于解决。其一须其人能与美方合作，其次须其人品格学历相当，能管理此批接舰官兵。乃先提出林祥光、杨元忠二员，征求美方意见。其训练站主任侯上校力言，此时换人，殊不相宜，并谓林与杨均非适任之人，盖在此以前，林、杨均来训练站曾有接谈也。不得已，提出许世钧，并解释一切。侯上校始表同意，乃即回华府报告军事代表团长，并电呈军委会办公厅，准以接舰资深军官许世钧接替。

许世钧接任总队长兼代理处长以后，积极整饬军纪，至八月廿八日，学兵队为要求发清旅费，而有抗不接舰之事件发生。当日午后平息，恢复秩序。（本案经过情形已呈报办公厅）

我官兵自九月起陆续登舰（因堂课尚有未了者，故当时不能全部登舰），开始海上训练，十二月底该项训练告一段落。当九月初我官兵登舰之时，美训练主任为八舰队训练问题，提议以护航驱逐舰二、巡逻舰二编为第一队，扫雷兼布雷舰四编为第二队，而以资深舰长兼队长，以总队长许世钧为该两队指挥官。经向军委会电呈再三，美方复催我方及早决定，以便开始编队训练。因国内久无批示，乃于十一月底通知美训练站，暂以总队长许世钧兼指挥官，至卅五年正月初，始奉军政部海军处电令，以副武官林遵兼八舰指挥官。其时美方已决定由许总队长带领该两队前往古巴美国军港（Guantanamo）继续试航训练，豫定三月中旬启程返国，林兼指挥官于正月十日前往接事。此其经过之大概情形也。

（五）官兵管理困难之原因

（1）不论官员士兵，皆系临时召集而成，其中士兵出身不同，程度难齐，而在国内以时间关系，多未受严格军训，致不免有思想分歧之现象。

（2）当士兵抵美之时，因接舰军官须按时受训，而士兵中又无干练之军士，故无人协助施行基本军训。

（3）因新旧学兵程度不一，新兵有时须管理旧兵（各组组长皆系由大学中挑选者），新旧之间难期融洽。

附士兵出身统计表：

大学及专科学校毕业者	四十五人（新兵）
大学及专科学校肄业者	一百九十八人（新兵）
高中初中毕业或肄业者	二百五十五人（新兵）
小学及行伍	四百九十五人（旧兵居多）

我考选会因原有海军士兵程度特低，不能接受美国战时海军学术，故招收知识较高之青年，实为最合实际之办法。惟当时以时间急迫，不能在国内或国外行基本军事训练，故此批学兵不能视为有纪律之部队。

（4）该官兵等抵美后，寄宿于美国繁华市区之大旅馆内，易受当地物质上之诱惑。

（5）关于管理及经费、人事，应向国内请示者，虽用电报，有时亦不能如期奉到批示。

（6）某系从中策动之事实。

（甲）当官兵抵美以前，华府方面有人暗中向美海军部接洽，欲另成立训练指挥部，美方终未赞同。

（乙）当时曾要求将官兵训练权或人事调动提出公决，因彼等职务与训练无关，无权干与训练事务，故未照办。

（丙）林副武官带领军官队自洛杉矶抵迈亚米后，未久又以参观为名，在迈亚米驻留数日，与美方有所接谈，反予人以不良印象。

（丁）向各方面攻讦奉令管理官兵之人，所举者或断章取义，或曲解事实，其对训练办事处代理人员亦采同样手段，以求达到彼辈企图。

（戊）林副武官到任未久，即力争其资历应列在杨副武官之上，而与大使馆定章不符，似已早有用意（即彼自许在迈亚米管理官兵非彼莫属，其实彼之海校毕业日期尚在梁序昭（军官队长）之后，而其在国内服务年资则在许世钧之下）。

（己）某军官队长径向国内海军总部有所报告，该员反对许总队长，谓其滥发命令，不学无术，实不配当部队之长。

余不赘陈。

（六）意见

(1) 制止某系之一贯作风，实行公平晋级与退休制度，以去我海军多年不平之鸣，并得使其安心服务。

(2) 按期调换海上陆上勤务，使全体官兵得各展所长，以免劳逸不均。

(3) 提高士兵待遇，以便召集知识较高之优秀青年，而得接受现代海军学术。

(4) 此批士兵中不乏优秀分子，宜参照美国豫备军官多由士兵提升办法，按其学术与服务成绩，及早提升为军官，以示鼓励，但须再施以基本军训。

(5) 建设吾国海军，似宜由改良海军教育入手，而取消地方名称（如马尾、青岛、黄埔等），培植教授人员，编订各种教育课本，似属先务之急。

(6) 建设海军除注重海军教育而外，似宜发展工业，故海军技术人员宜与海军军官并重。

〔国民政府行政院档案〕

（五）海军总司令部编《海军战史续集（1941年10月—1945年12月）》[①]

海军战史续集

（自三十年十月至三十四年十一月）

第一篇　引言

海军战史前集，完成于三十年十月，时在敌人湘北二次会战之后，宜昌一度克复之时，举国欢胜，固知最后胜利之光临已为期不远矣。顾敌人侵略之军队未出国门，我国英勇之抗战亦无已时，而海军从事抗战之工作，自更赓续努力。比年以来，基此决心，一本既定战略，始终奋斗。其间全军将士忍苦支持，不惜牺牲，以血肉换来之无上光荣，诚非笔墨所能罄。兹编不过举其崖略云尔。

第二篇　荆河川江及洞庭湖防战之设施

第一节　荆河战役

武汉放弃后，我国设战时陪都于重庆，集中力量，继续作战。重庆三面环水，军事设防，水重于陆。自荆河口外而达重庆，水程六百海里，虽有川江巫峡之险，而为保卫门户计，首须控制荆河，荆河稳固，川江方无受胁之虞，重庆始可安如磐石。顾荆河无险可守，未能安设炮位，其防卫力量专靠雷区，海军任务愈形艰巨。二十八年初，荆河开始布雷阻塞，是后节节加强，阻敌舰于荆河口外。三十年十月，宜昌得而复失，荆河雷区无恙，沿区情况，仍甚稳定。

---

① 原稿无时间。

十二月三十一日，据报有敌舰上驶，是日海军布雷队在广兴洲赶布漂雷十具，向之迎击。三十一年一月六日，又据报告，敌舰复向荆河企图窥伺，即日在三只角布漂雷五具，阻其前进。其时敌于江中设扫雷网，我探查明确后，设法除之。七月，前方情况紧张，海军总司令陈绍宽亲往前线视察雷区。九月，在洪水港布雷五十具。十月，敌益露蠢动模样，复分别于石首下游之碾子湾及窑埠头、太平口、三只角各处布雷一百四十三具。并派雷队进至黄公庙，监视敌情。十一月，将派在荆河工作之布雷队定番号为海军第三布雷总队，下设七个大队，以薛家声为总队长。十二月，敌布置益忙，沙市集结船只甚多，我复于其时在横堤市加布水雷三十具。

三十二年一月，敌情形未缓和。二月，岳阳之敌再事增兵，并开到敌舰多艘，情况益趋严重。十五日，荆河北岸敌军进占朱河，上下车湾亦有敌踪。十六日，监利失守，北岸遍布敌兵，并在杨公堤架炮轰我布雷队根据地，雷队员兵屹立不动，冒死于石首、古长堤各处抢布水雷一百五十七具。敌水路进展被阻，岳阳方面虽有敌舰活动，亦皆不敢轻进，且于荆河口外架设钢丝网，并附铁柱防我漂雷。二十八日，我于三只角布放漂雷二十具，炸其江中防御工事；并击沉敌监视艇一艘。旋又于广兴洲布放漂雷十五具，沿江方面虽能遏阻敌舰，但北岸敌军业已势成，以五路大兵同时由江陵、观音寺、新厂、堤头市、沙堤子各地，纷乘帆布艇、橡皮艇向太平口、窑头埠、横堤市、调弦、黄公庙各处横渡，声势浩大。水道布雷，在使敌舰不能自荆河口外驶入，故必须于南北两岸另由我方驻兵防守，水陆协护，方能使雷区安全，敌氛敛戢。是役北岸既经被敌占据，南岸守军复未能于敌半渡时邀击，南北岸尽入敌手，荆河雷区遂失控制价值。各布雷队根据地以藕池为中心区，藕池以西迄于松滋，藕池以东达石首、调弦、塔市驿、砖桥、洪水港、广兴洲、黄公庙各处，皆为活动地区，敌机不断轰炸。停留在藕池、石首待命布雷之小火轮二艘，雷驳十八艘，均被炸沉，列兵郭殿省殉职。

荆河既无法控制,预防敌舰于扫雷之后进入荆河鼠扰滨湖各地,乃令第三布雷总队退扼华容、南县、安乡,出死力以守卫腹地河流。荆河正流之布雷任务,至是暂告停止。

第二节　第三次湘北会战

敌对长沙垂涎甚久,两度犯湘,俱告失败,而野心未戢,时图伺隙而逞。三十年十二月,敌又集结重兵,三度向我湘北进犯。海军第一布雷总队所属各雷队,分别扼守原防,本其既定战略,针对敌情,沉着应付。在霞凝港、捞刀河、浏阳河、乔口、靖港、石湖包各处,加布水雷二百七十具。各地雷区本甚坚固,况又扼要防守,节节加强,敌舰不得前进。故敌之陆军虽有进展,但因不能获海军之协助,接济断绝,未克持久,遂复惨败。是役,海军第一布雷总队总队长陈宏泰暨大队长以下,著有功绩,均分别奖叙有加。

第三节　第四次湘北会战

三十一年五月,敌于汉口、岳阳各地增兵甚多;并有敌舰集结,调动频繁,四度图湘。海军第一布雷总队复于其时在鲢鱼口、石湖包、灵官咀、蚌市、小波镇各地,增布水雷四百具。敌于水道难通航,陆军未敢轻进,复逡巡退去。但敌未能忘情长沙,虽迭受挫,仍思乘时再举,是后又辄露蠢动模样。八月,我雷队在蚌市分线之獭湖、史均湖,增强水雷六十具。十一月,复在琴祺望加布二百具,敌乃慑伏。

第四节　华容南县安乡战役

敌以重兵攫取荆河两岸诸地后,遂有南趋之势,华容、南县、安乡各地,渐形紧张。三十二年四五月间,海军第一布雷总队协同海军第三布雷总队,在洞庭湖各腹地河流,施行阻塞,分别于湘江方面之石湖包、磊石山,沅江方面之灵官咀、蚌市、南北口、小波镇、西港、流花口、德山、鸭子港、毛家铺、游巡塘、接港口,暨赤山岛附近之天灯庙、茅草街、障北垸、南咀、河口、钩尾、蓼花塘、下狗头洲、南附垸、八金汉、巩固垸、王家咀、下兴口、柳城港、石灰窑、马肠湖、血汗肠各处,布雷一千二百六十九具。五月八日,在赤山岛一带工作之布雷队,雇用小火轮一艘,在草尾候令,被敌机炸沉。该轮大副谢兰生殉职,火工张老么、船户王伏生、蔡仕杰、李保霖、何焜官均死于难。

其时敌艇颇活跃,中有一艘图向狗头洲进犯,触我水雷沉没,余皆退缩。洞庭湖幅员广大,滨湖河流错杂纵横,以沅江为尤甚。敌既不能踏入水道一步,南犯之谋遂告失败。敌军退后,随即整理雷区,并于有碍军运航道地点,分别开辟。六月,在白玉圻布水雷一百具。同月,调海军第一布雷总队总队长陈宏泰入部供职,遗缺以张日章升补。七月十一日,海军第三布雷总队第三大队队副李耀华,副军士长唐天宝,上士阮正元,列兵张冬成、郭启仁等,在德山开辟航道,触雷殒命。

第五节　鄂西常德之役

三十二年十月,敌在鄂西调动频繁,图攻常德、桃源。常德乃湘西锁钥,雄据沅江北岸。敌由石首、公安,西趋常、桃,南窥湘、资二水,势殊猖獗。海军第一、第三两布雷总队所属各雷队,本其过去经验,沉着应付,分别在蚌市、南北口、灵官咀、小波镇、流花口、毛家铺、鸭子港、酉港、牛鼻滩,暨赤山岛附近之洛子口、彭家山、聿成垸、天心湖、狗头洲、土马咀、障北垸、下狗头洲、东坡寨、杨阁老、兔子哨、茶阁各处,加布水雷六百二十四具。常、桃附近之水路交通均加阻断,敌粮食军火概由陆上接济,军行濡滞,攻力渐疲,常德、桃源乃转危为安。

第六节　鄂南湘北之役

三十三年四月,鄂南之敌增兵甚多,复有犯湘模样。海军第一、第三两布雷队仍取联络,分别在暗步包、蚌市、南北口、小波镇、灵官咀、石湖包、上狗头洲、天心湖、营田、芦林潭、乌龙咀、黄毛滩等处,布雷三百六十九具。五月二十七日晚,敌舰渡新墙河,向新墙东南地区进犯;并由平江侵入汨罗,华容、石首、藕池之敌,亦纷纷南攻,南县、安乡相继失守。各路会犯长沙,势殊嚣张。其时,我雷队复先后于上枫港、廖家潭、茶阁、孔家湖、浩光湖、曾埠角、碧口、大埠口、芷湖口、濠河口、涡河口、乔口、靖港、捞刀河、霞凝港各处,续布水雷五百零七具。虽已完成阻塞任务,惟敌势浩大,我陆军被迫后移,不能掩护雷区,敌遂任意扫雷,情况因之严重。幸水雷数量甚多,一时清除不易,敌舰不能进犯长沙,仍以陆军迂回兜击,需时颇久。六月八日,湘阴失守,海军布雷队于是日仍在傅家洲南端抢布水雷,保卫长沙水道。旋复在长沙上游之下摄司、渌口各处,布雷二百四十具。六月十八日,长沙继陷。当时亦无敌舰发现,是役,敌挟无穷勇气,且一变迭次犯湘战略,避越雷区,以重兵取包围之势,三路来犯,溯湘江左岸之丁家湾、霞凝港、捞刀河,右岸之乔口、靖港、白沙洲、岳麓山,以钳形姿势攻入长沙。第敌舰均被阻于湘阴下游,敌虑战线过长,接济莫继,未敢疾趋衡阳。我国军遂得从容转进,部署后防,造成衡阳空间换时间之持久战绩。敌急进锐气备受顿挫。是役,我海军各布雷队员兵在敌大军压境之中,忠勇将事,不避艰危,致有后退不及者。嗣经陆续集中,分别整理,将海军第一布雷总队调赴赣江、吉水工作。第三布雷总队继续扼守常德、新安、汉寿各地。八月,在牛鼻滩继续布雷;并于牛鼻滩、德山、常德各段,构成水上障碍物阵地,以资防御。三十四年四月,总队长薛家声调海总部供职,遗缺以第四布雷总队总队长郑震谦调任。八月,敌战败投降,该布雷总队改为海军第三扫雷总队,担任洞庭湖方面扫雷工作。是年十二月完成任务。

第七节 川江防战

川江为重庆门户,防务重要。海军以全力守卫,分派海军第一舰队司令陈季良驻镇万县,海军第二舰队司令曾以鼎驻镇庙河,大部舰艇则均分驻川江各段,担任水上防务,及维持水上治安,暨协助当地防空部队,共负对空作战任务。另以克安、定安两运舰停泊川江下游,除执行战时任务外,准备敌万一溯江西犯,立即下沉,以之阻塞水道。宜巴、巴万两要塞区,分别扼守石牌、庙河、泄滩、牛口、万流、青山洞、巫山、奉节、云阳各段要区。川江漂雷队仍分别配属于石牌、庙河、泄滩、牛口、巫山、万县各地。并在涪陵、重庆间，勘择雷区，预储漂雷，备于必要时施放。水陆联防，配备严密。

三十一年三月，英美两国政府本军事合作精神，并为敦睦邦交起见，赠送我国炮舰四艘。是月十七日，在重庆唐家沱举行接收赠舰仪式，由海军总司令陈绍宽亲自主持。随将各舰分别编派遣用，计英国赠舰三艘，命名英山、英德、英豪。美国赠舰一艘，命名美原。除英豪驻防湘江外，余均分驻川江各地，经修理配备后，防御力量益臻雄厚。

三十一年十一月，海军调整作战机构，将川江漂雷队改番号为海军第四布雷总队，下设七个大队，以严智为第一大队大队长，兼代总队长职务，旋改派郑震谦总其事。十二月十七日，敌机两度向定安运舰轰炸，要害中弹，进水沉没。同月二十五日，有由本军租用之顺利差轮，亦被炸，沉没于塔洞滩。海军第二舰队司令部军需员陈懋节因公在轮，与帆缆下士林金水、一等兵陈利玉、船伙杨凤山等，均遇难。三十二年二月八日，海军第三号驳船在万户沱，被敌机投弹伤重，几及于沉，经彻夜塞漏，始免沉没。四月二十二日，驻泊庙河之克安运舰，被炸着火，扑救始灭，但舰体受伤颇重。

川江防务，在荆河未失之初，前卫稳固，江防无虞。荆河失后，渐就紧张，宜巴要塞区日入备战状态。三十二年五月，鄂西之敌进迫三斗坪，越过宜巴要塞区第一总台之石牌阵地。该台虽后路受胁，仍守原防，屹立不动，敌舰苦不得进。海军第四布雷总队并调得力雷队，进至平善坝，于五月三十一日，在该处布雷〔总队〕五十具。翌日，即有敌舰一艘被我击沉于宜昌下游。六月六日，续放三十具，敌舰均闻风躲避。其陆军以深入可虑，亦逡巡退去，敌势乃杀。第一总台总台长方莹拒敌有功，获邀奖叙。

三十二年九月十七日，敌机进袭巴东，海军三号驳船再度被炸,重伤之后,此次复直接中弹,遂告沉没。

三十三年九月,接收法国赠舰一艘,该舰向泊重庆,前以法国维琪政府受挚于轴心,与我邦交若断若续,未便向法方示意接收。自我国与维琪政府绝交,而与法国民族解放委员会开始正常邦交之后,海军总司令部以该舰久泊川江,废置可惜,乃商由外交部向驻渝法代表接洽,请由法国自动提议,赠与我国。旋经交涉成功,于是月二十八日,由法民族解放委员会驻渝代表贝志高将军代表法国政府,将该舰正式移交我国海军总司令部接收;并经编队遣用,命名法库,修理就绪,仍令驻防川江,协同担任水上防御工作。

三十四年三月,海军第一舰【队】司令陈季良因病出缺,遗缺以宜巴要塞区海军第一总台总台长方莹升任。同时,海军第二舰队司令曾以鼎升任海总部参谋长,遗缺以海军闽江江防司令部李世甲调任。递遗闽江江防司令缺,以海军第二布雷总队总队长刘德浦升任。又遗第二布雷总队总队长缺,以该总队总队副刘世桢升任。三十四年八月,敌无条件投降,将派在川江工作之海军第四布雷总队改编为海军第四扫雷总队,即日开始探扫宜昌以上雷位,于九月间完毕。随即挺进宜昌,将宜昌沙市段雷区继续清扫。其由沙市至上海黄浦江段雷区,则由中国陆军总司令部饬令日方负责清除,而将此水程达九百余海里之整个长江水道,恢复交通。

第三篇　继续发挥长江各段敌后布雷游击

第一节　长江中游方面

自二十九年初,我海军分别组成布雷游击队,挺进长江敌后布放漂雷,袭击敌之舰艇,阻断敌之交通后,敌不能利用长江水道,运输问题备感困难,整个战局遂居劣势。比年本兹策略,继续进行,仍以湖口至芜湖段为重点,浔鄂、湘鄂两区并协同予敌牵制,计湖口、芜湖段续由海军第二布雷总队负责办理。三十年十月二十二日,在湖口西二十二——放漂雷十六具。是日,即有敌汽艇一艘,触雷沉没。翌日,有敌中型舰一艘,亦告触雷。二十五日,复发生成果,在湖口附近,触沉敌之运输舰一艘。同月三十一日,又于湖口西南布十五具,至十一月六日,在彭泽江面炸沉敌之汽艇一艘。十二月六日,在马当、香口间布五具,将敌汽艇一艘炸沉于东流之天生洲。三十一年一月九日,在鄱阳湖姑塘对岸布八具,于十六日奏效,有敌汽艇一艘在湖口附近被炸沉没。其时敌以受胁日甚,沿江各地遍立据点,且广增兵力,四出搜索。一月十七日,我布雷队复向安庆方面进发,将次达到江边时,黄溢之敌开炮攻击,因不欲功败垂成,冒险在江心洲布放八具,比及敌兵赶到,我已安全返队。敌乃于江心洲捞雷,被其捞起一具,因处置失慎,爆炸死敌兵十余人,敌遂迁怒民众,在外排一带残杀乡民,焚烧房屋。同日,我出敌不意,又在姑塘对岸布放八具,于二月二日,在石钟山江面,炸沉敌之汽艇一艘。二月二十一日,在马当布十具。二十二日,又在彭泽布十具。除当日在马当炸沉敌小火轮一艘,及其所拖带之民船三艘外,并于二十八日,在东流、吉阳间炸沉敌之汽艇二艘。三月十九日,在香口上游之牛矶江面布四具。有敌汽艇一艘于四月六日,在东流天生洲附近,被炸沉没。五月二十二日,又在牛矶布六具。当□□员兵抵太白湖时,敌舰开探照灯照射,我员兵蛇行鹜伏,冒险前进,绕过山头数座,并偷越公路一段,卒达江边,完成任务。是月二十四日,触沉敌艇一艘于乌石矶,毙敌三十余人。二十九日,又在香口附近,触沉满载粮食、弹药之敌大型汽艇一艘,中有敌官兵四十余人均毙命。同月,敌以重兵窥浙赣,金华、上饶相继失守。策动长江中游布雷游击任务之海军第二布雷总队总队部系设在上饶,金华方面,并设有办事处,以资联络。至是,总队部撤离上饶,并撤销金华办事处,布雷工作,颇受影响。洎浙境各地逐渐收复,惜其时我国军缩小防区,远离江岸。沿江各地悉被敌人控制,戒备益严,不断有便衣队搜索,江中敌艇梭巡弗辍,凡可通大江之水陆路线,皆有敌兵防守。我布雷队出发工作,路途遥远,易被发觉,迭次受迫折回。旋又几度觅得出布新路线,虽获越出敌之监视范围,但当地民众屈于敌人淫威,不为我用,供应船只,无法雇集,工具缺乏,致皆功败垂成。嗣后,日惟伺机工作,于三十四〔二〕年四月二十四日,深入敌区五十里之航程,在毛淋洲上游之娘娘庙布五具。五月一日,续于牛矶山江面布五具。六月一日,又在毛淋洲附近布十具。是役,雷队员兵在敌瞭望哨下,秘密前进,达三十余里之遥,到达江边时,敌舰灯光辉煌可睹,各员兵屏息工作,卒将任务达成。于是月三日,在毛淋洲下游炸沉敌中型舰一艘,敌死伤惨重。十一月八日,又在毛淋洲布五具,翌日,有满载军火之敌运舰一艘,在安庆触雷沉没,死敌兵千余人。十二月二十二日,在马当附近布四具。二十七日在牛矶布四具。三十三年一月,在黄湓附近布十五具。同月五日,又在牛矶附近之八亩田布十具,翌日,炸沉敌小火轮喜久号于东流之大士阁江面,毙敌翻译官三员,及敌人十余。黄湓所布之雷,亦于十四日发生成果,在大通江面炸沉敌运米大铁驳一艘,死敌兵百余人。六月三十日,在黄湓附近之十八家布五具,七月八日有敌拖船一艘,拖带民船八艘,在旧县江面触雷炸毁,损失甚巨。是后迭图再举,惜未成功。直至敌投降后,始将是项任务宣告终止。

第二节 浔鄂及湘鄂方面

浔鄂、湘鄂两区以驻军情况复杂,缺乏联系,进展困难。派在该两区工作之布雷队,仍由海军第一布雷总队中抽出两队,以一队担任浔鄂方面,一队担任湘鄂方面。浔鄂方面之任务区为九江汉口段;湘鄂方面之任务区为汉口岳阳段。三十年末,因湘北防务紧张,雷队之需要较多,同时浔鄂、湘鄂两区任务,进行又感棘手,遂将该两区雷队调往洞庭湖,加入湘、沅各江工作。三十一年五月,湘北情况较为缓和,乃饬浔鄂区布雷队进入原防,其湘鄂区布雷队,仍暂留屯长沙。

三十一年六月,浔鄂区布雷队重加调整,分为两队,一队派在赣北工作；一队派在鄂南工作。七月，派在赣北工作之布雷队，进入瑞昌，派在鄂南工作之布雷队，进入修水，分途侦觅出布路线。同月，湘北形势益松，续将留屯长沙之湘鄂区布雷队抽出一部，仍回原防。十二月二十三日，该队得到报告，谓有敌舰二艘驻泊于新堤附近之谷花洲，当夜即潜在谷花洲上游约十华里江面，布放漂雷五具。同月十三日，进入瑞昌之浔鄂区布雷队，部署就绪，匿居凉泉脑山上，预备在深夜进至江边工作。不料秘密被敌探悉，派兵两路包围，乃亟将水雷掩埋，员兵分散隐伏。敌搜索不得，尽斫山上诸木，并捕居民拷打，逼供存雷地点，乡民不堪其虐，遂被泄露。

三十二年二月二十二日，谷花洲所布之雷发生成果。是日，有敌汽艇一艘拖带民船三艘，均满载士敏土，并附民夫甚多，开往白螺矶建筑机场。于航经陆溪口时触雷，汽艇、民船全部沉没，损失甚重，机场工程因之受阻。四月，鄂西战事紧张，汉口、岳阳间时有敌舰活动。是月二十二日深夜，我湘鄂区布雷队在螺山江面，布放漂雷六具。其时敌防备甚严，当布雷队行次羊楼司时，被敌发觉，尾追至野鸡桥，我伏匿深山中，俟敌搜索已过，再行前进。任务完毕后，因四围布有敌兵，无法返防，伏敌区数昼夜，至断饮食，嗣敌戒备稍松，冒险陆续返队。九月十七日，湘鄂区布雷队在新堤对岸之叶家墩布六具，敌氛渐杀。三十三年七月，湘北又形紧张，再调湘鄂区布雷队驰往汉寿工作。途次被围，队长刘学枢下落不明。同时，浔鄂区布雷队亦多方部署，乃因情况不许，被迫折回。战事结束后，始将是项任务终止进行。

第四篇　闽浙赣防战之设施

第一节　闽省方面

三十年九月间，马尾、长门相继收复后，川石方面仍驻有敌军清水部百余人，嘉登岛则有伪军林义和股六百余人，壶江亦有伪军三百余人，各图负隅顽抗。闽安镇、琯头、亭头各地又有所谓协民自卫队,伪军指挥王守霖聚众数百,鱼肉乡民。经海军陆战队第二独立旅第四团派队驰剿,首将王守霖股解决,顽凶就擒,余党遣散。琯头既平,乘胜进攻琅岐。十月五日,闽海军陆战队奉闽江江防司令密令,由长门渡江,并于东岐置策应部队,随即分向琅岐、金沙两路兜剿。林义和盘据琅岐,拥有山炮及武装汽艇,实力颇厚,组织亦尚严密。其部下刘斌、陈承平、何荣冠分率三队,均有军事经验。经派员与陈、何二人联络,勖以大义,令其弃邪归正,投附中央,接洽妥协,遂率〔与〕陈、何率部里应外合,大破林义和,俘百余人,余众向海外遁去。金台、台山各伪军同时被我攻破。六日晨,嘉登岛完全收复,陈承平、何荣冠反正有功,准予自新,将所部改编为闽口守备队。是月二十五日,复饬陆战队抽派一连,由金沙渡海,向壶江进攻,击伤敌汽艇两艘,余孽星散。即日下午该岛亦告敉平,遂乘势分由福斗、壶江两地会合进兵,向川石攻击,敌望风披靡,遁入南竿塘,随将川石岛收复。该岛沦陷敌手,已历两年四个月,岛民在敌伪铁蹄之下,备受痛苦,派李司令世甲前往慰问;并视察该岛情势,妥筹善后,岛民复睹重光,俱极欢欣鼓舞。

当敌进化〔攻〕闽口时,所有闽江阻塞工事,暨所布之各式水雷,以及闽口要塞各炮台炮位,均被破坏,缺口难告重圆,门户实已洞开。闽江口形势,系分福斗、乌猪、梅花三港入海,此外尚有壶江小港,控福斗之旁,四港重新配备水雷,尚属易举。由海军总司令部饬知闽江江防部调派水雷队,赶往长门一带,重行探测水道,实施防御。惟要塞各炮,系于清末购自德国,虽已陈旧,威力尚强。经敌破坏之后,海军无法补充,海军总司令部以军政部方面存炮甚多,尚易筹拨。当即拟具整理要塞计划,呈请军事委员会赐饬军政部拨发火器,俾资装配。军政部以缺乏是项火炮,未允照办,要塞武力,迄难恢复旧观。

三十一年一月,闽江口水道重行勘察蒇事。是月三十一日,开始在福斗港重新布雷二十四具。嗣又节节于壶江、南北港及乌猪、梅花各港，陆续下布数十具。九龙江方面，亦经增布；并将马尾附近，划分四个巡逻线段，不断梭巡。同时筹划晋江、涵江防御工作之设施。是年三月二十一日，敌汽艇两艘驶到壶江，迫近雷区。我海军陆战队奋勇迎击，敌即遁去。顾要塞设备未复，陆战队又因前次战役损失甚重，一时补充不及，防区广泛，兵力单薄，颇难戢敌再度窥闽之野心。其时闽江口外，迭有敌舰往返开航。五月十九日晨，白犬洋敌舰炮击长门、壶江各地，川石附近，时有敌艇出没，情况严重。翌日敌迫川石，以海军掩护登陆，我虽奋勇抵抗，但双方兵力悬殊，川石岛再度沦陷。

敌得川石后，择地架炮，有久据势。五月二十三日，川石之敌侵入壶江，企图破坏雷区，被我击却。六月三日，续犯福斗，我陆战队突起迎击，敌暂退去。旋调来大股向我阵地围攻；并有飞机协助，我退守下岐苦战，敌渐不支，遂乘势反攻，收复福斗。是役，我连附林松生受伤，并伤军士数名。敌于福斗既不得手，乃改犯嘉登。是月四日，分兵三路猛扑嘉登岛，敌舰并炮击长门，张其声势。我陆战队在吴村一带与之相持，敌久攻不逞，锐气渐减，我乘势反攻，敌败退，嘉登岛遂无敌踪。是役，敌伤亡颇重，我亦失踪列兵数名，自是敌情稍戢，累月不来窥伺。三十二年一月，川石之敌复以汽艇载兵，向我海岸炮击。我以要塞装备未复，无从还击，颇感焦虑，乃急速完成沿江据点工事；并于闽口各要区，加强监视哨配备。

三十三年一月，迭有敌艇炮轰福斗，均击退之。七月二十九日，川石之敌复扑壶江，敌舰以猛烈炮火掩护，在上下岐海滩强行登陆，我陆战队被迫后退，列兵郎卓俤、柯化思等阵亡。翌日，我战队后援赶到，向敌反攻，驱走敌兵，又将壶江夺回。九月二十七日，敌舰炮击福斗。梅花、川石及大小澳方面，亦开来敌之舰艇甚多，由敌海军司令原田清一指挥，配合海陆两军，再度犯闽。敌以一部陆军由连江官岭登陆，另以一部进占浦口、小埕等地。旋连江登陆之敌，绕由后路向琯头岭进犯，我海军陆战队扼守该处，向敌截击,敌不得进。相持至二十九日,敌增援部队源源开到,战况甚烈。我陆战队断绝援应,浴血苦斗,列兵林天福、钱金亮、林金木、郑寿明、柳朝兴等阵亡,伤者甚多。三十日,敌由水陆两路大举围攻长门,势益猖獗。我陆战队以一连孤军,始终相持,列兵陈时镇、韩子由、林海官、郑扁嘴、李益筹、陈道官、郑亦围、刘菊俤、谢维光等均死战殉职,伤者尤众,乃退守闽安镇,亟加整理。海军闽江江防司令李世甲驻岭头门指挥。十月二日,将进犯岭头门之敌击退,战况稍见稳定。是午,敌向闽安镇进攻,激战一时许,我被迫后撤。旋我援队赶到,向敌反攻,接战终夜,于三日晨,击败敌兵,将闽安镇克复。我军威方振,不意另有敌兵一部已由北岭侵入福州,省防既陷,我海军陆战队所有防区,均受威胁。司令李世甲奉驻地陆军长官令向桐口、甘蔗、白沙各地布防,除留一部陆队扼守岭头门外,余向指令地点集中,扼要防守。随将白沙、甘蔗水道布雷阻塞。我扼守岭头门之陆战队于重新部署后,开始向敌反攻,战况非常剧烈,我冒死前进,夺得敌方阵地;并卤获敌之作战报告及军用地图等多件。双方死伤均甚惨重,我列兵李光宗、陈嘉桐、吴纪、毛祚瑞、林国铸、林迪端、宋伊金、蒋文灿、钟祖燕、邱玉寻、刘木官、林草草、潘贤钗、谢金赐、林狄振、卞显仔、陈炳生、倪祥生、郑立书、李元贵、潘依祥等均阵亡。嗣敌不断增兵,向我冲击,我孤军无援,遂陷不利地位。四日,敌进兵桐口,我陆战队死力奋斗,敌乃退却。我挺进小桥,六日续向洪山桥搜索,猝与敌遇,敌众我寡,列兵廖玉光、金玉兴战死。自是连日与敌周旋,敌迭次派艇由洪山桥上驶,均被击退。我数度向洪山桥、大夫岭各处进攻,亦难得手。旋复分派队伍向大腹山之敌围攻,因敌工事坚强,无法击破,遂成对峙之势。至十月二十七日,敌由浦里进袭桐口,另有一部沿奶奶山麓,附带大炮,同时向我包围,当即发生剧战。敌攻势甚猛,我退扼中房苦战,溪尾陆战队阵地,亦被猛袭。与敌相持于甘蔗一带,双方互有伤亡,支持至二十九日,敌势已疲,我猛烈反攻,敌向福州方面撤退。随将桐口收复。

十一月八日,我向前搜索,发现敌船八艘上驶,立即击退。同日敌汽艇九艘,满载敌兵,侵入侯官市。小桥方面,亦有敌兵窥伺,被我击却,惟侯官市敌锋甚锐,当晚复向左岸之古山洲、蜻蜞洲两处登陆,敌艇活动尤力,随迫连头。九日,向甘蔗进犯,我陆战队极力阻压,击伤敌艇及其所拖带之民船各一艘,敌势稍挫。乃改攻山前山,另有一股迫入甘蔗,猛扑我土地堂阵地,战况尤烈。我陆战队死守土地堂,与敌苦战。延至十日晨,敌焰始杀,我乘其力疲,奋勇反击,敌艇相率下逃,遂即收复甘蔗。十一日,甘蔗撤退之敌在小桥登陆,复犯桐口,大腹山敌以大炮掩护,火力极为猛烈。我陆战队缺乏重兵器,剧战数小时后,以伤亡甚重,乃向关源里转进,重新部署。翌日,向桐口反攻,我攻势甚锐,奋勇直前,敌乃遁去,桐口再度收复。

十二月七日,敌三犯桐口,洪山桥开来敌艇,并于妙峰山架炮掩护,战况亦烈。同时小桥、浦里各地,均有敌兵登陆,剽劫物资,我陆战队分别击退之。又以敌人屡犯不已,乃谋牵制敌兵之策,向敌后方发展,由被动而争取主动地位。当由闽江江防司令部招集志士,组设游击队,潜伏于鼓山一带,迭次向敌潜袭,颇收成果。敌受重大威胁,因于十二月十二日,分由福州、马尾两路向鼓山厩院我游击队之出没地点搜索,当即发生剧战,我军力孤势弱,损失颇重。但仍分开散据各要点,敌亦不易围攻。我亟分出一部由下岐经平楚庵向敌反包围,另派队伍由牛田后山抄出绝顶峰麓,向敌侧击。内外各线,猛力反攻,敌陷劣势,不克久支,逐渐后退。翌日,又来搜索,我游击队早作准备,疏散匿伏深山中,敌搜索不得。入晚,我枪声大作,声东击西,敌大疑惧,仓皇引遁。是后仍有小股敌人,时向小桥,桐口各地窥伺,均经分别击退。

三十四年一月十二日,洪山桥方面之敌又大举向小桥、里山进犯桐口,发生剧战,支持至是日薄暮,敌始退却。三月十五、十七两日,洪山桥会合古山洲、浦里各地敌兵,先后联犯小桥,均经击退。

四月二十七日,我小桥阵地复遭猛袭,工事被毁一部,我陆战队死守原线,敌不得逞。延至是年五月初旬,盘踞福州之敌,有撤退模样。惟洪山桥、五凤山、大腹山、金牛山等处,有敌坚强据点,架炮掩护。时闽江江防司令李世甲已调任海军第二舰队司令,遗缺由海军第二布雷总队部总队长刘德浦升任。刘司令奉到电令,先率一部人员沿江东下,部署收复马长事宜。一面由海军陆战队第四团抽派队伍,于五月九日向大腹山之敌进攻。我力冒艰险,迫近敌炮兵阵地,敌于洪山桥调到援队,火力猛烈,阻我进路。十二日,我奋勇前进,与敌接战二小时,左翼得有进展,占领敌之一部阵地。旋以地形不利,当晚退守浦里山。十三日,又以全力进攻大腹山,仍未得手。为适应战机起见,抽选该团勇敢官兵,编为突击队,位置于桐口附近,在洪山桥、浦里各地积极活动。同日,我军向白沙、甘蔗各地挺进。十七日,大腹山敌被我猛攻后撤,我取得敌方阵地后,随向洪山桥、祭酒岭搜索前进。至厩院方面,我军与敌遭遇,双方接战甚烈。旋我援队赶到,敌不支遁去。我向马尾节节追击,敌集合残余部队,于马尾各山头继续抵抗,我不断进迫,敌向闽安方面败窜。马尾遗尸多具,其马尾警备司令掘登一大尉被我击毙。二十日,我续向闽安迫击,敌乘民船图遁,我陆战队亦驾舟尾追,毙敌数名、俘一名,并卤获军用品甚多。敌在琯头架炮顽抗,我陆战队奋勇进攻,敌全部溃窜。榕城各地敌踪,随告肃清。闽江江防司令部仍回马尾办公,办理一切善后事宜。惟川石尚有敌人盘踞,我仍随时严加戒视。七月十五日,川石之敌分乘汽艇、民船,在大炮掩护下,由土地尾登陆。一部循金沙进犯吴村,其主力部队则从牛鼻孔集结于龙台方面,势颇猖獗。我陆战队极力抵御,相持至薄暮,龙台被占。我仍扼守南山,继续作战。旋敌迫近南山,攻势甚锐,我陆战队颇多伤亡,南山地阵线被突破,复转移至南山附近高地与敌人苦战。敌人虽一鼓作气,但再衰三竭,相持至十六日晨,敌势已疲。我乃猛烈反攻,夺回南山。继将洋下山、九龙山各地次第收复。敌迭次消耗,徒劳无功。在闽无法发展,局势浸趋穷蹙,亦促成日寇全面投降之一因素。

闽省背山面海,闽江口地势狭隘,沟通南北,固为海疆要区,即九龙江、晋江、涵江各地,亦皆为战区所宜控制之要点。敌得金门、厦门后,闯入每一流域,均足扰我腹地,进窥汀、漳、龙,威胁闽西而成包围之势。闽江布雷以外,尚须顾及九龙江、涵江、晋江各防区之阻塞工作。三十一年七月间,海军方面完成九龙江测量任务,开始布雷。三十二年九月间,分别将晋江、涵江着手施测,晋江布雷工作开始进行。十月,涵江亦经敷布,综计九龙江、晋江、涵江各区,前后共布雷十五次,计一百具。闽省各江防务益臻巩固。此外,敌人利用反封锁战略,潜布水雷,阻我航路交通,我亦随时探捞。三十四年七月,石码发现敌方所布水雷,经予以安全处置。

第二节　浙省方面

浙省各江,在我个别布雷阻塞下,均能确保安全。自三十年四月间,浙东战役一度被敌骚扰之后,旋即恢复常态,经分别将各江雷区详加勘察,予以整补。海军瓯江炮台亦逐渐实施恢复工作。三十年十月二十八日,在富春江之锣鼓山与长山渡间,布定雷十二具。十一月二十日,又在富春江之长山渡,续布十五具。十二月二十二日,在瓯江南水道布二十三具。三十一年一月三十日,在飞云江布八具。同月将海军瓯江炮台构筑完成,所有各炮亦经整理完毕,回复旧观,奠定江防。三十一年五月,敌又倾其全力,再度犯我浙境。因我在浙江东部之沿海各地所构成之雷区坚强,未敢溯江前进。乃改由诸暨、义乌各地,向我浙西进犯。浙东方面,亦以敌舰遥为牵制,我雷队于五月十六日起,分别在椒江、桐江、瓯江、兰溪各要点,加布定雷五十四具;并留一部漂雷,控置于青田方面,准备在必要时布放。未几,金华、丽水相继失陷,敌势猖獗,各布雷队无法执行任务,奉令随同第三战区各部队照指定地点转进。第二布雷总队部亦遵令随第三战区长官部退入崇安。旋又奉令开驻建阳,留办事处于歙县,撤销金华办事处。该方面布雷工作,因之暂受阻碍。乃于乐清东山埠留置漂雷一队,相机布放。海军瓯江炮台官兵则死守原阵地,与敌舰相对峙。七月九日,敌大小汽艇十余艘满载敌兵,向瓯江进犯,我炮台发炮迎击,敌艇退却。十一日,丽水之敌窜至永嘉附近,炮台被围,情况危急,该台奉令掩埋炮身,员兵依照指定地点转进。惟各雷区威力仍强,敌舰未能通越水道,致难久持,逡巡引退。我陆军逐渐驰援,挽回颓势。浙境复告敉平,瓯江炮台又于其时重新整理,控置原防。各江雷区亦多健全如旧,各雷队仍分区扼守,择要补充。三十二年一月,在浙东沿海流域,择地设哨,实施监视任务。并于临海地点,配设联络机构,以期通讯灵捷,迅赴戎机。同年五月,敌舰又思蠢动,丽水方面,亦曾一度紧张。复分别于瓯江、飞云江布雷二十余具。同月二十九日,据报瓯江口外泊有敌舰三艘,并敌船五十余艘。我雷队准备在崎头山方面,布放漂雷,予以迎击。旋因敌舰已退,未经实施。各地情势,亦渐就缓和,我仍设计布防。九月二十二日,在富春江之长山渡增布十具。十月十六日,在该江程〔?〕坎续布十具。十一月,开始勘察永宁江水道。三十三年一月,在瓯江增布四具。六月六日,在瓯江南水道布二十一具。十七日,在飞云江布十二具。八月,浙东之敌复肆蠢动。惟瓯江并无敌舰。九月九日,敌陷青田,并由青田进兵攻入永嘉,瓯江炮台后路被袭,无法扼守。该台系配属温州守备区指挥部作战,一切行动,均照指挥部命令办理。该台奉令将各炮秘密掩埋,员兵依指定地点转进,该处雷队亦遵令后移。是月二十三日,复于椒江布雷三具,阻敌前进。十月五日,又在海门老鼠屿布十具,加强防务。由瓯江后移之布雷队,则改取游击姿势,于是月二日在瓯江滕桥下岸村布漂雷二十具,遏阻敌势。十一月,瓯江炮台员兵奉令随带轻装武器,往温州守备区指挥部参加作战,并留一部在茅公岭监视敌舰。而十月间下岸村所布漂雷,于十二月十日发生成果,是日有敌运输舰一艘,在瓯江口黄大澳附近触雷沉没。该处漂雷因潮流

1801

往返阻滞,距布放期间已逾两月,尚能奏效。三十四年四月间,开始勘察鳌江,并派员会同美军,侦察温台沿海各地。六月,永嘉克复,海军瓯江炮台员兵随即回复原防,部署一切,继续监视敌舰。瓯江布雷队亦将原有雷区,详加勘察整理。惟其时海门方面,尚有敌舰集合踪迹,随派雷队挺进泛桥施放漂雷。于六月二十九日到达,即在泛桥准备工作,水雷运至江边,正拟下布,据报敌舰已经开离海门,乃留泛桥,严加警戒。至日寇投降后,布雷任务方告结束。

第三节　赣省方面

赣江各段雷区,配置亦日臻严密。三十年十月十一日,在市汊街布定雷十具,龙雾洲布定雷十七具。三十一年一月,敌集中汽船民船甚多,纷向赣江进犯,我益加强防务。是月三十一日,在小港口布定雷十五具。二月一日,丰城上游发现敌方汽艇并拖带民船数艘,装兵甚多,当驶至市汊街时,触我水雷,沉其汽艇一艘及所拖带之民船三艘。另有民船一艘受伤亦重。三月九日,我亟在市汊街布放漂雷二具。同月二十一日,在尧峰岭布定雷三十具。自是敌情张弛无定,我各雷队朝夕戒备,至五月间,敌势又炽,发动赣北军事,策应浙境战局,南昌之敌增加配备,并将赣江下游敌之汽艇调集南昌。经令派该处布雷队注意防务,调整雷区,赣江各水道,分别派员视察,设计加强。二十日晚,在市汊街布定雷二十具。六月二日,在龙雾洲及姜家山布三十具。四日,在瑞洪新河口布十五具。七日,在龙头山北布十五具。九日,在白溪布十具。七月六日,在清江口布三十具。

昌江方面亦加阻塞。于三十一年六月间,先后在凤岗港、南村、鲇鱼山、吕蒙渡、官荻、老虎庙等处,共布四十余具。此外,锦江、袁水、汝水同时开始勘察,准备封锁。敌情虽甚嚣张,赖我雷队员兵用命,抢急布雷,使敌活动困难,情势渐趋好转。其时有一雷队在军事极度紧张之下,冒险工作,于取道上饶回队时,适上饶为敌所据,沿途节节突围,损失甚重,各员兵不顾大敌当前,奋勇工作。经海军总司令部传令嘉奖,以资激励。

浙赣敌兵既退,当即派员勘察各地雷区情况,其中有被敌破坏者,克日着手修复。计于十月间,先后在市汊街、北口、锦河口、姜家山、北大港口、小港口、龙头山各处,共布定雷一百具。旋复于三十二年二月间,在大小港间加强〔布〕十五具。三月二十四日,据报高安有敌数百人渡过锦河,熊庄附近亦有敌踪发现,情况复形严重。经饬各布雷队负责扼守,适机加布,而对于大港口至樟树一段之阻塞线,特加严防。并注意昌江水道,由祁门县境经浮梁入鄱阳湖之防御任务,在丰城、樟树间,勘定雷区,赶将水道探测竣事,敌度不逞,旋自退却。是年十月,赣江洪水为灾,雷区间有冲毁,深恐阻塞力量发生影响,爰于斯时在市汊街、龙雾洲、姜家山各段,加布水雷五十具。三十三年五月十三日,敌因受我雷区威力遏制,迄难逞志,故欲设法泄忿,抽派敌机向我赣江布雷队根据地投弹,驻扎所附近落弹多枚,幸无损失。八月,我在锦河口、市汊街布三十具。九月二十三日,樵舍方面有敌船一艘,误入雷区,被炸沉没,毙敌兵十二人及伪保安队三十余人。十一月,调海军第一布雷总队一部分雷队,加入赣江工作,该队于十二月间到达吉安,三十四年一月开始测量吉水水道,并选择雷区要点。七月,为预防敌人将来由赣江两岸北撤计,认为万安以南水道有布雷阻塞之必要,当即就所选雷区,着手工作。于是月三日在棉津关布雷八十具。同时,樟树方面亦加布三十具。敌焰始虽烈炽,但因我雷区层层密布,阻遏活动,使敌缺乏联络,未克持久。赣东各地渐次收复,形势转危为安,造成全局胜利战果。

第五篇　湘黔剿匪

绥靖后方,肃清匪患,为我海军陆战队在抗战期中之主要任务。三十年十月,海军陆战队第一独立旅第一团分别在龙潭、犁水溪、狮子山、牛皮洞、青山界、新路河、木鳌洞、南木冲、铜湾等处不断搜剿,匪势浸杀。惟其中有出没于龙潭、溆浦、黔阳交界之谌志景、谌志华两股,仍属刁顽,除每日派队在沿线附近会哨及游击外,并着保甲长随时查探匪踪。第一独立旅第二团因河路防区内六乡股散各匪迭次骚扰闾阎,亟须痛加清剿,以清地方,各匪抵抗能力虽微,但消息灵通,闻风远扬,弋获匪易。经抽调各连中之老练士兵,合组一搜剿便衣队,运用敏锐脑筋,探查匪踪,设法诱擒。一面深入民间,筹组保甲,加强民众武力,俾资协助。十一月,桑植著匪邹敬才、陈光友等啸聚余众于大庸西郊,图谋蠢动,第二独立旅第三团派队驰剿,当场击毙匪首邹敬才,余众星散。并分别剿平坡脚乡及枫香坪诸匪。

三十一年二月,第一团击平盘据洗马潭之谌志景股匪。并于辰溪方面,敉平孚和乡散匪。同时进剿永顺方面之匪于袁家界一带,匪首黎清平远遁。慈利匪首方子恒、萧樵麻子等纠众日久,出没于溇阳乡一带,经陆战队驰剿,匪乃远遁。此外,以八面山为巢穴之匪首瞿、王、贾等股,勾结一气,分扰二梭、明溪、墨龙各地,陆战队大举围剿,匪焰亦敛。又慈利匪首贺文慈实力虽已崩溃,羽党尚未尽歼,仍在毛花界各地潜出行劫,我遂派队追缉,匪始慑伏。四月,龙山之匪被剿穷蹙,窜入鹤峰。五月,芦木洞发生匪警,我陆战队星夜驰剿,匪首唐湘巴老被我当场击毙,枭首示众。六月,张玉林匪窜扰辰溪之温和、中和各乡,派队围剿,匪遁入沅港,投诚缴械。五寨乡保长向金柏与匪勾结,一体搜剿,向金柏伏诛,悍目彭吉安毙命,并擒其羽党向顺富。其时瞿、王两股匪,复啸聚于龙山一带,挟有轻重机关枪,希图进窥桑植县境。海军陆战队分兵两路围剿,匪退永桑边界,我跟踪追击,毙其悍目黎老三等十余名,并生擒数名,匪遁入万民岗,我尾追痛击,匪乃广结诸股图窜据泥湖塔,我又逼扫巢穴,匪无法抵抗,星散四窜。九月,谌志景股匪侵及安江,我复抽调队伍驰往清剿,匪氛立戢。十月,侯五嫔股匪窜扰龙山。同时,枳木界及桑植各地散匪仍图死灰复燃,我遂分别剿平。十一月,著匪张云卿出没于桐口附近,复经派队弭除。是月,第六战区奉令会剿鄂湘川黔边区积匪,并将第六战区划为七个清剿分区,以海军陆战队第一旅旅长林秉周为第七分区指挥官,统辖辰溪、芷江、黔阳各县。第二独立旅第三团仍在永顺、大庸、桑植、龙山各县,继续担任剿匪工作。

三十二年一月,彭、向股匪窜扰大庸、桑植、鹤峰各县,立予剿平。四月,武岗积匪杨向晚纠合龙潭谌志景余股,集扰武黔边境,并受奸伪驱使,作有计划有组织之剽劫行动。经组便衣队严加搜捕,用杜隐患。六月,龙山匪患转烈,瞿、王、贾各股先后窜扰该地之洗车河、猫儿滩、隆头各处,分派队伍兜剿,匪会窜于内七栅,并出没于赖竹坡各地。复经进剿,在贾家寨逼攻匪窟。一面联络该地保甲长,组成情报网,以农民哨、便衣队四出搜捕,斩获颇多。七月,剿平五寨乡及金线湖之匪。八月,击溃芷江刘善德股匪。十月,驻龙山之海军陆战队队伍,奉令编为第二清剿纵队;驻桑植之海军陆战队队伍,奉令编为第三清剿纵队。是月,分别剿平塘口、杪树坪、王宗沟、舞北乡各处土匪。

三十三年初,以常德、桃源方面,被敌一度侵入,匪伪乘机蠢动。辰溪各地匪徒伺隙图逞,经海军陆战队派队分剿,中有徐汉章股声势最大,联络苗匪,窜集浦市,由我方力予痛剿。先后击匪于牛角冲、葛蒲塘、高塞等处,徐匪复联合覃文献股,在赤岭坳、罩子坪各地,据险顽抗,我复跟踪追剿,毙匪无算,余众溃散。是役,我阵亡列兵一名。同月,并肃清盘据慈、桑交界之彭、梁各股匪。是年二月,股匪徐汉章窜集于麻阳、浦市方面,构筑工事,广征粮秣,希图长期抗拒,被我一鼓荡平。三月,芷江匪氛复炽,柳树坪发生匪众掳劫绑架学生情事,陆战队闻警星夜驰剿,当场击毙匪徒多名,并生擒其渠魁,就地枪决,所有被劫学生悉数安全救出。此外,并于麻阳、沅陵一带,搜捕附近散匪,从事宣慰工作,以安黎庶。四月,剿平永顺、侯斌股匪,并于临溪一带,肃清残匪。五月,湘黔方面清剿工作重新部署,以分区调整综合力量为目的,冀能加强进剿兵力,根绝匪患。海军陆战队奉令集中军力,调整防区。计第一独立旅驻防芷江、辰溪

1805

两县,第二独立旅第三团驻防永顺。第一独立旅并就原防划成四区,芷江自新店坪起至榆树湾止为第一段;自榆树湾起至花桥止为第二段;自花桥起至辰溪止为第三段;自榆树湾起至枳木槽止为第四段。旅长林秉周负责指挥,分别派队扼要布防,第一步先行肃清沿公路之零星散匪,并清查户口,登记民枪及订定清剿办法。另抽兵一部,担负芷江机场警卫任务。是月,辰溪县属温和、中和各乡及芷江县属舞北乡匪徒,均经剿平。六月,黔匪杨和清出没于湘黔交界,派队击退。旋又搜剿窑湾塘土匪。同时,以滨湖各地我方备战紧急,沅水、常、桃各河防至关重要,对于辰溪方面河防,特别注意,增兵扼守,以固防务。七月,便水、新店坪、庙头湾各地复经扫平匪氛。八月,清剿防区,重行划分。第一独立旅防地,奉令划为第六区,计有辰溪、麻阳、怀化、芷江、黔阳五县,另将该旅第一团第一营拨归第七区管辖。其第七区防地为沅陵、泸溪两县,第二独立旅第三团拨归第三区管辖。其第三区防地,为大庸、桑植、永顺、古丈四县,防区辽阔,任务益重。是月,即开始进剿怀化之匪,并敉平芷麻、黔芷各交界匪氛,且在各原防区,以次肃清残匪多股。

查海军陆战队之设,系担任防卫各江海之要港、要塞及守护海军各机关厂库等,海军陆战队奉令护路剿匪历十余年,尽力驰驱,无分昼夜,对于绥靖职责,固已克尽无亏。惟对于陆战队本质,顾名思义,似尚未符,且有影响海军整个业务之进展。当由海军总司令部呈请军事委员会以派在湘西剿匪之陆战队各部队,调替海军要塞各炮台及海军各布雷队之一部任务,腾出原派炮台雷队服务之海军舰队官兵,派赴英美训练,准备参加盟军作战,及实习造船等。所遗湘西剿匪任务,由第六、第九两战区派队前往接防,此案已奉军事委员会核准。但接防之陆军部队久未到达,三十三年十二月,军事委员会亦接到第六战区长官孙连仲来电,以据兼江防总司令吴奇伟电告,宜巴、巴万两区海军军官,前后调派出国甚多,所余人数不敷分配,要塞守备任务请予补充。经军事委员会核准照办,饬将海军第一独立旅调赴万县,归万梁警备司令周熹文指挥。三十四年一月,开始由湘西原防向万县开拔,于三月间先后到达,除一部驻防万县外,并奉令调驻梁山,分别担负警备巡查暨守卫各站库及机场等任务。六月,奉军事委员会令饬,将海军陆战队第一独立旅及海军陆战队第二独立旅第三团撤销番号,分别编并,改隶第六战区及第四方面军。经海军总司令部呈请免予裁并,未邀允准。海军陆战队成立以来,具有二十余年奋斗之历史,且在抗战时期,工作尤为努力。为海军建设前途计,将来海军陆战队实有扩充组织之必要,此次遽予裁并,海军业务上之进行,深遭打击。旋又奉令饬将海军第二独立旅第四团及派在闽浙沿海担任敌舰监视哨之第二独立旅第三团第一营,曾经奉准保留者一律裁撤,亦经海军总司令部陈请免裁,卒无效果。

第六篇　办理接收日本海军之经过

三十四年八月,日寇穷蹙乞降。时海军总司令陈绍宽适于参加旧金山联合国会议后,复奉政府命令,派往英美各国视察海军,闻讯即将视察时间缩短,于是月十四日,飞航返国,克日到部视事,指示复员步骤及清扫雷区工作。旋复飞沪,巡察海军战前各机关及厂库。九月六日,奉派随同中国陆军总司令何应钦由沪飞京,代表政府签字,正式接受日方投降。同月十日,海军总司令部奉到中国陆军总部何总司令命令,凡在中国境内及越南北纬十六度以北地区之日本海军,均交中国海军接收。同时,又奉命令,派海军总司令部参谋长曾以鼎为海军专员,负办理接收日本海军全责,曾以鼎即遵令由渝飞沪,开始办公。并分派海军总司令部舰械处处长陈宏泰飞赴南京,负责接收芜湖、南京、镇江、江阴各地日本海军。海军总司令部军衡处恤赏科科长薛家声由渝飞汉,接收汉口、九江、安庆各地日本海军。海军闽江江防司令刘德浦由闽飞厦,接收厦门日本海军。此外,淞沪各地日本海军,派吴振南接收。广东、越南各地日本海军,派刘永诰接收。华北各地日本海军,派唐静海接收。定海日本海军,派杨道钊接收。旋于台湾设立海军台澎要港司令部，以李世甲为司令。所遗海军第二舰队司令缺，以海军第一舰队司令方莹调任，移驻汉口办公。递遗第一舰队司令缺，以陈宏泰调任。南京等地接收未了事宜，改派朱天森办理。同时，厦门方面，恢复海军厦门要港司令部，以刘德浦为司令。所遗海军闽江江防司令缺，派李国堂代理。总司令陈绍宽随时飞往各地巡视，并指示一切。各地办理接收事宜，均甚顺利。惟所接收之日舰，多属航江小轮，吨位甚小，且历久失修，武器装备亦不完整。此外，尚有杂务船只，为数虽多，率皆由盟国在华侨商及我国商民夺取而来，原主认领有据，均经分别发还。余者则系自杀艇与渔船，残破不堪，无法利用。他如仓库厂所之类，为数尚伙，除海军江南造船所由海军收回自用外，其他各厂库虽皆自日本方面接收，但均奉令点交海关接收。至于收自日本海军之煤炭，则亦遵令转交燃料管理委员会。其时日本舰艇接收伊始，调动频繁，又值中共扰乱，江海防务突增，布防巡弋，在在需煤。燃料管理委员会原应准备大量煤，专供海军舰艇急需，乃海军每次需煤紧急时，均须备价向燃料管理委员会请购，如无现款，则拒绝不予拨用，于战后海军进展工作上颇多窒碍。

（六）粤桂区海军抗战纪实[①]
（1946年）

粤桂区海军抗战纪实

前言

甲午以还，我国海军未事重建，残存舰艇固不足以言海防。华

[①] 沿用原标题。文件成文时间不详，仅据文意推测。

南方面,尤管道可负海防任务之舰艇,过去在粤海军机构虽数度以海防称,而实际仍以江防为主要任务。抗战期中,在粤海军除初期曾运用舰艇与敌作战外,其后以舰艇损失殆尽,只能着重于水雷之制造与运用。

粤桂区海军对日作战虽无显赫战果,然自战争开始以迄胜利,工作贯彻始终克尽其最大限度之努力,每役均能达成任务。消极方面,防阻敌人深入,打击敌人锐气;积极方面,攻击敌方舰船,破坏敌方交通,及消耗敌方人员、物质。其工作之艰巨及成就,虽鲜为国人所注目,而对长期抗战之贡献,实不下于任何抗战部队。

本文就粤桂区海军之抗战经过事实,挈要纪述之。

一、战时组织

粤桂区海军在抗战期中之组织,曾因适应环境及事实之需要,而经数次之更替。其原来组织及演变如次:

(1)广东省江防司令部　民廿五年,广东还政中央,将原有第一集团军舰队司令部,改称为广东省江防司令部,是年十一月,司令张之英辞职,冯焯勋奉派接充司令。

该部辖下军舰原有肇和、福安、海瑞、执信、坚如、江大、江巩、安北、海虎、广金、舞凤等,共二十余艘。嗣肇和舰改隶广州行营,福安、海瑞、广金、江澄、利深、智利等舰,先后裁列废舰,所余仅十余艘,均在千吨以下。抗日战争发生后,肇和舰奉拨该部指挥,同时两广盐运署及粤缉私处之海周、海维、海武、广源、靖东等舰,暨中央派粤测量之公胜舰,亦拨该部指挥,其原有所属水鱼雷队下设水雷分队三队,并辖鱼雷快艇四艘。

廿六年十一月,由黄文田接充司令。廿七年,因抗战需要,增设水雷队十一组,招募在野之海军士兵组成之,施以短期训练,随分派工作。廿七年十月,中央复将鱼雷快艇十艘运粤,归该部指挥。

廿七年十月二十一日,国军弃守广州,该部自广州移驻西江之肇庆,继续指挥所部作战。

(2) 广东绥靖主任行署舰务处　广东省江防司令部所配属各舰,经廿七年十二月以前之各战役,泰半已先后沉没,实力消失。复以广州失守,制造水雷材料缺乏,快艇则受地形限制,不能运用。该部乃奉令于廿七年十二月十六日,改编组成舰务处,隶广东绥靖主任行署,仍以黄文田为处长,辖下之水鱼雷队仍保持原来编制,并将各沉舰员兵及武器组编为机炮队。

廿八年一月底,行署结束,舰务处奉令暂时保留,听候移交桂林行营。

(3) 桂林行营江防处　桂林行营于廿八年四月一日接收粤舰务处,改编为江防处,派徐祖善为处长,黄文田为副处长。处设行营内,下分设梧州、桂平办事处,水雷总队(驻肇庆)、舰艇队(附设处内)、特务队(驻梧州)、补充队(驻封川)、雷械修造所(设柳州)、军械库(设桂平)、医务所(设肇庆)等单位。水雷总队下分两队,共辖十六个分队;舰艇队辖永福(驻香港)、平西两舰,及巡艇两艘,快艇九艘,电船四艘。

廿九年一月,因兼顾桂南方面作战,将水雷总队改编为西江第一、二两守备总队,第一守备总队驻广西横县,第二守备总队驻肇庆。

(4) 粤桂江防司令部　廿九年八月,江防处奉令改为粤桂江防司令部,隶军事委员会,仍以徐祖善为司令。司令部设梧州,所属单位除保持原有组织外,并增设掩护总队(驻梧州,卅一年移驻肇庆后改称大队)及通信队(驻梧州)。掩护总队下辖机关枪队三中队、步兵队二中队。卅年二月,复将西江第一、二守备总队改编为水雷总队(驻肇庆后改称大队),下辖六个水雷中队十八个水雷分队,卅二年复增设水雷运输队。

卅年五月,该部奉改派黄文田为司令。

卅三年四月,为便利指挥所属前线部队,司令部由梧州移驻肇庆。同年九月,国军撤离肇庆,该部奉令逐渐西移,指挥所部节节封锁,计先后曾驻高要、禄步、郁南、都城、苍梧、长洲、藤县、桂平、贵县、南宁等处,至十二月三日,转进抵百色。嗣军事好转,复奉令逐站东下,十二月廿六日抵驻田阳,卅四年三月六日,抵驻田东,六月五日抵驻南宁。

经卅三年之湘桂会战,该部所有舰艇或因作战沉没,或因江河狭浅不能续向西驶,而破坏损失殆尽。惟布雷方面,仍保持原有实力。因是奉令撤锁江防司令部,缩编为粤桂江防布雷总队,所属官兵除编入布雷总队,及将掩护大队驻桂部分拨六十四军,驻粤部分拨一五八师补充之外,其余官佐分别送训、退役遣散,粤桂江防司令部遂于卅四年六月底结束。

(5) 粤桂江防布雷总队　总队于卅四年七月一日在南宁成立,隶军政部,原派总队长未到任,初期仍由黄司令文田暂行负责队务。总队部下设水雷第一、二两大队(每大队辖两个中队、六个分队)、特务队、输送排、通信队等。时有水雷两中队仍留粤境工作,分驻罗定、紫金、潮安等地。

日本宣布投降后,总队随奉令于八月廿日离邕东下,移驻贵县,准备扫雷开航。

嗣军政部派前粤桂江防司令部代将参谋长陈锡乾为总队长,陈受命后于九月一日在贵县接事。

日本既签降,总队奉令加紧扫雷,总队部遂赶速东移,督导雷队工作,仅于梧州、肇庆,稍事逗留,于九月廿三日进抵广州。

扫雷工作甫告完成,陈总队长奉命任三角洲地带水道交通警备指挥官,负责绥靖河道,乃将全部水雷队集中三角洲河道之各要冲点,并以接收伪广州要港司令部之炮艇六艘,派遣梭巡河道。

布雷总队为战时机构,抗战已达最后胜利目的,故于扫雷工作完成后不久,即奉令裁撤。该总队乃于卅五年二月底结束,因未奉另设江防机构,所属官兵除拨粤越区海军专员办公处服务,及送青岛中央海军训练团受训外,余分别办理退役或遣散。

二、堵塞封锁

七七事发,全面抗战展开后,日敌除自华北、华东向我内陆进攻外,复以优势之海军封锁我国沿海,并于华南海面伺机向广东内地进攻。广东地临南海,河流纵横,珠江三角洲之六门——虎门、横门、蕉门、磨刀门、虎跳门、崖门以及泥湾门、潭洲口等口,均能进入舰艘〔艇〕,敌舰艇有自各该口窜入腹地之可能。是时广东省江防司令部所属及配属之舰艇,数量固少,战斗力亦复微弱,不能全靠之以防阻敌舰侵入。至原日所存水雷,均系旧品,能使用者不及百一,又以防材缺乏,故决计征募船只,载石沉塞于各航道,借以阻滞敌舰之深入。是项计划于二十六年八月间奉令实施。计:

(一)虎门内淡水河堵塞线一度,沉废舰七艘,废商轮五艘,大木船六十五艘。

(二)大刀沙堵塞线一度,沉废舰二艘,大木船十七艘,中留一缺口,以为广州与香港、澳门交通仅存之出入口道。

(三)横门堵塞线二度,共沉废舰二艘,废商轮一艘,大木船十五艘。

(四)磨刀门堵塞线一度,沉废商轮一艘,大木船十八艘。

(五)崖门及虎跳门之口外堵塞线一度,沉废舰一艘,废商轮三艘,大木船十一艘。

(六)潭洲口堵塞线一度,沉废商轮一艘,大木船九艘。

以上各口堵塞工作,于廿六年十月完成,复于同年十二月再加募船只,分别补塞。所余大刀沙封锁之缺口,由该部组织领港队引导商轮出入,此缺口仍于敌军在大亚湾登陆后两日(廿七年十月十四日)施以完全封锁。

上述各堵塞线及其他各航道,另敷布水雷,加强封锁。

三、舰艇作战

(1)虎门之战　敌舰既南来封锁广东沿海,并频以汽艇及武装渔船沿海骚扰,广东省江防司令部除将各航道堵塞及敷雷封锁外,并派各舰艇分赴各口巡弋警戒,准备迎击敌舰艇及担任对空监视。其初期部署如次:

（一）以肇和、海周、海虎、海武、海鸥等舰守伶仃洋至虎门一带;

（二）以坚如、湖山、广澄等舰守潭洲口一带;

（三）以江大、飞鹏、光华、江平等舰守横门一带;

（四）以江巩、舞凤、广安、广源等舰守磨刀门一带;

（五）以安北、海维、平西、靖东等舰守崖门一带;

（六）以快艇四艘驻横门口,相机袭击敌舰。

廿六年九月十四日,晨光熹微之际,敌巡洋舰一艘、驱逐舰四艘,自伶仃洋直向虎门疾驶,为我方守舰肇和、海周等舰发觉,俟其驶至炮火射程内,即发炮迎击,同时虎门各炮台亦集向敌舰发炮,敌舰遂亦以密烈之炮火向我各舰及虎门要塞攻击,乃展开剧烈之海战。经约四十分钟之苦斗,遥见敌驱逐舰一艘浓烟突起,其他敌舰不敢再战,仓惶挟护受创敌舰后退,该敌舰受伤过重,卒沉没于伶仃洋。我方守舰海周号于酣战时舰尾中炮受伤,官兵壮烈殉国及负伤者数人。以我积弱之海军而能炮毁敌舰,实开抗战后海战之记录。

（2）海空作战　敌自经虎门之战后,知我舰作战果敢英勇,不敢轻视,乃不再以军舰试探各口,改派飞机大举分向我各门守舰轰炸,我各舰防空力量虽极薄弱,仅在数艘较大之舰装有高射炮。惟各舰官兵均以防守有责,遇敌机来袭,莫不奋勇迎击,敌机不敢低飞,掷弹不易命中。然敌野心益狠,必欲消灭我各守后〔口〕舰而后已,乃改作有计划之行动,分期轰炸,自九月二十五日起,轮流派机向我各守口舰更番轰炸,我各舰将士亦誓死与敌机周旋,惟以防空力绝对微弱,敌机不断来袭,终被炸沉多艘,而敌机亦为我击落一架、击伤四架,并消耗敌弹无算。是役我守舰先后被炸沉者,计有肇和、海周、海虎三艘沉于虎门至黄埔一线,江大舰一艘沉于横门,舞凤舰一艘沉于磨刀门,海维舰一艘沉于崖门,坚如舰一艘沉于潭洲(后绞起修复),官兵伤亡数十人。

至是广东省江防司令部对于各舰,除一面整理补充外,仍一面分派各门警戒,以阻敌舰之进侵。因较大之舰既失,乃将所存各舰从新分配,巡弋警戒地段如次:

(一)广州至虎门一线,有公胜、江巩、湖山等舰。

(二)潭洲至板沙尾一线,有仲恺、平西等舰。

(三)横门、小揽、莺哥咀一线,有仲元、飞鹏等舰。

(四)江门、外海、叠石至虎坑口一线,有执信、安东等舰。

(五)鱼雷快艇四艘控置于虎门沙角炮台,伺机出击。

迨廿七年十月二十一日我军弃守广州,敌机分批狂炸虎门要塞及附近舰艇。廿二日,继续轰炸,我各鱼雷快艇在空袭下固守原防,至廿三日晨,敌机群续向各快艇扫射投弹,各快艇齐与抵抗。旋第二号快艇被击中,油箱燃烧。第一号及第四号随亦弹尽,被炸沉没,艇员王可国阵亡。第三号则于廿五日在狮子洋为敌机追击,且战且航,卒中弹燃烧。

广州既陷,各段舰依原定至不得已时向西江上游活动警戒之计划,分别驶赴西江集中待命。江巩舰驶至番禺县属紫坭河面时,先后与敌机四批凡三十余架作战逾两小时,击伤敌机两架,该舰卒被炸沉。公胜舰则于顺德县容奇河面,与敌机数十架剧战,亦被炸沉。

(3)进攻三水河口之役　广东省江防司令部退出广州后,转进至西江之肇庆,随即于肇庆布防,固守西江咽喉,电令各舰固守江门、九江、三水、肇庆之线。嗣因敌由广三铁路进陷三水,恐各舰被切断于三水马口之外,乃复令各舰集于三水之青岐至肇庆一线。旋据探报有敌装甲艇潜伏三水之河口、思贤滘一带,意图西窥。该部即令各舰严密搜索,予以扑灭。

十月廿九日,据报思贤滘东岸等处敌筑炮兵阵地,该部以该处握西江要道,敌巩固该处阵地后,恐其继续溯江西上,深入西南腹地,影响我国抗战甚大,乃决计乘其立足未稳,予以驱除。于是日下午三时令执信、坚如、仲元、仲恺、飞鹏、湖山等六舰,由执信舰长李锡熙率领,向三水之思贤滘、马口等处搜索进攻。至五时许,执信等舰驶至思贤滘附近,即与岸上之敌发生炮战,各舰冒弹猛进,直指滘口,乃展开剧烈之炮战,当有敌炮垒四座为我击毁。敌乃转换战术,集中火力专向执信舰射击,并派到敌机协同作战,执信舰被中数弹,舰长李锡熙右腿受伤,仍复忍痛指挥继续进攻,嗣舰身再中多弹,最后两弹直中机炉爆炸,当堂沉没。该舰官兵阵亡者有副舰长林春炘、枪炮员周昭杰等二十三员名,受伤者有轮机长杨信光等十五员名,舰长李锡熙旋亦因伤重殉国。执信舰既沉,各舰继续作战,敌改向坚如舰集击,该舰亦被中两炮,枪炮员招德培等七员名受重伤。我各舰以攻击力减弱,又将已暮,乃回航固守肇庆峡。

是役,我舰虽未将三水之敌驱除,而敌人西进锐气已为之顿挫,西江正面乃在我少数舰艇及江防部队保卫下渡过危机。不久陆军部队开至肇庆以至青岐、贝水一带,与三水之敌对峙,此线保持至三十三年九月,始行弃守。

经我海军进攻三水之战,敌急图消灭我西江各舰。自十月卅日起,每日均派机搜索我舰施以轰炸,我各舰虽加伪装,然以地形所限,不能避免轰炸,遂移一部武器置岸上山地,对来袭敌机予以夹击,终以敌机轮回更番轰炸,至十二月底,除平西舰一艘外,余均先后被炸沉没。而敌人消耗尤大,我已获相当代价。

四、布雷封锁

布雷封锁于此次长期抗战中获极大效果。广东河道纵横交织,然敌陷广州后,不能利用其舰艇引导陆军长驱深入各江上游,乃因我对各江咽喉均加以布雷,严密封锁。初期敌舰船偶冒险或盲目冲经雷区,多为我水雷炸沉,后对雷区所在地不敢冒进,只能以陆军先行攻占陆地,然后进行扫雷,扫雷后始能继之以舰船运输,于此足见布雷对阻滞敌军前进收效之宏。兹将珠江区海军制造水雷及布雷工作情形概述如下:

（1）制造水雷　抗战开始时，广东方面所存者，仅有少数年久失修之英式及德式电气视发水雷，及少数意式新造电气视发水雷（所配电缆未运到），数量固少，且重量过巨，不甚适合于抗战封锁之用。倘向外国购买新雷，不特价昂且缓不济急，为期迅赴戎机及适合于广东各河道之用，广东省江防司令部乃将除原有旧雷加以修配及改装外，另计划自行制造水雷，以简单省费及易于运用为原则。

广东海军原无制造水雷之设备，而广州各机器商厂又无制造水雷之经验，广东省江防司令部乃将新设计制造各式水雷之图样，派由技术人员监督机器商厂依式制造。所制者计有60磅TNT炸药化学式触发系碇水雷、30磅药小型机械式漂碰水雷、30磅药时间式漂碰水雷等，均求适应当时抗战之需。此项造雷工作始于廿七年春，因制造场所规模非大，复经常受敌机空袭之影响，出产量遂受影响，然至同年十月退出广州时止，所制出水雷亦已达二千余具，已尽最大之努力矣。

退出广州后，造雷工作一度停顿，及廿八年桂林行营江防处设雷械修造所于柳州，乃恢复造雷工作。该所以制造水雷为主要业务，造雷设备完全，技工均系编制内员兵，经常工作，以供应两粤各雷区及控置之需。所造水雷以60磅药化学式触发系碇雷较多。该所造雷工作，继续至卅三年夏柳州紧张疏散时止。

粤桂区海军抗战期内所用水雷，除自行制造外，廿八年以后，另由海军总司令部拨用海丁式、海戊式电气触发雷，及海戊式电气漂流触发雷等，为数亦巨。

（2）初期抗战之布雷　全面抗战展开后，广东海军即作布雷之准备，及悉敌派舰队南来，乃实施布雷工作，将旧存各式视发水雷修配完好，先行分布于虎门、横门、崖门、狮子洋及汕头之马屿口五处，各该雷区由水雷队分别派队负责监护施放。

至廿七年春，广东省江防司令部赶速制造水雷，又以原有水雷队三个分队员兵过少，不敷分配，乃决增编水雷组十一组，以加强封锁工作。每组编制员兵奉核定仅二十余人,工作颇感困难,惟各组员兵均能深明大义,竭力以赴,皆能如期达成任务。

是年夏秋间,各雷队工作至为紧张,经常雇用小火轮十余艘及民船百余艘,为贮运雷具及调遣布雷人员之用。在该时期,敌机经常穿梭飞经三角洲地带,为避免暴露目标,布雷工作多于夜间行之。计除在虎门、横门、崖门三封锁线加布系碇触发雷外,并在虎跳门、圫湾门、磨刀门、大刀沙、淡水河口、小虎山、三虎山、潭洲、外海等封锁线,敷布大量之系碇触发雷,每线敷雷达十重。此外另在大亚湾之虎门头等处亦布设少量水雷。上项工作于廿七年十月廿日前完成。

各线除敷设触发碇雷外,并控置时间式漂雷,相机袭炸驶近沿岸之敌舰。曾先后在三灶岛及横门以该项漂雷袭击敌舰艇,予敌以极大威胁。水雷第十一组在淡水河口封锁线,于十月廿三日晨敷放漂雷袭炸虎门敌舰艇之际,不幸为敌机炸中所乘布雷艇,该组组长刘权求暨各员兵全体殉职。

廿七年十月,日军大举犯华南,以我珠江三角洲各口,均以水雷及防材封锁,不敢径自各口侵入内地,而突于十二日晨在大亚湾强行登陆,当有敌船一艘在该湾触雷沉没。迨日军登陆成功,自惠博直逼广州。廿一日,我军已将广州放弃。至是日军派机分炸我虎门、潭洲等雷区,继以汽艇分别载兵登陆及扫除水雷。廿二日,有敌汽艇三艘在潭洲河面触雷沉没。廿四日,在虎门沙角炮台登陆时,又有满载敌兵之武装渔船两艘触雷沉没。后于廿八年七月,日军犯中山县时,是月十一日有敌运兵电艇五艘及铁拖船一艘,分别在磨刀门东西雷区触雷沉没。廿四日复有八百吨之敌浅水炮舰一艘及武装渔船一艘在横门雷区触雷沉没。以上所炸毁敌舰艇,船上敌兵大部炸毙。

广州退守后,广东省江防司令部转进西江,随即奉令将肇庆峡封锁,是时因尚有我舰在肇庆峡外警戒,先行在峡内及峡外口敷设巨型视发水雷,并控置触发及漂碰水雷准备于必要时施放。

(3) 二期抗战之布雷 自廿七年冬国军弃守广州、武汉后,日军攻势已疲,不能再行锐进深入,我敌转入相持阶段。在此时期内,粤桂区海军之任务亦至为重大而艰巨。

廿七年度,日军在粤仅占据三角洲地区之大部,其后数年间,虽经发动攻势多次,亦仅续占中山县而囊括三角洲全部,及增据粤东之汕头,余无多大扩展。粤省河道甚多,日军原可利用舰艇自各河道长驱入,惟经我海军分别布雷封锁或控置水雷准备随时封锁,日军不敢轻进,我海军布雷工作,在二期抗战中已获极大成果。

此期历时甚长,计由廿七年末至卅三年夏。粤桂区海军担任之防区又甚辽阔,计东至粤东之潮汕,西至桂西之右江,北至粤北之曲江,南至粤南之雷州半岛。兹将各江布雷封锁工作情形分志如下:

(一) 西江正面:廿七年撤出广州后,即先在肇庆峡内及外口敷设视发水雷,及敌军在三水立足已稳,我舰艇亦已损失殆尽,乃决将西江正面肇庆峡至三水一线加以绝对封锁,以防敌舰西进。至廿八年夏间,已先后完成永安、沙浦、桃溪等雷区封锁线,其后续增布最前线之典水雷区,并随时将各该雷区加以调整及补充。于廿八年夏至廿九年秋间,海军总司令部亦派出布雷人员一部,由邓兆祥率领,驻肇庆协助西江正面之布雷工作。

西江正面除上述已布雷区外,另在高要县属之大鼎峡、孔湾、禄步,德庆县属之悦城、九官、马圩,郁南县属之南江口、罗旁,封川县属之蟠龙等地,分别测定预备雷区,于必要时加以封锁。

我敌在西江三水、高要一线,相持达五年余之久,其间敌曾数次自三水窜扰高要,惟从未敢以舰艇径犯我雷区,故无特别情形可纪。

(二) 新昌河:新昌河为珠江三角洲之主要支流,经恩平、开平、台山、新会等县可通汽船、电船,其下游为敌所踞。我为防敌自该河西犯,曾先后敷布七堡、陈冲、石咀、牛湾(均新会属)、单水口(开平属)等雷区。

卅年三月初间，敌军为掠取物资，向我三埠（即台山与开平交界处之新昌、荻海、长沙三市之总称，为战时粤中区商业枢纽）进攻，先自新会占新开公路西犯，及抵开平属之单水口，即更图打通新昌河，以便掠运三埠物资。乃于十七日派大批舰艇驶至陈冲雷区，一面炮击沿岸我军，一面进行扫雷，当中敌舰一艘触雷炸沉后，捡获该舰遗物，知有是役指挥进攻之海军大佐一员，及敌兵四十余人为我炸毙。敌耗两日时间，始完扫雷工作，进抵三埠。惟既为雷区所阻，三埠商民、物资已从容疏散，敌徒扑一空。敌退回原防后，我随即从新布雷封锁。至同年九月底，敌再犯三埠，鉴于水道进攻不易，乃先自陆地以钳形攻势，北岸沿新开公路攻取单水口直逼长沙，南面自广海（台山属）潜行登陆，暗窜台山城夹攻三埠。迨正面取水道西进时，其舰艇被我监护雷区之雷队，在马山（陈冲雷区附近据点）截击，无法突破进行扫雷，直至三埠陷后，敌军自后方包到，我雷队始行放弃据点突围而出。

（三）北江：北江流经曲江、英德、清远、四会、三水等县，沿江据点有观音岩、盲仔峡、弹子矶、大庙峡（以上英德属）、横石、飞来峡、石角（以上清远属）、黄塘（三水属）等处，我海军除先后在接近沦陷区之黄塘、石角，及绥江（北江支流）之黄冈、长湾塘（四会属）敷设雷区外，并石角以上各沿江据点测定预布雷区，在横石、连江口、黄冈等处经常派驻雷队准备工作。

上述黄塘、石角雷区，其陆地经数度沦陷敌手，各该雷区随而被清扫数次，复经我雷队数度从新敷布。于卅年九月底，广州敌北犯清远、英德，自三水、花县两面进抵清远县城后，即扫除石角雷区，利用水道运输。惟以扫除不净，廿八日有载敌兵北上之汽船一艘，仍触鱼雷沉没，当有敌兵三四十名被炸毙，其后随来之船不敢再进。

（四）东江：东江下游惠阳、博罗、东莞等县，接近前线日军，我海军派雷队常川驻该地区工作，先期勘定布雷地点，迨因应军事需要,先后敷布大田坝、龙和(惠阳属)、企石、铁岗(东莞属)等雷区。卅年十二月,敌进犯惠阳时,敌船盲目闯进大田坝雷区,当有敌装甲电船一艘触雷炸毁。

(五)韩江鮀江:在粤东方面,除于初期抗战曾在汕头马峡口敷设视发水雷,并于廿八年六月在揭阳属钱江口敷设触发水雷外,及后汕头沦陷,我复于廿九年秋派遣雷队至韩、鮀两江担任封锁工作,勘定布雷地点,俟机布敷,以防汕头敌军自该两江河道深入内地。后实施敷布者,有鮀江下游石井青仕间各封锁线,并曾于卅一年十月间在鮀江下游牛田洋河面施放机械式漂雷,当有汕头河面敌警戒艇数艘被炸沉。至三十三年秋,敌大举进犯揭阳,碍于水雷封锁,不能沿江进攻,自陆地迂回攻陷揭阳。

(六)邕江:廿八年十一月十五日,敌军自粤钦州湾登陆,旋偷窜桂南,进据南宁。我海军随奉令赶派水雷队赴邕江工作,对邕江上下游予以封锁,阻敌伸展。计分别在下游之千里沙、横州石、米步、燕子沙、石洲、陆屋等据点,布设雷区,并以防材阻塞横县之伏波滩,另在右江之龙床、陆安,及郁江之樟木塘、石门、桂平等处控置水雷,勘定预备雷区。于桂南会战中,海军经常派员在战区长官部任联络工作。

廿九年十月底,日军退出南宁,海军随奉令限期扫雷开航,恢复邕江交通,我海军在捞雷器材缺乏下,勉力加紧工作,如期完成任务。至十一月中旬,邕江已完全通航。至是在桂各水雷队奉令调粤各江增强工作。

(七)各港湾:于廿八年至卅三年间,除已沦陷地区及其附近之港湾外,敌军在粤可能登陆之港湾及地段,计有龙门港、大观港、北海、安铺、梅菉、水东、电白、阳江及台山之广海、斗山等处。粤海军对各该港湾及地段经先后派员加以勘测,因限于财力及物质,未能一一予以封锁,仅在阳江之北津港、台山之广海烽火角及斗山等处,敷设水雷。

(4) 转进布雷　卅三年夏,日军图威胁我大后方,对我展开强烈攻势,经长(沙)衡(阳)会战后,复有桂柳会战。日军为策应进攻桂柳,在湘桂线越零陵逼桂境后,粤北敌即自清远进攻广宁,随突入桂省怀集、信都,旋南扑梧州。此时西江正面敌亦自南岸进抵肇庆,复经罗定窜入桂境容县,与梧州敌分自浔江南北岸会攻平南丹竹我空军基地。此为卅三年九月中下旬粤中敌军西进之态势。

当敌军自广宁入桂,及西江南岸敌蠢动之际,西江正面我防军以敌有迂回入桂中之意向,肇(庆)、梧(州)可能被包围,遂即撤离肇庆,自粤南转进入桂。时粤桂江防司令部尚在肇庆,于友军尽撤之后,始转进禄步(高要属),指挥所部布雷封锁,先行敷布孔湾、禄步两雷区。此时该部所属之掩护大队仍握守肇庆峡东西两端南岸之据点,掩护殿后雷队撤退。其守峡西端南岸之队伍,直至敌军自南面攻抵该处,仍坚守原防,当与敌接触,发生激战,我队伍奋勇作战,当有机枪第三中队长刘人凤及官兵三十人英勇牺牲。及梧州告急,该部遂继续西移,按原定计划,沿江节节封锁,命令雷队实施敷布悦城、九官、马圩(以上德庆属)、南江口、罗旁(以上郁南属)、蟠龙(封川属)等雷区。殿后在肇梧间工作之一部水雷队及掩护队,因任务完成后已不及入桂,乃留西江南岸进行机动游击工作。

该部甫经梧州续向西移,敌军随自北面沿抚河入梧,我雷队乃沿浔江,续将榕潭(苍梧属)、思礼、白马(藤县属)及桂平塔脚等雷区实施敷布,此时敌已陷平南丹竹空军基地。

嗣敌军分途再进,十月初间我军弃守桂平,该部乃续沿邕江西移,将在桂雷队分配两路工作,一部担任柳江布雷封锁,一部担任邕江布雷封锁。邕江雷队随在桂平、贵县间敷布下湾、东津、萝葡湾等雷区。

十月下旬,我军反攻桂平不利,继向桂西转移,柳江雷队乃将桂平武宣间之壁滩、平冲、大神庙、武宣四雷区实施敷布。及桂柳失守,南宁我军撤退,邕江雷队乃敷布南宁附近之凌铁村及下窑两雷区。该部及所属部队于十一月下旬向桂向〔西〕移转。南宁以西之右江,我原在果化、果德、田东、田阳等处定有预备雷区,因当时河水低浅,汽船不能航行,已无布雷必要,故未予敷布。

以上为西江方面转进布雷情形。同期其他各江情形如左:

北江方面,自长沙失守,广州敌北犯清远、粤北告紧以后,驻该方面雷队先后奉令将飞来峡、横石、大庙峡、盲仔峡、观音岩等雷区实施敷布封锁。其队伍于卅四年一日北江全陷敌手后,向粤东方面转移。

东江方面,除加强原有雷区外,其上游因河水低浅,不适于布雷,故未加设雷区。该方面雷队于卅四年一月惠博沦陷后,转移至紫金县古竹候命,北江雷队亦开赴该处集中。

韩江鉈江方面,潮汕敌卅三年秋大举犯揭阳时,水道碍于水雷封锁,由陆迂回越过雷区,该处雷队撤退前,以多量漂雷向汕海漂放,当将结集向揭阳进发之敌汽艇数艘炸毁,毙敌伪数十人。该雷队随转移至韩江,驻潮安属峙溪,择地控置漂雷,俟敌进犯予以布击。

五、游击布雷

游击布雷为粤海军在抗战中重要工作之一,曾获相当战果。其实施及收效情形略记如次:

(1) 游击布雷之实施　封锁布雷乃防守性之布雷,而游击布雷则为攻击性之布雷。游击布雷乃在敌后实施,无定时,无定地,以飘忽灵活之姿态袭敌,其意义在损耗敌方人员物质,并威胁及破坏其水上交通,而消灭敌人之作战力及打击敌人之精神。

珠江三角洲地带,河道纵横,廿七年底沦敌手后,廿八年敌在该地区各重要市镇及据点分驻部队或贮存军品,多借水上交通调动军队及运输军实,故该地带河道军运频繁,自为实施游击布雷之理想对象。廿八年秋,粤桂区海军鉴于情势之需要,即从事该项工作,惟以经费所限(其时未奉另拨游击布雷经费),仅能选派一个水雷分队试行之,于是年冬实行派出工作。及工作既有成效,乃继续进行,至卅年二月,粤桂江防司令部奉军委会电饬,拟具实施游击布雷计划,遂有较具体之计划呈奉核定实施,其后进行乃较积极,经常有三个水雷分队派出担任游击布雷工作。

实施游击布雷之前,先派出干员潜入沦陷区进行侦察,择定敌舰船常经而又适宜布雷之河面,返队报告决定,或探悉敌重要舰船将航经某地,即以全队或派一部员兵驶赴该地实施工作。至对该处游击队及当地有力人士,则于侦察前先行设法联络,或择定地点后再进行联络之。所用水雷先加伪装,运至接近沦陷区之驻地密贮备用,俟决定布雷地点并与该处游击队及有力人士密取联络后,即寻隙将雷件潜运入该处,实施时再移至预定地点,借用民船,装配水雷完妥后,一面测定水深,一面敷布。每次游击布雷工作后均绘具图表,将工作情形按级呈转最高军事当局核备,与封锁布雷工作之手续同。

游击布雷所用之水雷,分触发及视发两种,触发者敷布后,布雷人员即行离开该地点,视发者敷布后,仍留一部人员看守伺机发放。因自卫力非强,留守发放易为敌所围击,故非必要或不得已时,不采视发方式。卅二年一月,水雷第八分队长戴伟率队深入中山县横河,布下视发水雷,并与一部员兵留该处守候发放。是月十四日,有敌兵乘荣安丸轮航经该处,乃按电掣轰击,但非中要害,该轮受伤后逼驶岸边,敌兵登陆向我雷队人员潜伏处搜索进击,戴分队长及随从员兵奋勇迎击,因众寡悬殊,至弹尽与敌肉搏,卒至全数牺牲。

自廿八年冬至卅三年夏之期间内,粤区海军在三角洲沦陷区曾实施游击布雷之地点,计有新会县属之周群、横江、三娘庙、天河、汾水江,顺德县属之东马宁、西马宁、莺哥咀、客奇、李家沙、板尾沙,中山县属之横河,南海县属之九江附近,番禺县属之莲花山,三水县属之西南,及东莞县属之狮子洋东岸等处河面,其中多经数次布袭,尤以在天河及东西马宁布袭之次数为最多。

实施游击布雷之队伍,除在狮子洋东岸布袭之一次外,余均以新(会)鹤(山)为根据地。在狮子洋东岸布袭者乃由驻东江惠阳之雷队行之,惟因自惠阳至东莞或宝安属之海面,须经过赤区,联络与运输均极困难,且无法作第二次之运输雷具,故仅曾工作一次。

（2）游击布雷之成果　在敌后潜布水雷后,或即日生效,或多日始行生效不定,视敌舰船往来及水位涨退情形而别,布雷后于未生效前为敌方发觉(或据汉奸报告,或由敌小轮艇察觉)而被扫除者,间亦有之。彼发觉清除者,虽不生效,然亦已损耗敌方相当之人力物力,尤其窒息其水道交通若干时间,因敌方对我布雷地点及附近一带河道,须经缜密之清扫,始敢通航。

在历次游击布雷中,炸毁敌伪舰船及毙敌伪无算,因不能每次均派人员留驻布雷地点附近等待布袭后果,事后调查又每不详确,故不能一一均有明细之记录,兹将较著之各次布袭成果摘志如次:

廿八年十二月廿四日,在新会县属周郡河面炸沉敌运输军械之千吨运输轮"若恭丸"号一艘。

廿九年三月二十二日,在新会县属天河河面炸沉敌运输汽轮二艘。

卅年四月五日,在新会县属三娘高河面炸重伤敌运输轮"海刚丸"号一艘。

卅一年一月十一日,在顺德县马宁河面炸伤敌运输轮"海运"号一艘。

卅一年十一月廿日,在天河河面炸重伤敌运输轮"南海丸"号一艘。

卅二年一月廿四日,在马宁河面炸毁敌炮舰六〇九号一艘。

卅二年三月十七日,在马宁河面炸毁伪舰"协力"号一艘,是役俘获伪中将广州要港司令萨福畴及重要伪员七人,曾解中央法办。

卅二年三月十九日,在马宁河面炸毁伪舰"江权"号一艘。

卅三年三月十九日,在顺德县属李家沙河面炸毁敌运输轮"南海丸"号一艘。

卅三年四月十八日,在中山县属横河炸毁敌大型汽艇一艘。

敌于每次遇炸后,除派舰艇至遇事地点救护及扫雷外,并在附近搜索我布雷队伍,甚而盲目轰击沿岸村落,亦间有派队大规模"扫荡",然我布雷人员行动迅捷,出没无常,始终未为敌人所发见。

游击布雷队伍,除在河面布雷袭击敌舰船外,并曾数次以地雷或小型水雷改装在陆地埋炸敌人,于卅二年七月廿五日,在江佛公路龙江与龙山间炸毁敌军车一辆,又于卅二年底,将敌在江佛公路沙滘站所建新兵房一座炸毁。

于历次游击布雷中,以水雷分队长李北洲、胡廷价、水雷员李祺佳等建功最多,均曾奉层峰嘉奖。

游击布雷队伍驻前线工作时,倘遇敌来犯,则协助防军或地方团队与敌军作战,最显著之一例:卅二年二月,粤新鹤线敌犯沙坪时,敌来势凶猛,我方团队力弱,为敌攻入该圩,时驻附近之水雷队有第二、第八、第十四三个分队,即集中占领沙坪南郊山地,与敌发生激战,该圩敌为我控制,不能向西南再进。嗣敌力疲,水雷队乘势向该圩逼进,敌不支退出,水雷队遂领先攻克沙坪。

六、扫雷开航

卅四年八月,日寇乞降后,粤桂江防布雷总队部随由南宁东开贵县,准备扫雷开航工作,及九月二日日本签降,乃积极展开扫雷工作,除督导就近水雷队扫除邕江、柳江之水雷外,并电令驻粤各水雷队分别扫除东北韩、鮀各江水雷,同时总队部逐渐东移。

扫雷为胜利后恢复水上交通之急切工作,刻不容缓,惟扫雷工作对象,不仅我方所布雷区,同时为预防日军撤退时布下水雷,不能不对原沦陷区所有航道亦加以清扫。水道绵长,时间短促,而所备之扫雷器材极为简陋,各雷队奉令工作后,均能提高工作精神,克服物质欠缺之困难,达成任务。

须行起雷开航及清江之河道,计在桂省有:(一)邕江贵县至桂平段,及其支流左江龙津至南宁段;(二)柳江武宣至桂平段;(三)浔江桂平至梧州全段。在粤省方面:(一)西江封川至三水段;(二)

珠江三角洲各主要支流;(三)北江英德至三水段,及其支流绥江四会至三水段;(四)东江河源至番禺段;(五)鉈江揭阳至汕头段;(六)韩江潮安至澄海段。以上各水道共计长达一千七百余公里。各水雷队分头加紧工作,如期一一清扫完竣,结果圆满。

(七) 中国海军对日抗战经过概要[①]
(1947年2月)

海 军 之 战

第一节 舰艇动员与江防配备

二十六年七月七日,卢沟桥事件发生。十六日,敌提无理要求,经我政府正式拒绝后,事态益趋严重。海军当局认为战事已属无可避免,随即命令分防各地之舰艇,作战时准备;并电饬楚泰、正宁、肃宁、抚宁等四舰艇,协同闽口要塞扼守闽江;公胜协防珠江;诚胜警戒山东;普安运舰留沪听候遣用;永健军舰在厂赶速修竣,留沪协同海军警卫营保护海军在沪各机关,及江南造船所;其余平海、宁海、应瑞、海容、海筹、通济、逸仙、甘露、大同、自强、永绩、中山、楚同、楚有、楚谦、楚观、永绥、江贞、江元、民权、民生、矅日、咸宁、建康、德胜、威胜、武胜、江犀、江鲲、青天、湖鹰、湖隼、湖鹏、湖鄂、辰字、宿字、江宁、海宁、绥宁、威宁、崇宁、义宁、长宁、顺胜、义胜、仁胜、勇胜、定安、克安等舰艇四十九艘,均着陆续开入长江,集中力量,分布自沪至京一带长江各要地,以期保卫京畿,并策应防战任务。

至八月十一日,上海情势险恶,敌舰集结吴淞口甚多,有侵入

[①] 选自《中日战史》第三篇《全战争经过概要》第十三章《海军之战》。原文无作者、时间,时间仅根据文中日期推出。

江阴直抵南京之可能,我海军为应急防止起见,亟将江阴下游各航路标志,如灯塔、灯桩、灯船、测量标杆等,一律破除。一面复采紧急措置手段,将江阴水道立加阻塞。关于破除航路标志工作,经派甘露、瞰日、青天三测量舰及绥宁、威宁两炮艇担任之,先将西周、浒浦口、铁黄沙、西港道、狼山下、姚港嘴、狼山、大姚港、通州沙、青天礁、刘海沙、长福沙、海北港沙、龙潭港、福姜沙等处航行标志,次第毁除藏事。瞰日、青天两测量舰先后在通州洋面及龙梢港执行任务时,均被敌舰敌机轰击下沉,员兵有殉难者。

关于阻塞江阴水道工作,八月十一日夜,海军部部长陈绍宽亲率平海、宁海、海容、海筹、应瑞、逸仙等主力舰队,驰赴江阴,一面备战,一面工作,并调通济、大同、自强、德胜、威胜、武胜、辰字、宿字等八舰艇,及由国营招商局暨各轮船公司征用嘉禾、新铭、同华、遇顺、广利、泰顺、回安、通利、宁静、鲲兴、新平安、茂利二号、源长、醒狮、母佑、华富、大贲、通和、瑞康、华新等商船二十艘,合计舰艇商船共二十八艘,以充阻塞之用。将各舰船依次下沉,阻塞于江阴江面,初步工作,即于八月十二日完成。旋又征调公平、万宰、泳吉三商船,并将镇江、芜湖、九江、汉口、沙市各地敌之趸船共八艘,陆续开赴江阴下沉,加强阻塞力量。同年九月二十五日,再调海圻、海容、海筹、海琛等四军舰,在江阴阻塞线后,另行构成一辅助阻塞线。综计江阴水道共沉大小军舰、商船、趸船等四十三艘。又分别向江苏、浙江、安徽、湖北各地省政府征用石子三千零九十四英方,又六万五千零二十担,又二千三百五十四英吨,民船、盐船一百八十五艘,用以填补罅隙。工程浩大,调用人工千余人,从事工作舰艇十数艘,自初步工作而迄于完成,费时两阅月,卒造成江阴大阻塞线,有裨于国防而确保首都之安全矣。

第二节　淞沪、太湖、乍浦等处之作战与设施

二十六年八月九日,敌在上海虹桥飞机场挑衅,我坚决抵抗。十三日,上海战事爆发,展开全面抗战。时我海军除已派练习舰队

司令王寿廷驻沪,部署一切指挥作战外,并以上海港汊纷歧错杂,须用多量水雷,阻止敌艇潜入,以免我防区易受威胁而影响战局,遂积极筹划制雷。是月即完成一部,随将黄浦江划三道防御线,各以水雷封锁,董家渡及我陆军各防区港汊要点,亦分别布以水雷及小型水雷,使我军后顾无忧,安心作战,支持四阅月之久,使敌速战速决之战略,终归失败,固非偶然也。

太湖跨江浙二省,面积甚广,湖水东出吴淞口,敌艇可乘虚潜入,扰我后方防务,特将平明、捷胜两差轮装配武装,入湖巡弋。二十六年十月,复拨口径较小之舰炮一部,成立太湖区炮队,编配员兵二百一十员名,以罗致通为队长,扼守湖内各要区,用臻巩固后防力量。讵炮位安装未竟,而上海战局已非,乃将舰炮西移,重行配装新阵地。敌方侦知,以飞机对我威胁,当有舰炮四尊途次吕城,被其炸毁。无锡放弃后,始饬平明、捷胜两轮转入长江中游,担任其他任务。又太湖警备指挥部所有宁泰小艇一艘,海军部配以舰炮两门,并调海军员兵登艇作战,平明、捷胜两轮开出后,该艇仍留湖内从事游击,转战年余,战绩独多。自二十七年五月以后,历时十一月,在招关坝与敌汽艇大小二十余战,均收相当效果。二十八年五月,克复何家塘,七月移艇中炮一门,安装平湖艇。自此两艇出没游击,先后在邵伯湖转战三个月,直至是年十月一日,因敌在招关坝增兵,并以舰艇多艘向我围攻,平湖被击下沉,宁泰退守逻湾,二日晨,敌陆军由高邮包抄而来,该艇因后退不及,乃自行沉没。

乍浦滨杭州湾北岸,为杭嘉门户,亦为登陆要点,如敌自该处潜登,攫沪杭铁路,北进可迫上海,西趋易取杭州,实为军事要区。因于二十六年九月拨舰炮二尊,在乍浦装置炮台,配以炮队,以资防守。但以吾国东南半壁之登陆点过多,在敌善能避重就轻,在我防不胜防。十一月五日,敌遂突破金山卫,我陆军扼阻无效,率被登陆,顿使战局改观,上海不守。时海军炮队仍屹然独存,不一月,敌再攫杭州,始饬员兵从容撤退,并将舰炮毁坏。

第三节 长江下游之作战与设施

江阴居长江门户,为下游作战之首要地点,海军部对于该处施行紧急阻塞后,为策动全军参加抗战及监视江阴阻塞线任务,遂以平海、宁海、海容、海筹、应瑞、逸仙、建康等主力舰队扼守最前线,由第一舰队司令陈季良负指挥全责。

军政部原在江阴设有申雷学校一所,时该校置有鱼雷快艇十余艘及适用于海军作战之武器,备具对于江阴实际作战及封锁之力量。该校教育长欧阳格奉令兼任江阴区江防司令,协同担任攻守之责。

敌自我施行阻塞策略后,军舰力量无可发挥,惟以飞机为攻击之工具。但在我各舰高射炮射角构成整个江阴阻塞线防空网,使任何方面侵入之敌机,均不能逃我高射炮威力范围,更无法消灭我之舰队防御力。江阴之守卫,保持月余,并于八月二十二日,宁海舰击落敌机一架,延至九月下旬,敌感淞沪战事难以得手,欲用海军树声援,以张其势,乃亟谋破坏我江阴之阻塞线,而不能不出于大举轰炸之一法矣。

九月二十二日,敌以大编队机群向江阴空袭,围攻我舰队,投弹如雨,我海军各舰集中火力,沉着应战,相持六小时,敌机始不支而退。是役敌机被我击落五架,我方平海、应瑞两舰受伤,平海舰长高宪申弹中腰部,伤重。高射炮指挥见习生孟汉霖、高昌衢,上士陈得贵,中士严祖冠、张朗惠,下士谢道章,列兵郑礼渐、王允吉、黄顺忆等均阵亡。一等炮兵周兆发重伤殒命。军需员叶宗亮死难,其余重轻伤者二十三人。当晚将伤亡员兵从事料理后,仍严阵以待。

二十三日晨,敌机侦察江阴江面后,亟飞去,不旋踵间,敌机七十二架即蔽天而来,铁翼凌空,声势严重,其轰炸目标为平海、宁海两舰,所投重量炸弹无算。是役敌机被击落四架,其余中伤逃遁者数亦不少。我各舰官兵,坚苦抗战,前仆后继,牺牲壮烈。宁海舰长陈宏泰身受重伤，犹在望台指挥作战。宁海枪炮官陈嘉栙、军需员陈惠、枪炮员刘崇端、见习生孔繁均等均裹创再战，气不稍馁。平海机关枪指挥刘馥，自充射手，枪架纵轴被炸折断，犹手执无架之赤热机枪，向敌扫射，灼伤双手，竟不自觉。其余如航海员林人骥，枪炮副军士长陈炳耕，上士陈金魁，下士任积兴，列兵杨意和、郑迪柏、韩亨端、董小文、何礼育、沈长雨、张再裕、郑守钰、陈芝生、江元桂等先后阵亡。刘志成重伤殒命，其他员兵重轻伤者四十九人。平、宁两舰战至炮弹垂罄，慎重发射，火力渐微，敌机俯冲轰炸数十次，舰体均受重伤，舱中进水，犹苦战不已，员兵争先入水，抢护炮弹，接续发放，至于一弹无存，始相继下沉。

二十五日，敌机三度袭击江阴，以逸仙舰为目标，均系低飞投弹，我高射炮失其效用，乃发舰首十五生炮，击落敌机二架，我舰亦重创沉没。上士叶国祯、中士董承发、郑美榕，列兵郑云梅、潘小喜、曹得志、林永春、孙顺发、胡冠军、欧阳毅、刘得洪、林友云、杨树林、王文元等均殉难。又重、轻伤八名。同日，我建康舰亦被敌机炸沉，该舰舰长齐粹英、副长严又彬，指挥炮击，各受重伤。枪炮副军士长钱维铿，雷机副军士长张铸黄，帆缆中士徐发彩，列兵任礼华、陈贞铭、陈森应、林森深、郑龙昌、丁步高等均阵亡，其余员兵重轻伤者二十八人。至此，我平海、宁海、逸仙、建康等四舰既相继下沉，舰队实力受相当影响，海军部乃派第二舰队司令曾以鼎，乘楚有舰驰往江阴接替陈季良司令任务。该舰抵澄后，连遭空袭四次，九月二十九日卒以伤重下沉。时江阴江防司令部所属鱼雷快艇队参加江阴正面江防，日夜派艇梭巡。同月二十六日，该队史三四号鱼雷快艇奉令出巡，是日拂晓，在四墩子江面遇敌机袭击，该艇抵抗甚力，卒以势孤，中弹炸沉。艇长姜翔翱、艇副叶君略、轮机员江萍光均阵亡，士兵殉难者亦多。

十月十二日，鱼雷快艇队中队长兼电校中校总教练官马步祥，奉令率鱼雷快艇史一八一号出击敌舰，拂晓，于江阴下游毛竹港附近,与敌驱逐舰三艘作战。因限于地形,我艇未能运用鱼雷,而敌舰势众,炮火密集,对我猛射。该艇虽经受伤,仍负创冲进,奋勇抵抗,迫使敌舰两艘互撞受伤,一艘搁浅。时适敌机三架赶到助战,该艇被击中弹着火,马中队长壮烈阵亡,其余员兵多有死伤。

自楚有舰下沉后,我乃变更策略,决计拆卸舰炮,安置长江两岸,用以阻击敌舰,其计划原以江阴之长山、巫山、六助港等处为第一道防线。镇江之大梁、岘凉两山为第二道防线。各以舰炮安装,设立海军炮队,以司防守。先从巫山方面着手办理,其时适因上海战局突变,奉令停止进行。惟海军当局迭据报告,敌舰有企图进窥阻塞线之消息,认为巫山炮位,必须安装。经昼夜赶工,共装舰炮四尊,口径俱为一二公分,编组炮队一队,配备官兵七十七员名,以陈秉清为队长,饬以全力死守。其余各炮位停止工作,并将已拆卸之舰炮,陆续移运长江上游,另觅新阵地。因此镇江方面,亦变更计划。二十六年十月三十日,敌舰五艘驶入和尚港,有登陆企图,巫山炮队乃发炮突击,沉其二艘,余三艘遁去。自是经时一月,敌舰未敢侵入,十二月一日,敌陆军进抵江阴城,巫山下发现敌便衣队,炮队已奉江防总部命令撤退。但为保卫阻塞线计,仍予支持。当晚,果有敌舰进窥,发炮击之,敌又负伤而遁。翌日,要塞后路断绝,该炮队待其他作战部队退尽后,乃开始毁炮,安全后撤。

当各舰艇从事拆炮、卸运、安装等工作时,因往返驰航,引敌注意,日派飞机搜索,肆意狂炸,损失颇多。二十六年十月三日,湖鹏鱼雷艇沉于目鱼沙,下士张依发阵亡。五日,江宁炮艇沉于炮子洲。十三日,绥宁炮艇受伤于十二圩,阵亡列兵郑新民,重轻伤者十人。此外,江贞、顺胜亦各受伤,伤员兵六人。同月二十三日,应瑞舰在采石矶卸炮,亦为敌机探悉,炸沉。该舰员兵,死事最烈,计枪炮官赵秉献,鱼雷官许仁镐,帆缆军士长谢如藻,下士江依三、沈良科、柳瑞官,列兵李永庆、郑济禄、郑能通、廖得云、王贤梁、周斌、陈幼昌、林良平、林依奴等均阵亡。上士邓一新,中士林鸿雄,列兵

1831

董依祺、江其淦、陈依田等,均重伤殒命,其余重轻伤者四十员名。

第四节 长江中游之作战与设施

当南京移退后,海军战略,将实力集中长江中游,从事配备新防御线,以运用水雷阻塞港道及发挥要塞战作为战术之中心。其时江阴要塞虽已不保,而江阴阻塞线仍屹立中流,敌从事破坏工作达七日夜,始挖成仅通一船之航线,西进敌舰,深具戒心,行动濡滞,我乃从容布置。二十六年十二月,海军建成马当阻塞线,是月十四日起,分别在东流、马当及阻塞线前后,敷布水雷,并毁除荻港九江间各航路标志。一面择马当之娘山、牛山、鸡公嘴各地为要塞阵地,编组海军炮队二百二十三员名,以陈永钦为队长,共装舰炮八尊,对侵入之敌舰,足以充分发挥威力,并派海军陆战队一团,共同防守。二十七年一月一日,海军部奉令改组为海军战时总司令部,以适合作战任务,仍由前海军部长陈绍宽为海军总司令,常务次长陈训泳为参谋长,一切人事编制,均经改组,以期适应。七月,军政部管辖下之电雷学校,明令取消。所有该校之鱼雷快艇十二艘,及适用于海军作战部分武器,均由海军总司令部接收。

马当阻塞线完成后,迄二十七年七月间,先于香口牌、石矶、凌家嘴及大通之羊山矶、土桥各处布设水雷;并制成轻坠水雷,在羊山矶布放,触沉在上驶大通之敌舰两艘。嗣以江西形势首重湖口、九江二地,节节布置,经划湖口为长江二道防御线,共拨舰炮六尊,择太平山、竹鸡山为阵地,编组炮队一队,共官兵一百四十员名,以邱世忠为队长;并调海军陆战队炮兵连一连,协同守卫;一面勘择港道,划成雷区,敷布水雷。舰队司令曾以鼎奉令坐镇该地,以重防务。同时划九江为主要雷区,先后敷布定雷七百余具,并将鄱阳湖口之兔子山、鲇鱼山、姑塘等处布雷阻塞。此外除派各炮艇及布雷艇分担巡弋及布雷工作外,并将接收之鱼雷快艇十二艘,组织快艇大队,下辖三个中队,充实准备,整饬阵容,以作随时出击敌舰之用。

二十七年六月间，敌以豫东战事棘手，倾其全力，猛犯皖赣西部，大通、安庆相继失守，敌舰图与陆上敌军互为策应，乃进窥马当。我海军于是月四日起，在马当阻塞线前后及东流方面，加布水雷，以增力量。二十二日，敌以汽艇十余艘，在敌舰掩护下，迫马当阻塞线，海军炮队突起炮击，沉其汽艇三艘，敌相率遁去。二十五日，敌以巡洋舰率同驱逐舰多艘，复迫马当，以猛烈炮火攻我炮台，海军炮队沉着应战，敌巡洋舰被我击中着火，亟以两驱逐舰夹拖下遁，余舰亦纷纷逃驶。二十六日，敌舰未敢再进，但其时敌陆军已迂回兜击，迫近马当。是午，炮台附近发现敌踪，我海军陆战队，事前已奉令他调，各台缺乏掩护步队，无法击退敌兵，形成包围，情况危殆，炮兵陶弈宝、林政惠等均战死。时我陆军要塞司令王锡焘由电话传达命令，饬海军炮队撤退，该队乃将炮闩拆卸，突围退出，马当遂陷。

是年七月四日，敌陆军乘攫取马当之余焰，继犯湖口，我方陆军抵御失利，陆续后撤。敌急速前进，迫近炮台，其先头部队，虽已越入我各炮射程之内，但江面终无敌舰发现，而炮台所装舰炮，系固定炮座，不能转击敌之陆军，于是要塞作战之意义尽失，而情势异常严重。我海军炮队乃以特务兵据守山头，力争据点与敌展开山地战，嗣以敌源源推进，炮兵江爱春战死，海军陆战队炮兵陷入重围，山头乃无法扼守，各炮炮位亦多毁于敌机，不能再战。是晚，遂拆卸炮闩，突围退出，湖口因以告失。九日，湖口江面始发现敌中型舰。十四日，派鱼雷快艇文九三号，向敌舰袭击，该艇在敌方密集炮火监视之下，向敌发射鱼雷，予以命中。十七日，再派史二二三号及岳二五三号两鱼雷快艇，向湖口作二次夜袭，航次中途，因有陆军补助工程处所布阻网，流出原位，车叶被缠，史二二三号沉没，岳二五三号受伤，致未克达成使命。敌自我快艇两次出袭后，深感威胁，遂以飞机炸我蕲春之快艇根据地。二十一日，伤我文四二、文八八两艇。八月一日，据报有敌舰数艘越九江，企图破坏武穴雷区，海军调岳二二、颜一六一两艇作二次出击，正在准备出发，敌机突至，岳二二被炸沉，颜一六一受伤。嗣以奉令将快艇移转广东江防司令部，遂中止出击长江敌舰之谋。

湖口既失，敌即有乘势掩取鄱阳湖之野心，辄派飞机飞入湖内，与我各炮艇作战。二十七年六月二十五日，我义宁、长宁两艇，均抗敌受伤，义宁艇长严傅经殉职，轮机副军士长汪景瀚，列兵李孝勋、陈再框、陈再枢、任礼海、杨侬雅等亦相继阵亡，其余官兵重、轻伤者八人。二十九日，崇宁炮艇亦与敌机作战受伤，其时除义宁受伤较重，拖赴汉口修理外，长宁、崇宁两艇，略事整理后，即饬开赴浔田一带，担任防务。至鄱阳湖防务，调派海宁炮艇驰往接替。七月九日，湖口江面有小型敌舰二艘，图向湖口之姑塘进迫，海宁炮艇开往吴城附近之丁家山截击，敌知我有备，退去。十四日，敌改以飞机向海宁袭击，该艇猛发数十炮，敌机受创遁去，旋再度来袭，该艇又复接战，终以众寡悬殊，伤重下沉，列兵任春祥、潘侬佑、王子官等阵亡。该艇员兵经编组为海军布雷队，仍留湖内，担任布雷工作，于是年九月间，在吴城方面布雷数十具，以阻敌舰侵入。

敌军向湖口挺进之际，九江受威胁。二十七年七月一日，咸宁舰在该处北港道敷布水雷后，返田家镇，航次火焰山附近，与敌机遭遇，该舰开高射炮射击，敌机俯冲投四十余弹，火药舱、机锅舱均中弹，该舰且战且航，将敌机击落二架，余机始遁，随即亟驶武穴，靠泊码头，搬运伤亡员兵，抢救舰体。讵工作未半，又有大批敌机踵至，各员兵奋起再战，发炮百余发，敌投重量炸弹六十余枚，于是咸宁舰在重伤后继以要害被炸，遂致焚毁下沉，码头船亦被波及。舰长薛家声、副长陈嘉梓均受伤，电官庄亮采，帆缆副军士长郑玉草，上士陈世昌、邵国兴，列兵林长汉、朱法祖、江礼祥、张银官等均阵亡，其余重轻伤者五十二员名。同日，有前由鄱阳湖调至九江工作之长宁炮艇，适亦奉令由田家镇开往九江，航次武穴，途中遭遇敌机，当被击退，到武穴时见咸宁正在卸运尸体，乃停轮派员兵前往相助。敌机再袭咸宁时,该艇协同炮击,亦因要害中弹,与咸宁同时沉没,阵亡列兵卢长河、王逸京等,其余官兵重、轻伤者八人。至七月二十五日,九江发生巷战,我陆军已转移阵地。

敌得马当、湖口,继攫九江之后,对田家镇渐生觊觎之心。先是我海军以国军退出南京后,武汉三镇成为我军事政治之中心区,在整个战略与政略上,有坚决保卫之必要,经划田家镇为武汉之前卫,以葛店为最后防线,各以舰炮构成要塞阵地,计田家镇安装八尊,以它山、象山为阵地;葛店安装十尊,以黄家矶、白浒山为阵地;分别编组炮队,田家镇共编配员兵一百九十七员名,以彭瀛为队长,葛店编配员兵二百零五员名,以方莹为队长,均于二十七年三月间成立。一面将九江以上汉口以下各航路标志,逐渐破除。是年七月,湖浔紧张之际,田家镇各区开始布雷,其时布雷工作紧张,崇宁、绥宁两艇先后被敌机炸沉,继征用各小火轮,加以配备,赓续工作。各轮在敌机轰炸下,冒死进行,是年七、八、九等月间,直接或间接被炸沉者有金大、平明、永平、同福、鸿泰等小轮十五艘,此外受伤尚多,雷驳被炸尤多,死雷队员兵数十人。经此重大牺牲,故对于水上防御已臻巩固也。至是,图犯田家镇之敌,鉴于江防之严密,认为绝难用海军力量,将长江正面阵地突破,乃以重兵由广济西南挺进,期抚田家镇后背,切断田蕲交通,进而威胁武汉。一面攫取马头镇,威胁我之武穴一带雷区。二十七年九月十五日,我陆军放弃马头镇,武穴雷区遂失控制,江防因此吃紧。十八日,有敌舰二艘驶至晒山附近,我田家镇炮台发炮轰击,伤之。二十日,敌舰六艘,掩护汽艇十一艘进犯,我炮台再度予以击退。旋又开来巡洋舰、驱逐舰各二艘,以猛烈炮火迫近炮台八千公尺内,被我炮台猛加炮击,敌又不支遁去。二十一日,敌汽艇十四艘上驶扫雷,我炮台俟其迫近,突发子母弹,击沉八艘,余六艘急向下游窜去。二十二日,敌以浅水炮舰率汽艇十余艘再犯炮台,我沉着应战,有一炮弹在敌四汽艇中爆炸,造成一弹击沉四敌艇之记录,敌大震

1835

惊,狼狈遁去。二十三日,敌放弃正面突击战略,以汽艇绕上巢湖,企图偷渡,又复被我炮台发觉,将其击沉两艘,敌终不能得手。是晚,敌遂转移目标于南岸之富池口,以舰炮轰击,其时该处要塞配备武力,与田家镇炮台埒,为赣北主要阵地,系由江防守备第一大队防守。该要塞相约,与田家镇炮台协击敌舰,我海军炮队如约猛攻,炮战至半夜,始探悉该大队已经全部后撤,于是富池口不保。

敌得富池口后,乃利用地形,设台架炮,瞰制田家镇要塞。二十四、二十五两日,敌我终日炮战,敌并图以汽艇装运陆军,在富池口源源登陆,当被我炮台击沉数艘。富池口敌虽被遏阻,而敌大军已迂回进至崔家山。二十六日,马口湖亦告失守,田家镇炮台益陷孤立。是晚,我炮台向富池口及吴王庙炮击终夜,阻敌偷渡。二十七日晨,敌军四面包抄而来,田家镇陷重围中。斯时各台员兵仍坚决死守,且奋发神威,击沉窜黄莲洲之敌艇两艘。是晚,富池口敌炮兵阵地,掩护其汽艇十艘,夜袭田家镇,企图冲破我之要塞阵地,我海军炮队以机关枪向敌扫射,敌伤亡甚多,又不得逞,我乃向上巢湖竟夜炮击,上洲方面亦发炮甚多,敌不敢渡。二十八日,敌倾海陆空军全力,掩护汽艇二十余艘迫罄塘,我海军炮队与之血战数小时,敌又进迫冯家山,离台仅数百公尺,我海军以炮兵扼守战壕,完成最后使命。至是,田家镇核心之海军工事暨各炮台指挥所、观测所等,经敌军及敌机连日之轰炸,均无法保持。二十八日晚,海军炮队奉令后撤,田家镇陷。

田家镇阵地放弃后,武汉正面之江岸防区,仅余葛店一隅,幸我田蕲各段雷区,力量坚强,敌舰不能乘势迫入。二十七年九月三十日及十月一日,我海军在武汉附近择重要港汊,分别构成雷区,布放漂雷,以增加阻塞力量,保卫江防。十月二十二日,击沉上驶之敌舰两艘。时敌以受困于我各段雷区,仍难运用海军力量,进窥武汉,除要塞正面之远距离外不时有敌舰与我炮台互相炮击外,别无其他动作。其中心战术,仍用迂回兜击之成法,以大兵包抄葛店,直取汉口,断我要塞后路。十月二十四日,葛店被围之势逐渐形成。是晨,海军总司令陈绍宽以前方情况紧急,特驰往葛店指示机宜。午间,敌图在赵家矶登陆,我炮台发挥威力,击沉敌汽艇四艘。二十五日敌在汀桥镇及葛店公路间,分兵向要塞进迫,以气球指挥炮火,猛攻我炮台,敌机助虐尤力,我员兵忠勇守卫,对敌舰发炮甚多,敌不得近。午后,观音山发现敌便衣队,葛店三面受包围。午后二时许,炮台方面发现我方指示退却标志,但仍继续战至深夜,始分别将炮闩拆卸,整队后撤。讵是时汉口已入敌手,后撤员兵致多散失。

第五节　长江上游之作战与设施

汉口失后,武汉上游之防务益形重要,我海军为配备武汉后方防务,即分别将荆河、川江及洞庭湖等处,布雷设防,以资保卫。其设防工作均在积极缜密中进行,至武汉后方以城陵矶为荆湘门户,南汇洞庭,西承大江,为军事必争之地。因划该处为要塞区,拨舰炮二十五尊,择临湘矶、阳陵矶、白螺矶、道人矶、洪家洲为阵地,编配炮队二百八十人,以罗致通为队长。金口以上、城陵矶以下诸水道,分别划簰洲、宝塔洲、新堤、城陵矶等处为主要雷区,并于金口新堤、岳阳、长沙等处,调派舰艇扼守,用固防务。

长江上游诸战役,以金口最为剧烈。原敌进攻武汉时,虑我布置武汉上游水上防务,乃采取天空攻势,派大批机群向岳阳空袭,以炸毁我舰队为目标。于二十七年七月二十日,伤我民生、江贞两舰。十月二十一日,复伤我永绩、江元两舰。且于十月二十四日,敌机终日在汉口以上、城陵矶以下全港道,更番搜索,轰炸几无停息。致我中山、楚谦、楚同、勇胜、湖隼等五舰艇,在不同之地点及时间,与敌机发生遭遇战。楚谦、勇胜、湖隼三舰艇虽幸无恙,而楚同则受伤于嘉鱼附近,中山则沉没于金口江滨。尤以中山舰战况较烈。敌机于上午九时,向该舰侦察一次后,于十一时复在该舰上空盘旋。迨下午三时许,见敌机三度低飞,乃以高射炮射击,敌机俯冲投弹,飞行甚速,我高射炮不易命中。舰尾左舷暨锅炉舱各被敌机投中一弹,不但舵机转动不灵,而水复滔滔涌入,虽力加抢塞,不三分钟,已水深四尺余。当此危急之时,舰首又被投中一弹,致在望台指挥作战之舰长萨师俊及负有任务之官兵,无不血肉横飞,伤亡枕藉。而萨舰长于两腿及左臂遭受重伤之余,犹能强振精神高呼杀敌。当时官兵感动,勇气百倍,只以舰体倾斜,行将覆沉,萨舰长仍镇静如常,决以身殉,经众强掖下舰,同登舢板。不意离舰未远,复被敌机枪扫射,该舰长乃饮弹毕命,与所乘之舢板同告沉没。而中山舰亦全影不见,同时下沉。是役除轻重伤者二十三员外,随同殉职者有代理航海员魏行健,轮机军士长黄孝春,航海见习生陈智海、周福增,上士王祥兆,下士吴仙水、刘则茂、林寿祺、陈恒善,列兵陈利惠、林逸资、郭奇珊、张培成、李麒、洪幼官、陈永孝、张育金、江钊官、严文焕、李炳麟、陈有中、李有富、陈有利诸人。同月初间,敌舰越过汉口雷区西犯,被扼于我城陵矶要塞之临湘矶、杨林矶两炮台,无法前进。乃于九日潜用橡皮艇,抄入洪家洲后背之芭蕉湖。我守在该处之陆军后退,炮台后路断绝,所装舰炮,亦不能转向截击,敌遂源源登陆,城陵矶乃于是日被陷。

第六节 荆河洞庭湖及川江防战之设施

(一)荆河方面

建立战时陪都之重庆,三面环水,状如半岛,城当嘉陵江汇入川江之口,军事防御,水重于陆,川江前卫,厥属荆河。海军设雷队七队,参酌敌情,决定使用漂雷、定雷之步骤,以藕池、沙市、董市、宜都、红花套各处,宜置固定水雷;监利、郝穴、松滋、宜都、平善坝等处,宜置漂流水雷。各以雷队扼守,以薛家声总其事,隶属派驻宜昌之海军第二舰队司令曾以鼎指挥节制,策动荆河防战设施。二十七年十一月,在石首建立沉船阻塞线;并破除各段航行标志;又将重要各港道分别划成雷区。是月九日,以城陵矶失守,亟在石首、藕池各区布定雷二百具。十二日,我陆军退出岳阳不久,敌舰即在荆河徘徊窥伺,我为慎重防范计,即于十九日,在石首下游布放漂雷一百五十具,并将敌舰击退。嗣为针对敌情,节节敷布定雷于郝穴、马家寨、陡湖堤、窑家埠、马家嘴、观音寺等处,连同加强石首阻塞线之前后者,共五百余具。二十八年五月间,为加强石首原阻塞线力量,用趸船装置石子下沉;并配以竹缆连击。是月九日,敌汽艇潜在砖桥活动。二十五日,我在塔市驿布漂雷五十具,向之迎击,并在该处及调弘地方留置监视哨,各准备一部漂雷,待机布放,以遏敌势。十月,尺八口一带,亦有敌之汽艇出没,复在石首用多量障碍物,构成一辅助工事,借以坚实防御。二十九年三月,杨林山发现敌舰二艘,并探悉汉口敌舰有企图上驶模样,遂于是月十六日在二洲子布放漂雷三十具,敌因我防御周密,不敢妄动。又以朱家河附近之洪湖可通汉口,四月间,分别在朱家河附近之梅家台及高湾,布定雷三十具。五月二日,复在观音洲上游,放漂雷十具。敌有感于威胁,乃在观音洲用铁索系网,以防御我漂雷之袭击。我且不时予以破坏,使敌欲利用海军力量,越荆河威胁宜渝,以实现其结束战事之迷梦,终归泡影。

二十九年六月,敌以重兵取包围势,迂回迫击宜昌。我海军立在砖桥布放漂雷,旋又在石首、藕池、郝穴、太平口、江口、百里洲、董市、松滋、白洋、宜都、红花套等处,用抢急方法,加布定雷一千九百具;并在红花套布放漂雷五十具。当时宜昌虽不幸被敌之陆军暂占领,而荆河之水上防区固稳若汤池也。是月二十八日,宜昌之敌,强渡五龙,海军漂雷队于二十九日晨,进迫宜昌对岸之紫阳,布放漂雷四十具,向敌施行袭击,敌势乃挫。自宜昌失守之后,荆河一段,上自松滋,下至洪水港,均有海军布雷队扼要驻守,继续发动布雷任务,仍旧能将荆河控制。是以敌得宜沙,而不能得整个荆河,在军事上实无多大意义。三十年四月,据报敌谋打通沙市、岳阳间长江航运,将由沙市、仙桃、新堤会犯监利附近湖沼各地带,随于洪水港布定雷二十具。六月,敌又企图进犯常德等处,冀能打通岳阳、宜昌间之长江航运,我复于其时在洪水港、石首、藕池、横堤市、太平口各处,续布定雷一百八十具,敌终于无法实现其理想。三十年十月,我陆军部署就绪,反攻宜昌,海军漂雷队在黄公庙附近,于十月一日起,连日布放漂雷六次,计四十四具,掩护陆军作战。十月十日,我国军攻入宜昌城,传来捷报,举国腾欢,检讨战局,则又不能不归功荆河雷区之伟大价值矣。盖岳阳至宜昌仅有二百五十余海里之航程,以敌之海军,在二三十小时内便可达到,即由武汉开航,亦不过三四十小时,是役我军所用之战略,系以大军从南岸横渡宜昌,向敌进攻,倘使荆河雷区不坚,阻塞不固,则宜昌及荆河江面,早已敌舰纵横,我渡江部队之安全,至可忧虑,战局前途,将难判测。然以此次之战局,就敌方言,因其海陆两军不能取得联络,造成致败之主要原因。就我方言,我海陆两方各能发挥力量,攻守兼施,配合咸宜,故能收此圆满之战果也。

　　三十年十月,宜昌得而复失,荆河雷区无恙,沿区情况,仍甚稳定。十二月三十一日,据报有敌舰上驶,海军布雷队在广兴洲,赶布漂雷十具,向之迎击。三十一年一月六日,又据报敌舰复向荆河企图窥伺,即日在三只角,布漂雷五具,阻其前进。其时敌于江中设扫雷网,经我探明后,设法除之。自是年七月至三十二年二月,敌方先后在沙市搜集船只,并在岳阳增兵调舰,部署颇忙,情况日趋严重。我海军除分别在洪水港、碾子湾、太平口、横堤市等处,加布水雷,派雷队进至黄公庙监视敌情外,并将派在荆河工作之布雷队改定番号为海军第三布雷总队,下设七个大队,以增布雷力量。二月十五日,荆河北岸敌军进占朱河,上下车湾亦有敌踪。十六日,监利失守,北岸遍布敌兵,并在杨公堤架炮,轰我布雷队根据地,我雷队员兵冒死于石首、古长堤各处,抢布水雷一百五十七具,敌水路进展因即被阻。岳阳方面,虽有敌舰活动,亦皆不敢轻进;且于荆河口外,架设钢线网,并附铁柱,防我漂雷。二十八日,我于三只角布放漂雷二十具,炸其江中防御工事,并击沉敌监视艇一艘。旋又布放漂雷十五具于广兴洲,沿江方面虽能遏阻敌舰,然北岸敌军之形势已成,派遣五路大兵,并由江陵、观音寺、新厂、堤头市、沙堤子各地,纷乘帆布艇、橡皮艇,向太平口、窑头埠、横堤市、调弦、黄公庙各处横渡,声势浩大。至是我之荆河南北两岸,必须由各该地驻兵协同防守,方能戢止敌氛,保持安全,非徒恃水道布雷阻止敌舰,可以为功矣。惜是役我南岸守军,未能于敌半渡之际,出而要击,致南岸亦随北岸而尽入敌手,荆河雷区亦失去控制价值。是时我雷区各地受敌机不断轰炸,布雷小火轮二艘及雷驳十八只均被炸沉,列兵郭殿省殉职。荆河既陷,无法控制,不得不令第三布雷总队退守华容、南县、安乡等地,再作阻止敌舰窜入之图。

敌以重兵攫取荆河西岸诸地后,遂有南趋之势,华容、南县、安乡各地渐形紧张。三十二年四、五月间,我第一布雷总队协同第三布雷总队,在洞庭湖各腹地河流,施行阻塞,计布雷一千二百六十九具。五月八日,在赤山岛一带工作之布雷队,雇用小火轮一只,在草尾候令,被敌机炸沉。该轮大车〔副〕谢兰生,火工张老么,船户王伏生、蔡仕杰、李保霖、何煜官等均罹难。斯时敌艇颇活跃,中有一艘图向狗头洲进犯,触我水雷沉没,余皆退缩。洞庭湖幅员广阔,滨湖河流错杂纵横,以沅江为尤甚。敌既不能踏入水道一步,南犯之谋遂告中寝。六月,在白玉圻布水雷一百具,并以敌军退后,从事整理雷区,凡有碍于军运航道地点,均经分别开辟。七月十一日,我第三布雷总队第三大队队附李耀华,副军士长唐天宾,上士阮正元,列兵张冬成、郭启仁等,均因是项工作,在德山触雷殒命。

(二) 洞庭湖方面

洞庭湖为湘、资、沅、丰四水之总汇,面积辽阔,港汊纵横,且当湘省首要门户。敌舰活动范围甚广,航行所至,随时随地均有被占之危,而长沙之受协,亦将较敌任何军略为尤甚。我海军为充分设防计，在该方面设布雷队七队，初以曾国晟为队长（二十九年九月，改为海军第一布雷总队部，仍下辖七队，以陈宏泰为总队长）。二十七年十一月九日，城陵矶失守，不三日，岳阳随而放弃。洞庭湖防务，顿告紧张。海军立即在琴祺望、白玉圻、营田滩、老鼠夹等处，布雷一百九十具。是月十一、十三两日，又调顺胜炮艇、江平、俞大猷两轮，及二号、十号两铁驳，暨民船等，在营田滩附近，南达长沙西通常德之交叉江面，下沉阻塞。并将布雷区域，逐渐扩展，计东起鹿角，南迄湘潭，北接荆河，西达常德，均加布设，前后共布水雷四百余具。二十八年一月，敌舰艇在岳阳江面，艘数增加，有企图南犯之势。是月十三日，在鹿角布放漂雷五十具，予以迎击，敌势始挫。同年三、四月间，敌舰再度进窥，挟有汽艇数十艘，在鹿角、九马嘴附近湖面，出没无常。我复在磊石山布放漂雷七十具，敌又不得逞。洞庭湖幅员虽大，在我各段雷区阻塞及漂雷配合作战之两重威胁下，敌遂不能挟其攻克城、岳之余焰，对我湘、沅各江企图窥伺。

敌得岳阳后，以我湘江阻塞坚强，不能乘势攻略长沙。二十八年九月，敌始行发动湖沼会战，分由新墙、阳林、通城三路举兵南犯，迫我长沙。岳阳江面敌舰，渐形活动，我海军针对敌军动向，先后在湘江之磊石山、老闸口、濠河口、霞凝港、营田、沉沙港、临资口、元潭、许家洲、三汊矶、易家湾、竹埠港、湘潭、沅江之杨柳湖、八金义、南咀、天灯庙、洪家咀、岳飞咀各处，抢布水雷二千具。湘阴以北，芦林潭一带，遍构雷区。敌以飞机狂炸，无法破坏，对营田尤苦攻不下。遂利用汉奸引路，以小艇及民船载轻装敌兵，自岳阳出发，迂回绕渡，掺入荷叶湖，经小港，在我湘江各段雷区预留民船进出之空隙间，横江东渡。终以空隙甚狭，多船触雷。敌因此丧其实力一部，仅有少数敌人，窜由白玉圻再入古湖登陆。是时我在磊石山之布雷队，于任务赶速完成后，始将布雷轮云胜号，及雷驳等，予以破坏，员兵均绕道汨罗遄归湘阴，继续执行任务。又在霞凝港工作之布雷轮江安号,因后路切断,时机紧迫,难待该轮通过,不得已先行施行阻塞,将该轮自行凿沉,免为敌用。当时横江潜行登陆之敌,表面虽较得手,然为趋避雷区,分散登陆之故,致阵地涣散,首尾不能兼顾,而军火粮食之输送,因亦陷于绝境,予我以分段歼灭之机会,卒致惨败。当敌披猖之时,我长沙以北,汨罗以南军队云集。如长沙不幸被敌舰侵入,我陆上部队,势必腹背受敌,胜败之数诚不可知。此次湘北会战大功之告成,虽另有种种获胜之埋由,而我海军之种种措施,实亦与有力焉。我海军于敌寇惨败之后,从事整理雷区及恢复航行工作。其时在磊石山、沉泥沙、琴祺望各处,发现被我水雷炸毁之敌艇残骸十余艘,及其遗弃之扫雷器具无算。是役我海军派在四江封锁委员会服务之陈宏泰、曾万里、郭鸿久等十七员名,暨布雷队队长林溶、周仲山、邵仑,队员薛宾璋、陈夔益、欧阳炎、庄怀远、杨光辉、刘祁、蔡诗文等十六员名,均膺奖叙。

敌自第一次湘北会战惨败后,陆军则退守新墙以北之原有阵地,海军则退伏汉口岳阳间,其海陆两军兵力之配备,迥不如前。我湘鄂战局遂逐渐好转。二十八年十月,我海军于整理各段雷区以后,复在营田滩、白玉圻、沉沙港等处,重布水雷三百余具。同年十二月,组挺进布雷队两队,向岳阳挺进。于是月二十七日,在白螺矶布放漂雷四十具,曾于新堤击沉敌运兵轮一艘,我声势益张。直至二十九年三月杪,岳阳江面,敌舰死灰始行复燃,时露蠢动之势,每在鹿角附近,测水植标。我为慎重计,先后于三、四、五各月间,在营田滩、注滋口及鹿角上游,加布水雷三百九十余具。敌又蛰伏岳阳年余,不敢妄动。延至三十年九月,敌始对我发动第二次湘北湖沼大会战。乃于是月十七日,敌以海陆两军,自岳阳出动,以陆军任左翼,由新墙进兵,南渡汨罗江,向长沙挺进。海军任右翼,将舰艇集结鹿角、九马咀一带,企图冲入湘江,径迫长沙,取水陆会合包围之势。但我雷区坚强,敌舰猛攻不得进,敌陆军已越湘阴以南,而海军仍逗留于营田之北，不敢越雷池一步。其时我海军复在湘、沅两江，抢布水雷一千具，注滋口、磊石山、虞公庙、芦林潭、乌龙咀、临资口、元潭、扁担洲、三汊河、老闸口、乔口、白马寺、茈湖口、灵官咀、蚌市、肖婆镇各处，均行加强，敌舰益难突破。敌扫雷舰一艘于九月二十八日在营田触雷沉没，海军攻势益形疲弱。陆军虽有进展，无如海军被扼，致陷于孤军深入。长沙虽曾发现敌踪，终亦不免于败北。是役敌并用伞兵在我后方降落，企图扰敌，卒以后援莫继，被我歼灭。检讨敌人二次湘北惨败之主因，与第一次实无二致。

敌对长沙垂涎甚久，两度犯湘，俱告失败，而野心未戢，时图伺隙而逞。三十年十二月，敌又集结重兵，三度向我湘北进犯。海军第一布雷总队所属各雷队，分别扼守原防，本其既定战略，针对敌情，沉着应付，在霞凝港、捞刀河、浏阳河、乔口、靖港、石湖包各处，加布水雷二百七十具，各雷区至是益臻坚固，敌舰不得前进。其陆军虽有进展，不能获海军协助，接济断绝，不久遂复惨败。三十一年五月，敌于汉口、岳阳各地，增兵甚多，舰只亦调动频繁，有四度图湘之举。海军第一布雷总队复于其时在鲢鱼口、石湖包、灵官咀、蚌市、小波镇各地，增布水雷四百具。敌因水道不能通航，陆军未敢前进，复逡巡退去。但我鉴于敌虽迭次受挫，未能忘情长沙，时露蠢动模样，仍不得不严加扼守。是年八月，在蚌市分线之獭湖、史均湖，增强水雷六十具。十一月，复在琴祺望加布二百具，敌乃慑伏。延至三十三年四月，鄂南之敌复增兵甚众，我海军第一、第三两布雷总队，仍取联络，分别在暗步包、蚌市南北口、小波镇、灵官咀、石湖包、上狗头洲、天心湖、营田、芦林潭、乌龙咀、黄毛滩等处，布雷三百六十九具。五月二十七日晚，敌强渡新墙河，向新墙东南地区进犯，并由平江侵入汨罗、华容、石首、藕池之敌，亦纷纷南攻，南县、安乡相继失守，各路会犯长沙，势殊嚣张。其时我雷队复先后于上枫港、廖家潭、茶阁、孔家湖、浩光湖、曾埠角、碧口、大埠口、茈湖口、濠河口、涡河口、乔口、靖港、捞刀河、霞凝港各处，续布水雷五百零七具,完成阻塞任务。终以敌势浩大,我陆军被迫后移,不能掩护雷区,敌遂任意扫雷,情况至感严重。幸水雷数量甚多,一时清除不易,敌舰不能进犯长沙,仍以陆军迂回兜击,需时颇多。六月八日,湘阴失守,海军布雷队于是日仍在傅家洲南端,抢布水雷,保卫长沙水道。旋复在长沙上游之下摄司、渌口各处,布雷二百四十具。六月十八日,长沙继陷,当时亦无敌舰发现。是役敌挟无穷勇气,且一变迭次犯湘战略,避越雷区,以重兵取包围势,三路进犯,溯湘江左岸之丁家湾、霞凝港,捞刀河右岸之乔口、靖港、白沙洲、岳麓山,以钳形姿势攻入长沙。但敌舰均仍被阻于湘阴下游,敌虑战线过长,接济莫继,未敢疾趋衡阳。我国军遂得从容转进,部署后防,造成衡阳空间换取时间之持久战绩,敌急进锐气,备受顿挫。当时我海军各布雷队员兵,在敌大军压境之中,忠勇将事,不避艰危,致有后退不及者。嗣经陆续集中,分别整理,将海军第一布雷总队调赴赣江、吉水工作,第三布雷总队继续扼守常德、新安、汉寿各地。八月,在牛鼻滩继续布雷;并于牛鼻滩、德山、常德各段,构成水上障碍物阵地,以资防御。三十四年四月,总队长薛家声调海总部供职,遗缺以第四布雷总队总队长郑震谦接充。八月,敌战败投降,该布雷总队改为海军第三扫雷总队,担任洞庭湖方面扫雷工作,是年十二月完成任务。

(三)川江方面

我政府既设战时陪都于重庆,据川江天堑之险,为长期抗战之计。二十八年三月,海军在宜昌至巴东间,成立宜巴区要塞第一、第二两总台,下辖四个台及九个分台,择石牌、庙河、泄滩、牛口为安装阵地,配备舰炮及野山炮等五十五尊。另于红花套设第一直属台,装舰炮四尊,共五十九尊,以方莹、曾冠瀛为总台长。同年十月,在巴东至万县间,成立巴万区要塞第三、第四两总台,下辖五个台,择万流、青山洞、巫山、奉节、云阳为安装阵地,配备舰炮及野山炮等四十七尊,以程嵋贤、刘焕乾为总台长。四个总台共编配员兵一千二百零三员名。另于第一、第二两总台内各编配烟幕队两队，第三总台编配烟幕队一队。此外复经设立川江漂雷队，以叶可钰为队长，下辖六个分队，分别配属于石牌、庙河、泄滩、牛口、巫山、万县六个要区，并将大部舰艇分驻于宜昌、巴东、万县、重庆各地，除担任水上防务外，并协助当地防空部队，参加对空作战工作。分派第一舰队司令陈季良驻万县，第二舰队司令曾以鼎驻庙河，以便指挥。另以克安、定安两运舰停泊川江下游，执行战时任务，并准备于敌溯江西犯时，立即下沉，阻塞水道。并在涪陵、重庆间，勘择雷区，预储漂雷，备必要时施放。三十一年三月，英美两国政府本军事合作精神，赠送我国炮舰四艘。计英国赠舰三艘，命名英德、英山、英豪。美国赠舰一艘，命名美原。除英豪驻防湘江外，余均分驻川江各地，经修理配备，防御力量益臻雄厚。三十一年十一月，海军调整作战机构，将川江漂雷队番号改为海军第四布雷总队，下设七个大队，以严智以第一大队大队长兼代总队长职务，旋改派郑震谦总其事。三十三年九月，接收法国赠舰一艘，经编队遣用，命名法库，驻防川江协同担任水上防御工作。三十四年三月，海军第一舰队司令陈季良因病出缺，遗缺以宜巴要塞区海军第一总台总台长方莹升任。同时海军第二舰队司令曾以鼎升任海军总司令部参谋长，遗缺以海军闽江江防司令李世甲调任。递遗闽江江防司令缺，以海军第二布雷总队总队长刘德甫升任。又遗第二布雷总队总队长缺，以该总队总队副刘世桢升任。

二十九年十一月六日，敌以陆军攫取南津关，顿呈蠢动之势。同日，克安运舰被炸受伤。三十年二月，敌在当阳会议，图以现有宜沙兵力，由江北大举西犯。三月五日，敌分三路挺进，势颇猖獗，宜昌之敌，频渡南岸，我川江漂雷队开始活动。九日晚，在石牌方面每隔十余分钟，即放漂雷一次，共放三十具，横渡之敌受此打击，气焰遂挫。十日，敌占平善坝，我陆军陆续后退，惟敌海军仍在荆河外徘徊，不得入，我要塞各台因沿江正面防务紧要，镇静坚守。平善坝距石牌已近,敌因不能得海军之联络协助,不敢继续推进。十一日,乃将平善坝放弃,急向宜昌退去。是役敌又徒劳无功,遂不时以飞机炸我各台,以泄其恨,因我掩护得力,敌又毫无收获。是年八月二十四日,我驻防巴东附近台子湾之江犀、江鲲两舰,有敌机多架掠该舰上空而过,当被该两舰猛烈炮击,敌亦频投炸弹,接战颇久,各因要害受伤下沉,两舰士兵受伤者计九人。三十一年十二月十七日,敌机两度向定安运舰轰炸,要害中弹,进水沉没。同月二十五日,本军租用之顺利差轮,亦被炸沉于塔洞滩,海军第二舰队司令部军需员陈懋节因公在轮,与帆缆卜士林金水、一等兵陈利玊,船伙杨凤山等,均遇难。三十二年二月八日,海军第三号驳船在万户沱,被敌机投弹,伤重几遭覆灭,幸经彻夜堵塞,始免于难。四月二十二日,驻泊庙河之克安运舰,被炸着火,扑救始灭,但舰体受伤颇重。

川江防务,在荆河未失之初,甚为稳固。自荆河失陷后,渐形紧张,宜巴要塞区遂入于备战状态。三十二年五月,鄂西之敌进迫三斗坪,越过宜巴要塞区第一总台之石牌阵地,该台虽后路受协,仍守原防,敌舰苦不得进。海军第四布雷总队并调得力雷队进至平善坝,于五月三十一日,在该处布放漂雷五十具。翌日即有敌舰一艘,被我击沉于宜昌下游。六月六日,续放漂雷三十具,敌舰均闻风躲避。其陆军以深入可虑,亦逡巡退去,敌势乃杀。三十二年九月十七日,敌机进袭巴东,海军三号驳船再度被炸,遂告沉没。三十四年八月,敌无条件投降,海军将在川江工作之布雷总队改编为海军第四扫雷总队,即日开始探扫宜昌以上雷区。九月间完毕,随即进至宜昌,将宜沙段雷区继续清扫。其由沙市至上海黄浦江段雷区,则由我陆军总司令部饬令日方负责清除。自此,长达九百余海里之整个长江水道遂恢复常态。

第七节　长江各布雷游击区之战绩与设施

自抗战军兴,我海军为防止敌舰进袭长沙各地起见,始则使用固定水雷,划分雷区,节节布放,收效已多。迄二十七年,敌舰时思活动，我为掩护雷区安全，使敌舰无从遂行其扫雷工作计，认为仍须发挥进攻力量而争取主动地位，乃基于轻坠水雷之原理，作进一步之研究，饬制雷厂设计一种漂流水雷。此种水雷，不用雷坠，能随流漂行，在敌前布放，可与固定雷区收攻守兼施之效。在敌后布放，可破坏其水上运输，收控制长江之果。是年九月，编组漂雷队后，我乃将固定水雷、漂流水雷参合使用。其初派漂雷队一队，在田家镇下游之武穴、龙坪间，直达敌舰前方。是月八日夜，该队由鲤鱼山出发，将雷潜放中流，计八十具，天未及晓，任务完成，回抵鲤鱼山，未久即闻巨大响声，发自下游，据探有敌舰二艘，在武穴附近已被漂雷击沉，于是漂雷之威力益著。嗣即派漂雷队两队，分发大通、贵池两地，抄越敌后。大通方面，以敌兵逡巡防范颇周，漂雷队无法达到江边，乃折返贵池集合。至贵池方面，亦因敌兵压境，民众迁徙一空，供应缺乏，进行不易，各员兵坚勇卓绝，乃伐木取材，制成布雷设备，经三朝夜之不断努力，始告成功。九月十二日深夜，在贵池江心，秘密放下漂雷六十具，用以缓和田家镇之紧张局面，收效至宏。以上为我海军在武汉放弃前，用水雷防制敌舰之概况也。

自武汉放弃后，敌拟控制长沙之势，利用航运，进可以沿江西犯，窥伺荆川，退则因运输便利，无虞阻滞，实处进退优裕之境地。我海军为击破敌人此种企图，在长江各段实施水上游击，发挥敌后攻势，以遮断敌水上交通为目的，袭击敌舰艇及运输船只为手段，作无定时无定地之钻隙踏虚布雷。在当时之情势下，有利用漂雷之机会甚多。爰于二十九年一月，开始实施漂雷游击整个计划，成立长江中游布雷游击队，设总队部一，下辖五个中队，中队之下设置十一个分队，以刘德浦为总队长，林遵等为中队长。游击范围，计湖口至芜湖沿江各地带，为长江第一布雷游击区。总队部设上饶，与第三战区密取联络。各布雷游击队带同漂雷，分别进入任务区，与该区各部队配合作战，由其掩护工作。并组侦察组，进出沿江各地，从事侦察敌舰动态，准备出布。四月，将该区范围推展为湖口至江阴段。江阴方面，划成主要、次要两雷区，以遮断长江中下游水道，实行推广正面之游击布雷为主要任务。同年九月，以该区发挥布雷游击任务，收效颇宏。为加强实力，俾再增进效率起见，特增编第六队一队，下辖十二、十三两分队，隶属于总队部之下；并将沿江监视哨，再予加强，严切注意敌舰船在长江之行动，加紧布雷游击工作，以期彻底破坏敌整个水上交通。十月，该区总队部改番号为海军第二布雷总队部，仍以刘德浦为总队长。三十一年五月，因上饶失守，该总队部遂告撤离，布雷工作，颇受影响。嗣乃几经波折，至三十二年四月，始得续行任务，收获成果。三十三年六月以后，迭图再举，惜未成功，直至敌投降后，始告终止。

我海军自划湖口江阴间为长江第一布雷游击区后，敌之舰艇船只，因我各布雷队在皖南沿江各段活跃，湖口以下江面，均不敢停泊，多在九江以上下锚。我海军为应战略上之需要，于二十九年四月间，复将鄂城至九江段，划为长江第二布雷游击区。使敌之舰艇船只，亦不能躲避于浔鄂方面，整个长江航运趋于崩溃之途，然后乃能将其赶出武汉。是月，组四个挺进布雷队，以林祥光、周仲山等为队长，由修水进入任务区，五月着手侦察路线，筹划运输事宜，六月开始实施。三十年二月，我方将该区各雷队工作，加以调整。四个布雷队分为两班，两队工作，两队休整，用均劳逸而便整训。四月，将该区任务再加调整，分为浔鄂、湘鄂两区。以九江汉口段及汉口岳阳段为其任务区，每区置挺进布雷队两队，以苏聿修、陈挺刚等为队长，并经指定配合作战之友军部队。凡此设施，皆因敌方监视极严，事事阻我活动，及所谓扫荡战日益猖獗，而我掩护部队，系统复杂，不能与雷队密切合作，故不得不随时改革，以谋应付，而保持确切之指挥与掩护。三十年末，因湘北防务紧张，浔鄂两区雷队调往洞庭湖，加入湘沅各江工作。三十一年五月，湘北情况缓和，调回原防。六月浔鄂区布雷队,重加调整,分为两队。一队派在赣北工作,一队派在鄂南工作,续建战绩。迄三十三年七月,湘北又形紧张,再调湘鄂区雷队,驰往汉寿工作,途次被围,队长下落不明。同时浔鄂区布雷队亦多方部署,终因情况不许,被迫折回。直至战事结束后,始将是项任务终止进行。

宁汉间之敌人水上交通,既予以严重之打击,而汉岳之间及襄河方面亦时有敌之舰艇往来,虽不如宁汉之频多,要亦须加袭击而使之整个水上交通无法运用。因于二十九年四月间,编组浔鄂区雷队之际,复划监利至黄陵矶段,作为长江第三布雷游击区。组挺进布雷队两队,以李向刚等为队长,按预定计划,进入任务区分别进行,颇奏功效。嗣以该区敌舰踪迹日少,遂将该区之布雷任务,并入第二布雷游击区。

我海军以发展水雷战为抵抗日寇进袭长江之战略中心,经陆续积极布置,建立三大雷区,实施游击攻势以后,凡属水道之区,无不予敌以重大打击。在当时各布雷游击区之员兵,忠于工作,其艰苦卓绝之精神,与壮烈之牺牲,实有非楮墨所能尽述者。兹将自海军开始布雷以来,成绩卓绝,舍身殉职之员兵姓名及各布雷游击区之战绩,分别表列于次:

海军长江布雷舰艇雷队牺牲员兵姓名事略表

舰艇队别	职位	姓名	殉职年月日	殉职处所及事迹概况	恤例	备考
第一总队	谍报员	陈木生	二九,六	奉派潜入湖口敌区探查敌情被获,该员临危不屈,骂不绝口,致惨遭活锯,将尸体抛掷江中	军委会特核定奖恤办法五项,准入祀湖口忠烈祠,并将事迹宣付表扬	
咸宁舰	电官	庄亮采	二七,七,一	该舰航次火焰山,遭遇大批敌机御战阵亡	请恤	

(续表)

舰艇队别	职位	姓名	殉职年月日	殉职处所及事迹概况	恤例	备考
同上	帆缆副军士长	郑玉草	同上	同上	同上	
同上	上士	陈世昌	同上	同上	同上	
同上	上士	邵国兴	同上	同上	同上	
同上	列兵	林长汉	同上	同上	同上	
同上	列兵	朱法祖	同上	同上	同上	
同上	列兵	江礼祥	同上	同上	同上	
同上	列兵	张银官	同上	同上	同上	
长宁艇	列兵	卢长河	二七,七,一	该艇航次武穴途中遭遇敌机御战阵亡	同上	
同上	列兵	王逸京	同上	同上	同上	
崇宁艇	列兵	杨思昌、林吉官、曹池元、黄邦正	二七,七,三	该艇在田家镇被敌机投弹炸沉,该列兵死难	同上	
绥宁艇	列兵	二名姓名未详	二七,七,一三	该艇在黄石港任务时遭遇敌机炸沉,该列兵等重伤	同上	
雷队	分队长	李长霖	二七,七,八、九月间	田家镇布雷,敌机轰炸死难	同上	
同上	上士	任灯灿、郑鸿明、黄长清、赵守扬	同上	同上	同上	
	中士	徐树梅等五人	同上	同上	同上	
	下士	魏炳铨等十人	同上	同上	同上	
	雷兵	陈开炎等四十六人	同上	同上		

1851

海军长江布雷游击队工作成绩卓著员兵姓名一览表

队　　　别	职　级	姓　名	奖　励
第二分队	上尉队长	陈炳焜	华胄荣誉奖章
第二分队	下　士	卢永忠	华胄荣誉奖章
第二分队	一　等　兵	杨其湘	华胄荣誉奖章
第二分队	二　等　兵	李义从	华胄荣誉奖章
第二分队	三　等　兵	载希光	华胄荣誉奖章
第二分队	中尉队员	萨师洪	七等宝鼎勋章
第二分队	下　士	陈发舜	华胄荣誉奖章
第二分队	三　等　兵	陈泰瑞	华胄荣誉奖章
第五队	少校队长	林　遵	陆海空军甲种乙等奖章
第二大队	少校队长	严　智	陆海空军甲种一等奖章
第二大队第四分队	上尉队长	郑天杰	陆海空军乙种一等奖章
第五大队第九分队	中尉队员	王国贵	陆海空军乙种一等奖章
第五大队第十分队	中尉队员	欧阳晋	陆海空军乙种一等奖章
第二大队第三分队	中尉队员	赵梅卿	陆海空军乙种一等奖章
第二大队第三分队	中尉队员	李后贤	陆海空军乙种一等奖章
第二大队第四分队	中尉队员	林斯昌	陆海空军乙种一等奖章
第二大队第四分队	准尉军士长	鲁鸿仁	陆海空军乙种二等奖章
第五大队第十分队	下　士	董家银	陆海空军乙种二等奖章
第五大队第十分队	下　士	王宗璋	陆海空军乙种二等奖章
第五大队第十分队	下　士	倪毓水	陆海空军乙种二等奖章
第五大队第十分队	一　等　兵	熊协成	陆海空军乙种二等奖章
第五大队第十分队	二　等　兵	张弈朋	陆海空军乙种二等奖章
第五大队第十分队	三　等　兵	郑宗官	陆海空军乙种二等奖章
第五大队第十分队	三　等　兵	林伏东	陆海空军乙种二等奖章

(续表)

队　　别	职　级	姓　名	奖　　励
第五大队第十分队	三等兵	杨其梧	陆海空军乙种二等奖章
第五大队第十分队	三等兵	林椿荣	陆海空军乙种二等奖章
第五大队第十分队	三等兵	林海平	陆海空军乙种二等奖章
第五大队第十分队	三等兵	陈逸增	陆海空军乙种二等奖章
第五大队第十分队	三等兵	谢成和	陆海空军乙种二等奖章
第五大队第十分队	三等兵	罗世铭	陆海空军乙种二等奖章
第五大队第十分队	三等兵	郑连生	陆海空军乙种二等奖章
第五大队第十分队	三等兵	许依仕	陆海空军乙种二等奖章
第五大队第十分队	三等兵	刘文尚	陆海空军乙种二等奖章
第二大队	中士	佘宝华	陆海空军乙种二等奖章
第二大队	中士	陈绪章	陆海空军乙种二等奖章
第二大队	下士	严扬福	陆海空军乙种二等奖章
第二大队	下士	林忠诚	陆海空军乙种二等奖章
第二大队	下士	李忠受	陆海空军乙种二等奖章
第二大队	一等兵	任守宝	陆海空军乙种二等奖章
第二大队	一等兵	施典和	陆海空军乙种二等奖章
第二大队	一等兵	林承勋	陆海空军乙种二等奖章
第二大队	一等兵	李夏官	陆海空军乙种二等奖章
第二大队	二等兵	李友钦	陆海空军乙种二等奖章
第二大队	二等兵	杨继元	陆海空军乙种二等奖章
第二大队	二等兵	邢光贤	陆海空军乙种二等奖章
第二大队	三等兵	朱照潜	陆海空军乙种二等奖章
第二大队	三等兵	林文清	陆海空军乙种二等奖章
第二大队	三等兵	林文扬	陆海空军乙种二等奖章
第二大队	三等兵	陈宜良	陆海空军乙种二等奖章

(续表)

队　　别	职　级	姓　名	奖　　励
第二大队	三 等 兵	任礼灼	陆海空军乙种二等奖章
第二大队	三 等 兵	林子元	陆海空军乙种二等奖章
第二大队	三 等 兵	林金城	陆海空军乙种二等奖章
第二大队	三 等 兵	郑忠平	陆海空军乙种二等奖章
第二大队	三 等 兵	曾家松	陆海空军乙种二等奖章
第二大队	三 等 兵	王永树	陆海空军乙种二等奖章
第二大队	三 等 兵	严子奇	陆海空军乙种二等奖章
第二大队	三 等 兵	黄东园	陆海空军乙种二等奖章
第二大队	三 等 兵	郑奇友	陆海空军乙种二等奖章
第二大队	三 等 兵	谢文城	陆海空军乙种二等奖章
第二大队	三 等 兵	林品铨	陆海空军乙种二等奖章
第二大队	三 等 兵	陈学彬	陆海空军乙种二等奖章
第二大队	三 等 兵	陈　沂	陆海空军乙种二等奖章
第二大队	三 等 兵	王善徽	陆海空军乙种二等奖章
第二大队	三 等 兵	陈传琛	陆海空军乙种二等奖章
第二大队	三 等 兵	高依占	陆海空军乙种二等奖章
第二大队	三 等 兵	林振炎	陆海空军乙种二等奖章
第二大队	三 等 兵	曹桂林	陆海空军乙种二等奖章
第二大队	三 等 兵	张章才	陆海空军乙种二等奖章
第二大队	三 等 兵	任守殷	陆海空军乙种二等奖章
第二大队	三 等 兵	何友生	陆海空军乙种二等奖章
第二大队	三 等 兵	林文茂	陆海空军乙种二等奖章
第二大队	三 等 兵	郑能桂	陆海空军乙种二等奖章
第二大队	三 等 兵	王连升	陆海空军乙种二等奖章
第二大队	三 等 兵	林启灿	陆海空军乙种二等奖章

(续表)

队　　别	职　级	姓名	奖　　励
第二大队	三　等　兵	徐逢大	陆海空军乙种二等奖章
第二大队	三　等　兵	陈鹏飞	陆海空军乙种二等奖章
第二大队	三　等　兵	邢朝兰	陆海空军乙种二等奖章
第二大队	三　等　兵	赵依朋	陆海空军乙种二等奖章
第二大队	三　等　兵	黄宗周	陆海空军乙种二等奖章
第十分队	上尉队长	张鸿模	陆海空军乙种一等奖章
第十分队	一　等　兵	董承芷	陆海空军乙种二等奖章
第十分队	一　等　兵	王德钧	陆海空军乙种二等奖章
第十分队	一　等　兵	陈波藩	陆海空军乙种二等奖章
第十分队	三　等　兵	李宝铨	陆海空军乙种二等奖章
第十分队	三　等　兵	张元慈	陆海空军乙种二等奖章
第十分队	三　等　兵	翁振塘	陆海空军乙种二等奖章
第十分队	三　等　兵	潘炳衡	陆海空军乙种二等奖章
第十分队	三　等　兵	董成仁	陆海空军乙种二等奖章
第十分队	三　等　兵	林长森	陆海空军乙种二等奖章
第十分队	三　等　兵	郑道锃	陆海空军乙种二等奖章
第五分队	少校队长	林遵	光华甲种二等奖章
第九分队	中尉队长	王国贵	光华乙种一等奖章
第九分队	准尉副军士长	范祥光	陆海空军乙种二等奖章
第十分队	上　　士	林森藩	陆海空军乙种二等奖章
第九分队	中　　士	王宗璋	光华乙种二等奖章
第十分队	中　　士	倪毓水	光华乙种二等奖章
第十分队	下　　士	罗麟	陆海空军乙种二等奖章
第九分队	下　　士	熊协成	光华乙种二等奖章
第十分队	下　　士	陈波藩	光华乙种二等奖章

(续表)

队　　别	职　级	姓　名	奖　　励
第十分队	一等兵	陈见德	陆海空军乙种二等奖章
第九分队	一等兵	李玉斌	陆海空军乙种二等奖章
第十分队	二等兵	郑樟藩	陆海空军乙种二等奖章
第十分队	二等兵	樊伊溪	陆海空军乙种二等奖章
第九分队	三等兵	郑宗官	光华乙种二等奖章
第九分队	三等兵	赵先知	陆海空军乙种二等奖章
第十分队	三等兵	林伏东	光华乙种二等奖章
第十分队	三等兵	杨其梧	光华乙种二等奖章
第十分队	三等兵	林长森	光华乙种二等奖章
第十分队	三等兵	董成仁	光华乙种二等奖章
第十分队	三等兵	王增官	陆海空军乙种二等奖章
第九分队	三等兵	陈依康	陆海空军乙种二等奖章
第十分队	三等兵	张汉卿	陆海空军乙种二等奖章
第十分队	三等兵	陈传兆	陆海空军乙种二等奖章
第十分队	三等兵	罗世铭	光华乙种二等奖章
第九分队	三等兵	陈梅生	陆海空军乙种二等奖章
第十分队	三等兵	潘炳衡	光华乙种二等奖章
第十分队	三等兵	郑道煌	光华乙种二等奖章
第二大队第三分队	上尉队员	赵梅卿	光华乙种一等奖章
第二大队第三分队	上尉队员	李后贤	光华乙种一等奖章
第二队	上　士	余宝华	光华乙种二等奖章
第二大队第三分队	中　士	严扬福	光华乙种二等奖章
第二大队第三分队	下　士	任守宝	光华乙种二等奖章
第二大队第三分队	一等兵	严子端	光华乙种二等奖章
第二大队第三分队	一等兵	杨继元	光华乙种二等奖章

(续表)

队　　别	职　　级	姓　名	奖　　励
第二大队第三分队	二　等　兵	李友钦	光华乙种二等奖章
第二大队第三分队	三　等　兵	谢文城	光华乙种二等奖章
第二大队第三分队	三　等　兵	朱昭潜	光华乙种二等奖章
第二大队第三分队	三　等　兵	郑奇友	光华乙种二等奖章
第二人队第三分队	三　等　兵	严子锜	光华乙种二等奖章
第二大队第三分队	三　等　兵	林品铨	光华乙种二等奖章
第二大队第三分队	三　等　兵	林本松	光华乙种二等奖章
第二大队第三分队	三　等　兵	林文清	光华乙种二等奖章
第二大队第三分队	三　等　兵	林文扬	光华乙种二等奖章
第二大队第三分队	三　等　兵	陈依锥	光华乙种二等奖章
第二大队第三分队	三　等　兵	陈宜良	光华乙种二等奖章
第二大队第三分队	三　等　兵	黄东园	光华乙种二等奖章
第二大队第三分队	三　等　兵	卢如海	光华乙种二等奖章
第四分队	三　等　兵	曹桂林	光华乙种二等奖章
第四分队	三　等　兵	高依占	光华乙种二等奖章
第四分队	三　等　兵	林振炎	光华乙种二等奖章
浔鄂区布雷游击队第一队	少校队长	林祥光	晋给陆海空军甲种一等奖章
浔鄂区布雷游击队第一队	中尉队员	张家宝	陆海空军乙种一等奖章
浔鄂区布雷游击队第一队	准尉副军【士】长	林东琦	陆海空军乙种二等奖章
浔鄂区布雷游击队第一队	上　　士	郑茂福	陆海空军乙种二等奖章
浔鄂区布雷游击队第一队	下　　士	郑作银	陆海空军乙种二等奖章

(续表)

队　别	职　级	姓　名	奖　励
浔鄂区布雷游击队第一队	下　士	王显瑞	陆海空军乙种二等奖章
浔鄂区布雷游击队第一队	一等兵	郑敏俊	陆海空军乙种二等奖章
浔鄂区布雷游击队第一队	二等兵	林照庚	陆海空军乙种二等奖章
浔鄂区布雷游击队第一队	二等兵	郑义元	陆海空军乙种二等奖章
浔鄂区布雷游击队第一队	二等兵	郑昌炳	陆海空军乙种二等奖章
浔鄂区布雷游击队第一队	二等兵	董振祺	陆海空军乙种二等奖章
浔鄂区布雷游击队第一队	二等兵	黄依松	陆海空军乙种二等奖章
浔鄂区布雷游击队第一队	三等兵	史宝喜	陆海空军乙种二等奖章
浔鄂区布雷游击队第一队	三等兵	林成积	陆海空军乙种二等奖章
浔鄂区布雷游击队第一队	三等兵	张子镜	陆海空军乙种二等奖章
浔鄂区布雷游击队第一队	三等兵	任钦官	陆海空军乙种二等奖章
浔鄂区布雷游击队第二队	少校队长	沈聿新	陆海空军甲种二等奖章
浔鄂区布雷游击队第二队	中尉队员	刘耀璇	陆海空军乙种一等奖章
浔鄂区布雷游击队第二队	一等兵	黄应木	陆海空军乙种二等奖章

(续表)

队　　别	职　级	姓　名	奖　　励
浔鄂区布雷游击队第二队	二 等 兵	张武金	陆海空军乙种二等奖章
浔鄂区布雷游击队第二队	二 等 兵	张日应	陆海空军乙种二等奖章
浔鄂区布雷游击队第二队	二 等 兵	严宗兴	陆海空军乙种二等奖章
浔鄂区布雷游击队第二队	二 等 兵	骆贵荣	陆海空军乙种二等奖章
浔鄂区布雷游击队第二队	二 等 兵	陈德中	陆海空军乙种二等奖章
浔鄂区布雷游击队第二队	二 等 兵	王清秀	陆海空军乙种二等奖章
浔鄂区布雷游击队第二队	二 等 兵	陈登贤	陆海空军乙种二等奖章
浔鄂区布雷游击队第二队	三 等 兵	刘弃旺	陆海空军乙种二等奖章
浔鄂区布雷游击队第二队	三 等 兵	严拱北	陆海空军乙种二等奖章
浔鄂区布雷游击队第二队	三 等 兵	张复兴	陆海空军乙种二等奖章
浔鄂区布雷游击队第二队	三 等 兵	卞祥茂	陆海空军乙种二等奖章

第一布雷游击区战绩一览表

布雷情形		收　获　成　果					
年 月 日	数量	月 日	敌舰触雷地区	敌舰种类	触炸状况	艘数	备　考
二九，一，二〇	一五	一，二〇	贵池两河间	汽 艇	沉	一	死敌十三人，伤敌五人

(续表)

布雷情形		收 获 成 果				
年月日	数量	月日	敌舰触雷地区	敌舰种类	触炸状况	艘数	备考
二九,一,二〇		一,二一	贵池大通间	运输舰	沉	一	敌军员兵死伤辎重损失甚重
二九,一,二八	五	一,三〇	繁昌附近	运输舰	沉	一	敌军员兵死伤辎重损失甚重
二九,一,三〇	四二	一,三〇	湖口下游之永和洲	汽艇	沉	一	死敌员兵十四人
二九,一,三〇		二,一	马当小孤山间	中型舰	沉	一	满载步兵
二九,一,三〇		二,六	彭泽附近	中型舰	沉	二	敌死伤人数未详
二九,一,三〇		二,九	彭泽附近	运输舰	沉	一	死敌员兵三十余
二九,二,七	一四	二,七	汪家套	装甲舰	沉	一	敌死伤人数未详
二九,二,七	一〇	二,一一	繁昌江坝头	商船	沉	一	敌军人员辎重损失甚多
二九,二,一七	一六	二,一八	前江口上游大王庙附近	汽艇	沉	一	死敌四十余人
二九,二,二三	七七	二,二四	石钟山	巨型运输舰	沉	一	死敌一百四十余人伤四十余人
二九,二,二三		二,二四	石钟山	汽艇	沉	一	死敌三十余人
二九,二,二三		二,二八	马当	中型舰	沉	一	死敌五十余人伤三十余人
二九,二,二五	二〇	二,二六	前江口	中型舰	沉	一	死伤敌数十人

(续表)

布雷情形		收 获 成 果					
年月日	数量	月日	敌舰触雷地区	敌舰种类	触炸状况	艘数	备考
二九,三,一四, 二九,三,一五	五,五七	三,一九	马当	巨型运输舰	沉	一	舰名奉阳丸死伤敌三十余人
二九,三,一四, 二九,三,一五	五,五七	四,二	马当	中型舰	沉	一	敌死伤人数未详
二九,三,一九	五						
二九,四,二二	一七	四,二四	安庆上游数公里之官洲	运输舰	沉	一	敌军用品损失甚重死伤人数未详
二九,四,二六	一七				沉		
二九,五,二二	一一				沉		
二九,六,一	八	六,一七	旧县附近	商船	沉	一	敌辎重货物损失甚重死伤人数未详
二九,六,一		六,一九	大通附近	汽艇	沉	一	敌死伤人数未详
二九,六,一		六,一九	大通附近	小火轮	沉	一	敌死伤人数未详
二九,六,四	五						
二九,六,一三	四						
二九,六,一五	六						

(续表)

布雷情形		收 获 成 果				
年 月 日	数量	月日	敌舰触雷地区	敌舰种类	触炸状况	艘数	备 考
二九,六,一七	一九	六,一八	安庆附近	运输舰	沉	一	满载军火人物全毁
二九		六,一八	安庆附近	汽艇	沉	三	人物全毁
二九,六,一八	三七	六,一九	白沙洲	汽艇	沉	一	死敌十余人
二九,六,一八		六,二三	白沙洲	汽艇	沉	五	死敌三十余人
二九,六,一八		六,二四	白沙洲	汽艇	沉	三	死敌二十余人
二九,六,一八		七,二	黄溢附近	汽艇	沉	一	人物全毁
二九,六,二一	五	六,二五	鲁港	巨型运输舰	沉	一	舰名西善丸死伤人数八十余人
二九,七,二〇	三四	七,二一	彭泽上游黄孤屯之方湖口外	运输舰	沉	一	舰名凤朝丸死伤人数六十余人
二九,七,二〇		七,二一	彭泽上游黄孤屯之方湖口外	运输舰	沉	一	舰名吉阳丸死伤人数未详
二九,七,二〇		七,二四	彭泽附近亚字号洲	汽艇	沉	一	敌死伤人数未详
二九,八,二四	一〇					一	
二九,九,一	八	九,一	大通和悦州附近	汽艇	沉	一	敌死伤人数未详

(续表)

布雷情形		收 获 成 果					
年 月 日	数量	月 日	敌舰触雷地区	敌舰种类	触炸状况	艘数	备 考
二九,九,		九,二	芜湖旧县间	巨型运输舰	沉	一	敌死伤六百余人从事捞尸达数日之久
二九,九,一五	四一	九,七	大渡口上游	运输舰	沉	一	敌军用品损失甚重死伤人数未详
二九,九,一五		九,一七	大渡口上游	大驳船	沉	二	满载货物员兵损失情形未详
二九,九,一五		九,一八	大渡口附近	运输舰	沉	一	敌军用品损失甚重员兵死伤数目未详
二九,二〇	一〇	九,二三	大渡口上游之张家湾	中型舰	沉	一	该船号数为一〇八号沉没后有敌汽艇十二艘驰往打捞
二九,二〇		九,二三	大渡口下游十里江面	汽艇		二	敌死伤人数未详
二九,九,二三	二三	九,二六	香口东涯字桥江面	运输舰		一	敌辎重员兵损失甚重
二九,九,二三		九,二六	香口东涯字桥江面	中型舰		一	敌死伤人数未详
二九,九,二四	一〇						
二九,九,二七	一二						
二九,九,二七	二五						

1863

(续表)

布雷情形		收 获 成 果					
年 月 日	数量	月 日	敌舰触雷地区	敌舰种类	触炸状况	艘数	备 考
二九,一〇,二六	二七	一〇,二七	八亩田下游	汽艇	沉	二	敌死伤人数未详
二九,一〇,二六	三七	一〇,二七	贵池下游	中型舰	沉	一	敌死伤人数未详
二九,一〇,二六		一〇,二七	大通附近	巨型运输舰	沉	一	满载军火损甚重员兵死伤二百三十余人
二九,一〇,二六		一〇,二八	大通和悦洲	运输舰	沉	一	舰名兴洋丸满载汽油弹药全部燃烧达数小时至天黑始行沉没员兵死伤甚重
二九,一〇,二六		一〇,二九	大通和悦洲	汽艇	沉	一	敌死伤人数未详
二九,一〇,二六		二,六	贵池附近	大驳船	沉	一	满载货物死伤敌八人及伪组织工人二十余名
二九,一〇,三〇	二〇	二,六	吉阳属扫帚沟	汽艇	沉	一	敌死伤人数未详
二九,二,六	四〇	二,七	毛淋洲附近	运输舰	沉	一	满载辎重死伤人数未详
二九,二,六		二,八	乌石矶江面	运输舰	沉	一	满载辎重死伤人数未详
二九,二,一五	二〇	二,一九	东流附近	运输舰	沉	一	敌辎重损失甚重员兵伤亡一百余人
二九,二,一六	二〇	二,一六	安庆附近官洲	汽艇	沉	一	毙敌一百余人

(续表)

布雷情形		收　获　成　果					
年月日	数量	月日	敌舰触雷地区	敌舰种类	触炸状况	艘数	备　考
二九,二,二七	五五	二,二七	长生洲江面	运输舰	沉	一	敌死伤人数未详
二九,二,二七		二,二七	长生洲江面	汽艇	沉	一	敌死伤人数未详
二九,二,二七		二,二八	大通上游约五华里江面	中型舰	沉		载大小高射炮八尊大小平射炮六尊并其他军械甚多死伤敌四百余人
二九,二,二七		二,二九	余水洲附近	大铁驳	沉	一	敌死伤人数未详
二九,二,二七		二,三〇	梅梗附近	汽艇	沉	一	敌死伤人数未详
二九,二,二七		一二,三	荻港	中型舰	沉	一	敌死伤人数未详
二九,二,九	五	一二,一七	黄石矶	中型舰	沉	一	敌死伤人数未详
二九,一二,二三	二〇	一二,二四	大通下游	巨型舰	重伤沉	一	敌死伤人数未详
二九,一二,二五	四	一二,二六	黑沙洲	汽艇	沉	一	敌死伤人数未详
二九,一二,二八	二〇						
二九,一二,三〇	二〇						
三〇年		一,一	张家湾附近	运输舰	沉	一	敌员兵物资损失数目未详但事后亟调汽艇九艘从事打捞达两小时始返

1865

(续表)

布雷情形		收 获 成 果					
年月日	数量	月日	敌舰触雷地区	敌舰种类	触炸状况	艘数	备考
三〇年		一,四	安庆上游官洲	运输舰	沉	一	敌死伤人数未详
二九,一,一六	二〇	一,七	东流江面	小型运输舰	沉,重伤	二,一	敌死伤人数未详
二九,一,一六		一,七	东流下游临江塔附近	汽艇	沉	一	敌死伤人数未详
二九,一,一七	二〇						
二九,一,二二	二〇						
二九,一,二四	一五	一,二五	铁板洲	运输舰	沉	一	载汽车二十余辆马数十匹并敌兵二百余人
二九,一,二六	四八	一,二六	前江口上游	汽艇	沉	一	艇上人物全毁
二九,一,二六		一,二六	江心洲上游之洲头北港	运输舰	沉	一	死伤未详
二九,一,二六		一,二七	乌沙峡	小火轮	沉	一	死伤未详
二九,一,三〇	三〇	二,二一	东流乌石矶江面	汽艇	沉	一	死敌兵八人伪军四人
二九,七	三三	三,八	黄溢下游	巨型舰	沉	一	该舰先后触我水雷三具立成〔?〕粉,损失极重
二九,三,八	二〇						

(续表)

布雷情形		收 获 成 果					
年月日	数量	月日	敌舰触雷地区	敌舰种类	触炸状况	艘数	备 考
二九,三,一六	五〇						
二九,三,二五	三〇	三,二六	杏山附近	中型运输舰	沉	一	载敌兵五六十人马匹弹药甚多仅救出敌兵二十余人
二九,三,三〇	二〇						
二九,四,一二	二〇	四,一二	鲁港	运输舰	沉	一	载军用品甚多并敌兵数十人
二九,四,一二		四,一三	芜湖下游玉溪下张家湾	汽油船	沉	一	死敌二十七人并小炮两尊机关枪十余挺
		五,二二	方湖	汽艇	沉	四	毙敌四五十人
二九,六,五	一三						
二九,九,二六	五						
二九,九,二八	一〇	九,二九	东流西南之天生洲	中型运输舰	沉	一	死伤未详
二九,九,二八		九,二九	东流西南之天生洲	汽艇	沉	二	死伤未详
二九,九,三〇	一〇	九,三〇	黄溢附近	汽艇	沉	一	死伤未详
二九,九,三〇		九,三一	前江口	运输舰	沉	一	死伤未详

(续表)

布雷情形		收　获　成　果					
年月日	数量	月日	敌舰触雷地区	敌舰种类	触炸状况	艘数	备考
二九,九,三〇		九,三一	前江口	汽艇	沉	一	死伤未详
二九,一〇,二	一〇						
二九,一〇,三	一六	一〇,四	屏风山附近	汽艇	沉	一	毙敌员兵四十余人
二九,一〇,七	六	一〇,八	马当附近	运输舰	沉	二	舰名为山田丸及村木丸满载敌兵出事后打捞舱中抬出尸体二百余具
二九,一〇,八	一〇						
二九,一〇,一三	二〇	一〇,一六	小孤山	炮舰	沉	一	舰名立野丸敌员兵死伤未详
二九,一〇,一八	一一						
二九,一〇,二三	一六	一〇,二二	湖口附近	汽艇	沉	一	敌死伤未详
二九,一〇,二三		一〇,二二	湖口附近	中型舰	伤		
二九,一〇,二三		一〇,二五	湖口附近	运输舰	沉	一	敌死伤未详
二九,一〇,三一	一五	一〇,六	彭泽江面	汽艇	沉	一	敌死伤未详
二九,一二,六	五	一二,六	东流之天生洲	汽艇	沉	一	敌死伤未详

(续表)

布雷情形			收　获　成　果				
年月日	数量	月日	敌舰触雷地区	敌舰种类	触炸状况	艘数	备　考
三一,一,九	八	一,一六	湖口附近	汽艇	沉	一	敌死伤未详
三一,一,一七	八	二,二	石钟山江面	汽艇	沉	一	敌死伤未详
三一,二,二一	一〇						
三一,二,二二	一〇	二,二二	马当	小火轮,民船	沉	三一	敌死伤未详
三一,二,二二		二,二八	东流吉阳阁间	汽艇	沉	二	敌死伤未详
三一,三,一九	四	四,六	东流天生洲附近	汽艇	沉	一	
三一,五,二二	六	五,二四	乌石矶	汽艇	沉	一	毙敌三十余人
		五,二九	香口附近	大型汽艇	沉	一	满载粮食弹药并敌官兵四十余人
三二,四,二四	五						
三二,五,一	五						
三二,六,一	一〇	六,三	毛淋洲下游	中型舰	沉	一	敌死伤惨重
三二,二,八	五	二,九	安庆	运输舰	沉	一	满载军火并敌兵千余人
三二,一二,二二	四						

1869

(续表)

布雷情形		收 获 成 果					
年 月 日	数量	月 日	敌舰触雷地区	敌舰种类	触炸状况	艘数	备 考
三二,一二,二七	四						
三三,一	一五						
三三,一,五	一〇	一,六	东流之大士阁江面	小火轮	沉	一	毙敌翻译官三员及敌人十余人
		一,一五	大通江面	大铁驳	沉	一	死敌兵百余人
三三,六,三〇	五						
		七,八	旧县江面	拖船民船	炸毁	一八	敌损失甚巨

第二布雷游击区战绩一览表

布雷情形		收 获 成 果					
年 月 日	数量	月 日	敌舰触雷地区	敌舰种类	触炸状况	艘数	备 考
二九,六,二〇	六	六,二一	富池口	运输舰	沉	一	满载军用品死伤敌百余人
二九,六,二〇	六	六,二二	九江江面	汽艇	沉	二	敌死伤人数未详
二九,六,二四	五	六,二四	龙坪镇附近	汽艇	沉	三	敌死伤十人连下列驳船人数计算在内
二九,六,二四		六,二四	龙坪镇附近	大驳船	沉	一	
二九,七,五	一四	七,五	武穴附近	汽艇	沉	二	敌死伤未详

(续表)

布雷情形		收 获 成 果					
年月日	数量	月日	敌舰触雷地区	敌舰种类	触炸状况	艘数	备 考
二九,七,二五	六	七,六	半壁山	大驳船	沉	一	死敌十余人
二九,一〇,一六	一六						
二九,一〇,一七	一四	一〇,一七	马头镇	汽艇	沉	一	敌死伤数人
二九,一〇,一七		一〇,一七	九江附近小池口	大驳船	沉	二	载货
三〇		一,一二	武穴下游	中型舰	沉	一	死伤人数未详
三〇,一,一七	八						
三〇,一,一八	六	一,二五	九江附近新洲	运输舰	沉	一	死伤人数未详
三〇,八,一五	二〇						

第三布雷游击区战绩一览表

布雷情形		收 获 成 果					
年月日	数量	月日	敌舰触雷地区	敌舰种类	触炸状况	艘数	备 考
二九,四,二四	六	四,三〇	新堤附近	汽艇	沉	一	死伤人数未详
二九,五,九	九	五,二〇	樊罗许	汽艇	沉	六	死敌六七十人
二九,六,一三	一五						

(续表)

布雷情形		收　获　成　果					
年月日	数量	月日	敌舰触雷地区	敌舰种类	触炸状况	艘数	备　考
二九,六,一四	一〇	六,一四	彭市河脉旺咀间	汽艇	沉	三	死敌三十余人
二九,六,一四		六,一五	彭市河脉旺咀间	汽艇	沉	三	死敌四十余人
二九,六,一五	一〇						
二九,六,一八	三〇						

第八节　沿海各地之作战与设施

(一) 闽厦方面

福建密迩台湾,敌人垂涎已久,福州时有浪人溷居,企图扰乱。对于厦门,更虎视眈眈,早思囊括。在中日战争未发以前,敌曾增编在华特务队;并派海军大将阿部来华视察,在汕厦各地,设立海军陆战队出张所,举动诡秘。我海军当局亟分饬马尾、厦门两要港司令部严加注意。迨战事爆发,更密筹守卫闽厦之策。厦口要塞计有胡里山、磐石、白石、屿仔尾等四个炮台及鱼雷台一座,共装要塞炮九尊及鱼雷炮二尊。闽口要塞,计有礼台、电光山、划鳅、烟台山、金牌山、北岸、崖石等七个炮台及鱼雷台一座,共装要塞炮三十七尊及鱼雷炮二尊。划鳅炮台为前卫,礼台为左翼,烟、金两台为右翼,电光山炮台为中坚,北岸炮台为后劲,崖石炮台为侧卫,各台互为犄角,形势天成。厦口以胡里山为主台,闽口以电光山为主台,主力炮口径,均为二十八生,但因年代稍久,威力虽强,射程有限,仪器配备,亦率简旧,弹药补充,尤为困难。我海军为策应战事增强防御力量计,当于厦口方面,移胡里山炮台炮两尊,设临时炮台两座于五通之霞边及何厝之香山二地。闽口方面,设临时炮台四座于红山、东岐、牛道山、獭山诸地,由北岸炮台移炮两尊于东岐,红山、牛道山、獭山则共装舰炮六尊。以海军陆战队一营之兵力,掩护厦口要塞。以一团之兵力,掩护闽口要塞。惟厦门地当沿海航路要冲,水上设防,颇属不易。闽口据长门五虎之险,闽江有黄岐扼其外,马尾控其内,丘陵屹峙,岛屿罗列,水上防区便于布设。二十六年九月三日起,海军征集靖安、建康、闽海、同利、宁安、华兴顺等商轮,暨警艇、码头船、帆船等共六十艘,均满载沙石,在长门外之福斗岛附近,下沉阻塞。并附以石块二百万方,建成坚强之阻塞线,以正宁、抚宁、肃宁三炮艇任监视敌舰之责,并令楚泰军舰警戒南港。二十七年五月二十三日,在福斗江面布雷三十七具。是年六月八日,在梅花布二十三具。同月二十七日,在乌猪布二十五具。二十八年四月,又先后在长门江面布四十一具。乌猪、梅花又共加强三十一具。所有海军驻闽各机关,如要港司令部、造船所、练营、医院、军官研究班暨陆战队补充营等,均各全体动员参加。

敌谋侵我闽省,先自厦门入手。二十六年九月三日,敌机开始炸我厦口要塞各炮台,经我猛烈抵抗,未得逞。嗣即以我海军驻厦各机关为目标肆行狂炸,几全部被毁。同日并占我东沙岛观象台,拘我员兵多人。是月十四日,敌复以大编队机群,猛炸要塞各台,我员兵坚勇守卫,未受若何损失。后因不断空袭,各台间亦被其破坏,但我方一面修整,一面抵抗,绝无丝毫松懈。其时我各台及陆战队员兵,颇有死伤。是年十月二十六日,金门失守,厦口失去屏障,防务愈紧,敌舰开始活动。十一月间,频向五通、何厝、澳头等处攻击,经我香山、霞边两台发炮轰击,一弹落在敌舰舰旁,水柱飞天,溅没全舰,敌大惧遁去。嗣复迭图侵入,又屡被我胡里山、磐石两台击退,未敢续犯。延至二十七年二月,敌因华中战事不得手,图侵扰华南。是年五月十日,敌以海空全力掩护陆军大举进犯,我香山、霞边两台与之血战。因敌机掩护敌舰炮击,火力极烈,我香山炮位遂全部被毁,霞边牺牲亦巨,各台员兵只剩一人,五通、何厝、澳头相继失守,禾山随陷。是晚,我陆军增援部队到达,反攻无进展。翌晨,敌机更不断炸我要塞阵地,同时敌兵另由黄厝、塔头登陆,先后围攻白石、胡里山、磐石各台。我各台员兵战至弹尽,始相继失陷,总台长张元龙失踪,参谋龚庆龄被俘。是午,敌兵进入市区,我海军要港司令高宪申因奉闽省绥靖主任令,退漳州候命。屿仔尾炮台峙立厦门对岸,时仍在我海军手中,敌以海空并力猛击,我派磐石台长邓宝初率各台残余官兵,冒敌炮火,渡海增援,支持至十三日下午,以火药库及炮位均被炸无遗,始无法再战。是役各台官兵阵亡十余人,至是厦门遂陷。

厦门失陷后,闽口防务益形紧张。抚宁、正宁、肃宁三炮艇不断在阻塞线附近往返巡弋,协同要塞各台,严加防守。二十七年五月三十一日,敌以大队飞机图破坏阻塞线,我各监视艇协同炮击,敌遂分向各炮艇投弹,接战甚久,始行遁去,我抚宁炮艇伤重下沉,死伤员兵十余人。翌日,敌再以大队飞机袭击我监视艇,我正宁、肃宁两艇虽猛烈还击,奈敌机众势猛,两艇均要害受伤而沉,各死伤列兵数人,剩余员兵,经编为闽口巡防队,继续守卫阻塞线之任务。是役敌辄以飞机炸我海军驻马尾各机关,损失綦重。二十八年四、五月间,敌图闽益亟,要塞各台屡遭轰炸,长门炮台及福斗阻塞线之前面,时有敌艇窥伺。六月二十七日,敌突袭取孤悬海外之川石岛。二十九日,敌再图袭取福斗岛。均被我海军陆战队迎头痛击,敌伤亡甚众,大败而遁。敌经此屡犯不逞,乃实行其反封锁策略,在沙堤、福鼎湾等处敷布水雷,为我设法破坏不少。敌在川石岛架设炮位,轰我福斗阵地。敌机敌舰仍不断向各台肆扰,情况至为严重。七月五日,敌艇一艘先后图犯壶江及梅花,均被我发炮击退。自是敌在我水陆联防之下,图闽之念,一时遂戢,迄二十九年初,敌复蠢动,各台时被空袭。一月二十八日,敌艇一艘在古尾山江面追击我民船,经我陆战队猛击遁去。是〔嗣〕后辄以飞机炸我陆战队各驻地,连长陈佑芝因于二月十六日殉职。三月十一日晨,敌大汽艇一艘驶迫阻塞线,用机关枪扫射水雷,被我炮台发炮击中,前段着火,遁至芭蕉下沉。七月,敌在崇武、永宁、三都等地一度登陆后,野心复炽。我于下岐、在洋各地,加筑坚强工事。自是敌舰艇虽不断来窥,而马祖方面亦迭有敌运输舰船发现,均经我陆战队及炮台分别予以击退。此后迄无重大变化。惟至三十年一月十四日,敌舰向我福清等处开炮。三十日,川石之敌炮击琅岐、赤沙、龙台各乡,侵闽野心益揭露无遗。二月十一日,敌汽艇一艘驶近福斗岛,以机关枪击我陆战队步哨楼,我奋起迎击,长门炮台开炮协攻,敌艇受创远飏。二十一日,又有敌船二艘向后龙山窥伺,我海军陆战队开枪遏阻,敌竟闯入火网,扑向渡口,经我猛烈炮击,不支而退。随在向鼓尾山方面逸去之际,又被我扼守该处之陆战队截击受创,因而遁回川石。三月,闽口要塞各台,仍不断被敌机空袭,且于川石外面开到敌之运舰,卸下陆军并山炮甚多。五虎一带,敌舰又复梭巡弗辍。盖敌欲以重兵摧毁我军备,封锁海口,劫夺资源,借遂南进之谋显而易见。而我闽口之血战因亦不能避免。

三十年四月十八日晚六时,敌发动计划,大举侵犯。有敌舰二十余艘、民船百余艘、汽艇十余艘,分泊于闽口及连江各地。川石方面,亦有敌汽艇多艘,往返巡弋。闽口局势突告吃紧,海军马尾要港司令部立即下令闽口要塞各炮台,及担任掩护要塞作战之海军陆战队第二独立旅第四团准备作战。十九日上午三时许,敌陆军五六百人,在海空两军掩护下,向福斗、琅岐两岛猛扑,我防守该两岛之陆战队各有一连兵力,奋起抗战。我獭石炮台亦向敌侧击。电光山、烟台、金牌各炮台亦不断压迫川石之敌,阻其接济。福斗岛我陆战队与敌相持三小时,敌之火力既猛,且有敌机在我阵地狂炸,我陆战队苦斗死守,牺牲甚巨,连长汪丙椿失踪,连附刘志舜战

1875

死,全连几告覆没,敌遂进占该岛。同时,琅岐岛方面,我陆战队与敌激战于吴村一带,电光山炮台发炮助战,敌进展不易。但是时敌陆军已分由连江、长乐等地登陆,向我炮台两侧包抄。而我各友军业已放弃防地,炮台外围尽落敌手,敌节节向我进迫。我陆战队死守下岐一带,保护长门炮台,战况尤烈,我损失固重,敌伤亡亦多。午后三时许,敌驱逐舰三艘向川石、芭蕉尾前进,川石亦驶出汽艇四艘。我各台俟其驶入有效射程内,合力猛击,伤其驱逐舰一艘,沉其汽艇两艘于壶江附近,其余舰艇相率退去。旋敌之两驱逐舰仍向电光山炮台开炮远攻,我以射程不及,未还击。正面战况虽尚稳定,但以连江县城失守之故,下岐之敌愈聚愈众,不断向长门挺进,长门炮台陷敌包围,无法施展力量,遂一面毁炮并焚烧药弹库,一面仍由各台炮兵以机步枪分守台外各要点,作最后抵抗。旋敌机在我炮台上空猛烈投弹,我牺牲甚重。六时许,始向东岐炮台集中。是晚连江敌攻入琯头,且有向我继续进犯之势。二十日我调驻防马尾陆战队,加入作战,以两营兵力于是日黎明向敌反攻,首将塘头、竹岐等处少数敌兵歼灭,随迫琯头,与敌展开剧战。敌据守高地,以猛烈炮火向我制压,我攻势亦锐,相持颇久,双方互有伤亡。嗣敌调飞机助战,我无法突进,攻势遂挫,敌乃渐向东岐迫击,我陆战队分扼东岐附近各地,与敌再度展开恶战,歼敌甚众。是时各台员兵已经集中东岐,编成两队,以一队扼守炮台,以一队守卫炮台背后山地,向敌抵抗。无何,敌增援步队陆续到达,敌势复甚猖獗,东岐炮台遂陷重围,我陆战队与敌大战于戈山东麓及亭头等地,敌我各有伤亡。其时我海军为掩护福州外围及保有闽江下游行动之自由计,决将陆战队兵力集结于马尾、红山、闽安镇之线,以死力保卫。二十一日拂晓,敌向闽安镇、红山两地攻击,营田之敌,亦向马尾进攻,我陆战队抱必死决心,分头迎击,敌均无进展,我各阵地始终屹立不动。不意连江敌节节进展,另有一部攻入福州,省垣随陷。此时马尾一带已处于四面受敌之境,我海军马尾要港司令李世甲奉令转进,乃率同所部突围后撤,到达南平,向该地第二十五集团军总司令陈仪报告作战经过。海军设在马尾各机关,除将海军马尾医院、练营迁移后方,及海军马尾造船所先期将重要机件移藏于尤溪等地外,其余悉于五月间裁撤。又因伤搁浅于福州南港之楚泰军舰,亦设法予以毁沉,免为敌用。

福州既陷,我为防止敌沿闽江继续西犯,再攫南平;并为我军便于部署反攻及收复失地计,对于闽江上游防务,积极加以布置。即派李世甲为闽江江防司令,所有海军陆战队战车防御、炮队、水警等,统归其指挥作战。又以南平为我战略上必守之地,谷口为南平屏障,地势险要,设司令部于该地。并勘择雷区,准备阻塞,预划闽江地区,适机布放漂雷,以备邀击。另派布雷队一队抄入九龙江,于三十年七月六日,在镇头宫布定雷十一具,遏阻敌势。是时敌在福州,既难继续发展,而以该地在军事上又原无固守价值,时露撤退模样,我即准备一切,待机返攻。是年八月底敌果开始撤退。惟马尾、长门一带,尚有少数敌兵盘踞。海军总司令部立令闽江江防司令李世甲,率同陆战队向马尾挺进,九月五日即将马尾收复。乘势于六日又将长门收复。将防务重新部署,加派雷队一队赶往长门,实施布雷,以固防务。附近各岛如嘉登、壶江等处,仍有敌伪盘踞,川石岛集结尤多,我海军陆战队继续扫荡,以次肃清。是年十月五日晚,由长门渡江,分向琅歧、金沙两路进攻,有伪军二百余人反正,余众不支,向海外逃窜,被我追击,俘获百余人。翌晨八时,将嘉登岛完全收复。同月二十五日,续由金沙向壶江扫荡,敌负隅顽抗,我数度渡江,均被阻。后我以猛烈火力,掩护强渡,敌亟登汽艇溃逃。是日下午,将壶江敌伪肃清。翌日,复分由福斗、壶江二岛渡海,向川石岛围攻,敌望风披靡,相率遁去。至是所有失地完全收复。随将闽江口各港,重新配备水雷,派队赶往长门一带,重行勘察水道,实施防御。三十一年一月三十一日,开始

1877

在福斗港布雷二十四具。嗣于壶江南北港,及乌猪、梅花各港,陆续布雷数十具。九龙江方面,亦经增布,并将马尾附近划为四段巡逻线,不断梭巡。同时筹划晋江、涵江防御工作之设备。惟闽江口要塞各炮,经敌军破坏之后,一时难于恢复,殊为防御工作上一大缺点。

　　三十一年三月,敌又思蠢动,初则汽艇驶近壶江,探我雷区,经我陆战队迎击遁去。是年五月,闽江口外,又有敌舰往返航行。十九日晨,白犬洋敌舰突炮击长门、壶江各地,川石附近,亦有敌艇出没,情况严重。翌日,敌迫川石,以海军掩护登陆,我虽奋勇抵抗,终以军力悬殊,川石岛遂再度沦陷。敌得手后,即于是月二十三日侵入壶江,企图破坏雷区,被我击却。六月间,敌舰先后犯我福斗、嘉登两岛,炮击长门,并有飞机助战,势殊猖獗。经我分别于下岐及吴村一带,苦战相持,敌始不支。旋经乘势反攻,两岛均失而复得,自是敌情稍戢。三十二年一月,我完成沿江据点工事,并于闽口各要区加强监视哨配备。是年,川石敌除一度以汽艇载兵向我海岸炮击外,迄无其他举动。三十三年一月,敌艇迭次炮轰福斗,均被我击退。七月二十九日,川石敌忽扑壶江,敌舰以猛烈炮火,掩护敌兵在上下歧海滩登陆,我陆战队被迫后退。翌日,我增援反攻,将敌驱走,夺回壶江。九月二十七日,敌舰炮击福斗。梅花、川石及大小澳方面亦开来舰艇甚多,由敌海军司令原田清一指挥,配合海陆两军,再度犯闽。以一部陆军由连江官岭登陆,另一部进占浦口、小埕等地,而连江登陆之敌旋绕由后路向琯头岭进犯。我海军陆战队扼守该处,向敌截击,相持至二十九日,敌增援部队到达,战况益烈,我陆战队因援应断绝,浴血苦斗,伤亡甚多。三十日,敌水陆两路围攻长门,势益猖獗,我陆战队以一连孤军,众寡悬殊,伤亡甚众,乃退守闽安镇,亟加整理。海军闽江江防司令李世甲驻岭头门指挥。十月二日,将进犯该处之敌击退,战况稍趋稳定。午间,敌又向闽安镇进攻。激战一时许,我被迫后撤,旋增援反攻,接战终夜,于三日晨击败敌兵,已将该镇克复。不意另一部敌兵已由北岭攻陷福州,我海军各防区均受威胁,司令李世甲奉令,除留一部陆战队扼守岭头门外,余向桐口、甘蔗、白沙等地集中,布防扼守,并将白沙、甘蔗水道布雷阻塞。自是重新布置后,即开始向敌反攻并施游击。迄三十四年四月,敌我两军反复周旋,争夺剧烈,桐口一地,得失频仍,其他如洪山桥、大夫岭、古山洲、蟛蜞洲及甘蔗各地,无不互相拼轧,战绩斑斑,损伤均重。是年五月初旬,福州之敌有撤退模样,时我闽江江防司令已改派刘德甫接充,奉令率部沿江东下,部署收复马尾、长门事宜,一面布置陆队分次向洪山桥、五凤山、大腹山、金牛山等处进攻。双方接战甚烈,敌渐不支,我军并乘时抽编突击队,积极活动,经取得敌方阵地后,即节节向马尾追击。敌集合残余部队,仍图顽抗,经我挺进迫击,敌遂续向闽安败窜,马尾遗尸多具,敌之马尾警备司令掘登一大尉亦毙于是役。五月二十日,我续向闽安迫击,敌乘民船图遁,经我尾追,俘获亦多。至是敌全部溃窜,榕城各地,随告肃清。闽江江防司令部仍回马尾,办理一切善后事宜。所余盘踞川石之敌,于七月十五日,分乘汽艇、民船,由土地尾登陆进犯,经我陆战队坚强抵御,翌晨即告荡平。综其在闽滋扰数年,终于被我驱逐,不但坐耗实力,其企图之笨拙,亦可想见矣。

(二)粤桂方面

我海军在中日战事未发之先,曾派有公胜测量艇驻粤,测量珠江水道。战事发生后,即将该艇加配武装,仍留该处担任协防任务。二十七年十月十二日,敌由大亚湾登陆,该艇奉令警戒东江。二十二日,该艇在容奇镇巡弋,敌机三批向之投弹,第一批当被击退;第二批亦受创遁去;第三批数量增多,该艇以要害被炸沉。是日广州失陷,西江受协,广西告紧,我海军以该省苍梧扼由粤入桂之总口,不特为广西枢纽,亦为湘滇黔之关键,地势实居重要。当经派遣测量队驰赴梧州,着手测量水道;并调布雷队携带大量定雷及漂雷,将各雷控制要区,适机布放。二十八年四月,敌舰有进窥西江模样,我于是月二十六日,在罗隐涌布定雷二十具。同年十二月六日,在永安江面布雷三十具。是月,即有敌舰二艘装运军械士兵甚多,航经该处,触我雷区,军械全部沉没,敌兵生还者不及半数。二十九年三月间,新会县境之猪头山江面,日间常有敌之舰艇出没,夜间则碇泊对岸。是月二十七日,我放漂雷击之,但敌势仍未稍杀。四月八日,在贝水及布沙共布定雷三十具,防其肆扰。五月,该处布雷队、测量队奉令调往他区工作,所有西江防御任务,改由该处江防部接替担任。

先是自民国二十六年抗战军兴后,粤桂江防司令冯焯勋将珠江各门实施阻塞封锁,并派出肇和、海周、海党等军舰及鱼雷舰四艘,协同虎门要塞作战,击沉敌驱逐舰一艘于虎门外。是年十一月,黄文田接任江防司令,为求巩固江防起见,潜心研究,以简单器材自制触发水雷成功,遂奉准大量制造,散布于珠江各门,加强防务,遏止敌人从水上进犯广州之企图。二十七年十一月十二日〔应为十月二十二日〕,广州退守。黄司令奉令率部转进肇庆。斯时三水沦陷于敌手,肇庆乃成西江之前线,且其地势为西江咽喉,紧张情形,达于万分。因敌复积极准备沿江西犯,黄司令为保守肇庆计,是月除一面积极在肇庆峡布防外;一面并令执信军舰舰长李锡熙率领执信、坚如、仲元、仲恺、飞鹏、湖山等六舰,出击三水马口、岗根之敌,遏止其继续沿江西犯,遂与敌发生激烈炮战,历二小时余,将敌工事及炮位击毁,并毙敌数十名。是役,执信舰中弹沉没,船长李锡熙、副长林春炘、枪炮副周照杰均阵亡,全舰官兵伤亡过半。其余坚如、仲元、仲恺等舰亦均中弹,人员各有死伤。战况颇烈,士气振奋。敌西犯之锐气,因之抑止。二十八年四月,粤桂江防司令部改组为委员长桂林行营江防处,由徐祖善充任处长,继续推进防务工作,复先后在羚羊峡外加布各式水雷,增强防务。

二十九年五月，海军布雷队、测量队经已他调，西江防务由江防处独立支持。是年桂南战起，南宁失陷，贵县一带吃紧。因又在贵县至永淳间河道，先后数度布雷封锁，遏敌东犯。迨桂南光复后，即将该段河道水雷扫除。同年粤北战起，复在北江敷雷封锁，协助友军作战。三十年，粤桂方面调整军事机构，江防处复改为粤桂江防司令部。三十一年五月该部改隶第七战区，黄文田复任司令，除积极整训外，并遵委座训令，乘虚钻隙，深入敌后，实施游击布雷，破坏敌之水上运输交通。当经派遣水雷队潜入珠江流域沦陷区，实施工作。旋于中山县属横河布视发水雷，将敌运舰荣安丸号炸伤。附近敌军闻雷声，即派队将担任布雷之水雷分队长戴伟及士兵五人包围，戴分队长等以手枪与敌抗战，毙敌五名，终以弹尽被敌刺毙，慷慨成仁。当又续派水雷分队长李北洲、陈安华率部潜入，加紧实施游击布雷任务。于三十二年元月二十四日，在容奇附近河面布雷，将敌炮舰六〇九号炸中，重伤。同年三月十七日，在顺德县属马宁河面，炸沉伪广州要塞司令萨福畴所乘出巡之舰协力号，当地游击队因而俘获萨逆，及重要伪官佐十一员，并击毙敌顾问田介信一一名。其余敌伪官兵百余人皆被炸毙，或溺毙。伪广州要港司令部闻讯后，即派出伪江权舰企图营救，于十九日又在马宁河面，触我水雷沉毁，全舰伪官兵皆被炸毙。七月二十四日，在江佛公路王府桥头埋置视发地雷，将敌大号军车一辆，桥梁一座一并炸毁，并毙敌官兵三十余员名。十二月二十八日，在江佛公路河沿，以地雷炸毁敌兵营房一所。三十三年三月十九日，在顺德李家沙河面布雷，将敌运输舰南海丸炸毁，伤毙敌伪四百余人，毁其军用品甚多，并有伪中储券二千余万，亦遭沉毁。同年四月十七日，在中山县属横河布雷，将敌大号汽艇一艘炸毁，毙敌二十余人。所有上述各次游击布雷袭敌之战果，均经呈奉上峰奖叙有案。

三十三年九月，敌为策应湘桂线战事，先后集结兵力万余于广三路沿线,并有舰艇数十艘驶抵三水河口,准备西犯肇庆,迂回我西江上游,攻略桂柳。粤桂江防司令部当时控制西江之兵力,计有水雷大队部所属四个水雷中队,共辖十二个分队(内二分队分驻黔江及邕江候命),掩护大队所属步兵二个中队、机枪三个中队、特务队一队、舰艇三艘。当时战斗部署,除加强羚羊峡外布雷封锁,并将各水雷分队控置于沿江各指定布雷区候命布雷外,掩护大队则在羚羊峡内外一带布防,掩护布雷任务。特务队担任后方警戒。平西、南康、陈特等三舰艇担任肇梧间河道梭巡警戒,及布雷时之运输协助任务。九月十二日晚,敌在羚羊峡外雷区前之横石、欠水等处登陆进犯,我水雷队当即施放漂雷,阻敌前进。驻峡外掩护大队与敌接战,固守阵地,相持三日,互有伤亡。驻峡内掩护大队于十四日晨,与攻至沙头、金渡一带之敌接战,敌便衣队又从中响应,战事惨烈。我敌伤亡均重,我步兵第一中队长叶碧机,第二中队长刘人凤、分队长陈朝海均阵亡,士兵死伤甚众。复因战况剧变,江防司令部奉令沿江西移,即将孔湾以西至封川各勘定雷区实施节节封锁。二十一日,梧州为敌迂回攻陷,水雷大队率水雷八个分队、机枪中队二个中队,先后绕道突围至桂平,遏止敌自梧州继续沿江西犯。当又依照布雷计划,先后将梧州至桂平间河道实施节节布雷封锁。十月十一日,桂平陷后,又先后完成黔江、桂平、武宣间及郁江、桂平、贵县间各河道之封锁。邕宁陷后,又完成邕宁、隆安间水道之封锁。综计由肇庆而迄于邕、黔两江,所有各勘定雷区均经适时敷布水雷,节节封锁,完成阻敌水上进犯之任务。故各地之失陷,纯由敌先以陆军运用迂回战略,实施包抄所致。敌之海军曾无一次突破我各江雷区,而逞其水上进犯之谋。惟每以陆地失势,雷区遂受影响,无法控制。而我江防所属各部队扼守各雷区,无不沉着应付,坚持至万不得已时,始行撤退。综计各次战役,江防各部队阵亡军官四员、士兵三十名;负伤军官一员、士兵四名,失踪军官佐六员、士兵八十四名。其余掩护大队留粤三个中队,死伤员兵,尚未计入。我掩护大队在高要、羚羊峡一带,掩护雷区与敌作战,伤毙敌军约六十余名,并击沉击伤敌之雷船各一艘、武装木船二艘。其在沙头、金渡一带作战,敌之伤亡亦众。十月三十一日,粤桂江防司令部遵奉委座令,派水雷队长李北洲、陈安华率部由横县绕道潜入罗定,担任西江肇梧间游击布雷。经先后数次敷布,并施放漂雷,均能达到任务。惜为敌伪发觉,未克奏效。前在桂平、贵县间所布封锁水道之雷,据郁林专署情报,十二月四日发生成果,有敌船一艘在该段东津河面,触我水雷,人船俱毁。

三十四年七月一日,粤桂江防司令部奉令撤销,改为粤桂江防布雷总队。时战事好转,我军开始反攻,南宁、柳州、桂平相继收复。

该队奉令改任扫雷工作,当即加紧清除各江水雷,以维交通。八月,日寇投降,该队又奉令沿西江而至广州暨三角洲继续清除各该处河道之水雷,及障碍物。迨扫雷任务完竣后,奉令撤销番号,随将所有员兵,就接收敌伪各舰艇情形,整理编队,担负广东各区水上绥靖任务。

(三)浙赣方面

浙省东部各江,因受山脉阻隔,各成一流,不相统属。敌之舰艇窜入任何流域,均可侵入浙江腹地,切断皖赣联络,故配备该省防务,必须个别确保各江安全。杭州失陷后,富春江直接受胁,温州亦成突出之势。二十七年十月,海军调炮队一队,携炮五尊,在永嘉之茅竹岭安装,配属于温台防守司令部作战,定名为海军温州炮队,以李葆祁为队长,设台部一、分台二。三十年一月,改番号为海军瓯江炮台,旋易林建生为台长。

二十七年十月四日,首将富春江之窄溪布雷四十具。次月六日,续在瓯江布雷四十具。二十八年三、五两月间,针对敌情,椒江、清江、飞云江共布水雷六十具。同年四月二十二日,永嘉方面，有敌舰数艘闯入我炮台警戒线内，被我炮台炮击，受创遁去。翌日，即在口外发炮遥击。二十五日，敌巡洋舰一艘驶入黄华附近，向我炮击，我炮台沉着应战，俟其进至我有效射程内，予以突击，第一弹即中敌舰舰首，立时起火，负创下遁。同年六月三日，敌巡洋舰一艘又来窥伺，我炮台仍沉着应付，一弹击中敌舰舰尾，受伤亟遁。军事委员会以我海军炮队挫敌有功，该炮队及布雷队队长以次均分别予以奖叙。敌于是年九月间，改变战略，在我瓯江、鳌江各口外，敷布水雷，施行反封锁，为我分别扫除。二十九年三月，我将椒江、飞云江等处，各加强水雷十五具。同月九日，开始阻塞浦阳江，在下狮子、虎爪山、七贤山等处，布雷五十具。四月，续将曹娥江阻塞。是月六日，在该处之塘殿及偶山，布雷二十具。六月，以杭州湾敌舰增多，将富春江阻塞力量加强。十四日，在罗鼓山、长山间，增布水雷三十具。八月，敌舰在瓯江口外，频发舰炮示威。是月十日，乃加强瓯江雷区，在南水道布定雷二十具，漂放漂雷十具。九月，敌机敌舰对我浙东沿海各地肆扰，渐趋积极。十月，我开始在镇海布雷二十五具。是月十七日，有敌舰梭巡向浦阳江行驶，于下狮子触雷沉没一艘，死伤二十余人。翌日，七贤山复有敌舰二艘触雷下沉，死敌七八十人。由此敌大震惧。惟我鉴于敌南进心切，即将未经布雷各要区如穿山、鳌江、海门等处，赶速分别施测。三十年三月十一日，将浦阳江雷区增强，在虎爪山、新鉴间，加布二十具。同月十五日，黄大澳发现敌舰，瓯江炮台开炮击之。三十日，飞云江雷区三度加强。惟是时江防已紧，离该处前构雷区不远处，有敌舰驻泊，小火轮均被劫他驶，我雷队改用舢舨敷布，在潮流湍激之中，仅布三具。翌晨，继续进行，因风浪过大，舢舨翻覆，从事工作之士兵多有殉职者。

三十年四月，敌对我闽浙两地同取急进手段。镇海口外，敌舰开始活动，各江防务均甚紧张，我遂将瓯江及飞云江先后加布水雷。敌于是月十六日，在曹娥江方面，用汽艇装兵数百人，由三江城登陆，围攻绍兴，有大队敌机掩护。我雷队奋勇在章家渡，抢急布雷十二具，阻敌溯江上驶。同月十八日，敌于浦阳江方面，亦大事活动。有敌小火轮一艘拖带民船十余艘，装载敌兵及给养，向浦阳江行驶，经过虎爪山，小轮触雷炸沉，各民船纷纷下逃。是月二十三日，复有敌大汽艇一艘，装兵数十人，再度行驶，又于虎爪山方面，触雷炸毁。十九日，我于甬江方面之灵桥，布放漂雷十五具。二十日，敌机狂炸灵桥，是时情况危急，我因候布雷器材，在椒江方面，延至敌情紧张之时，拟抢急敷布。迨布雷队进至老鼠屿，已有敌舰监视，开炮猛攻。我布雷队几遭命中，无法进行，奉令折回岩峙街，适与由霞沚镇向海门袭击之敌遭遇，士兵或被俘，或死伤。其时镇海、宁波、诸暨、海门等处已被敌占领，敌势甚形披猖。瑞安亦于是月沦陷，敌由瑞安继向永嘉推进。永嘉被陷后，敌续向海门包抄，我海军瓯江炮台陷入重围，且因固定炮座不能转移作战，我员兵奉令将各炮或毁或埋或沉，然后向指定地点转进，敌焰虽极嚣张，卒因各江阻塞坚强，敌舰不能通过，其势遂杀。是年五月二日，永嘉克复，该台员兵即向茅竹岭推进，随将所沉所埋之炮起掘整理，与温台防守司令部重新取得联络。浙东各江经此一度骚扰之后，水上防区难免影响，乃将各雷区分别详加勘察，重行部署。是月三十日，在清江渡之东埠布雷十具，飞云江之小河中布二十五具。十月至十二月间，复在各江要区布放水雷，增强防御力量。年末，瓯江炮台构筑完成，回复旧观，江防至是而告奠定。三十一年五月，敌又倾其全力，改由诸暨、义乌各地，向我浙西进犯。浙东方面，亦以敌舰遥为牵制。我雷队于五月十六日起，分别在椒江、桐江、瓯江、兰溪各要点，加布定雷五十四具，并留一部漂雷，控置于青田方面，待机布放。未几，金华、丽水相继失陷，敌势又复披猖，各布雷队无法执行任务，奉令随同第三战区各部队，照指定地点转进。除于乐清东山埠留置漂雷队一队外，该方面布雷工作，暂行停止。海军瓯江炮台于七月十一日，因丽水之敌窜犯永嘉，被围官兵奉令掩埋炮身，即行撤退。当时舰艇以各雷区威力仍强，未能通越水道，致难久持，遂逡巡引退。同时我陆军逐渐驰援，颓势挽回，浙境复告敉平。瓯江炮台又重新整理，控置原防，各雷队亦仍分区扼守，择要补充。除三十二年一月在浙东沿海流域择地设监视哨，并在临海地点配置通讯联络机构外，是年五月起，至三十三年六月，先后在各江水道设计布防，增布水雷，并勘察永宁江水道。三十三年八月，浙东敌复蠢动。九月，陷我青田，攻入永嘉，瓯江炮台后路被袭，无法扼守，又奉令将各炮秘密掩埋，依指定地点转进。该处雷队亦奉令后退，于移防时，复在椒江布雷三具，海门、老鼠屿布雷十具，借以阻敌前进，旋即改取游击姿势。十月二日，在瓯江之滕桥、下岸村布漂雷二十具。该项漂雷，因潮流往返阻滞，两个月后始发生成果，炸沉敌运输舰一艘于瓯江口黄大澳附近。我瓯江炮台撤退之员兵，于十一月奉令携带轻武器退往温州守备区指挥部，参加作战，并留一部在茅公岭监视敌舰。三十四年四月间，开始勘察鳌江，并派员会同美军，侦察温台沿海各地。六月，永嘉克复，瓯江炮台及雷队员兵，因而各归原防，从事恢复工作。其时海门方面，尚未肃清，我雷队奉令挺进汛桥准备施放漂雷，实行袭击。嗣因敌舰离去，乃留该处警戒。至日寇投降后，布雷任务方告结束。

当湖口失守后，赣江防务告紧，经我海军在吴城布雷阻塞，情况稍趋和缓。二十八年三月，敌以陆军攫取南昌，并以水牛队破坏我吴城雷区，防务又告紧张。我海军立即在吴城之三洲头，抢布水雷，击沉企图进犯之敌舰一艘，敌复震惧。同时我为慎重防务计，又将赣江重要水道之昌邑街、樵舍、滁槎等处，布雷五十二具。同年六月，再将大港口、小港口、龙头山等处，布雷二十具。是后，均针对敌情，相机布雷。二十九年四月，敌舰意图进窥。三十年三月，敌舰复露蠢动，均以我防堵周密，未敢轻犯。三十年五月二十四日，敌艇一艘在樵舍下游触雷沉没，敌谋乃戢。迄三十一年一月，敌集中汽船民船甚多，纷向赣江进犯。二月一日，丰城上游发现敌方汽艇，并拖带民船数艘，装兵甚多，驶至市汊街，触雷沉汽艇一、民船三，另一民船受伤。是年三月，我在市汊街，布放漂雷二具，尧峰岭布定雷三十具。自是敌情张弛无定，我雷队朝夕戒备。至五月间，敌为策应浙境战局，在南昌增加配备；并将赣江下游汽艇调集南昌。我当令该处布雷队加意防范，并派员视察赣江各水道，加强防御工事。是年六、七月，在龙雾洲、姜家山、瑞洪、新河口、龙头山、北部、白溪、清江口等处，各敷布定雷多具。昌江方面，亦加阻塞，计先后在凤岗港、南村、鲇鱼山、吕蒙渡、官荻、老虎庙等处，共布四十余具，并封锁锦江，袁水、汝水各水道。因此积极布置，敌活动困难，情势因而好转。浙赣敌兵撤退之后，我即派员勘察各地雷区，从事修复工作，计敷定雷共一百具。三十二年二月，复在大小港间，加强十五具。三月二十四日，据报高安有敌数百人渡过锦河，熊庄附近亦有敌踪发现，情况复形严重。除饬各雷队负责扼守，适机加布外，对于大港口至樟树一段之阻塞线，尤特别加强。同时于昌江水道，由祁门县境经浮梁入鄱阳湖之防御任务，亦极注意；并在丰城樟树间，勘定雷区，赶将水道探测完竣。敌因我防范周密，势难幸逞，旋即退去。是年十月，赣江洪水为灾，雷区间有冲毁，经即于市汊街、龙雾洲、姜家山各段，加布水雷五十具。三十三年五月十三日，敌因受我雷区压制，抽派飞机向我赣江布雷队根据地投弹，该队附近落弹多枚，幸无损伤。八月，我在锦河口，市汊街布雷三十具。九月二十三日，樵舍方面，有敌船一艘误入雷区，被炸沉没，死敌伪四十余人。十一月，我调海军第一布雷总队之一部，加入赣江工作。该队于十二月间，到达吉安。三十四年一月，开始测量吉水水道，并选择雷区要点。七月，为预防敌人将来由赣江两岸北撤计，认为万安以南水道，有布雷阻塞之必要，当即就所选雷区，着手工作。于是月三日,在棉津关布雷八十具。同时,樟树方面亦加布三十具。敌焰始虽炽烈,嗣因我雷区层层密布,失去联络,难于持久,赣东各地遂渐次由我收复矣。

第九节　抗战胜利接收日本海军

三十四年八月,日寇穷蹙,无条件投降。我国坚持八年之长期抗战,至是已获得最后胜利,举国腾欢。时海军总司令部除规划复员步骤,筹办清除雷区工作,及巡察海军战前各机关厂库以资整建外;九月六日,海军总司令陈绍宽,奉派随同中国陆军总司令何应钦,由沪飞京,代表政府签字,正式接受日本投降。同月十日,奉陆军总司令部命令,凡在中国境内及越南北纬十六度以北地区之日本海军,均交中国海军接收。当将全国分为淞沪、京芜镇澄、华北、台湾澎湖、厦门定海、舟山群岛、汉口九江一带及广东越北等八区,各派专员负责进行。是年十二月,海军总司令部奉令撤销,一切业务交由军政部海军处接收管理。旋扩充为署,继续推进。兹将关于接收敌伪海军舰船及物资之情况,分别记录如次:

(一)舰船部分　全国各区海军接收敌伪舰船数量及处理情形如左:

(甲)全部接收舰船数量及处理情形

一、接收敌伪舰艇轮驳,共计二一六二艘,七九四二六.三四吨。(附表二份)

二、移交、发还、拨借、出租、沉没、售出等舰船,共计五六五艘,三二四三八.四三吨。

三、现存舰艇轮驳,共计一五九七艘,四六九八七.八五吨。现状如左列:

(1)可用舰艇轮驳,计二七七艘。

(2)可修舰艇轮驳,计二〇一艘。

(3)拟废舰艇轮驳,计一一一九艘。(内自杀艇计八一二艘九

七一.七吨,均属废艇)

(乙)现存舰船处理情形

一、可用舰艇轮驳,业已编配使用于左列各单位:

(1)海防舰队;

(2)江防舰队;

(3)八个炮艇队;

(4)海军学校、各造船所、各补给站、各练营、基地司令部、各工厂等机关。

二、可修舰艇轮驳,拟订修理计划,分期修复使用。

三、废船拟按左列办法处理之:

(1)继续移交行政院物资供应局处理。

(2)尽量揍拼,成为完整船只。

(3)机件拆卸存库,备为修船零件。

(4)自杀艇之有机器者,机器拆卸,存库保管,艇壳废弃。

(5)改造为教育材料。

(二)物资部分 上海方面接收之敌伪机关、仓库、码头、工厂等,计一○二处。内移交于海关之仓库,计五十七处;移交于粮食部、兵工署者,各五处;移交经济部者四处,燃料委员会者三处,资源委员会者一处,又移交与其他机关者三处,各部队借用者六处,其为本军用作办公处所及造船所医院者十八处。台湾及上海之酒精厂已交经济部接管。其余则照敌伪产业处理办法随时办理。造船厂所中之最大者,为上海江南造船所,接收后,即已开工。上海造船厂之一部,原属英商旧物,经已交还。其余青岛海军工厂、高雄海军船坞、马公海军船坞、大沽造船所、厦门造船所、黄埔造船所、汉口工厂、浦口工厂等,均经本军派员整理,先后复工。

全国各区海军接收敌伪舰船种类数量表

状况 舰数吨位 种类	现存 艘数	现存 吨位	发还 艘数	发还 吨位	移交 艘数	移交 吨位	拨借 艘数	拨借 吨位	出租 艘数	出租 吨位	沉没 艘数	沉没 吨位	售出 艘数	售出 吨位	总计 艘数	总计 吨位
炮舰	17	9.151			1	350									18	9.600
驱逐舰	1	392													1	390
运输舰	5	2.808			2	4 214									7	7.022
测量舰	1	535			1	400									2	935
敷设舰	1	463													1	465
炮艇	82	4 798	7	475	32	770.4	5	164.95			3	148.4	3	125.12	132	6 661.87
驱潜艇	1	82									1	128			2	214.2
巡艇	83	1 063.8			1	18									84	1 081.8
雷艇	8	21									1	1			9	231
小型潜艇	3	15													3	150

(续表)

状况 艘数吨位 种类	现存 艘数	现存 吨位	发还 艘数	发还 吨位	移交 艘数	移交 吨位	拨借 艘数	拨借 吨位	出租 艘数	出租 吨位	沉没 艘数	沉没 吨位	售出 艘数	售出 吨位	总计 艘数	总计 吨位
测量艇	14	374	3	374	10	58	4	16							31	822
登陆艇	150	1,430?	4		2	36	3	45							159	1 511.3
敷设艇	812	971.8	2		7	不明									821	971.7
小计	1 178	28 618	16	849	56	5 846.4	12	225.95			5	29.4	3	125.12	1 270	29 955.87
汽艇	53	5 227	24	518	29	766.15	1	11			1	50			109	1 817.85
差轮	66	5 691.9	51	2,819	6	64	2	120							126	8 744.9
交通船	9	333.91	2	203	10	847.85					4	111.C2	2	100.14	27	1 595.92
运货船	34	2 555	8	498	5	25	2	177							49	3 255
泥船	2	105													2	105
油船	11	1 960			1	15.3	1	不明							13	1 975.3

（续表）

舰种类 吨数 状况		现存		发还		移交		拨借		出租		沉没		售出		总计	
		艘数	吨位	艘数	吨位	艘数	吨位	艘数	吨位	艘数	吨位	艘数	吨位	艘数	吨位	艘数	吨位
舰	水船	9	498.5	1	91											10	589.5
	起重船	5	170													7	250
艇	机帆船					15	766.86	3	140							18	906.86
	民船	62	940	1	100											63	1 040
	杂船	68	2 008.8	48	7 070	162	4.986	2	80	9	不明					287	14 064.8
	驳艇	100	9 584.04	19	1 280	57	4 241.3					7	20			183	15 125.34
小计		419	24 369.85	154	12 579	285	11 712.46	11	528	9		12	181.02	2	100.14	892	49 470.47
总计		1.597	46 987.85	170	13 428	341	17 558.80	23	753.95	9		17	472.42	5	225.26	2 162	79 426.34
备考		1. 警备艇列入巡艇栏，拖船、小火轮列为差轮栏，浚渫船列入泥船栏，运输艇列入运货船栏，差艇内火艇、电船、快艇列入汽艇栏；2. 表内有292艘吨位不明（接收时无可根据）。															

全国各区海军接收敌伪舰船数量吨位分区统计表

状况 舰数吨 位 种类	现存		发还		移交		拨借		出租		沉没		售出		总计	
	艘数	吨位	艘数	吨位	艘数	吨位	艘数	吨位	艘数	吨位	艘数	吨位	艘数	吨位	艘数	吨位
南京区	50	6 123.55	6	467							4	111.02			60	6 701.57
上海区	109	14 525.8	108	6 744	236	7 028					1	50			454	28 347.8
九江区	40	1 130.36	2	115			5	164.95			2	65	5	225.26	54	1 700.57
武汉区	35	1 076.8	5	774	17	472.4	8	216							65	2 539.2
青岛区	170	3 923.8	26	3 822	46	7 802			9	不明					251	15 547.8
舟山区	146	1 782.2	1	30	5	446.86									152	2 259.06
厦门区	164	3 470.84	8	236	10	847.85					1	20			183	4 574.69
台湾区	673	10 600					7	196			7	15			687	10 811
广州区	23	504.5	14	1 240	19	302.75									56	2 047.25
海南区	187	3 850			8	659	3	177	9	不明	2	211.4			200	4 897.4
总计	1 597	46 987.85	170	13 428	341	17 558.88	23	753.95			17	472.42	5	225.26	2 162	79 426.34
备考	1. 总艘数 2 126 艘，内有 292 艘吨位不明； 2. 台湾区接收特派员办公署移交船舶及接收香港区特派员办公处移交船舶未计算在内。															

1893

抗战前海军原有舰艇存没一览表

队别区分	舰艇种类	舰艇名称	存　没　概　况
练习舰队	练习舰	应　瑞	二十六年十月在采石矶被敌机炸沉
		通　济	二十六年八月沉塞江阳港口
第一舰队	巡洋舰	海　容	二十六年九月沉塞江阴港口
		海　筹	二十六年九月沉塞江阴港口
		宁　海	二十六年九月在江阴被敌机炸毁
		平　海	二十六年九月在江阴被敌机炸毁
	轻巡洋舰	逸　仙	二十六年九月在江苏永安州被敌机炸毁
	炮　舰	自　强	二十六年八月沉塞江阴港口
		大　同	二十六年八月沉塞江阴港口
		中　山	二十七年十月在金口被敌机炸沉
		永　健	二十六年八月在上海高昌庙被敌机炸毁
		永　绩	二十七年十月在新堤被敌机炸毁
	驱逐舰	建　康	二十六年九月在江阴龙稍港被敌机炸沉
	运输舰	克　安	现存
		定　安	三十一年十二月在川江下游被敌机炸沉
		楚　泰	二十七年六月在福州南港被敌机炸沉
第二舰队	炮　舰	楚　有	二十六年十月在江阴六圩港被敌机炸沉
		楚　同	现存
		楚　谦	现存
		楚　观	现存
		江　元	现存
		江　贞	二十七年七月在岳阳被敌机炸毁
		永　绥	现存
		民　权	现存
		民　生	二十七年七月在岳阳被敌机炸毁

(续表)

队别区分	舰艇种类	舰艇名称	存没概况
第二舰队	炮舰	咸宁	二十七年七月在武文被敌机炸沉
		德胜	二十六年八月沉塞江阴港口
		威胜	二十六年八月沉塞江阴港口
	浅水炮舰	江鲲	三十年八月在巴东台子湾被敌机炸沉
		江犀	三十年八月在巴东台子湾被敌机炸沉
	鱼雷艇	湖鹗	二十六年十月在江苏鲴鱼港被敌机炸沉
		湖隼	现存
		湖鹰	一十七年八月在湖北兰溪被敌机炸沉
		湖鹏	二十六年十月在江阴龙稍被敌机炸沉
第三舰队	巡洋舰	海圻	二十六年九月沉塞江阴港口
		海琛	二十六年九月沉塞江阴港口
巡防队	炮舰	顺胜	二十七年十一月沉塞湖南营田滩
		江宁	二十六年十月在江苏炮子洲被敌机炸毁
		海宁	二十七年七月在吴城丁家山坡被敌机炸毁
		肃宁	二十七年六月在福州长门被敌机炸沉
		威宁	现存
		抚宁	二十七年五月在福州亭头被敌机炸沉
		绥宁	二十七年七月在黄石港被敌机炸沉
		崇宁	二十七年七月在田家镇被敌机炸沉
		义宁	现存
		正宁	二十七年七月在福州长门被敌机炸沉
		长宁	二十七年七月在武文被敌机炸沉
		义胜	二十七年十一月在藕池口被敌机炸沉
		仁胜	二十七年十一月在藕池口被敌机炸沉
		勇胜	二十七年十一月在藕池口被敌机炸沉

(续表)

队别区分	舰艇种类	舰艇名称	存 没 概 况
测量队未编队	测量舰	甘 露	二十九年九月在巴东台子湾被敌机炸沉
		瞰 日	二十六年八月在江阴通州被敌炮舰击沉
		青 天	二十六年十月在江阴龙稍港被敌机炸沉
	测量艇	诚 胜	该艇拆卸武装后沉没山东羊角沟
		公 胜	二十七年十月在广州容寄被敌机炸沉
	炮舰	武 胜	二十六年八月沉塞江阴港口
	鱼雷艇	辰 字	二十六年八月沉塞江阴港口
		宿 字	二十六年八月沉塞江阴港口
	运输舰	普 安	二十八年六月沉塞上海董家渡
合 计		五十九艘	
附 记	一、全军原有舰艇共计五十九艘;二、堵塞港口舰艇共计十五艘;三、抗战炸毁舰艇共计三十四艘(内有逸仙舰一艘于抗战胜利后在日修复卅五年回国);四、现存舰艇共计十艘编列江海防舰队;五、原驻青岛之永翔、楚豫、江利等舰沉塞青岛港口及在广东之肇和、执信、坚如、仲元、仲凯等舰或沉或毁均未列入本表。		

历次战役海军舰艇毁沉员兵伤亡一览表

战 役	时 期	毁(或伤)地点	沉地点	受 伤	死 亡	备考
江阴会战	8.26/26	瞰日测舰、通州			列兵戴贵生、谢仁之	
同上	9.22/26	平海军舰、江阴		舰长高宪申	军需官叶宗亮、见习生孟汉霖、高昌衢	
同上	同上	同上			上士陈得贵等八人	
同上	同上	应瑞军舰、江阴				

(续表)

战役	时期	毁(或伤)地点	沉地点	受伤	死亡	备考
同上	9.23/26		宁海军舰、江阴	舰长陈宏泰,枪炮官陈嘉桦,军需员陈惠		
同上	同上		同上	枪炮员刘崇端,见习生孔繁均		
同上	同上		平海军舰、江阴	机关枪指挥刘馥,员兵四九名	航海员林人骥,枪炮副军士长陈炳耕	
同上	同上		同上		士兵陈金魁等三人	
同上	10.12/26	史一八一号	毛竹港		中队长马步祥及员兵多人均阵亡	
同上		史三四号	四墩子江面		艇长姜翔翔、艇副叶君略、轮机员江萍光及员兵多人均阵亡	
同上	9.26/26		逸仙军舰、江阴	士兵八人	士兵叶国桢等一四人	
同上	同上		建康军舰、江阴	舰长齐粹英,副长严又彬,员兵二八人	枪炮副军士长钱维铿,雷机副军士长张铸黄士兵七人	
同上	同上		同上			
同上	9.29/26		楚有军舰、江阴	列兵二人		
同上	10.3/26		青天测舰、江阴龙稍港		书记员陈明	

(续表)

战 役	时 期	毁(或伤)地点	沉地点	受 伤	死 亡	备 考
同上	同上		湖鹏雷艇、目鱼沙		下士张依发	
同上	10.5/26		江宁炮艇、炮子洲			
同上	10.5/26	绥宁炮艇、十二圩		士兵十人	列兵一人	
同上	同上	江员炮艇、十二圩		员兵三人		
同上	同上	顺胜炮艇、十二圩		员兵三人		
同上	10.23/26		应瑞军舰、采石矶	员兵四〇人	枪炮官赵秉献,鱼雷官许仁镐,军士长谢如藻,士兵一七人	
淞沪会战	8.25/26		永健军舰、高昌庙			
太湖之战	10.1/28		平湖炮艇、招关坝			
同上	10.2/28		宁泰炮艇、车逻湾			
马当之战	3.27/27	义胜炮艇、马当		副长马世炳		
浔湖之战	7.17/27		史二二三号、湖口			
同上	同上	岳二五三号、湖口				
同上	6.25/27	义宁炮艇、鄱阳湖			艇长严傅经,军士长汪景瀚,列士五人	

(续表)

战 役	时 期	毁(或伤)地点	沉地点	受 伤	死 亡	备 考
同上	同上	长宁炮艇、鄱阳湖		员兵八人		
同上	6.29/27	崇宁炮艇、鄱阳湖				
同上	7.24/27		海宁炮艇		列兵三人	
同上	7.1/27		咸宁军舰、武穴	舰长薛家声,副长陈嘉揭,员兵五二人	雷官庄亮彩,副军士郑玉章,士兵六人	
同上	同上		长宁炮艇、武穴	员兵八人	兵二人	
武汉会战	7.3/27		崇宁炮艇、田家镇	艇长叶水源,员兵一三人	列兵四人	
同上	7.13/27		绥宁炮艇、黄石港	列兵二人		
同上	7至9/27		金大等十五炮艇、田家镇		布雷分队长李长霖	
同上	7.21/27	文四二号、蕲春			士兵六四名	
同上	同上	文八八号、蕲春				
同上	8.1/27		岳二二号、蕲春			
同上	同上	颜一六一号、蕲春				
同上	7.20/27	民生军舰、岳阳		副长林赓尧		

(续表)

战 役	时 期	毁(或伤)地点	沉地点	受 伤	死 亡	备考
同上	同上	江员军舰、岳阳		员兵三四人	副长张秉尧,士兵五人	
同上	10.21/27	永续军舰、新堤			士兵二人	
同上	同上	江元军舰、新堤			列兵一人	机件无伤仍能航行
金口之战	10.24/27		中山军舰、金口	员兵三三人	舰长萨师俊,航海员魏行健,军士长黄孝春,见习生陈智海、周福增,士兵一九人	
同上	同上	楚同军舰、嘉鱼				
川江之战	9.3/29		甘露测量舰、台子湾		士兵四人	
同上	9.4/29	湖隼鱼雷艇、巴东				
同上	9.14/29		七号驳船、巴东			
同上	8.24/30		江鲲军舰、台子湾	士兵五人		
同上	同上		江犀军舰、台子湾	士兵四人		
同上	12.17/31		定安运舰、塔洞滩		士兵二及船伙数人	
同上	12.25/31		顺利差轮、塔洞滩		第二舰队军需员陈懋节	因公在轮

1900

(续表)

战 役	时期	毁(或伤)地点	沉地点	受伤	死亡	备考
同上	25/32	三号驳船、万户沱				
同上	4.22/32	光安运舰、庙河				
同上	9.17/32		三号驳船、巴东			
荆河之战	11.11/27		义胜炮艇、藕池			
同上	同上		勇胜炮艇、藕池			
同上	同上		仁胜炮艇、藕池			
同上	同上		四号驳船、藕池			
同上	同上		六号驳船、藕池			
沿海各地之战	5.31/27		抚宁炮艇、闽口	士兵四人	电信员陈傅滂,士兵八人	
同上	6.1/27		正宁炮艇、闽口		列兵一人	
同上	同上		萧宁炮艇、闽口	士兵四人	列兵二人	
同上	10.22/27		公胜测量艇、容哥镇			
同上	同上		诚胜测量艇、羊角沟			因无法退回自沉
同上	6.1/27	楚泰军舰福州南港				

抗战期中重伤致舰艇种类数量统计表

三十六年二月二十日调制

区分 舰艇种类 伤沉数目 年度区别		军舰类								驱逐舰		巡洋舰		炮舰		运输舰类							
		军舰		巨型舰		中型舰		小型舰								运输舰		巨型运输舰		中型运输舰		小型运输舰	
		伤	沉	伤	沉	伤	沉	伤	沉	伤	沉	伤	沉	伤	沉	伤	沉	伤	沉	伤	沉	伤	沉
二六年	伤	2										1											
	沉																						
二七年	伤	2				1						1											
	沉		4																				
二八年	伤											2											
	沉		3																				
二九年	伤	3		1				1		1				1		3							
	沉		8		3		11		2								26		5		14		
三〇年	伤	2												1								1	
	沉		2		2		1										5		2		6		
三一年	伤																						
	沉																						
三二年	伤																						
	沉						1										1						2

(续表)

区分 舰艇种类数目 年度区别		军舰类													运输类							附记
		军舰		巨型舰		中型舰		小型舰		驱逐舰		巡洋舰		炮舰		运输舰		巨型运输舰		中型运输舰		小型运输舰	
		伤	沉	伤	沉	伤	沉	伤	沉	伤	沉	伤	沉	伤	沉	伤	沉	伤	沉	伤	沉	伤	沉	
三三年	伤			3				1										1						
	沉																						
三四年	伤					1				1		4				3							
	沉				5		14		2						2		33						2
合计	伤	7		1		1		1		1		4				3		1				1	
	沉		20		5		14		2						2		33						2
总计		27		6		15		3		1		4			2	36		7		20		3	

区分 舰艇种类 伤沉数目 年度区别		汽艇类						其他类							总计		附记
		大汽艇		汽艇		扫雷艇		大舢舨		商轮		小火轮		民船		合计	
		伤	沉	伤	沉	伤	沉	伤	沉	伤	沉	伤	沉	伤	沉	伤	沉	
二六年	伤															5		卅三年四月十七日敌大兴汽艇一艘触雷炸毁;卅三年三月十九日敌运舰南海丸触雷炸毁;卅二年三月十九日
	沉				2												2	
二七年	伤															4		
	沉						24										28	
																32		

（续表）

区分 舰艇种类 伤沉数目 年度区别		汽艇类						其他类								合计		总计	附　记
		大汽艇		汽艇		扫雷艇		大拖驳		商轮		小火轮		民船					
		伤	沉	伤	沉	伤	沉	伤	沉	伤	沉	伤	沉	伤	沉	伤	沉		
二八年	伤							1										7	伪舰江权号触雷沉毁；
	沉																4		
二九年	伤	3		1												10		192	卅二年三月十七日伪巡舰协力号触雷炸沉；卅二年一月二十四日敌炮舰六〇九号触雷重伤；
	沉				82				9		6		5		3		182		
三〇年	伤	3		1												1		46	卅一年一月十三日敌运舰崇安丸触雷炸伤；
	沉				20								1				45		
三一年	伤	3														1		19	廿六年击沉敌驱逐舰一艘于虎门外；又粤桂江防部于抗战期中重伤敌伪舰船如左：敌趸船二艘未列入；六年九月八日上海浦东[?]之三四码头炸毁。
	沉				8										7		18		
三二年	伤																	2	
	沉						4		4								2		
三三年	伤							1										11	
	沉								2						1		11		
三四年	伤																	7	
	沉				5												7		
三五年	伤			2												22			以上七项均未列入
	沉				141		4		15		8		6		11		299		
总　计	伤	9																321	
	沉				143		4		16		8		6		11				

〔二〕空军抗战

（一）空军作战概述

1. 敌对我使用空军之兵力调查表①

（1937年9月）

航委会参谋处制

方面	队　名	主管姓名	机　种	数量	驻　地	备　考
冀察方面	驻屯飞行队	航空兵大佐冈部猛	军用运输机	4	天津西飞行场	
			同上	8	天津东飞行场	由惠通公司改造
			同上	2	丰台	
			轻轰炸机	1	天津西飞行场	
			同上	2	天津联欢飞行场	
			驱逐机	9	天津东飞行场	
			侦察机	3	同上	

---

① 沿用原标题。

(续表)

方面	队 名	主管姓名	机 种	数量	驻 地	备 考
冀察方面			同上	2	天津联欢飞行场	
	飞行第五联队第一中队	航空兵大佐柴田信一	重轰炸机	6	天津东飞行场	由东京立川调来
	飞行第五联队第二中队		轻轰炸机	6	同上	
	飞行第五联队第三中队		驱逐机	6	丰台	
	飞行第五联队第四中队		不明机	6	通县	
	飞行第五联队第五中队		轻轰炸机	6	天津	
	飞行第五联队第六中队		侦察机	6	天津	
	飞行第五联队第七中队		驱逐机	6	天津	
	飞行第五联队第八中队		侦察机	6	天津	
	飞行第五联队特务一中队		运输机	2	天津	
	飞行第五联队特务二中队		运输机	2	天津	
	飞行第六联队第一大队	航空兵大佐中富秀夫	重轰炸机	12	丰台	由朝鲜平壤调来
	飞行第六联队第二大队	大队长平少佐	重轰炸机	6	马兰谷飞行场	
	飞行第六联队第三中队	三轮少佐	侦察机	9	丰台	

(续表)

方面	队　名	主管姓名	机　种	数量	驻　地	备　考
冀察方面	飞行第六联队第四中队	上藤	侦察机	9	榆关	
	飞行第六联队特务小队	山口少尉	输送机	2	丰台	
上海方面	海军航空第一联合队	司令官航空大佐户塚道太郎		80	九洲大村	由馆山航空队调来
	鹿屋海军航空队	航空大佐左井艺江	九六式陆上攻击机	40	台北	共5分队10小队，每小队3机，每分队预备机2，合40机
	木更津航空队	航空大佐竹中丸造	同上	40	济州岛	同上
	加贺航空母舰	菊池芳夫	不详	40	吴淞口外海面	
	龙骧航空母舰		混合编制	40	同上	
	能登吕水上机母舰		同上	18	同上	
合计	陆军机121架，海军机178架，共计299架。					
附记	1. 根据各方情报所得； 2. 木更津、鹿屋两海军航空队先后被我击落50余架，但彼必以补充，迄今在上海方面使用者，尚未发现其他航队番号。闻上海方面有陆军之军用机23架，待证实。					

1907

2. 第一届第四次国民参政会空军报告书
第四届国民参政会空军报告书①

(1939年9月3日)

一、前言

抗战第一期告一段落后,整军建军为最主要之工作。盖长期抗战之目的,在借地形以消耗敌之兵力,求得决胜之时机。同时,抗战建国之目的,为在抗战之军事时期,促进新式国家之建设,使战胜之日即为建国完成之时。空军之工作,自进入抗战第二期以后,即检点过去之得失,利用以往之经验,一面改革从前之缺点,一面建立未来之规模。换言之,即一面培养最后决胜之力量,一面树立新式空军之基础。至目前为止,前者之工作已大体完成,后者之工作已开始逐步进行。以后谨分述之。

二、作战之部

1. 作战经过

自武汉会战以后,我消耗敌人之目的达到,而进入抗战之第二期。第二期抗战之主要工作在整军与建军,准备转移攻势,一举而驱敌人于我国土之外。空军即本此旨推行工作,积极整训部队,补充器材,加强地面设备,规划油弹之补充及整理教育诸事宜。故关于近数月来我作战方针,则侧重各重要城市,及我空军根据地之保卫,而相机奇袭敌方重要据点,与飞送沦陷区内之军费及机要公文。兹将各战役分述于次:

甲、保卫各战

子、重庆方面

重庆为我战时之行都,行政与军事之主脑部在焉,尤其于武

---

① 原标题有误,应为"第一届第四次国民参政会",该会于1939年9月9—18日召开。

汉会战后，我经济及文化之重心，亦悉聚于此，故颇为敌人所注目。在敌方军事无可如何之际，惟借其惨无人道之盲目轰炸，然敌机昼间来犯，均经我予以至惨痛之打击，乃于一月十五日及五月三日、四日、十二日、廿五日，六月十一日，七月廿四日、卅一日，八月之三日、四日、廿六日，以迄九月□日等日，每次乘薄暮或满月之际，派遣一大队以上之敌机，烂施轰炸。但我空军将校皆深切了解空军之使命，虽在机场甚少，山峦重叠，夜间起落艰难之重庆附近，亦皆克服万难，视死如归，与敌机相周旋。使用于夜间驱逐之飞机，自最少之三机，已增至一中队以上。故历次皆予敌以重大之打击，以抑制其凶焰。总计一月份被我击落敌重轰炸机二架，五月份被我击落敌重轰炸机十二架，我机仅损失二架。总观敌方盲炸之结果，除我非武装同胞稍受物质上之痛苦外，特增长我同胞之敌忾而已。

丑、兰州方面

兰州为我西北国际交通之重心，亦我空军在西北之根据地，故亦为敌人垂涎之目标。在本年二月间，敌人以重轰炸机七十余架，分三次侵袭，经我空军将士勇猛攻击之结果，先后三次，共击落敌机十六架，造成本年度空战击落敌机之最高记录，而我则毫无损失。

寅、昆明、南郑、成都方面

四月八日，敌机廿四架袭昆明；四月廿九日，敌机七架袭南郑；六月十一日，敌机廿六架袭成都。以上各地或为我国际交通重心，或为我空军根据地，均为我空军所应保卫者，故敌机之来，均遭遇我严重之打击。而南郑之战，敌机被我击落二架，我亦有壮烈之牺牲者二架。

乙、奇袭各战

敌人自占我武汉、广州以后，乃先后积极策动晋南战事，以期毁我西北国际路线，并力图南昌，以谋断我江南联络。然在我陆军积极攻击，或战局紧张之际，空军皆遵照最高统帅之命令，协调出动。本年上半年，先后于二月、五月派机轰炸晋南、永济之敌陆军及安邑之敌机场；四月廿九日，轰炸解县、运城之敌；五月四日及十三日，两度轰炸南昌外围莲塘及奉新之敌军，均予以重大之打击，尤其轰炸解县、运城之役，奏效尤大。

丙、飞送沦陷区军费及机要公文任务

中央颁发沦陷区内——苏、皖、鲁、豫等省之机要公文及军政各费，因陆路运输断绝，大量货币之运送，端赖飞机。然在距离遥远、敌人飞机星罗棋布之状况下，我送款飞机常有被截击之虞。卒赖我将士精忠体国，处置机警，每次利用拂晓、黄昏，平安送达，使中央与各沦陷区之联系不断，此殊堪以告慰者。

此乃近数月来，我空军作战之经过情形。惟思敌人常挟其飞机之数量优势，对我方设防之城市及无武装之同胞烂施轰炸，造成有史以来之空前残酷疮痕。今后我空军整编就绪后，势当还以同样之报复，予侵略者以严重之打击，并以慰我国民对空军之期望。

2. 改革军制经过

甲、改革空军军制之着眼点

自廿三年航空署改组航空委员会（以下简称本会）以来，在委员长德威领导之下，方奠定空军雏形，得有抗战初之一部分力量，复赖我空军将士勇往迈进之攻击精神，方得克敌致果。自始迄今保有光荣之战绩，但总因建树未久，即行参战，所具缺点，所在实多，军制不良，实缺点之著者也。观夫过去空军部队生存所需之诸种机构，均系零星局部扩充，不无畸形发展，更以系统未能明确划分，致部队所需要之业务，如指挥、训练修理、补充运输、通信、建筑、经理、人事、卫生等，均直属于空军最高统帅机关。遂于无形中使以上每一业务，均有独立成一系统之趋势。如医务、通信、测候、修理、器材补充、油弹、部队训练、警卫等，均自成一系统，直属于本会,殊有违建设军队之目的。然在战争演进中,若全部改弦更张,势所难能。故在不影响于作战遂行之原则下,就空军现有之诸机关,依军队建设之原理,予以适当之改革,一方面使作战业务不受阻挠与中断,他方面须能踏上空军正常建设之途径,以使将来空军扩大时,仍能修理井然,秩序不紊。

计空军现有之机关,及空军需要生存及今后势所必需建立之机构,就以往之历史与一般勤务熟练之关系,约分左列六类机关:

部队、站场、学校、制造厂、修理工厂、各种储藏及修配所。

此六类机关,当以部队为中心,因其势力之目标,系为练成劲强之部队也。此种机关之业务范围如左:

作战指挥、训练、教育、制造、修理、器材补充、装备、油弹补充、通信交通、摄影、运输、建筑、警戒、气象、经理、人事、卫生。

将以上空军所需要之业务,分配于各机关中,使在统方面之系统,如身臂之相指使,在横方面之联系,明确周详,不生龃龉,是为调整军制之要义。

乙、改革空军军制之经过

依以上之见解,将空军诸业务及诸机关为如左之改革:

原空军部队及站场为空军之主体,犹之陆军战列部队与兵站、辎重、行李等之关系相仿。日本为侵略方针之国家,其预想战场在我国,不能预先于我国设置站场及航线,其地面勤务诸机关及站场、防空、兵器,均配属于其空军部队,与陆军兵站线上诸机关切取连击,以维持其空军部队。我国为守势战略之国家,战场既在国土以内,且逆料战场广阔,交通不便,空军兵力单薄,惟有集结机动使用之一法。则地面诸勤务不能随空军部队以行进,且有预先设置站场之利益,故于地面必需设置站场。盖站场者,在国防上之价值,视之应如要塞也、军港也。若站场设备不周,勤务不良,则虽有优良卓越之空军部队,犹虎犀囚于匣,行动不能自由,是为敌人攻击之死目标而已。

往者，站场编制不能应空军部队之要求，而部队编制未因有站场而减轻其行军之繁琐，且不能应乎新式飞机之要求，人员器材，配置重复，极不经济，于是于抗战第一期中，即谋改革军制。改革之道，首从部队站场改革始，按飞机之制式进步，战术之要求，将部队编制改革之如左：

驱逐大队　　　　驱逐中队
轻轰炸大队　　　轻轰炸中队
重轰炸大队　　　重轰炸中队
侦察大队　　　　侦察中队

以上各种中队编制，人员器材之配备，除空中勤务人员，其整备飞机之主干人员外，其他如卫生、通信、地面、交通、油料、械弹，大量修理器材均配属于总站，使中队为战斗之单位，负作战训练、纪律之责，轻捷、便利，合乎集结机动使用之目的。经理及队用必需之器材配属于大队，使大队为战术之单位，俾能负指挥部署、训练、经理、人事、纪律之责任。

站场之原编制，向系抗战以前所制定，分为一、二等空军总站及航空站、飞行场等数种。按部队之要求与运用之便利，改革如左：

甲种空军总站
乙种空军总站
丙种空军总站
甲种空军站
乙种空军站
丙种空军站

依总站之业务范围，复划成总站区，辖空军站及部队生存之诸种机构，使总站负机场整理、航行设备、油弹、油弹补充、队用器材补充、交通运输、通信、气象、战时给养、宿营、警戒、经理、人事、卫生、纪律之责。空军站承总站之命，亦负站之机场整理、航行设备、油弹补充、通信、气象、给养、宿营、警戒、纪律等勤务。

以上编制之改革，经于廿七年春季拟定后，发交空军各级将校详细研讨，慎重考虑，几经一年之久，方行制定，经呈奉委员长批准，业于本年（廿八年）八月一日起遵照公布施行。

丙、依据部队总站之新编制，对于各项辅助业务之改革。

子、通信部队

往者，空军所需要之通信设施，有无线电信队，系直属于本会。队以下设有分队，分队辖电台，分别驻于空军站场，与部队及站场之主管官因系统关系，不相隶属，工作之效率、纪律之维持，难收指臂相使之效。依据通信应视为总站及空军站业务之原则，取消该项无线电信队、分队等编制，改为"重""中""轻"三种无线电通信班，分别配属于总站及空军站。复为使空军部队发挥空军对敌攻击与轰炸，及盲目飞行等之便利，于飞机上装置无线电机，于地面设置对空通信班及无线电定向班，亦分别配属于总站。

依据新组织区分无线通信、勤务为平面通信及空地通信两大类。平面通信划分为九个通信区，本会设总台，每区设主台，各站设支台，区支台负各在台转呼及必要时转报之责，并掌握支台之通信。总台负各区台转呼及必要的转报之责，一律采用二十四小时制。由是可随叫随通，无干扰迟滞及滥用电讯之弊。对空通信另成一系统，即在任何航线、任何时机、任何飞机，均可呼唤任何对空电台作航行及军事上之通信，惟器材尚须补充耳。

丑、机械士队

以往本会直属机械士约二千余名，每人均形成一经理人事之单位，管理训练均属困难。因之编组为机械士队，以能培养轻轰炸一大队之人员为标准，编为一队。在运用上以队为单位，分别配属于总站，视部队之行动与繁简，随时调动运用，对于部队飞机之保修，补益良多。

寅、一般辅助业务,如摄影、运输、警戒、建筑、医务、测候等班队所等,往者均另成系统,另有机构,直属于本会。亦经予以改革撤销,归纳于总站之内。从此系统分明,系理井然,非复往日之繁杂庞博矣。

卯、制造厂

飞机之制造与修理,同为空军之原动力,二者之重要性,无相轩轾。关于制造工业,各国政府以扶助民间工业者多,由政府自设者少。盖建设空军,设不从建立工业者着手,徒依赖购买,则飞机愈多,消耗国力愈大。而舶来品之飞机,均按制造国自身国防要求而设计,新颖之点,讳莫如深,其向外推销者,均非其国军中制式飞机之上品,故仅依赖购买者,常丧失战术上之利益。是以全国工业发达,则航空工业亦随之而发达,但空军所需之工业品,均由空军机关自为之,则空军内部势必成为一特殊之工业国。而自成为一特殊之经济组织,果尔则空军无许人力财力,尤无如许组织,各国亦无此先例。以往飞机制造厂之组织,系属于空军自为之,设置以来,殊难发展。此后拟改革为半商业化之性质,借此并可以鼓励民间,发展民间工业之企图也。以后有无成果,端赖全国工业家及实业巨子予以指导协助。

辰、修理工厂

修理工业为空军本身之业务,且为培养空军战斗力之最重要工作,除利用社会一般工业补充零件与修理器材外,当由空军依军事组织要领自为之。往者修理工厂编制、人员、器材配置之未尽合理,其部署未能按军事之要领,与夫战场之状态、战术之运用,各厂系直属于本会,部队与学校方面损机之修理,须请示而后交修,致多手续上之繁琐与人事上之摩擦。且因战况推移、工厂搬迁、交通不便情况之下,动辄累月,影响于修理之工作,即减少空军部队作战之力量也。因此现已拟就工厂改革案,计分为轻重二种,轻修理工厂配属于总站,其人员、器材以能修理一个飞行大队之作战机为原则。对于战场状态,战术运用可以适合,且搬迁容易,受敌之攻击目标亦小,即被敌轰炸而损害亦属轻微。重修理工厂直属于各路司令或本会,但其单位数甚少,置于后方安全地带,敌之轰炸甚属困难。此种工厂专为飞机之定期翻修与损修,而无搬迁之烦累。再者,学校方面亦配属学校直辖之工厂,以便训练飞机之随损随修。综计全部修理工厂之修理力量,系按维持第一线飞机及训练飞机预想之数字而配备之,使材无偏废,人无偏闲之弊。

巳、器材库

随修理工厂而改革者为航空器材库。以往此种器材库有十余个单位,均直属于本会。夫器材储备之主要目的,系供飞机修理之用,自应属之于修理工厂,以资使用之便利。现已本此要领,取销〔消〕器材库,除设总器材库,负进口货验收分配之责以外,大部器材均配属于修理工厂之内。

午、各种储藏及修配库所

各储藏及修配库所,计有油弹军械等库,照相、仪器、养〔氧〕气、电机等修配所。此种组织,亦复按维持第一线飞机及训练飞机之实际需要,及战场之状态、战术之运用,而已重加改革矣。兹限于篇幅,拟不详赘。

丁、空军军区司令部及路司令部

空军部队、站场、学校、制造厂、修理厂及各种储藏修配库所等基本组织,既如前所述矣。然因国土广阔,交通不便,通信不灵,若使前述诸组织均直属于本会,则指挥监督仍有鞭长莫之概。故有军区及路司令之设,为一方面之指挥官,以收层层节制之效。往者虽有兰州军区及桂林、重庆、南郑三个路司令部之设,但未确赋予其权责,致多窒碍。在改革前列军制案之后,复厘定军区及路司令官之权责范围,并规定司令、大队长、总站长等人事经理之权责范围,俾能因地制宜,以推动空军之发展。

3. 航会缩编经过

　　基于前述军制之改革，以大队为空军勤务之战术单位，以总站为地面勤务之最大单位，以军区司令及路司令为一方面之指挥官，代本会执行一方面统御之责。凡有全军一致之性质者，如制造厂、重修理工厂、学校、总器材库、油弹库等，则直属于本会。如此本会指挥单位由三百八十七个减为九十三个，且无会属人员。由是在本会则可主动的指导各属工作，且得有研究考核之余裕。在各属则任务明确，而有执行任务之权责，与达成任务所需要之诸机关与人员，则全军各个分子，势必生动而有朝气，此乃基于指挥之要诀，而亦可谓之为分工集权制。由是本会不复如以往之各项业务均系直辖，致琐务繁冗，几陷全军于停顿之状态矣。由是奉委座在空军第一次军事会议开会时所示紧缩整编之要旨，将本会紧缩五分之二，废除已往之军令、技术、防空、总务四个厅，存留必要之处科。在委员会及本会主任、副主任指挥之下，计其重要之设施约略如左：

　　甲、政治部——政治训练为此后本会中心工作之一，暂依原组织，将来依业务之进展，适宜增加。

　　乙、训练监——此后为特重训练，将本会原有训练处改为训练监，赋予相当之独立性，提高其权限，加重其责任，使有校阅视察及区处各教育机构之相当自由，其目的在完成空军典范令，确定本国空军学制，纳空军教育于正轨，同时作教育装备战术之研究。

　　丙、航空机械研究所——空军为最机械化之兵种，所用器械装具，均为科学之结晶品，故机械为空军立军之本体。本会向来将机械研究与机务行政合而为一，使研究工作为行政业务所掩蔽，而无重大表现，兹责成研究所延聘国内外能独立设计之航空机械专家组织之。其目的为已购飞机、器械、燃料及武器之检验，依国军战术之要求作新的设计，吸收外国之发明，作适合国情之改良，国产材料之搜集与试验，航空工程诸法规之审订，本国航空发明之奖励,民间与航空有关各工业之动员研究。至于实验机构,或交国有工厂,或交民间工厂,或另设机关,则依工作能率及工作进度随时核定之。奉委员长批示,此应将必要设置者,必先确定由会设立积极限期的研究成功。以上甲、乙、丙三项,是为空军建军之主动积极的工作。

丁、防空监——防空行政,向来与空军行政截然划分,全国各防空司令,均为军政大员,与之商洽往还,名义过小,亦难得各省之信赖,故用防空监名义,而人员则较以前防空厅略少。

戊、参事室——为资深军官办理飞行失事、审查法规、审核及临时交议,与临时派遣校阅、监察等事项,较原制人员略减少。

己、顾问室——为办理分配顾问工作及编译官之调遣事宜,较以前人员略减少。

庚、为指挥作战,建设地空设施,处理机械行政,及管理经理、人事、卫生与本会之庶务计,改设参谋、航政、机械、经理、人事等五处,及设置副官室,分任上述诸事宜。

4. 部队整编

我国空军在第一期抗战期中,转战各地,宵肝辛劳,就空军部分与敌方兵力比较,诚获得确定之胜利。然胜利是牺牲的代价,荣誉是流血之结果,故我方关于人员之伤亡,飞机之损毁,为数亦甚巨。但因战势紧张,以不失时机罔顾损害,竭力以求战果。迄乎第二期抗战开始,空军各部队之人机殆多残缺不全,乃积极着手调整补充,添购新机,添用俄籍人材。以精练我空中勤务人员,强固我空军永久之基础为主旨,以原有熟练之空中勤务人员编组作战部队,以可用之新旧飞机编配之,在未出动以前,保卫行都及重要城市与其空军根据地为主。其他经验不足与新进人员另编训练部队,调归驱逐、轰炸两总队,加紧技术与精神之训练,增强其杀敌致果之本能与雄心,尔后交相替换,此因鉴于过去经验。由于我国向无重工业基础,关于航空器之制造修理维艰,补充亦不容易,人员造就需要一定之时间，未能得心应手，故此后建军方针不务远大。本保管重于修理、修理重于补充、整饬重于训练、训练重于作战之要旨，将陆续所购及修妥之新旧飞机及训练之人员，以充实现有各部队之实力，常此保持第一线固定力量。整编以后之部队如左：

轻轰炸三大队——九中队；

重轰炸三大队——三中队；

志愿轻、重轰炸各一大队；

驱逐三大队——十二中队外，直属四中队；

侦察队一中队。

关于人员调配与飞机补充分述如下：

（甲）人员调配

抗战两年以来，各部队空中勤务人员屡次伤亡，补充无暇，整个调整因技术之不齐，致减少抗战之力量。自进第二期抗战阶段，根据以往经验，着手调配，其要旨如下：

（1）驱逐人员以各部队熟练人员充实，作战各队其余人员则编入训练部队。

（2）轰炸人员中驾驶人员照前条之要旨调配，其轰炸与通信、射击等人员，则挑选完毕之精炼人员充实之。

（3）外籍志愿军人员，则编成整个外员队，而用本国机械人员补助之。

（4）各空军部队根据地之机械士，以使用部队内之机械士为主，由驻在地区内之总站机械士队协助之；前进飞机场之机械士，以使用各该方面总站之机械士为主；必要时，根据地之总站机械士队应不失时机输送前方协助。

（5）总计现有之第一线熟练空中勤务人员如左。至地面勤务人员及教育人员、外籍人员不计在内。

① 驱逐飞行员二百五十六员；

② 轰炸飞行员二百四十员；

③ 侦察飞行员二十员；
④ 轰炸员一百四十四员；
⑤ 侦察员二十员；
⑥ 空中通信人员三十员；
⑦ 空中射击士一百六十员。

（乙）飞机补充

抗战以来，我空军之飞机数量，除在战争开始之极短时期内占优势外，其后各战争阶段，全部飞机数量均较敌人为少。盖敌人自侵略开始后，即陆续增加其空军兵力于战场，其使用于第一线飞机数量约较我强四倍。

我国工业落伍，而航空工业更无基础，不能设厂制造，以求自给。飞机补充几全赖购自他国，欲经常维持相当数量，实多困难。因空军战场上之消耗既大且速，若数月不加补充，实力即形削弱，但我之补充系仰给于人，欲使适时势有所不能。故我之飞机数量系成一曲线，即在新购自友邦之飞机到时，乃立承强大。反之，于损耗后补充未到，或修理未及时，又趋衰落。此种情形，影响作战甚大，因不以应大军之战况而出动自如也。此乃我空军时作时辍之主因。二期抗战前，我空军飞机数经补充，企图保持第一线三百架左右。自本年度起，我空军飞机复有补充，实力较前固已增强，除政府自购飞机不计外，历来民众团体或个人捐赠政府之飞机亦不少。至于现在第一线飞机若干，另详口头报告。

5. 敌人兵力之检讨

甲、敌空军系分隶于陆军及海军，依其惯用名称，则隶属于陆军者称为陆军飞行队；隶属于海军之陆上部队称为海军航空队；舰上部队称为航空战队。截至民国二十八年六月底止，陆海军共有飞机约三千零四十架，陆军约有第一线飞机一千四百八十架，第二线飞机二百五十架，共一千七百三十架。其中，轰炸占34%，驱逐占30%，侦察占36%。海军约有第一线飞机一千一百三十架，第二线飞机约一百八十架,共一千三百十架,其中轰炸占39%,驱逐占30%,侦察占31%。

乙、敌陆军航空之最高军政机关为陆军省之航空本部,最高军令机关为陆军航空兵团司令部。其最近之部队编组系统为飞行集团→飞行团→飞行战队→飞行中队。其中飞行集团约等于飞行师,飞行团约等于飞行旅,飞行战队约等于飞行大队,原有之飞行联队一级,自一九三八年六月改编后已不复存在。

现敌国陆军航空兵力共编成二个飞行集团,分驻于敌国及我东北。至来华作战之部队,则由该二个集团中抽调派遣。二个飞行集团之下,共辖十二个飞行团,其下约辖四十八个飞行战队,四个独立飞行中队,平均以每个飞行团辖三个战队,每个战队辖三个中队,计共有一百四十八个中队。

敌陆军航空教育方面,现有熊谷、水户、明野、下志、津滨松等飞行学校,及陆军航空士官学校、陆军航空技术学校、东京陆军航空学校等共八处。每年约可培养驾驶员五六百名,驱逐人员一百名,侦察人员一百五十名,轰炸人员一百五十名,机械人员四、五百名。

丙、敌海军航空之最高军政机关为海军省航空本部,军令最高机关为海军军令部,其陆上航空部队之最近编组系统为:镇守府(要港部)→某某海军联合航空队→某某海军航空队→飞行队→飞行分队。舰上部队之编组系统为:舰队司令长官→空战队→舰长→飞行长→飞行队→飞行分队,其中飞行分队约等于陆军之飞行中队,飞行队约等于陆军之飞行战队,航空队约等于飞行团。至来华作战之海军航空部队,无论为陆上航空部队或舰上航空部队,均受敌中国方面舰队司令长官之指挥。

现敌海军航空兵力,将陆上航空部队组成二十六个航空队,舰上航空部队除配属战舰、巡洋舰上之飞机外,将航空母舰五艘及水上机母舰、水上机运输舰十艘,编为六个航空战队。

敌海军航空教育尚无独立专设之学校，仅于霞浦与横须贺两航空队内附设练习航空队，以教育各项空中及地面勤务人员。霞浦航空队负培养驾驶员及初级机械人员之责；横须贺航空队负培养侦察、轰炸及高级机械人员之责。最近敌又设铃鹿、筑波及鹿岛三航空队，作为练习航空队从事航空及新机之研究与实验。

丁、敌航空工业方面，现陆海军共有公私创立之飞机及发动机制造及装配工厂十七处，其中以三菱、中岛、川崎三厂为最大。战时生产能力，全部每年约可制造装配飞机约二千四百架，即每月约二百架。惟以在华作战损失惨重并须淘汰旧机、补充新机，以及不可避免之失事损失及使用消耗等关系，现有产量尚不敷实际需要，每年约须向外国订购千架之谱，大部分仰给于美德意三国。兹者国际情□□变，此等国家如能确实断绝供给，对于敌国飞机产量，势必发生严重影响。

戊、敌来华作战之空军兵力，在二十六年九月底为四百十三架（计上海方面：陆军机一百三十二架，海军机一百六十架；冀察方面：陆军机一百二十一架）。二十六年十一月底增至六百十四架（计华北方面：陆军机二百五十架；在上海及广东方面活动者：海军机二百九十二架，陆军机七十二架）。二十七年二月增至九百六十五架（计华北方面：陆军机四百架；华中方面：海军机二百三十九架，陆军机二百二十九架；闽粤方面：海军机九十七架）。二十七年五月减至八百二十六架（计华北方面：陆军机三百三十架；华中方面：海军机二百〇二架，陆军机一百七十四架；华南方面：海军机一百二十架）。二十七年八月增至一千〇九十四架（计华北方面：陆军机四百七十架；华中方面：海军机一百九十一架，陆军机二百五十五架；华南方面：海军机一百七十八架）。二十七年十月减至一千〇〇四架（计华北方面：陆军机二百三十一架；华中方面：海军机三百〇五架，陆军机三百三十三架；华南方面：海军机一百三十五架）。二十八年一月增至一千一百六十二架（计华北方面：陆军机三百十二架;华中方面:海军机二百〇二架,陆军机二百七十六架;华南方面:海军机二百十六架,陆军机一百五十六架)。二十八年四月减至八百十架(计华北方面:陆军机二百架;华中方面:海军机一百四十八架,陆军机一百八十二架;华南方面:海军机二百十六架,陆军机六十四架)。二十八年六月增至八百四十三架(计华北方面:陆军飞机一百七十一架;华中方面:陆军飞机二百二十三架,海军飞机二百〇四架;华南方面:陆军飞机九十九架,海军飞机一百四十六架)。

己、目前(二十八年八月),敌在华作战之航空兵力,因诺门罕事件发生之后,原在华北之兵力已有一部分调往东北,较六月份略有减少,总计七百十二架。其细部配备如下:

子、黄河以北共有敌飞机一百三十一架,内重轰机三十五架,轻轰机三十六架,侦察机三十六架,远距离侦察机九架,驱逐机十五架。

丑、长江流域共有敌陆海军飞机三百十二架,其中陆军飞机一百五十架,内重轰机十四架,轻轰机七十二架,侦察机二十一架,驱逐机四十五架;海军机一百六十架,内重轰机五十四架,轻轰机三十六架,水上侦察机三十架,驱逐机四十架。

寅、闽粤方面共有敌陆海军飞机二百六十九架,其中陆军飞机一百十一架,内轻轰机四十八架,侦察机四十八架,驱逐机十五架;海军飞机一百五十八架,内重轰机二十四架,轻轰机七十架,水上侦察机三十四架,驱逐机三十架。

卯、总计敌在华作战航空兵力,共有各种飞机七百十二架,其中陆军飞机三百九十四架,海军飞机三百十八架(海军飞机之属于陆上部队者一百五十四架,属于舰上部队者一百六十四架)。

庚、敌方自侵略以来,至本年八月底止,其空军之损失如左:

(1) 飞机

  被我空军击落者   二百四十一架
  被我空军炸毁者   一百八十四架

　　　　　　　高射
　　被我　　部队击落者　　　　　　　　　　一百〇六架
　　　　　　　陆军
　　被我陆军部队袭击者　　　　　　　　　　一百二十一架
　　被我炮兵击毁者　　　　　　　　　　　　十一架
　　敌机自行迫降者　　　　　　　　　　　　三十四架
　　被我击落而行踪不明或重伤迫落敌阵者　　二〇架
(2) 前项之敌机共七百二十七架,其机种如左:
　　重轰炸机　　　　　　　　　　　　　　　一〇〇架
　　轻轰炸机　　　　　　　　　　　　　　　一〇八架
　　侦察机　　　　　　　　　　　　　　　　十七架
　　驱逐机　　　　　　　　　　　　　　　　九十二架
　　水上机　　　　　　　　　　　　　　　　二十八架
　　攻击机　　　　　　　　　　　　　　　　二架
　　机种不明　　　　　　　　　　　　　　　三百八十架
(3) 空军人员损失
　　被我俘获　　　　　　　　　　　　　　　五〇名
　　死亡　　　　　　　　　　　　　　　　　八百五十七名
　　逃走　　　　　　　　　　　　　　　　　三十七名
　　统计:　　　　　　　　　　　　　　　　九百四十四名

6. 召开空军第一次军事会议

　甲、开会之缘起

　　本会为检讨空军自抗战以来各项业务实施之得失,策定空军整个建军方针,明定今后工作中心、推行步骤,以求集中全军意志,集中全军人力物力,增强业务效能实施成果,完成空军建军之基础工作,特召开全军第一次军事会议。

　乙、开会之经过

　　会议自五月初开始筹备,秉承委座意旨,在渝开会。全军各级负责将领于委座领导之下,自五月二十日开幕,历时五日,前后开会六次,于五月二十四日闭会。查此次出席会议人员,荟集全军各战斗部队、各教育机关、各修造工厂、各路区司令部及各站场、各级负责主官暨本会各单位官长,计出席共一百零九员。会议中出席人员感于委座彻底整顿空军之决心,剀切训导之至意,全体精神异常振奋,全军意志团结巩固,是为此次会议重大之收获。

丙、决议案之统计

此次会议中,各级主官所有之提案共六百六十七件,概交分组审查会议。经多次会议之审查与研究,除一部分不能成立及本会已经实行者,予以打消内容无关大体、本会又径交各主管单位分别办理者外,决议案共一百五十七件。计有关参谋、航政、防空等部分者五十六件,教育训练部分者十一件,技术、器材、建筑部分者四十四件,经理、会计、交通、卫生部分者十三件,人事、党务、政训、文书及其他部分者三十三件,均蒙委座批示,现正一一遵办中。

三、训练之部

1. 学校教育

甲、空军军官学校

该校训练飞行军官,截至二十七年底止,先后毕业八期,计888名。第九期生于二十六年三月升学,因器材限制及移地训练之影响,训练达二年余之久,于二十八年七月初毕业,共一百六十八名。第十期生于二十七年一月升学,预计于二十八年十二月中毕业,现有学生一百四十名。第十一期生于二十七年四月升学,预计于二十九年五月中毕业,现有学生一百五十五名。第十二期生于二十八年七月受初级飞行训练,预计于二十九年十月毕业,现有学生二百七十八名。第十三期生在中央军校受陆军军官教育,现有学生一百九十八名。第十四期生录取九十九名,现在空交辎团受入伍训练。

本会鉴于该校学生招考之不易,且在飞行训练之前须送中央军校受陆军军官教育,往返跋涉,经与军校协商,自第十五期起,即就军校毕业生中考选,径受飞行训练。同时,本会协助军校办理招生事宜,双方均感便利。

抗战后,因轰炸人员之缺乏,特由该校召集各期停飞生返校受轰炸员训练。第一期于二十六年十一月开班,二十七年五月毕业,共七十四名。第二期于二十八年二月开班,预计二十九年二月毕业,现有学生四十七名。

乙、空军军士学校

抗战开始后,空军军官因作战关系,不无损耗。为急需造就作战人员,借资补充计,经于二十六年底筹设空军军士学校,招考初中毕业生,予以短期之训练,使成为作战人才。现第一期学生一百四十一名,正受中级训练,计应于二十九年二月底毕业。第二期生一百五十六名,现受初级训练,预计二十九年六月底可以毕业。三期生二百四十二名,四期生二百五十四名,现均在入伍训练中。

丙、空军机械学校

该校训练机械军佐及军士,截至二十七年底止,先后毕业技工班八期,计六百九十二名;初级机械班七期,计一〇三四名;高级机械班三期,计一百十二名;及特种班、夜航灯车班一期,计十六名;军械指导研究班四期,计六十三名;机务指导研究班一期,计十名。第八期初级机械班一百四十二名;第九期初级机械班一百二十四名;第四期高级机械班四十二名;机械士补习班一百〇二名;均于二十八年三月同时毕业。第十期初级机械班一百三十七名,第一期电气员训练班二十名,均于二十八年八月毕业。现正受训者,计第十一期初级班一百四十四名,预计二十九年三月毕业。第一期中级机械班五十一名,预计三十年一月毕业。第五期高级机械班二十一名,预计二十九年二月毕业。第一期器材保管训练班十八名,预计二十八年九月毕业。第二期夜航灯车班三十名,预计二十八年十二月毕业。至在招考中者,计第十二期初级班一百五十名,第二期中级机械班五十名,第六期高级机械班四十名,第一期机械员训练班三十名,第二期器材保管训练班五十名,第一期油弹管理训练班五十名,将次第入校受训。

2. 部队训练

甲、轰炸总队

轰炸总队成立于二十七年五月,队址驻成都凤凰山机场,当时调往受训之部队共有十二个中队之多,及官校七期见习官,统计官兵将及千人。惟训练飞机仅有十余架。人数众多,器材缺乏,分配使用极感不易,遂将各受训部队划为三部,以适应器材环境及作战需要,并以第八大队为速成班,其余为普通班。速成班预期以四个月训练完成,惟因训练飞机缺乏,补充迁延,至本年七月始受训完毕,脱离总队。现在仍留于总队受训者,为第六大队三中队及官校八期轰炸飞行员六十八员,九期见习官七十八员,侦炸员三十一员,特种士一百十七名。以上各受训人员训练期间,则须视嗣后训练飞机补充情形、性能确定。惟最近伊宁方面之高级学校成立,则由总队拨出一部分人员前往受训,则总队之负担减轻,以后教育自较易于推进。

乙、第一、二两大队

该两大队因常担任作战关系,除训练单机起落及编队飞行外,未作其他训练,于七月第一大队飞机即移交与轰炸总队,并派一部人员赴兰接收新机,交第八大队应用。第二大队亦于本月赴兰接收新机,现该两大队均完成战时准备,仍不能作射击投弹及编队群之训练。

丙、侦察队

查本军侦察队现仅第十二队一队,该队于第一期抗战结束后,乃经前线调驻汉口整训。嗣因战事变迁,乃于廿七年九月间调往芷江,由炮兵学校聘请炮兵教官一员,并由官校派侦察教官一员,从事炮空协同之训练。至今年三月间,又调往昆明,加入空军军官学校之侦察班实施训练。以器材之缺乏故,未能达到预期之成绩。六月间将该队调蓉,以便切实加以整训,在器材方面予以补充,在人员方面,尽量予以调整。计现有飞行员十八员及侦察员十六名。在训练方面,则令与中央陆军军官学校联合教育,使彼此观摩,以收陆空合作之实效。鉴于侦察队以往之训练,因缺少陆空合作演习之故,在第一期抗战中,侦察队致不能发挥极大之效力,故根据此种教训及应乎今后之需要,将该队之训练,拟为步空合作及炮空合作之步骤实施,令与中央陆军军官学校协同训练。今第一期之训练计划业经颁发,令该队于短期间内完成之,同时于训练中检讨其学术科之成效,而拟定第二期之训练计划。在第二期训练完成后,务使该队能达到协同作战之能力也。

丁、驱逐总队

驱逐总队自去年五月奉令筹备组织,六月在梁山正式成立后,先后参加受训者有三、四、五大队,及十五、二十五、卅四中队七、八期见习官,及志愿受训驱逐预备官佐,计先后训练完毕者有四、五大队及十五、二十五等拾中队,人数共一百一十七员。该总队之训练,计划分学、术二科:学科方面,计包含航空战术、空中射击学、空中攻击学、航行学、术科细部之说明、通信学、政治及战例等课目;术科方面包含飞行术、单机战斗、编队战斗、空中拦截、空中射击、空中攻击、武器处理等课目。预定全部教育完成时间为四个月,每受训员完成之飞行时间为三十五小时。惟查该总队因战况需要及器材短少,各种实施与进度只能大概实施一、二次,尚未能完全到达预定要求。

戊、各种训练班

子、站务训练班

该班系召集本会各总站长、总站副及站股长等二十六人,加以训练四个月。第一期于本年六月一日开学,十月间即可毕业,第二期仍继续办理,现正召集中,十月底即可开学。

丑、器材保管训练班

该班系招收本会志愿军佐、军属及抽调管理器材人员十八人,加以二月之训练。第一期于七月十日开学,九月间即可毕业。第二期为整理学制起见,归并机校,继续办理。

寅、经理会计训练班

该班系招收本会志愿军属及会计、经理人员五十三人,加以三个月训练。第一期六月一日开学,第二期仍继续办理,现在筹备中。

卯、特务旅军官训练班

该班抽调该旅干部军官三十一员,轮流加以两个月训练,第一期于八月十五日开学,十月间即可毕业,第二期仍继续办理至轮流训练完毕为止。

辰、军医训练班

该班系各大学毕业学员任正式医生二年以上者,及抽调本会医务人员,加以四个月之训练。现已办理七期,毕业人数四十三人,至第八期于本年六月十五日开学,学员均系国内各大学医科及军医学校毕业学员,十月底即可毕业。毕业后仍继续办理第九期,因本会空军军医甚为缺乏之故也。

巳、总站士兵训练班

该班系以总站为训练中心,抽调各总站所属场站士兵三分之一,加以两月训练。开学时间与人数,以各场站之业务与繁简而定。现各总站均已先后召集施行,至各站场均抽调训练完毕为止。

四、地面设备

1. 总站整编概况

在"八一三"抗战以前,我国各处之站场多冠以驻在地之地名,而称某某总站、航空站或飞机场。所有站场,除少数隶属总站者外,多数均由本会直辖。迨抗战动员后,前方各站场因战争关系,多相继撤退。为便于掌握指挥,适应作战需要计,遂将全国各站场依据交通情况暨地域范围等,重行划分为若干区域,每区设一总站,直辖若干站场,并将各总站站场编予番号,故在调动上,各种组织不受驻地之限制,而发生人事、经理等处理之困难。溯自抗战伊始,我国总站计有九处,即南京、上海、南昌、蚌埠、武汉、西安、洛阳、太原、广州等总站是也。嗣后我空军活动范围日见广扩,后方站场日见增加,而总站区域亦随之而增。惟在军事阶段上,每有转变则前方多数站场即行撤退,移驻后方,故各总站区域不得不重行划分之。如徐州会战后,河南、安徽多数站场撤至后方,前方总站所辖站场减少,后方各总站所辖站场加多,斯时各总站辖区自不能不重行调整,即一例也。其间总站区如此类之调整,共有五次之多。又自各总站组织上言之,以往均按照各总站之地位重要性如何,业务是否繁简,以及所辖站场之多寡,而分为一等总站或二等总站,所辖各场亦按我空军活动使用之情形,而予以航空站或飞行场组织。惟根据过去我空军抗战教训,各总站站场组织并未臻健全程度,各种组织人员多不敷分配。又,飞行场之编制因与总站编制相较过于悬殊,一旦飞机过往或驻留,虽极少数飞机,却有人员不敷应用之感。兹为便于我部队活动适应作战需要计,乃于最近将各总站站场之编制重行予以调整。各总站由一、二等两级制改为甲乙丙三级制,飞行场名义取消,一律改为航空站,并分为甲乙丙三种,然后参照实际需要,将全国各总站、航空站分别定其适切之种类。该新编制,业自八月一日起开始实施矣。迄现在止,总站计共有十三(甲种四、乙种四、丙种五),航空站计共有一二一(甲种八、乙种七〇、丙种四三)。以上为总站改组沿革概略之情况也。

2. 抗战以来空军油料补充概况

　甲、飞机油料

　　子、抗战前存储数量——抗战前本军储存飞机汽油二百九十八万余加仑,滑油十七万余加仑。

　　丑、抗战以来历次补充状况——抗战以来,本军历次补充飞机汽油一千三百五十万余加仑,滑油六十八万余加仑。

　　寅、抗战以来消耗数量——自抗战起以至本年五月底止,本军共耗用飞机汽油六百五十八万余加仑,滑油二十二万余加仑(尚有六、七、八各月份耗支数量正在统计,未及列入)。

卯、每月消耗率——抗战以来,本军耗用飞机油料,平均每月约耗汽油三十万加仑,滑油约一万余加仑。但此种消耗率系依过去实际消耗数量平均所得,如嗣后第一线能保持二百架飞机作战,则每月最少须耗汽油八十万加仑,滑油三万加仑之谱。

辰、本军现存飞机油料数量——截至现在止,本军现存飞机油料,计汽油六百十九万余加仑,滑油五十七万加仑。此外,尚有新购待运油料,计汽油一百六十一万余加仑,滑油六万加仑。

巳、尔后之补充——飞机油料在目前我国尚未能自给,以故均须仰赖于外国。依现在之态势,尔后本军油料之补充,以分由西南、西北两方进口为有利。关于西南进口之油料,以供给滇、贵、川、桂、湘、赣各省使用为原则,其由西北进口者,则供陕、甘、宁、青各省为原则,分别补充。

乙、汽车油料

子、抗战前密存数量——本军在未抗战以前,曾购置汽车油料一批,密存以备作战之需,但为数甚微,仅汽油十八万余加仑,附属油五千余加仑。

丑、抗战以来历次补充状况——抗战以来,本军汽车油料大感缺乏,以故除购买补充外,并迭向各处拨借,应用其补充状况约如下:

A. 购买补充者,计汽油二百余万加仑,附属油五万余加仑。

B. 各处拨借应用者,计汽油五十三万余加仑,附属油一万余加仑。

C. 拨用83号汽油,计十万余加仑。

寅、抗战以来消耗状况——抗战以来,本军消耗汽车油料,约汽油一百七十七万余加仑,附属油四万余加仑。(但在二十七年七月以前,各属汽车用油,多系发给经费自行就地购用,故实际全军消耗油料不止此数)

卯、每月消耗率——按过去消耗油量,平均本军每月约耗汽油八万加仑,附属油二千余加仑,但因过去有一部分车辆系自行购油应用,且过去交通状况有铁路及水路可资利用,而目前则多半依赖公路,利用卡车输送,将来车辆增多,每月耗油最少需增加一倍,即月需汽油约十六万加仑,附属油约四千加仑以上。

辰、本军现存汽车油料数量——截至本年七月底止,本军现存汽车油料,计汽油六万余加仑,附属油三万余加仑。

此外,在海防尚有新购待运之汽油一百万加仑,正在陆续起运中,但因运输能力薄弱,在最短期间尚不能运输完毕。

巳、尔后之补充——汽车油料之补充,一如飞机油料,应分由西南、西北两路进口为有利,但因购买不易,补充困难,本会已饬所属尽量撙节,除运输车辆外,其他不必要车辆均饬停驶。即运输方面亦经令饬,尽量利用船舶、板车、人力、兽力输送,以期节省油料矣。

3. 械弹补充概况

甲、抗战前之械弹

抗战前弹药实存量及补充经过——查本军弹药之储备,在抗战以前系根据每年度弹药预算,交兵工署饬厂制造,并未大批订购外货,故在全面抗战发动时,本军仅有炸弹约三千吨,机枪弹约一千五百万发。当时,乃一面根据兵工署每月制造炸弹最高产量通知其赶造外,并呈报在分向各国订购飞机时,随同购置弹药,以备供应。

乙、抗战以来历次弹药之补充——经由孔院长分向法、德、美、意购买弹药,同时并向苏方采购,均已先后运到。细数详附表。

丙、弹药之消耗率——弹药之消耗与作战之飞机数成正比例。惟自抗战以来,我空军第一线之飞机数量,既未能保持常态,故弹药之消耗率,亦不能绳以一定之比例。根据每月消耗量之统计,其最高数字达炸弹一百七十六吨,机枪弹四十万发。

丁、现存弹药量——按照现有空军实力作战计划之配备情形,空军弹药种类甚多,型式亦杂。我兵工署最近设计制造各弹,自是综合各国飞机之装挂方法,一一备妥,俾供各种飞机均能使用外,购自美、法、德、意、俄各国者,因其装挂设备各异,不能互相使用,必须另配弹尾或弹箍。本军现有弹药,其合于现有各机之用者,约有三千余吨,以之按照此次作战计划配备,尚足应付,然此仅就现有机数作战而言,倘随时保持此次作战计划中之机数,则除随时视应用弹种如何,就已有数加以改配外,仍宜视使用之主要弹种如何,再予制造。

戊、今后弹药之补充计划——弹药之补充,如就数量而论,则过去之消耗率仅可作为补充之参考,而不能作为补充时之标准。盖弹药之补给,即在供应及时,必须以若干客观之事实,如分布地域之广狭,运输力量之强弱,交通工具之利钝等等,作为补充计划中之重要决定因素,而尤宜注意空军之特殊机动性。前此每次计算弹药以供应整个作战计划时,常以数倍之量事先分布之故。以我国现状而言,弹药补充,除就机种及其最大装载量估计外,并宜时常保持此数量之三倍,方能调拨灵活。今后弹药补充,拟即照此办理。

己、历次补充军械情形与将来计划——军械部分,向系由供给飞机厂家同时配妥,不独某机种之如何装配,枪炮无由过问,即其所装之枪炮种类,亦无从选择。至本会各制造厂所仿造之飞机,则均照本会决定采用之制式枪炮,配置所有空用枪炮。在我国未设立专厂制造以前,仍须按年度预算向外订购之。

4. 交通及运输

甲、本军组织运输机构之经过——查本会之有运输机构,始自抗战初期。当时虽已有不少各种车辆,但系依据地区之分别,由各总站设立运输班主持其事。嗣以抗战开始,军运频繁,同时因鉴于运输之困难,必影响我空军活动之命脉,乃设置兵站监部,专司空军运输事宜,行政上直隶本会运输科。凡汽车大队、汽车修理所、转运所、运输队等皆辖属之。

乙、本军现有运输机构之情况——本会因运输物资颇多,且具有时间与空间之两重性,故运输工具之使用及损坏率较大。尤以战局移入山地后,任何运输皆积集公路,而各交通机关又不能互相协助,只能以本会现有者担负本军物资之输送。故迄至现在止,汽车大队共辖有四个中队,专任长途运输,每中队下辖三个分队,每分队有卡车十五辆,总计一个中队有车四十七辆(内二辆为中队材料车),全大队共有车一百八十八辆。修理方面,惟一汽车修理所总其事,下辖汽车游动修理班五个,原则上跟随汽车中队担任修理车辆。但以我国工业之落后,所需器材多赖国外供给,尤以海口被封,材料来源中断,以至修理工作不能有充分效率。至转运所,现在所成立者计共二十处,专司物资之转运事宜。运输队以人力组成,专负搬运之责,今亦以成立至七个中队。

丙、本军现有及购造中之运输工具——

子、车辆:本军运输之主要工具,厥为卡车一种。现在除汽车大队所属卡车外,其余分布在各附属机关者计二百九十六辆,但此项车辆车龄较大,一部分系汽车大队换下之不堪长途用卡车,故只能任市区内之短途搬运。此次计新购卡车二百四十辆,除已决拟再拨汽车大队一百八十辆,增设四个汽车中队外,其余新车则分配各属。现在该项新车正在海防陆续装配中,并已派专员前往负责监督。

丑、船舶:补助车辆运输之主要工具,即为船舶、骡、板车、驮马及伕役队,但此项兴办经费浩大,故均以租用为原则。惟兰州方面,现因无法租雇,故决拟试造骡板车三十辆,编组三个分队,并设立一队部统辖之。

寅、板车:自抗战后汽油来源不易,且价格奇昂,故非在经济原则下,设法利用其他运输方法不可。因是现已试制板车,应用其车身大部木制配,以金属钉梢等,轮胎则用汽车及小型飞机之旧胎,分割使用。每辆造价在成都约三百元上下(轮胎自备),载重可及汽车之半数(约千五百市斤),其速力则视人力之多寡而定。如在飞机场站及马路、公路上短距离使用,以五人推挽,每小时可行六至八市里。一俟试办有效,不但应用于长途搬运,且拟将此项板车代用各属现有车辆。

丁、现在实施运输之概况——现在本军在西南、西北、川江、桂、黔、湘西一带,囤积待运之急需物资,共计一九九八〇吨,除一部分租用商车协运外,即以本军现有之运输工具为主力。如新车到后,则即以昆明、柳州、贵阳、重庆、成都之线为运输干线,而现有车辆即分配于湘、桂、筑、蓉一带担任运输。兹将在目前情形下所暂定之运输各线,及使用运输工具之概况分列于下:

A 甘陕线(兰州—天水—南郑)汽车、板车、骡车;
B 陕川线(南郑—广元—成都)汽车、板车、骡车;
C 渝蓉线(重庆—成都)汽车、民船、板车;
D 长江线(巴东—万县—重庆)轮船、民船;
E 渝宜线(重庆—泸州—宜宾)轮船、民船;
F 昆泸线(昆明—毕节—泸州)汽车、板车、驮马;
G 筑渝线(贵阳—桐梓—重庆)汽车、驮马;
H 昆筑线(昆明—普安—贵阳)汽车、板车、驮马;
I 龙柳线(龙州—南宁—柳州)汽车、民船;
J 柳宜线(柳州—宜山)汽车、民船;
K 宜筑线(宜山—六寨—贵阳)汽车、驮马、民伕;
L 桂柳线(桂林—柳州)汽车、民船;
M 湘桂线(长沙—衡阳—桂林)火车;
N 长筑线(辰溪—芷江—贵阳)汽车、民船、板车。

五、机械之部

1. 航空研究所工作之概要

为谋促进航空器制造工作之独立,及发展一般航空工业起见,本会特设立一"航空研究所",专从事于各种航空器之研讨及试验,以谋制造。惟以我国情形特殊,制造工业不惟不能作科学原理之推求,即依据仿制之事,亦全赖政府之推动。职是之故,该所工作初不期深邃学理之推证,暂先从事于目前急应解决诸问题,由浅而

深,逐渐推进。兹将该所工作分为在一年内可以完成者,及在本年度内可以开始进行者,两类分别胪列于次:

甲、预计在一年内可以完成者

子、搜集并试验国产木材、竹料及纺织物等,以备代替飞机上之外国材料。在该所材料实验室未成立前,先由本会其他或会外学术机关之实验室办理。

丑、研究特种方式(Type of Construction),以期适合于国产材料之采用。

寅、根据试验之结果,择一现用之训练机,重新设计试造两架,以一架作严格之静力试验,一架作飞行试验。

卯、试验成功后,绘制工作详图,送本会各制造厂大批制造。

辰、设计并用国产材料试造初级滑翔机两架。

巳、改配各号汽油及重炼废弃滑油之方法。

午、层板及层竹之研究并试造。

乙、在本年度内可以开始进行者

子、罗致气动力研究及各种器材研究之专家,同时积极准备各项之设备,并各项工作可以逐步进行。

丑、调查并研究欧美各国风洞之设计及构造,准备先行设置中型之风洞,以作气动力之研究。

寅、搜集欧美参考材料,厘定航空器材规范。

卯、编制飞机修理各项规范并附图说,以作修理厂修理飞机之准绳。

辰、关于航空器材及机件之使用及养护方法,编辑小册或短篇文字,以作本会各有关部分之参考。

巳、择浅易航空仪表,从事研究及仿制。

午、研究试验并试造发动机之零件。

未、研究并试验通讯及照相之器材,以期仿制。

申、酪胶之研究及试制。

酉、涂料之研究及国漆之采用。
2. 飞机制造厂之情形

　　本会设有四厂,除第一、二飞机制造厂系直属本会外,其余两厂,一为中央杭州飞机制造厂,系中美合办;一为中国航空器材制造股份有限公司,系中德合办。以上各厂,自抗战以来,虽因辗转迁移,交通工具缺乏,材料不能如期到达,致影响工作进度,但现已各到达指定地点,积极加紧工作。在最短期内,当可增加出品,按照预定计划实施也。本会为应付事实需要,特在西北方面,筹备一大规模之飞机制造厂,由中苏合办,将来成绩预期当在以上各厂之上。关于工厂概况分述如左:

　　甲、各厂现在及将来预定之生产量如下表

厂　　别	现在产量	将来预定产量	备　　考
第一飞机制造厂	每年制造双翼驱逐机60架	每年可制造上式飞机80—100架	该厂机器工具在扩充中
第二飞机制造厂	每年制造单翼驱逐机70架	每年可制造上式飞机80—100架	
中央杭州飞机制造厂	每年制造陆上飞机60架	每年可制造陆上飞机250—300架	按照合同规定
中国航空器材制造公司	该厂因战事关系,现在停止制造德式飞机,仅修理金属飞机,拟俟机器工具由德运到后,由本会自办制造中级教练机。	每年可制中级教练机50架	
西北飞机制造厂	在筹备中	每年可制双发动机轰炸机100架,驱逐机300架	

　　乙、本会对国内各工业希望协助之意见
　　子、涂布油:本会每年因修理及制造飞机所需涂布油在万加仑以上。现查香港国民油漆公司所产骆驼牌涂布油,其质料已能与舶来品相埒,除已采用外,并进一步与该商接洽,在内地设厂,专供本会之用,且不致因战局影响而发生运输上之困难。

丑、橡皮:本会在南京时,曾委托大中华橡胶公司试制各式飞机轮胎及橡皮零件,极有成效。现拟协助该公司在内地设厂,以期达到飞机所用橡皮零件能完全自给。

寅、发动机零件:查西安西京汽车修理厂所制各式汽车零件,颇能应付西北方面需要,尤以涨圈一项,极有经验。本会曾委制飞机上所用大小涨圈数种,经试用结果,小涨圈已能使用,大涨圈尚在试用中。拟继续与该厂合作,以期本会各式飞机所用涨圈均能由该厂供给。

卯、汽滑油:贵州油厂现利用蓖麻子油(植物油)作汽车滑油业已成功。查欧洲国家,如英国、意大利之飞机发动机,已采用蓖麻子油。本会拟与该厂合作,俾国产蓖麻子油能在飞机上使用。至植物类汽油,该厂亦在试验中。本会航校在杭州时,曾用柏子试制汽油,经在"肯勒"发动机上试飞使用,结果极佳。由本会油料研究所与该贵州厂合作,以期达到汽油自给目的。

辰、冶金类:经济部炼钢厂所产钢料已能与欧美所产相埒。本会拟与该部合作,俾能供给本会钢料及铝合金之需要。

巳、其他一般所用零件:本会飞机上所用零件或附件,如炸弹箱、飞机尾撑铁、加油车之类,尽量交商家工厂承造者极多,无形中已与国内工业取得联络。

总之,与航空有关之各轻重工业,本会当切实协助推进,俾仰给于外国航空器材之百分数能逐年减少,以期在三、五年以后,我国空军能完全自足自给。

3. 飞机修理厂所之情形

甲、厂所演进

查本会原有修理工厂计四个,修理所计二个。自七七事变,抗战军兴,为应当时需要,遂将旧有各厂所,或予改组,或加扩充,并递增其数量,计修理厂增至十一个,修理所则仍为二个。迨迄现在,因战局转变,为求适合现际环境,遂将各厂所重予以调整,故现计修理厂减为十个,而修理所则增至五个。此各修理厂所演进之大概情形也。

乙、修理能力

窃自空军从事神圣抗战以来,对于飞机损坏,为数实在不少。故平均每月进厂所修理者,约一百五十余架,每月修妥出厂者,均约八九十架。除装配新机(月约三十余架)及翻修发动机与制造零件外,其最多修妥出厂者,曾达一百三十余架。查各厂所地址,大多位居于飞机场侧旁及各都市之内,在敌机轰炸频繁之下,月竟有如许大量之修理率,其成绩亦殊有可观耳。现各厂所多迁移就绪,人员设备亦逐渐加以调整与充实,嗣后修理效率当能更形增高,而加强抗战力量也。

4. 机械士队之工作状况

查本会机械士,多分派在各厂、队、站、所、库工作。乃以抗战以来,以损坏飞机拆卸搬运诸事极其繁多,若由各原机关调派,不仅不胜其调派之烦,且虑影响其原机关工作,遂设一机械特务队(分四分队),专司其拆运事项。旋鉴于该机构并未十分严密妥善,为求合乎需要,增进工作效率起见,遂乃改设机械士队八队,分驻有关各地,其主要工作,分拆运损机及修理野外降落之轻微损机等事项,并由驻在地之总站指挥之。现由本会拟具年度训练计划大纲,责成各该队长施以学科技术及军事等严格训练,务期养成有独断能力之机械士,以便处理非常事变。为谋教育普及计,亦已由各站、队、厂、库、所分批抽调各士前往该机械士队训练也。

六、经理之部

1. 关于经临费及战务费

甲、本会之经临费,向系根据既定预算,由财部分月拨发。抗日军兴,支用浩繁,为适应长期抗战之国策,对平时一切经常之开支,力求紧缩,务使财力之使用,尽量适合于军事之需要。

乙、抗战军兴,本会所属各部队机关因战务关系,所需之各项用费,如填补弹坑、修理机场、油弹紧急运输、飞行人员过境伙食等,需款浩繁。因自二十六年度起,在经临费之外,另编制战务费预算,以适应军事之需要。

丙、空军在抗战进程中,负有艰巨之重责。然其消耗率极大,因之消极方面之补允,积极方面之建设,均极迫切。一切经费,皆随军力之扩展,而逐年有所增加。二十八年度,国家预算会议对于本会经临、战务各费,复经过严格之核定。

丁、在平时,本会于经理上一切支用款项等之手续,规定极严。然在战时,实有随情况之转移而须加改善者。自抗战以来,各项经理上必要之手续,均力求减少其层转周折,务使简捷正确,以随时应付紧急之军事行动。自本年八月起,复经明令规定"紧急用款支付办法",以期适应特殊情况之要求。

2. 关于经理组织之调整

甲、过去本会所属各经理单位,计有四百余个,均直属本会。一切经理事务,向由本会直接处理,以致事无巨细,款无大小,莫不由会核定支给,原意在谋会与各属之紧急联系,而免除其中间层转隔阂。然琐务丛集,转致有碍整个经理业务之推进。

乙、自本年八月起,已实施总站大队集中经理制。将较小之各机关及空军各中队等,分隶于空军军区司令部、各总站及各大队而切实加以调整,并订定各总站经理股及各大队军需室之办事通则,明定职掌及办事程序,务使经理业务得以迅捷处理,并使各属经理工作有统一之进度。

3. 关于经理人员之训练与补充

甲、自二十三年起,实施经理人事之独立。惟年来空军发展神速,至军需人员不敷分配,且求材不易,各属军需人员均感不足,实影响于业务之推进甚巨。现已开班训练,致军需人员训练办法,拟就本会及各属之军需人员,或有志服军需职者,分别设班训练。其在计划设班训练中者,有高级军需人员训练班,及普通军需人员训练班。业已设班受训者,有转业经理会计人员训练班。将来并须成立经理法规及学术研究会,力谋经理业务之改进,及提高经理人员学术之水准,并使教育与行政互相联系,而免扞格。

乙、在目前各属所需经理人员,除行将训练期满之转业班学员,不久可分别派充外,实际尚缺军需员额甚多,故同时已就各省重要地区,分别招考经理会计人员,现已考试竣事,经取有相当人数。此项人员,除经过短期之见习与试用外,即分派各属任军需职务。

4. 关于服装营阵具之补给

甲、平时之补给情形

子、服装:平时全会服装,不论飞行服装及普通服装,均系由会统筹制发,惟各学校学生服装,则由各校自制。

丑、营阵具:平时全会营阵具之补给,分别类别及情形,或由会统筹制发,如消防设备、交通设备、站场设备等是;或由各属自行购备,检据报销,如家具、炊具、文具及其他用具器皿等是。

乙、战时之补给情形

子、服装:战时全会飞行服装,仍由会统筹制发。普通服装则以运输困难,辗转寄运,所费反超过当地所制成本,故自本年夏季起,已饬由各属就地自制,以期节省费用而资便捷。

丑、营阵具:战时营阵具之补给,与平时略同。惟自战局西移,物资来源缺乏,交通又感困难,故除各属无法购办而必须由会办者外,其余如认为就地自制或自购较为适合时,均饬就地自办。惟一切以力求撙节,从俭置备,能勉敷应用为原则。

丙、各项补给之困难,势必随业务之进展而日见严重,为将来计,本会已有筹设被服厂之计划,并已在逐步筹备中。该厂初期工作,在能供应全会之普通服装,及修理飞行服装等。将来渐谋飞行服装之自制,及一切补给品范围之扩大与数量之增加,但在战时,物资机器购买困难,故一俟抗战结束,即行按照筹备之计划正式开办。

5. 关于航空器材之购置

甲、航空器材,大部仰给欧美。抗战以前购置较易,一切材料,均经事先筹划,估计需要数量,按期洽订,而平时汇兑、运输均属正常,故器材之购置,当能勉所期。

乙、自抗战军兴,军用料件,大都具有时间性之急需品,而国内交通梗塞,运输困难,到货囤积港、防,疏运不易,更以欧局扰攘,致军火商垄断居奇,付款交货条件,亦较往者为苛。加之外汇之统制,向财部申请外汇,手续至繁,文件往复,往往缓不济急,所需料件,每致失其时效,此影响于空军之发展,关系甚巨。现除将积滞港、防之物资尽速内运外,所有购置事宜,在可能范围内,务使先期统筹,分别缓急,提前补充。借事前精确之计划与周密之准备,以期克服一切实际上之困难。

七、防空之部

1. 全国防空设备

全国战时防空组织,前经军事委员会颁布《调整全国防空机构办法》规定,每省设立全省防空司令部,办本省防空业务。各重要县、市或要地则设立防空指挥部,隶属于省防空司令部,办理当地防空业务。各全省防空司令部则隶属于本会,其业务由本会指导监督。重庆为行都所在,衡阳因地区重要,亦各设立防空司令部。西康全省防空司令部则于二十八年五月组织成立。惟湖北全省防空司令部于二十七年十月武汉沦陷后,即告结束,改设宜昌、襄樊、恩施三个防空指挥部,由湖北省政府监督办理各该区内防空事宜。

截至本年八月止,全国计有四川、云南、贵州、广东、广西、江西、湖南、浙江、福建、安徽、河南、陕西、宁夏、甘肃、西康等十五个全省防空司令部;重庆、衡阳两个(市)防空司令部;宜昌、襄樊、恩施等二十六个防空指挥部。

自二期抗战开始以后,敌机之轰炸目标,已由都会要地而及于县市乡镇。为期减少空袭损害,(保)全国力起见,本会规定,各县防空事宜由县长负责办理,各乡镇之防空业务由乡镇长负责办理,并拟定《各县政府办理防空业务办法》、《各地县长办理防空业务奖惩办法》,及《各县乡镇防护分团编组设施纲要》各一种,呈请军事委员会颁布施行。俟县市乡镇防空业务办理完善,防空之目的始能完全达到也。兹将全国防空设备情形分述如下:

甲、防空情报

子、情报组织

二十七年春,军事中心转移武汉。斯时,航委会复将各省防空情报机关予以调整,规定各省省会设航空情报所,各要地酌设防空情报分所。是时,防空监视网已扩展至陇、蜀、滇、黔各省。为适应空军作战之需要,乃将全国各要地应设防空情报分所地点,统筹规定,凡监视网内之次要地点,则令邻近各情报中心随时密切供给情报,不另设置防空情报分所,以免配备重叠,致影响其他情报中心。其两个监视网间空隙疏散之处,则令增设队哨,务使各个监视网之队哨毗连衔接,臻于严密。至情报之联络,则规定防空情报分所应与邻近防空情报(分)所,及本省防空情报所密切联络。防空情报所应与邻近防空情报分所、邻省防空情报所及中央防空情报所密切联络,按敌机飞行之方向为联络之先后,以构成严密之全国防空监视网。又,以飞机性能进步及过去抗战经验,防空监视队哨在组织配备及站场联络、监视、勤务诸方面,均有及时改进之必要。复将防空监视哨队设置条例及服务细则重行加以修正。现查全国防空监视队哨业已组织就绪,无论敌机由任何方面来袭,均可事先接到情报，从容应付矣。

丑、通信设备

查防空情报为一切防空之基础，而情报又全赖各种电信以传递。惟西部各省通信设备简陋，不足以应防空情报之要求。自敌机进袭目标侧重川、湘、鄂、赣、滇、黔、桂、陕、甘等省以来，除随时分别饬令各该省防空司令部筹架防空专线，并配置无线电台（附件）外，兹将本会对于通信设备情形列左：

A. 中央情报所：查中央情报所通信部队，系由前独立通信营担任，自该所西迁，原有部队陆续调回，为野战军之用。为业务需要起见，爰将该所编制加以修正，并设无线电总台一、分台、支台二十四，有线电话一连，以补西北各省通信之不足。此项通信器材正在订制中。

B. 充实南阳防空通信网：由本会补助河南省政府三万元，充实南阳防空情报分所通信器材，及正阳等十八县修架线路之需。

C. 建设昆明通信网：初昆明空军军官学校组设无线电防空情报网，计辖总台一、分台十二、支台五十五，另补助云南全省防空司令部经费十万元，架设邱北至阿基得、寻甸至会泽两段防空专线。

D. 补助湘省防空建设：第一次补助购置防空通信器材经费七千五百元；第二次补助架修沅陵经桑植、大庸、龙山至来凤话线经费七千元；第三次补助查修芷江至乾城、洪江至绥宁两段话线经费四千元。

E. 补助广西架设防空通信线路：第一次补助抢修线路经费七千五百元；第二次补助架设桂平至南平话线经费三千元；第三次补助架设百色至滇省逻村口话线经费六千元，俾与滇省话线衔接。

F. 建设陕西防空情报无线电台：补助陕西全省防空司令部

一万三千元,为成立防空情报无线电台开办费之需。

　　G. 补助甘肃架设防空通信路线:第一次补助架设靖远经海泉至固原话线经费七万元;第二次补助会宁至靖远话线木杆及工程费一万元;第三次补助秦安至静宁等话线经费三万元。

　　H. 增设成都防空监视网独立哨专线。

乙、消极防空设备

　　各地消极防空设备,按照规定,系由各地防空机关自行办理。消极防空业务之执行,则由各地防护团担任。中央对于各地之消极防空,则居于指导监督之地位。现查各地之消极防空,除沦陷地区业已停顿,边远各省如新疆、西康、青海等处,或未着手,或仅具雏形外,其余各省市县均在积极充实中。兹将大概情形记述如下:

　　子、疏散:自第二期抗战开始以来,敌机对我各后方城市滥施轰炸,中央为避免无谓牺牲,保持人力物力起见,业经令饬各重要城市迅速疏散。其疏散办法,在人的方面,所有不必住在市区之无职业市民,及老弱妇孺,暨机关、学校、团体、工厂等,均应强迫疏散;在物的方面,所有械弹、油料、危险物品及有关图书古物等项,固应迁移在乡间储存,各商店货物,应酌量疏散至安全地点。至于必须住在市区之人民,亦经规定临时疏散办法。如空袭警报发布以后,所有市民必须前往郊外有掩蔽之处所避难,以策安全。并令饬各地增辟城墙出口及道路,架设护城河便桥,俾空袭时市民得以从容出城避难。兹查此项疏散工作,除渝、蓉两地业经遵照办理外,其他各省市县亦相继推行,故各地遭受空袭损害之程度日形减少。

　　丑、消防:查各地防空机关,对于其所在地区之消防队员,均曾施以技术及精神之训练,并令饬各家户储存沙包、太平水缺〔缸〕等项,以备空袭时消防之用。惟各地现有之器材,多系旧式之腕力唧筒及帮浦机二种,且数量无多。对于新式之救火汽车,均甚缺乏。水源方面，亦颇困难，是以敌机投弹后所引起之火灾时，感施救不易。为期空袭时减少火灾损害起见，曾经分令各省防空机关，于各重要城市迅速实行拆除火巷，或建筑封火墙，并饬于防护团之下添设拆卸队班，购置拆卸器材，如遇火灾发生，实行拆卸工作，务俟火势不致蔓延。至于水源方面〔便〕之地区，则饬从速构筑蓄水池，或挖掘水井，以补水源之不足，增加消防之力量。现时重庆、成都、贵阳、昆明等地，业经先后头行开拆火巷，其他各地亦正仿照施行。

寅、救护：因近来敌机之滥施轰炸，致各地之救护工作益形重要。现时各省市县之救护工作，均系由防护团之救护队担任。此种救护队之组织，系以当地卫生人员、妇女团体、慈善团体及壮丁等编成。关于各地救护之设备，全系以当地之公私医院作为重伤或轻伤医院，另由防护团组设治疗所，或临时收容所，以供空袭时受伤市民之医治。此外，各省市县之防空机关，要经常召集当地民众，施以救护技能之训练，以增强救护之力量。惟对于器材、医药品，则因各地经费困难，未能多加购置。

卯、避难设备：查避难设备之充实与否，关系于人民生命之安全，故各地防空机关均曾积极筹划款项，构筑防空壕洞，以供市民避难之用。现查各地市区与近郊，均有避难工事之建筑，并设置路标，指示避难路线。惟各地多因经费困难，仍未能普遍建设，是以指定当地建筑坚固之房屋，或利用近郊有掩蔽之处所，以便市民临时避难。

辰、抢救：查桂林、贵阳、重庆、成都各地被敌投掷烧夷弹之结果，财物损失为数甚巨。为求补救于未来，经规定，于各地防护团之下添设抢救队（班），以备空袭发生火灾时实施抢救工作，此为保全物力上必要之措置也。

巳、挖掘与掩埋：空袭之结果，常有多数之市民被炸毁之建筑物所压倒，挖掘之迟速与被炸者之得救与否，关系至切。故饬于各地防护团之下添设挖掘队，于空袭时实施挖掘工作，此为保全人力上必要之措置。至炸死之掩埋，亦规定于防护团之下添设掩埋队，此于空袭后秩序之恢复，所关至切者也。

2. 防空部队

甲、防空部队之配备及其运用

炮兵第四一团辖五营，营辖四连、三连不等，共为十八个连。以三公分七高射炮为主力，附以二公分小炮及马七九高射机关枪。现此武器多配属于各重要城市与都市，分布甚广，较各地年来战果，颇能收中空制敌之效。

炮兵第四二团，系就拨给防空学校训练之陆军第二、六、九十、十四、五十七、八十及八十三等师。已成立之高射小炮连，编成之团辖五营，营辖四连、三连不等，共为十六个连。以二公分高射小炮为主力，根据小口径高射炮掩蔽铁路、桥梁最为有效之观点，该团在此一年中所负之任务，其较重要者，厥为粤汉铁路之线的防护。

炮兵第四三团及第四四团，初该两团原拟由粤、桂、湘、鄂等省拨去部队，分别编配。嗣以上项部队之拨到缓迟不一，迨至上年（廿七年）始成立炮兵第四三团。团辖四营，第一营辖四连，第二、三、四营各辖三连。嗣因战况需要，历经改编为团辖五营（第三营暂行裁撤，其所属之两连拨归第二营），第一、二、五营各辖四连，第四营辖二连，共十四个连。以马七九高射机关枪为主力，现该营〔团〕着重配备于湘桂路沿线，其他如浙、赣等省之重要城市亦有分布。

炮兵第四五团，团辖三营，第一、二两营为三连制，第三营为四连制，共为十个连，以七公分五及七公分六之大口径高射炮为主力。该团兵力按据点式配备，在此一年来多采集中配置原则，颇有相当战果也。

独立高射炮兵营，廿七年十一月，武汉警备司令部高射炮大队拨归防空学校，编为防校独立高射炮兵营。营辖三连，以四公分高射炮为主力，现配备四川境内要地。

照测总队下辖九个照测队，分别配置于全国各重要都市，与各高射枪炮部队配合。使用以来，颇著功绩。惟九个照测队中，以器材尚欠充分关系，其四、七两队虽经一度成立，嗣又分别配属于其他各队。以我国防空地区之辽阔及敌机夜袭频仍，为我空军及高射枪炮部队作战便利起见，实应有充实照测器材、扩充照测部队之必要也。

乙、最近一年来之防空战绩

子、武汉方面：自南京、徐州沦落后，我前方部队多陆续撤回，除分别派驻于军事要点外，于武汉附近均配有大小口径高射炮及照测队等，而由炮兵第四五团团长辛文锐担任指挥。于武汉外围如马当、湖口、田家镇等要塞，亦均派有高射枪炮担任掩护作战。又配属于第九战区野战军之高射炮，由张营长指挥，先后于九江、马头镇、半壁山、阳新等地担任野战炮兵之掩护。当时沿江一带瘟疫流行，我官兵罹疾病者綦多，惟赖指挥者力疾从公，其余官兵卒亦奋勇，不致因病及人员减少停止射击。如炮四二团十五连配备于田家镇之高射炮，其中一门除疾病者外，仅有炮手二名，尚能不失时机努力射敌，此亦可知官兵敌忾之一般。

其在武汉三镇者，因空袭频仍，我防空部队均能时时准备不懈。每当敌机夜袭，我照光灯均能捕捉敌机，使我空军及高射部队作战便利。十月下旬，我军退出武汉，防校所属部队车辆素不敷用，当此紧急之际，深虑运动困难，而各官兵恪遵上峰计划，各级长官之指挥，于短时间内悉数安全退去。

丑、衡阳方面：二十七年十月八日起，敌机空袭衡阳三整夜。每次分批飞来十余架以至二十余架不等，我照测第九队以训练甫告完成之部队初次应敌，均能不失时机捕获目标。双十节之夜，我高射部队奋勇迎击，发射准确，击落敌机二架，殊难能可贵也。

寅、重庆方面：武汉放弃以后,我高射部队严密配备于新都重庆,曾予敌机以重大之损失,仅廿八年五月十二日与六月九日两天空袭,击落敌重轰炸机六架,其击伤坠落于外县者尚不在内。厥及敌机空袭常高飞至七八千公尺,因而投弹不能准确,此时之防空高射枪炮,可谓充分发挥其效能矣。

3. 空军独立作战计划①
（1939年10月6日）

第一　敌情判断

一、综合最近情报,停集武汉区之汉口、南湖、孝感各机场之敌机约一百九十六架,计有：

重轰炸机	72架
轻轰炸机	36架
侦察机	48架
驱逐机	40架

二、敌近由武汉抽调轻轰炸及驱逐机共四十架,驻岳阳、临湘间之白螺矶着陆场。

三、自十月三日被我轰炸后,每日在武汉上空自四时三十分起至十七时三十分止,不断以驱逐机二或三架,升空警戒。

四、敌空军之企图,显然乘月夜破坏我空军,并协助陆军攻掠长沙。

第二　作战方针

五、以扑灭武汉白螺矶各地麇集之敌空军之目的,以我空军全力于同时大规模袭击武汉及白螺矶飞行场,并以一部袭击运城,预定实施日期为×日。

---

① 沿用原标题,时间为拟稿时间。

第三 使用兵力

六、预计使用兵力区分如左:

第一航空兵团

长:周主任兼,阿尼西莫夫顾问随之。

　第一战队

长:伏洛布呵夫

伏洛布呵夫队 E-15 11 架(现驻白市驿)

　第二战队

长:邢铲非

作宾大队 CB 9 架(现驻温江)

布达依齐夫队(欠三机)E-16 10 架(现驻白市驿)

第四大队第二十二队 E-15 10 架(现驻广阳坝)

　第三战队

长:刘志汉

第四大队第二十三队 E-15 9 架(现驻广阳坝)

第二航空兵团

长:张廷孟

　第四战队

长:张廷孟兼

费金大队 CB 9 架(现驻温江)

第五大队第二十七队 E-15 8 架(现驻太平寺)

第三航空兵团

长:田曦

　第五战队

长:田曦兼

第二大队 CB 9 架(现驻昭通昆明)

第五大队第二十六队 E-16 7 架(现驻太平寺)

第五大队第二十九队 E-15 9 架(现驻太平寺)

第六战队

长：黄普伦

第六大队第十九队 CB 9 架（现驻双流）

第四大队第二十四队 E-16 8 架（现驻遂宁）

第七战队

长：胡百锡，伊黎因随之

苦力阔夫大队 DB 11 架

〔?〕大队 DB 12 架

成都防空队

长：岑泽流

第五大队第十七队地瓦丁 7 架（现驻太平寺）

重庆防空队

长：罗英德

第二十一队 E-15 6 架

布达依齐夫队一部 E-16 3 架

第四　各部队行动概要（参阅附图）〔略〕

七、行动第一日，各兵团长应到达前进机场，其位置如左：

第一兵团长：衡阳

第二兵团长：芷江

第三兵团长：南阳

八、行动第二日，各队均于日没前进机场，其行动时间及前进机场如附表一。

九、各战队在集中间之航路，均用直线飞行，高度定为××××公尺，到达前进机场时，驱逐队须立即完成作战准备，轰炸队于当夜拂晓以前完成作战准备。

十、第三日各战队之行动概要如左：

甲、轰炸部队

1. 轰炸部队之目标及行动时间如附表二。

2. 各队之航线及进入路与投弹队形,及投下法等,均由各战队长规定之。

3. 各部队投弹高度以八千公尺为准。

4. 使用炸弹以一百公斤及五十公斤为主。

5. 各部队达成任务后,即依最短航线返还基地。

乙、驱逐部队

1. 各驱逐队均以待机姿势准备,依情报及目视敌情起飞应战,以掩护前进机场之安全,特别注意在我轰炸队任务完毕降落加油回航之时期。

2. 在我轰炸部队达成任务后,即随轰炸部队之行动,返还各基地。

但遇劣势之敌驱逐机来袭时,必击坠之。

第五　地面准备

十一、本计划之油弹集积如附表三。但在本年一月十五日空军对晋南及粤北地面准备计划中已有规划,在行动之先,派先遣参谋赴各地检点之。依照本计划附表三,再就现有集积量调整之。

十二、本计划所需之器材,如附表四,其检点方法,如十一条。

十三、在根据地前进飞机场及中间飞行场之大部,均有修理厂及修理所,其所需要之修理器材与零件,均仰工厂之补充,无修理厂之地点,依需要由邻近厂库补充之。

十四、本计划所需之机械士如附表三,其检点方法如十一条,但附近各工厂之机械士,均得调服作战勤务。

十五、各轰炸部队之机械军佐及机工长,均随飞机至前进飞行机场。

第六　通信与运输及给养与卫生

十六、平面无线通信,依航会平时之规定,平面通信密语密码照空军空地无线通信密语表第二表,及密码变换表实施。空地通信,照空军空地无线通信密语表第一表及密码变换表实施。

十七、地面有线电话,只能用既设线路。

十八、调整油弹之运输,由各总站实施。作战指挥官及幕僚与翻译人员均由空中输送。轰炸部队之机械军佐及机工长,即搭乘作战飞机至前进机场。

十九、作战部队(含机械士)及外员之宿营给养,均由部队所到之站场供给(设有招待所者,即利用招待所,以供应外员及本国空中勤务人员之需要)。

二十、各前进机场之卫生、勤务,由总站医务股任之。

附记:所需俄语翻译人员如左:

衡阳　　　　一员

零陵　　　　一员

桂林　　　　一员

芷江　　　　一员

成都　　　　一员

重庆　　　　一员

〔附表一至四〕(见下页)

4. 军委会抄发空军军区司令官路司令官职权范围规定函

(1939年12月30日)

案奉交下航空委员会二十八年十一月二十二日组已蓉字第四四号呈称:窃查本会前为指挥作战便利起见,制订空军路司令官职权范围之规定,经以赏已蓉字第三〇四五号呈报在案。兹以空军总站区制已有变更,并最近将温江第一总站区改归空军第三路司令官负责指挥,所有以前之空军路司令官职权范围之规定,已不适用。兹经修改,除分行饬属遵照外,理合检同上项修改规定,报请鉴核备查。等情。附呈空军军区司令官路司令官职权范围之规定

附表一：第二日行动概要表

军队区分		队　别	起飞		中间经过		到达	
			机场	时间	机场	时间	机场	时间
第一航空兵团	第一战队	伏洛皮呵夫大队	白市驿	13：00	芷江	14：45到 15：45起	衡阳	17：00
	第二战队	作宾大队	温江	13：00			零陵	17：00
		巴达依齐夫大队	白市驿	12：30	芷江	14：00到 15：00起	零陵	16：00
		第四大队第二十二队	广阳坝	11：30	芷江	13：00到 14：00起	零陵	15：00
	第三战队	第四大队第二十三队	广阳坝	12：30	芷江	14：00到 15：00起	桂林	16：00
第二航空兵团	第四战队	费金大队	温江	14：00			芷江	17：00
		第五大队第二十七队	太平寺	12：30	白市驿	13：30到 14：30起	芷江	16：00

(续表)

军队区分		队　别	起飞		中间经过		到达	
			机场	时间	机场	时间	机场	时间
第三航空兵团	第五战队	第二大队	昭通	11:00	梁山	13:30到 14:30起	南阳	17:00
		第五大队第二十六队	太平寺	10:30	梁山	11:45到 12:45起		
		第三大队第二十九队	太平寺	10:40到 11:40起	安康	13:45到 14:45起	南阳	16:00
	第六战队	第六大队第十九队	双流	15:15	安康	12:40到 13:40起	南阳	15:00
		第四大队第二十四队	遂宁	14:45			南郑	17:00
	第七战队	苦力阔夫大队	太平寺				南郑	16:00
		[?]大队	兰州	14:00			太平寺	16:00
成都防空队		第五大队第十七队	太平寺					
		第四大队第二十一队	广阳坝					
重庆防空队		巴达依齐夫大队一部	白市驿					

附记：第二大队现有二机在昆明,该二机应于十时起飞赴昭通归队。

1954

附表二:第三日行动概要表

队别	主目录	副目标	第一次			第二次			备考
			起飞时间	到达时间	归还时间	起飞时间	到达时间	归还时间	
作宾大队	武昌机场	白螺矶机场	5:00	8:26	10:46	14:16	15:56（河天）	17:31（零陵）	经衡阳加油
费金大队	白螺矶机场	舰艇	5:30	7:25	9:20	15:30	14:45（白螺）	16:40（芷江）	
第二大队	汉口机场	日租界	5:50	7:20	8:50	12:20	13:50	15:50（安康）	驱逐队于轰炸队二次起飞后返安康警戒
第六大队第十九队	运城机场		5:30	7:20	9:10	12:40	14:20	16:00（汉中）	即返成都
苦力阔夫大队	汉口机场		5:30	9:00	12:30	不出动			
[?]大队	汉口机场		6:00	9:30	13:00	不出动			
附记	如第二次不出动时,则在第一次任务完毕后即返原驻地。								

附表三：油弹集积基准表

地点	机数	集积份量	汽油 87	汽油 91	红油精 cc	滑油 120	炸弹 100公斤	炸弹 50公斤	枪弹 7.62旧	枪弹 7.62新	枪弹 20	弹夹 7.62旧	弹夹 7.62新	弹夹 20	装弹机	需要机械士	备考
衡阳	CB 9架 E-15 11架	二次 三次	11,000		20,000		108	108	20,000	10,000						60	炸弹夹以两次计算 弹夹数目与枪弹数目同
零陵	CB 9架 E-16 10架 E-15 10架	三次 三次 三次	17,000		29,500		108	108	40,000	20,000	1,200					70	
桂林	E-15 9架	三次	33,000						20,000							27	
芷江	CB 9架 E-16 10架 E-15 10架	二次 三次 七次	22,000		29,000		108	108	40,000	20,000						100	
梁山	CB 9架	二次	10,000		20,000											40	
南郑	E-16 7架 E-15 9架	三次 二次	21,000		29,500		108	108	20,000	20,000						60	
安康	E-16 7架 E-16 8架	二次 一次	6,400													20	
南阳	CB 9架 E-16 7架 E-15 9架	二次 三次 三次	21,000		29,500		54	54	30,000	20,000						70	
成都	DB 23架	一次	21,300		58,000		230									120	

1956

附表四：器材配备基准表

地点	飞机数	养[氧]气	冷气	充电机	电瓶	始动车	胶皮绳	漏斗	麂皮	加油具	保暖套	油车	夜航灯	照明烛
衡阳	CB 9 架 E-15 11 架	27	2	1	4	1	5	站备	站备	站备	20			20
零陵	CB 9 架 E-15 10 架 E-16 10 架	27	2	1	4	1	5	站备	站备	站备	30		1	20
桂林	E-15 9 架						5	站备	站备	站备	9			10
芷江	CB 9 架 E-16 10 架 E-15 10 架	27	2	1	4	2	10	站备	站备	站备	3C		1	30
梁山	CB 9 架 E-16 7 架 E-15 9 架						10	站备	站备	站备				
南郑	CB 9 架 E-16 8 架	27	2	1	4	1	5	站备	站备	站备	17		1	20
安康	E-16 7 架 E-15 9 架						5	站备	站备	站备				10
南阳	CB 9 架 E-16 7 架 E-15 9 架	27	2	1	4	1	5	站备	站备	站备	25			20
成都	DB 23 架	69	4	1										

1957

一份。据此,经函准贵部答复过厅,经陈奉谕,准予备查,等因。除由会指令知照,并分行外,相应抄同是项规定一份,函请查照为荷。此致
军令部

附抄空军军区司令官路司令官职权范围之规定一份

代主任　熊　斌

中华民国二十八年十二月三十日

附:

空军军区司令官路司令官职权范围之规定

民国二十八年十一月

第一条　空军军区司令官路司令官(以下简称司令官)为航空委员会(以下简称本会)所属一方面之指挥官,及驻在战区内司令长官之空军高级幕僚,承航空委员会主任、副主任之命,指挥区内之空军总站、空军机关及在该区作战之空军部队(但学校除外)。

第二条　司令官指挥之区域第一军区区域如左(参阅附图)〔图缺〕。

一、第一路司令指挥区:

1. 第二总站区(重庆);
2. 第三总站区(梁山);
3. 第九总站区(芷江);
4. 第五总站区(贵阳);
5. 不属总站区内之前线各站场;
6. 以上区域内之空军机关。

二、第二路司令指挥区:

1. 第六总站区(衡阳);

2. 第十总站区(柳州);
3. 第十二总站区(吉安);
4. 不属总站区内之前线各站场;
5. 以上区域内之空军机关。

三、第三路司令指挥区:
1. 第十一总站区(西安);
2. 第八总站区(南郑);
3. 第一总站区(温江);
4. 太平寺临时总站(在作战业务上归本路指挥节制,但人事经理仍由军士学校负责办理);
5. 不属总站区之前线各站场;
6. 以上区域内之空军机关(第一总站区内除军士学校、机械学校、特务旅、航空仪器修造所及无线电修造厂外,其他各空军部队站厂库等,悉由本路司令负责指挥)。

四、第一军区区域:
1. 第七总站区(兰州);
2. 甘宁青新四省内之直属站场;
3. 甘宁青新四省内之空军机关。

五、本会直辖区域:
1. 第四总站区(沾益);
2. 第十三总站区(衢州);
3. 以上区域内之空军机关。

第三条 司令官依本会主任之命令及战区长官之指示,对空军部队发布作战命令,但在防空战斗及捕捉良机时之轰炸,得独断施行,事后补报之。

第四条 司令官对所属之站场及机关,因作战上合于机动性之移动与撤退,得有临机决断、事后补报之权。

第五条 司令官在指挥区域内,应督饬各种专科任务人员分工合作，常使人员及器材合乎动员准备完毕之要领及作战之要求，并有随时巡视检阅之责。

第六条　司令部对所属部队站场及各机关之官佐给假事宜，得照空军休假规则规定，行使司令官编制阶级之给假权，并按照法规之所定，得照司令官编制阶级行使奖惩权。

第七条　司令官对所属部队站场及各机关之人员，除因作战关系作临时人事上之区分外，至正常人事业务，仍由大队长、总站长及直属机关主管官直接呈请本会核办。但司令官对所属官佐之优良及不称职者，有查察督促纠正之责与建议奖惩之权。

第八条　司令官对所属部队总站及各机关之经常费，仍由部队总站及直属机关直接呈由本会核办，惟关于战务费及作战有关之临时开支费用，在紧急情况之下，有代本会核准三千元以内之权，但须同时专案呈报本会备案，以免重复与纷歧之弊。

第九条　司令官所属部队总站及各机关行文，除第七条、第八条之规定及军政部分有全军一致之性质者，得直接呈报本会，并一面分送司令官备查外，其余对于作战有关事项及军令部分，统须由路司令官转报，不得径行呈报本会。而本会对于司令官权限内处置之事项，均由路司令部承转之，如因特别紧急兼有时间性之事务，按上列行文承转手续不能如期办到者，准一面直接呈会，一面抄案送路司令部备查。本会则一面径行批回，一面仍抄录批示，送路司令部备查。

第十条　司令官得处置事项范围如左：

一、关于作战部队及本区内飞机调动事项；

二、关于作战计划事项；

三、关于阵中日记及战斗要报事项；

四、关于作战情报事项；

五、关于作战所需之官佐士兵补充调动事项；

六、关于动员准备完毕事项；

七、关于使用之油料、械弹、器材调配、运输补充事项；

八、关于站场之设施规划事项；

九、关于通讯之配备筹划事项；

十、关于天气测报事项；

十一、关于飞机及军械之修理补充事项；

十二、关于因战备所必须之装具被服补充事项；

十三、关于作战员兵之疾病卫生事项；

十四、关于作战员兵功过之赏罚事项；

十五、关于其他作战有关事项。

第十一条　本规定自公布之日起施行。

5. 空军沿革史初稿①

(1939年)

〔上略〕

丁、航空委员会时期之行政概要

二十三年三月，军事委员会委员长蒋中正驻赣治军，迁航空署于南昌。五月，改为航空委员会，自兼委员长。设办公厅，置主任一员处理日常公务。以陈庆云为主任，下设五处十七科。第一处即参谋处，辖第一(作战)、第二(航政)、第三(防空)、第四(情报)、第五(械弹)等科，沈德燮为处长，欧阳璋、王立序、林禹平、曾庆霖、汪丰等任科长。第二处即教育处，辖第七(教育)、第八(编译)等科，陈庆云兼处长，刘芳秀为副处长，陈海华、王逸尘等任科长。第三处即总务处，辖第九(人事)、第十(管理)、第十一(军医)、第十二(军法)、第十三(统计)等科，周德鸿为处长，顾荣昌(朱绵)、赵希曾、周思信、杨抑风、黄钟等任科长。第四处即技术处，辖第十四(机械)、第十五(器材)等科，钱昌祚为处长，陈昌祖、朱霖等任科

---

① 沿用原标题，仅节选抗战前后相关部分。时间不详，此据文意推出。

长。第五处即经理处,辖第十六(财务)、第十七(补给)等科,王家骧为处长,赵继厚、孙超煊等任科长。第六科(建筑)直属于会,邝锦朝任科长。所属航空队,增编为八队。本年毛邦初出洋考察,任周至柔为航空学校校长。成立防空学校,任黄镇球为校长。徐培根去职,派陈庆云兼航空教导总队总队长。创设保险伞制造所。筹议国防建设,决在中央、交通、武汉三大学,增航空工程学系。设立首都防空处。

二十四年六月,中央航空学校洛阳分校正式成立。首都防空处改为防空委员会。设立南京、上海、南昌、洛阳四空军总站。十月,接收湖南航空处,所有飞行技术人员,均经考核录用。增编第十一、第十二、第十三、第十四等四队。二十五年一月,航空委员会迁南京。四月,修正航委会编制,改办公厅主任为航委会主任,承委员长之命统率全军,以一事权,增设秘书长一员,用资襄助。五月一日,复行改组。军事委员会委员长蒋中正仍兼委员长,周至柔、黄秉衡、陈庆云、黄光锐、毛邦初为委员,以蒋宋美龄为秘书长。原任主任陈庆云调任中央航空学校校长,原任航校校长周至柔调任主任。会内组织,为参事室、办公厅,直辖文书、管理两科,吴全清、叶成等任科长。第一处即参谋处,处长沈德燮(晏玉琮),副处长欧阳璋,辖第一(作战)、第二(航政)、第三(情报)、第四(械弹)四科,罗机、王立序、赵棨、汪丰等任科长。第二处即教育处,黄秉衡兼处长,辖第五(教育)、第六(编译)两科,孙琰、王逸尘等任科长。第三处即总务处,处长曹宝清,辖第七(人事)、第八(医务)、第九(军法)、第十(统计)四科,吴家文、周思信、杨抑风、黄钟等任科长。第四处即技术处,处长王承黻,辖第十一(机械)、第十二(器材)两科,吴家铸、朱家仁等任科长。第五处即经理处,处长王家骧,辖第十三(财务)、第十四(补给)两科,赵继厚、严寿康等任科长。建筑科直隶于会,邝锦朝任科长。本年成立航空机械学校,以钱昌祚为校长。洛阳分校改校长为主任,以王勋充任。接收广东空军全部空军部队，扩编为九大队，统辖三十队。防空委员会改为防空处，仍隶军事委员会。广州航空学校改为中央航空分校。韶关工厂改为韶关飞机制造厂。成立广州空军总站及广州属境各飞行站场。

二十六年一月，开办航空器材制造厂，先于上海设筹备处。五月划全国为空军区，先就南昌成立第三军区司令部，以毛邦初为司令官，陈卓林为参谋长。撤销空军教导总队。复改组航委会，实行委员制，设委员长、秘书长、常务委员及顾问室、参事室，各厅处科组室等单位。军事委员会委员长蒋中正仍兼委员长，蒋宋美龄为秘书长，周至柔为常务主任委员，黄秉衡、黄光锐为常务委员。参事室设主任参事一员，以曹宝清任之。常务委员办公室设主任秘书一员，吴嵩庆任主任秘书，辖文书、管理、编译三科及机要组，吴全清、甄中和、王逸尘等分任科长，赖世土为组长。周至柔兼第一厅厅长，辖第一处即参谋处，第一（作战）、第二（组织动员）、第三（械弹）三科属之。处长张有谷（晏玉琮），科长罗机、王立序、汪丰。第二处即教育处，第四（军官教育）、第五（技术教育）两科属之。处长晏玉琮，科长王袖萍、王季岗。第三处即人事处，第六（官佐）、第七（士兵）、第八（军法）、第九（医务）四科属之。处长李瑞扬，科长衷〔?〕立人、吴家文、杨抑风、周思信。黄光锐兼第二厅厅长，辖第四处即技术处，第十（修理）、第十一（器材）两科属之。处长邢契革，科长吴家铸、周德鸿。第五处即建筑处，第十二（工程）、第十三（修缮）两科属之。处长邝锦朝，科长顾授书、严松章。黄秉衡兼第三厅厅长，辖第六处即经理处，第十四（财务）、第十五（补给）两科属之。处长王家骧，科长赵继厚、韩孝先。第七处即补助处，第十六（油料）、第十七（运输）、第十八（通信、照相、气象）三科属之。处长欧阳璋，科长刘洁川、赵臬、孙洪钧。六月，筹设航空发动机修造厂于南昌。

"七七"抗战军兴，为便利指挥军事，设空军前敌总指挥部，调周至柔为总指挥，毛邦初副之。总指挥部设六科，科长罗机、蒋翼辅、汪柱臣、赵继厚、吴全清。同时撤销第三军区司令部。八月，又设第一军区司令部于南京，旋迁兰州，以沈德燮为司令官，石邦藩为参谋长。十一月，航委会由南京迁汉口，以编制太大，略为紧缩裁减原编制人数三分之一，撤销主任委员及常务委员，改设主任、副主任。其时，空军兵站监部业已成立，专司战时运输、补给之责。调石邦藩为兵站监，汪丰为副监，而以航委会第三厅所属第七处经管事务，并入兵站监部办理。十二月，空军军士学校成立于成都，以张有谷为教育长。本年，为加强地面设备，增设空军总站十余所，航空站及飞行场共百余处。所有站场均不冠地名，代以番号。又先后接收云南、山西航空处，福建、青岛海军航空队，及广西、四川之航空队，统由航委会分别办理，以应战时需要。空军建设，至是乃告统一。

　　二十七年三月，撤销空军前敌总指挥部，航委会又复改组。委员长仍由军事委员会委员长蒋中正兼任，以宋子文、孔祥熙、何应钦、白崇禧、陈诚、贺耀组、徐永昌、蒋宋美龄、钱大钧、周至柔为委员，钱大钧任主任。原有之参事室、顾问室、主任办公室，名义仍旧。周至柔兼主任参事。沈士华为顾问室总干事，辖翻译、外员两组，张屏之、郑鹤为组长。吴嵩庆为主任办公室主任秘书，辖文书、机要、统计三组，朱大文、赖世土为组长，吴嵩庆兼组长。原有之三厅改为四厅，曰军令厅，毛邦初为厅长，张有谷副之；曰技术厅，黄光锐为厅长，钱昌祚副之；曰总务厅，黄秉衡为厅长，陈卓林副之；曰防空厅，黄镇球为厅长，王鹗副之。军令厅之所属者为参谋处，处长胡百锡，副处长罗机。处下设五科，科长吴树汉、蒋翼辅、王好生、董筑新、王允斌（熊思藻）。航政处处长刘芳秀，副处长王立序。处下设三科，科长甄中和、夏沧一、朱文荣。训练处处长林伟成，副处长刘炯光。处下设三科，科长刘炯光、张之珍、刘馥生。技术厅之所属者，为技术处，处长吴家铸，副处长李柏龄。处下设两科，科长刘树钧、力一湖。另有研究室。器材处处长梅龙安，副处长周德鸿，梅旋调参事，周升正处长。处下设三科，科长邹文耀、杨傅久、周德鸿兼科长。建筑处处长邝锦朝，处下设两科，科长顾授书、陈六琯。总务厅之所属者，为经理处，处长屠宗根。处下设两科，科长林桢、韩孝先。总务处处长马北琦，副处长李疆雄，马去职，调汪丰为处长。处下设两科，科长李疆雄、周思信。防空厅之所属者，为积极防空处，处长严武，副处长刘卓。消极防空处处长刘猷□，副处长陈独真。防空情报处处长黄静波、副处长关丽生。另设人事处，由主仟钱大钧兼任处长，欧阳璋为副处长，处下设三科，胡光瑨、吴家文、杨抑风为科长。会计室改为会计处，会计长尤玉照。总政训处改为政治部，蒋坚忍任主任，旋改简朴。所属各校校长改由委员长蒋中正兼任，特设教育长一职主持校务。中央航空学校改称空军军官学校，以周至柔充教育长。陈庆云继主任参事，时参事为曹宝清、梅龙安、赵云鹏、钱乃信，嗣因陈庆云公差，曹宝清代主任参事。航空机械学校改名为空军机械学校，以王士倬充教育长。防空学校教育长仍由黄镇球兼任。设空军第一、第二、第三路司令部指挥作战，张廷孟、刘芳秀、田曦等任司令官。设空军轰炸、驱逐两总队，积极训练作战部队，邢铲非、郭汉庭分任总队长。本年因会址由汉口迁衡阳，复由衡阳迁贵阳，辗转阅月，迁移期内虽有办事处之设，业务未尝间断，而一切预定之计划多至延宕，并有一部分案卷运在桂林途次，被敌机炸毁，尤于行政上不无影响，故特记之。

二十八年一月，航委会由贵州迁成都，机构仍旧，人事亦甚少更动。五月，委员长蒋中正为空军各单位首领，至重庆开空军第一次军事会议。金以欲在行政上发挥最大效率，应从紧缩会中组织，充实下级机关着手。抽象言之，即将普通事项授权下级机关处理，会则主持建设或改进空军诸大计。方案决定后，实施紧缩，改革编制，仍以军事委员会委员长蒋中正兼委员长，宋子文、孔祥熙、何应钦、白崇禧、陈诚、贺耀组、徐永昌、蒋宋美龄、周至柔、唐生智、龙云为委员，命解钱大钧主任职，以周至柔为主任，黄光锐为副主任。

内部适用新修正之组织条例,取消厅制,设训练监,下设训练处、教育处;防空监下设防空情报处、积极防空处、消极防空处;原有之参事室、顾问室均保留;其秘书室、航空研究所、参谋处、航政处、机械处、人事处、经理处、副官室均直隶于会;至政治部,则属军委会政治部;会计长办公室则属主计处。参事室以陈庆云为首席参事,曹宝清、赵云鹏、周德鸿、刘敬宜、梅龙安、王承蔽为参事,陈庆云出国,仍由曹宝清代首席参事。秘书室以周鸣湘为主任秘书,顾问室以马震伯为秘书,航空研究所以黄光锐兼所长,王助副之。沈德燮任训练监,林伟成任副监,所属之训练处长为何泾渭,张之珍副之。朱家勋为驱逐组长,姜广仁为侦察组长,石隐为地面勤务组长。教育处长为林伟成,王袖萍副之。黄褚彪为教育组长,陈又超为飞行组长,张钧之为机械组长,林馥生为翻译科长,郦仲安为总务股长。黄镇球任防空监,王鹗任副监。所属之积极防空处长为严武,刘卓副之。消极防空处长为陈独真,关丽生副之。防空情报处长为黄静波,苏公望副之。直隶于会之参谋长为胡百锡,罗机副之。吴树汉、蒋翼辅、王祖文、朱文荣为科长,周庄为组长。航政处长为汪丰,王凤翔副之。甄中和、陈六琯、严瑶圃、彭熙、熊思藻为科长。机械处长为朱家仁,力一湖、李颐康、曹庆谋为科长。人事处长为欧阳璋,陈舜耕副之。左泽淦、袁〔?〕立人、郑鹤、林鸿□、钱望之为科长。经理处长为李祖佺,吴嵩庆副之。赵继厚、韩孝先、王意为科长。副官室以曹文炳为主任副官。至政治部主任,仍为简朴,会计长为云大选。编余者一律改为附员,派遣会内及各单位服务。所属之空军军官学校以张有谷为教育长,空军机械学校以刘芳秀为教育长;空军军士学校之教育长仍为晏玉琮;防空学校之教育长仍为黄镇球。空军第一军区司令官为黄秉衡,空军第一路司令官为张廷孟,第二路司令官为邢铲非,第三路司令官为田曦。兵站监仍为石邦藩,副监仍为金家驷。关于空军部队总站及空军站之编制,均经改革,以八月一日为实行新编制期。工厂无变更。此为本时期行政之大较也。

6. 敌空军在我国境内作战损失统计表
（1940年12月）

表一：

敌空军在我国境内被俘死亡及行踪不明统计一览表

航空委员会参谋处第三科制
二十九年十二月二十六日

年月 项别	二十六年					二十七年												二十八年												二十九年												合计
	8	9	10	11	12	1	2	3	4	5	6	7	8	9	10	11	12	1	2	3	4	5	6	7	8	9	10	11	12	1	2	3	4	5	6	7	8	9	10	11	12	
被俘者	13					1		5	2		1	2			1	7	2	6	2				1	1			2							3		12	1			4		67
死亡者	17	77	85	12	12	10	56	38	105	67	7	23	8	37	13	17	2		6	45	13	7	3	11	12	21	1	1	7	11	9	15	18	11	7	13	16	44	11	26	1	11	4	4	1172
逃走者	6	9						3				6	6	2										3	1	1				1		2			2	7	2	2	1			56
总计	19	6	88	5	6	23	13	13	10	57	43	10	7	67	14	36	10	45	15	18	2	8	45	14	7	31	16	22	2	7	12	1	15	20	11	7	9	13	18	54	13	38	3	13	4	4	1295

附
记
：

一、调查证实者合计1 295名；
二、以机种之损失数目推测之当有2 911名；
三、判断敌空军人员之伤亡总数系按下列之数字推算之（由二十六年八月起至二十九年六月底止共计2 823名）
  1. 重轰炸机每机7人（共计896人）；
  2. 驱逐机每机1人（共计106人）；
  3. 轻轰炸机、侦察机、水上机、攻击机每机2人（共计336人）；
  4. 机种不明机（根据其被毁状况判断之，以双座以上之飞机为多）。每机平均三人（共计1 485人）。

表二：

敌机在我境内损失总计一览表

航空委员会参谋处第三科制 二十九年十二月二十六日

年月\原因	二十六年 8	9	10	11	12	二十七年 1	2	3	4	5	6	7	8	9	10	11	12	二十八年 1	2	3	4	5	6	7	8	9	10	11	12	二十九年 1	2	3	4	5	6	7	8	9	10	11	12	合计
被我空军击落者	61	18	6	1	5	22	4	12	4	2	16	14	8		5	2			15		2		3				3	2	8	1	1		1	10	2	1		5	1	1	2	270
被我空军炸毁者	30	13				60	27		5	3	4	1							3		2						58	8	3				11									264
被我地上高射器部队击落者	3	1	12	0	3	3	4	6		1	1	1	1	2	6	1	1	1	4	3	5	2		1	4	6	1	3	2	2	2	2	3	1	3	1	5	1	1	1	2	133
被我陆军击毁坏者			52	2				25	9	9	4			2	2						2	8	4								12				1	2					1137
被我炮兵击毁者					10																			1							2	5	2	1		1	2			6	19
敌机自行迫降者												16		2	1			1	2	1	1	4	6		2	2	3	2	2	2	4	3	2		5	1	2	1	69
被我击落而行方不明或迫落敌阵地受伤重者									22	3	1									1	2		4								2	1		5	1	2	1				37
总 计	64	69	19	6	8	66	57	37	78	32	20	6	19	13	19	7	1	4	22	10	16	13	8	6	1	6	66	4	21	8	5	6	35	14	5	11	2	9	929

附记：

一、本表之数字均有可靠之证件为据；
二、敌机之损失，如于本表制成后续有查明证实者，于次月调制时改正之。

表三：

敌机在我境内所损失机种一览表

航空委员会参谋处第三科制
二十九年十二月二十六日

年月\机种	二十六年 8	9	10	11	12	二十七年 1	2	3	4	5	6	7	8	9	10	11	12	二十八年 1	2	3	4	5	6	7	8	9	10	11	12	二十九年 1	2	3	4	5	6	7	8	9	10	11	12	合计
重轰炸机	28	2	3	3	1		2		12		2	1	3					16				3	1	2	1	4	2	2	2			3		3	2	1	1	1		1	2	133
轻轰炸机	27	25	7	1	1	1	9	8	6	5		4	2	1	1	2					1	1	2	2	1	1		1				1	1	1	2		4			1	1	119
侦察机		4	2		1		1	2	2	1				1							1					1						1		1	2	1		1				26
驱逐机	6			2			4	2	13	2	14	9	7	17	1	1					2		1	2		3	3	9					1	1		1			1			107
水上机	3			2	2	1		2	2	3	5			1								1		1												2						32
攻击机												2																														2
机种不明机		38	75						5	4	4			5	10		1	1	1		5	7	10	8	2	1	2	59		2	10	7	3	2	28	1	1	5	2	6	1	1510
总计	64	69	91	6	8	6	66	57	37	78	32	20	60	19	13	19	7	1	4	22	10	16	13	8	6	1	6	66	4	2	13	5	5	6	35	14	5	11	2	9		929

附记：一、敌机因飞行失事，所损失之机数，不在本表计算之列；
二、敌机击落之敌机，或因行方不明者，或受重伤后追落敌阵者，或被我陆击毁者，或我机炸毁者，故其机种无法查明。

7. 空军业务报告

毛邦初等关于拟具西南方面空军作战准备计划之签呈

(1) 毛邦初答呈(5月1日)

案奉钧长文子机渝电开:"昆明附近各场站应随时准备陆空军联合作战为要详报"等因,自应遵办。除已即时电饬昆明空军军官学校王教育长叔铭,详为计划,加速完成所要准备外,谨随文检同所拟西南方面空军作战准备计划一份,是否可行,理合报请鉴核。示遵。谨呈

总长何,转呈委员长蒋。

附西南方面空军作战准备计划一份。

西南方面空军作战准备计划

职毛邦初

第一　目的及手段

一、以驱逐机主力,任滇境各空军根据地之防空及滇缅路之巩卫。

二、以驱轰合力,担任第一线要点之攻防,使我陆军作战容易(与陆军协力,临时与该区陆军指挥官协定之)。

三、以轰炸机全力轰炸河内敌军事之重要设施及其主要之空军基地,可能时并以驱逐机任掩护任务。

四、以轰炸机袭其东京湾之敌运输舰船,及越境内之主要补给线。

第二　使用兵力

驱逐、轰炸各两大队,驱逐机大队以 E-15Ⅲ两中队、E-16两中队、P-40四中队,共八中队,编成之轰炸机两大队,以新 SB 六中队编成之。

第三　使用方法

一、驱机两大队经常驻留滇境各机场,其使用之机场如左:

主机场:保山、祥云、楚雄、昆明、杨林、沾益。

副机场:芒市、丽江、寻甸、东川、乾海子。

前进机场:蒙自、缕海、百色、南宁(以上各场修复 1 200 m × 200 m)。

二、轰炸机两大队按机动突袭之原则,控制于成都或宜宾,于出动前跃进于滇省各机场,其使用之机场如左:

根据机场:成都区各场、宜宾。

主机场:昆明、沾益、杨林、都安、柳州(以上各场可对河内)。祥云、楚雄、昭通、昆明、杨林、沾益、清镇(以上各场可对老街)。

三、轰机出动次数,视敌情之变化,临时决定。概定为每大队每月十次,仍依油弹补给情形增减之。

第四 站场准备

各站场依附件所示供应部队准则而准备人员、器材、宿营、给养、交通工具、修机工具等。其细部由第五司令部计划并监督实施。

第五 油弹储备

各站场应备油弹,依附件所示,预为储备。其运输计划,由总部交通处定之。而油弹到达后之存储地点、房屋保管,则由各站场任之。尔后视作战耗用情形随时由总部航政处、交通处调配运输之。但各场间十吨以下油弹、器材、运输调配,由第五路司令部任之。

第六 通信

一、有线电话部分

(1) 昆明——沾益、昆明——曲靖,利用现有交通部长途线,但应使畅通。

(2) 昆明——杨林、昆明、乾海子距离不远,且有一部分已设木杆可利用，应即由空军第五路司令部主持架设专线，限五月底前完成。
- （3）昆明——楚雄——祥云——保山——芒市——垒允及昆明——寻甸——东川——昭通，两线工程较大，非本军之力所及，请饬由交通部赶速筹办（在不通电话时暂用无线电补救之）。
- （4）昆明、沾益、东川、寻甸、杨林、乾海子、楚雄、祥云、保山、芒市、垒允等各场内之电话，由空军第五路司令部视其需要也与改善或架设，统限五月底前完成。

二、无线电部分（如附件，云南区各空军站通信概况，及充实办法）。

三、对空通信班（布板）由空军第五路司令部视需要派设之。

第七　地面警卫及对降落部队之防护

由第五路司令部洽商滇省军政当局派遣之。右述各项准备应于五月□日以前完成，其有关黔桂川各省者，分饬一、二、三路司令部整备之。

附

越南敌机场位置图一份。〔缺〕

各站场供应部队准则表一份。〔缺〕

各站场油弹配备表一份。〔缺〕

飞机航行半径图一份。〔缺〕

我使用各场相互距离一份。〔缺〕

我各场对敌机场距离图一份。〔缺〕

云南区各空军站通信概况及充实办法。

各站场供应部队准则表：

1. 昆明轰一大队驱一大队
2. 沾益轰一大队驱一大队
3. 杨林轰一大队驱一大队

4. 楚雄轰一中队驱一中队
5. 祥云轰一大队驱二大队
6. 保山驱一大队
7. 芒市驱二中队
8. 昭通轰一大队
9. 东川驱一大队
10. 寻甸驱一大队
11. 蒙自驱一中队
12. 缕海驱一中队
13. 乾海子驱一中队
14. 丽江驱一中队
15. 清镇轰一中队
16. 都安轰一大队
17. 百色驱一中队
18. 柳州轰一大队
19. 南宁驱一中队

(2) 军令部第一厅第二处第六科签呈(5月16日)

一、空军毛总指挥报告西南方面空军作战准备计划

二、研究意见

(1) 滇军各部队似乏陆空协同训练,临时协定,恐难达到目的。且滇南概系山地,各部队搜索机关又不完备,更有待于空军之战术搜索,以期作战敏活。原计划第一之二似应作如左之修正:

"以驱逐合力担任第一线要点之攻防,并以侦察任敌情之搜索,使我陆军作战容易。与陆军协力,应依昆明行营作战计划,先与该区陆军指挥官协定陆空协同作战事项,并为陆空通讯联络之准备与训练"。

(2) 滇越铁路上之越池铁桥工程浩大,若能轰毁,修复不易,对于越敌进犯昆明时之后方补给与运输,妨害甚大,为明示其重要性起见,原计划第一之四"……及越境内之主要补给线"下似应增益左列一句,"特须注意滇越铁路上越池铁桥之轰炸"。

(3) 第三项第一款,经常驻滇之驱逐部队,其进驻时机未经述明,似应以地面之全盘准备及编队训练之程度为准,再行决定进驻时机。至就滇缅路常被空袭,以及该路之重要情况而论,则希冀愈早愈好,拟令该部知照具报预定开进时期。

(4) 拟令该部派资深得力空军联络官与昆明行营切取联系,并担任该行营之空军主任幕僚。

(5) 其余各项尚属可行,拟准照办。以上当否,乞示。

"可。何应钦　五·十九"

徐永昌关于报送空军游击计划大纲致蒋介石签呈

(1941年12月)

签呈

兹拟具我空军游击计划大纲,如属可行,拟请发交航委会遵办。经提出会报,奉总长批"如拟签呈钧座"。等因。理合签呈鉴核。谨呈

委员长蒋

附呈空军游击计划大纲一份

职徐○○

空军游击计划大纲

一、方针

以分散敌空军实力,策应英美在南洋作战之目的,我空军即应发动游击战,空袭越南、海南、广州、台湾、杭州、武汉等地机场及军

事目标,并不断轰炸台湾海峡,及长江敌运输船舰,或引诱敌机深入,以驱逐拦截打击之。

二、行动要领

(一)我空军应利用国内多数机场之优点,用最飘忽行动,每次以轻轰炸机三、五架,于薄暮前秘密推进于昆明、柳州、南宁、桂林、衡阳、赣县、吉安、衢州等基地,准备完毕。于次早实施游击任务,轰炸各预定目标。

(二)达成游击任务后,即回航至远后方,或各小机场待避,使敌机无从捉摸,截击。然后再转至第二机场,对第二目标实行游击。

(三)若敌机向我各重要及次要机场举行反轰炸时,我机应漏油疏散,使站场一空,任敌轰炸,拦截打击之。

(四)若敌遍布飞机,守护各重要目标,或不断派机挑战,企图扑灭我空军时,已达成牵制目的,此时我空军应暂缓出动,并躲避,不与交锋,待有良机,再突行出击。

(五)长江敌运轮船舰极难逃避轰炸,台湾海峡为敌海陆军南进必经道路,应不断向敌船舰实施游击,使敌不得不派机掩护,而达分散实力之目的。

(六)为使游击出动容易及欺骗敌军计,可于出发轰炸时,冒用敌机标识,于回航程内迅速取消之,并可散播虚伪消息,引诱敌机作徒劳无益之防范及轰炸。

(七)如能使用一二架空中保垒,游击敌国本土,更为有利。

三、实施部署

由航委会及空军总指挥部,就现有可以使用机数迅行计划实施之,并迅将福建之浦城、建瓯、长汀三机场扩充面积及设备(该三机场离台湾仅约六百公里,距倭本土亦较近,而万山重叠,无虞敌陆军进犯,机场附近地形,亦有扩充余地)。

空军第四路司令部第三届参谋长会议业务报告书

(1942年3月)

第三届参谋长会议业务报告书

一、作战经过

三十年度敌机空袭本路区共十七次,计敌侦察机八架、驱逐机九十二架、轰炸机二百二十六架,均系日间来袭。我驻兰州驱逐部队共起飞迎击九次,先后共起驱逐机四十四架,敌机被我先后击落轰炸机二架、驱逐机二架,共四架。我驱逐机在地面被击毁二架,因空中疏散迷失方向,被迫坠落焚毁轰炸机二架。现兰州驻有作战飞机计妥善驱逐机六架、轰炸机六架。

二、新机接收

二十九年十二月,本部奉令赴哈密接收新机,自三十年一月二十八日开始,由哈密东飞,至同年十二月十八日止,陆续飞蓉完毕,计共接收苏联 SB-3 式轻轰炸机一百架、E-15Ⅲ式双翼驱逐机七十五架、E-16Ⅲ式单翼式驱逐机七十四架,共计二百四十九架。

三、站场调整

为求作战及统御便利,于三十年六月一日除将西宁站划归第七总站区外,并将河曲各站编为第十四总站区,设总站于嘉峪关。并为求飞机疏散容易,新修敦煌机场,并勘测都兰及安西之龙王庙机场备用。又将张掖、西古城两场扩辟,并为使疏散之飞机安全与便利,于兰州、嘉峪关、天水、西宁等站增筑机坑与推进道。

四、训练实施

对于本路区部队与机关,除实施军训小组训练学术研究、业务研究,并注重运动外,对驻防之空军第六、八大队遵照空军总指挥部训练计划监督,按次实施,并于中川村、嘉峪关新设投弹场各一处,准备实施投弹训练。

五、通讯增强

为求本路区通讯运用之灵活,除兰州第七总站设置无线电区台外,并于三十年六月在嘉峪关第十四总站增设区台,并设置对空通讯机,俾空地联络确实。至平面通讯,现已筹划以兰州为中心,与中川村、西古城、临洮等各拱卫机场,架设专线,并已开始采购线料。

六、物资接收及运输

本部于三十年一月奉命接收西来苏联进口物资,其种类概分飞机器材、汽油及空用弹药三种。关于运输系由陕甘线区司令部及西北公路局担任,先以汽车由哈密径运兰州,再分向指定地点分运。嗣为节省油料,除急用器材仍以汽车径运外,其余皆由胶轮车及骆驼转运。迄至三十一年三月止,接收及转运物资之数量种类如附表一、二。〔缺〕

七、飞机修理概况

本部辖区内飞机之检修,系由第三飞机修理工厂办理。自三十年一月起至三十一年三月止,其概况如附表三。〔缺〕

八、油料弹药概况

本部辖区内油料弹药之分配,迄至三十一年三月止,其概况如附表四。〔缺〕

九、建筑概况

本部辖区内建筑工程自三十年一月起至三十一年三月止,其概况如附表五。〔缺〕

十、人事

本部辖区内空军部队、站场、机关,计重轰炸大队一,空军总站二,空军站十八,飞机修理工厂、航空器材库、油弹库、机械士队、测量队各一,又特务旅一营及俄文翻译区等,共有官佐五百一十一员,机械士五百五十九名,士兵、夫役二千五百三十三名,总共三千六百零三员名。至考绩、晋升、奖惩、事病假及军风纪之维持,均遵照航空委员会法令办理。

十一、军法

一年来共收军法案一百四十三件,计移转管辖者八件,改行政处分一件,呈准免议者四十一件,判处罪刑者二十四件,尚未结案者六十九件。

十二、卫生补给

1. 本路区内卫生现系分区办理,全属共有卫生人员二十六员。兰州设有卫生材料分储所,空军医院即将成立。

2. 本路区内补给,自三十年度起,在兰州成立被服分库及军粮合作社、消费合作社等,筹办官佐士兵之被服、粮秣与食用品等。

〔后略〕

空军第四路司令部第三次参谋长会议空军第二路司令部业务报告

(1942年4月)

空军第二路司令部一年来业务报告(三十一年四月)

空军第二路司令部设于桂林,依空军司令部编制设二科三股,第一科掌理作战、情报、训练、站场、通讯、气象等业务;第二科掌理油料、械弹、运输、警卫、工程等业务。人事股掌理人事、卫生、军法等业务;总务股掌理收发、译电、给养、宿营等业务;经理股掌理财务、会计、粮服等业务。全部编制名额计军官佐属共三十八员,以过去工作情况常感人少事繁,应付维艰,故迫以需要,第一科增加管理、伪装、疏散,参谋一员、气象科员一员,并将军法、工程两项业务分别另行成立军法室及工程室,以处理军法及工程业务。本路区包括湘桂赣粤四省,附属机关有第六、第十、第十二三个总站及空军站、油弹库、器材库、被服库、转运所、修理工厂等,共计三十六个单位,地区辽阔,工作繁重,虽最近一年来我机队未直接调驻本路区作战,而间接参战仍不时有之,故对准备工作仍未敢稍懈,以期达到随时可供我空军作战活动之要求。因之机场之整备、通讯机构之加强、油弹之调配、器材工具之补充等,实为一年来之主要工作。谨将工作概况略述于后。

作战部分

本部自二十九年一月参加桂南会战之后二年以来,辖区虽迄未有部队驻防及直接指挥作战,然以我空军机动使用,平时对于所属厂库地面作战诸准备督率工作,固不敢一时或懈。兹将去年十二月初旬英美日在远东战事爆发以来,先后奉令准备各情分项释要,报告如下:

(一)奉令协力第七战区及港英军作战准备经过:英美日战事爆发之初,本部首先奉令对辖区内一切作战准备星夜检查,加速配置,以便我空军随时配合参战。旋奉令派参谋长丁普明前往韶关第七战区,办理策应香港之英军及联络事项,并先后奉饬于桂林、柳州、零陵、衡阳、芷江等机场,各准备 SB-3 轰炸机十八架,使用一次;及于南雄、赣县、都安、郴县、道县等机场各准备 SB-3 轰炸机三架,使用二次。所需油弹,积集机场附近,以备随时应用。其后又由本部饬令桂林机场,准备 E-15Ⅲ 及 E-16Ⅲ 驱逐机各九架,使用三次,衡阳、零陵、柳州等机场,各准备 E-15Ⅲ 及 E-16Ⅲ 驱逐机各九架,使用二次,所需油弹,以便我驱逐机随轰炸机推进掩护机场及作战之用,连同有关各机场场面及人员、工具、器材、车辆、通讯各项,均经先后遵限准备完妥。

(二)奉令前往南宁、柳州指挥作战经过:本年元月中旬,先后奉饬配备南宁机场 P-40 驱逐机十八架及 SB-3 轰炸机九架,各使用一次,及配备桂林机场 E-15Ⅲ 驱逐机九架,使用二次。P-40 驱逐机六架使用二次,SB-3 轰炸机十八架使用一次,所需油弹,本部司令官谢莽、参谋长丁普明,并于一月二十日分别奉派率同各部有关人员前往南宁及柳州二地,准备指挥作战。迄元月三十日,始行奉令暂各回原防,各站先后准备油弹,旋亦奉令准予暂

1979

行运回库房存放。

（三）美空军志愿大队移川，本路奉令准备情形：美空军志愿大队移川，本路辖属吉安机场，为次要根据机场，衡阳为辅助机场。吉安机场奉饬应按飞机四十架（二中队）、人员一一五员使用十天准备，衡阳机场奉饬应按飞机二十架（一中队）、人员六十员使用三天准备，限四月二十日前完成所有食宿人员工具、器材、通讯、场面、油弹各项，现正分别遵限赶办中。

情报部分

本部情报业务隶属于第一科，由参谋一员掌理之，其业务范围可分为陆海空军情报及防空情报两部分言之：

（一）陆海空军情报方面，其来源除由空军总指挥部、军事委员会桂林办公厅暨驻三、四、七、九战区空军联络参谋供给外，在本身并无直接指挥统辖之任何情报机构及人员，故一般情报均感失其时效，鲜能供诸应用。并限于人力之不及经常情报业务之办理亦仅能作初步之整理、判断、登记、分类手续而已。至制成图表提供作战判断之决心者，其只限于我空军部队驻防本路区作战时为之。

（二）防空情报方面，因本路辖区接近敌之占领地越南、广州、海口、武汉、南昌等处各重要空军基地，及我七、九战区各主要战场，故敌在经常状态之下莫不侦察频繁，若遇会战期间尤随处施行轰炸。以过去各地防空情报传递情形而论，以桂林附近地区较为迅捷，柳州、衡阳、吉安、赣县次之，南宁最为迟钝不灵，其与我空军作战要求相距甚远。曾于三十年十二月二十二日，由本部电请防空总监部在桂林召集东南各省防部参谋长举行会议，彻底改革东南各省防空情报问题，以期适合我空军作战之配备，现已得适切之解决。所有我空军重要据点及各省间沟通线路均可逐步完成，惟各防空监视队哨仍感缺乏训练，每遇敌机过境均未能将其机种、高度、队形诸要素切实报明，其影响于我军作战之决心者亦至为重大。现已严令本军各站场及各对空信号班应负责协助,与各防空监视队哨切取联络,以收实效。

站场部分

本路区一年来站场工作,均力求适合我空军机动使用为准则,兹将其要者分别列表如下:

主要机场〔略〕

空军第三路司令部参谋长会议业务报告书

(1942年 月)①

第一 绪言

本部自民国二十八年十一月间,自南郑移住成都,以成都系我空军基地,部队皆集中于此,故作战及一般业务,均较忙迫。计本路区年来辖属指挥之空军部队,有轰炸大队三,驱逐大队四,侦察中队一,总站三,空军站二十七,修理工厂、修理所各三,油弹库五,器材库、高射炮营、机械士队、汽车中队各二,测量队、空军医院、仪器修造厂、发动机修理所、运输队、休养所、照测队各一,全部附属机关单位计六十四个,辖属地区达豫、陕、川、甘、鄂五省。兹谨将本部年来之业务概况报告如后。

第二 业务报告

一、作战

本部作战业务,依本军现有已完成动员准备之部队站场,临时配属于本路区,并遵照空军总指挥部及辖区各战区司令长官之指示,以作年度作战计划及临时作战计划而监督实施之。

(1)轰炸

轰炸任务实施时,其计划历由航委会或总指挥部拟订颁布,本部专负命令下达暨监督实施及与战果之审核报告、通告等事项,计

---

① 时间据文推出。

共出动轰炸凡二十四次。

  (2) 侦察

  本军因侦察部队兵力过少,设备欠全,且均为远距离之搜索,故本军之侦察任务均由轰炸部队服行之,计共出发侦察凡二十一次。

  (3) 防空作战

  依敌我情况及天候季节等关系,遇有空袭情报时,拟定防空作战部署实施。自迁抵成都后,防空作战凡三十八次。

二、情报

  本部情报业务概分下列三项:

  (1) 陆军情报

  系搜集第一、二、五、六战区诸情报,由航空委员会派驻各战区之联络参谋,暨由总指挥部参谋处第二科供给,或由本部派遣之侦察机搜索报告,加以整理判断,以为指挥官决心处置之依据,并择要通报报告有关机关部队。

  (2) 空军情报

  除派遣侦察机及驻各战区联络参谋搜集外,大部系由总指挥部参谋处第二科,及其隶属之情报总台供给之。其他各有关机关部队通报及报章杂志获得之资料,研究整理判断后,亦择要通报报告有关机关及部队。

  (3) 防空情报

  大部由四川全省防空司令部供给,一部由总指挥部情报总台供给之。搜集之后,随即整理判断,通报报告各有关机关部队。

三、训练

  本部辖属各部队机关之训练事宜,由总指挥部颁发年度训练计划,交由驱、轰两总队负责实施,本部仅负监督之责。但为适应作战上之要求,则由本部依情况需要,视各部队机关现有人员器材,揭示训练要旨,分别令知拟订短期训练计划,呈部核准后,依照实施。

四、站场

站场业务,其经常办理者,为站场状况之调查登记,及油弹补给、设备充实等事项,使能合于作战之要求。在遇有战况转移时,其机场之修复与破坏时之决定,人员油弹器材之撤退,及各站之防空设施等,本部经细心擘划与全力赴之,去年春季曾拟具站场调整计划,呈奉核准实施整理,并责成各总站长,于去年二月巡视辖属重要站场,视察关于各站之改进充实事项,分别饬办,务使合于作战之要求。

五、通信

(1) 无线电通信

A. 本部为应乎作战之需要,饬第一总站无线电主台迁至本部,从此无论普通电报、战时我机动态及天气报告等,均较便捷。

B. 为使各场站、部队、工厂及学校随时得到敌机之行动,俾便适时处置计,遇有空袭时,以无线电广播敌机动态实施以来,各方称便。此项设备,均系利用现不适用之空用器材改装而成。

C. 各驱逐部队对空地无线电话通信,已渐纯熟,近来作战已鲜有不能达成联络者。至驱逐机空空通信,自本年七月间起,经第四大队加紧训练,已著成效。惜本军空用无线电器材甚鲜,未能大量装用。

D. 本军各地对空电台,除司令部驻地外,仅备发射机一具,对轰炸机使用尚能应付,而对驱逐机通话,则仅能在司令部驻在地行之。经本部试将 HARVEY S-200 发射机(各对空电台多使用此机)加以改装,使能交换使用两个波长,分别对轰炸机及驱逐机通信,结果良好,能大量采用。则就目前之地面设备,除原有对轰炸机通信之任务外,并可完成一良好之无线电话通话网,使驱逐机在

1983

各主要航路上随时可与地面通话。

　　E.无线电航行,在轰炸部队虽有进步,惟地面设备及使用人之技术,均未臻善。前者限于器材,后者因 CB-3 之测向器系由无线电训练较少之轰炸员使用。至驱逐机试行采用无线电回航指示器一节,最近已由本部试制一套,在呈请总部审核中。

　　(2) 有线电通信

　　A.成都区各主要机场及有关作战之机关,均已架设直达本部之电话专线,尚有两个次要机场正在积极筹划架设中。

　　B.驻本路区各场站无线电班与站部未装电话者,除极少数迫降场外,均已架设专线。

　　(3) 布板信号

　　成都区拟设及已成立之对空信号班甚多,原系对我疏散机指示敌情之用,现以情况变化,疏散空域加大,故成都区一百公里半径以内之信号班,除驻在机场者外,实有撤销或停设之必要,而将此项人员器材移至较远之航行必经地点,以辅航行而利对空敌情之传递。此点正在本部考虑中,俟有具体之办法,当即呈请核示。

　　六、气象

　　本部因作战要求,不仅应明悉本路区各地之气象,即对全国重要城市之气象亦随时明了。司令部原无测候人员之编制,及测候器材之设备,不能直接收得各地之气象报告。现由会派测候附员二员来部专任天气报告之搜集,及天气图之调制整理判断等事项,以为作战及疏散部署之依据。

　　七、警卫及地面防空

　　关于本路区辖属各单位警卫兵力之调配、布置、作战计划、工事构筑、兵力配备要图等项,悉由本部擘划审核,并曾指派第二科科长即率必要参谋人员,亲赴各机场视察现有兵力状况及部署,是否适合作战要求,以期改进。至关于成都区重要各机场地面防空部队,已划归特务旅旅长万用霖统一指挥,但本部随时根据机场重要性之变更,得函该旅加以调整。至对南郑区辖属各机场,系由本部函请当地最高军事机关按所需兵力调整之。

八、油料

本军训练作战飞机大部集中于成都,故成都区内油料消耗较多,惟因运输困难,常感油料不敷调配。

九、警卫及防空

(1)本路区包括川陕甘豫鄂等五省,全路区警卫分由航委会特务旅第二四、二五、四四补训处,陆军第二四、八七、一三七、一二六、一七四、一九八师、新编十七师、暂编五十九师、宪军第六团,炮兵四十一团、四十四团,及各地所属保团队、自卫军等,共计三十余部属,计官兵一万三千二百余名,高射炮(大口径)十余门、(小口径)三十余门,机枪四百余挺,步枪六千余枝。

(2)本路区各场站防敌降落伞部队演习,除温江第一总站、新津十一总站、双流五十五站等三站已行实弹射击演习外,尚有咸阳、太平寺、南郑、老河口等二十余站已先后实行演习达三、四次,并经次第改正。

(3)各机场为防止敌机降落,设置拒马者,计安康、五渠寺、固始、三台、老河口等十余站,并兼用废空大油桶替作拒马障碍。

(4)本路区所辖各场站防空壕之构筑,多极简陋。防毒室、防毒器材及消毒药品,以来源困难,目前尚感缺乏。

十、械弹

(1)械弹业务,着重于随时明了监督全路区之现状及适时之统筹、补充与紧急之调拨整备,各重要站场依据作战及训练需要,控置相当之弹药数量,以供机动使用。

(2)三十年度,各属消耗之各种空用机枪弹为三十万二千六百余发,大小作战炸弹共二百五十七枚,计一万三千七百一十公斤,各种练习水炸弹及烟弹共五百二十九枚。

(3) 全路区现存各种空用机枪弹共三百八十三万余发,各种大小作战炸弹三万零四十九枚,约计四百三十二万三千八百余公斤。

十一、器材

监督所辖各修理厂所赶修损机,以利作战及训练,惟以器材过于缺乏,虽经事先缜密考虑,仍不免顾此失彼,未能全部完成,但各修理厂对于损废器材之利用,尚称得当。总计三十年度修妥出厂各种飞机一百九十四架,现在修理及待料修理者一百六十架。

十二、建筑

主办本路区各站场有关作战工事之计划,及审核各站工程设计、图样、估价、转报与各站各项工程、施工进度之登记、考核及验收等事宜。

空军第五路司令部业务报告书
（1942年4月3日）

一、本部沿革：

二十九年敌军东进据越南,云贵风云日趋紧张。迄于三十年春,滇越边境已经呈弓弩张发之势,西南战备刻不容缓,本军于西南方面自应积极充实。时美国空军志愿队业已准备来华,对于该军驻防滇省之准备遂成急务。本部为应时势所趋,于三十年三月间,奉命于西南重镇之昆明从速组织成立,当于成都决定必要之干部人员,并于同年四月十二日到昆明开始积极筹备,同年五月十五日大致筹备就绪。本部遂于昆明东乡之凉亭即日正式成立,本部成立之始,一切均欠完善,所有部内人员之调补营房,筹建交通通信等设施,均须继续赶办,尤其路区所属机关概况之调查、调整,更须积极进行。经五阅月之期间全部就绪。于同年十月底完成路区各项战备,并移驻本部于黑土乡新舍,以迄于今。

二、路区范围：

本路区东至贵阳，西至雷允，南至滇越边境，北至昭通，东北至大定，东南至滇桂边境，计辖区包括云南全省及贵州省之西半部。

三、本部之组织：（如附表）

四、本部业务范围：本部指掌业务分别如下：

1. 作战
2. 情报
3. 场站
4. 通信
5. 伪装
6. 气象
7. 训练
8. 油弹
9. 运输
10. 器材
11. 工程
12. 卫生
13. 警卫
14. 经理

五、本部业务概况：

本部各项业务概况，除气象业务暂由空军官校代理，训练业务因路区、场站、部队均急于战备，工作仅能局部实施，卫生、经理系属部内业务，从简列报外，谨分别列表报告于后。〔表略〕

军令部编敌破坏我空军基地计划

（1945年5月　日）

敌破坏我空军基地计划　中华民国三十四年五月

极机密第　　号

军令部第二厅第一处编印

前言

民三十三年夏以来，敌本土及东四省频遭我大陆基地之巨机袭击，损失奇重。敌有见及此，乃于是年夏冬之间，先后发动长衡、桂柳会战，旨在贯通大陆交通，并进据我前进基地。其后，敌对于我后方各重要基地，仍引为隐忧。故三十三年冬，由中国派遣军总司令部课题饬各部队研究"挺进覆灭我基地之手段与方法"。（三十四年二月间，计汇集答案四十三份，附图六份，于是年三月三日航送南京途中，在皖桐城吴家桥，为我四十八军击落敌机中检获。）嗣桂柳会战结束，美军突于三十四年初，续行登陆吕宋。继于二月及四月先后复在硫磺、冲绳等岛登陆。同时太平洋方面美空军之攻势，亦日趋激烈，凡此已足予敌"覆灭我基地"之企图以一大打击。然证诸雷伊泰岛敌之斩入队与肉攻队，及目前在冲绳岛之特攻队，不断以自杀飞机及肉弹，冲击盟军之舰艇。敌人此种强行袭击伎俩，今后或可能施诸于我基地，亦未可逆料。兹特综合其全部答案，汇成一案，借供研究。而我各基地及各部队，亦应严密戒备，并求万全之策，以期防范于未然。

附：敌破坏我空军基地计划

敌破坏我空军基地计划

一、问题

军假定将来越四川、贵州、云南等省境进行进攻作战时，对于成都、梁山、重庆、昆明等"敌"机场能否实行战略斩入挺进覆灭之。

二、判决

可能：

第一案：随同军之进攻作战，俟突破省境后，派遣挺进队潜入覆灭之。

第二案:以现在之态势派遣挺进队潜入覆灭之。

第三案:以降落伞部队或空运部队强行着陆而覆灭之。

必须覆灭"敌"机场之理由如下:

(一)免除本土及占领区因"敌"机空袭所受之严重损失;

(二)使我军获得大陆上之制空权;

(三)使我空军能集中使用于重点;

(四)打击美陆空军,使其不能进出大陆;

(五)使华军之战力低降及崩溃;

(六)我军地上部队之行动不受限制;

(七)对于军需资材之流通不受阻滞;

(八)减少"敌"降落伞部队在占领区降落之可能性。

关于推进队发动之位置:

第一案之可能性:

随同军之进攻作战,俟突破省境后,派遣挺进队潜入覆灭"敌"方机场。此举可能性甚大,且较易实行,因川黔滇各省境距各地机场最近者约在二〇〇公里之间(长江附近至梁山),纵令行动困难,亦不出十数日,即可到达目的地,距离愈短则愈可秘匿我军之企图。而部队之编组亦不至过于庞大,同时对于途中所生各种意外事件,均可减少(例如天候、疾病、给养等)。并使各部队之行动及连络较为确实。尤以各部队到达目的地之时间不至相差过大,易于获得对各战场同时斩入之效(证诸既往事实,如我军第一线部队过于接近"敌"方,每于事前先行破坏)。

第二案之可能性:

为使我军作战行动便利,自应于主力行动开始之前,先行覆灭"敌"之机场,故可由现在之态势派遣挺进队潜行覆灭之。惟须注意者,此举因距离过大(按图上直距离,由湖北省友军位置至梁山、重庆约有三〇〇——五〇〇公里,由湖南、广西省友军位置至梁山、重庆、昆明约六〇〇公里,至成都约七〇〇公里)及实际之行程与中途休息等关系,最少亦须于军主力行动开始前一个月或一个半月,先行挺进。如是,则需时过久,途中难免不为"敌"方军民所发觉,然为务求达成目的计,即使牺牲一部实力,亦所不顾。则部队之编组,自须庞大,资料亦多,甚或重兵器亦须配属一部。影响所及,势使行动迟钝,给养困难,且易为"敌"方所发觉,必至整个计划终归泡影,故此案不易实施。

第三案之可能性:

关于使用伞兵或空运部队强行着陆,此举堪称最理想又最为迅速确实者,且收效最大。如我陆空军方面能有周详之计划及状况许可时,自应采取此法行之。惟须注意下列各项:

1. 彻底集中战斗机掌握当面之制空权。
2. 借阳动之宣传欺骗"敌"人,将其兵力吸引于所要方面。
3. 对各机场须同时强行斩入,否则收效甚微。
4. 斩入成功后,即以一个师之战斗部队续行着陆,以期确实占领机场。
5. 行动开始时间,宜在黎明之前。

三、挺进队人员之养成。

(一)人选:须以皇军之官兵为基干,配属少数之华人(担任翻译或交涉事项)。皇军之官兵须有坚强之意志,旺盛之责任观念,及富于刚胆、慧敏、忍耐与体魄健壮者,由各部队中选拔或以建制部队特别训练之。其所配属之华人,须由各部队之密探中选拔真正理解大东亚战争之目的者充之。次为利用归顺之延安军及缅甸之佛教、回教徒组织之,俾其独立行动,以减少敌方之注意。

(二)教育:教育时间以三个月为准,不论官兵须全体灌输之。教育开始后,须与其他部队及华人隔绝,以期保守企图之秘密。其教育课目如下:

1. 精神教育(注重团结及牺牲精神之训练);

2. 近战法(注意刺枪术、剑术、拳术);

3. 对机场之攻击法(以沙盘或实地预行演习);

4. 华军之起居饮食及沿途经过各地之风土人情;

5. 川语及各该地之方言;

6. 难路之通过法及沿途经过之地形(兵要地志);

7. 潜入法及夜间行动应注意之事项(行动之秘密、方位判断、音响判断);

8. 情报之收集及侦探术;

9. 各种兵器资材之使用法。

四、编成及装备

按"敌"情距离、各地机场之状况(大小多寡集中或分散等)而定,其中对于经路之选择,关系甚大。根据既往经验,每一挺进队多以一联队或一大队另配属一部重火器,独立达成任务者亦尝见之。惟以潜行覆灭"敌"机场,经过相当时日之秘密行动。行动轻快、给养便利而论,宜以中队以下之小部队组成之。

每小队可分为斩入班及掩护班,每斩入班分为二至四组,一律携带华军所用之手枪、步枪或冲锋枪各一枝,手榴弹二至四颗,并酌带炸药、烧夷弹、火柴、捕绳、地图、指北针、法币等,如必须配属迫击炮或山炮时,须极力减少其数量,俾能多带弹药。

服装一律着华军之服装,或着便衣(携带亦可),须以适合于夜行军之轻装为主。

粮食以就地采办为原则,可预带三数日份之主食,并多带食盐、酱油、粉干、面包等,另酌带少数之应急药品。

五、挺进路之选择

开始挺进之前,须于图上或空中侦察,详细研究,规定各部队潜行之路线。对于各部队中途应行会合之地点,亦应预行指示之,以便彼此适时交换情报。兹预定挺进各机场之路线如左:

（一）对梁山、重庆、成都机场，可由鄂、湘、桂、黔、陕省方面潜入。

1. 沿长江水流西上；
2. 沿汉水西北上经巴山山脉北侧地区南下；
3. 由常德地区入黔沿长江南侧西上；
4. 利用归顺之延安军取道经兰州南下成都。

（二）对昆明机场可由桂、黔、滇省境方面潜入。

1. 经南宁北方地区北上；
2. 由桂省之百色、西林地区西北上；
3. 由越南老关北上；
4. 利用佛教、回教徒由缅甸经滚弄至昆明。

六、挺进时机及潜行法

挺进之时机，虽因"敌"情、距离、天候、部队之大小等而定，仍以适合军之企图及配合军进攻作战之行动为主，故应由上级律定之。至于潜入之方法，为乘"敌"人指挥系统混乱或退却之际，并利用夜暗或警戒疏忽时期，从部队之间隙乘虚挺进。务须迅速超过"敌"人退却部队之前，如遭遇"敌"方军民，可扬言自前方退下之友军，奉令至某地集中等语，适宜措词以睩昆之。（证诸既往事实，一般华人缺乏防谍知识，我军常借此方法通过"敌"内地已屡见不鲜。）万一为"敌"方发觉时，务须集中所有火力，将"敌"压倒之后迅速脱离战地，续向目标迈进。行动应注意事项如下：

1. 绝对不用日语谈话，一切交谈俱由配属各队之华人处理之；
2. 避免在民居地驻宿或休息；
3. 避免通过"敌"司令部或各级部队之所在地；
4. 日常行动，自队长以下须与华军或华人之习惯无异；
5. 对于当面华军全般状况，及华军高级干部之姓名，均须熟悉；

6.极力收集情报,尤须注意其正确性;

7.日间如须潜伏时,务须选择人迹稀少之地点或密林、山间等处;

8.如情况、地形、天候许可时,日间亦须兼程前进;

9.在适当时期、地点,须与并行前进之反军连络并交换情报;

10.行动及驻止间必须派遣斥候严密搜索;

11.必须获得各地之通行证,否则亦须伪造之(一般以四川省境之警戒为最严密须特别注意);

12.征发粮食时,须向远隔"敌"司令部或各级队部所在地之山间小村落施行之。

七、到达目的地之行动

到达目的地时,应于机场附近(约距离二〇公里)占领坚固之据地,其位置必须在密林或险峻之山地,以为挺进队集合连络及存放弹药资材之用。然后处理下列各项:

(一)派遣斥候侦察"敌"机场之状况及附近之地形,然后拟订周密之计划,编成若干斩入组及掩护组,并明确指示各组或各人,以潜行路线攻击目标,及达成任务之程度。

(二)各组或各人受命,即于夜间依时各就其突击位置,一举突入机场,按队长所示之目标迈进,务须排除万难,以期达成任务。

(三)关于潜入组之突击位置及路线,除利用地形、地物外,须以包围方式由各方面突入机场。

(四)对于机场应予破坏之程度,系与军之全般作战计划有关,故应由军部预行明确指示之。

(五)攻击或破坏之目标,计分航空勤务人员、机库、油库、军火库、跑道、飞机通讯网等。

(六)斩入队既达成覆灭"敌"机场之任务,以后之行动,究应固守据点或机场,策应军之进攻作战,抑或迅速归还原部队,统由军部预行指示之。

敌提出答案人之队职姓名驻地表　三十四年二月

部　队　番　号	阶级	姓　　名	驻地	备考
第一三师六五联队长	大佐	伊藤义彦	河池	
第一三师六五联队△△大队长	少佐	平林真治	河池	
第一三师一〇四联队长		海福三千雄	宜山	
第一三师一〇四联队第一大队长	少佐	高桥赖友	宜山	
第一三师一〇四联队第二大队长		永田达夫	宜山	
第一三师一〇四联队第三大队长		山田善之辅	宜山	
第一三师一一六联队长	大佐	大坪进	宜山	
第一三师一一六联队第一大队长	少佐	古贺	宜山	
第一三师一一六联队第二大队长	大尉	半田繁信	宜山	
第一三师一一六联队第三大队长	大尉	坂本二治	宜山	
第三四师二一六联队长	大佐	石川明	龙州	
第三四师二一六联队第一大队长	少佐	谷口	龙州	附图〔略〕
第三四师二一六联队第二大队长	少佐	山口	龙州	附图〔略〕
第三四师二一六联队第三大队长	大尉	稻村	龙州	
第三四师二一七联队长	大佐	木佐木清次	全县	
第三四师二一七联队第一大队长	大尉	佐久间九右卫门	全县	
第三四师二一七联队第二大队长		村井赖正	全县	
第三四师二一七联队第三大队长		牛久保德二	全县	
第三四师二一八联队长	大佐	针谷逸郎	龙州	附图〔略〕
第三四师二一七联队第一大队长	少佐	岛田间	龙州	
第三四师二一七联队第二大队长	大尉	铃木恒德	龙州	
第三四师二一七联队第三大队长	大尉	渡边直喜	龙州	
第三九师二三三联队长	大佐	富永	宜昌	附图〔略〕
第六四师独立五一大队长	少佐	黑田仪市	益阳	

1994

(续表)

部队番号	阶级	姓名	驻地	备考
第六四师独立一三二大队长		本庄	益阳	
第一一六师一三三联队长	大佐	加川	韶阳	
独立混成第一七旅团八九大队长	少佐	佐藤虎治	华容	
独立步兵第五旅团二〇七大队长	大佐	管	沙市	附图〔略〕
独立步兵第五旅团二〇八大队长	少佐	蓝原	沙市	
独立步兵第五旅团二〇九大队长	少佐	植田	沙市	
独立步兵第七旅团二一五大队长	中佐	木多菊治	南昌	
独立步兵第七旅团二一七大队长	少佐	山崎	南昌	
独立步兵第十一旅团二三一大队长	少佐	塔下	应山	附图〔略〕
独立步兵第十一旅团二三二大队长	中佐	鹿田	应山	
独立步兵第十一旅团二三三大队长	少佐	上村钦二郎	应山	
独立步兵第十一旅团二三四大队长	少佐	荒木	应山	
独立步兵第十二旅团二三六大队长	少佐	辣原一门	咸宁	
独立步兵第十二旅团二三七大队长	少佐	小滨	咸宁	
第二野战补充队第一大队长	少佐	小原直良		
第五野战补充队第二大队长		田仲真文	汉口	
第九野战补充队第三大队长		渡边小太郎	九江	
第九野战补充队第四大队长		日高博	九江	
吕武二五一二部队第二大队长		山本博	九江	

军事委员会空军军区划分计划[①]

(1945年8月)

(最机密)

军事委员会空军军区划分计划

---

① 沿用原标题。

航空委员会编造　三十四年八月　日
军事委员会转核　三十四年八月二十日

甲、一般情况之调查
一、现状之调查
(一)空军现辖有四个路司令部,一个区指挥部,担任分区指挥、作战、补给、勤务如左:
1. 空军第一路司令部现驻白市驿,所辖各属如左:
(1)空军第二、三、九,三个总站,共辖十六个空军站;
(2)第二、四两个飞机修理工厂;
(3)第一飞机修理所;
(4)空军第一、二、六、十二、十三、十六、十八、廿一,八个油弹库;
(5)第七、十两个航空器材库;
(6)汽车第八中队暂编第一、二中队;
(7)第四、八、十一,三个运输队;
(8)第二汽车修理所;
(9)第三空军医院;
(10)战区联络参谋。
2. 空军第三路司令部现驻成都,所辖各属如左:
(1)空军第一、八、十一总站,共辖三十二个空军站;
(2)第一、八、十一,三个飞机修理厂;
(3)第五、六、八,三个飞机修理所;
(4)空军第五、七、九、十四、十七,五个油弹库;
(5)第十二航空器材库;
(6)汽车大队部第五、第六两个中队及暂编第三中队;
(7)第一、五两个运输队;
(8)第三汽车修理所;
(9)空军修理所;

（10）第一空军医院休养所及肺病疗养所；

（11）战区联络参谋。

3. 空军第四路司令部现驻兰州,所辖各属如左：

（1）空军第七、十四、十六,三个总站,共辖二十四个空军站；

（2）宁夏及青海两个机场勤务队,共辖二十个空军站；

（3）第三飞机修理工厂；

（4）第八油弹库；

（5）第五航空器材厂；

（6）汽车第三中队；

（7）第五运输队；

（8）第五空军医院；

（9）战区联络参谋。

4. 空军第五路司令部现驻昆明,所辖各属如左：

（1）空军第四、五、十,三个总站,共辖十九个空军站；

（2）第十飞机修理工厂；

（3）第三飞机修理所；

（4）空军第三、四、十、二十,四个油弹库；

（5）第二十一航空器材厂；

（6）汽车第一、四、七,三个中队；

（7）第一、二、七、十、十二,五个运输中队；

（8）第一四汽车修理所；

（9）第二空军医院；

（10）战区联络参谋。

5. 粤汉线东区指挥部,其组织无一定编制,于六月十五日成立指挥部,由空军第十二总站长兼任,其他人员亦均由第十二总站现有者分配兼任,所辖第十二、十三两个总站,共有六个空军站。

（二）空军各路司令部及区指挥部区界如附图（子）。〔缺〕

（三）空军各路司令部现在指挥各空军部队分区作战如左：

1. 空军第一路司令部现在指挥之空军部队如左：

（1）空军第四驱逐大队现驻恩施，空军第一中型轰炸大队第三中队现驻梁山（中美混合团所辖），协助六战区作战。

（2）空军第五驱逐大队及空军第一中型轰炸大队第四中队（中美混合团所辖）均驻芷江，主要任务为攻击武汉至零陵间敌交通线，并协助第四方面军作战。

2. 空军第三路司令部现在指挥之空军部队如左：

（1）空军第十一驱逐大队，现辖南郑及西安，协助第一战区作战。

（2）空军第一中型轰炸大队第三、四两中队（中美混合团所辖）现驻南郑，第三驱逐大队（中美混合团所辖）现驻安康，协助第一战区作战。

3. 空军第四路司令部，现在指挥空军暂编四个中队，现驻迪化、兰州间各空军站，协助陆军绥靖北疆哈匪。

4. 空军第五路司令部，现在指挥空军第二中型轰炸大队第九中队，驻陆良以攻击广西境内敌各重要据点及交通线。

（四）空军各路司令部对油弹补给现况如左：

空军第四、十一两个驱逐大队，空军空运队及空军第十二侦察中队，原经与美军交涉，允准自六月十六日起，每日拨交沾益总站及陆良空军站汽油一百五十大桶，计七千五百加仑，后由本会筹划交通工具，分配运输各空军站。惟六月份仅接收六百大桶，计三万加仑。七月一日至十二日止，接收九十七桶，计四千八百五十加仑。致我空军各部队之出击，不得已成停顿状态，至弹药补给，仍按各部队之消耗量由美军供应。

空军四个暂编中队，系应用各旧式飞机所需之九十一号汽油，除由国内各空军站所存者抽拨外，殆无补充来源。按空军加强协助绥靖北疆计划，预计抽用三万七千〇〇五加仑，约可维持至卅五年七月。致弹药补给，除新省各工厂供给者外，并可由其他空军站储存者适时调配之。

中美混合团所辖第一中型轰炸大队第三、五两个驱逐大队，及本会所辖第二中型轰炸大队之第九中队，所需油弹补给，均由美军按任务及运送量适切供应之。

(五)各路司令部对机械器材修理维护现况如左:

各路司令部,现均配属飞机修理所工厂与航空器材库,除空军各部队对飞机维护及第一、二两阶段检修自行处理外,第三、四两阶段修理均归修理所及工厂整修。

(六)各路司令部及区指挥部,按编制应有军官佐属六百三十二员、士兵六百三十六名,现有军官佐属六百八十五员、士兵六百二十七名,其情况如附表(丑)。

二、复员时情势之预测

(一)假定战事短期内结束,空军兵力为六个大队、两个中队,飞机二百九十一架,除暂编四个中队仍担任协剿哈匪任务外,余均配属空军第一、三路司令部,随陆军之进展,分任协同及战术之任务。

(二)假定抗战以卅五年一月一日结束,空军兵力,预计编组为三个空军联队(七个大队,二个中队,飞机三百四十三架),第二联队直属航空委员会,担任战略任务,第一、三两个联队,配属空军第一、三路司令部随陆军反攻之进展,分任战术任务,暂编四个中队,仍配属空军第四路司令部,担任协助陆军绥靖北疆哈匪工作(详空军调整计划)。

(三)假定抗战以卅六年一月一日结束,预期空军兵力增加五个大队、六个中队,编组为五个空军联队(飞机六百七十架)。

第二联队直属航空委员会,担任战略任务,第一、三、四、五,四个联队,配属空军第一、三路司令部及粤汉线东区指挥部,随陆军反攻之进展分任战术任务。暂编四个中队,仍配属空军第四路司令部,担任协助陆军绥靖北疆哈匪及镇压叛逆工作。

(四)于卅八年一月一日以后,预计空军第一线常备兵力四十二个大队,飞机一千九百二十二架,编组为十四个空军联队,其中二个联队应属航空委员会,余均配属空军各军区司令部,数量依任务需要而定。

乙、复员前准备事项

一、复员前应准备工作及实施方法

（一）军区之划分

为谋复员间国境之警卫，根绝敌伪残余势力，预想敌国之监视及尔后作战之体制，空军应划分全国地域（包括收复区光复区）为五个军区。如附图（寅）。

（二）路司令部机构之调整

1. 为配合盟军于我国东海沿海登陆作战及补给容易起见，应加强粤汉线东区指挥部，拟恢复空军第二路司令部，以为复员后奠定空军军区司令部之基础。

2. 随陆军反攻之进展，第一、三路司令部，应从事准备空军各部队向前推进事宜。

（三）补给制度之确定

按照美军制度，实施空军第一期扩军计划，编组空军联队，同时设组空军地勤大队部，以划分作战指挥与补给勤务两大机构（详空军调整计划及空军站场调整计划）。

（四）修理维护机构之调整

调整修理维护机构，在使现配属路司令部之各飞机修理工厂，所依作战指挥系统而活动，以适切空军战斗及训练之要求，在编组空军联队，同时应依照美方制度编设修护大队中队及游动修理组。

（五）交通运输之整备

1. 预期空军各部队，随反攻作战之进展，应增强空运力量，预备卅五年一月一日增加三个中队之兵力，共 C-47、C-46 运输机五十四架。

2. 筹划汽车及特种车辆，以供随空军部队推进之各机构及地勤大队调遣输送之用。

二、复员时应预为修订废除或增订之法令

（一）修订

1. 空军军区司令部所属各机构组织规程；

2. 空军军区司令部补给勤务；

3. 空军军区司令部修理维护勤务；

4. 空军军区司令部交通运输勤务；

5. 聘用外籍顾问或参谋及技术人员办法。

(二) 废除

1. 空军路司令部组织规程；

2. 空军路司令部各级参谋业务。

(三) 增订

1. 空军军区司令部组织规程；

2. 空军军区司令部各级参谋业务；

3. 空军军区协助绥靖收复区光复区办法。

丙、复员时实施事项

一、提前实施事项

(一) 筹划军区司令部组织系统及施政方针，应适应平时业务，配合扩军计划之要求及一切设施，合乎建军所需者保留之；其单纯应付作战而设者裁撤之，因发展独立空军及应乎国防，必需增加设施者添设之。

(二) 精确调查组设军区司令部及其所属机构各项人员、人数、级职、年龄、出身、学历、工作成绩、服务期限及征调期满应行除役之人数，以备复员时分别复训调整，使人事有定则，以奠定空军军制之基础。

(三) 规定空军各路司令部于复员期间之任务如左：

1. 对战败国及预想敌国之监视；

2. 边疆及沿海之警卫；

3. 全国之空中警戒及叛逆之镇压；

4. 协助地方政府(包括收复区及光复区)之绥靖工作，基于上列任务及所预期划分之军区，应适切配置各空军部队、各地勤部队及各修护部队等。

二、一般实施事项

（一）空军军区司令部,按照新规定之组织系统,其改编人员,随事务而为适当之调整确实实施;并创立分层负责制,以厘定各级所属机关之职权,促进该军区内各项业务。

（二）复员完毕划分军区后,空军军区对区内之任务如左:

1. 空军动员准备;
2. 领空权之维护;
3. 民航监督;
4. 航空情报;
5. 航空建设;
6. 航空兵要地图及航空测量;
7. 航空教育;
8. 航空部队及机关之监督;
9. 航空兵役;
10. 地勤设备。

上列各项任务,预想对东北、蒙古、新疆、西藏方面警戒为多,对海正面之监视次之;然皆应与民航设施相辅而行,以适切吻合空军储备潜力之策略。

（三）基于空军复员后第一线之常备兵力及任务,空军军区之划分如左:

1. 空军第一军区司令部驻重庆,并以昆明为训练中心,分防湘、鄂、桂、川、滇、黔、康等七省区。
2. 空军第二军区司令部驻南昌,并以杭州为训练中心,分防苏、浙、皖、赣、闽、粤等六省。
3. 第三军区司令部驻沈阳,以滨江为训练中心,分防辽、吉、黑、热、冀、鲁等六省。
4. 空军第四军区司令部驻长安,以归绥为训练中心,分防外蒙、察、绥、晋、豫、陕等六省区。
5. 空军第五军区司令部驻酒泉,以哈密为训练中心,分防内蒙、新、甘、青海、西藏等五省区。

（四）取消总站制，按军区划分后之任务调整空军站，以配合空军各部队，并组设地勤大队及中队（详空军站场调整计划）。

（五）调整全国修理维护机构，次第组设修理工厂十二个及维护大队廿一个，其概要如左：

1. 修理工厂，除于各军区司令部所在地各设立一个外，并拟在兰州、成都、长春、南京、广州、汉口、玉树各设立一个，共计十二个，每个需官兵四千人。

2. 修护大队，可担负二个飞行大队之第三阶段，修护飞机工作，每个约需官兵一千五百人，内设中队二，每中队下又设游动修理组四个，以备按工作需要临时调派之，修护大队部，拟分设伊宁、迪化、和阗、拉萨、哈密、宁夏、包头、多伦、天津、延吉、嫩江、呼伦、杭州、邕宁、南郑、洛阳、济南、衡阳、腾冲、洮南等二十一个，至其中队部驻在地，则随各空军部队驻在地为转移。

（六）调整空军军区内油弹补给机构，详空军调整计划。

（七）调整空军军区内航空器材补给机构，详航空器材补充计划。

（八）调整空军军区内交通运输机构，概况如左：

1. 按区内配属空军部队之多寡及任务之需要而适切配置空军空运部队。

2. 每一个军区司令部内，配置一个或数个汽车大队及汽车修理所，并于交通枢纽处设立转运机构。

（九）调整空军军区内军医机构（详空军军医调整计划）。

附注：

一、军区划分之地域区数及司令部驻在地，将来是否如所拟者，当视战后之国际情况再定之。

二、台湾因过去历史关系，将来是否包括在军区之内，抑直属航委会，亦须视和平会议后之国际情况而定，故暂不提及。

附件：

（子）空军各路司令部及区指挥部区分要图〔图缺〕

（丑）空军各路司令部编制及现有人数比较表

（寅）复员后空军军区划分要图〔图缺〕

（卯）复员时所需人力估计表

（辰）复员时所需经费估计表

附表　丑

空军各路司令部编制及现有人数比较表　三十四年七月廿七日

路别 \ 类别 人数	空军军官		机械军佐		通信军佐		技术军佐		军用文官		士	兵
	编制	现有	编制	现有	编制	现有	编制	现有	编制	现有	编制	现有
第一路司令部	34	14	15	19	2		3		101	106	169	124
第三路司令部	34	38	15	19	2	2	3		105	134	188	167
第四路司令部	34	40	15	16	2	3	3		101	109	152	138
第五路司令部	34	41	15	22	2	2	3		101	116	127	178
粤汉线东区指挥部	2								6	4		

空军各路司令部编制及现有人数比较表　三十四年七月廿七日

类别　人数　路别	小 计				总 计			
	军官佐属		士 兵		军官佐属		士 兵	
	编制	现有	编制	现有	编制	现有	编制	现有
第一路司令部	155	139	169	124	632	685	636	627
第三路司令部	159	193	188	187				
第四路司令部	155	168	152	138				
第五路司令部	155	181	127	178	盈		缺	
					53			9
粤汉线东区指挥部	8	4						

2005

附表 卯　復員時所需人力估計表　三十四年七月廿七日

区分＼类别＼人数		空军军官	机械军佐	通信军佐	技术人员	军人用员文职	士兵	总计
第一军区	司令部	34	15	2	3	101	169	军官佐属 757
第二军区	司令部	34	15	2	3	101	169	
第三军区	司令部	34	15	2	3	101	169	
第四军区	司令部	34	15	2	3	101	169	士兵 846
第五军区	司令部	34	15	2	3	101	169	
小计		170	75	10	15	505	846	

附表　辰　复员时所需经费估计表　三十四年七月廿七日

类别 \ 数目 \ 区别		空军第一军区司令部	空军第二军区司令部	空军第三军区司令部	空军第四军区司令部	空军第五军区司令部	小计	总计
营舍	面积	260	260	260	260	260	1 300	385 000
	估价	52 000	52 000	52 000	52 000	52 000	260 000	
开办及设备费		5 000	5 000	5 000	5 000	5 000	25 000	
迁移费		35 000	15 000	45 000	5 000		100 000	
备考								

2007

区　别	主编机关	会编机关
最后核定人	参谋总长	
核定人	航空委员会中将主任周至柔	军令部部长徐永昌
审查人	中央设计局中将设计委员丁锦　法制处处长周亚卫　法制处少将专员张之英　办公厅第一组中将组长刘祖舜 军令部第一厅第二处上校副处长谢连品　军令部第一厅第二处少将科长张佺　军政部少将参事戴高翔　铨叙厅少将设计员蔡重江　军医署一等军医正技术专员黄文征	
修正人	航空委员会参谋处 空军中校处长蒋翼辅	
起草人	航空委员会参谋处 空军上尉参谋尤家选	

8. 空军各路司令部、各部队概况①

（1945年）

一、空军第一路司令部概况

三十二年一月刘司令调职，遗缺以杨鹤霄调补。六月十三日杨司令去职，遗缺以张廷孟调补。三十三年初，依照空军整顿计划，改组司令部为第一、二、三、四、五科，秘书、副官两室，暨直隶航

---

① 原件无时间，仅据文意推出。

委会会计处之会计室与政治部之督导室，以利业务之推行。

三十二年，我空军已陆续拥有性能优良之飞机，除以保卫各后方城市外，并积极扫荡敌人、支援陆军，予敌以重大打击。如：三十二年六月鄂西之战，十一二月常德之战，我机莫不奋勇苦战，卓著战绩。鄂西会战击落敌机六架，常德会战击落敌机四架，可能击落八架。又八月二十二日陪都之防空战，击落敌机一架。卅三年战绩之最卓著者，有六月九日至十九日对宜沙攻击，协助陆军反攻克大小据点数十个，衡阳战役每日自晨至暮，始终掌握制空权，对陆空联络及各重要命令传达颇著成效，且时予敌机以打击。如七月八日以有计划之轰炸，助陆军占领永丰。七月二十一日第四大队以八机抵衡阳上空，苦战敌机三十余架，击落敌机八架，可能击落六架。七月二十三日，我机六架又遭遇敌零式机二十余架，当击落敌机六架。此二役我军无损失。由此使敌丧胆，不敢出战。至十一月衡阳战役告一段落，乃回原防。嗣对敌荆门机场于十一月十九日、廿两日又曾予攻击。卅四年二月起，协助陆军参加豫西、鄂北、湘北之战以迄胜利。同时并分兵力一部驻防贵阳清镇，支援桂北之反攻。

二、空军第二路司令部概况

卅一年七月，美志愿队改组为美陆军航空队，分驻本路区内桂林、柳州、零陵、衡阳等处。敌为图摧毁美空军实力，故于七月中旬至十二月下旬，空袭遂逐渐频繁。

卅二年常德会战，本路区内兵力配备，计有中美混合团空军第三大队之驱逐机与空军第一大队之轰炸机，均驻桂林。美空军第十四航空队之驱逐机与轰炸机，分驻零陵、衡阳、遂川、桂林等地。此役空军第一、三两大队共出动十九次，计驱逐机二百四十四架，轰炸机一百八十架。其战果如十二月六日两次空战，击落敌机零式二架，击伤三架，可能击落一架，我仅损失驱逐机一架。此外轰炸岳阳敌仓库、西齐、洋溪及汉寿城之敌，袭击常德多次，夜袭武汉两机场，轰炸石首、安乡敌军火库及公安、澧县敌军，扫射安乡、藕池口一带敌船，无不战果优良。美空军驱逐机与轰炸机共计出动九十八次。

卅四年因桂林失陷，六月一日本路司令部奉命撤销，保留番号，另设粤汉线东区指挥官，以第十二总站长谭以德兼任指挥官。

三、空军第三路司令部概况

三十二年初，司令部依照空军整顿计划，改编为五科四室。二月一日杨司令离职，遗缺以王叔铭调补，卅四年二月一日王司令调任航委会副主任，遗缺以第四路司令罗机调补；七月下旬罗司令调职，遗缺由徐康良继任。

关于作战方面，卅二年春夏，中原之役，本路区所辖空军部队于四月二十一日集中南郑，直接协助陆军不断出击，曾予敌运城、永济、新乡各机场重大之摧毁。至敌机械化部队、步兵、骑兵车辆等所受我之打击尤巨。计此次战役，本路区部队使用飞机一百一十三架，共计击毁敌各项车辆九百三十二辆，人八千九百余名，其它马匹、火车头、飞机、大炮、桥梁等项为数甚多。

四、空军第四路司令部概况

卅二年一月，司令李瑞彬免职，七月一日航委会交通处处长石邦藩调补遗缺。十月，因实施空军整顿计划，加重路司令部之职权，路司令部改编设五科四室，分掌业务。是月石司令免职，遗缺以航空委员会参谋处处长罗机调补。卅四年二月一日，罗司令调补第三路司令，遗缺以航委会参谋处处长刘国运调补。

关于作战方面，卅二年陇南土匪作乱，空军第八大队担任协助陆军进剿，全年作战五十八次，出动飞机五十八架。卅三年新省政变，哈匪作乱，本部于九月间开始使用飞机协助陆军进剿，计作战七次，出动飞机七架。卅四年新省哈匪之乱仍未平定，本部以暂编协助第八战区，全年之八月十四日至作战共四百四十三次，出动飞机四百四十三架。

五、空军第五路司令部概况

卅二年二月,王叔铭奉令免兼司令职务,遗缺以晏玉琮调补。三月,美驻华空军扩大为美第十四空军,而美国中级空运队亦利用昆明附近各机场为基地,因此本路区活动之飞机乃达千架,物资源源内运,作战飞机日夜出动。举凡机场之增建扩充,防空情报网之健全,警卫兵力之加强,均由本部负责,业务因愈繁重。是年十一月,奉令修改编制为五科四室及临时工程处与防谍组,于是业务之推行与美军之合作,均得顺利焉。

关于作战方面,卅二年四月十六日,敌轰炸机二十六架,驱逐机十一架,袭云南驿。美空军未及起飞,在地面被敌扫射,损失驱逐机四架、伤十二架,死伤工二百余人。卅二年四月十八日,敌轰炸机,驱逐机各十二架,袭昆明。美空军驱逐机二十七架,截敌于沆江,击落敌机十二架,我官兵死伤四十余员名,美空军死伤二十余员名,被毁营房三座,美空军指挥室被毁,参谋长格伦少将背部受伤,作战处长被炸死。此后美空军即与本部合用本部之作战指挥室。

卅二年五月十五日,敌轰炸机二十七架,驱逐机十二架袭昆明。美空军驱逐机三十四架,截敌于施乐、安宁等处,击落敌机十六架,我地面损失三架,死民众十余人。卅二年十二月十八日,敌轰炸机二十七架、驱逐机架数不明袭昆明。美空军驱逐机三十二架,截敌于宜良,击落敌机四架,我损失飞机三架。

卅二年十二月十九日,敌轰炸机、驱逐机各十二架,袭云南驿,美空军驱逐机二十三架起飞,击落敌机八架,我损失飞机二架。

卅二年十二月二十二日,敌轰炸机十八架、驱逐机二十五架袭昆明,美空军驱逐机三十一架,截敌于宜良、昆阳等处,击落敌机十架,我损失飞机三架、伤二架、死伤士兵六名。

卅四年二月二十六日,我第二大队 B-25 分式轰炸机四架,以昭通为基地出击新宁公路桥梁,因气候恶劣,结果不详。

卅四年四月间,我空军第二大队,以陆良为基地,连续出动轰炸桂林、柳州、邵阳等地敌司令部、敌兵营及公路、桥梁,共作任务三十六次(每次以一架机计),投弹四万零一百二十磅,击中敌桂林司令部一处,营房数座,毁邵阳浮桥一座,死伤敌兵甚众。

卅四年五月间,我空军第二大队连续轰炸桂林、雒荣、阳朔等地敌司令部、敌兵营、敌部队及公路桥梁,共作任务四十二次(每次以一架机计),投弹九万二千二百磅。桂林敌司令部被炸百分之七十以上,毁桥梁六座,营房数处,仓库数栋及车辆船四只。

卅四年六月间,我空军第二大队,连续出动轰炸全县、灵川、桂林等地集结之敌及公路、桥梁,共作任务十九次,投弹五万另六百磅,炸中桥梁五座,毁敌营房二十余栋,并毙敌甚众。

六、中美空军混合团概况

民国三十二年,中美空军为谋增进双方之合作,加强打击日寇计,利用新颖之装备,双方各派干练之空地勤人员,各以三个大队配合作战、设团司令部统辖之,定名为中美空军配合团。我国方面以第一、第三、第五大队加入该团,美方亦以一、三、五之番号,初期仅派飞行部队长,及必要之地勤人员,旋即增派队员若干,以资补充团司令部。美方设司令一人,内分四科,及若干特业部门参谋,我方团部初由路司令兼任,嗣后改由副司令执行一切职务。团之编制亦仿照美方并兼顾国情,充实必要之人员。

本团由美空军第十四航空队司令陈纳德将军建议,于三十二年九月着手筹组,十月一日宣告正式成立。美方派摩斯上校为司令,在印度卡拉齐负部队训练之责。三十三年一月进驻广西柳州,开始对日作战,四月一日迁驻四川梁山,参加中原会战。是时我国委任蒋翼辅中校为团副司令,并派必要人员,仿照美方编制组织团部。至八〔?〕月一日始正式成立,七月十五日团部迁驻白市驿。卅四年一月蒋翼辅调航空委员会参谋处处长,遗职由徐焕升中校接任,于三十四年二月一日就职。三月摩斯司令返国。遗职由第三大队美籍大队长班乃德上校升任。

本团各部队于卅三年一月间,分别在印度受训完毕及先后返国,计第一大队、第三大队驻扎桂林,第五大队驻扎零陵,同年六月间迁防芷江。其主要作战方针:在协助我地面部队作战,削减敌人在我国大陆上进攻力量,并打击敌驻华空军,获得空中优势。此在三十三年敌发动中原会战,敌空军几绝迹于我领空,益为证明。此外阻碍敌交通运输、轰炸平汉、津浦、粤汉沿线桥梁、车站、仓库及长江中船舶运输,使敌不能迅速转移兵力于所斯之地点,向我进攻。故本团各部队一年来之出击任务,实兼战略战术上双重作用,只要天气良好,我铁鸟无时不翱翔天空,予敌以重大损害。综计一年来就协助我地面部队,经过各战役分述如左:

1. 粤南扫荡战(卅三年一月—四月)

在此期中,我第一、三大队分别对涠洲岛敌空军基地及沿海船只作普遍袭击。计毁伤敌机约四十架,击船只约十二万三千余吨。

2. 中原会战(三十三年四月—七月)

敌寇在太平洋战争失利,企图在我大陆上获得进展,以掩饰其国内舆论之谴责,遂纠集重兵并配属战车师团,及以运城、新乡等基地之少数空军为掩护,发动中原会战。是时我第三大队及第一大队部移驻梁山,另一大队一部移驻白市驿。我空军在会战初期,即扫荡晋南三角地带敌空军基地及新乡、开封等机场,短期内敌空军即停止活动,整个战场制空权操诸我手。同时轰炸中牟、郑县、黄河铁桥,阻止敌援军之到达,尔后则以敌战、轰车之地面部队为主要目标。总计会战期间,毁伤敌机约五十架,车辆(包括战车、装甲车、卡车等)约八百七十辆,船只约一万四千余吨。

3. 第四次长沙会战(三十三年六月—八月)

敌寇在中原会战侥幸获逞后,又纠集重兵进犯长沙,企图打通粤汉铁路线,敌锋甚锐,长沙、衡阳相继撤守。在此期间,本团第五大队以全力获得战场上空优势,支持地面部队作战,尤以衡阳保卫战中,敌白昼几无能为力,其攻击多在夜暗,益见我空军之威力矣。

4. 桂柳会战(三十三年十月—十二月)

敌既占领衡阳后,企图打通其大陆上之交通线,同时为夺取盟方在我国之主要空军基地,减少其空军威胁计,遂分兵直取桂柳,迩后趋宾阳,占南宁,打通粤桂路,复轻兵北上,一度攻占独山。在此期间本团第一、三两大队除对豫鄂等地之敌作普遍之袭击外,第五大队以全力攻击粤汉、湘桂沿线之敌运输暨敌之地面部队,予敌以重大损伤,而阻止其进窥我大后方贵阳之迷梦。

5. 豫西、鄂北会战(三十四年三月—五月)

本(卅四)年初,本团各战斗大队先后到印接收最新野马式战斗机返国。第三大队以一部推进老河口机场,大部移驻安康,以我机性能之优越与天航程之遥远,东至淞沪,北迄平津,均在我战斗机威力圈内。先是我对敌机场作普遍扫荡,以削弱敌空军为主计。元月五日,武汉机场上空毁伤敌机约八十架。另二月十日,奇袭青岛机场,计在空中击毁敌机及地面击伤者共约百架。因此敌在华主要各机场之空军,多为我摧毁。敌感本团使用老河口基地,对其损伤之大,遂于本年三月间发动豫南、鄂北会战,南北夹击,均以老河口为攻击目标。果尔老河口失陷后,敌如愿以偿,逐我地面部队,而胶持于淅川、西峡口、李官桥南北之线,迄至敌寇投降止。本团虽失老河口基地,而我第三大队全部移驻安康,以距离之密迩,得发挥对敌之强大攻势,除掩护地面部队作战外,并扫荡平汉、津浦、陇海等线敌铁道运输。总计会战前后,计毁伤敌车辆(包括火车头、卡车、战车车厢等)一千二百辆,并毙敌一千二百余名,军马五百匹。

6. 湘西会战(三十四年四月—五月)

敌既攻占本团老河口强大空军基地后,旋即发动湘西会战,由宝庆沿公路西犯,企图占领我芷江基地。以地形之优越,我地面部队得以凭险固守,同时本团以第五大队为主力及其他友军协力攻击当面之敌,阻止其进犯,企图打破其夺取芷江迷梦。一日间我第五大队曾出击四十余次,使所谓"皇军"俱作我枪弹及伞弹下游魂。迄五月初,敌攻势顿挫,仓惶溃退,恢复原状,我最高军事当局均誉此次会战胜利,全赖空军之助。认识空军在本战役之重要性,而为第二次世界大战解决战争之主力也。以上系就本团参加陆军各主要战役之概述,各部队所需器材、油弹均能迅速补充,如果天气良好,则经常均可作战。固不限于地面部队每一会战之阶段也。综观本团自成立前后,迄自本年八月十五日敌寇无条件投降止,所收获之战果,总计约毁伤敌机九百余架,火车头四百七十余辆,车厢一千五百余辆,炮船七艘,船只八百余艘,汽艇舢版八千二百余只,桥梁二百二十余所。此外毙敌一万六千二百五十九名,马四千五百余匹。

空军第二大队

三十二年仍在温江训练。一月四日,大队长佟彦博殉职,六月以祝鸿信调补大队长。卅三年三月祝大队长调除,以万承烈调补大队长职。是年先后派员赴印度接收新机,并以第六中队调归本大队节制。嗣因训练关系,先由第五中队接收 B-25 轰炸机十二架返国,其他第六、十一、三十三个中队,由副大队长谭德鑫率领赴美国受训。第九中队回国后驻昭通。该地气候经常阴雨,机场四周环山,卅四年二月首次出发,即有一架失事,乃迁驻陆良,是年七月万大队长调除,以谭德鑫升补大队长,仍率三个中队在美训练。所有驻陆良第九中队及驻容大队部作战事宜,并由副大队长汪治隆主持。

本大队于卅二年五月至十一月,参加鄂西会战,共计出动七次飞机三十六架,战果优良。卅三年二月又轰炸黄河铁桥一次。

卅四年三月,轰炸新宁公路、桥梁、桂林敌司令部,柳州敌营房、宝庆附近浮桥、金城江火车站、雒容、荔浦、河池、阳朔、马岭、大分塘、宾杨、广西灵川公路等桥梁,桂林西北村骑兵等役,截止六月底止,共计出动二十二次,飞机九十架,战果均优。

空军第三大队

于卅一年接收美国 P-66 式驱逐机后,九月飞回成都,十月移驻白市驿，担任重庆防空。嗣以是项飞机性能较低，于卅二年二月移回成都训练。

卅二年七月，大队长张伍华调差，以王玉琨调补大队长职。是时奉令将原有飞机移交第十一大队，飞行员分调其他部队服务，大队长率分队长以上军官及大队部机械人员，赴印度卡拉齐受新机训练。十月间，廿八、卅二两中队训练完竣，即成立中美混合大队，接收P-40N式驱逐机，由印度飞往桂林。十一月，王大队长因病调差，遗职以范金函调补。十二月，回桂林之两中队开始作战，出击广州、九龙、香港等处。卅三年二月，第七、第八两中队受训完毕，回桂即以第八、第二十八两中队进驻湖南零陵。四月下旬，中原战局紧张，第二十八中队移驻湖北恩施，第三十二中队移驻陕西南郑，大队部及七、八两中队移驻四川梁山。广泛出击，炸射中原、湘北、鄂西及长江沿岸城镇，平汉、粤汉铁路水陆运输，并协助前线陆军部队作战。十二月间，以分区作战关系，及中原鄂北敌寇蠢蠢思动，欲沿汉水迫汉中，攫取我汉中、安康空军基地，以威胁西安。乃以二十八中队移安康。卅四年一月，第七中队进驻老河口，协助第五战区作战，四月间第八、第卅二两中队亦移安康，嗣以老河口失陷，第七中队亦转移安康。

卅二年十二月一日起至卅四年七月止，本大队出击广州、香港、常德、鄂西、鄂北、豫南、中原各战役，及长江沿岸各大城镇水陆交通，暨粤汉、平汉铁路敌运输线，及上海、南京、宁波敌机场，轰炸与射扫，共出动飞机三千二百十九次，全大队空中击落敌机一百十二架，地面击毁敌机一百二十三架，轰伤敌机二十六架，可能击落击毁敌机十七架；我方损失计阵亡二十员，失踪五员，受伤二十四员，损毁飞机九十八架。

空军第四大队

空军第四大队补充之P-40E式驱逐机，于卅一年十月以后，陆续飞运回蓉，驻防太平寺。至卅二年初补充完毕，一月间曾用此项新机作战数次。二月间奉命移防白市驿,保卫重庆战时首都。五月移驻梁山,参加鄂西会战。六月下旬战事结束,复回白市驿整顿。继派飞行人员分批赴印,接收新机,经三个月始接收完毕。同时加紧训练。九月一日李大队长调职,以司徒福升任大队长,十一月大队奉令调驻恩施,参加湘鄂边区常德会战。十二月底复回白市驿。卅三年春,飞行人员又分批赴印度接机,四月中旬奉令派地勤人员分赴梁山、安康、南郑、西安、恩施等地工作。此时接收新机甫毕,乃即飞赴恩施,参加中原会战。六月中旬返防,同月二十八日移驻湖南芷江,参加衡阳保卫战。九月初始返白市驿。此际派机械人员分批赴昆明,受P-51式驱逐机维护之训练。卅四年二月,飞行人员奉派赴印接收P-51式机并受训练,七月接收完毕,奉命移防恩施。九月一日司徒大队长调职,遗缺由孙伯宪调补。

  本大队卅二年一月于梁山制空,共出动三次飞机三架,击毁敌机三架,汽车七辆,扫射敌营房一座,仓库一座,我损失飞机二架。

  卅二年四月,掩护万县以下长江水运,万县空战之役阵亡一人,负伤跳伞一人。

  卅二年五月、六月参加鄂西会战,共作战十四次,出动飞机一百零八架,击落敌机五架,我阵亡三员,失踪一员,跳伞一员。

  卅二年八月于白市驿制空,共作战四次,出动飞机十九架,我阵亡一员,伤一员,损失飞机二架。

  卅二年十一月常德会战,共作战二十七次,出动飞机一百十七架,共击落敌机三架,我失踪一员。

  卅二年十一月鄂西会战,共作战三十七次,出动飞机一百七十七架,击落敌机一架,我无损伤。

  卅三年三月,侦察任务三次,飞机三架,我无损伤。

  卅三年四月至六月参加中原会战。共作战六十六次,出动飞机一百四十六架,我阵亡七员,负伤一员,击落敌机五架,击毁运输机一架,汽油千余大桶,其余战果待查。

卅三年三、四、五月参加宜昌出击,共作战五次,出动飞机八架,击毁卡车四五十辆,装甲车八辆,敌兵及驮马甚多。

卅三年六月参加衡阳会战,共作战十八次,出动飞机一百零二架,毙敌约三百余人,马百余匹,车辆颇多,炸毁敌库房数座,我微有损伤。

卅三年七月参加衡阳会战,共作战一百六十五次,出动飞机六百一十五架,击毁敌车辆、船只甚多,毙敌亦夥,击落敌机十八架,我阵亡七员,受伤二员。

卅三年八月共作战一百一十二次,出动飞机四百九十三架,击毁敌车辆甚夥,毙敌兵马亦多,我无损伤。

卅三年九月参加衡阳会战,共作战十三次出动飞机一百零五架,敌我均有损伤。

卅三年六月至十月,分批驻恩施部队,共出击扫射作战十六次,出动飞机一百一十五架,毙敌甚多,我无损伤。

卅三年十一月出击荆沙地区作战三次,炸毁敌机场、营房、炮道、仓库、马头等多处起火,毁卡车三辆,我一员跳伞。

卅三年十二月份驻清镇人员共作战三十八次,出动飞机一百架,击毁敌卡车二辆,军需品营房多处,受伤二员。

卅四年三月驻恩人员共出击三十六次,出动飞机一百零八架,击毁敌坦克车十余辆,卡车三十五辆,毙敌一千二百余名,马约二十余匹。

卅四年五月驻恩人员共出击十三次,出动飞机九十六架,共击落敌机十一架,地面击毁二架,卡车一辆,火车头二节,水船十余艘,车皮无数,人马亦属不少。是役我分队长严仁典失踪,飞行员曹仁寿起飞撞堤殉职。

卅四年六月驻恩人员共出击二次,出动飞机三架,击毁敌木船、车辆甚多,毙敌人亦多,我无损伤。

计抗战八载,全大队牺牲九十九员,伤七十四员,出动任务四千四百七十九次（每次以一架计算），击落敌机一百五十六架。

空军第八大队

卅二年初，有DBⅢ重轰炸机九架，一至四月间接收SBⅢ轻轰炸机一架，及教练用北美机三架。三月间兰州附近发生匪患，奉令以DBⅢ、SBⅢ机协助陆军清剿。上半年遂一面剿匪一面训练。七月间奉令除留一部分人员担任剿匪外，其余全大队调蓉，驻新津整训，以运输关系，至年底尚未移防完毕，并因大部分人员奉派留美受训，下半年遂未能继续训练。十月中旬大队长蔡锡昌离职，以第一大队大队长陈汉章调补遗缺。十一月奉令改编为预备大队，辖轰炸、驱逐各两中队，轰炸中队仍为原属之第六、第十两中队。同时将所属第十四中队撤销，驱逐中队新编成十五、十六两中队。

卅三年一月修改编制，所属两轰炸队改编为三座机轰炸队。三月陈大队长调差，遗缺以第二大队副大队长刘为成升补，八月大队撤销，番号保留，人员调拨第二及第十二两大队服务。

卅四年三月奉令编组重轰炸大队，在以美国受B-24式重轰炸训练之人员调补之，三月一日在四川彭山组织成立，辖卅三、卅四、卅五三个中队，每个中队编制B-24机十二架，此项飞机于六月陆续到达印度卡拉齐，即在该地实施新机训练。是月以参谋主任徐应鹏代理大队长职务。

空军第十一大队

卅一年驻邛崃机场训练，使用E-15、霍克75及地飞丁等式驱逐机。十二月大队长王汉勋调差，遗缺以胡庄如升补，卅二年三月移驻双流。五月出发白市驿作战，十一月移驻太平园。卅三年一月胡大队长调差，遗缺以张光蕴升补。是时飞行人员已大部派赴印度受训，接收P-40式新机。中原会战开始，张大队长即率领员士参战，屡挫敌锋。五月，飞行军士补受军官教育完成，陆续晋升军官。是月，大队移防成都。九月，张大队长调差，遗缺以蔡名永升补。卅四年一月，副大队长高品芳率飞行军官三十七员赴美受训。三月日寇窜扰豫西，由蔡大队长率空地勤人员进驻西安参战，战果丰硕，战后移温江机场。

本大队于卅二年六月初，参加鄂西会战，八月间参加重庆陪都之保卫战，卅三年参加中原会战，共出动一百三十八次（每次以一机计算）；参加衡阳、桂林之保卫战，共出动一百八十六架（每次以一架计算）；卅四年参加豫西、鄂北会战，共出动六百十三次（每次一机计算）。

空军空运大队

廿六年十一月在南京成立。初名空军特务大队，隶属于空军前敌总指挥部，以杨官宇为大队长。十一月随指挥部移驻南昌。廿七年一月改称空军空运大队，编制有大队长、副大队长各一员。队长——三十员，及机器勇士、装配员士与军需、书记等。三月迁武昌，十一月修改编制，增加参谋一员。廿九年八月杨大队长调职，遗缺以副大队长章容炳升补。卅二年十二月改编，扩大组织，淘汰旧机，改用 C-47 大型机及 C-46 机。卅四年再行扩编，大队部之下设四个中队，分负各战区空运弹药、器材、医药人员之责。

本大队自廿七年五月至廿九年十月，先后自汉口、成都、重庆等基地至苏北淮阴、徐州、兴化、东台、河南固始、洛阳、鲁南战区、鄂北老河口、川北松潘等处，空运送公文、地图、款项、医药等计卅四次。又自廿七年二月至廿九年十月先后运送人员、器材至各地，计六百一十七次。

空军侦察第十二中队

于卅二、卅三年曾经撤销、保留番号。卅四年三月奉令再度组织成立。迄四月底在四川遂宁筹备就绪，五月中旬至六月底，本队留美受侦察训练，飞行人员暨美籍飞行员由印度接收 P-5E 式侦察机十四架，飞抵遂宁基地。六月十六日队长方朝俊由美返国任职。是时空地勤人员及飞机尚未到齐，设备亦未臻完善，故未参战。

9. 空军作战统计表
(1945年)

表一： 敌空军在我境内被俘或击毙及行踪不明统计一览表　　航空委员会参谋处调制

年月 项别	二十六年八月至十二月	二十七年	二十八年	二十九年	三十年	三十一年	三十二年	三十三年	三十四年一月至七月	合计
被俘者	22	19	5	10	4	13	7	48	33	161
击毙者	339	383	295	158	165	387	313	410	61	2 511
逃走者	15	17	8	16	10	8	3	15		92
总计	376	419	308	184	179	428	323	474	94	2 764

附记
一、调查证实者合计。
二、以机种之损失数目推测之当有。
三、判断敌空军人员之伤亡总数，系按下列之数字推算之（由二十六年八月起至三十四年七月底止共二千七百六十五员名）：
　　1. 重轰炸机每机七人；
　　2. 驱逐机每机一人；
　　3. 轻轰炸机、侦察机、水上机、攻击机，每机二人，九九双轻轰炸机四人；
　　4. 运输机及机种不明机（根据其被毁状况判断之，以双座以上之飞机为多），每机平均三人。
四、本表根据参谋处第二科敌空军在我境内被俘或击毙行踪不明统计表调制。

2021

表二：

敌机在我境内损失总计一览表

年月 原因	二十六年 八月至十 二月	二十七年	二十八年	二十九年	三十年	三十一年	三十二年	三十三年	三十四年 一月至七 月	合计
被我盟空军击落者	91	130	33	16	5	118	149	254	12	808
被我盟空军炸毁者	43	136	71	14		38	53	169	1	545
被我地上高射器部队击落者	40	43	31	19	14	3	7	5		162
被我陆军袭击毁损者	54	53	14	18	46	8		2		195
被我炮兵击毁者	10	1		8	19					38

（续表）

年 月 原 因	二十六年八月至十二月	二十七年	二十八年	二十九年	三十年	三十一年	三十二年	三十三年	三十四年至七月	合计
敌机自行迫降者		19	21	29	30	20	7	23	29	178
被我击落或行踪不明或受重伤迫落敌阵地者		27	7	3	4	6	175			222
总　计	238	409	177	107	118	213	391	453	42	2 148

附　记

一、本表之数字均有可靠之证件为据。
二、敌机之损失，如于本表制成后续有查明证实者，于次月调制时改正之。
三、一二月份迫降敌机中有三架，系伪航员驾来投诚者。
四、二十六年十二月即有三盟国俄机参战，故在十二月以前，敌机损失均属我军击落者。
五、本表根据参谋本部第二科敌机在我境内损失总计一览表调制。

表三：

空军官兵学生死亡失踪统计表
自二十八年一月一日起至三十四年十二月卅一日止

类别	总计	空中			地面				失踪
		阵亡	因公	练习	阵亡	因公	病故	其他	
小计	3 533	154	281	148	90	535	1 957	133	235
空军军官	529	132	198	82	1	7	40	16	53
一般官佐	473	5	24	3	16	75	295	26	29
空军军士	57	11	30	4			4		8
机械士	700	6	28	2	13	103	451	36	61
普通士兵	1 661			2	59	345	1 125	49	81
学生	113		1	55	1	5	42	6	3

表四：

二十八年至三十一年空军作战统计表

区分＼年度	二十八年	二十九年	三十年	三十一年	备考
轰炸出动次数	15	29	7	72	
侦察出动次数				37	
扫射出动次数				21	
空战次数	45	50	40	33	
使用轰炸机架数	83	241	43	309	
使用驱逐机架数	620	965	325	682	
使用炸弹吨数	42	100	18	155	
炸毁敌机架数	100	18		30	
击落敌机架数	52（重伤者未计）	28（另伤30余）	14（内可能击落者2）	95（另伤7架）	

(续表)

年度 区分	二十八年	二十九年	三十年	三十一年	备考
炸毁敌舰船数量		3		18	另小船沉伤起火甚多
我空军负伤人数	10	38	43	14	
我空军阵亡人数	33	28	39	11	
我空军失踪人数			4	6	
我军损伤飞机数	43	87	50	26	
我军被毁飞机数量	32	43	65	24	
我军失踪飞机数量			1	1	

10. 抗战中的中国空军①
（1947年8月）

〔前略〕

四、"八一四",光辉的一天

抗战军兴,敌寇挟海陆空的优势兵力,企图一举屈服我国,但我国上下团结一心,决心抗战到底,以争取最后胜利。当时我空军即作严密之部署,准备随时应援冀北军事,然淞沪虹桥事件猝发,日寇有事于上海的阴谋,已图穷匕见。空军当局遂不得不变更计划,转移空军主力于京沪杭区,以拱卫首都畿区安全。八月十三日,国军争先还击敌寇于闸北,战幕已启,中国空军遂于八月十四日正式出击,为民族存亡最后关头,捍卫祖国的领空!

八月十四日,上海的战事已打了一天一夜。

清晨,上海的晴空里有机声响过,一队青天白日章机掠过苏州

---

① 选自行政院新闻局印行的《中国空军》。

河,一阵猛烈的爆炸,公大纱厂和军械库,已浴在火舌乱舞的红光中,整个上海都震动了,但这不过是一个开始。

许思廉飞去后,那边又来了孙桐岗,东海大队从广德向上海出击,目标是黄浦江上的敌舰。八时四十分,黄浦江卷起愤怒的水柱,出云旗舰尾部中了弹创,敌舰第一次受到了膺惩,同时,在汇山码头上空,东海大队的机群,又扔下炸弹,杨树浦江边火光高烛。

九时二十分,扬州出动的流星大队到了沪淞口,丁纪徐大队长,统率着全师攻击那出没在崇明附近的敌舰,梁鸿云的炸弹一声响,怒涛吞噬了一艘敌舰。

经过一段时间的沉寂,下午两点二十分,刘粹刚飞临闸北,再度攻击烟火未息的公大纱厂和敌司令部兵营,苏州河北但见一片浓烟弥漫,火光已向日寇索回了一部分侵略暴行的代价。

归途中,在真茹、南翔上空,敌机七架露了脸,梁鸿云猝不及防,竟被击落在沪西,成为"八一四"我方的损伤。

四时,笕桥正大雨倾盆,第一次出击的许思廉又冒险飞沪,当穿过云层,浦江在望时,天际又是长空如洗。公大纱厂仓库的火焰已被暴雨所浇灭,他愤怒的心又燃起了爆炸的火焰。这时,上空机声隆隆,是周庭芳率领着一队青天白日霍克机,赶来掩护,但许思廉任务已告完成,正待归航,西南方又来了机影,霍克机在沪滨上空翱翔,胡庄如率领的另一批勇士已在云端出现,于是公大仓库再遭投弹,虹口敌军司令部又经过了一番火煎。

五点钟响过,孙桐岗二次重来,在公大纱厂与招商码头之间,和敌军司令部到狄思威路的一段,撒下了一个大火网,十一处火舌,照得满天鲜红,在高射炮火里,一架敌机再开始向"东海"攻击,任云阁中弹阵亡,祝鸿信受了伤,但是这一架敌机也变成了殉葬【品】,祝鸿信负伤滑翔,竟安然在虹桥机场着陆。

其余的机群,已在晚幕下落的时光,先后返抵了杭州和广德。

但正在这时候,钱塘江上弹雨交流,志航大队和木更津展开了第一役主力的接触。

志航大队的李桂丹、黄光汉和毛瀛初三中队,匆匆地从周家口赶到笕桥,还未曾准备出击作战,木更津已偷偷地来了,男儿报国此其时,第四大队的勇士立刻跃机腾空。

在钱塘江上空,两军相遇,高志航一机当先,敌机吐着黑烟,飘然坠落,郑少愚、李桂丹和乐以琴也杀入重围中,满天只是烟硝和火花,追到曹娥江上空,木更津的侵略群坠落了,一、二、三、四,浓密的烟卷淹没了晚霞的灿烂。

六比〇,笕桥上空的胜利,赢得了全国同胞的爱戴,"八一四"这一场压轴的血战,震惊万方。

十二小时的出动告一结束,中国空军创造了不朽的第一天,于是为了纪念空军在抗战中的牺牲,"八一四"决定为"空军节"。

年年此日,全国都在缅怀壮烈,创造将来!

五、敌我实力的消长

敌寇空军在七七事变以后,即调遣陆军航空队二〇〇架集中华北,担任作战,淞沪战起,敌寇更派遣海军航空战斗队飞机二四七架,分驻台湾及东海第三舰队母舰群,对我东南展开猛烈空袭,虽经我不断予以歼灭,但补充迅速,始终保持此一数量。

相反,我国空军,方在草创时期,兵力薄弱,总兵力不过二百二十余架,而尚有教练机群在内,自战斗开始后,补充困难,经数月之消耗,与敌相较,自见悬殊,所以我国空军,始终在一绝对劣势下应战,全赖勇敢死拚的牺牲精神,作以一当十的苦战。

在抗战初期,敌空军总兵力,据非正式估计,约有各式飞机一千五百架,战事开始实际出动兵力约为五百架,故双方实力对比,最相近时为五比三,到民国二十九年,双方实力对比,几跌至十二比一。因此,我国制空权遂不得不暂时落入敌手,听敌机猖獗四方(附历年敌我双方实力对比)。

年份	年初	年终
民国二十六年	五比三	五比三
民国二十七年	五比三	六比一
民国二十八年	三比一	四比一
民国二十九年	四比一	十二比一
民国三十年	八比一	七比一
民国三十一年	七比一	五比一
民国三十二年	五比三	五比三
民国三十三年	五比二	五比三
民国三十四年	五比三	

但我国空军在劣势下造成的战绩，使我仅有五年历史的空军部队获得世界上一致的最高评价，空军史实的骨干是空军在抗战中血战的记载，这些记载是无数空军血洒晴空的硕果。

六、"木更津"的毁灭

"八一四"无敌的胜利，带来了我空军苦斗的光荣开始。翌日，我空军再度出击，轰炸沪滨敌舰及仓库，敌舰被创十余艘，敌舰两架被击沉，但不幸空军志士两人，也同时死为国殇。

木更津与鹿屋航空队的失利，激起了敌寇的愤怒，十五日敌机六十架，从台北起飞再袭杭州嘉兴，我机五架起飞迎击，一举击落敌"九四"轰炸机四架。午后七时，天色微暗，大队敌机又两批袭杭，企图报复，以全力歼灭我空军主力。但是我空军大奋神威，竟一口气打下了十六架，敌机狼狈遁去。

同样，在首都附近上空，敌机也开始以大编队暗暗行进，但我机临空而至，秋风扫落叶，敌机又遭遇到悲惨的命运，十四架日章机坠向江南大地，而首都仍浴在新月宁静的光辉下。

在八月十五日十二小时内，敌机三十四架被击落，其战果之辉煌已使世界震惊，而敌寇从此也不敢小视我甫经成长的空军，它无限神威的奋发力量与无尽止的仇恨敌忾。

八月十六日,敌机再度来犯,我空军再接再厉,又击落敌机八架,号称敌海军航空队最精锐主力之木更津、鹿屋两部队,竟于作战三日内被我歼灭殆尽。

三日来,敌机四十四架被击落,这一光荣的纪录,足以媲美空战史上的任何一页,我空中英雄乐以琴和刘粹刚名震遐迩。

七、战士的血洒遍祖国的长空

轻敌的时期过去了,敌寇开始以全力来搏取制空权,我空军虽然英勇,但终无法克服数量上优势的压制,于是空军的出击改在夜间,大规模的遭遇战竭力避免。

北战场战局逆转,晋北和平汉线形势紧张,空军遂不得不以仅有的兵力,成立征北支队,设司令部于太原,支援晋北,在廿六年九月中旬到岁末,这一支队计袭炸了四十二次,侦察过十二次,使国军在忻口阻遏了敌寇的凶焰。九月廿一日雁门上空,敌"驱逐之王"三轮宽少佐被我勇士陈其光所击毙,三轮宽号称无敌,但从此殒落了。

全国战局的不利,使空军分别陷于苦斗之中,高志航空战死在周家口,刘粹刚失事在高平,乐以琴阵亡在棱霞,一连串的噩耗,使全国人民同声哀悼,然舍身成仁,在以寡敌众的战斗下,是无法避免的不幸。

廿七年,徐州会战中,我空军获得苏联志愿队的参战,实力大振,当时铁鸟大队在归德、志航大队在武汉、流星群大队在粤北,防御力量极为坚强,因此在武汉会战前后,我空军的战绩,更是可歌可泣。

二十八年二月十八日,敌寇大规模对武汉实行空中追击,三十八架敌机由长江下游窜进,志航大队临空而起,李桂丹统率着全军,鏖战了十二分钟,天际是一片火光流星,十二架敌机灰飞烟灭,但李桂丹和吕基淳也殉身在火网交流中。武汉的空战开始予敌寇致命的打击。

远征台北的一幕,是我国空军出国长征的尝试,台北松山机场本是木更津的根据地,在敌寇心目中,我空军再无威胁台北的可能,然而我勇敢的空军部队出动了,悄悄地突入台北的上空,在尖锐的警报声中,爆发浓烟与火光弥漫了整个的松山机场,在我机归航时,台北的上空,才有高射炮空洞的声响。

归德上空自三月下旬到四月中旬始终是敌我空中决战的主要场所,加藤和铁鸟大队各以全力决胜,加藤的挑战书决定了决战的日期。四月十日,铁鸟大队陈师归德,黄莺和张明生驾机先驱,半小时的激战,加藤大尉被击落,敌机损失了六架。

远征日本的使命,铁雨大队至今引为无上的光荣,五月十九夜,出动命令抵达基地,徐焕升率领着全军,开始作飞渡重洋的长征。

穿云雾,御长风,在黑暗中飞向九州的海岸,当日本人民从梦中为机声惊醒时,铁雨大队的仁义之师,扔下了纸弹,向日本人民揭发军阀的罪恶,不丢炸弹投纸弹,这种不袭击非战斗人员,正充分表示我民族的伟大德性。

远征全师,在黎明时完成使命,飞返祖国,大武汉的居民,在晴空下热烈地欢迎他们,全世界都传遍了这惊人的消息。

四月二十九,日本天长节,佐世保十二航空队追步木更津、鹿屋死亡的旧路,又向武汉进袭。

"志航"和"正义之剑"以无敌的阵亡枕戈以待,毛瀛初和董明德统率全军,五十四架敌机分成两路,儿玉少佐在下游出现,田野牧少佐迂回到汉阳上游,先后和志航、正义之剑揉作一团。

武汉上空火花迸发,机群腾飞,志航大队美少年陈怀民,在数十万市民惊心动魄的观战下,表演了他最后的生之传奇。

在围攻中,陈怀民已经击落了一架日章机,但是还身处在以一敌五的火网里,机身被打得发热,发动机被打得冒烟,显然毁灭已在眼前,一个智慧的决定,陈怀民的座机在太空里划起一道白光,向一架敌机直扫,火光迸起,鲜血与火花吞没了一切,陈怀民以二对一的代价,光荣的殉职了,与他同归于尽的高桥宪一,陈尸溵口,陈怀民埋骨在青山。

"四二九"的胜利,是空军史上无可比拟的一页,廿一架敌机的殒落,使佐世保又成为木更津之续。

五月十八日徐州突围,战局重心已移向中原,敌舰开始溯江西上,敌机也更广泛地出击,我空军依然奋斗,南昌之役,铁鸟大队击落了南乡大尉,粤北之役,流星群大队又两次却敌,武汉三次会战,又击落了佐世保,随着战争的逼近武汉,空军的出动日见频繁。

六七月间,敌舰已攻达马当附近,我轰炸机群,前后出动五十次,炸沉敌舰十二艘,炸伤二十九艘。在空战中,击落敌机十三架。八月间,敌舰开始掩护登陆,九江湖口一带战事白热,我机继续轰炸以阻遏敌增援,并炸沉敌舰九艘,炸伤二十三艘;在七次空中遭遇战中,击落敌机廿三架。九月中,战事逐渐西移,空中攻击达于顶点,而陆上掩护作战,也开始出动,空军先后在武穴、田家镇及豫鄂边区协助作战,使敌寇攻势顿挫。但牺牲浩大,力无以继。十月中,我地面部队已撤至武汉附近,空军虽以全力打击罗山敌军,使之不克由北面长驱直入,但已无补大局,武汉、广州相继陷落,空战遂告一段落。

在此一年中,空军战果辉煌,无与伦比,但牺牲重大,补充为难,以致二十八年战斗力量,日见减退。

八、绝对逆势下的反击

由于我空军力量的不够分配,敌机在廿八年便开始掌握我大部制空权,我空军轰炸部队集中在成都、宜宾一带整训,驱逐部队分驻在重庆、兰州和成都三地,这一年间,空战前后三十次,大规模的战斗均发生在这三处,我流星群大队和志航大队均以劣势击败了敌寇大编队的侵进,二月二十日兰州上空流星群在岑泽鎏指挥下击落敌机九架;二十三日,敌机再犯兰垣,结果又击落六架;四月二十九日重庆上空,志航一口气击落了十架,但是我战士的牺牲更惨,张明生在重庆阵亡,邓从凯在遂宁战死,这些都是比较享负盛名的战将。

十一月间成都的空袭,规模最大,敌"轰炸之王"奥田大佐亲自出击，企图歼灭我集中成都的空军主力，但经我空军迎击，奥田大佐阵亡，敌机损失三分之一，使敌寇从此不敢贸然再犯成都。

　　轰炸部队机虽少，但出动仍频，而且按多小编队出发。二月五日轰炸山西运城，敌机二十架被炸毁。四月十一日轰炸同蒲路，四月廿九日再袭运城，均获得最大成功。五月四日出击南昌外围战地，使敌军攻势顿挫。十月三日，我机九架轰炸汉口机场，敌机三十余架及无数器材被毁；十四日再袭汉口，又炸毁敌机五十余架，并以轰炸战与敌机作战，击落敌机三架，这更是我空军创造的奇迹。

　　十一月间，敌军在防城登陆，进犯桂南，我空军奉命南调支援陆军御敌，但当时敌机在桂南方面有二五一架，而我机包括苏联志愿队的"正义之剑"部队在内也不过一一五架，兵力相差甚大。然我机以少胜多，在桂林、柳州、零陵、芷江等地空战十一次，击落机十一架，在十二次出动轰炸中，炸毁敌机十五架，协助陆军克复据点四十五处，击落敌机三架，投弹廿八吨，战果相当丰硕。而在柳州会战中，我空军的新彗星周志开首次出现，便击落敌机，开始了他以后壮烈的战斗，这是值得在此一提的。

　　战事旷日持久，空军的力量因无法补充，消耗殆尽，但在二十九年中，仅余的力量，仍与敌机作殊死的狠斗，保卫着大后方的空中安全。

　　九、九十颗子弹加一颗炮弹

　　二十九年是敌机疯狂滥炸大后方的一年，敌寇妄图以空中威胁，压迫我军中途投降，但我军屹然不摇，于是空袭惨烈，我空军将士亦多数以一当十的壮烈牺牲。

　　四月下旬，川中雾季结束，敌寇集中机群六〇〇架，开始扫荡我陪都外围梁山、遂宁等机场，我空军以力量分散，无法防御，遂改变战略，随时调动部队，待机而动，并使用"空中炸弹"使敌机编队散落，而后突入攻击。

五月中，敌机大编队之空中轰炸开始，敌机数目动辄百架以上，而且更番出动，渝市外围及市区，日日在烈焰爆炸中，我空军奋身作战，但势力单薄，难以遏制敌机之疯狂战略轰炸。

六月后，敌机进攻有增无减，梁山、重庆、遂宁，无日不在警报中，我军半月里前后击落敌机十四架，但敌机实力强大，并分头轰炸合川、綦江，我平民死伤甚众。这一个夏季正是我空军未曾遭遇过的大风暴，四川盆地每天的温度都在一百度左右，使我仅有的空军斗士，几无分昼夜，时时在空中激烈的搏斗着。八月间，敌机因我空军英勇难敌，改编编队，配备最新式驱逐机掩护轰炸机行动。我空军乃先在遂宁等待，候敌驱逐机逸去后，再起飞截击，敌机乃数被重创而返。至八月十三日，敌机又以六十六架轰炸驱逐联合编队来袭重庆，最新式之零式驱逐机也在此时出现，火力、速度、性能均非我机所能及，何况敌机又在数量上占绝对优势，因此我机攻击愈猛，损失愈重，人员与飞机，蒙受未有之牺牲，我空军面临在此严重之局面，但亦视死如归，奋战到底。

在中央国父纪念周上，蒋委员长曾这样说过："我们每架驱逐机每日要与敌军五倍以上兵力继续三个至六个小时的始终苦斗，每一队飞机至少有三分之二皆被敌机枪炮弹击中的，有一次，周志开同志所驾驶的飞机，被击中九十九颗枪弹，又加一颗炮弹……"空军的血汗，实令人难以想像当时的景象。

死拼的结果，我机消耗到仅余各式飞机六五架，但在敌机袭川的一〇二次空袭中，我机应战六十一次，前后击落敌机卅二架、击伤敌机廿二架：仍予敌以相当损伤，我空军主力已不堪再战，于是在民国卅年，我空军战士便被调赴印，接收新式飞机，从事整训，国内仅存的力量，也开始避战，以避免无谓的牺牲，这是抗战中空军作战的最黑暗时期。

从此，敌机纵横我国长空，横肆虐杀，三十年五月以后，重庆又遭到空前的轰炸，前后统计四十五次，敌寇为继续执行"空中制胜"

战术起见，更利用少数敌机，更番出动，延长空袭时间，妄想使陪都神经中枢至于麻痹，陷整个战时机构于失灵，但我国始终不屈，敌寇企图终于随雾季来临而幻灭。

十、飞虎雄风卫南国

在我国空军难以为继的时候，赫赫有名的"飞虎队"在昆明成立了。三十年八月，美国志愿空军二五〇人在陈纳德上校统率下，拥有最新式 F-40 战斗机一二五架，集中缅甸训练。陈纳德是一个有名的空中战术指挥官，由于他的策划，美国志愿队在太平洋战事爆发，便大显身手。

十二月二十日，宜良上空击敌，一年来未遭遇抵抗的敌机，大败而归，四架坠落、三架失踪，接着仰光上空两次战斗，敌轰炸机损失廿二架，战斗机被击落七架，此外还有可能被击落的驱逐机八架，轰炸机十五架，战果之大，一时无双，于是"飞虎"名声，远播全球。

我空军的避战，到三十一年冬始正式结束，大批美式 B-25 与 B-38，源源抵印，我空军初级班时已迁至印度拉合尔，大批空军战士得在无威胁的环境里成长，奠定了未来复夺制空权的基础，美式新机的归来，卅二年的空中逐鹿便见大大改观。

太平洋战局的逆转，仅赖长沙三次大捷，支撑住大陆的一面，而美国志愿队的以少胜多，也不愧是空中的中流砥柱，当时盟国空军还无力在太平洋还击，全世界同盟国地位都陷于显著的失利，我入缅军因援缅过迟，未能阻遏敌寇攻势，但几次战斗，足以使敌人为之胆寒，美志愿队在仰光失陷后，以垒允为根据地，鏖战滇缅上空，卓著劳绩。

缅甸军事失利，敌寇侵入滇边后，我避战的空军，不得不联合美机出击，虽然我机仍是俄式旧机，但在空军战士勇敢冒险的尝试下，前后轰炸惠通桥、腊戍、龙陵一带达二十余次，卒使战局稳定，敌寇无力再进。

同时，浙赣会战发生，东线告警，我避战的空军，因需要也出动协助作战,先后在金华、衢县、上饶一带出袭,但力量有限,战果绝小。七月美国志愿队结束,改为十四航空队,中国战区至此已进入中美空军并肩作战的阶段。

美志愿队半年的活动,前后出击一〇二次,击落敌机一九三架,击毁敌机七五架,击伤敌机四〇架,可能击毁的还有六四架,击毁卡车一一二辆,仓库一五座,但美国作战人员也有廿人牺牲,四人失踪,不过与战果比较,可算是微乎其微了。

十一、空中骑士归来了

三十三年的空中兵力,由于我空军补充完成归国,大见增强。在南北战场,我空军计有五个大队,同时更有一部分战士与美空军合组成中美混合团,专司战略轰炸;此外第十四航空队仍在陈纳德少将指挥下驻防湘桂前线基地,所有机件性能均优,轰炸机计有B-24、B-25及A-29;驱逐机则有P-40、P-38、P-51、P-43和P-66,总数在二〇〇架以上。

空军力量的增长,使制空权的争夺,又渐呈均势,我机在性能上占优,敌机在数量上稍多,所以双方实力渐渐平衡,在新的战术里,空中红武士周志开、高又新、臧锡兰的英雄世纪开始。

十二、臧锡兰与周志开的传奇

从鄂西会战到常德会战,我空军前后出动二一六次,对藕池口、石首、华容等地蠢动之敌加以扫射,并在常德附近协同国军坚守城垣,轰炸敌阵地,先后在空中击落敌机廿五架,在地面炸毁敌机十二架,常德会战在最后胜利之所以属于我,有空军的力量是一大重要因素。

在鄂西的战斗里,这里指出臧锡兰的故事,因为臧锡兰的英勇,易得美国战士对中国空军无上的崇敬和光荣。

五月卅一日,臧锡兰在荆门上空,敌寇零式机以绝对多数围攻我中美联合出击机群,美安利生上校在战斗中,被迫得处处下风,眼看着走上死角,失败已不可避免,但是在这一刹那,臧锡兰飘入火网,对着追猎者猛攻。一阵旋风,敌机随即着火,安利生从虎口逃生,是臧锡兰的英勇消灭了敌人,也救了安利生。

十四航空队特地电邀臧锡兰到昆明去畅叙,史迪威总部也颁给他银星勋章,表彰他勇于取义的仁侠精神。然当臧锡兰被誉为英勇的时候,周志开正也荣获青天白日章,中国的空军在互放着璀璨的光芒。

周志开的勇武早在柳州和重庆上空,已震破敌胆,等到从印度整训归来,周志开更是气吞河汉,大巴山的一役,击落敌巨型机一架,梁山追击战中,他更单机猛进,从梁山杀到巴东,周志开在火网中飞翻腾跃,三架敌机,画成一条抑郁的烟圈,直坠大地,三比〇的胜利,在一与一中队的战斗中,实是奇迹。

蒋委员长特颁发青天白日章,航委会也给他一个短期的休假,空军勇士们都羡慕臧锡兰和周志开,但英雄也有"有名"与"无名"的区别,而他们的功绩是一样值得歌颂的。

但是周志开毕竟成仁了!在最后一次单机侦察汉口的冒险中,前方电话证实了这孤鹰已受了伤,汉口的广播证实他曾以一当十的苦战几番,然而日落风紧,全国人以悲愤的心,在凭吊一颗明星的殒落。

十三、战局黯淡中空军的血汗

敌寇在各战场显着失利,为了挽回颓势,决心遂行大陆决战,企图打通昭南北平铁道,于是卅三年,我国全面惨烈的战斗,由北而南的展开,规模之大、动员之众,实足追媲任何一役而过之,但以敌寇兵力陡增,我军实力难与作主力争持,以致损失惨重,而战局千变万化,由中原至湘桂,最后止于黔边。

这是抗战史上军事形势最黯淡的一刻,但空军的实力却日见蓬勃增长,然而空军不能改变地上战斗的颓势,所以三十三年的失利正是黎明前最黑暗的一瞬。

中原会战爆发,敌空军集中四个战队,约有飞机一五六架,另自北战场调来飞机一一四架,合力牵制我空军作战,而我空军部队分以重庆、梁山、南郑、成都、安康为基础,配备第二、第四两大队,与中美混合团十四航空队的一部协力作战,当时计有轰炸机二六架、驱逐机一二〇架,实力似仍不及敌空军之强大,所以我空军纵一再出击,扰乱敌寇后方补给,但地面战斗失利,空军终也无能为力。

接着敌寇更在华北一带部署,阴谋南犯湘桂,主力集结达二十二万人,而空军兵力也集结达五个战队,有飞机一六八架,分布武汉前线基地,长衡会战已是一触即发之势。

我空军为应付此一盛大攻势,也集中五个大队与中美混合团、十四航空队并肩作战,严密戒备,拥有轰炸机六八架,驱逐机一一三架,分别集中于桂林、芷江、丹竹、南雄、遂安、成都等机场。

但敌寇此一决战姿态,其发动的攻击,势如狂涛,我军武器窳败,实难作正面抗拒,为确保实力,不得不作战略转进,使敌寇锐气顿挫,补给线渐长,而待其战斗力减退时,再予痛击,因此,长沙、株洲相继弃守,两军主力于衡阳外围相峙。

衡阳困守四十七天,内线城防部队坚贞不拔,外线反攻部队虽前仆后继,但敌寇连连增援,其主力大受损害,而全盘作战计划,因此迟滞达两月以上,最后竟不克完成,然衡阳之所以能苦撑如此之久,除了归功于地面部队以外,空军日夜鏖战的劳绩,更是不可埋没的。

从高又新的苦战来看,他每天要出动八次到十次,运送弹药,轰炸炮垒,扫射阵地,这些使命,都是空军的责任。

高又新一次勇敢的轰炸,使国军兵不血刃地光复了金兰寺。打下了衡阳外围敌寇最坚强据点。他又一次出击,掩护国军光复了俯瞰永丰的三个高地,使湘乡方面的战局稳定下来,他更有一次击毁敌四个炮垒,炸毁一列辎重车,昼夜作战,一样苦撑了两个月。

衡阳陷落后,空军依然继续出动,高又新在湘西春水两岸,差不多打完了敌寇一联队,这种硬拼的精神,说明了空军在长衡会战中的地位,高又新因此获得青天白日勋章,我空军的胜利,是整个战局逆转下惟一的光荣。

隔了一个月,敌寇的实力已渐恢复,桂柳会战便又展开,我西南各省随着战事的播迁,开始动荡起来,这一役的回忆,至今犹痛在心头,但空军的战绩却没有失败。

下面是三次会战中空军战绩的统计,纪录证明了事实。

	中原会战	长衡会战	桂柳会战
出击	一一九	三四九	三一六
击落敌机	八七	七〇	七〇
炸毁敌机	七九	五二	二四
可能击落或炸毁	六	三九	一四
轰炸车站	三三	一三	八
炸毁船只	四〇	二五一九	一〇〇〇
炸毁汽船			一二〇
炸毁桥梁	一六	二五	二〇
炸毁机车	二二		
炸毁卡车	一九三一	一八五八	二〇

敌寇大陆决战的企图未能达成,海上的失利使本土开始遭受威胁,为挽救颓势,仍想先行解决我国的战斗力,因此在三十四年先后发动之豫西、湘西两次攻势,豫西的战斗以老河口、安康两空军基地为目的地,湘西的战斗则又以芷江空军基地为目的地,敌寇欲求制胜,先在攻占空军基地着眼,我国空军所施的还击力量,由此可以想见。

十四、陆空合作的五次歼灭战

豫鄂边境的战斗,因地势衍平,利于机械化部队的进攻,所以敌寇处处占得便宜,直扑襄樊及老河口,但我军主力并未受损,因此敌军攻势渐呈衰颓,我军立即展开反击战,襄樊、自忠均先后克复,豫西方面因敌寇竭力苦撑,终于对峙在老河口、淅川、西峡口附近,而在西峡口、重阳店之间,我空军竟发动五次歼灭战,这是抗战史上空军压制敌军取得最大战果的一役。

第一次的歼灭战,发生在四月一日到七日之间,我空军日夜轰炸敌寇的补给线,在内乡附近予敌辎重列车以最大创伤,使敌寇在西峡门一带军心不稳;四月五日,我军在空军掩护下,四面夹击,克复魁门关,歼敌四千余,敌——○师团长亦被扫射中弹阵亡。

敌寇心犹不甘,继而增援西峡口,于是又遭遇我空军第二次的歼灭,五月一日我机扫射伏牛山麓松林间的敌寇,敌死伤盈野,淅川方面敌军遂星夜驰援进攻豆腐店,国军张开罗网,与空军配合,将敌寇重重围困,一千五百名敌军,全数歼灭,辎重车辆,损失尤大。

五月十日,国军向西峡口附近反击,将公路敌军包围,空军更开始扫射,激战由晨至晚,敌军全数消灭,遗尸一千三百具,横陈道途,一一○师团至此几乎全部被歼。

第四次歼灭战接着发生,内乡之敌紧急驰援西峡口,乘锐向国军进击,国军沉着应战,俟空军抵达后,即开始反攻,敌死伤惨重,又损失一千五百人,敌寇从此无力再犯汉中。

第五次歼灭战发生在陇海路正面,敌军越陕县、灵宝西犯,经我空军配合国军反攻后,先后将敌切成数段,在寺河卫、岔道口附近实行歼灭战,敌陷入隘路内,进退不能,遂被我轰炸及炮击,全数覆灭,敌军死伤三千四百人,因此国军在五月底便恢复原态势。

这次歼灭战的胜利,由于我空军尽量利用安康机场,使出击距离缩短,出击次数增加,我轰炸机在两月之内出动一五九次,驱逐机出动一四九次,作战的频繁在时间比率上,较之长衡会战实尤过之。

十五、第五大队翱翔在雪峰山

豫鄂激战开始,湘西雪峰山麓也正杀声动地。

湘西会战是我军最辉煌的一役,陆军与空军均获得重大战果,敌军兵力约有八万人,国军正面由第四方面军王耀武部扼守,前后激战两月,敌军大败而归。

湘西会战中,我空军参加战斗的为第五大队、第二大队和第一大队的一部,主力集中芷江及陆良,从下面一页作战日志,可以评定空军在这一役的功勋。

日　期	番　号	目　的　地	战　果
四月一日	第五大队	岳阳、湘乡、长沙、宝庆	炸毁仓库、火库十余处,机车、卡车十余辆
四月十一日	第五大队	宝庆、长沙、衡阳、九江	
四月十二日	第五大队 第一大队 第二大队	蓝田、宝庆 长沙、武昌车站 湘桂敌军基地	毁机四架,毁车厢二十辆
四月十三日 十四日	第五大队	宝庆、襄阳、蓝田、长沙、零陵、衡阳、洞口、桃花坪、放洞、岩口铺	
四月十五日	第五大队	出动廿二次攻击战地	
四月十八日	第五大队	出动卅三次袭击宝庆敌军	
五月二日	第五大队	出动三〇次轰炸宝庆、洋溪	
五月三日	第五大队	出动卅八次轰炸江口、洞口、放洞	
五月四日 五日	第五大队	出动卅九次集中轰炸宝庆、洞口、瓦屋塘	
五月九日	第五大队	出动四十五次集中轰炸放洞、白马山、宝庆	

战斗至五月九日,敌军已呈总崩溃,我方地面部队与空军即协同追击,放洞一役,敌一联队全数为空军歼灭,最著战果,总计自四月十日至五月十二日,我第五大队出动七〇〇次;第二大队出动二次,第一大队出动廿五次。战果之辉煌与出动之频繁,已达最高极限,而陆空军的密切合作,实是抗战中联合作战最优良的一个实例。湘西会战的胜利,正是敌军投降前的一个致命打击。

十六、中国空军璀璨的前程

胜利的来临　中国空军对外作战获得了光荣的结束，在八年中，我空军始终以不满三百架的劣势兵力，与敌寇数倍的兵力周旋，前后击落敌机一五四三架、击伤敌机三三〇架。更在最后的两年中，获得我领空制空权。空军的成就，实在超过仅仅长成十年所应有的表现，展读许多空中英雄为国写下的壮烈史诗，中华民族勇敢的精神充分流露，空军在现代战争中已跃居领导的地位。我国空军的前途，正如旭日东升，光芒万丈，成为我国国防上一支不可摇撼的铁军，希望从这一部空军抗战史中，使我们获得信任的实证。

空中教育继续在战争中发展，牺牲者倒下去，新生的补上去，八年中全国青年热烈地投入空军，为了事实上的困难，空军初级班在卅一年迁到印度拉合尔，校本部后来也随之迁去。这三年间，空军新战士训练出来的计有一〇八七九人，后来为了就近取给飞机，更在卅一年先后成立美国空军训练营，分在哥罗拉多、亚利桑那和得克萨斯各美空军训练营训练，在胜利前，由美返国参加战斗的计有八〇三人，还在受训的有一九一九人，最近赴美的尚有一七一二人，此后还准备派选三三九二人前去；如果这一群勇士都能学成归国，我国空军的实力便不可轻侮了。

但是建立强大空军，一方面在于储备人才，另一方面却必需发展航空工业，我国的飞机制造工业，至今犹在萌芽时期。在这世界风云瞬息万变之时，我国空军若不迎头赶上，那末空有愿洒热血保卫祖国的勇士，也只能临风兴叹。所以青年不但应该立志做航空员，更应该立志做航空工业的拓荒者。

空军在现代国防上已居于领导的地位，立体的战争，将决于优势的空军，没有强力的空军，便谈不到自卫，当每一个青年，仰慕神鹰作万里翱翔时，便该联想到空军的重大使命。这本记载，不在激发英雄主义，而是要让大家知道空军将士如何以牺牲来拯救国家，如何以血肉来换取自由和胜利的，这是一册光辉的记载，也是一页我民族可堪骄傲的颂赞。

附录：
抗战中我国空袭损害统计

次　　　数　一二,一四四　次
架　　　数　二四,九四八　架
投弹枚数　二一三,五六五　枚
伤亡人数　七六二,一八三　人
死　　　亡　三三五,九三四　人
受　　　伤　四二六,二四九　人
生命估价(单位千元)　八五七,四九五

中国空军作战统计

出　　　击　三,三三七
空　　　战　一五一
侦　　　察　二一〇
掩　　　护　一五一
降落伞兵　四二
总　　　计　三,八九七

敌空中巨魁的殒落

三轮宽少佐　二六年在山西忻县上空,是敌陆军航空队的"驱逐之王"。建功勇士为陈其光。

渡边广太郎少佐　二七年二月在湖北钟祥击落,是敌陆军航空兵团兵器部部长。

藤田雄藏少佐　二七年二月在湖北钟祥击落,是敌长时间不着陆飞行纪录保持者。

原敬三郎中佐　二八年十月在山西昔阳被击落,是陆军航空队重要指挥官。

奥田喜久大佐　二八年十一月在四川遂宁被击落,是海军航空队"轰炸之王"。建功勇士邓从凯、段文郁。

小谷雄二少佐　二九年六月在重庆殒命,敌海军十三航空队指挥官。

潮田良平大尉　二六年十二月在江西都昌被击落,是海军航空队"四大天王"之一。

白相定男大尉　二六年十二月在江苏吴县被击毙,是海军航空队"四大天王"之一。

南乡茂本大尉　二七年六月在江西南昌被击落,是海军航空队"四大天王"之一。

大角岑生大将　三十年春在广东罗定被击落,为敌海军大将,曾任海相。

抗战中空军作战统计
(二十六年至三十一年)

(A) 二十六年

(一) 轰炸：

1. 轰炸次数——二三八次
2. 使用机数——八五八架
3. 使用弹量——一六九吨
4. 炸毁敌机数——一〇架
5. 炸毁敌舰数——四艘
6. 炸伤敌舰数——二二艘

(二) 空战：

1. 空战次数——七三次
2. 使用机数——三六七架
3. 击落敌机数——八三架

4. 击伤敌机数——四架

(B) 二十七年

(一) 轰炸：

1. 炸毁次数——一六七次
2. 使用机数——八六七架
3. 使用弹量——二五四吨
4. 炸沉敌舰数——一七艘
5. 炸伤敌舰数——七五艘

(二) 空战：

1. 空战次数——一二一次
2. 使用机数——七〇六架
3. 击落敌机数——一一五架

(C) 二十八年

(一) 轰炸：

1. 炸毁次数——一五次
2. 使用机数——八三架
3. 使用弹量——四二吨
4. 轰毁敌机数——一〇三架

(二) 空战：

1. 空战次数——四五次
2. 使用机数——六二〇架
3. 击落敌机数——四九架

(D) 二十九年

(一) 轰炸：

1. 炸毁次数——二九次
2. 使用机数——二四一架
3. 使用弹量——一〇〇吨
4. 炸毁敌机数——一八架
5. 炸伤敌舰数——四艘

(二)空战：

1. 空战次数——五一次

2. 使用机数——九六五架

3. 击落敌机数——二七架

4. 击伤敌机数——三〇架

(E)三十年

( )轰炸：

1. 轰炸次数——三次

2. 使用机数——二三架

(二)空战：

1. 空战次数——五次

2. 使用机数——一〇四架

3. 击落敌机数——十三架

(F)三十一年

(一)轰炸：

1. 炸毁次数——七二次

2. 使用机数——三〇九架

3. 炸毁敌机数——三〇架

4. 炸毁敌舰数——四艘

5. 炸伤敌舰数——十四艘

(二)空战：

1. 空战次数——三三次

2. 使用机数——六八二架

3. 击落敌机数——九五架

4. 击伤敌机数——七架

(此项数字系空军总司令部发表)

〔本文材料多参考周至柔将军《中国空军简史》及《中国的空军》杂志,并此附志〕

（二）空军战斗要报及往来电函
（1937年8月—1938年7月）

空军一九三七年八—九月作战统计表
（1937年8—9月）

(1) 空军战斗部队飞机现数表（1937年8月30日）

队　别	机　种	架　数	
第二大队	诺　机	12	
第三大队	费机 CR-32	1	6
	波　因	5	
第四大队	霍　机	13	
第五大队	霍　机	13	
第六大队	达　机	25	
第七大队	可　机	16	
第八大队	萨　机	3	8
	亨　机	3	
	马　丁	2	
第九大队	许　机	5	
第二十队	羊　城	6	
第二十九队	霍　机	7	
暂编大队	达机 C-10	14	34
	霍　机	11	
	可　机	9	
合　　计		145	
附　　记	在修理中之飞机未列入，而修妥之机增列之。		

我空军飞机损耗表(1937年8月30日)

队别	机种	机数 全毁	机数 可修	原因	地点	备考
第三大队	费机		1	黄昏落地后急避霍机撞佛克武夫	南京总站	
第四大队	佛克武夫		1	被费机撞损	同上	此系教练机
合计		2	2			
附记						

空军战斗部队飞机现数表(1937年8月31日)

队别	机种	架数	
第二大队	诺机	12	
第三大队	费机 CR-32	1	6
	波因	5	
第四大队	霍机	11	
第五大队	霍机	15	
第六大队	达机	26	
第七大队	可机	16	
第八大队	萨机	3	9
	亨机	3	
	马丁	3	
第九大队	许机	5	
第二十队	羊城	5	
第二十九队	霍机	7	

(续表)

队　别	机　种	架　数	
暂编大队	达机 C-10	14	31
	霍　机	8	
	可　机	9	
合　　计		143	
附　　记	在修理中之飞机未列入,而修妥之机增列之。		

空军战斗部队飞机现数表(1937年9月1日)

队　别	机　种	架　数	
第二大队	诺　机	12	
第三大队	费机 CR-32	1	6
	波　因	5	
第四大队	霍　机	11	
第五大队	霍　机	15	
第六大队	达　机	26	
第七大队	可　机	16	
第八大队	萨　机	3	9
	亨　机	3	
	马　丁	3	
第九大队	许　机	5	
第二十队	羊　城	5	
第二十九队	霍　机	7	
暂编大队	达机 C-10	14	31
	霍　机	8	
	可　机	9	

(续表)

队　别	机　种	架　数	
合　计		143	
附　记	在修理中之飞机未列入,而修妥之机增列之。		

空军各属士兵被敌机炸击伤亡表(1937年9月1日)

月日 \ 区别	部队或机关	级　职	姓　名	被炸击地点	状　况	备　考
8月31日	空军十八队	机械士	冯积艋	天河机场	被炸毙	杨百世电报告
8月31日	空军十八队	机械士	郭　佩	天河机场	被炸毙	
8月31日	空军十八队	机械士	何　荣	天河机场	被炸毙	
8月31日	广州总站	兵	4名	天河机场	被炸伤	各兵姓名已去电查询
合　计					死3名 伤4名	

(空军总指挥部第一科调制)

空军战斗部队飞机现数表(1937年9月2日)

队　别	机　种	架　数	
第二大队	诺　机	9	
第三大队	费机 CR-32	1	6
	波　因	5	
第四大队	霍　机	10	
第五大队	霍　机	14	
第六大队	达　机	26	

2049

(续表)

队　别	机　种	架　数	
第七大队	可　机	16	
第八大队	萨　机	3	9
	亨　机	3	
	马　丁	3	
第九大队	许　机	5	
第二十队	羊　城	5	
第二十九队	霍　机	8	
暂编大队	达机 C-10	14	33
	霍　机	10	
	可　机	9	
合　计		141	
附　记	在修理中之飞机未列入,而修妥之机增列之。		

我空军飞机损耗表(1937年9月2日)

队别＼区分＼机种	机数		原因	地点	备考
	全毁	可修			
第四大队 霍克	1		被敌击落	浏河附近	
第五大队 霍克		1	落地失事	武进机场	
合　计	1	1			
	2				
附　记					

空军军官伤亡统计表(1937年9月2日)

姓名	队别	时间	地点	原因	伤势	现在何处	备考
谭文	21	九月二日	上海	在浏河附近被敌机击落		生死不明	据李队长报告
王自洁	28	九月二日	常州	在常州降落	微伤	常州	据蒋大队长报告
总计	失踪者1员,微伤者1员。						

(空军前敌总指挥部第一科调制)

空军一九三七年九月战斗要报

(1937年9月3—4日)

(1) 空军战斗要报(9月3日)

本(三)日,着刘宗武驾霍机一架,飞上海一带侦察敌军动态。

于十一时三十分出发,在扬子江口发现敌舰数艘,旋遇敌驱逐机三架,以不惹起格斗为目的,故于云中飞回。十四时,安抵南京大校场。

空军战斗部队飞机现数表(1937年9月3日)

队别	机种	架数	
第二大队	诺机	9	
第三大队	费机CR-32	1	6
	波因	5	
第四大队	霍机	10	
第五大队	霍机	14	
第六大队	达机	26	

(续表)

队　别	机　种	架　数	
第 七 大 队	可　机	16	
第 八 大 队	萨　机	3	9
	亨　机	3	
	马　丁	3	
第 九 大 队	许　机	5	
第 二 十 队	羊　城	5	
第二十九队	霍　机	8	
暂 编 大 队	达机 C-10	14	33
	霍　机	10	
	可　机	9	
合　　　计		141	
附　　　记	在修理中之飞机未列入。		

(2) 空军战斗要报(9月4日)

本(四)日,上午十一时三十分,着毛队长瀛初率机九架出动,在上海一带上空专驱逐敌轰炸、侦察机,以掩护我军作战。

当与敌驱逐机十余架遭遇,惹起格斗。郑少愚机二二〇九号受敌机攻击,迫降于杨林口,机焚人重伤。

乔志云机二四〇九号迫降于无锡附近,机损人伤。

空军军官伤亡统计表(1937年9月4日)

姓　名	队别	时　间	地点	原　因	伤势	现在何处	备考
郑少愚	22	九月四日	上海	被敌机击中,机焚毁于杨林口附近	重伤		
乔志云	23	九月四日	上海	被敌机击中,迫落无锡第五区	不详		

(续表)

姓 名	队别	时 间	地点	原 因	伤势	现在何处	备考
总 计				2 员			
附 记							

(空军前敌总指挥部第一科调制)

我空军飞机损耗表(1937年9月4日)

队别\区分\机种	机种	机数 全毁	机数 可修	原 因	地点	备考
第四大队	霍克	1		被敌击落	杨林口	
第五大队	霍克		1	被敌击伤迫落	无锡附近	
合 计		1	1			
		2				

空军战斗部队飞机现数表(1937年9月4日)

队 别	机 种	架 数	
第二大队	诺 机	9	
第三大队	费机 CR-32	1	7
	波 因	6	
第四大队	霍 机	9	
第五大队	霍 机	12	

(续表)

队　别	机　种	架　数	
第六大队	达机	26	
第七大队	可机	16	
第八大队	萨机	3	9
	亨机	3	
	马丁	3	
第九大队	许机	5	全部许机拨交第二十七队整理。第二十六队另由暂编大队拨给霍机四架,并第六大队拨给达机二架,以训练驱逐见习员。
第二十队	羊城	5	
第二十九队	霍机	8	
暂编大队	达机C-10	14	33
	霍机	10	
	可机	9	
合　计		139	
附　记	在修理中之飞机未列入,而修妥之机则增入之。		

空军第二大队侦察津浦沿线情况报告

（1937年10月4日）

空军第二大队侦察报告　二十六年十月四日十八时于南京

飞　机 名称　诺斯罗卜 号码一一〇一	飞航员 王自信	侦察员 张浩渊	地　图 二百万分一申报馆图
天　气 阴雨、云高五百至一千五百呎	垂直视线	平面视线	路线:由德州铁路东侧、冯家口、铁路西侧德州、桑园、连镇

(续表)

携带子弹	全数	携带炸弹	无	出发时刻： 六时五十分	回转时刻：十五时五十分
携带其他物品					
任　务	侦察津浦沿线由德州—沧州间敌我混战状况				
侦 察 所 得 情 况					
时间	地点	高度	侦察及轰炸所见情况		
11：05	德州		德州东有我军阵地，外濠深而有水。东北约四公里有散兵坑，内有积水，无兵。西北六公里有敌散兵坑，内无水，似新开掘者。坑内散兵头顶铁盔。北门外旧兵工厂被炸起火。东南公路上有我卡车三辆，向德州前进中。		
	平原		平原有我铁甲车(约五节)，向德州行进中。		
	德州桑园间		德州桑园间公路上有敌骑四五百骑，分三段向南行进中。其后尾有骑炮数辆。		
	桑园		桑园运河中有船数艘，满载物品，向德州前进中。船头黄色，船尾白色。我机降低五百呎，用后座机枪向此两目标发射约六百发，敌骑向公路两侧散开，敌骑人衣草绿色军服，头顶钢盔，马大而壮，异常整齐，马皆为黑红色。 桑园铁路上停有铁棚车两列，皆升火，头向南，似有向德州前进模样。城北一角被炸起火。另有东西方向长濠河，南岸似有铁丝网，并有散兵壕甚为清晰。战壕西南铺有布板符号(X↑T)。		
	于庄		于庄东南角亦被炸起火。		
	东光		无情况。		
	泊头镇		泊镇车站停有铁甲车一列(约六节)，头向南，已升火，似准备前进。泊镇西南三公里有东北向战壕，甚多，内有散兵约七百人，服装不整，恐系我军。		

(续表)

时间	地点	高度	侦察及轰炸所见情况
	南皮泊头间		南皮泊头间有约一千六百公尺见方之空场,内停有大型装甲汽车一辆,车顶上有两人,身着白衣,用望远镜向我机瞭望。
	连镇		连镇东北角被炸起火。
	冯家口		冯家口之南北两面有战壕,甚多,但无守兵。
附记	一、晨六点五十分,驾诺机1101号由安庆起飞,经蚌埠加油,沿铜山、宁阳、平原,十一时零五分至德州,开始侦察。 二、归途经济南,城内安静如常。下午三点抵蚌埠着陆。因有警报,即飞返南京。 三、我机将过徐州,即有敌机抵达。据徐州情报称,此机系从津浦飞来者,料系追踪我机也。			

空军一九三七年十月战斗要报

(1) 空军战斗要报(10月6日)

一、南京方面:

1. 本(六)日,上午十时三十分,敌以轰炸机四架、驱逐机十一架,共十五架来袭南京。闻警报后,我即以霍机十二架起飞迎战。起机前,该大队长、队长等曾严格规定不得散队,乃分为两组,先向西爬高至××××呎左右,乃向东迎击。于方山、牛首山间上空与敌相遇,即分组向敌攻击。刘粹刚组首先以一机向敌攻击,敌回击时,我上层机继攻之。敌一机成"司并"(螺旋)下降,敌两机伺机攻刘粹刚机,刘机俯冲躲避,敌亦脱战而逃。

另一组袁保康等与敌战于大连山上空,交战数回,敌亦借云片脱离。陈有维机与敌机迎面对射,惟顾虑费亚特水箱,恐被射击,乃潜降躲开。

敌另有三机迫击我霍机一架,至十二圩附近,我霍机亦乘机脱离安返。

是役,敌均为单翼战斗机为其性能最佳者,我军以合作良好之故,得与敌取堂堂正正之空战,两无损伤。然自××呎□□起有□□□□□□,交错布于天空,与彼此均为有利,在我机性能较敌稍差时,其利更多。

2. 敌以轰炸机四架,向我大校场俯冲投弹。其第一架被我高射炮命中,焚烧坠于大校场东北角水塘堤埂上,敌人机俱碎,仅残存机架。其余三敌机惊慌东返,炸弹乱投,我大校场未中一弹。

3. 本(六)日,三时,敌以轰炸机三架、驱逐机五架,共八架再度来袭南京。我鉴于敌常以连续来袭,乃以十二机分为两组,准备先后起机。第一组即以六机升空应战,在句容附近天空东北角,敌我遭遇,互相攻击,成为混战。约十余分钟,始各自分返。我机2109号驾驶员董庆祥与敌混战时,发动机被击损坏,遂迫落于炮校附近,人受伤。另一架驾驶员马金钟因发生事故,迫落于青龙山南侧,详细地点尚正搜查中。

4. 午后,敌轰炸机三架对我大校场平飞投弹,均落于场外。

5. 本(六)日,敌对我各根据地轰炸之机数如下表:

地点	敌 机			轰 炸 概 要
	驱逐	轰炸	合计	
南京	11	4	15	如前文
南京	5	3	8	
广德	1	3	4	城内投五、六弹,机场中一枚,无损伤
芜湖		6	6	轰炸机场
淮阴		3	3	轰炸机场
苏州		9	9	轰炸城市
安庆		11	11	办公房全毁,停诺机一架,未受损

(续表)

地点	敌机			轰 炸 概 要
	驱逐	轰炸	合计	
扬州	4	4	8	炸机场,办公房被毁
广州			36	炸韶关、琶江,详情待报
总 计			100	

二、北正面支队方面:

1. 本(六)日,上午九时,我以可塞三架,侦炸沿原平、崞县、阳明堡公路之敌。见崞县公路上有敌车辆来往,敌人卧伏于道路两旁,无甚活动。

2. 我许机两架,沿同蒲铁路侦察原平、宁武、雁门关、繁峙一带敌情,现在尚未飞回。

三、驻粤方面:

敌以三十六架飞机轰炸韶关及琶江兵工厂,详情待报。

四、本(六)日,晨三时,我诺机三架,第二次飞沪对敌机场轰炸。归还时,机场沙包堡垒上之灯未明,一机相撞,翻转。

我方空军战斗部队飞机现数表(10月6日)

隶 属	机 名	架 数		备 考
第二大队	诺 机	7		
第三大队	费机 CR-32	1	2	
	波 因	1		
第四大队	霍机Ⅲ	6		
第五大队	霍机Ⅲ	4	10	
	霍机Ⅰ	6		
	达 机			
第六大队	达 机	20		

(续表)

隶　属	机　名	架　数		备　考
第七大队	可　机	15		
第八大队	萨机 S-72	1	7	
	亨　机	2		
	马　丁	2		
	达　机	2		
第二十二队	羊　城	6		
第二十六队	霍机Ⅱ	2	6	
	霍机Ⅲ	2		
	达　机	2		
第二十七队	许　机	7	8	
	达　机	1		
第二十九队	霍机Ⅲ	2		
第三十四队	霍机Ⅱ	6		
总　　计		95 架		
附　　记	一、在修理中之飞机未列入本表，但新修妥之飞机则增入之。 二、第一大队新接收之伏尔梯机四架尚在训练中，故未列入。 三、第六大队之第十五队现有一架通信用达机，亦未列入。 四、暂编大队除三十四队现尚兼负作战任务外，其第三十二队及三十五队飞机仍专负教育任务，故暂不列报。			

空军军官伤亡统计表(10月6日)

姓　名	队别	时间	地点	原　因	伤势	现在何处	备考
傅啸宇	廿四队	10月5日	南京	九月廿八日空战受伤，现伤重死于鼓楼医院	阵亡		
王常立	五大队	10月5日	南京	空战迫落场外水田中	左腿骨折断		

(续表)

姓 名	队别	时间	地点	原　因	伤势	现在何处	备　考
陈德拯	十一队	10月5日	南京	由沪工作回场，落地时撞于他机上翻覆微伤	震荡微伤		
余平想	十五队	10月5日	江心洲	被敌机击落	微伤		
董庆翔	廿四队	10月6日	南京	空战发动机被击损，迫落炮校附近	重伤		
马金钟	廿四队	10月6日	南京	空战被击落青龙山附近	不详	尚无下落	待查
		10月6日	南京	起飞后因故障降落时撞于沙包上	伤		驾驶者姓名待查
	廿七队	10月6日	太原	许机一架侦炸原平一带失踪	生死不明	失踪	驾驶者及枪手姓名待查
	廿七队	10月6日	太原	许机一架侦炸原平一带失踪	生死不明	失踪	驾驶者及枪手姓名待查
总　计							
附　记	本日高射炮队击落敌机一架于大校场附近						

(空军前敌总指挥部第一科调制)

我方空军飞机损耗表(10月6日)

隶　属	驾驶员	机名	号码	机　数			地点	原　因	备考
				待查	可修	全毁			
第二大队		诺机	909		1		南京总站	因发动机生故障着地时触场中沙堆致将发动机碰下	人重伤

(续表)

隶属	驾驶员	机名	号码	机数			地点	原因	备考
				待查	可修	全毁			
第四大队	董庆祥	霍机Ⅲ	2109		1		炮兵学校以南五六里之马路旁	发动机被敌击坏故迫落	人重伤
第五大队	马金钟	霍机Ⅲ		1			青龙山附近	待查	
第二十七队		许机		2			待查	前方工作失踪	
	小	计		3	2				
	总	计					5 架		

(2)空军战斗要报(10月8日)(补报六、七两日)

一、驻粤方面:

甲、本(六)日,十一时二十分,敌机九架袭韶关。我二十九队五架起飞,经英德截击未获。二十八队三架升空防卫机场,敌机利用云幕乘隙投弹数枚,均落于场东车站附近,我无损失。十三时二十分,敌机六架再袭。我二十九队四架、二十八队两架起飞迎击,敌见我机即逃遁。

乙、本(七)日,十二时,敌机十二架进袭韶关。我机八架升空迎击,与敌搏战,至十三时,敌始退去。搏战结果,我二十八队2807号黄元波受伤坠落,机毁人殒。2809号周灵虚强迫降落于始兴,人机微伤。陈其伟驾 3-1 中弹受伤,忍痛驾机回场,安降。

二十九队陈顺南驾 2909 号在空中被击,机烧人焚。事后调查,敌共投弹三枚,落于制造厂外,在南方除震破玻璃窗外,余无损失。

我方空军飞机损耗表(10月7日)

隶属	驾驶员	机名	号码	机 数			地点	原因	备考
				待查	可修	全毁			
第二十八队	黄元波	霍机Ⅰ	2807			1	韶关附近	被敌击坠	人亡
第二十八队	周灵虚	霍机Ⅰ	2809		1		始 兴	被敌击伤迫降	人轻伤
第二十九队	陈顺南	霍机Ⅲ	2909			1	韶关附近	被敌击焚	人亡
小 计					1	2			
总 计							3 架		

空军军官伤亡统计表(10月7日)

姓名	队别	时间	地点	原 因	伤势	现在何处	备考
周莲茹	十九队	十月一日	汉口	被友机击焚	殒命		
张吉辉	十九队	同上	同上	同上	同上		
关孟祝	廿九队	十月五日	广州	九月廿一日抗战受伤,十月五日伤重身亡	阵亡		刘芳秀微电
马金钟	廿四队	十月六日	南京	空战被击毙	阵亡		

(续表)

姓名	队别	时间	地点	原因	伤势	现在何处	备考
黄元波	廿八队	十月七日	韶关	空战被击毙	阵亡		陈协民虞电
陈顺南	廿九队	十月七日	韶关	空战被击毙	阵亡		
陈其伟	廿九队	十月七日	韶关	空战被击中足踝	伤		
周灵虚	廿八队	十月七日	韶关	空战被击伤迫降始兴	伤		
总 计				8 员			
附 记	鱼日失踪之2719、2707两攻击机,现2719号机已飞回,2707号机尚未发现。						

(空军前敌总指挥部第一科调制)

我方空军战斗部队飞机现数表(10月8日)

隶 属	机 名	架 数		备 考
第 二 大 队	诺 机	7		
第 三 大 队	费机 CR-32	1	2	
	波 因	1		
第 四 大 队	霍 机 Ⅲ	5		
第 五 大 队	霍 机 Ⅲ	5	9	
	霍 机 Ⅰ	4		
	达 机			
第 六 大 队	达 机	20		
第 七 大 队	可 机	18		
第 八 大 队	萨机 S-72	2	9	
	亨 机	2		
	马 丁	3		

(续表)

隶　属	机　名	架　数		备　考
第八大队	达　机	2		
第二十队	羊　城	6		
第二十六队	霍机Ⅱ	2	5	
	霍机Ⅲ	2		
	达　机	1		
第二十七队	许　机	8	9	
	达　机	1		
第二十九队	霍机Ⅲ	4		
第三十四队	霍机Ⅱ	6		
总　计		100 架		
附　记	一、在修理中之飞机未列入本表,但新修妥之飞机则增入之。 二、第一大队新接收之伏尔梯机四架尚在训练中,故未列入。 三、第六大队之第十五队现有一架通信用达机,亦未列入。 四、暂编大队除三十四队现尚兼负作战任务外,其第三十二队及三十五队飞机仍负教育任务,故暂不列报。			

(3)空军战斗要报(10月10日)(补报八、九两天)

一、北正面支队方面:

甲、八日,我军出动可塞机六架,轰炸新乐桥。结果因弹少力微,未将该桥炸断,我机一架失踪。

乙、九日,我军出动可塞机三架,侦炸正定迤北之敌军阵地,因为云雾所阻,未达目的地,乃对于磁河边新安车站附近之敌施行轰炸,敌损失详情未明。

二、本(十)日,首都无战斗。

三、驻粤方面未得报告。

我方空军飞机损耗表(10月10日)

隶属	驾驶员	机名	号码	机 数			地点	原因	备考
				待查	可修	全毁			
第七大队		可机	1				新乐桥	赴前方工作失踪	驾驶员二人失踪
小		计	1						
总		计					1 架		

我方空军战斗部队飞机现数表(10月10日)

隶 属	机 名	架 数		备 考
第 二 大 队	诺 机	7		
第 三 大 队	费机 CR-32		2	
	波 因	2		
第 四 大 队	霍 机 Ⅲ	6		
第 五 大 队	霍 机 Ⅲ	4	8	
	霍 机 Ⅰ	4		
	达 机			
第 六 大 队	达 机	20		
第 七 大 队	可 机	17		
第 八 大 队	萨机 S-72	2	9	
	亨 机	2		
	马 丁	3		
	达 机	2		
第 二 十 队	羊 城	6		

(续表)

隶 属	机 名	架	数	备 考
第二十六队	霍机Ⅰ、Ⅱ	2	7	
	霍机Ⅲ	4		
	达 机	1		
第二十七队	许 机	8	9	
	达 机	1		
第二十九队	霍机Ⅲ	4		
第三十四队	霍机Ⅱ	6		
总 计		101 架		
附 记	一、在修理中之飞机未列入本表,但新修妥之飞机则增入之。 二、第一大队新接收之伏尔梯机四架尚在训练中,故未列入。 三、第六大队之第十五队现有一架通信用达机,亦未列入。 四、暂编大队除三十四队现尚兼负作战任务外,其第三十二队及三十五队飞机仍负教育任务,故暂不列报。			

(4) 空军战斗要报(10月11日)(补报十月九日)

一、驻粤方面:

九日,十三点四十分,敌方驱逐轰炸二十八架,分三层成队,掩护进袭韶关。我二十九队闻报共起飞四架,相机应战。张副队长羽当因所驾之十号霍机发动机发生故障,旋即降落。其余三机升至高空,但因众寡悬殊,遂暂避战。敌共投弹四五十枚,毁我工厂之一部及飞机棚厂二间,厨房一座。机场着弹十一枚,美工程师私人机被破片炸伤并震坏,正在修理之弗机及霍机各一架,电话线亦被炸断。十四点五十分,敌始退去。因机场着弹过多,我机不能下降,乃北飞安全降落南雄。

二、本(十一)日,首都无战斗。

三、本(十一)日,北正面支队未得报告。

我方空军飞机损耗表(10月9日)

隶属	驾驶员	机名	号码	机 数			地点	原因	备考
				待查	可修	全毁			
		霍机Ⅰ			1		韶关工厂	被敌机炸弹震坏	该机乃在修理中者
		弗机	19		1		韶关工厂	被敌机炸弹震坏	该机乃在修理中者
小 计					2				
总 计				2 架					

我方空军战斗部队飞机现数表(10月11日)

隶 属	机 名	架 数		备 考
第二大队	诺 机	7		
第三大队	费机CR-32		2	
	波 因	2		
第四大队	霍 机Ⅲ	6		
第五大队	霍 机Ⅲ	4	8	
	霍 机Ⅰ	4		
	达 机			
第六大队	达 机	20		
第七大队	可 机	17		
第八大队	萨机S-72	2	9	
	亨 机	2		
	马 丁	3		
	达 机	2		

(续表)

隶　　属	机　　名	架　　数		备　　考
第二十队	羊　　城	6		
第二十六队	霍机Ⅱ	2	7	
	霍机Ⅲ	4		
	达　　机	1		
第二十七队	许　　机	8	9	
	达　　机	1		
第二十九队	霍机Ⅲ	4		
第三十四队	霍机Ⅱ	6		
总　　计		101 架		
附　　记	一、在修理中之飞机未列入本表，但新修妥之飞机则增入之。 二、第一大队新接收之伏尔梯机四架尚在训练中，故未列入。 三、第六大队之第十五队现有一架通信用达机，亦未列入。 四、暂编大队除三十四队现尚兼负作战任务外，其第三十二队及三十五队飞机仍负教育任务，故暂不列报。			

(5) 空军战斗要报(10月12日)(重阳)

一、午前十时　分，据中央情报所通报，敌机二架于浒墅堰投弹，后至镇江盘旋。我以霍机四架邀击之，由刘粹刚领队，高志航、袁保康、黄泮扬尾之。至常熟未见敌机，转向江阴，忽与敌机遇，刘先进攻敌领机，敌亦反击，遂成缠斗。高机击敌第二号僚机，一次即冒长大白烟，料其必伤，乃转觅他一敌机。是时，我各僚机齐至，敌匿于云中，刘机复向冒烟之敌机攻击，此敌机最初起火，继以爆炸，在空中斋粉。遂围攻余一敌机，乱弹击落。我袁保康机被敌射伤，迫降于江阴城西，人微伤，余均安返机场。

二、午后三时　分，敌三菱九六式驱逐机六架及同式重轰炸机九架，自北面侵袭首都。我驱逐机霍克五架、波因二架、费亚特一架起飞迎敌。于××××呎至××呎间高度，在南京龙潭间上空与敌鏖战，各员之战绩如下：

甲、刘粹刚领第一分队，至××××呎时，在栖霞山上空见敌轰炸机九架，后有单翼驱逐机三架。此时判断，如攻敌轰炸机，势必受敌驱逐机之攻击而处于被动形势，乃决心对敌驱逐队领机俯冲进攻。然我后面僚机因速度略差，遂致落后，单独连攻两次，忽见下面有敌机攻霍克甚急，霍机冒烟，遂下冲意欲救之。倏见敌之轰炸机，遂急追之，将至射击距离，而敌驱逐机一架突由后方冲至，急转击之，不意两翼张线中一飞行线折断，机欲成螺旋状，极力维持平衡，使急降脱敌。敌亦勇猛直追，至约××呎高度，敌机愈近，射弹将至，乃拉平旋转以避之，敌亦旋转穷追，期得射击位置，于是互变为小转弯之竞赛，恰巧在旋转中敌机忽显于我射击线之直前，立即猛射之，敌遂应弹而坠。盘旋定睛视之，惜敌机落于我城南户口稠密之地，乃安返大校场。

乙、罗英德为刘分队之三号僚机，首先见江边有六轰炸机，自刘机俯冲后即远离不能赶上，恰遇敌轰炸机，遂攻之。见我第二架机亦相继攻击，复作第二次攻击，遂与僚机远离。冲至××××呎高度时，见费机在后，敌迫我波机甚急，又有霍机救之，正拟作三次攻击时，敌机忽自后上方急迫冲至，遂急降穿云而下，越紫金山而脱。此时不见一机，移时即返机场。

丙、张韬良尾刘分队第二号，见领机俯攻后，即不见上升，乃攻下面敌之三轰炸机。进攻一次，忽有敌一驱逐机对面冲来，遂避之，转瞬四觅不见敌友一机，乃回。本机二一〇二号被敌击二十余弹。

丁、高志航在霍机之最后，因无氧气瓶，仅在××××呎高度，落于领机之后下方。至紫金山北侧时，见一霍机被敌急迫，左右回转不得脱，势极危殆，遂急降下对该敌机攻击之。该敌机遂舍前面之霍机而返攻，遂面对敌机连续猛射之，敌遂上升入云，不见复出。

时另来一霍克及一敌机,乃与此敌缠斗,由敌前方攻两次,后方攻一次。恰值小枪(7.9)因弹尽不响,大枪(12.7)亦卡子,急复拉装之。不意下面复来敌机二架,向我围攻,遂急剧俯冲脱离,降至镇江附近连绵山谷中,低飞至溧水降落,异常疲惫,静卧一小时,黄昏飞返大校场。

由地面观察,紫金山北侧敌一驱逐机追一霍克甚急,霍克逃脱,该敌机亦直升入云,旋入旋出,忽上忽下,约二分钟后卒坠于仙鹤门南侧,驾驶员身中十七弹。

戊、陈有维因费机水箱约尚差四公升,然时机紧迫,遂起机至××××呎,与波因成队。飞至下关转弯时,发现敌轰炸机,见黄队长向敌单翼机迫近放枪,敌机冒烟。另一架敌机迫黄,黄亦反击,忽均不见。

旋见下关方面有敌驱逐机三架,乃作记号,约僚机同攻。遂与之缠斗,数度对向相撞,终因顾虑水箱之被射击,遂钻入云中,在云中回旋数次,得安然降落,小油箱被敌击坏。

事后据情报所确报,敌机一架坠于龙潭车站北侧。

己、黄泮扬驾波因机,战后不见,旋安落于芜湖,明早飞回。

庚、黄子沾驾波因机,剧战后强迫降落于明故宫,机碎为三段,人伤。

辛、曹芳震驾霍克机,战死于笆斗山附近,人机俱碎。

三、第二大队本(十二)日自南京出发,轰炸大沽敌之军需库。码头上中十余弹,一运输船上中一弹,我孙副大队长桐岗强迫降落于大沽南方张娘娘庙河附近,余五机安返根据地。

四、北正面支队:

本(十二)日,派可机四架轰炸崞县之敌,均安全达到目的而返。敌九五式驱逐机五架,及上单翼驱逐机三架,先后来太原盘旋。当敌方一次五机到太原时,我安队长率可机六架赴,并见地面禁落符号而返。

恰至不见机影之时,敌机即至,遂得幸全。

五、驻粤方面未得报告。

六、敌重轰炸机九架,密集一齐投弹,企图破坏我大校场,其重量炸弹十余枚均落于机场外东南及西南两角,我毫无损伤。

七、据本(十二)日战斗经验,第一,须切实合作,互相救援;第二,在中低空与敌决斗,较为有利。

然,自中秋恶战时,本重阳日为我获胜之第二次大空战。

我方空军战斗成果表(10月12日)

得力战斗人员	队列	击落敌机架数						击落地点	落后概况
		侦察	驱逐	轻炸	重炸	水机	待查		
高志航 刘粹刚 黄泮扬 袁保康	第四大队 第廿四队 第十七队 第廿四队					2		江阴附近	
高志航	第四大队	1						仙鹤门南侧	
刘粹刚	第廿四队	1						南城水佐营	
黄泮扬	第十七队	1						龙潭北侧	
小 计		3				2			
总 计		5 架							

我方空军飞机损耗表(10月12日)

隶属	驾驶员	机名	号码	机 数			地点	原因	备考
				待查	可修	全毁			
第二十四队	曹芳震	霍机Ⅲ				1	笆斗山	被敌击坠	人亡
第二十四队	袁葆康	霍机Ⅲ			1		江阴西门	被敌击伤迫降	
第十七队	黄子沾	波因	1707			1	明故宫		

(续表)

隶属	驾驶员	机名	号码	机 数			地点	原因	备考
				待查	可修	全毁			
第二大队	孙桐岗	诺机				1	天津张娘娘河		
小 计					1	3			
总 计					4 架				

我方空军战斗部队飞机现数表(10月12日)

隶属	机名	架 数		驻 地	备考
第 二 大 队	诺 机	6		济 宁	
第 三 大 队	费机 CR-32	1	2	大校场	
	波 因	1			
第 四 大 队	霍 机 Ⅲ	6		大校场	
第 五 大 队	霍 机 Ⅲ		4	大校场二十八队一部在韶关	
	霍 机 Ⅰ	4			
	达 机				
第 六 大 队	达 机	20		杭州附近	
第 七 大 队	可 机	17		洛阳及晋南	
第 八 大 队	萨机 S-72	2	9	汉 口	
	亨 机	2			
	马 丁	3			
	达 机	2			
第 二 十 队	羊 城	6		宜 昌	
第 二十六队	霍 机 Ⅱ	2	6	南 昌	
	霍 机 Ⅲ	4			

(续表)

隶属	机名	架数		驻地	备考
第二十六队	达机	1		南昌	
第二十七队	许机	8	9	南阳及晋南	
	达机	1			
第二十九队	霍机Ⅲ	4		广州附近	
第三十四队	霍机Ⅱ	6		汉口	
总计		96架			
附记	一、在修理中之飞机未列入本表,但新修妥之飞机则增入之。 二、第一大队新接收之伏尔梯四架尚在训练中,故未列入。 三、第六大队之第十五队现有一架通信用达机,亦未列入。 四、暂编大队除三十四队现尚兼负作战任务外,其第三十三队及三十五队飞机仍负教育任务,故暂不列报。				

空军得力战斗人员表(10月12日)

队部\区分	姓名	级职	日期	作战地点	战斗成果	着陆地点	证明	备考
第四大队 第十七队 第二十四队	高志航 黄泮扬 刘粹刚 袁保康	大队长 队长 队长 队员	十二日上午	江阴	共同击落敌水上侦察机两架	江阴		
第四大队	高志航	大队长	十二日下午	南京	击落敌驱逐机一架	仙鹤门南侧		
第二十四队	刘粹刚	队长	十二日下午	南京	击落敌驱逐机一架	南城水佐营		
第十七队	黄泮扬	队长	十二日下午	南京	击落敌驱逐机一架	龙潭北侧		

(续表)

区分＼队部	姓名	级职	日期	作战地点	战斗成果	着陆地点	证明	备考
合 计				7 员				
附 记								

(空军前敌总指挥部第一科调制)

空军军官伤亡统计表(10月12日)

姓 名	队别	时 间	地点	原 因	伤势	现在何处	备考
袁保康	24	十二日上午	江阴	空战。人机微伤,迫落江阴。	伤		
黄子沽	17	十二日下午	南京	空战。机被击损,迫落明故宫。	伤		
曹芳震	24	十二日下午	南京	空战。被敌击落于笆斗山,阵亡。	阵亡		
孙桐岗	II	十二日上午	天津	迫落敌境内张娘娘河。	不详		
总 计				4 员			
附 记	本日下午,我击落敌机一架于城内水佐营,该机坠落民房内,压毙病卧二十一岁之女子一口于梁柱倒塌零乱之中,只落一头于外,惨不忍睹。						

(空军前敌总指挥部第一科调制)

(6) 空军战斗要报(10月13日)

一、首都方面：

本(十三)日,首都发出空袭警报四次。敌机至十二圩、高资等处投弹而返,最后沿津浦南段巡回二次,均不敢进窥首都。我机每次皆起飞搜寻截击,迄未与敌遇。

二、驻粤方面未得报告。

三、北正面支队未得报告。

我方空军战斗部队飞机现数表(10月13日)

隶 属	机 名	架 数		驻 地	备 考
第 二 大 队	诺 机	6			
第 三 大 队	费机 CR-32	1	2		
	波 因	1			
第 四 大 队	霍 机 Ⅲ	6			
第 五 大 队	霍 机 Ⅲ		4		
	霍 机 Ⅰ	4			
	达 机				
第 六 大 队	达 机	20			
第 七 大 队	可 机	17			
第 八 大 队	萨机 S-72	2	9		
	亨 机	2			
	马 丁	3			
	达 机	2			
第 二 十 队	羊 城	6			
第 二 十 六 队	霍机 Ⅰ、Ⅱ	2	7		
	霍 机 Ⅲ	4			
	达 机	1			

(续表)

隶属	机名	架数		驻地	备考
第二十七队	许机	8	9		
	达机	1			
第二十九队	霍机Ⅲ	4			
第三十四队	霍机Ⅱ	6			
总计		96架			
附记	一、在修理中之飞机未列入本表,但新修妥之飞机则增入之。 二、第一大队新接收之伏尔梯四架尚在训练中,故未列入。 三、第六大队之第十五队现有一架通信用达机,亦未列入。 四、暂编大队除三十四队现尚兼负作战任务外,其第三十三队及三十五队飞机仍负教育任务,故暂不列报。				

(7) 空军战斗要报(10月14日)

一、首都方面:

1. 本(十四)日,十时,敌最优驱逐机九架侵入首都上空。我驱逐机六架腾空,本以避免决战为目的,因天朗气和,玉宇无痕,卒与敌遇,惹起不预期之战斗,我两机被敌击坠。

2. 我自汉口飞来之轰炸机,因预先顾虑恐与敌遇,乃于芜湖特定准否来京之符号。凡外来之机,无论南京有无敌机来袭,必先至芜湖机场观察能否来京之符号,方许来京。恰于此时得敌机来袭警报,因得在芜湖以西上空逗留,俟敌机去后,均平安降落南京。

3. 本(十四)日,十六时,以飞机十八架(内一机因故障未去),于黄昏袭击上海敌机场及仓库等,其部署如附件袭击计划。

于南京、杭州两处按计划时间起机后,约五分钟,南京、杭州两处同被敌袭。南京来敌轻轰炸机五架、驱逐机五架,杭州来敌驱逐机五架,然我均为空场,敌于大校场附近投弹数枚,均落郊外,敌我均无损伤。

午后,我对上海轰炸成果如别纸要图。

二、北正面支队方面:

1. 本(十四)日晨,以可塞、许来克、霍克等机共十六架,猛轰崞县、原平之敌,均达成任务,平安飞回。

2. 本(十四)日晨,据卫总司令电告,昨(十三)日炸毁敌军车辆二十四辆,我士气大振,准今(十四)日晨总攻击前进。

三、驻粤方面未得报告。

附:袭击计划第××××号。空军轰炸状况要图〔略〕

我方空军飞机损耗表(10月14日)

| 隶属 | 驾驶员 | 机名 | 号码 | 机 数 | | | 地点 | 原因 | 备考 |
				待查	可修	全毁			
第二十四队	张韬良	霍机Ⅲ	2207	1			六合西门外	被敌击坠	人亡
第二十四队	范 涛	霍机Ⅲ	2102			1	来安、滁县东北	被敌击坠	人亡
	小	计		1		1			
	总	计					2 架		

空军军官伤亡统计表(10月14日)

姓　名	队别	时　间	地　点	原　因	伤势	现在何处	备考
范　涛	7	十四日上午	滁县东北来安	被敌机击落	阵亡		
张韬良	8	十四日上午	六合西门外	被敌机击落	阵亡		
总　计			2 员				
附　记							

(空军前敌总指挥部第一科调制)

我方空军战斗部队飞机现数表(10月14日)

隶　属	机　名	架　数		驻　地	备　考
第二大队	诺　机	6			
第三大队	费机CR-32	1	1		
	波　因				
第四大队	霍机Ⅲ	2			
第五大队	霍机Ⅲ	1	7		
	霍机Ⅰ	6			
	达　机				
第六大队	达　机	16			

(续表)

隶 属	机 名	架 数	驻 地	备 考
第七大队	可 机	14		
第八大队	萨机S-72	2	10	
	亨 机	3		
	马 丁	3		
	达 机	2		
第二十队	羊 城	6		
第二十六队	霍机Ⅱ	2	6	
	霍机Ⅲ	3		
	达 机	1		
第二十七队	许 机	10	11	
	达 机	1		
第二十九队	霍机Ⅲ	4		
第三十四队	霍机Ⅱ	6		
总 计			89架	
附 记	一、在修理中之飞机未列入本表,但新修妥之飞机则增入之。 二、第一大队新接收之伏尔梯四架尚在训练中,故未列入。 三、第六大队之第十五队现有一架通信用达机,亦未列入。 四、暂编大队除三十四队现尚兼负作战任务外,其第三十三队及三十五队飞机仍负教育任务,故暂不列报。			

附:空军袭击计划(十月四日)

第一　出动部队

马丁重轰炸机:三架(内一机临时故障)

亨卡重轰炸机:二架

诺斯罗卜轻轰炸机:五架

达机:五架

霍机Ⅲ式:三架(急降投弹)

　　第二　攻击时间

达机:(十七时四十八分加十分钟)

霍机Ⅲ式:(某时加十分钟)

诺斯罗卜:(某时加十五分钟)

亨卡:(某时加二十分钟)

马丁:(某时加二十五分钟)

　　第三　攻击目标

达机四架对招商局中码头——汇山码头——大阪商船码头——满铁黄浦码头——公大纱厂(一英里);

达机四架对三新纱厂——三井木栈——太康纱厂——裕丰纱厂(相连目标);

霍机六架:敌机场北端之飞机及建筑物(参看附图三);〔略〕

诺机六架:目标同霍机;

诺机两架:太康纱厂、裕丰纱厂;

亨机三架:三星纱厂、三井木栈;

马丁三架同达机:招商码头等。

　　第四　进入方向〔略〕

　　第五　各机着陆符号之规定〔略〕

　　第六　出发路线与高度〔略〕

　　第七　归还路线与高度〔略〕

　　第八　到根据地后各机高度〔略〕

A. 指出重要之点。

B. 指示达成任务应注之点:

1. 在高尔夫球场附近机场中之一百架飞机;

2. 高射炮;

3. 飞机听音器(二处),裕丰社宅;

4. 军用库；

5. 同上；

6. 粮食库；

7. 粮秣——军用品——飞机零件；

8. 司令部；

9. 粮秣——军用品；

10. 军用品——飞机零件；

11. 招商码头；

12. 重炮阵地射击场；

13. 水门汀造兵营；

14. 虹口公园；

15. 司令部；

16、17、18. 已见正在搬运——马匹——粮食；

19. 司令部；

20. 已见在运之马匹及其他材料；

21、22、23. 普通活动之注意点；

24. 最近在建筑中之一大掩护部；

25. 探照灯及听音器；

26. 飞机装配处（四十处）；

27. 约五十只拖舶及小艇。

(8) 空军战斗要报(10月15日)

一、首都方面：

1. 自昨(十四)日黄昏对上海轰炸后,各队均安全达成任务,全数返还机场。午后七时五十分,复策划本(十五)日拂晓之轰炸。于大校场召集各队长口授命令要旨,规定诺机于四时三十分,亨克四时四十五分,马丁五时正,均须达到目标。航线沿长江以北稍远处,经崇明至目标,左转自浦东飞回。诺机回南京,亨机于南京加油即飞汉口,马丁则自上海直飞汉口。

2. 本(十五)日晨,我出动诺机四架,轰炸上海虹口一带敌军根据地。于晨四时五十分到达目的地施行轰炸,三弹中三新纱厂,四弹中公大纱厂旁边,余投于汇山码头一带。敌人损失之详情未明,我无损伤,于六点十五分安全返京。

3. 昨(十四)夜,第六大队第一次出动达机五架,两架十八时到达目标,轰炸三新纱厂以东,三架同时达到,炸日清码头一带,数处起火。

自二十一时起,每隔一小时出发一机,至本(十五)日三时止,共出动六次,均炸杨树浦一带。我机俱安全飞回根据地。

4. 本(十五)日,我马丁重轰炸机两架,于三时五十分起飞,甫离地约二分钟,机场负责官佐先见第一架渐渐下落,直至触地,炸弹爆发,机身全毁。第二架亦渐渐下落触地,喷出火光,机身全毁,当由总站派人员按所见方向奔往救护。第一架机队长黄正裕、副队长方长裕、轰炸员赵庸、无线电员蔡振东四员,炸为粉碎。第二架机分队长张祺、队员魏国志、轰炸员李岳龙、无线电员曹春芹四员,张、李殉国,魏、曹两员跳伞,曹腿受轻伤,已获救,魏跳下后不知下落。至该两机失事原因,现派专门人员研究中。

5. 亨机因马丁失事,令停止出动。

6. 本(十五)日,十三时左右,敌驱逐机九架,至六合、滁县一带巡回,我驱逐机起飞,未与之接战。

十三时三十分,敌机至句容,以机枪乱射,并投弹三十余枚,多落于机场四周,场内落二弹,房屋大都震坏,人员无损伤。

二、北正面空军支队方面:

1. 午前计划以许机二架、霍机三架,轰炸崞县公路桥梁,因通信联络困难,致许机先往到达目的地,投弹后安全返还。随后霍机三架出动,对同一目标轰炸。归还时至原平上空,遇敌驱逐机四架,遂与之战斗。我霍机一架平安飞回,两架失踪,惟距我前线甚近,正探查中。

2. 午后冒险出动可机八架,轰炸同一目标,降至××呎投弹,因高度甚低,投弹后即安全飞回。

3. 本(十五)日,敌驱逐机二架,至太原上空盘旋数周即去,惟在我阵地上空甚形活动,且连续数次。

4. 敌轰炸机本(十五)日未见活动,察其近来在该方面所投之弹,有为昭和十二年八月造者,间有以石头投下,迨为敌炸弹缺乏之征欤,惟晋北输送困难,确为事实。

三、驻粤方面未得报告。

我方空军飞机损耗表(10月15日)

隶属	驾驶员	机名	号码	机数			地点	原因	备考
				待查	可修	全毁			
第三十队	黄正裕 方长裕	马丁	3003			1	通济门外高桥镇张家庄		机全焚毁,连轰炸员赵庸、通讯员蔡振东共四人殉难。
第三十队	张祺 魏国志	马丁	3004			1	通济门外高桥镇汤家庄		机全焚毁,除魏队员、曹通讯员跳伞外,张分队长及李轰炸员二人殉难。
第二十八队		霍机I		2			原平	被敌击落失踪	
第十二队		可机				1	霍县	因油尽迫降后加油起飞,复起火焚毁	补十三日
小计				2		3			
总计							5架		

2083

空军军官佐伤亡统计表（10月15日）

姓名	队别	时间	地点	原因	伤势	现在何处	备考
黄正裕	30	十五日上午三时	南京高桥镇张庄	二次进沪轰炸,起机后空中焚毁	殒命		失事焚毁之机为马丁3003号
方长裕	30	同	同	同	同		
赵庸	30	同	同	为3003号机轰炸员,随机失事	同		同
张祺	30	同	南京高桥镇汤庄	二次进沪轰炸,起机后失事焚毁	同		失事焚毁之机为马丁3004号
魏国志	30	同	同	同	失踪	跳伞降落,迄未发现,生死不明	同
李岳龙	30	同	同	为3004号机轰炸员,随机失事	殒命		同
蔡振东	30	同	南京高桥镇张庄	为3003号机通讯员,随机失事	同		同

(续表)

姓名	队别	时间	地点	原因	伤势	现在何处	备考
曹春芹	30	同	南京高桥镇汤庄	为3004号机通讯员，跳伞降落	微伤		
苏英祥	28	十五日	原平	空战后失踪			
	28	同	同	同			姓名待查
		十三日	霍县	可塞机一架起机时失事炸毁			同
孙桐岗	11	十四日		前因机损迫落天津附近，顷已脱险，平安到济南			孙桐岗由济南长途电话报告
总计				12员			
附记							

2085

我方空军战斗部队飞机现数表(10月15日)

隶　属	机　名	架　　数		驻　地	备　考
第二大队	诺　机	6			
第三大队	费机 CR-32		1		
	波　因	1			
第四大队	霍机Ⅲ	2			
第五大队	霍机Ⅲ	1	5		
	霍机Ⅰ	4			
	达　机				
第六大队	达　机	16			
第七大队	可　机	13			
第八大队	萨机 S-72	2	8		
	亨　机	3			
	马　丁	1			
	达　机	2			
第二十队	羊　城	6			
第二十六队	霍机Ⅰ、Ⅱ	2	6		
	霍机Ⅲ	3			
	达　机	1			
第二十七队	许　机	10	11		
	达　机	1			
第二十九队	霍机Ⅲ	4			
第三十四队	霍机Ⅱ	6			
总　　　计		84 架			
附　记	一、在修理中之飞机未列入本表,但新修妥之飞机则增入之。 二、第一大队新接收之伏尔梯四架尚在训练中,故未列入。 三、第六大队之第十五队现有一架通信用达机,亦未列入。 四、暂编大队除三十四队现尚兼负作战任务外,其第三十三队及三十五队飞机仍负教育任务,故暂不列报。				

(9) 空军战斗要报(10月16日)

首都方面:

一、本(十六)日,十四点二十分,敌机十二架来袭我。驱逐机四架闻报起飞,因多寡悬殊,未与敌接战。敌轰炸机潜入大校场投弹数枚,计停机线上三枚,东南角四枚,震坏房屋一所,余无损失。

二、本(十六)日,十六点十五分,敌机五架自东台方向来袭,判断为敌之轰炸机。我即起飞,赴津浦线截击。敌转至合肥投弹,旋至津浦线回转一次而去,时我机已先离铁路而回,故未遭遇。

驻粤方面未得报告。

北正面支队未得报告。

我方空军战斗部队飞机现数表(10月16日)

隶 属	机 名	架 数		驻 地	备 考
第二大队	诺 机	6			
第三大队	费机 CR-32		1		
	波 因	1			
第四大队	霍机 Ⅲ	2			
第五大队	霍机 Ⅲ	1	5		
	霍机 Ⅰ	4			
	达 机				
第六大队	达 机	16			
第七大队	可 机	13			
第八大队	萨机 S-72	2	8		
	亨 机	3			
	马 丁	1			
	达 机	2			
第二十队	羊 城	5			查2008号于13日损坏,故减一架

(续表)

隶属	机名	架数		驻地	备考
第二十六队	霍机Ⅰ、Ⅱ	2	5		查2301于13日损坏,故减一架
	霍机Ⅲ	2			
	达机	1			
第二十七队	许机	10	11		
	达机	1			
第二十九队	霍机Ⅲ	4			
第三十四队	霍机Ⅱ	6			
总计				82架	
附记	一、在修理中之飞机未列入本表,但新修妥之飞机则增入之。 二、第一大队新接收之伏尔梯四架尚在训练中,故未列入。 三、第六大队之第十五队现有一架通信用达机,亦未列入。 四、暂编大队除三十四队现尚兼负作战任务外,其第三十三队及三十五队飞机仍负教育任务,故暂不列报。				

(10) 空军战斗要报(10月17日)

首都方面:

一、昨(十六)夜,诺机五架共携一百磅炸弹三十枚及十五磅燃烧弹十枚,飞沪袭击敌机场及公大纱厂、沪江大学,均命中敌机场及附近房屋。

当我机投弹完毕,始有敌少许炮火与灯光,于一时四十分,我机悉安回原场。

北正面支队:

一、昨(十六)拂晓,许机两架袭击阳明堡机场之敌机,当回飞汾阳,即遇警报,又折飞临汾暂避,其工作详情待报。

二、昨(十六)日,敌以轰炸、驱逐等机共约三十架,分途向我太原、太谷袭击。我在太谷宿营之可机十架已飞往绥德,未受损失。至太原之敌轰炸机六架、驱逐机三架见机场无物,乃向南飞,旋有二敌机回至小东门外投弹十数枚,炸坏汽车数辆,伤亡数人。

三、此日，敌机一架在辽县落地起火，驾驶者已逃，正追捕中。驻粤方面未得报告。

空军军官伤亡统计表(10月17日)

姓名	队别	时间	地点	原因	伤势	现在何处	备考
廖兆琼	31	十五日	山西原平	轰炸敌阵地后与敌空战被击落	伤	太原英国医院	15日呈报该机在太原失踪，现已发现，补报更正
恽逸安	31	十五日	山西霍县	起机后转弯时失控坠地焚毁	殒命		该员系侦察员
晏文庄	31	十五日	山西霍县	同上	殒命		15日呈报该机焚毁，驾驶员姓名待查，现已查明理合补报
总计				3员			
附记							

(空军前敌总指挥部第一科调制)

我方空军战斗部队飞机现数表(10月17日)

隶属	机名	架数	驻地	备考
第二大队	诺机	7		
第三大队	费机CR-32			
	波因			
第四大队	霍机Ⅲ	3		
第五大队	霍机Ⅲ	2	6	
	霍机Ⅰ	4		
	达机			

(续表)

隶 属	机 名	架 数		驻 地	备 考
第六大队	达 机	16			
第七大队	可 机	13			
第八大队	萨机 S-72	3	9		
	亨 机	3			
	马 丁	1			
	达 机	2			
第二十队	羊 城	5			
第二十六队	霍机 II	2	5		
	霍机 III	2			
	达 机	1			
第二十七队	许 机	6	7		
	达 机	1			
第二十九队	霍机 III	4			
第三十四队	霍机 II	6			
总 计				81 架	
附 记	一、在修理中之飞机未列入本表，但新修妥之飞机则增入之。 二、第一大队新接收之伏尔梯四架尚在训练中，故未列入。 三、第六大队之第十五队现有一架通信用达机，亦未列入。 四、暂编大队除三十四队现尚兼负作战任务外，其第三十三队及三十五队飞机仍负教育任务，故暂不列报。				

(11) 空军战斗要报(10月19日)

一、首都方面：

昨(十八)晚，霍机三架由刘粹刚率领，于十七时十五分起机，至浏河口以西投弹。因该地敌舰甚少，似难命中。

又，诺机三架由全正喜率领，于十七时许起机，至浏河以东，发现敌舰五只,各机连续投弹,似有命中情状。

当时,见公大纱厂有敌机起飞,但未及追及我机,并见崇明岛南边有一旋转灯,似系敌水上机场。

二、北正面支队方面:

1. 本(十九)日黄昏,派许机两架,轰炸平原一带之敌。

2. 昨(十八)夜,第八路军袭击阳明堡机场,烧敌机二十二架,逃去两架。

3. 前(十七)日,在辽县击落敌侦察机一架,敌驾驶员将该机烧毁,人逃。

4. 本(十九)日,闻敌九六式重轰炸机一架被我击落于火线,尚未证实。

5. 本(十九)日,前线情势极佳。

三、驻粤方面无报告。

我方空军飞机损耗表(10月19日)

隶属	驾驶员	机名	号码	机 数			地点	原因	备考
				待查	可修	全毁			
第十九队		亨机				1	汉口	被敌击毁	十九队巧电
小 计						1			
总 计				1 架					

我方空军战斗部队飞机现数表(10月19日)

隶属	机名	架数	驻地	备考
第二大队	诺机	8		
第三大队	费机CR-32			
	波因			

(续表)

隶 属	机 名	架 数		驻 地	备 考
第四大队	霍机Ⅲ	4			
第五大队	霍机Ⅲ	3	7		
	霍机Ⅰ	4			
	达 机				
第六大队	达 机	15			
第七大队	可 机	15			
第八大队	萨机S-72	3	8		
	亨 机	2			
	马 丁	1			
	达 机	2			
第二十队	羊 城	4			
第二十六队	霍机Ⅱ	2	5		
	霍机Ⅲ	2			
	达 机	1			
第二十七队	许 机	6	7		
	达 机	1			
第二十九队	霍机Ⅲ	4			
第三十四队	霍机Ⅱ	6			
总 计				83 架	
附 记	一、在修理中之飞机未列入本表,但新修妥之飞机则增入之。 二、第一大队新接收之伏尔梯四架尚在训练中,故未列入。 三、第六大队之第十五队现有一架通信用达机,亦未列入。 四、暂编大队除三十四队现尚兼负作战任务外,其第三十三队及三十五队飞机仍负教育任务,故暂不列报。				

(12) 空军战斗要报(10月21日)

一、首都方面：

1. 昨(二十)日,十三时半,诺机五架飞经兖州东北,遇敌机四架,我机略向西避,仍前进。十四时半,在平原车站发现敌带伪装之钢甲车约四、五列及卡车两辆,我机用纵队投弹,多数命中,车站亦毁。十五时四十分安抵济宁降落。

2. 本(二十一)晨三时半,济宁得警报,敌机出莒县来袭。我诺机五架由济宁起飞,除令1405号机回安庆,余均径飞平原轰炸。遇低云,但目标可辨,平原城内及车站均中弹起火,902号机因发生故障,仍落济宁,余四架均落安庆。

3. 昨(二十)夜,第六大队出动五次,每次一机,均炸杨树浦一带,数处起火甚烈。一次敌驱逐机追至嘉兴,我机均安全飞回。

二、北正面支队方面：

本(二十一)日,十三时,第十六队可机三架由洛阳出发,赴安阳西北东西保障,东西清流一带侦炸,其结果如下：

1. 由丰乐镇至观台铁路支线南北,均未发现敌军。

2. 漳河甚小,可以徒涉。

3. 东西保障附近有我军十字符号,但未见部队。

4. 观台以南有工事,但无军队驻守。

5. 炸弹投于漳河南岸树林中,内似有敌兵藏匿。

三、驻粤方面无报告。

我方空军战斗部队飞机现数表(10月21日)

隶属	机名	架数	驻地	备考
第二大队	诺机	6		
第三大队	费机 CR-32			
	波因			

(续表)

隶　　属	机　　名	架　数		驻　　地	备　　考
第四大队	霍机Ⅲ	4			
第五大队	霍机Ⅲ	3	7		
	霍机Ⅰ	4			
	达　机				
第六大队	达　机	16			
第七大队	可　机	15			
第八大队	萨机S-72	5	8		
	亨　机	1			
	马　丁				
	达　机	2			
第二十队	羊　城	4			
第二十六队	霍机Ⅱ	3	5		
	霍机Ⅲ	1			
	达　机	1			
第二十七队	许　机	7	7		
	达　机				
第二十九队	霍机Ⅲ	4			
第三十四队	霍机Ⅱ	6			
总　　　计				82架	
附　　记	一、在修理中之飞机未列入本表,但新修妥之飞机则增入之。 二、第一大队新接收之伏尔梯四架尚在训练中,故未列入。 三、第六大队之第十五队现有一架通信用达机,亦未列入。 四、暂编大队除三十四队现尚兼负作战任务外,其第三十三队及三十五队飞机仍负教育任务,故暂不列报。				

(13) 空军战斗要报(10月22日)

一、首都方面：

1. 昨(二十一)夜,我霍机一架赴沪侦察敌机场排列情形,归还时迫落于金坛,机微损,人无恙。

2. 本(二十二)日,第六大队达机五架,十六时五十分由杭州山发,至嘉善遇敌驱逐机数架,乘敌机未发觉时,即绕飞而过。十七时五十分到达宝山敌机场上空,适有薄雾,致视线欠佳,见有敌机正起飞,即对之投弹,但见起火,惟不能辨视确中敌机否？同时有敌单翼驱逐机在我机上空,我机投弹后即失散,我达机一架,现尚未回,下落不明。

3. 昨(二十一)夜,第六大队出动五次,每次达机一架,轰炸杨树浦一带之敌。见浦东炮战甚烈,一处起火,闸北有我高射炮射击,敌有七、八架在上空,我机均安全飞回。

二、北正面支队方面：

1. 本(二十二)日上午,第七大队可机五架,各带120磅炸弹二枚,35磅炸弹六枚,飞起安阳以北侦炸。

在双庙车站见敌铁甲车两列,我五机对之连续俯冲投弹,命中甚多。一辆被炸起火,燃烧甚烈,有敌七八百名由车内跃出,四散奔逃,我机即用机枪对之扫射,并见漳河铁桥已断。

在东西清流一带发现敌数百人渡河,我机各用机枪扫射,任务完毕,均安全飞回。

2. 本(二十二)日下午,第七大队可机九架再飞丰乐镇以北轰炸。见公路上有敌装甲车四十余辆,即对之投弹,同时遇敌侦察机一架,见我机即逃去,并见漳河有小船数只,我机均安全飞回。

三、驻粤方面无报告。

我方空军飞机损耗表(10月22日)

隶属	驾驶员	机名	号码	机数			地点	原因	备考
				待查	可修	全毁			
第十九队		亨机	1902			1	汉口	被敌炸毁	18日损坏,本日补报
第二十五队	宋恩儒	霍机Ⅲ	2501		1		金坛六区吉溪桥杨山山谷中	工作归途迫降	21日损坏,本日补报
第六大队	陈蔚文	达机	401	1			沪杭间	工作归途中被敌追击失踪	
小		计		1	1	1			
总		计					3 架		

我方空军战斗部队飞机现数表(10月22日)

隶属	机名	架数		驻地	备考
第二大队	诺机	6			
第三大队	费机 CR-32				
	波因				
第四大队	霍机Ⅲ	4			
第五大队	霍机Ⅲ	2	6		
	霍机Ⅰ	4			
	达机				
第六大队	达机	15			
第七大队	可机	15			

(续表)

隶属	机名	架数		驻地	备考
第八大队	萨机 S-72	5	9		
	亨机	2			
	马丁				
	达机	2			
第二十队	羊城	4			
第二十六队	霍机Ⅱ	3	5		
	霍机Ⅲ	1			
	达机	1			
第二十七队	许机	7	7		
	达机				
第二十九队	霍机Ⅲ	4			
第三十四队	霍机Ⅱ	6			
总计		81架			
附记	一、在修理中之飞机未列入本表,但新修妥之飞机则增入之。 二、第一大队新接收之伏尔梯四架尚在训练中,故未列入。 三、第六大队之第十五队现有一架通信用达机,亦未列入。 四、暂编大队除三十四队现尚兼负作战任务外,其第三十三队及三十五队飞机仍负教育任务,故暂不列报。				

(14) 空军战斗要报(10月23日)

一、首都方面:

1. 昨(二十二)日决心轰炸宝山敌机场,以马丁一架、亨克二架、诺机四架由大校场出发,霍机五架由溧水出发,达机五架由杭州出发。原定于午后五时三十五分至五十分先后到达目标,除达机按时出动外,因午后三时许,敌轰炸大校场,致延缓马机、亨机、诺机、霍机出发时间，乃均改至午后十时三十分月明时出发。

2. 达机第一次五机于午后四时四十五分出发，至嘉善即见敌驱逐机数架，乃迂回而过，于五时五十分到达目标。见敌机正在起飞，当即投弹，同时已有敌最优之单翼驱逐机在我机上空向我攻击，我机于投弹后，即见机场火起，并迅速脱离，遂致失散。陈副队长蔚文所驾401号达机至今失踪，余机均绕道而回。尔后续出动二次，轰炸杨树浦一带，见延烧甚烈，浦东及闸北我炮兵亦向敌猛烈射击。

3. 霍机按时到达目标后，尚能认清机场，惟有无敌机停放则不清晰。投弹后见场内有火，惟为时甚短，东南及西南方向有探照灯甚多，空中无敌驱逐机。

4. 马丁自汉口到达大校场后，即发现左发动机中充电瓶用之小发电机上与发动机接合处之四个固定螺钉折断三个，虽无碍于发动机之工作，然滑油由隙缝中漏出，又因工厂已搬出，工具缺少，经机械人员赶亟修理，取出该发电机，另换罩盖，以免滑油漏出，于午后十时以前修理完毕。

5. 午后十时三十分，马机、亨机均同时起飞。轰炸归还时，马机至大校场连落三次未下，惟隐约听得一发动机欠佳。移时，该机碰〔砰〕然一声，落于过兵桥（大校场东约三公里），立时起火，机内四人，驾驶员杨季豪及其他二员殉难，其余一员断手足各一。

6. 亨机归还时，黄队长普伦驾驶之机平安降落于大校场，本（二十三）日飞返汉口。其余一机于本（二十三）日一时五十五分左右偏飞至芜湖，寻觅大教场不得，至三时许，迫降于江宁县属第四区禄口镇王家庄（秣陵关附近）。机损，人员均平安。

7. 诺机于本（二十三）日拂晓前投弹，径返安庆。

二、北正面支队方面：

1. 昨（二十二）晨，可机两架，許机两架，分别侦炸晋北及平汉线之敌,并散传单,均安全飞回。

同日,有敌机五架,轰炸太原及绥德两处,太原仅死伤十余人,绥德无损失。又,我霍机一架在临汾落地时翻转。

2. 本(二十三)日,以许机两架轰炸原平方面之敌,一机迫降于大盂镇,我军前线正派员折运中。

三、驻粤方面无报告。

我方空军飞机损耗表(10月23日)

隶属	驾驶员	机名	号码	机 数			地点	原因	备考
				待查	可修	全毁			
第八大队	胡润枢 黄瑞稳	亨克			1		江宁县第六区禄口镇王家庄	工作归途中迫降	枪手丘舜、何健生共四人,仅一人轻伤
第八大队	杨季豪 李懋寅	马丁				1	南京兵工学校之东面	工作归途中失事焚毁,四人死三人,重伤一人	轰炸员吴范、通讯员袁汝成,仅李生存
第二十八队	待查	霍克			1		临汾	落地时翻转,左翼及螺旋桨损坏	
第二十七队	待查	许机	1				迫落大盂镇我军前线		
小		计		1	2	1			
总		计					4 架		

我方空军战斗部队飞机现数表(10月23日)

隶　　属	机　　名	架　　数		驻　　地	备　　考
第二大队	诺　机	6			
第三大队	费机 CR-32				
	波　因				
第四大队	霍机Ⅲ	4			
第五大队	霍机Ⅲ	2	5		
	霍机Ⅰ	3			
	达　机				
第六大队	达　机	15			
第七大队	可　机	15			
第八大队	萨机 S-72	2	5		
	亨　机	1			
	马　丁	2			
	达　机				
第二十队	羊　城	4			
第二十六队	霍机Ⅱ	3	5		
	霍机Ⅲ	1			
	达　机	1			
第二十七队	许　机	6	6		
	达　机				
第二十九队	霍机Ⅲ	4			
第三十四队	霍机Ⅱ	6			
总　　　计				75 架	
附　　记	一、在修理中之飞机未列入本表,但新修妥之飞机则增入之。 二、第一大队新接收之伏尔梯四架尚在训练中,故未列入。 三、第六大队之第十五队现有一架通信用达机,亦未列入。 四、暂编大队除三十四队现尚兼负作战任务外,其第三十三队及三十五队飞机仍负教育任务,故暂不列报。				

空军军官伤亡统计表(10月23日)

姓 名	队别	时 间	地点	原 因	伤势	现在何处	备 考
申时夏	航校	10月7日	衡阳	失事焚毁	殒命		陈庆云铣室柳电
魏国志	30队	10月14日	南京	因所驾3004机着火跳伞后失踪,顷已查明死于水中	阵亡		
廖兆琼	28队	10月23日	太原	十月十五日空战受伤,二十三日身死	阵亡		陈栖霞养成电
杨季豪	30队	10月23日	南京	由沪工作回京降落时因机器损坏迫落焚毁	阵亡		
吴 范	30队	10月23日	南京	同上	阵亡		
袁汝成	30队	10月23日	南京	同上	阵亡		
李懋寅	30队	10月23日	南京	同上	重伤		
待 查	28队	10月23日	临汾	落地时失事翻转			驾驶员姓名及伤势待查
待 查	27队	10月23日	大盂	迫落大盂镇我军前线			同上
总 计				9 员			
附 记							

(空军前敌总指挥部第一科调制)

(15) 空军战斗要报(10月24日)

一、首都方面：

1. 昨(二十三)日下午,奉命轰炸罗店、长浜站、周家牌楼、刘行、杨木乔、朱家宅一带敌炮兵阵地,地面部队约定在施相公庙、广福、大场、江湾四处各燃火一堆,以作目标,并用信号枪指示。

共出发霍机、达机各三架,各带一百二十磅炸弹四枚,第一次到达目标时间为二十二时半,第二次为二十三时半,第三次为二十四时,第四次为本(二十四)晨一时。

2. 霍机由溧水出发,到达时目标尚显明。我部队用信号枪指示目标,敌则用高射机枪向上射击。我机均俯冲投弹,弹均爆发,惟以黑夜不能辨识弹着何处。

3. 达机由杭州出发,均按照规定投弹,弹着点亦不能见,惟第一次到时,见杨树浦飞起敌机三、四架,向我机追击,并以机上落地灯向我照射,我机乃降低高度,作蛇形避开,约降至数百呎,敌机追至橄浦而回。

4. 本(二十四)日,诺机一架九时二十五分由济宁飞京,十一点半到京,正值敌机轰炸,遂急转安庆,但已为敌驱逐机五架层层包围,致被击中发火,人机俱焚。

5. 本(二十四)晨三时二十分,敌机十二架炸汉口机场,投弹五十余枚,场内落三十余枚,坏小达机一,毁厨房一。

二、北正面支队:

因昨(二十三)日汾阳被炸,本(二十四)日未出动,敌机亦无一机至我上空。

三、驻粤方面无报告。

我方空军飞机损耗表(10月24日)

隶属	驾驶员	机名	号码	机 数			地点	原 因	备考
				待查	可修	全毁			
第五大队	邓政熙	霍机Ⅲ	2501		1		溧水	因降落时发动机故障落场外,机微损,人轻伤	参谋长手谕
第二大队	全正熹 游云章	诺机	902			1	板桥	被敌击落焚毁,人机俱焚	

(续表)

隶属	驾驶员	机名	号码	机 数			地点	原因	备考
				待查	可修	全毁			
第八大队		达机	408			1	汉口机场	被敌炸毁	李怀民敬电
小 计					1	2			
总 计						3 架			

我方空军战斗部队飞机现数表(10月24日)

隶 属	机 名	架 数	驻 地	备 考
第二大队	诺 机	5		
第三大队	费机 CR-32			
	波 因			
第四大队	霍机Ⅲ	4		
第五大队	霍 机 Ⅲ	1	4	
	霍 机 Ⅰ	3		
	达 机			
第六大队	达 机	15		
第七大队	可 机	15		
第八大队	萨机 S-72	2	3	
	亨 机			
	马 丁			
	达 机	1		

2103

(续表)

隶属	机名	架数	驻地	备考
第二十队	羊城	4		
第二十六队	霍机Ⅱ	3		
	霍机Ⅲ	1	5	
	达机	1		
第二十七队	许机	6	6	
	达机			
第二十九队	霍机Ⅲ	4		
第三十四队	霍机Ⅱ	6		
总计			71架	
附记	一、在修理中之飞机未列入本表,但新修妥之飞机则增入之。 二、第一大队新接收之伏尔梯四架尚在训练中,故未列入。 三、第六大队之第十五队现有一架通信用达机,亦未列入。 四、暂编大队除三十四队现尚兼负作战任务外,其第三十三队及三十五队飞机仍负教育任务,故暂不列报。			

空军军官伤亡统计表(10月24日)

姓名	队别	时间	地点	原因	伤势	现在何处	备考
陈蔚文	4	22日夜间	苏州	轰炸上海后被敌击损迫落	轻伤	苏州博习医院	杨文榭漾电
张焕辰	4	22日夜间	苏州	同上	轻伤	同上	与陈蔚文同机
全正熹	11	24日上午11时	江宁镇板桥	由济宁飞京,适与敌机遭遇被击焚	阵亡		
游云章	9	24日上午11时	同上	同上	阵亡		与全正熹同机

(续表)

姓 名	队别	时 间	地点	原　　因	伤势	现在何处	备　考
邓正熙	17	24日上午	溧水	降落时发动机故障失事	微伤		
总计				5员			
附记	昨(二十三)日报在临汾及大盂镇失事之驾驶人员,兹查明均未受伤。						

(空军前敌总指挥部第一科调制)

(16) 空军战斗要报(10月25日)

一、首都方面:

1. 昨(二十四)日,霍机共出发二次。

第一次,霍机一架带燃烧弹十枚,于十九时起飞,在公大纱厂敌机场与宝山敌机场中间上空盘旋,见敌机场开灯车。飞机起落时,即对敌机俯冲轰炸,若逗留空中一小时后仍无发现,即轰炸敌机场。

第二次,霍机二架,于二十二时半起飞,任务同第一次。诺机、达机同带燃烧弹,以杨树浦及宝山敌机场为目标。

2. 第一次,邹赓续驾霍机一架,十九时起飞,抵沪后见敌机两架正在我军阵地上空投照明弹及炸弹,初拟攻击敌机,后失去目标,遂止。我机在规定上空盘旋四十分钟,未见敌机起落,遂对敌宝山机场投弹,弹落机场内稍西,但敌损失程度不详。当至宝山一带上空时,敌照空灯、高射炮对我机照射甚烈。

第二次,梁亦权、张伟华驾霍机两架,二十二时半起飞,在规定上空久候,未见机场敌机起落,遂对宝山敌机场投弹,多落场内,有少数落场边敌营房者,但敌损失不详。至今(二十五)晨一时半飞回。

3. 诺机三架,于本(二十五)晨二时出发,各带燃烧弹十枚,抵沪后,因空中多云,一架失去连络,未觅得宝山机场,遂对杨树浦投弹。两架对敌宝山机场投弹,惟弹着点不详。投弹毕,仍回安庆。

4. 达机共出发三次,每次一架,各带燃烧弹十枚,对杨树浦一带轰炸。第一次二十二时半,第二次二十四时,第三次本(二十五)晨一时半,计有两处中弹起火甚大,似炸中敌军用品。

二、北正面支队待报。

三、驻粤方面无报告。

我方空军飞机损耗表(10月24日)

隶属	驾驶员	机名	号码	机　数			地点	原因	备考
				待查	可修	全毁			
航校驱逐组		可机	34		1		汉口	被敌炸损	二十五日补报
同上		同上	36		1		汉口	同上	二十五日补报
第七大队	张俊位 秦廷卿	达机	511		1		定西	迫降	二十五日补报人微伤
航校驱逐组		霍机	22	1			汉口	待查	失事日期待查
航校驱逐组		霍机	24	1			汉口	待查	失事日期待查
小			计	2	3				
总			计				5 架		

我方空军战斗部队飞机现数表(10月25日)

隶属	机名	架数		驻地	备考
第二大队	诺 机	5			
第三大队	费机 CR-32				
	波 因				
第四大队	霍 机 Ⅲ	4			
第五大队	霍 机 Ⅲ	3	6		
	霍 机 Ⅰ	3			
	达 机				
第六大队	达 机	14			
第七大队	可 机	16			
第八大队	萨机 S-72	2	3		
	亨 机				
	马 丁				
	达 机	1			
第二十队	羊 城	4			
第二十六队	霍 机 Ⅱ	3	5		
	霍 机 Ⅲ	1			
	达 机	1			
第二十七队	许 机	6	6		
	达 机				
第二十九队	霍 机 Ⅲ	4			
第三十四队	霍 机 Ⅱ	4			
总 计				71 架	
附 记	一、在修理中之飞机未列入本表,但新修妥之飞机则增入之。 二、第一大队新接收之伏尔梯四架尚在训练中,故未列入。 三、第六大队之第十五队现有一架通信用达机,亦未列入。 四、暂编大队除三十四队现尚兼负作战任务外,其第三十三队及三十五队飞机仍负教育任务,故暂不列报。				

(17) 空军战斗要报(10月26日)

一、首都方面：

昨(二十五)夜，第六大队达机由杭州出发三次，每次一架，各带燃烧弹十枚，轰炸杨树浦以北一带，有五、六处中弹起火，燃烧甚烈。

二、北正面支队方面：

1. 前(二十四)日，晋北方面我机未出动。

昨(二十五)晨，我机八架侦炸原平西南村庄之敌，晚回洛阳，拟于本(二十六)日再轰炸平汉线之敌。

昨(二十五)日，敌轰炸机一、驱逐机四，炸太原分站，仅棚厂受震动，但未命中。近两日来，晋北敌机又形活动。

2. 昨(二十五)日，洛阳方面，第七大队奉程司令潜命令，派可机三架，飞安阳贯台水冶镇一带侦炸。3102号于十八时安返洛，1205、602号两机未返，下落不明。

三、驻粤方面无报告。

四、二十日十七时五十五分，敌重轰炸机十四架袭击南昌，经王汉勋、陈盛馨迎击，敌机一架被击落于瑞洪附近，一架被击伤，向余江万年间飘落，另两架被击，冒黑烟逃去。

我方空军飞机损耗表(10月25日)

隶 属	驾驶员	机名	号码	机 数 待查	机 数 可修	机 数 全毁	地点	原 因	备 考
第七大队		可机	605		1		离石场	因中途螺旋桨断去迫降	二十四日损坏本日补报
第七大队		可机	602	1				赴前方侦察失踪	
第七大队		可机	1205	1				同上	

(续表)

隶属	驾驶员	机名	号码	机 数 待查	机 数 可修	机 数 全毁	地点	原因	备考
第七大队	唐子静	可机	601		1		洛阳	因天晚着陆时,机翻人伤	
小 计				2	1	1			
总 计						4 架			

空军军官伤亡统计表(10月26日)

姓名	队别	时间	地点	原因	伤势	现在何处	备考
张俊位	12	24日11时	定西	由西安起飞,因故障迫落	微伤		毛邦初敬参兰电
秦廷卿	12	24日11时	定西	同上	同上		与张俊位同机
唐子静	6	24日黄昏	洛阳	由离石飞,601可机赴洛阳落时翻转	微伤	天生堂医院	金雯有电
谭镔	20	24日上午	宜昌	病故于宜昌普济医院	病故		陈又超有电
待查	16	25日	安阳附近	奉命侦摄安阳贯台水冶镇敌情	失踪	(1205号可机)	陶佐德有酉电
待查	16	25日	安阳附近	同上	同上	(602号可机)	同上
苏英祥	28	20日	忻县以西	15日空战失踪,20日在忻县发现遗体	阵亡		雷炎均有电

(续表)

姓名	队别	时间	地点	原因	伤势	现在何处	备考
总计				7 员			
附记	601可机同乘之机械士李中民伤一目,前头皮破裂流血甚多						

(空军前敌总指挥部第一科调制)

我方空军战斗部队飞机现数表(10月26日)

隶属	机名	架数	驻地	备考
第二大队	诺机	5		
第三大队	费机CR-32			
	波因			
第四大队	霍机Ⅲ	4		
第五大队	霍机Ⅲ	3	4	
	霍机Ⅰ	1		
	达机			
第六大队	达机	13		
第七大队	可机	11		
第八大队	萨机S-72	2	3	
	亨机			
	马丁			
	达机	1		
第二十队	羊城	4		
第二十六队	霍机Ⅱ	2	4	
	霍机Ⅲ	1		
	达机	1		

(续表)

隶　属	机　名	架　数	驻　地	备　考
第二十七队	许　机	6	6	
	达　机			
第二十九队	霍机Ⅲ	4		
第三十四队	霍机Ⅱ	4		
总　　计			62架	
附　　记	一、在修理中之飞机未列入本表,但新修妥之飞机则增入之。 二、第一大队新接收之伏尔梯四架尚在训练中,故未列入。 三、第六大队之第十五队现有一架通信用达机,亦未列入。 四、暂编大队除三十四队现尚兼负作战任务外,其第三十三队及三十五队飞机仍负教育任务,故暂不列报。			

(18) 空军战斗要报(10月27日)

一、首都方面:

昨(二十六)夜,达机出动四次,每次一架,轰炸杨树浦以北一带,约七、八处中弹起火,有一处火势甚大,似枪炮弹药爆发之火光。

敌探照灯、高射炮多集中杨树浦以北地区,我机每次投弹均遭其猛烈之照射。

第一、第四两次出动,我机均被敌驱逐机追逐,直至长兴,敌机始返。敌驱逐机更在嘉兴附近企图拦截,均被我机绕过。

二、北正面支队方面:

1. 昨(二十六)日,奉派刘粹刚率霍机四架飞太原,参加晋北作战,并令先飞洛阳,抵洛后再由熟悉晋洛航线之雷炎均领导飞太原。

于昨(二十六)日七时,刘粹刚等由京起飞,九时半抵汉口,十一时半由汉口起飞,十三时二十五分到洛,十六时十五分再由洛起飞,但未由雷炎均领导。迄十八时,尚未到太原,时已天黑,移时过云,四机遂失散,仅张慕飞一机至二十时四十五分始返洛,余三机无下落。

本(二十七)晨,据洛阳报告云,刘粹刚于高平以南地区机毁人亡,余两架尚在寻觅中。

雷炎均在刘粹刚以后起飞,于昨(二十六)夜虽未抵太原,但安落临汾。

2. 昨(二十六)日出动轰炸平汉线之机,均安全飞回。

3. 本(二十七)日,可机、许机均出动,因电话不通,详情续报。

三、驻粤方面无报告。

我方空军飞机损耗表(10月26日)

隶属	驾驶员	机名	号码	机数			地点	原因	备考
				待查	可修	全毁			
第五大队	刘粹刚	霍机Ⅲ				1	高平县	迷向迫降	机损人亡
		霍机Ⅲ				1	晋南	迷向失踪	
		霍机Ⅲ				1	晋南	迷向失踪	
小计						3			
总计							3 架		

空军军官伤亡统计表(10月27日)

姓名	队别	时间	地点	原因	伤势	现在何处	备考
刘粹刚	24队	26日下午6时以后	高平南方	下午四时许由洛阳飞太原,因天晚兼雨迷失方向,机毁人亡	阵亡		洛阳王维祥电话报告

(续表)

姓 名	队别	时 间	地点	原　　因	伤势	现在何处	备　考
邹赓续	25队	同上	待查	下午四时许由洛阳飞太原	失踪	生死不明	
徐葆昀	7队	同上	待查	同上	失踪	生死不明	
总　计				3　员			
附　记							

(空军前敌总指挥部第一科调制)

我方空军战斗部队飞机现数表(10月27日)

隶　　属	机　名	架　数	驻　地	备　考
第二大队	诺　机	5		
第三大队	费机CR-32			
	波　因			
第四大队	霍机Ⅲ	2		
第五大队	霍机Ⅲ	2	3	
	霍机Ⅰ	1		
	达　机			
第六大队	达　机	13		
第七大队	可　机	12		
第八大队	萨机S-72	3	4	
	亨　机			
	马　丁			
	达　机	1		

(续表)

隶 属	机 名	架 数		驻 地	备 考
第二十队	羊 城	3			
第二十六队	霍机Ⅱ	2	4		
	霍机Ⅲ	1			
	达 机	1			
第二十七队	许 机	5	6		
	达 机	1			
第二十九队	霍机Ⅲ	4			
第三十四队	霍机Ⅱ	4			
总 计				60 架	
附 记	一、在修理中之飞机未列入本表,但新修妥之飞机则增入之。 二、第一大队新接收之伏尔梯四架尚在训练中,故未列入。 三、第六大队之第十五队现有一架通信用达机,亦未列入。 四、暂编大队除三十四队现尚兼负作战任务外,其第三十三队及三十五队飞机仍负教育任务,故暂不列报。				

(19) 空军战斗要报(10月28日)

一、首都方面：

1. 昨(二十七)夜,共出发三次,每次达机一架,对平凉路投弹,有数处中弹起火,同时见闸北一带约有大火二十余处,真如亦大火。

2. 当我机到达沪上空时,敌巡逻飞机极多,我达机五○四号即被敌驱逐机数架包围,我机虽沈着应付,巧于逃避,但飞机之翼被高射炮击坏,遂勉强支持,迫降于石湖荡,机稍损,人受轻伤。

二、北正面支队：

因太原场昨(二十七)夜被敌轰炸,本(二十八)日不能用,故未出动。

三、驻粤方面无报告。

我方空军飞机损耗表(10月28日)

隶 属	驾驶员	机名	号码	机 数			地点	原 因	备 考
				待查	可修	全毁			
第六大队	刘志英 李成荣	达机	504		1		迫降石湖荡	被敌高射炮击伤	人轻伤
	小		计		1				
	总		计				1 架		

空军军官伤亡统计表(10月29日)

姓 名	队别	时 间	地点	原 因	伤势	现在何处	备 考
王 幹	16	25日上午	安阳附近	侦摄安阳贯台水冶镇敌情	失踪	生死不明	
韩师愈	16	25日上午	同上	同上	同上	同上	与王幹同机
丁嘉贤	16	25日上午	同上	同上	同上	同上	
王文秀	16	25日上午	同上	同上	同上	同上	与丁嘉贤同机
刘志英	15	28日晨	石湖荡	赴沪轰炸后,机被敌机击损迫落	伤	上海宝隆医院	第六大队邓参谋志坚电话报告

(续表)

姓名	队别	时间	地点	原因	伤势	现在何处	备考
李成荣	5	28日晨	石湖荡	同上	伤	同上	与刘志英同机
总 计				6 员			
附 计							

(空军前敌总指挥部第一科调制)

我方空军战斗部队飞机现数表(10月28日)

隶 属	机 名	架 数		驻 地	备 考
第 二 大 队	诺机	5			
第 三 大 队	费机 CR-32				
	波 因				
第 四 大 队	霍机Ⅲ	2			
第 五 大 队	霍机Ⅲ	2	3		
	霍机Ⅰ	1			
	达 机				
第 六 大 队	达 机	14			
第 七 大 队	可 机	12			
第 八 大 队	萨机 S-72	3			
	亨 机		4		
	马 丁				
	达 机	1			
第 二 十 队	羊 城	3			
第二十六队	霍 机Ⅱ	2			

(续表)

隶　　属	机　　名	架　数	驻　地	备　考
第二十六队	霍机Ⅲ	1	4	
	达　机	1		
第二十七队	许　机	5	6	
	达　机	1		
第二十九队	霍机Ⅲ	4		
第三十四队	霍机Ⅱ	4		
总　　　计			61 架	
附　　记	一、在修理中之飞机未列入本表,但新修妥之飞机则增入之。 二、第一大队新接收之伏尔梯四架尚在训练中,故未列入。 三、第六大队之第十五队现有一架通信用达机,亦未列入。 四、暂编大队除三十四队现尚兼负作战任务外,其第三十三队及三十五队飞机仍负教育任务,故暂不列报。			

(20)空军战斗要报(10月29日)

一、首都方面：

昨(二十八)夜,第六大队共出发三次,每次达机一架。第一次二十一时起机,第二次二十二时半起机,第三次二十四时起机,均对平凉路高尔夫球场附近及八字桥等处投弹,约有五、六处中弹起火。

同时见敌炮击真如甚剧,但浦东沈寂,当我机到浦东时,遇敌机三架,我机即绕过。

是夜,敌探照灯、高射炮对我机照射甚烈,我机任务完毕,均安全飞回。

二、北正面支队无报告。

三、驻粤方面无报告。

我方空军战斗部队飞机现数表(10月29日)

隶　属	机　名	架　　数		驻　地	备　考
第二大队	诺 机	5			
第三大队	费机 CR-32	1	2		
	波　因	1			
第四大队	霍 机 III	3			
第五大队	霍 机 III	1	2		
	霍 机 I	1			
	达 机				
第六大队	达 机	14			
第七大队	可 机	12			
第八大队	萨机 S-72	2	4		
	亨 机	1			
	马　丁				
	达 机	1			
第二十队	羊　城	3			
第二十六队	霍 机 II	2	4		
	霍 机 III	1			
	达 机	1			
第二十七队	许 机	5	6		
	达 机	1			
第二十九队	霍 机 III	4			
第三十四队	霍 机 II	4			
总　　计		63 架			
附　　记	一、在修理中之飞机未列入本表,但新修妥之飞机则增入之。 二、第一大队新接收之伏尔梯四架尚在训练中,故未列入。 三、第六大队之第十五队现有一架通信用达机,亦未列入。 四、暂编大队除三十四队现尚兼负作战任务外,其第三十三队及三十五队飞机仍负教育任务,故暂不列报。				

(21) 空军战斗要报(10月30日)

一、北正面支队方面：

1. 本(三十)晨,派可机九架轰炸原平,后以三架不能开车未起飞,故出动六架。飞至大盂上空,即遇敌驱逐机多架向我攻击,我机遂被冲散,各机下落,正在调查中。

2. 本(三十)晨,敌驱逐机五架及轰炸机一架,轰炸太原机场,我无损失。

3. 二十六日,刘粹刚等霍机四架飞太原,除刘粹刚机触高平县魁星阁机毁人亡外,张慕飞当夜飞回洛阳,邹赓续、徐葆昀二人均在高平附近跳降伞,二机均毁,人幸安全。

二、第六大队方面待报。

三、驻粤方面无报告。

我方空军飞机损耗表(10月30日)

隶属	驾驶员	机名	号码	机数			地点	原因	备考
				待查	可修	全毁			
第七大队		可机	1608	1				本日由洛阳出发后失踪	
第七大队		可机	3102	1				本日由洛阳出发后失踪	
第七大队		可机	3107	1				本日由洛阳出发后失踪	
小 计				3					
总 计							3 架		

我方空军战斗部队飞机现数表(10月30日)

隶 属	机 名	架 数		驻 地	备 考
第二大队	诺 机	5			
第三大队	费机 CR-32	1	2		
	波 因	1			
第四大队	霍机Ⅲ	3			
第五大队	霍机Ⅲ	1	2		
	霍机Ⅰ	1			
	达 机				
第六大队	达 机	14			
第七大队	可 机	9			
第八大队	萨机 S-72	2	4		
	亨 机	1			
	马 丁				
	达 机	1			
第二十队	羊 城	3			
第二十六队	霍机Ⅱ	2	4		
	霍机Ⅲ	1			
	达 机	1			
第二十七队	许 机	5	6		
	达 机	1			
第二十九队	霍机Ⅲ	4			
第三十四队	霍机Ⅱ	4			
总 计		60 架			
附 记	一、在修理中之飞机未列入本表,但新修妥之飞机则增入之。 二、第一大队新接收之伏尔梯四架尚在训练中,故未列入。 三、第六大队之第十五队现有一架通信用达机,亦未列入。 四、暂编大队除三十四队现尚兼负作战任务外,其第三十三队及三十五队飞机仍负教育任务,故暂不列报。				

空军一九三七年十一月战斗要报

(1937年11月3—11日)

(1) 空军战斗要报(11月3日)

一、北正面支队方面:

1. 昨(二)日,第七大队着中队长杨鸿鼎率可机五架,轰炸漳河铁桥,计投五十公斤炸弹二十枚,当时,敌高射炮对我射击甚烈,我机任务达到后,均安全飞回。

2. 可机六架于十月三十日飞至大盂上空,被敌机击散失踪。

兹据第六队队长金雯报告:是(十月三十)日,我可机六架飞至大盂上空,遇敌驱逐机四架,当有敌机两架向3106号攻击,敌另两机向1204号攻击,为减少损失计,其余可机遂分散。可机3106号油箱被击破,油尽迫落连城镇附近,可机1204号亦被击中数处,迄今(三)日,除1602号因天气恶劣迫降中途外,余均经修复,先后抵洛阳。

二、第六大队因天气恶劣未出动。

三、驻粤方面无报告。

空军部队战斗飞机现数表(11月3日)

隶 属	机 名	架 数		驻 地	备 考
第二大队	诺 机	6		安 庆	
第三大队	费机CR-32	1	2	汉 口	
	波 因	1			
第四大队	霍 机Ⅲ	3		汉 口	
第五大队	霍 机Ⅲ	4	5	分驻各地	
	霍 机Ⅰ	1		汉 口	
	霍 机Ⅱ				
第六大队	达 机	7		杭 州	

(续表)

隶属	机 名	架 数		驻 地	备 考
第七大队	可 机	9		洛阳及晋南	
第八大队	亨 克				
	马 丁				
第廿七队	许 机	6		晋 南	
第廿九队	霍机Ⅲ	4		广 州	
总 计		42 架			
附 记	(一) 本表所列各机均为妥善可用者,凡有修妥损坏均得随时增减。				

空军部队训练飞机现数表(11月3日)

隶属	机 名		架 数		驻 地	备 考
第六大队	达 机		9		宜昌及芜湖	
第八大队	萨 机		2	3	汉口及西安	
	达 机		1			
第二十队	羊 城		3		宜 昌	
第二十六队	霍机	Ⅰ	2	5	南 昌	
		Ⅱ				
		Ⅲ	2			
	达 机		1			
第二十七队	霍机Ⅱ		1	1	南 阳	
航校驱逐组	霍机Ⅱ		4	6	汉 口	
	可 机		2			
总 计			27 架			
附 记	(1) 第一队运输机五架未列入本表。 (2) 各项杂机而不能供作战任务者亦未列入本表。 (3) 本表所列飞机均为妥善可用者,凡有修妥损坏均得随时增减。					

(2) 空军战斗要报(11月8日)

一、北正面支队方面:

1. 四日,第七大队第十二队队长安家驹,率可机七架赴安阳轰炸。任务完毕,均安全返洛。

2. 五日晨,第七大队着第十二队队长安家驹,仍率可机七架,轰炸安阳一带铁桥、敌炮兵阵地及运输车辆,并破坏其轻气球。

当我机将至安阳上空,即发现敌驱逐机六架,在轻气球附近及安阳上空巡逻。为避免损失计,我机遂投弹于安阳河北岸,轰炸敌阵地。投弹毕,我机均安全返洛。

二、杭州方面第六大队无报告。

三、驻粤方面无报告。

空军部队战斗飞机现数表(11月8日)

隶 属	机 名	架 数		驻 地	备 考
第二大队	诺 机	6		安 庆	
第三大队	费机CR-32	1	2	汉 口	
	波 因	1			
第四大队	霍机Ⅲ	3		汉 口	
第五大队	霍机Ⅲ	4	5	分驻各地	
	霍机 Ⅰ	1		汉 口	
	Ⅱ				
第六大队	达 机	7		杭 州	
第七大队	可 机	9		洛阳及晋南	
第八大队	亨 克				

(续表)

隶属	机名	架数	驻地	备考
第八大队	马丁			
第廿七队	许机	6	晋南	
第廿九队	霍机Ⅲ	4	广州	
总计		42 架		
附记	本表所列各机均为妥善可用者,凡有修妥损坏均得随时增减。			

空军部队训练飞机现数表(11月8日)

隶属	机名		架数		驻地	备考
第六大队	达机		10		宜昌及芜湖	
第八大队	萨机		2	3	汉口及西安	
	达机		1			
第二十队	羊城		3		宜昌	
第二十六队	霍机	Ⅰ	1	5	南昌	
		Ⅱ				
		Ⅲ	3			
	达机		1			
第二十七队			1	1	南阳	
航校驱逐组	霍机Ⅱ		4	6	汉口	
	可机		2			

(续表)

隶 属	机 名	架 数	驻 地	备 考
总 计		28 架		
附 记	(1) 第一队运输机四架未列入本表。 (2) 各项杂机而不能供作战任务者亦未列入本表。 (3) 本表所列飞机均为妥善可用者,凡有修妥损坏均得随时增减。			

(3) 空军战斗要报(11月11日)

一、首都方面：

1. 本(十一)日,六时三十分,派诺机三架,轰炸花鸟东北一带之敌舰。于九时二十五分,我机即到达该处上空,适下有块云,于云隙中见有敌航空母舰,即对之投弹,中其尾部。投弹完毕飞回时,即遇敌驱逐机两架截击我机。我徐卓元机急下降入云中飞避,我宋以敬、李锡永1405号机被击焚,彭德明、李恒杰1402机被击坠,人跳伞,但机人均落花鸟附近海面,徐卓元机安全飞回。

2. 本(十一)日,十四时,敌重轰炸机六架、驱逐机九架,轰炸我大校场机场。我诺机Ⅱ-6号被炸焚,905号损坏甚重,Ⅱ-4、1409号稍损,霍机2307、2309亦稍损。

敌重轰炸机被我高射炮击焚两架。

二、洛阳方面：

本(十一)日,十二时左右,敌轰炸我洛阳机场。章益民驾可机605号正起飞,即被敌击落,后座机械士亦同机俱焚。机场仅被炸数洞,他无损失。

三、第六大队无报告。

四、驻粤方面无报告。

2125

空军军官伤亡统计表(11月11日)

姓名	队别	时间	地点	原因	伤势	现在何处	备考
彭德明	14	上午9时25分	花鸟山东北	被敌击坠	跳伞待查	浙江洋面	阵亡
李恒杰	14	上午9时25分	花鸟山东北	被敌击坠	跳伞待查	浙江洋面	阵亡
宋以敬	14	上午9时25分	花鸟山东北	被敌击坠	阵亡	浙江洋面	
李锡永	14	上午9时25分	花鸟山东北	被敌击坠	阵亡	浙江洋面	
张益民	12	正午十二时	洛阳附近	被敌击坠	阵亡	洛阳	
总计			5员				
附记							

(空军前敌总指挥部第一科调制)

我方空军飞机损耗表(11月11日)

隶属	驾驶员	机名	号码	机数			地点	原因	备考
				待查	可修	全毁			
第二大队	彭德明 李恒杰	诺机	1402			1	花鸟山东北	被敌击坠	人跳伞待查
第二大队	宋以敬 李锡永	诺机	1405			1	花鸟山东北	被敌击焚	二人亡
第二大队		诺机	Ⅱ-6			1	南京总站	被敌炸焚	
第二大队		诺机	Ⅱ-4		1		南京总站	被敌炸损	

(续表)

隶属	驾驶员	机名	号码	机　　数			地　点	原因	备考
				待查	可修	全毁			
第二大队		诺机	905		1		南京总站	被敌炸损	
第二大队		诺机	1409		1		南京总站	被敌炸损	
第四大队		霍机Ⅲ	2307		1		南京总站	被敌炸损	
第四大队		霍机Ⅲ	2309		1		南京总站	被敌炸损	
第七大队	张益民	可机	605			1	洛阳机场附近	起飞时被敌击焚	人亡
小　　计					5	4			
总　　计				9 架					

空军部队战斗飞机现数表（11月11日）

隶　属	机　名	架　数		驻　地	备　考
第二大队	诺机	1		汉口	
第三大队	费机CR-32	1	2	汉口	
	波因	1			
第四大队	霍机Ⅲ	3		汉口	
第五大队	霍机Ⅲ	2	3	汉口	
	霍机Ⅰ Ⅱ	1		汉口	
第六大队	达机	6		杭州 南京	
第七大队	可机	7		洛阳	
第八大队	亨克 马丁				

(续表)

隶属	机名	架数	驻地	备考
第廿七队	许机	5	南阳	
第廿九队	霍机Ⅲ	4	广州	
总计		31架		
附记	（一）本表所列各机均为妥善可用者,凡有修妥损坏均得随时增减。			

空军部队训练飞机现数表(11月11日)

隶属	机名		架数		驻地	备考
第六大队	达机		9		宜昌及芜湖	
第八大队	萨机		2	3	西安及汉口	
	达机		1			
第二十队	羊城		5		宜昌	
第二十六队	霍机	Ⅰ		4	南昌	
		Ⅱ				
		Ⅲ	3			
	达机		1			
第二十七队			1	1	南阳	
航校驱逐组	霍机Ⅱ		4	5	汉口	
	可机		1			
总计			27架			
附记	(1) 第一队运输机三架未列入本表。 (2) 各项杂机而不能供作战任务者亦未入本表。 (3) 本表所列飞机均为妥善可用者,凡有修妥损坏均得随时增减。					

空军指挥部呈报空军轰炸芜湖机场及敌机袭击我汉口机场情形致军委会密电

(1938年1月7日)

武昌军委会第一部：护密。五日八时，我机十六架轰炸芜湖机场。(一)敌机六架均被炸焚，芜湖机场亦被炸坏。(二)芜湖停大舰五，小舰十余，当我机归回时，舰上高射炮向我机射击。(三)芜湖以西兵舰，自江日被我炸沉两只后，已退至芜湖下游。特闻。空军指挥部。鱼。参。印。

武昌军委会第一部：〇密。据汉口空军总站总站长曹钉炳报称，支(四)日，敌机三十二架袭击汉口机场，投弹百余枚。(一)我在修理中之□机一架，及外员队诺机两架，伏儿脱一架，因该外员等不在场内，未起飞，均被炸毁。电话总机亦毁。(二)我驱逐机二架被击坠。分队长宋恩儒、队员张若翼阵亡，外员柯路白亦被击阵亡，另一架人机均被击伤后平安落地。(三)敌机有无击落，正在调查中。等语。谨闻。空军总指挥部。鱼。参。印。

空军一九三八年二月战斗要报

(1938年2月17—28日)

(1) 空军战斗要报(2月17日)

第一、南昌方面：

一、本(十七)日十时四十分，第一群CB轰炸机七架自南昌出发，轰炸蚌埠之敌。自蚌埠车站向北连续投弹，多中于车站中，末尾两机之弹落于蚌埠之北侧河边敌阵地中。

二、蚌埠北面小河中有小船甚多，未见人马。

三、临淮关起火，铁路上沉静无物，车站中坏车倾覆，系前次所炸毁者。蚌埠北面之铁桥已破坏。

四、凤阳至宿州方面公路上，在凤阳南侧有汽车数辆，向北行进。

五、于十四时十分，第一群七机安全飞回南昌。

六、第二群CB轰炸机六架，由俄员马琴领队同时（十时四十分）出发，轰炸杭州、富阳间公路上之敌。因领机故障，乃令第二小队长代领前进，第二小队长未明其意旨即行飞回，抛弹于湖中而返。

七、本（十七）日十时顷，南昌闻敌机九架过富阳，我驱逐机四十二架迎敌。敌机未至，我机均安全降落。

第二、汉口方面：

八、本（十七）日八时五十五分，以CB轰炸机八架，轰炸安阳敌机场。至黄河上空时，遇敌驱逐机六架，分两分队自前面左右两方向我机横截。我机两个四机小队向右梯次前进，敌机在我后方交互飞过，追赶不及，至新乡附近遇敌驱逐机三架，掩护敌轰炸机四架近面飞来。我第二小队之右翼机与敌轰炸机互射，敌轰炸队右翼一队忽自我机后下方向西下降于道清铁路南侧，结果未详。

十一时许到达安阳，见各机场均无敌机，遂自××公尺高度降至××公尺，见漳河南侧车站停有部队，车站北停火车一列，漳河北有火车一列自北向南驶，遂分头轰炸之。归途在驻马店加油后，十四时安返汉口。

九、八时五十五分之同时，以CB机四架轰炸蚌埠之敌，以两机轰炸临淮关东侧之敌及停留之汽车，以两机轰炸临淮关西南约数公里公路上之敌汽车队，同时遇敌驱逐机两架向我攻击。至十一时三十五分，我机两架受轻伤飞回，伤一人。

十五时零五分，据报，一架迫落六安，其余一架后闻落寿县保佑寺，正派员处理中。

十、十时，汉口闻敌机侵袭，结果未至。

第三、长沙方面：

十一、十时,敌机侵袭长沙,我二十五队霍机三架起飞应战。据报,敌机一架受重伤,正调查中。

第四、广东方面:

十二、据刘指挥官芳秀电报,本(十七)日,敌机共四十二架,在九时至十四时间,分炸我粤汉路之新街、银盏坳、堪大坑与广九路之樟木头、土塘石站、南村及石井兵工厂等处,毁我石井工人房及机关枪厂各一座,各处路轨略有损伤。

我方空军飞机损耗表(2月27日)

隶属	驾驶员	机名	号码	待查	可修	全毁	地点	原因	备考
	俄员	CB	B-1555		1		寿县东保佑寺	迫降	
	俄员	CB	B-1558		1		六安	迫降	
第四大队			E-15		1		汉口	着地不慎失事	
小 计					3				
总 计							3 架		

空军军官受伤统计表(2月18日)

隶属	姓名	级职	受伤日期	地点	原因	伤势	现在地址	备考
俄员队	索罗基	驾驶员	17日	蚌埠	被敌击		六安(或寿县)	

(续表)

隶属	姓 名	级 职	受伤日期	地点	原因	伤势	现在地址	备考
	府洛洛夫	轰炸员	17日	蚌埠	被敌击		六 安(或寿县)	
	齐受林	射 手	17日	蚌埠	被敌击		六 安(或寿县)	
	罗兑尼沙夫	驾驶员	17日	蚌埠	被敌击		寿县保佑寺(或六安)	
	福民尼	轰炸员	17日	蚌埠	被敌击			
	史留可夫	射 手	17日	蚌埠	被敌击			

(2) 空军战斗要报(2月18日)

一、本(十八)日,十二时许,敌轰炸机十五架、驱逐机约三十架侵袭武汉。我空军第四大队驻汉口之二十一及二十三队,又,驻孝感之二十二队,即分别起机,于汉口机场附近上空攻击敌机。其经过如左。

二、空军第二十一队E-16式机十架,于十二时四十五分得悉警报,当即开车起飞。成V形队形,升至××公尺高度时,发现机场西北方上空有敌轰炸机十二架、驱逐机十余架,成V形战斗队形,高度约××公尺,当即掩护双翼机,即第二十二、二十三两队E-15式机与敌驱逐机战斗。约历十五分钟,敌驱逐机向东逃逸,即掩护双翼机向敌机追击。队长董明德、队员杨孤帆、柳哲生及二十三队副队长刘宗武共四机,协同击落敌驱逐机一架,落于仓埠附近村落内坠地焚毁,后即返防。

第二分队长王远波、队员龚业悌、王特谦追击敌驱逐机二架,于黄陂南方击伤一架,逃于山中飞行甚低,后即未见踪影。因油量已不足,即返场降落。队员柳哲生击落敌驱逐机一架,落于机场西北角约六、七公里处。第三分队长李文祥率队员杨孤帆、王特谦、韩参等于发见敌机时,即升高××××公尺,在该队后上方掩护,当混战时,见上方无敌机,即参加战斗。队员杨孤帆击落敌驱逐机一架,着火坠于东湖附近水中。后该分队追击敌驱逐机二架,击伤一架,冒烟向东低飞入山中遁去。因油量所限,当即返防。

该队计共击落敌机三架,击伤二架,全队飞机十架安全返防,人机无伤。

三、空军第二十二队 E-15 式机十一架,于十三时起机,成 V 形队形,升高至××公尺,在机场西北角遭遇敌机十二架,成 V 形队形,高度约××公尺,其前六架攻击我前六架,后六架攻击我后五架。经编队空战一、二分钟后,即发生单机格斗。队长刘志汉击落敌驱逐机一架,后因发动机爆炸,乃跳伞安全降地。副队长郑少愚因飞机方向舵操纵线受伤,降落机场时翻转,人员安全。队员张光明与敌驱逐机格斗,机中二十九弹,安全回场。队员冯汝和击落敌驱逐机二架,张明生击落敌驱逐机一架,均平安回场。队员吴鼎臣击落敌驱逐机一架后,因见我机一架为敌驱逐机攻击,即俯冲援救,敌机上升逃避,我前面一机亦转机头,致与吴机相撞,吴队员跳伞安全落地,两机均毁。

该队计共击落敌驱逐机五架,我机损毁四架,轻伤二架。领队者大队长李桂丹阵亡,巴清正、李鹏翔、王怡等三员未明下落。

四、空军第二十三队 E-15 式机八架,于十二时四十五分由孝感机场起机,到汉与大队飞机集合,成 V 形队形,升高至××公尺,在汉口场北与敌驱逐机五、六架遭遇。时敌机正攻击二十二队数架友机,当即增援,遂发生混战。副队长刘宗武击落敌驱逐机一架,并协同二十一队队长董明德等三机击落敌驱逐机一架。队员信寿巽击落敌机一架,领队者队长吕基淳阵亡,分队长王玉琨轻伤。

该队计共击落敌机二架,并协同二十一队击落一架。阵亡队长一员,轻伤队员一员。

五、天气晴,能见度良好,约××公尺,我各队机自十三时二十分至十三时三十分,陆续降落汉口机场。

六、敌驱逐机为九六式单翼机,标志太阳徽,速度约四百余公里,较我 E-16 式机者稍逊,灵敏性与我 E-15 式机相似,武器机枪二挺,惯用战法:(1)连合攻击;(2)降下突进余力上升攻击。

七、汉口机场跑道中段被投中五百公斤炸弹一枚,跑道两侧被投重量炸弹数枚。

八、我人员伤亡,飞机损耗,战斗得力人员等如附表。

二月十八日战斗要报续报如左:

重庆方面:

一、九时三十分,敌机九架袭广阳坝,投弹十余枚,工厂房屋窗户受伤,无线电台被炸不能通电,地库距二十公尺处中一弹。

长沙方面:

二、五时许,敌机袭衡经浏阳时,长沙鸣警报,驻长沙场之第二十五队霍克驱逐机三架起飞警戒。因拂晓能见度不良,郭殿宾驾 V-9 霍机起飞时,一架撞机场西北角油库,机坠人重伤,经送湘阳医院疗治。

衡阳方面:

三、敌机二十架,五时三十分过株州,我驻衡霍克驱逐机三架起飞迎击。六时二十分,该次敌机十架到达衡阳,高度约×公尺,时犹未明亮,敌机遭我机迎击,乃仓皇投弹而去,我机及机场均无损害。

玉山方面:

四、敌重轰炸机三架,在玉山机场内西南角投五百公斤弹三枚。

我方空军战斗成果表（2月18日）

得力战斗人员	队别	击落敌机架数					击落地点	通知者	备考
		侦察	驱逐	轻炸	重炸	水机 待查			
董明德 杨孤帆 柳哲生 刘宗武	第二十一队		1				仓埠附近	第四大队及武汉总站	
柳哲生	第二十一队		1				机场西北角约七公里	第四大队及武汉总站	
杨孤帆	第二十一队		1				东湖附近水中	第四大队及武汉总站	
李文祥 杨孤帆 王特谦 韩参	第二十一队		1				向东低飞入山中遁去	第四大队及武汉总站	
王远波 龚业悌 王特谦	第二十一队		1				黄陂南方	第四大队及武汉总站	
刘志汉	第二十二队		1				汉口西北廿余里戴家山之水塘内	第四大队及武汉总站	
冯汝和	第二十二队		2				汉口西北黄家劳	第四大队及武汉总站	

2135

(续表)

得力战斗人员	队　别	击落敌机架数					击落地点	通知者	备考
		侦察	驱逐	轻炸	重炸	水机	待查			
张明生	第二十三队		1					汉口北端	第四大队及武汉总站	
吴鼎臣	第二十三队		1					汉口西北方约二十里	第四大队及武汉总站	
信寿夔	第二十三队		1					黄陂汉口之间	第四大队及武汉总站	
刘宗武	第二十三队		1					滠口附近	第四大队及武汉总站	
小　　计			12							
总　　计								12 架		

2136

我方空军飞机损耗表（2月18日）

隶属	驾驶员	机名	号码	机数 待查	机数 可修	机数 全毁	地点	原因	备考
第四大队	李桂丹	E-15	P-5828			1	汉口舵落口	被敌击中焚	人亡
第四大队	吕基淳	E-15	P-5834			1	滠口	被敌击坠	人亡
第四大队	巴清正	E-15	P-5831	1			待查		
第四大队	王玉琨	E-15	P-5829			1		被敌击坠	人跳伞微伤
第四大队	吴鼎臣	E-15	P-5838			1		因援救我机急转与我机互撞	人跳伞无恙
第四大队	李鹏翔	E-15	P-5843	1			待查	被敌击坠	
第四大队	王怡	E-15	P-5847	1			待查	被敌击坠	
第四大队	刘志汉	E-15	P-5849			1	家山	被敌击毁发动机	人跳伞无恙
第四大队	郑少愚	SB	P-5848		1		汉口	被敌击断方向舵操纵绳着地翻转	人无恙
			$\frac{12}{44}$ P-1552		1		汉口	被敌炸损	该机前已损待修者
小 计				3	2	5			
总 计							10 架		

2137

空军军官受伤统计表(2月18日)

隶属	姓名	级职	受伤日期	地点	原因	伤势	现在地址	备考
第二十三队	王玉琨	少尉本级分队长	18日	汉口	抗战	轻伤		
合 计				1 员				
附 记								

空军军官死亡统计表(2月18日)

隶属	姓名	级职	死亡日期	地点	原因	死亡情形	备考
第四大队	李桂丹	上尉本级代大队长	18日	汉口舵落口	阵亡	机被敌击焚	
第二十三队	吕基淳	上尉本级队长	18日	漯口	阵亡		
第二十二队	巴清正	少尉本级队员	18日		失踪		
第二十二队	王 怡	少尉本级队员	18日		失踪		
第二十二队	李鹏翔		18日		失踪		
合 计			阵亡2员 失踪3员				
附 记							

新机现况表(2月18日)

现在地点	E-15 妥	E-15 修	E-16 妥	E-16 修	SB 妥	SB 修	TB-3 妥	TB-3 修	E-16教 妥	E-16教 修	备考
南　昌	9		15	4	15	7					
樟　树	9				1						
南　城					2						
汉　口	13	6	10	2	10	5					E-15修机中有三架失踪待查
襄　阳	2		3	2	1				4	1	
洛　阳			1								
西　安	10				6						
兰　州	39	4	6	10	3	1	2	1	2	1	
武　威			3		4						
酒　泉	1	1		2		2					
小　计	83	15	34	30	32	15	2	1	6	2	
合　计	98		64		47		3		8		
总　计	220 架										
附　记	全毁各机均未列入计:(1) E-15 11架 (2) E-16 35架 (3) SB 18架 (4) TB-3 3架 共计67架										

空军部队飞机现数表(2月18日)

隶　属	机　名	架　数	驻　地	备　考
第一大队	SB		南　昌	
第二大队	SB		南　昌	
第三大队	霍机Ⅲ	1	长　沙	

(续表)

隶 属	机 名	架 数		驻 地	备 考
第四大队	E-15 E-16			汉 口	
第五大队	格 机	12	13	南昌、衡阳	
	费 机	1			
第六大队	达 机	12		柳州、宜昌、南昌、西安	
第七大队	可 机	7		洛阳、襄阳、衡阳、南昌	
第八大队	萨 机	2		南昌、汉口	
第十三队	亨 机	1		宜 昌	
第十四队	马 丁	1	8	汉 口	
	诺 机	1			
	伏 机	6			
第十八队				宜 昌	
第二十队	达 机	2		宜 昌	
第二十六队	E-15			兰 州	
第二十七队	许 机	2		西 安	
第三十三队				长 沙	
总 计				48 架	
附 记					

(3) 空军战斗要报(2月19日)

本(十九)日十三时三十分,我CB轰炸机六架,共携一百公斤炸弹三十枚、二百五十公斤炸弹二枚,由国籍飞行员及俄员驾驶自南昌出发,十四时到达安庆、贵池间之石矶头附近,炸毁敌兵舰一艘,我机安全飞回南昌。

(4) 空军战斗要报(2月21日)

河南方面：

一、我新轰炸机八架,于九时自汉口出发,十三时在洛阳加油后,轰炸汾阳附近水头镇、大麦镇之线以东之敌,于十六时卅分回抵西安。因外员语言不通,电话不便,致轰炸结果不明,拟俟明(廿二)日回汉口查明详报。

宜昌方面：

二、敌机九架于十一时四十分袭宜昌机场,投弹三十一枚于场内,该场除旧跑道外,余在数日间不能用。

南昌方面：

三、我新轰炸机十五架,由南昌出发,携带炸弹5 356公斤(计共100公斤者14枚,50公斤者30枚,20公斤者46枚,8公斤者192枚),轰炸敌杭州机场,弹均投落场内。

四、笕桥机场有敌机约八架,内有甚大者三架,并有翼黄色者一架正在滚行中。

五、我机投弹后,其中一架因油量不足,降南城机场时两轮陷入土中,旋浆两页稍损毁,俟明(廿二)晨待修妥即可飞返南昌,余均安回南昌。(详情续报)

衡阳方面：

六、敌机八架于午间袭衡阳,炸伤兵医院,死伤兵甚多。又,职业学校亦被炸。

七、衡阳机场跑道被投弹,大者一枚,小者三十枚,尚无碍。装修之飞机中损坏四架如下:1.可塞机一架,油箱炸漏,尚可修复;2.马丁机一架,左翼稍损;3.柏伦格机一架稍损;4.柏机一架,因弹片炸破油箱,以致焚毁。

八、我霍克驱逐机三架起飞应战,敌机高度约××××呎,我机高度××××呎。我机向南追击至茶陵,战斗结果如下:1.航校组长陈有维驾驶之霍克机汽缸被击伤;2.敌机一架左边发动机被我机射击伤,冒黑烟并漏汽油;3.我该霍克机大口径枪弹因时间久多锈,致发射时无效,并每次格斗时反易被敌机所乘。(详情续报)

吉安方面:

九、吉安机场被炸后,我第廿七队新接收格机在该场降落,其中许机一架冲出场外,机翻人无恙。柏机两架在场内互撞,人无恙。(详情续报)

十、我空军飞机损耗及现数如附表。

二月二十一日战斗要报续报如左:

韶关方面:

一、十二时三十分,敌机十六架,由西南方来袭韶关。轰炸经过约三十分钟,工厂及机场被投大小炸弹十九枚,机场致不能用,厂内宿舍两座毁塌,敌水上轻轰炸机一架被高射炮击中烧毁,落机场河中,机师二人焚毙,该残机已在拆卸中。

广州方面:

二、敌机三架,六时二十分在机场西南投弹八枚,燃烧弹三枚。又,敌机十二架,前后轮回投弹三十余枚,除七枚落场内外,多落场外。

续二月二十一日报告:

一、前(二十一)日,我新轰炸机八架,九时由汉口出发,经郑州时,被敌驱逐机四、五架追逐。因气候欠佳,顷刻已不见敌机,于十二时四十分抵洛阳上空。见机场有警报符号,乃由队长先行着陆,查明警报时间已过,遂命各机降落,于十三时二十分方齐集加油。

二、十四时,由洛飞向汾阳,侦察水头镇一带。该镇及大麦郊间公路蜿蜒山中,树木荫翳,少数敌人行动,不易侦察。乃沿大麦郊公路飞向汾阳,右下堡附近见敌百余骑,由我机一架投弹轰炸之。至汾阳城上空时,见南城内敌军甚多,我各机之弹尽投该处。

三、我机任务完毕后,经由离石方面,于十六时四十分飞抵西安。

我方空军飞机损耗表(2月21日)

隶属	驾驶员	机名	号码	机 数			地点	原因	备考
				待查	可修	全毁			
	俄员	E-15	97 P-5857		1		南昌总站	着地不慎失事	人无恙
第七大队		可机	1209	1			衡阳	被敌炸损	
		柏机			1	1	衡阳	被敌炸毁	该二机系新装就者
		马丁			1		衡阳	被敌炸损	该机系新装者
第二十七队	孟广信	许机	2703	1			吉安场	着地不慎冲出场外翻身	人无恙
第二十七队	待查	柏机			2		吉安场	着地后互撞	人无恙
小 计				7	1				
总 计						8 架			

新机现况表(2月21日)

现在地点	机 数										备 考
	E-15		E-16		SB		TB-3		E-16教		
	妥	修	妥	修	妥	修	妥	修	妥	修	
南 昌	17	2	13	2	15	7					
樟 树					1						
南 城					2						
汉 口	13	6	13	2	10	5					
襄 阳			2	3	1				4	1	
洛 阳		1									
西 安	30			6	1		2				
兰 州	18	5	7	8	2	1		1	2	1	
武 威		3		4							

(续表)

现在地点	机 数									备 考
	E-15		E-16		SB		TB-3		E-16教	
	妥	修	妥	修	妥	修	妥	修	妥 修	
酒　泉	1	1			2				2	
小　计	79	18	35	27	29	18	2	1	6　2	架
合　计	97		62		47		3		8	架
总　计	217　架									
附　记	全毁各机均未列入计：1. E15　12架 2. E16　37架　共计70架 3. S.B　18架 4. T.B3　3架									

空军部队飞机现数表(2月21日)

隶　属	机　名	架　数	驻　地	备　考
第一大队	SB		南　昌	
第二大队	SB		南　昌	
第三大队	E-15		兰　州	
第四大队	E-15　E-16		汉　口	
第五大队	格　机	12	南　昌	
第六大队	达　机	13	柳州、西安、南昌、宜昌	
第七大队	可　机	6	洛阳、襄阳、衡阳	
第八大队	萨　机	2	南昌、汉口	
第十三队			宜　昌	
第十四队	马　丁	1	汉　口	
	诺　机	1	8	
	伏　机	6		

(续表)

隶　属	机　名	架　数	驻　　地	备　考
第十八队			宜　　昌	
第二十队	达　机	4	宜　　昌	
第二十六队	E-15		兰　　州	
第二十七队	柏　机	6	吉　　安	
第三十三队	复兴	1	长　　沙	
总　　计			52 架	
附　　记				

（5）空军战斗要报（2月22日）

广州方面：

一、上、下午，敌机共十七架，两次袭击白云机场。东北三个油库及附近落弹十四枚，毁汽油洞一个，汽油无恙。

二、机场外西边一百公尺处落弹十枚，微伤卫兵萧金、戚全二名，机场边界灯电线及铁丝网各炸断一百公尺，余无损失。

（6）空军战斗要报（2月23日）

一、我CB新轰炸机八时由汉口起飞，八架于十二时五分，二架于十二时二十五分，先后到达台北。该处敌机场停放敌机甚多，被炸命中，棚厂亦被炸起火，事前似全无防空准备，既无高射炮射击，亦无飞机起飞驱逐。

我该十机于任务完毕后，回经丽水加油，除二架陷入泥中桨坏，俟明（二十四）日可飞回汉口外，均于十七时三十分安返汉口。

二、我CB新轰炸机十一架，内五架由我国飞行员驾驶，于八时三十分由南昌出发，距台北约尚有二十分钟航程之处过云，乃折回经丽水加油后均返南昌。

（附飞机损耗及现数表共三纸）

我方空军飞机损耗表(2月23日)

隶属	驾驶员	机名	号码	机 数			地点	原因	备考
				待查	可修	全毁			
	俄员	S.B	$\frac{4}{44}$ B-1505			1	丽水	着落失事	人无恙
	俄员	S.B	$\frac{13}{44}$ B-1509			1	丽水	着落失事	人无恙
小 计						2			
总 计				2 架					

新机现况表(2月23日)

现在地点	机 数									备 考
	E-15		E-16		SB		TB-3		E-16教	
	妥	修	妥	修	妥	修	妥	修	妥	修	
南 昌	19	1	13	2	16	6					B-1510 在临川修 B-1520 在九江妥
南 城					1	3					
丽 水						2					B-1505 B-1509
汉 口	22	6	13	2	9	3					
襄 阳			2	3	1		4	1			
洛 阳			1								
西 安	18	4		6			2				
兰 州	16	5	7	8	2	1	1	2	1		
武 威			3		4						
酒 泉	13	1		2	2						

(续表)

现在地点	机　　　　　数										备　考
	E-15		E-16		SB		TB-3		E-16教		
	妥	修	妥	修	妥	修	妥	修	妥	修	
小　　计	88	21	35	27	29	17	2	1	6	2	架
合　　计	109		62		46		3		8		架
总　　计	228 架										
附　　记	全毁各机均未列入计：1. E-15　12架 　　　　　　　　　　2. E-16　37架 　　　　　　　　　　3. SB　19架 　　　　　　　　　　4. TB-3　3架										共计71架

空军部队飞机现数表（2月23日）

隶　属	机　名	架　数	驻　地	备　考
第一大队	SB		南　昌	
第二大队	SB		南　昌	
第三大队	E-15		兰州、汉口	
第四大队	E-15　E-16		汉　口	
第五大队	格　机	12	南　昌	
第六大队	达　机	13	柳州、宜昌、南昌	已借交航校之三架，自明日起再不计入
第七大队	可　机	6	洛阳、襄阳、南昌	
第八大队	萨　机	2	南昌、西安	
第十三队			宜　昌	
第十四队	马　丁	1	汉　口	
	诺　机	1		
	伏　机	5		

(续表)

隶　属	机　名	架　数	驻　地	备　考
第十八队			宜　昌	
第二十队	达　机	2	宜　昌	
第二十六队	E-15		兰　州	
第二十七队	柏　机	6	南　昌	
第三十三队	复　兴	1	长　沙	
总　计			49 架	
附　记				

(7) 空军战斗要报(2 月 24 日)

一、我轻轰炸机七架(伏机六架、诺机一架)，九时五十五分由汉口出发，除伏机二架因发动机故障折回外，各机到达新乡上空，分别轰炸车站及敌机场。

二、我诺机一架，携五十公斤弹八枚，伏机四架各携十四公斤弹二十枚。

三、我机于××××呎高度以单机连续投弹法，分别投五十公斤弹六枚、十四公斤弹六十枚于新乡敌机场。又，一百二十公斤弹六枚、十四公斤弹二十枚于新乡车站。

四、新乡敌机场有修理模样，并停双翼单座机四架，我机即投弹于其附近，敌机虽未起火，但必受伤。时场内敌人均向场外奔避，我机即低飞扫射之。

五、我机离新乡时，有敌侦察机一架追击，为我机后座机枪射击乃退。又见空中有单翼有罩机一架，似为运输机，我机即以前座机枪射击后，再由后座机枪射击之，该敌机顷刻即失踪，似被我机击坠矣。

六、新乡运输忙碌，人数甚多。又，黄河铁桥似被我军破坏。

七、我机于任务完毕后，于十五时均回汉口机场。

(本〔二十四〕日飞机现数如〔二十三〕日附表)

二月二十四日战斗要报续报如左：

广东方面：

一、十时二十五分，敌机十七架分两路袭韶关，我机十一架起飞，应战约历二十分钟。

二、我机被击落二架，一架坠南雄，一架坠始兴，机毁人亡；又一架降落时机翻，上翼稍损。

三、敌机被击落四架，已证实者二架，一架坠始兴，一架坠增城，其余二架在调查中。

四、午后，敌机在增城击毁之敌机上空盘旋，被我地面部队射击，盘飞之敌机以机枪向下扫射，结果被我地面部队击落二架。一架被敌机师焚毁，一架稍有损坏，敌机师被我生擒一名，尚有二名欲取机枪拒捕。

附伤亡表、飞机损耗表、战斗成果表各一。

我方空军战斗成果表(2月24日)

得力战斗人员	队别	击落敌机架数						击落地点	通知者	备考
		侦察	驱逐	轻炸	重炸	水机	待查			
待 查	第五大队			1				始兴	刘芳秀敬申筹及敬酉	
待 查	第五大队			1				增城	刘芳秀敬申筹及敬酉	
待 查	第五大队			1				增城	刘芳秀敬申筹及敬酉	
待 查	第五大队			1				增城	刘芳秀敬申筹及敬酉	
待 查	第五大队			1				待查	刘芳秀敬申筹及敬酉	

(续表)

得力战斗人员	队别	击落敌机架数						击落地点	通知者	备考
		侦察	驱逐	轻炸	重炸	水机	待查			
待查	第五大队			1				待查	刘芳秀敬申筹及敬酉	
小 计				6						
总 计		6 架								

我方空军飞机损耗表(2月24日)

隶属	驾驶员	机名	号码	机数			地点	原因	备考
				待查	可修	全毁			
第五大队	陈其伟	格机	2809 P-5707			1	南雄	被敌击	人亡
第五大队	杨如栋	格机	2902 P-5712			1	始兴	被敌击	人亡
第五大队	黄广庆	格机			1		南雄场	着地失事	人无恙
小 计					1	2			
总 计				3 架					

空军军官死亡统计表(2月24日)

隶属	姓名	级职	死亡时间	地点	原因	死亡情形	备考
第二十八队	陈其伟	少尉本级队员	10时45分	南雄	阵亡	被敌击落,机毁人亡	
第二十九队	杨如栋	少尉本级队员	10时45分	始兴	阵亡	被敌击落,机毁人亡	

(续表)

隶属	姓名	级职	死亡时间	地点	原因	死亡情形	备考
合计	2 员							
附记							

(8) 空军战斗要报(2月25日)

南昌方面:

一、十二时十五分,敌方头式轰炸机三十六架、驱逐机二十架袭南昌,轰炸机九架一队,各队成密集队形,颇整齐,火力亦盛,惟投弹不多。

二、新机场被投弹九十枚,内有燃烧弹数枚。老营房被炸毁,我停机场之CB轰炸机一架被炸毁。

三、我被击落E-15驱逐机五架,E-16驱逐机二架,内受损致不能修者四架。我(苏)飞行人员被击伤一员,死三员,生死不明二员,死者中有一跳伞不开致死者。

四、敌机被击落确实觅得者二架,此外,约六架下落待查。

(附飞机损耗表、飞机现数表、人员伤亡表、战斗成果表)

我方空军战斗成果表(2月25日)

得力战斗人员	队列	击落敌机架数						击落地点	备考
		侦察	驱逐	轻炸	重炸	水机	待查		
待查	俄员队		1					南昌	详情待查
待查	俄员队		1					南昌	详情待查
待查	俄员队		1					南昌	详情待查

(续表)

得力战斗人员	队 列	击落敌机架数						击落地点	备 考
		侦察	驱逐	轻炸	重炸	水机	待查		
待 查	俄员队		1					南 昌	详情待查
待 查	俄员队		1					南 昌	详情待查
待 查	俄员队		1					南 昌	详情待查
待 查	俄员队		1					南 昌	详情待查
待 查	俄员队		1					南 昌	详情待查
小 计			8						
总 计		8 架							

我方空军飞机损耗表(2月25日)

隶 属	驾驶员	机名	号码	机 数			地 点	原 因	备 考
				待查	可修	全毁			
	俄 员	E-15	P-5807			1	南昌附近	被击坠	
	俄 员	E-15	P-5812		1		南昌附近	被击坠	人 亡
	俄 员	E-15	P-5813			1	南昌附近	被击坠	人 亡
	俄 员	E-15	P-5850			1	南昌附近	被击坠	人 伤
	俄 员	E-15	P-5858			1	南昌附近	被击坠	
	俄 员	E-16	P-5339		1		南昌附近	被击损	人无恙
	俄 员	E-16	P-5365			1	南昌附近	被击坠	人跳伞未开亡
		SB	B-1532			1	南昌总站	被击焚	
小 计					3	5			
总 计				8 架					

空军军官死伤统计表(2月25日)

隶属	姓名	级职	死伤日期	地点	原因	伤势	现在地址	备考
	俄员		2月25日	南昌	抗战	重伤	南昌医院	
	俄员		2月25日	南昌	抗战			人亡
	俄员		2月25日	南昌	抗战			人亡
	俄员		2月25日	南昌	抗战			人亡
合 计			4 员					
附 记								

新机现况表(2月25日)

现在地点	机 数									备 考
	E-15		E-16		SB		TB-3		B-16教	
	妥	修	妥	修	妥	修	妥	修	妥	修	
南 昌	24	3	11	3	9	10					
南 城					1	3					
丽 水					2						
汉 口	12	6	13	2	11	3					
襄 阳	17		2	3	1				4	1	
洛 阳		1									
西 安	2	4			6						
兰 州	30	5	7	8	2	1	3	2	1		
武 威		2			4						
酒 泉		1		2	2						
小 计	85	22	33	28	24	21	3		6	2	
合 计	107		61		45		3		8		
总 计	224 架										

(续表)

现在地点	机　　　　　数									备　考
	E-15		E-16		SB		TB-3		B-16教	
	妥	修	妥	修	妥	修	妥	修	妥	修	
附　记	全毁各机均未列入计：1. E-15　14架 2. E-16　38架 3. SB　20架 4. TB-3　3架										共计75架

空军部队飞机现数表(2月25日)

隶　属	机　名	架　数		驻　地	备　考
第一大队	SB			南　昌	
第二大队	SB			南　昌	
第三大队	E-15			襄　阳	
第四大队	E-15　E-16			汉　口	
第五大队	格　机	12		赣　州	
第六大队	达　机	11		宜昌、南昌	
第七大队	可　机	6		汉口、赣州、洛阳	
第八大队	萨　机	1		汉　口	
第十三队	亨　机	1		宜　昌	
第十四队	马　丁	2	8	汉　口	
	诺　机	1			
	伏　机	5			
第十八队				宜　昌	
第二十队	达　机	2		宜　昌	
第二十六队	E-15			兰　州	
第二十七队	柏　机	6		南　昌	

2154

(续表)

隶属	机名	架数	驻地	备考
第三十三队	复兴	1	长沙	
总 计			48架	
附 记				

(9) 空军战斗要报(2月26日)

安徽方面：

一、我CB轰炸机六架由南昌出发,轰炸安徽旧县附近江面敌舰,计被我机炸沉一艘,又炸伤一艘。

二、我机于任务完毕后均安返南昌。

(附轰炸成果表及飞机现数表共三纸)

我空军轰炸成果表(2月26日)

月	日	时	目标地点	目标种类	炸伤状况	我出动部队				弹种	总弹数	证明者	备考
						番号	领队者	机种	机数				
2	26		安徽旧县	敌兵舰	炸沉敌炮舰一艘又炸伤炮舰一艘			CB	6			参谋长手谕	

(空军前敌总指挥部第一科制)

新机现况表(2月26日)

现在地点	机　　　　数										备考
	E-15		E-16		SB		TB-3		E-16教		
	妥	修	妥	修	妥	修	妥	修	妥	修	
南　昌	24	3	11	3	9	10					
南　城					1	3					
丽　水						2					
汉　口	12	6	13	2	11	3					
襄　阳	17		2	3	1				4	1	
洛　阳			1								
西　安	2	4		6							
兰　州	30	5	7	8	2	1	3		2	1	
武　威			2		4						
酒　泉			1		2				2		
小　计	85	22	33	28	24	21	3		6	2	
合　计	107		61		45		3		8		
总　计	224 架										
附　记	全毁各机均未列入计：1. E-15 14架 　　　　　　　　　　2. E-16 38架　　共计75架 　　　　　　　　　　3. SB　 20架 　　　　　　　　　　4. TB-3 3架										

空军部队飞机现数表(2月26日)

隶　属	机　名	架　数	驻　地	备　考
第一大队	SB		南　昌	
第二大队	SB		南　昌	
第三大队	E-15		襄　阳	
第四大队	E-15　E-16		汉　口	

(续表)

隶　属	机　名	架　数	驻　地	备　考
第五大队	格机	12	赣　州	
第六大队	达机	11	宜昌、南昌	
第七大队	可机	6	汉口、赣州、洛阳	
第八大队	萨机	1	汉　口	
第十三队	亨机	1	宜　昌	
第十四队	马丁	2	8	汉　口	
	诺机	1			
	伏机	5			
第十八队			宜　昌	
第二十队	达机	2	宜　昌	
第二十六队	E-15		兰　州	
第二十七队	柏机	6	南　昌	
第三十三队	复兴	1	长　沙	
总　　计		48架		

(10) 空军战斗要报(2月27日)

广州方面：

一、六时三十分，敌水机二架由虎门向广州进袭。我格机五架由雷副队长炎均领队，于六时半起机迎战。在中山大学与敌遭遇，作俯冲攻击四次，因浓雾致我射击精度甚微，敌机得以逃脱。我队员陈玉燊所驾之格机2903号迫降宝安西乡，机翻人轻伤，已派机械人员前往拆运。

二、我伏机五架、诺机一架由汉口出发，十五时八分到达沁阳西南五里驻有敌军之小村落上空，即投弹轰炸之。十五时十二分到达沁阳时,发现一大部敌军护送卡车75至100辆,当即投弹45枚,多处起火。我机再西渡黄河(沁水),发见小船15艘,敌状似拟在此渡河,我机三架即向之往返扫射。

三、我伏机每架带弹三十公斤者二十枚,诺机一架带100磅者八枚。

附人员受伤表一,飞机损耗表一。

空军军官受伤统计表(2月27日)

隶属	姓名	级职	受伤日期	地点	原因	伤势	现在地址	备考
第五大队	陈玉燊	少尉本级队员	2月27日	宝安	迫降	轻	广州	
合计			1员					
附记								

我方空军飞机损耗表(2月27日)

隶属	驾驶员	机名	号码	机数			地点	原因	报告者	备考
				待查	可修	全毁				
第五大队	陈玉燊	格机	2903		1		宝安西乡	迫降	刘芳秀感电	人微伤
小计					1					
总计							1架			

(11) 空军战斗要报(2月28日)

广州方面:

一、敌水机四架于六时十分向广州来袭。我黄队长新瑞领格机四架,于六时三十分起飞迎战,敌机仓卒逃遁。

二、另,敌水机四架由从化东南来,在右牌车站南之东圃上空与黄队长机遭遇,即首向敌领队机攻击,将敌队形冲散,旋再升高攻另一敌机,当即命中,见该敌机受伤,有坠落模样,当时因与其他敌机作战,未有继续追击。

三、据东圃附近公路工人称,曾见敌机一架受伤下降,似坠东莞东南之方塘附近云。

襄阳方面:

四、敌双尾重轰炸机九架,于七时四十分来袭襄阳机场,投弹共约六十余枚,机场被投中十四枚,余均投落场边武家台村附近。

五、计被炸坏特务连之帐棚五个,分散场边待用及存武家台前小油库之汽油,共约二百三十余箱,场外约六百余米待修。又,七队之E-15式5889及隐避之爱佛罗机均被破片炸伤。

六、我空军第三大队驱逐机十三架,由该场起飞迎击,副大队长林佐机翼被敌机击中一弹,余机均安全。

(附战斗成果表,飞机损耗表,飞机现数表共四纸)

我方空军战斗成果表(2月28日)

得力战斗人员	队别	击落敌机架数						击落地点	通知者	备考
		侦察	驱逐	轻炸	重炸	水机	待查			
黄新瑞	第五大队					1		东莞东南之方塘附近	本部调查	
小 计						1				
总 计		1 架								

我方空军飞机损耗表(2月28日)

隶属	驾驶员	机名	号码	待查	可修	全毁	地点	原因	备考
第三大队		E-15	P-5889		1		襄阳	被敌炸损	
第三大队		爱机			1		襄阳	被敌炸损	
小 计					2				
总 计						2 架			

新机现况表(2月28日)

现在地点	E-15		E-16		SB		TB-3		E-16教		备考
	妥	修	妥	修	妥	修	妥	修	妥	修	
南 昌	25	2	11	3	9	9					
南 城					4						
丽 水					1						
汉 口	12	6	13	2	6	9					
襄 阳	17		2	3	1				4	1	
洛 阳		1									
西 安	19	5		6							
兰 州	12	5	7	8	2	1	2	1	2	1	
武 威		2		4							
酒 泉		1		2	2						
小 计	85	22	33	28	18	26	2	1	6	2	
合 计	107		61		44		3		8		

(续表)

现在地点	机 数										备 考
	E-15		E-16		SB		TB-3		E-16教		
	妥	修	妥	修	妥	修	妥	修	妥	修	
总 计	223 架										
附 记	全毁各机均未列入计:1. E-15　14架 2. E-16　38架 3. SB　21架 4. TB-3　3架										共计76架

空军部队飞机现数表(2月28日)

隶 属	机 名	架 数	驻 地	备 考
第一大队	SB		南 昌	
第二大队	SB		南 昌	
第三大队	E-15		襄 阳	
第四大队	E-15　E-16		汉 口	
第五大队	格 机	7	广 州	
第六大队	达 机	12	宜昌、南昌	
第七大队	可 机	5	汉口、广州、洛阳	
第八大队	TB-3		兰 州	
第十三队	亨 机	1	宜 昌	
第十四队	马 丁	2	汉 口	
	诺 机	8		
	伏 机	6		
第十八队			宜 昌	
第二十队	达 机	2	宜 昌	
第二十六队	E-15		西 安	
第二十七队	柏 机	9	汉 口	

(续表)

隶属	机名	架数	驻地	备考
第三十三队	复兴	2	长沙	
总计			46架	
附记				

空军总指挥部为抄呈空军轰炸怀远蚌埠等地战斗经过情形致空军总站密电

(1938年2月9日)

曹总站长文炳：○密。本九日空军战斗经过：(一)我新轰炸机十三架，十时半由汉出发，轰炸怀远、蚌埠一带敌军。怀远城内被炸起火，我队员一人足部受敌射伤。十四时，我机回抵汉口。(二)我轰炸机九架，于十时由南昌出发，十一时半到达芜湖机场，发现场内停机四架，另有一架正起飞，空中发现敌机一架。当即投弹四十枚，均中场内。(三)芜湖附近江面泊敌舰五艘，一大四小，其高射炮均向我机射击。十三时，我机安返南昌。(四)南昌十时顷发空袭警报，我驱逐机起飞警戒，因敌机九架绕道往炸长沙，致未发生战斗。迨十三时许，敌机回航经修水时，我驱逐机九架即由南昌起飞，往湖口截击。因敌机于庐山南方东窜，故未遭遇。以上战斗经过，仰即分别抄呈总指挥官、黄代主任暨军令部为要。空军总指挥部。佳。战。印。

周至柔毛邦初呈报空军轰炸芜湖蚌埠等地战斗经过情形密电

(1938年2月11日)

(衔略)本日空军战斗经过：(一)我新轰炸机六架，于十一时五十分由南昌出发，十三时三十分到达芜湖，即向大官山一带敌阵地投下炸弹卅枚，总重1 020公斤，均命中敌阵地内。(二)芜湖东北铁道上有黑色长列,似为部队列车。芜湖江面泊有小舰约七艘,湾址附近铁路、桥梁已破坏,芜湖东南七公里附近似有炮兵阵地。(三)芜湖以南上空有敌驱逐机一架向我进攻,我均避开。迨十五时,我机安返南昌。(四)本(十一)日,我新轰炸机十三架,于十三时由汉口出发,轰炸蚌埠一带敌军,共投弹七十八枚,总重5200公斤。详情如下:(1)炸毁长淮卫敌浮桥一道;(2)门台子站有敌人甚多,并停火车一列,已被炸毁;(3)长淮卫、门台子间似有敌司令部,其所停之汽车及架桥材料已炸毁;(4)蚌埠机场有隐蔽飞机四架,不辨真伪;(5)蚌埠机场棚厂及蚌埠、临淮关、门台子、珑璃岗四车站均已投弹;(6)怀远、蚌埠间淮河南岸,敌用步枪向我机射击;(7)十六时十五分,我机返汉口。周至柔、毛邦初。尤。战。印。

郭忏金巨堂呈报敌机轰炸衡阳重庆等地及湿口空战情形致蒋介石密电

(1938年2月18日)

军事委员会委员长蒋:密。本(十八)日三时四十分,敌机八架自六安南飞,经赣北、鄂南至衡阳轰炸车站,损害不明。六时余,复有敌机九架自叶家集西飞,经鄂北至重庆飞行场轰炸,损害甚微。午刻,第三批敌机三十八架(先二十六,后十二),发现于立煌向武汉航进,十二时三十分通过麻城,本部发出空袭警报。十二时四十分,敌机进抵新州上空,本部续发紧急警报,我空军立即起飞迎击。十二时五十分,敌我驱逐机遭遇于湿口附近上空,战斗甚烈。敌轰炸机乃乘隙向五家墩飞行场投弹六十余枚,后分向东北两方窜去。十三时二十六分,敌机陆续飞出鄂境,本部乃解除警报。是役,敌我各机在湿口附近上空往返角逐,激战多时。据空军报告,敌机共被击落十一架。现经本部寻获者计:驱逐机三架,轰炸机一架,分落于黄冈之陶家湾、湿口之蒲洲及丰荷山马氏墩等处,余尚踪迹不明。我机亦被迫降落两架于湿口舵落口附近,尚有六架失踪,迄无下落(附近湖沼甚多,或已沉落),正续查中。至我飞行场,仅被炸毁跑道多处,别无损害。谨闻。郭忏、金巨堂。18.22。防一。

空军一九三八年三月战斗要报

(1938年3月5—10日)

(1) 空军战斗要报(3月5日)

平汉路方面：

一、九时三十分,空军第十四队伏机六架起飞,拟往山西方面轰炸敌军。驻马店以北之气候尚清明,惟该队六机飞至孝感与驻马店间,天气恶劣,无法通过,遂中途折返。

二、该机等折返时,为策安全起见,将所带炸弹均投于距孝感以北二十里处之江中。

(2) 空军战斗要报(3月8日)

一、昨(七)日午后,奉主任谕,风陵渡附近西阳之敌炮兵向我潼关车站射击甚烈,令派机轰炸之。

因汉口一带大雪,于夜十一时,以电话令西安驱逐机以十二架挂轻炸弹,于八日出动,向西阳敌炮兵轰炸,以六架留西安警戒。

二、本(八)日八时,西安总站一面扫雪整理跑道,一面以本国造十八公斤炸弹试挂,至十三时方装挂完毕。每机携十八公斤弹四枚,于十三时三十分自西安出发。

三、十四时十五分,敌轰炸机五架、驱逐机九架,侵袭我西安机场,因情报不良,且雪后视线不明,时机迫促,我机仅五架升空应战。先攻击敌之轰炸机,遂与敌驱逐机缠斗,敌轰炸机即乘机逃逸,敌驱逐机亦即随敌轰炸机同逸,我机五架均安降机场。

敌轰炸机甫到时,即投烧夷弹,轰炸我驱逐机在修理中者各一架,与不及起飞者之驱逐机一架,均被焚。

四、我出发轰炸之驱逐机十二架,任务完毕归还时,于华县附近上空与遁还之敌机遭遇,即奋勇攻击,互相搏击。战斗结果,击落敌三座轰炸机一架及驱逐机一架,均坠华县渭南间。敌轰炸机中毙命二人,被俘一人,我机损失四架,飞行员容广成阵亡,骆春霆失踪,刘敬光、刘意济二员受伤。

五、我西安第六大队之可机均起飞躲避,惟可机 1607 号因续油箱被炸坏,致滑油漏尽,迫降于西安城西之三桥市,人机无恙。

六、本(八)日七时四十五分,敌重轰炸机三架,经南阳侵袭襄阳,我机十五架起飞攻击。八时十分,敌机来到,我机即趋近攻击,敌慌乱之下,于距机场二十里之韩家庄投弹逸去。八时二十分,复来同式飞机一架,我机复追击之。据县政府报告,有敌机一架,被我击落,正寻觅中。

我停于韩家庄之第一号灯车,除汽车发动机外,余均炸毁。又,六号灯车白热灯泡、引擎油箱及玻璃灯罩等均被炸坏,伤机械员一名,飞机均无损失。

七、本(八)日八时四十五分,敌机一架自东南侵入南阳投弹十八枚,向北飞去,弹均落机场东北部,该站无损失。

八、其余详情正查报中。

我方空军战斗成果表(3月8日)

得力战斗人员	队别	击落敌机架数						击落地点	通知者	备考
		侦察	驱逐	轻炸	重炸	水机	待查			
待查	第三大队			1				华县渭南间	西安电话	死二俘一
待查	第三大队		1					华县渭南间	西安电话	
待查	第三大队				1			襄阳	襄阳电话	

(续表)

得力战斗人员	队 别	击落敌机架数						击落地点	通知者	备考
		侦察	驱逐	轻炸	重炸	水机	待查			
小 计			1	1	1					
总 计		3 架								

我方空军飞机损耗表(3月8日)

隶属	驾驶员	机名	号码	机 数			地点	原因	备考
				待查	可修	全毁			
第七大队	吴 奇	可机	1607		1		西安场西二十里空地上,名三桥市	因油箱被击穿迫降	人无恙
第五大队	刘意济	E-15		1			待查	被敌击	人伤
第五大队	容广成	E-15				1	待查	被敌击坠	人亡
第五大队	刘敬光	E-15		1			待查	被敌击	
第五大队	骆春霆	E-15		1			待查	待查	
		E-15			1		西安总站	被敌炸损	
		E-15			1		西安总站	被敌炸损	
		SB			1		西安总站	被敌炸损	
小 计				3	4	1			
总 计		8 架							

新机现况表(3月8日)

现在地点	E-15 妥	E-15 修	E-16 妥	E-16 修	SB 妥	SB 修	TB-3 妥	TB-3 修	E-16教 妥	E-16教 修	备 考
南 昌	24	3	11	3	2	11					
樟 树					2						
南 城					2						
汉 口	12	3	13	3	11	8					
襄 阳	17				4				3	2	
洛 阳			1								
西 安	13	11			6	2	1				
兰 州	12	5	7	8	2	1	2	1	2	1	
武 威			2		4						
酒 泉			1		2		2				
小 计	78	26	31	30	17	27	2	1	5	3	
合 计	104		61		44		3		8		
总 计	220 架										
附 记	全毁各机均未列入计：1. E-15　17架　　2. E-16　38架　　3. SB　21架　　4. TB-3　3架										共计79架

空军部队飞机现数表(3月8日)

隶 属	机 名	架 数	驻 地	备 考
第 一 大 队	SB		南 昌	
第 二 大 队	SB		南昌、汉口	
第 三 大 队	E-15		西 安	
第 四 大 队	E-15　E-16		汉 口	

(续表)

隶属	机名	架数	驻地	备考
第五大队	格机	14	广州、衡阳	
第六大队	达机	11	宜昌、西安	
第七大队	可机	4	西安、汉口	
第八大队	TB-3		兰州	
第十三队			宜昌	
第十四队	马丁	4	汉口、衡阳	所有伏机已奉令交军士学校
第十八队			宜昌	
第二十队	达机	3	宜昌	
第二十六队	E-15		兰州	
第二十七队	柏机	7	汉口	
第三十三队	复兴	2	长沙	
总计			45架	
附记				

空军军官死亡表(3月8日)

隶属	姓名	级职	死亡时间	地点	原因	死亡情形	备考
第十七队	容广成	少尉本级队员	十四时半	华县渭南间	阵亡	被敌击落	
合计			1员				
附记							

空军军官受伤表(3月8日)

隶属	姓名	级职	受伤时间	地点	原因	伤势	现在地址	备考
第廿四队	刘意济	少尉本级队员	十四时半	华县渭南间	受伤	未详		
第十七队	刘敬光	中尉本级队员	十四时半	华县渭南间	受伤	未详		
第十七队	骆春霆	少尉本级队员			失踪			待查
合计			3 员					
附记								

(3)空军战斗要报(3月10日)

本(十)日,由汉口以两机出动,一架于十三时起机,侦察及轰炸南京大校场,见停有敌轰炸机十八至二十架,驱逐机约十余架。我机到达时,空中无敌机,亦未见高射炮火,即从容对敌机投五十公斤炸弹六枚、八公斤炸弹二十四枚,确命中敌停机地带,依弹着情况判断,至少炸毁五架。

另一架于十四时二十分起机,轰炸蚌埠机场。该机场无敌机停留,时临淮关附近有火车一段在行动中,即对之投弹,适有敌二驱逐机追蹑,即加速飞回,致弹着未明,我机均安返汉口。

空军一九三八年四月一日战斗要报

(1938年4月1日)

汉口方面:

本(一)日,午前十一时二十分,我SB轰炸机三架,共带50公斤炸弹十二枚、8公斤炸弹七十二枚,由外员驾驶,飞赴鲁南峄县轰炸敌军。于午后二时到达峄县上空,发现县城之东关与南关内多处起火，城中人数甚多，并有密集部队，见我机至，秩序大乱，我当即投下大小炸弹八十四枚，均命中爆发，死伤敌军甚众。我机盘旋多时，未见敌机迎击，乃以任务完毕，成队安然飞回汉口。

空军一九三八年六月战斗要报

(1938年6月4—26日)

(1) 空军战斗要报(6月4日)

大通方面：

本(四)日，我霍机两架携带五百磅炸弹各一枚，于七时许由九江机场起机，东飞至七时五十五分，抵达大通上空。见江面敌舰五艘，分两组散泊，由××呎高度俯冲投弹，一弹爆发，偏左五十米，一弹未投下。当投弹时，敌舰高射炮多门齐集射击，我机未受伤损，于九时四十分降落南昌机场。

(2) 空军战斗要报(6月9日)

大通方面：

本(九)日，空军第二十五队刘分队长依钧率霍克Ⅲ式机四架，每机携120磅炸弹四枚，于十五时十五分由汉口出发，到达大通附近江面上空时，取××呎高度，对敌舰行俯冲投弹。俯冲至××××至××呎间，各机分别对准目标投下炸弹，结果如左：

1. 曾队员培复炸中离敌舰舰首十公尺处；
2. 相队员德仁炸中两敌舰舰首之前；
3. 刘分队长依钧有二弹未投下；
4. 张队员慕飞四弹均未投下；
5. 据陈副军长万忉9.18池参电，炸沉敌舰一艘；
6. 我机投弹时，有敌机六架在江面上空，惟以间有云幕，故未发现我机。

我机任务完毕后，于十八时五十分均安返抵汉口。

(3) 空军战斗要报(6月10日)

本(十)日,我志愿队驾 SB 机五架,各带百公斤弹四枚、八公斤弹二十枚,于十三时由汉口出发,抵黄梅改航东北向至芜湖,复折向东南,以示侵袭芜湖企图。抵荻港江面上空,忽回航西向至铜陵对岸凤凰镇附近,发现江面兵舰大小七艘。遂从××公尺高度关闭油门,减低声响,出其不意,于××米许一齐投弹爆发,随即爬升云上,俄复降至××米侦察。敌舰一艘着火渐沉,另一舰上之敌纷纷跳水,敌舰高射炮乃于此时开始射击。我机以任务完成,整队沿江西向,见大通有敌舰六艘、贵池有三艘,均无弹轰炸,殊为可惜,于十六时十五分安返汉口。谨闻。

(4) 空军战斗要报(6月16日)

皖赣方面:

昨(十五)日,我霍机两架由汉口出发,轰炸安庆附近敌舰,因天降大雨,未能炸中。轰炸后发现敌水机四架,未战斗。回航至彭泽,与敌水上单浮筒机遭遇,空战数分钟后,我机油料关系脱离西飞,敌机至九江盘旋数匝东去,我机安返汉口。

广东方面:

本(十六)日,敌双引擎轰炸机九架在饶平发现,经梅县、和平向仁化西飞,有轰炸乐昌企图。我第五大队格机九架由韶关起飞截击,在仁化、乐昌间上空遭遇。黄代大队长泮扬首先攻击敌机一架空中爆炸,其余四散乱逃,我机紧追攻击,复于乐昌东北郎田上空击坠敌机三架,查悉敌机号码为 709、7958、21079 等三号。另有敌机一架,被击坠于乐昌附近,地点正调查中。敌驾驶员仅六人跳伞图逃,正追缉中。其余均被击毙,敌机均为中工飞机厂制造。

我第五大队邓从凯机微伤,安落机场。沈木秀迫降从化,机微伤,人安全。关燕苏迫降乳源,机毁人重伤。雷炎均机油箱被击,安降南雄。余均平安返场,现已全部调衡阳整理中。

我方空军战斗成果表(6月16日)

得力战斗人员	队 别	击落敌机架数						击落地点	通知者	备考
		侦察	驱逐	轻炸	重炸	水机	待查			
陈瑞钿	第五大队					1		乐昌之郎田		
不 明	第五大队					1		乐昌之郎田		
不 明	第五大队					1		乐昌之郎田		
黄泮扬	第五大队					1		曼江大坝		空中爆炸粉碎
不 明	第五大队					1		乐昌童子湾		
小 计						5				
总 计					5 架					

空军军官受伤表(6月16日)

隶 属	姓 名	级职	受伤时间	地点	原 因	伤 势	现在地址	备考
第廿八队	关燕荪	中尉本级队员		乳源	空战重伤	被敌击机焚人重伤		
合 计				1 员				

(5)空军战斗要报(6月19日)

本(十九)日,我SB机八架(两分队),由志愿队驾驶,于十五时二十分自汉口机场出发,抵达安庆上空,发现江面敌舰五十余艘,即连续投弹,我第一、二两分队各命中,两敌舰起火,另一舰附近中弹受伤。我机以任务完成,回头西向,其时有敌驱逐机十二架追来攻击,我机未受损。至十七时四十分,安返汉口机场。

(6)空军战斗要报(6月20日)

安徽方面:

二十日八时,我SB机九架自南昌轰炸芜湖敌机场。至黄山山脉遇大雾,折回南昌。十六时三十分,志愿队SB轻轰炸机四架由南昌出发,到达东流附近江面上空时,见有敌舰二十余艘,其停泊距离间隔较昨(十九)日为疏散,投弹命中,二艘起火,并其中一艘沉没。敌舰高射炮向我机射击,敌驱逐机亦向我机攻击,惟我机均无损害,而于十八时五十分安返南昌。

(7)空军战斗要报(6月21日)

安庆方面:

(一)本(廿一)日,十六时三十分,据报,东流方面天气良好,派志愿队CB轻轰炸机九架,由南昌出发。惟我机到达东流附近时,天气转恶,致未达成任务,乃投弹于鄱阳湖中,于十七时四十五分安返南昌。

(二)本(廿一)日,十六时三十五分,志愿队CB轰炸机五架由汉口出发,飞抵彭泽附近上空,与敌轰炸机及驱逐机各二架遭遇,当即对敌攻击,其驱逐机一架被我击落,余机旋即逃避。斯时,云幕甚低,我机前进受阻,致未达成任务,乃投弹于湖口江中,于十八时四十分安返汉口。

(8) 空军战斗要报(6月22日)

皖赣方面：

(一) 廿二日五时卅分，廿五队队长汤卜生率霍克Ⅲ式机三架，由南昌出发，轰炸马当敌舰。中途遇雾，云低，罗盘不准而迷向，八时四十五分油尽迫降。

1. 汤队长机先降贵溪附近，人机均安。惟张队员耀南机降时滚行速而撞损汤队长机，张队员机亦轻伤。

2. 相队员德仁机迫降弋阳附近，人机均安。

(二) 廿二日七时卅分，志愿队CB机二架由南昌出发，轰炸敌舰，以天气不佳于九时卅分折回。旋又由该队CB机一架出发试测天气，因天气仍不佳，遂未施行任务。

(9) 空军战斗要报(6月23日)

皖赣方面：

二十三日十二时，志愿队CB机三架由南昌出发，轰炸东流附近敌舰，每机带100公斤炸弹六个。到东流之北时，发现敌舰三艘，当即投弹。有二架投中，见敌舰上发出黑烟，其时，敌舰射击火力甚强。我机于十三时三十分安返南昌。

(10) 空军战斗要报(6月24日)

南昌方面：

(一) 二十四日十五时十分，志愿队CB机二架由南昌出发，到达东流附近，发现敌舰多艘，当集中投弹，予以猛烈轰击。眼见二艘起火，余舰四散奔逃。我机任务完成，于十六时三十分安返南昌。

(二) 二十四日十五时三十分，志愿队CB机三架由南昌出发，到达香口附近，见敌舰十五艘，小汽船四五十只，并有敌人正在登陆。我机立予轰击，投下巨量炸弹。因有敌驱逐机五架向我攻击，未及仔细观察弹着点而返,于十七时十五分安抵南昌。

(三)二十四日十七时十分,志愿队CB机四架由南昌出发,到达东流附近。发现敌舰船仍众,乃再施轰炸投弹,后眼见浓烟笼罩两敌舰,结果未明。当CB机出发时,得知敌驱逐机十五架自荻港西南飞行,有截击我机之势,我乃派E-15及E-16驱逐机各六架出发,掩护轰炸。到达东流附近,见敌驱逐机整队西来,因我CB机已投弹完毕,任务达成,乃掩护归来,未向敌机攻击。敌机见我有备,亦不敢穷追。

(四)本日由南昌出发之各CB机,每机均携100公斤炸弹六枚。

汉口方面:

(五)二十四日九时十五分,志愿队CB机三架由汉口出发,到达东流时,见敌舰麇集,乃以××公尺高度向敌舰投弹,炸中大舰一艘起火。其时,有敌九五式驱逐机数架向我飞来,我机转舵西飞,于十时五十五分安返汉口。

(11)空军战斗要报(6月25日)

汉口方面:

(一)廿五日六时三十分,志愿队CB机三架由汉口出发,于七时五十五分到达安庆上空。时安庆机场并无敌机,江面泊敌舰大小舰廿余艘及汽船三四十艘。乃集中投下炸弹,命中舰群,计炸伤敌大舰三艘。其时,敌九五式驱逐机六架及水上驱逐机一架向我机攻击,因我机速度甚快,敌无法追及,于九时廿分安返南昌。

南昌方面:

(二)廿五日六时五十分,志愿队CB机十架由南昌出发,经祁门而赴芜湖。到达目的地时,见敌机场停机五架,乃投下炸弹于场中,命中停机线上。其时,东北方有敌机追来,我机急转舵西航,其机种、机数未能明悉。芜湖江面泊有各种颜色之敌兵舰三十至四十艘,内有一艘向我机开炮射击,我机毫无损伤,于九时五十分安返南昌。

(三)廿五日十五时,志愿队CB机七架由南昌出发,内一架中途故障折回。十五时二十分,志愿队E-16式驱逐机七架由南昌出发,掩护CB机。全体轰炸、驱逐机会合后,于十五时四十分到达东流江面上空,发现江中泊敌舰甚多,乃对准其密集处投下巨量炸弹,结果如左:

1. 第一小队CB三架,投弹命中二艘,见有向下沉没之势,旋即发现敌驱逐机廿一架,分三队向我机进袭,我机乃开足油门避之,而于十七时十分安返南昌。落地后检查得知二架油箱被击漏,一架尾部之安定面被击微损,惟均可于一、二日后修妥。

2. 第二小队CB机三架发现敌舰五艘,内四艘相岸而泊,其余一艘泊处较远,当即投弹于四舰之间,旋见黑烟冲天而起,敌舰全被烟火包围,似有多艘被命中者,我机旋安返南昌。

3. E-16驱逐机七架亦分为数小队,当发现敌驱逐机九架向我第一小队CB机进攻后,立即趋前救护,该敌驱逐机见有我驱逐机掩护,乃向东逃去。我驱逐机见CB机均已达成任务向西南飞返,故未与敌机缠斗,仍掩护我轰炸机安返南昌。

(四)廿五日十五时四十五分,志愿队CB机三架由南昌出发,到达安庆机场上空时,发现敌驱逐机十五架停于一线上,当即瞄准投弹,旋见黑烟上腾,多数均命中敌停机线上,旋发现空中有敌驱逐机三架警戒,"由此推断其停机场之该十五机想系飞返加油者"并向我机攻击,我机三架乃均加足油门飞避。经安庆附近江面上空时,见有敌大舰一艘正燃烧中,后经东流方面上空,亦见敌舰一艘在燃烧中,此当系我本(廿五)日先行出发各机之轰炸成果也。我机于十七时五十分安返南昌。

(12) 空军战斗要报(6月26日)

南昌方面：

(一) 本(二十六)日五时,二十五队霍克Ⅲ式机三架,各带500磅炸弹一枚,由南昌出发,轰炸香口敌舰。于六时到达香口东北之天生洲,于该洲之东西两面发现敌舰二十余艘,其中大型二艘,余为小型者,并有汽艇甚多。此时,我机高度××呎,俯冲至××呎投弹,二弹齐中大型舰,火烟甚大,一落舰旁。斯时,敌之防空火网甚密,惟炮弹炸点较低,约在×呎左右,由曾培复驾驶之霍Ⅲ式机P-5193风挡被击中,人微伤,尚勉力飞行,致未能跟随领队机,偏航至新喻迫降,机损人轻伤。其余两架则安全飞返南昌。

(二) 本(二十六)日五时二十分,志愿队CB机六架,各带100公斤弹六枚,由南昌出发,轰炸东流敌舰。在东流上游附近一带,见大型舰二、小型舰九、小汽艇甚多,乃投弹于各舰之间,成果未详。我E-16驱逐机八架,于七时二十五分出发,在香口一带掩护。八机中,俄员驾驶者三,第四大队驾驶者五,由俄员领队。据报,未见敌机,仅见香口江面之敌舰火烟甚大,各机于七时返南昌。

(三) 本(二十六)日七时,志愿队CB机三架,各带100公斤弹六枚,由南昌出发,轰炸安庆机场。见敌机四架停场中,场内弹坑甚多,我机此时高度为××公尺,当即投弹,均命中场中。据判断,该场数日内当不能使用。斯时,敌方高射炮射击猛烈,惟炮弹炸点均在我机后方。我机任务完毕,于十时半安全飞抵汉口。惟CB-0573号机于着陆时两腿复行缩入,因而失事,计左腿螺旋桨及腹部仓皮均遭损伤,人员安全,该机尚可修理。

(四) 本(二十六)日九时三十分,南昌第一路张司令接繁昌报告,敌机三十七架由东向西飞,高度约××××公尺。十时,据殷家汇报告,因天气渐阴,云低,仅闻机声甚多,由东北向西北飞行,同时据繁昌报告,又发现敌重轰炸机九架,由东北向西南飞行。十时十四分,据大通报告,九架重轰炸机由西北向西南飞行。此后,前述两批敌机于到殷家汇后,即未据报告。

十时二十五分,张司令官判断,恐被敌奇袭,即派单翼驱逐机六架起飞,分两组,一在南昌之东,一在南昌之北巡逻,在场之 CB 机及霍Ⅲ机全数飞避吉安。奉命之六驱逐机于十时三十分起机,十时四十五分,CB 及霍Ⅲ均起机。

十时五十分,场北上空忽发现敌与我三机战斗,而留场之 E-15、E-16 驱逐各机乃全体起飞,计志愿队驾 E-16 式十架、E-15 式十八架,第四大队驾 E-16 式五架。斯时,天雨云低,至十一时,雨愈大,战斗经过不明。至十一时三十分,雨停,第一批之敌机已被我击落二架,一坠南昌附近阳子洲,一坠青洲沙滩,为俄员古班克所击落。十一时四十分,我第一批之六机降落加油,第二批起飞之大部飞机仍在空中警戒。十二时,敌重轰炸机三架忽由东方云中穿出,并有敌驱逐机六架掩护。此时,高度约××××公尺,我在空中之驱逐机即向敌机攻击,发生猛烈混战,在云涡中滚滚乱翻,旋出旋入,呈空战中空前之混战奇观。斯时,敌轰炸机乘隙窜入场之上空,投燃烧弹十二枚于第二、三棚厂附近,我待修之 CB 机 B-1506、B-1594、B-1568 三架翼部被弹片轻伤数小洞,待修之霍Ⅲ式 P-5268 一架支柱亦微伤少许,场边之 50 加仑装铁桶汽油一桶被焚,并未延及他物,损失轻微。第二次战斗结果,击落敌机三架,均为驱逐机。此时,敌机经我痛击,队形零乱,利用低云落荒逃遁,惟尚见我四驱逐机正包围一重轰炸机射击,黑烟四出,高度逐渐降低,向东飘落,我机乃安返。

综计,共击落敌机六架,据报,尚有坠于水中者。我 E-15 机 P-5904 由俄员史托维驾驶,壮烈牺牲于南昌东北之北高嵩。俄员古班克所驾之 E-16 P-5379 则因机被击坏跳伞,安全降落,机则全毁,坠于场之南端。

我方空军飞机损耗表(6月26日)

表 属	驾驶员	机名	号码	机 数			地 点	原 因	备 考
				待查	可修	全毁			
志愿队	俄员	SB	B-1573		1		武汉总站	着地不慎损坏	人无恙
志愿队	史托维	E-15	P-5904			1	南昌东北北高嵩	被敌击坠	人亡
志愿队	俄员	E-16	P-5379			1	南昌场南	被敌击坠	人跳伞无恙
第二十五队	曾培复	霍机Ⅲ	P-5193		1		新喻	被敌击损迫降	人微伤
小 计					2	2			
总 计					4 架				

空军军官受伤表(6月26日)

隶属	姓名	级职	受伤时间	地点	原因	伤势	现在地址	备考
第廿九队	曾培复			香口	被敌高射炮击伤	迫降新喻人微伤		该员系调廿五队工作
合计				1 员				
附记								

空军军官死亡表(6月26日)

隶属	姓名	级职	死亡时间	地点	原因	死亡情形	备考
志愿队	史托维		6月26日	南昌东北北高嵩	被击落	人亡	
合计				1 员			
附记							

空军一九三八年七月二十四日战斗要报

(1938年7月24日)

吉安方面：

昨(廿三)日十四时二十五分,第二大队SB机两架,各带100公斤炸弹六枚,出发轰炸安庆附近江心洲敌舰。起飞后至十五时四十分,途中遇密云暴雨,无法通过,乃转飞湖口,仍有密云,惟于云孔处俯视江面,发现敌大型舰六艘,小型舰甚多。我机以××××公尺之高度进入投弹目标,即为浓云遮蔽,虽不能视察命中之程度,但当投弹时机会甚佳,系出其不意,想轰炸结果必定良好。投弹后,敌之高射炮集中猛烈射击,亦因云太浓密,致未能发现敌高射炮阵地。我机任务完成后,于回航时,102号机之第一发动机发生故障,驾驶员以另一发动机维持飞行,将到樟树机场附近,另一发动机又发生故障,幸该驾驶员操纵得法,卒于十七时二十五分安全降落樟树场中,该机现正修理中。其余一机则安降吉安。

（三）桂南会战空军战史辑要初稿[①]

（1939年11月—1940年1月）

桂南会战空军战史辑要初稿

第一节　冬季攻势陆军作战方针及空军作战计划

第一款　冬季攻势陆军作战方针及空军协同作战之要领

民国二十八年冬，军事委员会以消耗敌人，截断长江，恢复武汉，并驱除晋南敌军之目的，策定全军冬季攻势。其方针及空军协同作战之要领如左：

其一　冬季攻势陆军作战方针

国军以确实切断荻港湖口间长江敌之交通，扫荡信阳、武汉间平汉南段之敌军及肃清晋南三角地带之敌军为主。其他各战区同时实施攻击，以资策应。

其二　空军协同作战之要领

1. 地上攻击开始时机，连续奇袭，击破敌之航空势力。
2. 地上攻击前进时，制压敌机活动。
3. 地上轰炸目标与空中掩护地域及时机等，随时与战区协定之。

第二款　冬季攻势空军作战计划

为协助陆军冬季攻势，空军作战计划共分六个作战步骤。其要旨系先就全战线两翼敌空军根据地，予以重大之打击，俾陆军策应之作战，得收牵制之效果，而后再剪除沿江敌海空军之势力，最后乃以空军全力，协助三、五、九战区之攻击，俾克迅速恢复武汉要点。其空军部队之使用，除按各作战步骤调动外，并于三、五、九战

[①] 沿用原标题，具体成文时间不详。

区各配以轻轰炸机两架,以作侦察之用。其全盘作战计划如左:

最近十一、十二两月内空军作战任务及其使用法。

一、空军一般之任务:

1. 与敌空军斗争;

2. 协助陆军作战;

3. 掩护重庆、成都、兰州等根据地。

二、个别任务:

1. 轰炸机

甲、创伤敌机场及航空母舰之飞机;

乙、击破敌南京、岳阳间沿江重要海军根据地;

丙、协助陆军占领重要而坚固之住民地。

2. 驱逐机

甲、在我领空内歼灭敌之轰炸机;

乙、歼灭敌南昌、运城机场之飞机,但实施此项任务,须准备专门飞机场,且须在上述敌机场内停有未加掩蔽(地下或其他掩护)之飞机时始可行之;

丙、掩护我机场及战场上空之轰炸机;

丁、掩护地上主攻部队之作战。

三、完成上列任务之方法:

为完成上述任务,须实施下列各项作战步骤:

第一作战步骤:打击敌广州空军根据地,目的——予广州敌空军以重大之损害,使敌不能顺利使用广州一带之飞机场,减少广州敌空军对我广西机场之影响。

兵力:轻速轰炸机"SB"三大队。驱逐机三、四大队。

作战日期:1—2日。此后使敌广州一带之机场定期遭我空袭。可使用空军至一大队之兵力,以达此任务。

第二作战步骤:打击敌海南岛机场及琼州海峡之航空母舰。

目的与第一作战步骤同。兵力与第一作战步骤同。作战持续时日———一日。

第三作战步骤:打击运城敌机场。

目的:予敌华北空军以重大之损害,使敌不能在运城机场保持大量之空军,减少华北敌空军对我陕西及甘肃机场之影响。

兵力:轻速轰炸机"SB"三大队,达适型"DASH"机一大队,及驱逐机二、三大队。

作战持续时日:1—2日,以"SB"型机袭击3—4次,以"DASH"型机袭击1—2次。此后使敌运城机场定期遭我空袭。

第四作战步骤:打击沿江一带敌海空军根据地(九江、安庆、岳阳等)。

目的:阻止敌使用海军对付我第三战区之部队。

兵力:"SB"型机一、二大队,"DASH"型机一大队,驱逐机二、三大队,以掩护我机场之轻轰炸机。

作战持续时日:依敌兵舰多寡之情况,作战可亘至十五昼夜,此时期内可经常予敌海军根据地甚至个别之大军舰以打击。

第五作战步骤:打击武汉敌空军根据地。

目的:予敌武汉空军以重大之损害,使敌无法使用武汉飞机场,减少敌空军对于九、五战区部队之活动。

兵力:使用所有轰炸机及驱逐机之力量。

作战持续时日:2—3日。(以"SB"型机袭击3—4次,以"DASH"型机袭击2—3次)此后使敌武汉机场定期遭我轰炸机及驱逐机之袭击。

第六作战步骤:与三、五、九战区陆军协同动作,实行下列基本任务:

(一)协助步兵攻略重要据点;

(二)阻止敌运送预备队,尤其在沿江一带;

(三)在战场上掩护自己部队,驱逐敌机。

目的:尽力协助地上部队,完成其任务。

兵力:使用所有空军全部力量。

作战持续时日:亘于陆军作战之全部时期内,大约一个半月乃至两个月。

四、保障上述作战任务顺利完成之必要处置:

(一)按期完成飞机场建设计划内"第一批工作"项下所列之开辟新机场、扩充旧机场、修复破坏机场等工作。

(二)考虑健全空军指挥机构之组织,尤其在陆空军协同作战之时期内最为重要。所谓协同系指与三、五、九各战区部队而言,如前第六作战步骤所列者。目前尤须即刻着手检查空军内部通信联络之状态,以及空军与高级司令长官,及三、五、九各战区司令长官间之联络设施情形。此外须即刻选定并组织空军司令官之前进指挥所。所有此种处置,应能确保空军指挥之不断进行,并顺利与地上部队协同作战为要。

(三)缜密计划我空军各机场作战所需之弹药与燃料,适时运送之。

(四)考虑机件损坏后之修复问题,换言之,即刻开始计划用何种修理厂担任何种修理工作,并依照此种计划,准备修理方面所需要补充之零件及工具等。

(五)上述第(二)、(四)项工作,至迟须十一月二十日至二十五日前完成之。其第(一)项工作至迟须于十二月一日内完成之。

(六)第一作战步骤开始之时间(当面决定),其余作战步骤,依顺序实施,中间空留若干时间,以为补整及休息之用,但不得超过2—3昼夜以上。

(七)除上述各作战步骤外,目前尚需立刻考虑准备在第一战区内使用空军之可能,以防止敌军由第一战区强渡黄河之企图。在此种情况下,空军之任务如下:

甲、阻止敌军渡河;

乙、阻止敌军利用公路或铁路输送预备队;

丙、打击敌部队之集中地点。

第二节　桂南会战空军战斗计划及方案

空军按照冬季攻势空军作战计划,准备地面诸事项中,敌以遮断我西南国际交通之企图,于二十八年十一月十五日,突以陆海空联合重兵,在钦州湾登陆。十六日,航空委员会以轰炸北海附近麇集敌舰之目的,拟定空军袭击计划,同时电令桂林空军第二路司令官,准备地面设施,惟其时连日天候不良,空军不能出动,而敌之侵袭颇猛,南宁告急,航空委员会周主任遂迫不及待,于十一月二十三日午,由重庆先领驱逐机出发赴芷江,以便掩护轰炸机出动,中途天候仍未好转,未至芷江折回。由是预定之空军作战步骤,迄未实施。是时,广州之敌亦发难北侵。寻于十一月下旬,奉军事委员会委员长谕令空军准备参加南宁方面会战,于是遂决心先以全力协力南宁方面会战,原定调拨三、五、九战区备侦察用之轻轰炸机各二架,亦均调归南宁方面使用。并于十一月三十日,拟定空军参加南宁方面会战方案两项,嗣经核议按照第一案实施。其两案要旨如左:(参照附录二)

第一案　空军先控置于川省根据地,待机参加南宁会战。

第二案　以鼓励士气,振奋民气,使南宁方面陆军即刻作战容易之目的,不待南宁会战之时机,即择天候许可时,对南宁方面之敌先实施轰炸一、二次,并于桂林、昆明各留驻驱逐机一队,担任各该地防空。

是时,南宁方面陆军集中未竣,尚未达反攻之时期,空军则在待机期间。

十二月四日,拟定对涠洲、钦防、南宁、广州等处轰炸计划。(参照轰炸计划)

十二月十一日,奉委员长电令,其要旨如左:

一、派定南宁方面协力之空军,统由迁江行营白主任直接指挥。

二、缜密决定飞机攻击目标及时机,务与陆军作战协调一致。

当即电令桂林第二路司令官,向桂林军事委员会委员长行营白主任请示对南宁方面会战空军之用法。嗣经协定,陆军于本(十二)月十八日开始转移攻势,空军同时行动,于十七、十八、十九等日,对昆仑关、八塘等处之敌集中轰炸。遂于十三日电令成都、重庆各队,分向重庆、芷江移动。

十二月十四日,拟定南宁方面空军作战方案,其要旨如左:(参照附录三)

一、空军出动之兵力:

重轰炸机九架;

轻轰炸机二十六架;

驱逐机八十架。

二、行动概要:

陆军以本(十二)月十八日开始转移攻势,空军宜同时出动,如天气许可,则于十五日开始行动,在日没前向柳州、桂林、零陵一带集中,十六日开始工作。

三、空军之运用:

以协同陆军作战,使陆军容易达成任务为主要目的,并以不使过度损耗而尽量发挥其效能及扩张其战果为原则。其使用之要领如左:

1. 轰炸敌第一线据点,及敌第二线兵团集结地与南宁;

2. 掌握陆军主攻方面重要时机之制空权,击碎危害我陆军之敌空军;

3. 诱敌机至柳州上空,予以歼灭之打击;

4. 相机攻击敌空军根据地,如涠洲岛、母舰及运输船舶。

四、空军之指挥:

航空委员会主任偕空军顾问至柳州任全般之指导,柳州空军部队由第一路司令官指挥,桂林空军部队由第二路司令官指挥。

以上使用要领,尤注重于3、4两项,期予敌空军重大之打击。盖据连年作战之经验,敌陆军火力虽旺,而精神不振,无足深虑,惟其空军之威胁,足以妨害我陆军之行动也。

我空军协助南宁方面之作战,系以劣势兵力对优势之敌,故我作战计划之要旨,在集中全力,适应时机获得南宁方面一时的空中优势,予敌以重大之打击。因是首将兵力控置于后方,以减少无益之损害,及陆军决定十二月十八日开始转移攻势,空军遂决定十二月十五日开始向前移动。嗣以天气不良,并奉委员长谕令空军改于二十日开始行动,而仍因川湘滇黔边区之天候非雨即雾,轰炸机与驱逐机不能如期进出,加以志愿军之行动与我各部队协调不良,自十八日迄二十五日,仍未集中完毕。在此期间,为适应陆军攻势之时机及激励士气之关系,不惜暴露,遂以先到之一部协助陆军作战,屡次出动,然已不能如预定计划大举向敌袭击,而我之企图则因此过早暴露,不能获得出敌不意之效果,前进各机场致招敌重大之打击,妨害我军之行动。然为协助陆军攻击,发扬士气,并掣肘敌空军对我陆军之危害计,连日作战虽多损伤,而十二月二十五日呈报委员长之报告,仍决心贯彻原计划集中,协助南宁方面之攻击,虽已失去出敌不意之效果与集中困难,逐渐消耗兵力等种种不利,然亦未置顾虑,努力进行不懈。(参照附录四)

连日作战之结果,虽能予敌陆空军以若干之损害,减少敌空军对我陆军若干之威胁,尤其在粤北方面敌机活动骤少,仅两、三架之小行动而已,因被我吸引至桂南也。然敌持其优势之兵力,我终未能予敌空军以彻底之打击。我出动前线之兵力,至是已损伤过半,加以志愿军作战思想与我指挥官之意志不同,指挥不敏,行动迟缓,我驱逐机性能较旧,轰炸队训练不良,而敌现在长江中部及南战场使用之兵力,约共三百五十余架,我机倘继续在前方与此等优势之敌空军角逐,不久将有全部损耗之可能。

根据以上情况，于二十九年一月一日，草拟空军状况判断，根据判断，拟成今后空军部署方案，惟未经呈报施行。（参照附录五其一、其二）

敌之侵袭南宁，一方因湘北失败，欲另造战绩以掩失败之羞辱，并压抑敌国内反战空气，一方则欲遮断我国际交通线，加紧封锁。因是除侵袭南宁，远扰龙州外，并于南海方面，控置重轰炸机五十余架，往来三灶岛、海口两地，自十二月末一周以来，均自海口起飞，经镇结轰炸我滇越铁路及蒙自机场。我乃于一月初，派驱逐机六架及高射炮一连，至滇越沿线，协同昆明空军军官学校驱逐机，作消极掩护，并拟积极的袭击敌空军根据地之海口。因于一月八日，拟定飞机部队掩护滇越铁路之计划。其要旨如左：（参照附录六）

一、积极的袭击敌空军根据地海口，破坏其重轰炸机之一部，并迫使敌不敢久留于我重轰炸机威力范围以内。其方案有二：

1. 以重轰炸机自昆明轰炸海口敌机；
2. 以在桂林之CB机自柳州径袭海口。

二、消极的在蒙自驻驱逐机两队（十机），以昆明官校高级驱逐教练机驻昆明，分任滇越路南北段之掩护。

对涠洲、钦、防、南宁、广州轰炸计划：

（一）要旨

各编队群以协助桂南军作战容易为主要任务，并对敌华南空军根据地予以袭击。

（二）部署

A. 甲编队群　以桂林为根据机场

领队：

费金大队：CB九架

作宾大队：CB八架

霍克七五　　五架（协助作战）

B. 乙编队群　以零陵为根据机场

领队：第八大队长

第八大队：CB九架

(三) 行动

A. 甲编队群于　日　时　分由桂林起飞向目的地进发。

B. 乙编队群于　日　时　分由零陵起飞降桂林场加油上弹，再向目的地进发。

C. 航路：

1. 对涠洲岛及钦防方面之航路〔略〕

2. 对琼州岛海口方面之航路〔略〕

3. 对轰炸南宁之航路〔略〕

4. 对广州方面之航路〔略〕

(四) 轰炸目标：

1. 第一目标　钦州及钦州湾；

2. 第二目标　南宁及敌前线阵地；

3. 第三目标　广州、涠洲岛及海口。

第三节　空军作战准备

第一款　补给

十一月十八日，航委会参酌冬季攻势空军作战计划，核定各主要站场应准备油弹数量，制定油弹积集表，并分别电令各军区、路司令官，各就管区内重要站场，准备油弹及机械人员，加油、始动、养〔氧〕气等器材，宿营、给养等设备(参照附表一、二、三及附录七)。

为准备DB机自昆明出发，轰炸南海一带之敌舰船及敌机场，于十二月十五日，电令昆明空军军官学校，准备一百公斤俄式炸弹一百八十枚(或二百五十公斤及五十公斤弹亦可)，开车用冷气九大瓶，八十七号汽油一万加仑，配九十一号汽油精(汽油精飞机自带)，外员二十七员之住宿及车辆等项，高空养〔氧〕气五十四小瓶。

同(十五)日电贵阳总站送俄式一百公斤炸弹一百八十枚至昆明,并限两日送到。
　　第二款　站场
　　　其一　站场区分
　　此次对桂南作战,我空军自成都、重庆,以迄桂林、柳州,准备机场三十余处,按其机场之性质及设备,约可区分如左。〔略〕
　　(参照附录七)
　　　其二　站场设备
　　各根据机场及前进根据机场,除桂林之秧塘外,均为部队学校驻扎训练之地,故各机场所有夜航、通信、气象、运输、卫生、修理、防空等项,均有永久之设备,其场面足供轻重轰炸机及驱逐机之升降。惟秧塘机场,其通信人员器材,系临时由空军军官学校调拨,气象人员器材,由柳州总站调拨应用,其柳州、秧塘两前进根据机场之附属设备,如机械人员、加油、始动、宿营、给养等,均临时准备轰炸驱逐各一大队之需要量。
　　各中间机场仅为飞机加油、疏散、休息等之需要,除有充分之升降场面外,其他设备均较简略。
　　各补助机场,场面较为狭小,设置简单,仅供飞机一时疏散或迫降之用。
　　迫降场,均系临时开拓者,仅派机械士管理,专为迫降之处。
　　至各站场勤务之区分,在十月间湘北会战时,为协助湘北作战之故,曾拟定空军对湘北作战计划。关于芷江、衡阳、零陵、桂林,各地之地面勤务,均按该计划实施演习。此次站场勤务之区分、编组及附属设备,诸器材之整备,地面诸机关之机动等,均照该计划之要领实施,较为简便。(参阅另篇战史)
　　　第三款　空军部队集中及行动
　　二十八年十一月中旬,军事委员会拟定冬季攻势空军作战步骤。首在轰炸广州迄北海一带敌机场,航空母舰。嗣敌在钦州湾登陆,南宁形势吃紧,轰炸北海一带敌舰愈不可缓,惟以连日天候恶劣,不能出动。寻奉委员长谕令空军准备参加南宁方面会战,遂决心先集中空军主力于该方面。总计南宁会战空军使用之兵力,有驱逐五个大队,飞机八十架;轻重轰炸机四个大队,飞机三十五架(参照附表四),其集中计划经二次改订,迄十二月五日,确定成渝各地部队,均经芷江加油后,分别集中桂林、柳州、零陵各场,同时制定成、柳间航行时间要图。惟川湘黔边区一带,冬季天候,非雨即雾,殊碍飞行,致尔后集中实施与计划颇相径庭。

附表四

南宁会战空军参战部队飞机及驻地表

兵种	队号		机种	机数	原驻地	作战方面	备考
	大队	中队					
驱逐队	第三大队		格机	5	柳州	南宁	内二架未修复,参战者仅三架
	第四大队	二十一 二十二 二十三	E-15	25	重庆	南宁	二十二队一部(队长率六机)后移蒙自任防空
	第五大队	二十六 二十七 二十九	E-15 E-16	14 6	成都	南宁	二十六队E-16机至重庆后未移动即驻留任警戒
		十八	霍克七五	6	昆明	南宁滇越路	十二月八日由昆明至贵阳失事损一架,一月七日再返昆明任滇越路之掩护
	志愿大队		E-15	19	重庆	南宁	内九架于十二月二十二日中间飞渝,由渝出发失事毁一架
	志愿大队		E-16	11	重庆	南宁	

(续表)

兵种	队号		机种	机数	原驻地	作战方面	备考
	大队	中队					
轰炸队	第六大队	十九	CB	9	双流	南宁	
	志愿费金队		CB	9	温江	南宁	
	志愿卓泊夫队		CB	8	温江	南宁	
	第八大队 志愿大队		DB-3	9	成都	南海	除一机于一月十一日至昆明试降并侦察航线外，未出动
附记							

十二月八日，第十八中队队长杨一白率霍克七五式机六架，由昆明飞贵阳，落地损坏一架。

十二月十一日，桂林空军第二路司令官与迁江行营协定，陆军于十二月十八日开始对昆仑关方面之敌转移攻势，空军同时行动，于十七、十八、十九等日，对昆仑关、八塘之敌集中轰炸。航空委员会遂拟定如天气许可，空军于十五日开始行动，在日没以前向柳州、桂林、零陵一带集中，十六日开始工作。

十三日十时，航空委员会周主任自重庆电令驻成都各队，如天气许可，志愿队费金、卓泊夫各队及十九中队等各轻轰炸队，于十三时飞往梁山。驱逐部队，如天气许可，即飞往芷江。驻成都第五大队驱逐机，即飞重庆白市驿机场。并令驻重庆第四大队驱逐机，在广阳坝集合候令出发。

第五大队奉令后，即饬第二十六队E-16式机五架，第二十七队E-15式机五架，第二十九队E-15式机三架，于当（十三）日午前出发，由空运机领航，起飞后至龙泉驿。因遭风雨低云，不能通过，复返成都。惟第二十六队两机，过龙泉驿站后沿嘉陵江飞至重庆，当时曾误以为该两机失踪。

十四日，奉迁江行营白主任元（十三）电略云，十八日开始攻击昆仑关,希空军作上空掩护,二十一日□□攻略南宁,希多带烧夷弹轰炸敌各要点。至敌航空母舰、登陆部队及其他有利目标,可相机实施。当于十四日电复如天气许可,即于明(十五)日率队飞柳州。翌(十五)日,仍因天气不良,未克实施。

十五日二十三时,周主任自重庆电令成都各队飞重庆、梁山待命,并准备DB-3九架备飞昆明工作。其电令要旨如左:

一、成都第五大队黄大队长泮扬,该大队之E-15式机八架及E-16式机五架,应即日飞至重庆白市驿待命。

二、成都第六大队黄大队长普伦,该大队第十九队,应即日飞赴梁山待命。

三、成都志愿军参谋长伊里因,费金及卓泊夫两大队,应即日飞赴梁山待命,希转令遵照。

四、成都志愿军参谋长伊里因,请转饬DB大队两大队长及第八大队,合派DB机九架,携带汽油精四次量,即日飞赴昆明,准备候令向海南岛方面轰炸。

十六日晨,为顾虑昨夜电报不能到达,于七时三十分,再电饬成都航委会参谋处,督促各队起飞,并告知重庆天气,雾收可晴,又电第二路田司令,着饬第五大队努力飞赴白市驿。

本(十六)日各队行动如左:

第五大队　　E-15式机九架,E-16式机三架,由成都至重庆。
第十九队　　CB机九架,由双流至梁山。
志愿费金队　CB机九架,由温江至梁山。

我机原定十六日出动,嗣因天气所阻,改定十八日到达前进机场。寻奉委员长谕令延至二十日出动,即于十七日电知迁江行营,而各部队仍令继续向前移动。

本(十六)日颁发命令于各路司令官及昆明空军军官学校教育长,着分别指挥各集中部队。其命令如左:

命令

十二月十六日八时
于重庆

一、由钦州湾冢突至南宁附近之敌,已入于我陆军之三面包围中。敌在南海沿岸之空军状态如附件。

我陆军预定于十二月十八日开始向南宁、昆仑关之敌攻击,企图克复南宁。

二、我空军主力,应于陆军开始攻击之同时,协助南宁方面之攻击。

三、空军出动部队如左:

甲、轰炸部队:

1. DB-3 机九架,由志愿军与第八大队混合编成,以昆明为前进基地。

2. 费金队 CB 九架,以桂林为前进基地。

3. 卓泊夫队 CB 九架,以桂林为前进基地。

4. 第十九队 CB 九架,以零陵为前进基地。

乙、驱逐部队:

1. 第三大队格机五架,以柳州为前进基地。

2. 第四大队 E-15 二十二架,以柳州为前进基地。

3. 第五大队 E-15 八架,以柳州为前进基地。第五大队 E-16 五架,以零陵为前进基地。

4. 阿列尼青客队 E-16 一十三架,以柳州为前进基地。

5. 伏洛比洛夫队 E-15 一十三架,以柳州为前进基地。

6. 第十八队霍克七五机五架,以桂林为前进基地。

四、各部队应于同日十六时到达前进基地,即作翌日出动之整备。

五、如天气许可,各部队于十六日先移至以左之中间机场:

CB 机全部到达梁山;

E-16 机及未加油箱 E-15 机到达贵阳;

其余 E-15 机到达芷江;

霍克75仍在贵阳；

格机仍在桂林；

DB-3机到达成都。

六、如天气许可,则全部于十七日向各基地集中,均以十六时为到达时间。

七、在未到达基地以前,除DB队及格机队外,统由张司令廷孟指挥,由田司令曦协助之。到达前进基地以后,柳州部队及总站,由张司令廷孟指挥。桂林、零陵部队由邢司令铲非指挥。

八、如受天气限制时,可酌量推延,但须严格遵守同时到达前进基地之原则。

九、移动时之空中部署,统由张司令廷孟定之。

十、到达基地后之作战计划,另行命令。但防空作战,仍由各司令负责。

十一、余在重庆,将来随部队飞至柳州。

　　右令

第一路司令　　张廷孟

第二路司令　　邢铲非

第三路司令　　田　曦

委员长　蒋中正

主　任　周至柔

下达法

1. 三路司令笔记送达；

2. 各部队以电话传达要旨。

华南方面敌航空兵力判断与目标要图

(1939年12月14日)

(一)海军航空部队

甲、陆上部队　第十四航空队　九六式

乙、舰上部队　第一航空战队　加贺

　　　　　　　第二航空战队　苍龙

　　　　　　　　　　　　　　龙骧

　　　　　　　第三航空队　　千代田

　　　　　　　　　　　　　　神威

合计：重轰机　　24

　　　轻轰机　　88

　　　驱逐机　　36

　　　水上侦察机　31

　　　共　　　　179架

（二）陆军航空部队

飞行第十四战队冈田巳三夫大佐

飞行第三十一战队住藤正一大佐

飞行第六十四战队横山八男少佐

合计：轻轰机　　48

　　　侦察机　　9

　　　驱逐机　　15

　　　共　　　　72架

总计　　　　　251架（内驱逐机51架）

（三）华南方面敌海军航空队基地（括弧内为暗号）

三灶岛（六基地）

海　口（七基地）

白　云（八基地）

三　亚（九基地）

涠洲岛（十一基地）

（四）华南方面敌陆军飞行基地

六　河

三　水

附录一：

桂南会战空军战斗统计表　民国二十八年十一月至二十九年一月

月日	队号	机种	机数	携带弹药量 子弹	携带弹药量 炸弹	任务	结果	行动 时间	行动 起止	备考
12月21日	费金	CB	9	俄7.62-30 000	100 kg-36 10 kg爆-18	轰炸钦州湾敌舰	投弹于广州湾西营海面及深山中	自7:06	桂林起飞	迷途油尽，三架迫降牛头寨，五架降郴县机场，一架迫降鄜境
12月21日	四大 三大	E-15 格	10 3	俄7.62-24 000 美12.7-2 500 比7.9-6 000		往昆仑关一带驱逐敌轰炸机	对敌阵地俯冲扫射二次	自12:50 自14:28 至16:30	自桂林至柳州 柳州起落	
12月22日	三大 四大	格 E-15	3 9	比7.9-6 000 俄7.62-21 000 美12.7-2 750		昆仑关上空掩护我陆军攻击	地面部队未铺符号未射击	自7:25 至9:45	柳州起落	恐误伤我友军
12月22日	三大 四大	格 E-15	1 10	俄7.62-4 800 美12.7-500 俄7.62-2 400		在柳州迎击敌轰炸机十八架	击落敌机一架，敌人两名烧人数名毙命，数名在逃	11:35起飞 13:22返航	柳州战斗追至来宾	

(续表)

月日	队号	机种	机数	携带弹药量 子弹	携带弹药量 炸弹	任务	结果	行动 时间	行动 起止	备考
12月22日	四大	E-15	9	美12.7-2 500 俄7.62-21 000 美12.7-2 250		敌九机空袭，在柳州上空警戒	未遭遇	自16:00 至18:30	柳州起落	18:59敌在标营投弹
12月22日	六大	CB	3	俄7.62-12 000	100 kg爆-6 50 kg燃-12	轰炸南宁市敌据点及亭子圩仓库	分别在南宁及亭子圩投弹	7:30 至11:45	秧塘起飞	迷途迫降封川
12月25日	费金	CB	3	俄7.62-12 000	50 kg燃-12 10 kg杀-49	轰炸九塘敌阵地	转往南宁投弹，燃烧甚烈	自6:40 至8:55	秧塘起落	地面未铺符号，恐误炸友军
12月25日	费金 三大	CB 格	3 1	俄7.62-12 000 比7.9-2 000	50 kg燃-18 10 kg杀-48	轰炸九塘敌阵地，掩护并指示目标	助陆军占领据点四、五处	自12:50 至16:30 自14:40	秧塘起落 柳州起落	
12月25日	四大 五大 十八	E-15 E-15 H-75	10 10 5	俄7.62-24 000 美12.7-2 500 美12.7-2 500 比7.9-9 000 美12.7-1 000 俄7.62-14 000		迎击	敌机一架受伤冒烟，我机伤二损六毁一	自16:10 至18:00	芷江起飞	

（续表）

月日	队号	机种	机数	携带弹药量 子弹	携带弹药量 炸弹	任务	结果	行动 时间	行动 起止	备考
12月27日	费金三大	CB 格	3 3	美12.7-12 000 比7.9-6 000	50 kg 燃-6 10 kg 杀-48	轰炸九塘敌阵地掩护	未投弹飞回，击落敌机三架，我机均毁	自9:00 至11:05 自9:30	秋塘起落 柳州起飞	遇敌驱逐机九架，水机六架
12月27日	十八	И-75	5	比7.9-9 000 美12.7-1 000	40P 爆-12	轰炸亭子圩敌军实屯集地区	三处冒烟并施扫射，我伤一架，毁一架	自13:50		遇敌架数架战斗
12月28日	四大 五大 十八	Е-15 Е-15 И-75	8 7 1	俄7.62-19 200 美12.7-2 000 俄7.62-16 800 美12.7-1 750 比7.9-1 800 美12.7-290		迎击	我一机迫降微损	自6:35	秋塘起落 一机降柳州	
12月29日	十八 四大	И-75 Е-15	2 3	比7.9-3 600 美12.7-400 俄7.62-7 200 美12.7-750		侦察绥深山圩敌情迎击	见敌机受伤冒油	自9:35 至13:40 约10:00起飞	秋塘起落	

2199

(续表)

月日	队号	机种	机数	携带弹药量 子弹	携带弹药量 炸弹	任务	结果	行动 时间	行动 起止	备考
12月30日	志愿 志愿 四大	E-15 E-16 E-15	16 9 17	俄7.62-2 600 俄7.62-40 400 俄7.62-47 200 美12.7-7 250		迎击	击落敌机三架,我机毁伤十二架	约13:00	柳州起落	敌驱逐机十八架
12月31日	费金	CB	3	美12.7-4 250 俄7.62-12 000	100 kg爆-18	轰炸南宁敌机场	均命中爆发,毁敌机八架	自8:36至13:00	秧塘起落	
1月1日	五大	E-15	6	俄7.62-14 400 美12.7-1 500		迎击	击落敌侦风号侦察机一架	自10:30	零陵起落	
1月1日	志愿 志愿	E-15 E-16	2 3	美12.7-250 俄7.62-5 000 俄7.62-10 000 俄20-640		迎击敌侦察机一架	未遭遇	自12:54至13:29	秧塘起落	
1月1日	四大	E-15	6	俄7.62-14 000 美12.7-1 500		同上	未击落	13:10至14:10	芷江起落	

(续表)

月日	队号	机种	机数	携带弹药量 子弹	携带弹药量 炸弹	任务	结果	行动 时间	行动 起止	备考
1月2日	志愿	E-15	2	美12.7-500 俄7.62-4 800		迎击敌侦察机一架	攻击一次	8:00	秧塘起落	
		E-16	3	俄7.62-6 000						
1月2日	费金	CB	3	俄20-384 俄7.62-12 000	50 kg燃-65 10 kg杀-72	轰炸九塘敌阵	至柳州因雾折回	12:42	秧塘起落	
1月3日	志愿	E-16	3	俄20-384 俄7.62-6 000		迎击敌侦察机一架	稍接触被敌遁去	12:43	同上	
1月4日	费金	CB	4	俄7.62-10 000	100 kg爆-24	轰炸南宁敌机场	误投贵县附近	9:25	同上	
1月4日	志愿 十八	E-15 E-16 H-75	13 7 1	俄7.62-37 000 美12.7-12 050 俄20-640 俄7.62-18 000 比7.9-1 800 美12.7-200		迎击敌机九架	未遭遇	10:30左右 至11:46	同上	
1月5日	志愿	E-16	5	俄7.62-10 000		迎击敌侦察机一架	未遭遇	8:45	同上	
1月6日	志愿	E-16	6	俄20-640 俄7.62-14 000		同上	同上	13:21	同上	

(续表)

月日	队号	机种	机数	携带弹药量 子弹	携带弹药量 炸弹	任务	结果	行动 时间	行动 起止	备考
1月7日	志愿 十九	CB CB	5 4	俄7.62-2 0000 俄7.62-1 0000	50 kg爆-72	轰炸南宁敌阵地	轰炸后见南宁火焰冲天	12:49至16:57	秧塘起一架降零陵	
1月8日	费金	CB	6	俄7.62-24 000	100 kg爆-24 50 kg爆-12	轰炸七塘敌阵地,副目标南宁	投于南宁市区北部	12:57至15:48	秧塘降落	有三架未能投弹,带回
1月9日	志愿	E-15 E-16	13 7	俄7.62-37 600 美12.7-1 250 俄20-640 俄7.62-18 000		迎敌侦察	遇敌侦察机一架,攻击一次	10:44起飞 12:15降落 又,12:30再起飞至13:17	同上	12:15降落加油
1月10日	费金 十九	CB CB	6 3	俄7.62-24 000 俄7.62-12 000	100 kg爆-36 50 kg爆-18	轰炸南宁敌机场	炸毁敌机三架	9:40	秧塘起降落	十九队撞毁二架,费金迷途迫降辰溪沿河
1月10日	志愿	E-15 E-16	14 7	俄7.62-41 600 美12.7-1 000 俄20-512 俄7.62-20 000		迎击敌驱逐机二十七架	战斗后我伤人员二,飞机五架	11:50	秧塘起降落	
1月11日	志愿	E-15 E-16	2 2	俄7.62-36 800 美12.7-1 000 俄7.62-1 000		迎击敌侦察机一架	攻击一次	9:13	同上	
1月11日	志愿	E-16	1	俄20-128 俄7.62-4 000		同上	未遭遇	10:45	同上	

桂南会战空军战斗成果统计表　民国二十八年十一月至二十九年一月

日期	隶　属	得力战斗员	级　职	击落敌机		击落地点	证实者	备考
				机种	架数			
12月22日	第三大队	陈瑞钿	上尉 副大队长	重轰炸	一	坠十米宾古习乡	重庆主任办公处	系三人合力击落
12月22日	第三大队 三十二队	韦一青	中尉队长					
12月22日	第四大队 二十二队	周志开	少尉队员					
12月20日	第三大队	陈瑞钿	上尉 副大队长	驱逐机	三	坠于思乡九塘附近，查明属敌海军第十四航空队，其中两架号码为三三一二、四四二三。	重庆主任办公处	
12月20日	第三大队 二十二队	韦一青	中尉队长					
12月20日	第三大队 第八队	陈业新	中尉 副队长					
12月30日	第四大队	郑少愚	上尉 副大队长	驱逐机	六	查三架落柳州附近，一落大龙潭、一落茶山北拱村、一落拉堡，其余三架地点尚未查获，其中一架查明系敌海军第十四航空队，号码为九六号，该机为昭和十三年八月制造，击毙敌机师藤田博	重庆主任办公处	系各员合力击落
12月30日	第四大队 二十一队	王特谦	中尉 分队长					
12月30日	第四大队 二十二队	刘铠	少尉 飞行员					
12月30日	第四大队 二十三队	王玉琨	上尉队长					
12月30日	第四大队 二十三队	范新民	中尉 分队长					

(续表)

日期	隶属	得力战斗员	级职	击落敌机 机种	击落敌机 架数	击落地点	证实者	备考
1月1日	第五大队二十九队	马国廉	中尉队长	神风号侦察机	一	坠于东安双岸平山堂	桂林主任电	系各员合力击落
1月1日	第五大队二十九队	陈梦鲲	少尉飞行员					
1月1日	第五大队二十九队	张祖骞	少尉飞行员					
总计				11 架				
附记								

桂南会战空军作战人员阵亡统计表　民国二十八年十一月至二十九年一月

隶属	姓名	级职	阵亡日期	地点	阵亡原因	备考
第三十二队	韦一青	中尉上级队长	12月25日	思陇	空战被击阵亡	
志愿队	李辛克		12月30日	柳州	空战被击阵亡	
第二十一队	李侃	少尉本级飞行员	1月4日	蒙自	空战着陆撞树重伤不治殒命	
第十九队	黄兴安	少尉本级轰炸员	1月10日	中渡	出发南宁两机相撞殒命	
第十九队	姬晓集	射击士	1月10日	中渡	出发南宁两机相撞殒命	
志愿队	金爵洛哥	队员	1月10日	沿河	出发南宁回航迷途迫降殒命	
合计			6 员			
附记						

附录二：

为申议空军参加南宁方面会战方案请
鉴择施行由

（1939年11月30日）

窃总顾问福尔根本（十一）月中旬提出"十一、十二两月内空军作战任务及其使用法之意见"后，经即依照该项计划作地面准备诸事项。其时，连日天候不良，迫南宁告急，职迫不及待，乃于二十三日午，偕空军顾问阿尼西莫夫，由渝乘空运机领驱逐机飞往芷江，以中途天候仍未转好，遂而折回。由是预定之空军作战步骤迄未克实施。寻奉钧座面谕，空军准备参加南宁方面会战。等因。兹谨分陈如左：

（一）空军可得使用于作战之兵力：

1. 轰炸兵力：

除现有DB-3机八架仍作第八大队训练暨轰炸，总队及第二大队现有各SB机仍作该总队等训练用外，可用于作战者计：

志愿队SB机十七架；

第六大队SB机九架（内六架现准备作侦察机用，预定分配于第三、五、九战区各二架）。

2. 驱逐兵力：

E-15、E-16、地瓦丁格机、霍克各种新旧驱逐机，除一部分作训练用外，现分驻渝、蓉、兰州担任各该地空防，综计共约一百二十架（训练用机在内）。依情况、天候等条件，可酌调出担任作战者，最大限约为六十架。

（奉批：最少要有三个大队至四个大队使用于南宁方面。）

（二）我空军运用上之考虑：

1. 轰炸兵力：

甲、计现有可轻轰炸SB机，除作侦察机外，只有二十架于晋南、武汉、南浔、南宁各方面陆军反攻时，遵钧谕准备参加南宁方面会战,不再分割使用于其他战区为有利。

(奉批:麇集中于南宁方面使用,其余各战区暂缓亦可。)

乙、我空军在数量上较敌空军系处劣势地位,故出动前须控置于后方根据地,依时机跃进于前进机场而活动于前线,以避免敌空军强袭前进机场时所受之损失。

2. 驱逐兵力:

丙、现有驱逐机须留一部担任重要都市及空军根据地之空防,其余可作掩护轰炸机出动之用,如有良好时机,亦可直接协同陆军作战。

丁、驱逐机虽可停留于前进机场,遇敌机来袭时予以迎击,惟补充困难,收得相当战果后仍不免消耗兵力,且夜间驱逐战斗不易施行,又予敌机乘月夜来袭之利,故尽可能避免或缩短停留前进机场之时间为有利。

3. 由1、2两项所述我预期使用于南宁方面之空军兵力,故现仍控置于川省根据地,一俟使用时机来到,如天候许可时,即出发飞桂工作。

4. 惟赴桂工作各机须以桂林、柳州、都安各场为其前进飞行场,由川省根据地出发,到达上述各前进飞行场时,其航线须经过重庆、芷江各处,因之受天候限制颇大。

依据以上陈述,谨申议如左:

(奉批:可与总顾问切商再决呈核。)

第一案 空军以等待时机,候命参加南宁方面会战之任务,暂仍控置于川省根据地。

第二案 空军以鼓励士气、振奋民气,使南宁方面陆军即刻作战容易之目的,不等待南宁会战时机之来到,而于天候许可时,即由川省根据地出发,跃进于桂省前进飞行场。轰炸兵力对该方面之敌实施轰炸一、二次后,再依情况行动。驱逐兵力则留驻一中队于桂林,另驱逐一中队进驻昆明,担任各该地空防。

以上二案是否有当，谨请鉴择施行。谨呈
委员长蒋

职　周至柔

附录三：

为报告作战准备由

(1939年12月14日)

一、十一月初旬，奉交下福尔根建议空军之使用法，即遵照准备，以备协同第三、第五、第九各战区之冬季攻势。迨十一月下旬，奉军委会会报决定及钧座面谕，以空军主力先协助南宁方面我陆军之反攻，复遵照积极完成必要诸准备。

二、总计空军全部可用之兵力如左：

驱逐机一百一十二架；

轻轰炸机三十七架；

重轰炸机九架。

经与福尔根顾问及阿尼西莫夫空军顾问等数度商讨，除留作重庆、成都、兰州三地之防空及训练之飞机外，对南宁方面之攻击，决定出动如左之兵力：

重轰炸机九架；

轻轰炸机二十六架；

驱逐机八十架；

共一百一十五架。

其行动概要如附图。〔略〕

三、桂林邢司令铲非与白主任协定之结果，陆军以本月十八日开始转移攻势，空军最好同时出动，但天候许可，拟于明(十五)日开始行动，在日没以前，向柳州、桂林、零陵一带集中，十六日即行开始工作。

四、此次以协同陆军作战，使陆军容易达成任务为主要目的，预拟使用要领如左：

1. 轰炸敌第一线据点及敌第二线兵团集结地与南宁；

2. 掌握陆军主攻方面重要时机之制空权，击碎危害我陆军之敌空军；

3. 诱敌机在柳州上空予以歼灭之打击；

4. 相机攻击敌空军根据地，如涠洲岛母舰及运输船舶。

（奉批：照3、4两项专心办理，至1、2两项不紧要。）

至于细部部署，拟与白主任及顾问临时商定之。

五、此次出动，几使用全力，预料敌空军必与我猛力角逐，我能连续作战若干时日，拟依情况定之。总以不使过度损伤而能尽量发挥其效能及扩张其战果为原则。

六、职拟偕顾问阿尼西莫夫至柳州任全般之指导，柳州空军部队由张司令廷孟指挥，桂林部队由邢司令铲非指挥。

以上六项，理合报请鉴核。谨呈

委员长蒋

附要图一纸〔略〕

职　周至柔

附录四：

敬拟空军行动方案呈候核示祗遵由

（1939年12月25日）

一、空军此次对协助攻击南宁之任务，原拟集中全力适应时机，获得南宁方面之一时的空军优势，惟自本月十八日起至本(二十五)日止，尚未集中完毕。其原因如左：

1. 川湘滇黔边区之天候非雨即雾，驱逐机仅有航行重庆、芷江间之油量，不能冒险移动；

2. 志愿驱逐两大队三次自中途折回，轰炸队又以驱逐机未到，前方不愿移动，与本国部队不能十分协调。

二、截至昨(二十四)日止，共飞出五十九架。计：

甲、轻轰炸机：

1. 十九中队 CB 四架；
2. 志愿费金队 CB 九架。

乙、驱逐机：

1. 第三大队格机五架；
2. 第四大队 E-15 式二十二架；
3. 第五大队 E-15 式十四架；
4. 第十八中队霍克 75 式五架。

三、在集中未完成以前，为适应陆军之攻击时机及激励士气之关系，不惜暴露，遂以先到之一部协助陆军作战。连日作战结果计：

甲、轻轰炸机：

1. 被炸三架；
2. 损伤五架；
3. 在野外未能飞回者三架；
4. 现在前方能作战者三架；
5. 在遂宁、重庆未移动者十二架。

乙、驱逐机：

1. 损失一架，进厂修理者三架；
2. 在前方能作战者共四十一架（加在芷江出厂一架）；
3. 在重庆未移动者尚有三十五架。

四、综合本（二十五）日之状态如左：

1. 敌在汉口之空军主力约五十架，据报似已移至运城，有乘满月袭我蓉、渝、兰州之可能，但本（二十五）日仅有侦察行动；
2. 敌在广州、海口、涠洲及三灶各地共约有飞机二百架，内重轰炸机约六十架，驱逐机约六十架，其余为侦察及轻轰炸机。连日以来，以重轰炸机破坏我前进机场，以轻轰炸机攻击我陆军驱逐机，尚未作大规模之活动。

3. 我前进各机场之状况如左：

柳州场自二十一日起被炸后，昼间常在警报中，全恃夜间填补，现仅填妥跑道；

桂林场有三分之二可用；

芷江场大部被炸坏；

衡阳场大部可用；

零陵场完全可用；

其余附近小场少数飞机可用。

4. 我各战区陆军尚在继续攻击中。

五、依据以上之状况，拟定空军行动方案如左：

贯彻原计划，集中协助对南宁方面之攻击。职明（二十六）日先到桂林，已到前方之飞机，俟柳州、桂林机场之修复，即行进至该处先行工作，成都、重庆、遂宁各部队仍努力按照计划续向前方移动。

六、本案之利害如左：

甲、利

1. 积极可协助陆军攻击及发扬士气；

2. 消极的吸引一部敌之空军于我后方，减少我陆军之损害。

乙、害

1. 因我企图之暴露，前进机场被破坏，多数飞机恐仍难如期集中；

2. 长久暴于敌机轰炸之下，有逐步损失之可能；

3. 我企图已暴露，失去出敌意表之效用；

4. 此期空军使用后，如不能按时补充，则明年春季将无力以防卫我后方之重要城市。

七、应否照此案实行，敬恳核示。祗遵。

（奉批：照办）

附录五其一：

二十九年一月一日空军状况判断

　　判断

　　空军宜即转移四川，在后方与敌轰炸部队作战，并留备最紧急时期之使用，以达持久之目的。

　　理由

　　甲、敌情

一、据情报及连日以来敌之行动判断之，敌空军现在长江中部及南战场使用之兵力共约三百五十七架。计：

广州、南宁及南海方面：

重轰炸机约三十架；

驱逐机约四十架(内南宁二十三架)；

侦察机及轻轰炸机约一百架。

汉口、武昌方面：

重轰炸机五十二架；

驱逐机五十八架；

远程快速侦察机(神风号)六架；

轻轰炸机三十二架。

安庆方面：

重轰炸机三十九架。

二、敌连日以来之行动

在南战场以重轰炸机全力轰炸我桂林、柳州空军根据地，以驱逐主力在邕柳方面与我角逐，并活动于第一线，以侦察及小型机零星活动于广西及广东各前线。

在武汉方面：

重轰炸机尚未出动，驱逐机不断升空，掩护汉口机场，侦察机时时在川边及湖南活动，小型机少数于我五、六、九各战区前线。

三、敌现在可能之行动

1. 在南战场者：

重轰炸机仍可继续破坏我桂境内之机场及轰炸我空军，驱逐机仍占有优势，可威胁我南宁前方飞机之活动，并随时有与我决战之可能。

侦察及小型机仍可自由活动于粤桂之前线。

2. 在长江中部者：

重轰炸机有扰乱蓉、渝及破坏芷、衡、永、邵、桂各机场之可能，驱逐机只能掩护其根据地侦察，及小型机可自由活动襄樊及湘赣北境各前线。

乙、我空军状况

一、我共出动于广西之兵力共一百零六架。

计：驱逐机

  本国队   五十一架；

  志愿队   二十九架。

轰炸机

  本国队CB   九架（五架在渝）；

  志愿队CB   十七架（八架在渝）。

二、除移动与连日作战之损伤外，截至本（一）日止，可用之兵力共六十一架。计（损伤数目如附表）

驱逐机

  本国队   二十六架；

  志愿队   十九架。

轰炸机

  本国队在渝CB 五架；

  志愿队在渝CB 八架；

    在桂CB 三架。

三、除调回第四大队至重庆外，在广西方面可用之兵力如左：

驱逐机   三十一架；

轻轰炸机　　　　　十六架。

此外,数日内可修复之驱逐机约十架,可使用于南战场方面之重轰炸机DB十一架。

四、我可能之行动

1. 机场与天气及地面准备一般均属良好;

2. 以重轰炸机对南海方面及汉口敌空军根据地轰炸;

3. 以轻轰炸机由最大之高度轰炸南宁城及机场,并郁江以南之显著大目标;

4. 驱逐机只能在我轰炸机根据地对敌轰炸机作战,不能与敌驱逐机决战及活动于第一线上空。

五、我空军行动预期可获得之效果:

1. 吸引敌空军于我后方,减少敌对我陆军之损害,连日已获有效果;

2. 牵制敌驱逐机一部于敌之后方,使不得在前线活动;

3. 予敌空军及后方陆军以损害;

4. 使敌陆军有被我空军危害之顾虑,采取措置妨害行动。

六、空军应有之顾虑

1. 不能予陆军以极大之协力,尤其在战术战斗上不能直接援助;

2. 不能解除我陆军之空中威胁;

3. 继续与敌空军角逐,至十日以后,我将全部损耗;

4. 敌在我前进基地之南北,均有较我优势之空军兵力,设湘桂机场被破坏,我转移困难,加以旧历年关之天候变化,有限于不能行动之危险;

5. 重庆、成都空防空虚,使敌得在我后方猖獗,摇动人心及国际观感;

6. 此际消耗后,一时不能补充,至明年春末,四川天候转佳,无防空之力量;

7. 我陆军冬季攻势时,空军虽不能积极协助,但陆军未至最后决战之阶段,宜有在陆军攻势停顿后应付敌方攻势之准备。

丙、综合以上之判断,为使空军持久起见,不宜长久暴露于敌空军威力范围以内,与敌空军长久角逐,使兵力逐渐消耗,而转移至与我有利之地区作战为有利。

附录五其二:
报　　　告
二十九年一月一日于桂林

一、空军此次出动,本国各队尚遵命令行动,惟志愿军之指挥殊感困难。其最著有左之数端:

1. 天气须绝对良好,稍有微薄之云雾,即不飞行;
2. 不问途程远近,均须有机为其领航;
3. 由重庆东移时,初则必须俟驱逐机到达前进基地后,CB方可移动,而志愿军驱逐队复动作迟滞,曾三次起飞后自由折回重庆,待驱逐机到达桂林、零陵、芷江后,CB仅费金一队到达,其卓泊夫队至今尚在重庆,因此错过时机,过早暴露我之企图;
4. 志愿军之作战思想与本国指挥官不一致,本国指挥官认为最需要之时机,志愿军认为不可行动之时机;
5. 志愿军轰炸队屡次未达成任务,致影响全般〔盘〕之行动。

二、我轰炸队之训练不良,第一次即未达成任务,而驱逐机飞行已久,马力减少,一般性能不如敌机,航程太短,尤受限制,故飞行员虽属勇敢而效果不显。

三、连日作战之结果,仅获得如左之效果:

1. 吸引敌空军于我后方,减少敌对我陆军之损害;
2. 牵制敌驱逐机一部于敌之后方,使不得在前线活动;
3. 使敌陆军有被我空军加以危害之顾虑;
4. 使南宁方面之敌陆军受有少数之损害;

5. 敌空军所受之损失如附表。

四、据情报及连日以来敌空军之行动判断之,敌空军现在长江中部及南战场使用之兵力,共约三百二十五架。计:

1. 在广州及南海方面:

重轰炸机约三十架;

驱逐机约四十架(内驻南宁者二十三架);

侦察及中型机约一百架。

2. 在汉口、武昌方面:

重轰炸机五十二架;

驱逐机五十八架;

远程侦察机(神风号)六架。

3. 安庆:重轰炸机三十二架。

4. 彰德:重轰炸机七架。

五、敌连日以来之行动:

在南战场,以重轰炸机全力轰炸我桂林、柳州机场,以驱逐主力在邕柳方面与我角逐,并活动于第一线,以侦察及中型机零星活动于邕柳及粤北前线。

在武汉方面,重轰炸机尚未出动,驱逐机不断升空警戒,侦察机时时在川边及湖南活动,中型机少数活动于五、六、九各战区前线。

六、敌现在可能之行动:

1. 在南战场者,重轰炸机仍可继续破坏我桂境内之机场及轰炸我空军,敌驱逐机仍占有优势,可威胁我机在南宁前线之活动,并随时有与我决战之可能,侦察及中型机仍可自由活动于粤桂前线。

2. 在长江中部者,重轰炸机有扰乱蓉、渝及破坏芷、衡、永、邵、桂各机场之可能,驱逐机只能掩护基地,侦察及中型机可自由活动于襄樊及湘赣北境各前线。

七、我由于移动及作战之损伤如附表。现在除调回第四大队至重庆外,在广西方面可用之兵力共四十二架。计:

2215

驱逐机二十六架；

轻轰炸机十六架(内十三架在重庆,迄今尚未飞出)；

此外,二、三日可修复驱逐机十架；

可用于南战场之重轰炸机DB十一架。

八、我空军可能之行动：

1. 目前,各地区之机场与天气及地面准备一般尚属良好；

2. 以重轰炸机轰炸南海方面及汉口敌空军根据地；

3. 以轻轰炸机对南宁城及机场并郁江以南之显著目标施行高空轰炸,因低空轰炸须有驱逐机掩护,此时无此力量；

4. 驱逐机且能在我轰炸机基地对敌轰炸机作战,不能与敌驱逐机决战及活动于第一线上空。

九、我空军之力量及顾虑如左：

1. 在力量及技术上言,不能予陆军以极大之协力,尤其在战术上及战斗上不能直接援助；

2. 不能解除我陆军之空中威胁；

3. 若继续与敌空军角逐至十日以后,我有全部损耗之可能；

4. 敌在我前进基地之南北,均有较我优势之空军兵力,设湘、桂各机场被破坏,我将转移困难,加以旧历年关之天气变化,要有限于不能行动之危险；

5. 渝、蓉空防空虚,使敌得在我后方猖獗,摇动人心及国际视听；

6. 此际消耗后,一时不能补充,至明年春末,四川天候转佳时,无防空之力量,而现有各队及学校之训练将生极大困难；

7. 我陆军冬季攻势时,空军虽不能积极协助,但陆军未至最后决战之阶段,宜有在陆军攻势停顿后应付敌方攻势之准备；

8. 我E-15式机以飞行过久,现在巡航速度仅及110英里(190公里),已届大翻修之期,应予以翻修时间。

十、综合以上各情况,此时拟作如左之部署：

1. 如与国交无碍,拟交涉,将志愿军之驱逐、轰炸各机全部由本国接收,或俟期满后收回;

2. 以重轰炸机对南海及汉口轰炸一、二次后,即由本国人员准备远征;

3. 以轻轰炸机在出敌不意之原则下,游动的对各战区当面之敌适时选择有利之大目标轰炸之,不限于一定时间,固定于某一方面;

4. 驱逐机以渝、蓉防空为重心,大部调回四川,抽少数兵力掩护我轰炸机基地及妨害敌远程之侦察;

5. 拟以霍克75式机游动的袭击敌定期航线上之运输机及长江运输舰;

6. 明年度之补充,拟请电催贺主任从速交涉;

7. 轰炸、驱逐之游动作战指挥,仍交各路司令负责;

8. 职拟回成都策划本年度之补充、训练、修理、制造各重要问题。

以上之研究是否有当,统恳批示遵行。

附:1. 战斗成果表

2. 人员伤亡表

3. 在桂飞机现数表〔略〕

4. 飞机损伤表〔略〕

对南宁作战空军战斗成果表 二十九年一月

日期	机 种	机数	击落地点	得力人员	备 考
12月22日	海军九六式重轰炸机	1架	来宾古习乡	韦一青 陈瑞钿 周志开	1. 敌海军九六式重轰炸十八架空袭柳州机场; 2. 我E-15十架、格机二架参加战斗。

(续表)

日期	机 种	机数	击落地点	得力人员	备 考
12月27日	九六式驱逐机查明属海军第十四航空队，其中两架号码为3312、4423	3架	思乡九塘附近	韦一青 陈瑞钿 陈业新	1. 昆仑关上空空战 2. 韦一青阵亡 3. 陈瑞钿、陈业新重伤
12月30日	九六式驱逐机	6架	1. 现查明三架地点柳州附近： 大龙潭 茶山北拱村拉堡 2. 其余击落敌机由地方机关搜查中	第四大队及志愿队共E-16九架E-15三十三架	其中一架查明系敌海军第十四航空队，号码为九六号，该机为昭和十三年八月制造，击毙敌机师藤田博
1月1日	海军神风号侦察机	1架	零陵机场附近蔡家埠	1. 第五大队E-15六架 2. 得力人员（待查）	零陵冷水滩上空空战
合计		11架			敌死亡当为12人名
附记					

对南宁作战空军人员伤亡表 二十九年一月

日期	人员姓名	职 别	伤亡地点	伤亡情形	原 因	机 种	备考
12月25日	谢全和	第二十七队队长	芷江机场	头部右颊碰伤	敌炸机场后我黑夜迫降	E-15 2701	
12月25日	王殿弼	第二十七队副队长	芷江机场	头部右颊碰伤	敌炸机场后我黑夜迫降	E-15 2702	
12月25日	张鸿藻	第二十七队队员	芷江机场	头部右颊碰伤	敌炸机场后我黑夜迫降	E-15 2709	

(续表)

日期	人员姓名	职别	伤亡地点	伤亡情形	原因	机种	备考
12月25日	冯俊忠	第十八队队员	芷江机场	右臂碰伤	机在空中操纵失误跳伞	霍克75 P-5031	
12月27日	陈瑞钿	第三大队副大队长	恩陇	火伤颇重	掩护志愿队轰炸昆仑关,与敌机六架空战,机焚	格机5727	
12月27日	陈业新	第八中队副队长	恩陇	右臂及腰部中敌弹三颗	掩护志愿队轰炸昆仑关,与敌机六架空战,机焚	格机5725	
12月27日	韦一青	第三十二队队长	恩陇	阵亡	掩护志愿队轰炸昆仑关,与敌机六架空战,机焚	格机5709	
12月28日	孙宗	第一工厂机械士	桂林秧塘机场	亡	敌袭桂林机场不及逃避		
12月30日	叶尔硕夫	志愿军驱逐队长	柳州机场	头部受敌弹擦伤	与敌机十八架空战	E-15	
12月30日	沙也金	志愿军驱逐队长	柳州机场	左腿中弹一颗	与敌机十八架空战	E-15	
12月30日	李辛克	志愿军驱逐队长	柳州机场	阵亡	与敌机十八架空战	E-15	
12月30日	郑少愚	第四大队副大队长	柳州机场	右足趾被敌弹擦伤	与敌机十八架空战	E-15	
12月31日	波诺马略夫	志愿队	永明		自柳州回转时迫降	E-16	
1月4日	李侃	队员	蒙自机场边	待查	空战降落时撞树机损人伤	E-15 2104	
合计	一、本国阵亡军官一员、机械士一名,受伤军官八员; 二、志愿军阵亡军官一员,受伤军官二员; 三、一月七日,十九队在8200公尺高度冻伤三员; 四、一月十一日迫降于辰溪沿河之志愿军九员,伤亡人数不详。						

附录六：

掩护滇越铁路计划

甲、敌情判断

一、综合最近情报，敌在南海方面之重轰炸机约五十架，往来于三灶、海口两地，其大部在海口，一周以来均自海口起飞，经镇结轰炸我蒙自及滇越路。

乙、掩护要领

二、积极的：袭击敌空军根据地海口，破坏其重轰炸机一部，并迫使敌不敢久留于我重轰炸机威力范围以内。

1. 以重轰炸队自昆明出发，为避免误航安南境及避开敌占领地上空起见，自昆明经百色、贵县再指向海口，天气许可，立即实施。出动时间以能在日没前原航路返昆明为度。

2. 以在桂林之CB自柳州径袭海口，直返桂林，即可实施。出动时间以能在日没前返至桂林为度，但对南宁方面暂时不能协助。

三、消极的：在蒙自驻驱逐两队（十机），以昆明高级驱逐教练机驻昆明，分任滇越路南北段之掩护。蒙自机场应即迅予修复。

四、我现在昆明之驱逐机数量如图〔略〕，共约三十机，暂不增调。

按乙项之要领，谨恳核示者：

1. 是否以CB轻轰炸机仍协助我友军对南宁方面之攻略，以DB重轰炸机对海口敌空军根据地之轰炸；

2. 或以轻轰炸机悉数指向海口惟一之目标。

统恳核示。祇遵。

附录七：

关于油弹补给给予各司令部之电令

电

兰州第一军区司令部：该司令管区内之作战准备，以一中队为计算基准,即准备下列事项:(一)兰州:DB-3油四次量;弹二次量。炸弹以250公斤及100公斤为主,小型弹配备若干;(二)天水:油SB十二次量,E-15八次量,E-16四次量;弹SB六次量,E-15四次量,E-16二次量。炸弹以100公斤、50公斤为主,小炸弹配备若干;(三)所需机械、人员及加油、始动、养〔氧〕气等器材并宿舍、给养等项,以一人队为计算基准,立即调配准备之;(四)限电到五日内准备完毕具报。

代电

重庆空军第一路司令部:该司令管区内之作战准备,以一中队为计算基准,速即准备下列事项:(一)常德:油E-15六次量;弹E-15三次量;(二)芷江:油SB十四次量,E-15二十二次量;(三)白市驿:油E-15十二次量;(四)遂宁:油E-15六次量,CB三次量;(五)各地机械、人员及加油、始动、养〔氧〕气等器材,均以轰炸、驱逐各一大队为计算基准先行准备,将来使用时能在一日内配备完毕;(六)除常德待机场修至适当程度再运外,其余油弹须于三日内准备完毕具报。

电

桂林空军第二路司令部:该司令管区内之作战准备,以一中队为计算基准,速即准备下列事项:(一)零陵:SB三次量,E-15三次量,约计100公斤弹126颗,50公斤弹36颗,8公斤弹216颗,俄造旧7.62枪弹及链各64800粒,新7.62枪弹及链各73440粒;87号油2295加仑,91号油10800加仑,120号滑油864加仑;SB用吊弹车三具;俄7.62装弹机五具;(2)桂林:油料SB三次量,E-15六次量;弹药E-15三次量;约计87号油4590加仑,91号油10800加仑,120号滑油1053加仑,俄造旧7.62枪弹及链各64800粒,俄7.62装弹机五具;(三)柳州:SB三次量,E-15六次量,约计87

号油 4590 加仑，91 号油 10800 加仑，120 号滑油 828 加仑；100 公斤弹 162 颗，俄造旧 7.62 枪弹及链各 129600 粒，新 7.62 枪弹及链各 73440 粒；SB 用吊弹车三具，俄 7.62 装弹机五具；（四）都安：SB 一次量，E-15 二次量，约计 87 号油 1530 加仑，91 号油 3600 加仑，120 滑油 1251 加仑；100 公斤弹 54 颗，俄旧 7.62 枪弹及链各 43200 粒，新 7.62 枪弹及链各 30600 粒；SB 用吊弹车三具，俄 7.62 装弹机五具；（五）各地机械、人员及加油、始动、养〔氧〕气等器材并宿舍、给养等项，均以轰炸、驱逐各一大队为计算基准，立即调配准备之；（六）各地均须于电到三日内准备完毕具报。

电

　　桂林空军第二路司令部：该司令管区内之第二次作战准备，以一中队为计算基准，即准备下列事项：（一）零陵：油 SB 十一次量，E-15 十五次量；弹 SB 四次量，E-15 六次量；炸弹以 100 公斤、50 公斤为主，小炸弹酌配若干；（二）桂林：油 SB 三次量；弹 SB 三次量，炸弹以 100 公斤为主；（三）柳州：弹 SB 三次量，油九次量；（四）都安：油 SB 一次量，E-15 二次量；（五）衡阳：油 SB 八次量，E-15 十二次量；弹 SB 四次量，E-15 六次量，炸弹以 100 公斤、50 公斤为主，小炸弹酌配若干；（六）吉安：油 SB 八次量，E-15 十二次量；弹 SB 四次量，E-15 六次量，炸弹以 100 公斤、50 公斤为主，小炸弹酌配若干；（七）长沙：油 E-15 六次量，弹 E-15 三次量；（八）各地机械、人员及加油、始动、养〔氧〕气等器材并宿舍、给养等项，均以轰炸、驱逐各一大队为计算基准先行准备，将来使用时，能在一日之内配备完毕；（九）除长沙待机场修至适当程度再运外，其余油弹须于电到五日内准备完毕具报。

电

　　成都空军第三路司令部：该司令管区内之作战准备，以一中队为计算基准,速即准备下列事项:(一)南郑:油SB十二次量,E-15八次量,E-16四次量;弹SB六次量,E-15四次量,E-16二次量,炸弹以100公斤及50公斤为主,小炸弹酌配若干;(二)宝鸡:油SB十二次量,E-15八次量,E-16四次量;弹SB六次量,弹DB-3五次量;炸弹以250公斤、100公斤、50公斤为主;(四)各地机械、人员及加油、始动、养[氧]气等器材并宿舍、给养等项,均以轰炸、驱逐各一大队为计算基准先行准备,将来使用时能在一日内配备完毕;(五)各地油弹须于电到四日内准备完毕具报。

(四) 空军战斗要报及往来电函

(1940年1月—1944年4月)

蒋介石准予柳州空军调动致白崇禧周至柔电稿

(1940年1月3日)

电(一)(1)

迁江行营白主任:世辰行室参电悉。狮密。准予备案。中△。江令一亨。

电(二)(2)

成都航委会周主任:狮密。据白主任世辰行室参电称:昨午敌机袭柳州,我机与之空战,获胜。是夜,敌机又四次轰炸柳州机场,我机受伤一架,微伤七架。似此我以弱势之空军,与领空权操诸敌手,而我前方机场又少,此时以之控制前方,恐招无谓之损失,且与陆军仍难达到协同之目的。兹特令在柳之空军一部调回桂林掩护机场根据地,余则分散于各地,而轰炸机则作敌后显著目标之轰炸(如南宁、北海等处以及七塘以南要地)。谨将处置情形报请备案,等情。除电复准备案外,特电知照。中

△。江令一亨。

空军一九四〇年一月战斗要报

（1940年1月4日）

空军战斗要报　　二十九年一月四日
蒙自方面

一、据空军军官学校报称：蒙自中级班于四日 11:35 时据情报台报告：敌机卅九架分两批，一批廿七架，于 11:30 时经苦竹坝，一批十二架，于 11:31 经西畴西飞，当即发出空袭警报。11:50 经文山，当即发出紧急警报。

二、11:50 时，我空军第四大队廿二中队队长张伟华率 E-15 驱逐机五架，及校队由李向阳率 E-15 驱逐机五架，起飞迎击。

三、12:20 时，敌机廿七架到达蒙自上空，由场东向西进入高度约五百公尺，我驱逐机即猛烈攻击数次，直追至投弹后敌机加速逃窜，始行返蒙。

四、敌机计在机场内外共投 50 公斤至 250 公斤爆炸弹约二百数十枚，场内中弹约百十六枚，余均落场外。另一批敌机十二架，则轰炸滇越铁路桥。我方除场外待修之八十号达机一架被炸外，余无损失。

五、我 E-15 机一架降落时高度稍低，撞于机场北面大树，机损，飞行员李侃伤重不治殒命。又谭汉男驾驶之 E-15 机一架，迫降开远，人机均安。其余各机均平安降落机场。

六、13:05 时解除警报。

附：
（一）飞机现数表〔略〕
（二）人员伤亡表

(三) 飞机损耗表

一月四日空军军官死亡表

隶属	姓名	级职	死亡时间	地点	原因	死亡情形	备考
第廿一队	李侃	少尉本级飞行员		蒙自	阵亡	空战着陆撞场边大树,伤重不治殒命	
合计							
附计							

一月四日我方空军飞机损耗表

| 隶属 | 驾驶员 | 机名 | 号码 | 机数 | | | 地点 | 原因 | 报告者 | 备考 |
				待查	可修	全毁				
军官学校		达机	A-0329			1	蒙自	停伤待修被敌炸毁		
军官学校	谭汉男	E-15	待查	1			开远	与敌空战后迫降机损		人无恙
第廿一队	李侃	E-15	待查			1	蒙自	与敌空战后迫降时因高度低撞及场边大树机毁		人亡
	小计									
	总计									

军令部关于空军训练作战意见的签呈

(1940年1月5日)

签呈。二九年一月五日于第二处第六科。

（甲）空军情况判断

敌对我空战现已第三年伊始，在华空军全部兵力迄今仍保持五百架左右，除随时补充外，无显著增减。关于敌我战队序列及兵力配置，经分别表呈鉴核在案。兹将今后敌空军动向判断于后。

（一）敌第一线兵力配合情形。

重轰炸机约174架，轻轰炸机约144架，驱逐机约142架，侦察机约120架，敌置重于远距离轰炸自不待言，今后似有加强趋势。

（二）日苏接近后，倭关东空军一部有增调赴华可能。

（三）空中远距离侦察将更形活跃。

（四）在华航空地面设备将更增完备，以促成转用敏捷，疏散方便，夜袭容易之势。

（五）陆空协同战斗将更趋紧密（如战场侦察、飞降、陆战队、炮兵、飞机阵地轰炸，航空补给等之运用）。

（六）在大陆成立航空公司公社，开拓航空线路，掌握我空中交通之一部，以战养战。

（七）航空器材修配及人员教练，有逐渐转移大陆办理趋势。

（八）无论野战演变如何，敌空中仍一贯采攻势（推进空袭），重点似将转对西南。

（乙）意见具申

基于我抗战攻势转移方略，谨例举今后对空注意事项如后：

（一）高射轻炮似应集中使用，加入战场为主（理由与办法经于上月签呈,已蒙批函送航委会酌办在案)。

（二）第三期整训,应要求陆空协同实习(南宁攻略经验中判明我空军出现于战场价值之伟大,惟据白主任电以空军协同困难为憾,除其他原因外,似须认识协同确实端赖于训练有素,非咄嗟可办能索尔成功,似当利用本次作战经验,由航委员与陆军大单位拟订协同实习)。

（三）侧重训练俯冲、爆击,协力解决敌据点战术(依迄今作战经验,敌兵穷力竭,专恃据点顽抗待援,无论大小据点,我均以未能攻克为各次攻击钝挫之主因。今后实施攻击,既须认明重点,尤应配合以炮击解决近小之据点,以俯冲爆击解决较远大之据点,攻略始能确实成功)。

（四）注意夜间飞行、乘夜袭击(柳州三十日空战,我胜于昼而挫于夜,即为新近显例,检讨历来战斗无不以夜袭为微妙之战术,我弱势空军尤应力行此法,此点对于今后攻势攸关重要)。

（五）控置有力驱逐大队掩护滇桂交通要线。

（六）驱逐机队应实行捕捉敌远侦机之有效对策。

（七）充实各省防空通讯网及监哨队。

（八）切实检讨调整全国资源城市疏散后之安居与乐业。

以上是否有当,谨呈鉴核。

军令部等关于高射炮非至有效距离不得射击的代电稿

（1940年1月17日）

（1）

宜昌。萧兼防空指挥官：密。支防一字第一六五号代电悉。查宜昌高射炮为二公分口径,对四千公尺高度之目标射击,殊无效力,仰即转饬所属高射部队,非敌机确至有效射距离内不得射击,以免空耗弹药。又查此次轰炸平均每弹死伤各三人有奇,损害殊重。据报该地已疏散之人口有复归之事，希即妥筹办法，以减损害为要。徐〇〇。筱〔篠〕一亨。

（2）

重庆	刘兼防空司令	贵阳	余兼防空司令
成都	邓兼防空司令	昆明	禄防空司令
耒阳	李兼防空司令	吉安	廖兼防空司令
桂林	夏兼防空司令	兰州	朱兼防空司令
宁夏	卢防空司令	立煌	李兼防空司令
西安	蒋兼防空司令	金华	宣兼防空司令
洛阳	卫兼防空司令	（闽）三元	叶兼防空司令
始兴	余兼防空司令	康定	刘兼防空司令
恩施	省保安处长	贵阳	防校黄教育长

密。案据宜昌防空指挥部支防一代电节称：卅日敌机七架袭宜，经我高射部队予以射击，高度四千公尺等语。查该地高射部队以二公分小炮威力，对四千公尺高度目标发射，殊欠适当。嗣后对空射击纪律务须遵守，并借以珍惜弹药为要。除分令该指挥部几各省防空部外，仰即饬属切实遵照为荷。军事委员会。篠令一亨。

周至柔关于加调空军两中队增防昆明电

（1940年1月18日）

成都。急。委员长蒋：删令一亨电悉。狮密。目前驱逐机数量有限，尚须分防渝、蓉、兰各地。滇省除官校原有驱逐机外，近已加调空军第十八、第二十二两中队增防昆明矣。谨电鉴察。职周至柔。18。11睱。蓉。印。

何应钦关于办理滇越路空防装备情形的快邮代电

(1940年1月19日)

委员长蒋钧鉴：奉交外交部王部长灰代电一件，为请加强滇越路空防事。查滇越路空防装备：计原驻昆明之三.七公分高射炮六门，由渝及芷江派往之二公分高射炮九门，复径先后电饬防校加派七.五或七.六二公分高射炮一连，三.七公分高射炮三连，一.三二公分高射机枪一连，七九高射机枪二连前往。准龙主任微电，滇越路所有桥梁涵洞均已会同该公司负责人商妥，凡该公司认为应派兵保护者，均已派军驻守，并派一.三二公分高射机枪担任。复经本部电饬防校黄教育长于八日赴滇越路布置。除电复王部长外，谨电请鉴核。军政部部长何应钦叩。(皓)渝务炮。印。

程潜通报第四集团军用步枪击毁敌机一架电

(1940年1月25日)

重庆。徐部长：据河南防空司令部马午电称：7216密。本日据陕县监视队报告：皓未，敌机一架在晋境平陆东北之计芋村、左王村等处低飞侦察，被我驻该地第四集团军陈师用步枪密集射击，命中着火，降落该县中村附近，人机全毁。等情。除分电外，特闻。程潜。卯。有。计实。印。

傅作义报告敌机一架因故障降落临河已被缴获情形电

(1940年1—2月)

(1) 1月31日

29/2/1 陕坝 4766

渝。委员长蒋、部长何、部长徐：冰密。艳日下午，敌机一架飞临河一带低空侦察，旋因故障在永嘉村(临河北廿五里)〔因〕急迫降落。当地地方团队及乡警向之射击。机落后，即趋前包围。敌驾驶员二人弃机图逃，我地方团队及乡警等急拥围捕，敌驾驶员一人将另一人击毙后，即行自戕。该机系三引擎之轰炸机，机内文件等均为卅五师二〇七团收去，已饬该团将收去敌机内文件等即日呈缴，一俟缴来，再另电详报。该敌机降落后，仅轮子损坏，翼部微伤，现正设法易地掩蔽中。已分报蒋、程。傅作义。世已亭印。

(2) 2月2日

磴口。特急。重庆。委员长蒋、部长何、部长徐、军令部第二厅：冰密。〈加表〉子艳在临河永嘉村击落敌机一架，我卤获文件计：图囊一个，队号布板一览表，作战及信号空地连络法一份，航空手簿一本，路轨信文一本，作战指导计划一本，空地连络信号表一份，柳原中尉日记及杂录簿各一本，笔记一束，兵要地理一本。除见上列各项文件径缴军令部外，谨电备查。傅作义。丑冬午。亭。印。

空军一九四〇年二月战斗要报

(1940年2月1日)

(1) 空军战斗要报(2月1日)

空军战斗要报　　二十九年二月一日

蒙自方面

一、据昆明空军官校报称：本(一)日十三时五十分，苦竹坝发现敌机廿七架，向蒙自方向进袭。

二、十四时十分，我空军第十八中队分队长杨次蕃率霍克75

式驱逐机三架,由昆明起飞,赴文山及蒙自以南沿铁路一带拦截敌机。

三、十五时零五分,在蒙自东南之白寨附近与敌机廿七架遭遇,高度四千公尺,当即迎头攻击,敌机亦猛烈还射,并向蒙自方向急窜,我机因速度较优,仍能尾随追击,乘敌向右转弯时,向敌左翼之最后一分队行第二次攻击,因攻击时过于猛烈,王队员嘉福所驾之机机枪发生故障,乃折返昆明,其余二机仍紧追猛勇攻击。战斗地域经文山、蒙自、白寨、西畴一带,攻击历一小时之久,敌机因遭受我猛烈攻击,仓卒在滇越铁路投弹后狼狈东窜。

四、十五时卅五分,我机返航经泸西时,因该处云量过多及油量关系,改航沾益降落,杨分队长所驾之机,风档及右边着陆架轮胎被敌弹击破,下降时失事,螺旋桨、着陆架损坏,人头部受伤,其余我机均平安降落。

附:
(一)飞机损耗表
(二)参战人员姓名表
(三)人员受伤表
(四)我拦截敌机要图〔略〕

二月一日我方空军飞机损耗表

隶属	驾驶员	机名	号码	机 数			地点	原 因	报告者	备考
				待查	可修	全毁				
第十八中队	杨次蕃	霍75	P-5050		1		沾益	与敌空战,左轮胎被击穿,着陆失事。		人微伤

(续表)

隶属	驾驶员	机名	号码	机 数			地点	原 因	报告者	备考
				待查	可修	全毁				
合　　计					1			1 架		

空军第十八中队参战人员姓名表　　二十九年二月一日

隶　属	职　级	姓　名	飞机号码	备　考
第十八中队	上尉分队长	杨次蕃	霍克75式P-5050	
第十八中队	少尉飞行员	胡国英	霍克75式P-5048	
第十八中队	少尉飞行员	王嘉福	霍克75式P-5024	

二月一日空军军官受伤表

隶属	姓名	级职	受伤时间	地点	原因	伤势	现在地址	备考
第十八中队	杨次蕃	上尉本级分队长		沾益	阵伤	空战着陆头部受伤		
合计								
附计								

(2) 空军战斗要报(2月3日)

空军战斗要报　　廿九年二月三日

蒙自方面

一、据昆明空军官校报称:本(三)日敌机廿五架,经广南、砚山、义山等处,向西进袭。

二、十三时十分,我空军第十八中队分队周伯源率霍克75式驱逐机二架,暨空军第四大队第二十二中队分队高品芳率E-15式驱逐机三架,均由昆明机场起飞,沿滇越铁路南飞,拦截侵袭之敌机。另官校之霍克Ⅲ式驱逐机起飞在昆明上空警戒。

三、我空军第十八中队之霍克75式机,于十三时三十五分,于砚山之马塘附近与敌机廿五架遭遇,敌机分三中队,成大队V队形,即猛烈向敌右上方攻击。因我机高度优势及时机良好,当向敌机群作一垂直之攻击,穿过其密集队形。因大枪故障,不能立见收效。旋复向敌之右侧方及敌之第三中队之领机攻击多次。适时我空军第四大队之E-15式机亦自热水塘西侧上空加入攻击,高度约四二〇〇公尺,正拟向敌迎头攻击时,此时敌机即向左转,我E-15机亦急左倒,至敌左侧上方拦截。时敌机于左旋回后,有一中队落后,斯时我机已取前上方攻击位置,即诱导全队自敌前二中队上方倒下,向拖后之敌一中队作迎头攻击,当见其第一小队之二僚机,及第二小队之领机及三僚机中弹摆动,近至二百公尺,始行脱离。因速度过大,且各机方向稍异,乃分散队形,施行单机攻击。时敌机向小龙潭之山谷中铁道作第一次投弹,我三机仍保持五、六百公尺之侧方高度,施行内侧上方攻击。此时敌机队形凌乱,我机乃得自内侧攻击机会,向敌第一中队及敌落后之中队作前侧上方与直上方攻击各三、四次,敌机复行第二次投弹后,加大速度向开远东南狼狈遁去。此时敌第一中队之第三小队右僚机落后约百公尺,并见其断续冒出黑烟,我机因速度及油量关系,未能穷追。

四、敌机企图,系欲破坏开远北面滇越路小龙潭附近之铁桥,因我机攻击猛烈,使敌无法瞄准,故炸弹均落小龙潭附近山谷中,铁道及桥梁均无恙。

五、十五时四十分,我机均返昆明,平安降落机场。事后检查,周分队长伯源之机中敌弹二颗,高分队长品芳之机中敌弹一颗,吴队员国栋之机中敌弹五颗,均立即修复,其余无损失。

附:

(一)参战人员姓名表

(二)拦截敌机略图二纸〔略〕

(三)飞机现数表〔略〕

参战人员姓名表　　廿九年二月三日

队　　别	机　名	号　码	驾驶员	备　考
第二十二中队	E-15	二二一〇	高品芳	
第二十二中队	E-15	二一〇三	王特谦	
第二十二中队	E-15	二二〇七	刘铠	
第十八中队	霍克75	五〇四八	周伯源	
第十八中队	霍克75	五〇二四	吴国栋	

(3)空军战斗要报(2月13日)

空军战斗要报　　二月十三日

蒙自方面

一、据昆明空军军官学校报称:本(十三)日十二时卅分,敌机廿七架,经文山、中和营等处,向西进袭。

二、十三时廿十分,空军第十八中队副队长范光华率霍克75式三架,暨空军第四大队第二十二中队队长张伟华率E-15式三架,均由昆明机场起飞,沿滇越铁路拦截敌机。官校E-15式八架,则起飞在昆明校市上空警戒。

三、十三时四十五分,我空军第十八中队霍克75式机飞抵小龙潭附近，发现敌轰炸机二十七架，成九机纵队队形，高度三千五百公尺，已投弹向东迁回，意图向小龙潭山谷间之铁桥作二次轰炸。我机现〔见〕状随迎上作前侧方攻击后，向右脱离，复绕返升高于铁道西，得阳光之利，待敌二次轰炸进入前，由侧方攻击其最后中队之最外一机，当见该机落后遥遥〔摇摇〕欲坠。范光华机因受伤不能继续攻击，乃折返蒙自机场迫降，其僚机胡国英仍继续追击。

十三时五十分，我 E-15 机三架亦相继到达小龙潭上空，发现敌机，乃变换三机梯队，由敌左前侧进入，向其第二中队施行三机横队之前侧迎头攻击，四枪齐放，近至七八十公尺始行脱离。当敌第二中队之第二分队长机冒出细长之青烟，全分队突然落后，我三机当即弃大队而集中攻击该落后之一分队，敌僚机见势不佳，舍其长机，追归大队，我即将此一机包围，施行各方位之单机攻击。敌左发动机旋即停止，左翼尚在冒烟漏油，该机不支渐渐下坠，其上方射手被我击毙，仅下方射击间有继续之发射，我队于十余次之攻击中，子弹告罄，当将敌机包围，并摇翼劝降，追至文山之西北约二十公里之马塘地方，敌机下坠仅距地面约数百公尺时，霍克 75 式一架赶来穷追，当将该敌机击落于文山东南十余里之三角塘地方。事后据报，机毁人亡。

四、敌机因我机猛烈攻击，仓惶投弹，均落山坡，未命中。

五、我队除范光华所驾之机因滑油箱击破，迫降蒙自机场外，余皆安返昆明。

事后检查，我第廿二中队分队长高品芳之机被敌击中四弹，飞行员曾培复所驾之机被敌击中十八弹，该员左踝部及胫部受破片轻伤，其余无损失。

附：(一) 参战人员姓名表
　　(二) 战斗成果表
　　(三) 人员伤亡表
　　(四) 飞机损耗表

（五）截击敌机要图二份〔略〕

我空军部队参战人员姓名表　　二月十三日

隶　属	职　级	姓　名	机　　名	飞机号码	备　考
第四大队第廿二中队	上尉队长	张伟华	E-15式	2202	
第四大队第廿二中队	中尉分队长	高品芳	E-15式	2210	
第四大队第廿二中队	中尉飞行员	曾培复	E-15式	2102	
第十八中队	中尉副队长	范光华	霍克75式	5026	
第十八中队	少尉飞行员	胡国英	霍克75式	5024	
第十八中队	少尉飞行员	王嘉福	霍克75式	5045	

二月份我方空军战斗成果报告表

日期	隶　属	得力战斗员	级职	机种	番号	架次	降落地点	证实者	备考
13	第四大队第二十二中队	张伟华	上尉队长	重轰炸		1	坠于文山三角塘	张有谷13、21参昆电	系合力击落
13	第四大队第二十二中队	高品芳	中尉分队长						
13	第四大队第二十二中队	曾培复	中尉飞行员						
13	第十八中队	胡国英	少尉飞行员						

二月十三日空军军官受伤表

隶属	姓名	级职	时间	地点	原因	伤情	伤等	治愈地	备考
第二十二中队	曾培复	中尉本级飞行员		开远	阵伤	空战机被击中弹十八枚，人伤左踝骨及胫部			
合计									
附计									

二月十三日我方空军飞机损耗表

隶属	驾驶员	机名	号码	机数			地点	原因	报告者	备考
				待查	可修	全毁				
第二十二中队	曾培复	E-15	P-7223		1		昆明	与敌空战被击损		人微伤
合计					1		1 架			

航空委员会防空监黄镇球关于滇越路防空配置致徐永昌签呈

(1940年3月12日)

签呈　于重庆枣子岚垭八十号　三月十二日

奉航空委员会交下钧部亨字第1591号俭一亨代电，并附抄件等因。奉此。遵将关于本案意见分条签复如左：

（一）查滇越路防空配置，就我国现有防空兵力状况，前后共抽拨二公分炮十四门，一三二高射机枪四挺，七九高射机枪三十挺前往掩护。业于本年二月上旬,相继到达滇越路各指定地区,并配置完成(详见滇越路防空兵力配置表)。

(二)与法方交涉,购置优秀之驱逐机一大队一节,已由航会机械处另案签办。至购置高射炮约八十门,以任该路防空,拟表同意,应如何订购手续,敬请饬办。惟月前张部长到昆明时曾与该局总经理波丹商购一三二机枪,彼曾以法国亦正作战,无余枪可卖等语。

(三)滇越路实施烟幕伪装事,已由军政部兵工署派一队前往,正在研究准备实施中。并在昆已令该路将主要桥梁实施伪装矣。

(四)储屯抢修材料于各重要目标附近,已由张部长去昆明时饬办矣。

右四项是否有当,理合签请鉴核示遵。谨呈
部长徐

航空委员会防空监黄镇球

航空委员会关于购买优秀驱逐机以备滇越路护路问题代电

(1940年3月23日)

航空委员会快邮代电　　制庚蓉字第1385号

中华民国二十九年三月　日发

重庆军事委员会军令部勋鉴:案准贵部一月二十九日亨字第一五九号代电略开,关于与法方交涉购买优秀驱逐机一大队一节,兹将本会办理购机情形电复如下:

(一)本会现有空军兵力,不足分配担负滇越路护路之责。本会二十九年度补充飞机,除已专案呈报,奉委座核准在案外,并已列入本年度预算草案。

(二)法方有事欧洲交涉,订购优秀驱逐机恐难办到,零星请购,层峰亦所不许。

（三）本会本年度请求订购飞机,能早日到达交货,充实本军兵力,则分配护路驱逐机数量,当可酌增,相应复请查照为荷。航空委员会。梗。制庚蓉印。

空军一九四〇年四月战斗要报

（1940年4月3—30日）

（1）空军战斗要报(4月3日)

空军战斗要报 二十九年四月三日

甲、岳阳方面

一、本(三)日八时卅分,空军第八大队大队长徐焕升率领副大队长洪养孚,第十中队长梁国璋、副队长李森芹,第十四中队长苏光华、副队长李昌雍,分驾DB-3机六架,每机携带100公斤炸弹四枚,由太平寺机场起飞,于九时零五分各机集合完毕,离成都向东进航。

二、八时五十分,志愿大队长克慈罗夫率DB-3机九架由太平寺机场起飞,于九时十五分集合完毕,离成都向东航进,其携带炸弹数量如左：

100公斤　　12颗
70公斤　　 15颗
50公斤　　 14颗
14公斤　　 104颗
8公斤　　　44颗

三、此次任务以汉口敌飞机场为主目标,岳阳敌之司令部及仓库为副目标。

四、第八大队出发各机,因养〔氧〕气使用不惯或机械临时发生故障,中途折回四机,计：

苏光华机到距宜昌100公里处,因轰炸员袁恕明忘开轰炸座舱之养〔氧〕气瓶,以致高空飞行时养〔氧〕气不足,体力不支,乃降低高度折回,于十四时十分带弹降落太平寺机场。

洪养孚机到宜昌附近时,高度××××公尺,左发动机冒滑油,汽油压不良,乃中途折回,炸弹投落万县东南方斗山后,降落梁山机场检修,旋于十六时五十分,回抵太平寺机场降落。

李森芹机,因滑油温度表损坏,飞抵沱江折回,十时卅分返抵太平寺机场,下降前炸弹投落新津投弹场。

五、志愿大队DB-3机一架,因未赶上编队,中途折回,平安降落太平寺机场。

六、除因机件故障中途先后折回之五机外,计第八大队二架,志愿大队八架,仍向主目标航进。至宜昌附近,天气恶劣,在七千公尺高度有积云,乃折向副目标前进,以天候不佳,穿过积云之后,编队之飞机,遂告散开,计分成两队,一队七架,一队三架。

七、十二时零分,我机到达目标上空,高度××××公尺,第一批志愿大队飞机七架,首先投弹,弹落城之北部及江岸码头。另一批三架(内一属志愿大队,二属第八大队)于十二时〇五分相继投弹,弹落岳阳城与君山之间爆发。

八、当我机轰炸时,空中并无敌驱逐机,仅有高射炮射击,敌弹爆发,约及我机之高度。

九、十五时廿分,志愿大队飞机全部安返成都。

徐焕升及梁国璋机,于十五时卅分及十六时十二分,先后回降太平寺机场。

十、此次轰炸成果,事后据报如左:

炸毁敌兵舰一艘,伤亡百余人。城陵矶、岳阳、南津港、甘明寺、观音阁、九花山等处,计敌兵伤亡百余人。火车站炸毁车厢二。东门外毙敌五,小队长一,马夫、马匹各二。洞庭路〔?〕毙敌廿余,毁汽车五。西门外海军部毙敌廿余,五里牌毙敌五。

乙、运城方面

一、本(三)日九时卅分,我志愿队CB机七架,由温江机场起飞,每机携带炸弹400公斤,于十一时十分降落汉中加油,十二时十五分复由汉中起飞,经西安向运城进航。

二、十三时四十七分,我机到达目标上空,高度××××公尺,向运城敌机场投弹,弹落旧机场之东部,另一部投落城内。

三、我机投弹时,敌高射炮猛烈射击,我机五架被敌弹破片击有轻微弹痕,同时敌驱逐机九架,在同高度向我追击,但以我机速度较优,敌机无法追及,故未发生空战。

四、我机任务完成后,经西安、宝鸡,于十五时廿五分降落天水机场加油,旋于十六时五十五分,由天水起飞,十八时零分全部安降兰州机场。

五、轰炸成果,事后据报,敌损失奇重,并毁房七八十栋。

附:一、参战人员姓名表
　　二、我机轰炸岳阳要图〔略〕
　　三、我机轰炸运城要图〔略〕
　　四、轰炸成果表

第八大队参战人员姓名表

级别	姓名	飞机		备考
		机种	号码	
大队长	徐焕升	DB-3	92	
侦察员	刘荣光			
侦察员	杨健华			
副大队长	洪养孚	DB-3	71	因左发动机冒滑油,汽油压不良,炸弹投落万县东南方斗山后,中途折回。
侦察员	杨伯			

(续表)

级别	姓名	飞机		备考
		机种	号码	
侦察员	林长富			
中队长	梁国璋	DB-3	93	
侦察员	唐钦			
侦察员	苏尚恭			
副队长	李森芹	DB-3	66	因滑油温度表损坏,飞抵沱江折回,弹投落新津投弹场。
侦察员	聂毅潜			
侦察员	李鸿东			
中队长	苏光华	DB-3	83	因轰炸员袁恕明忘开轰炸座舱之养〔氧〕气瓶,高空飞行,体力不支,乃降低高度折回。
侦察员	袁恕明			
侦察员	赵盛培			
副队长	李昌雍	DB-3	72	因冒滑油,滑油压力不够,轰炸员晕机致未收到大队长所发宜昌集合电讯,乃将炸弹投于潜江北即回航。
侦察员	冯克和			
侦察员	朱镇国			

志愿大队参战人员姓名表

级别	姓名	飞机		备考
		机种	号码	
大队长	克慈罗夫	DB-3	82	
驾驶员	俄员	DB-3	90	
驾驶员	俄员	DB-3	67	

(续表)

级别	姓名	飞机		备考
		机种	号码	
驾驶员	俄员	DB-3	76	
驾驶员	俄员	DB-3	64	
驾驶员	俄员	DB-3	88	
驾驶员	俄员	DB-3	63	
驾驶员	俄员	DB-3	91	
驾驶员	俄员	DB-3	89	

附注：内DB3机一架，因未赶上编队，中途折回。

志愿队出发运城人员一览表

驾驶员	飞机		备考
	机名	号码	
俄员	CB	B-1926	
俄员	CB	B-1932	
俄员	CB	B-1935	
俄员	CB	B-1934	
俄员	CB	B-1933	
俄员	CB	B-1943	
俄员	CB	B-1942	

四月份我方空军轰炸成果报告表

日期	隶属	目标		轰炸状况	机种	机数	弹种	总弹数	证明者	备考
		地点	种类							
3	第八大队	岳阳	敌司令部及仓库	(1)炸毁敌兵舰一艘，伤亡百余人。	DB-3	6		2 400公斤		

(续表)

日期	隶属	目标地点	目标种类	轰炸状况	机种	机数	弹种	总弹数	证明者	备考
	志愿队			(2) 城陵矶、岳阳、南津港、甘明寺、观音阁、九花山等处,敌兵伤亡百余人。	DB-3	9		4 722公斤		
				(3) 火车站炸毁车厢二。(4) 东门外毙敌五,小队长一,马夫、马匹各二。						
				(5) 洞庭路毙敌廿余,毁汽车五。						
				(6) 西门外海军部毙敌廿余。						
				(7) 五里牌毙敌五名。						
3	志愿队	运城	敌机场	炸毁房屋七、八十栋,敌损失极重	CB	7		2 800公斤		

(2) 空军战斗要报(4月12日)

空军战斗要报　二十九年四月十二日

岳阳方面

一、本(十二)日七时五十六分,空军第八大队DB-3机五架,暨志愿大队DB-3机十架,从太平寺机场起飞,由志愿大队长克慈洛夫总领队,于八时十一分在空中集合完毕,进入航路,除志愿大队之88号机因发动机发生故障,中途折回,弹投新津靶场,平安降落太平寺机场外,计共出发DB-3机十四架,其携带炸弹及数量如左:

100公斤	11颗
70公斤	60颗
50公斤	2颗
14公斤	104颗
8公斤	48颗

二、此次任务：

主目标汉口敌飞机场，副目标岳阳敌司令部及其附近仓库。

三、我机出发后，据防空司令部情报，敌侦察机二架，在恩施一带活跃，乃用无线电指挥我总领队机令向副目标进航。

四、十一时零五分，我机全部到达岳阳上空，高度××××公尺，向岳阳城埠、车站、码头及江中敌舰投弹轰炸。

五、我机投弹时，敌高射炮猛烈射击，敌弹爆发，距离我机约100—200公尺。

六、任务达成后，我机于十一时十分回航，过恩施后，我机高度降低至××××公尺，过遂宁则降低在×××公尺高度飞行。

七、十四时卅八分，我机全部回抵成都，安全降落太平寺机场。

八、此次作战队形，保持齐整，无线电通讯正确，氧气使用亦较良好，惟第八大队尚有少数人员，于下机后微感头晕，或系高空尚未习惯之故。

九、本(十二)日敌方以两机侦察天气，我则全视天气报告而出动，足证敌方不知我天气。

十、此次轰炸成果：

(1)当时据空中侦察所得：岳阳城西沿江岸停泊之兵舰两艘，似已受伤。车站东西两侧，及轨道中弹甚多，其停留轨道上之客车多节，悉被炸毁。

(2)事后据地面报告：炸毁敌汽艇二艘，毙伤敌十余。车站一部、粮秣一车及其附近仓库均被炸毁，并死敌兵三十余名。塔前炸死敌兵四名，海溪桥炸死敌兵三名。岳阳城内敌伤亡八十余名。

附：

（一）参战人员姓名表

（二）出发返航及轰炸队形图〔略〕

（三）轰炸成果表

（四）我机轰炸岳阳经路要图〔略〕

参战人员姓名表

队　别	飞机号码	驾驶员	轰炸员、通信员	备　考
空军第八大队	DB-3 92	徐焕升	刘荣光　杨健华	
空军第八大队	71	洪氧孚	杨　伯　林长富	
空军第八大队	83	苏光华	袁恕明　赵盛培	
空军第八大队	72	李昌雍	冯克和　朱镇国	
空军第八大队	66	李森芹	聂毅潜　李鸿东	
志愿队	DB-3 91	克兹洛夫	俄员	
志愿队	89	俄员	俄员	
志愿队	90	俄员	俄员	
志愿队	82	俄员	俄员	
志愿队	88	俄员	俄员	起机后因发动机不良，弹投新津，仍降太平寺机场。
志愿队	86	俄员	俄员	
志愿队	70	俄员	俄员	
志愿队	67	俄员	俄员	
志愿队	63	俄员	俄员	
志愿队	64	俄员	俄员	
志愿队			俄员	
志愿队			俄员	

四月份我方空军轰炸成果报告表

日期	隶属	目标		轰炸状况	机种	机数	弹种	总弹数	证明者	备考
		地点	种类							
12	第八大队	岳阳	敌司令部附近仓库	(1)岳阳城西沿江岸兵舰两艘受伤。(2)炸毁敌汽艇二艘,车站一部,粮秣一车,仓库被炸毁,毙敌约一百五十余名	DB-3	5		7 240公斤	桂林行营电	
12	志愿队	岳阳	敌司令部附近仓库		DB-3	10				

(3)空军战斗要报(4月12日)

空军第三路司令部战斗要报　二十九年四月二十日于成都西胜街本部

一、本(四)月八日十四时四十分,奉主任周电话命令,着饬空军第八大队徐大队长焕升即准备,于明(九)日随同志愿队轰炸汉口敌机场。

二、九、十、十一,三日均以天气不佳未果,本(十二)日天气好转,决心实施。主目标汉口机场,副目标岳阳敌司令部及其附近仓库。

三、本(十二)日预定出发DB-3机十五架,内第八大队五架,志愿队十架,由志愿队克兹洛夫总领队。起机后,志愿队88号机一架,因发动机发生故障,折回太平寺机场降落,弹投新津靶场,综计出发DB-3机十四架,其出发人员姓名及飞机号码载弹量如附表一。

四、七时五十六分,第八大队首先起飞,志愿队继之,至八时十一分起飞完毕。八时二十分,空中集合完了,进入航路,沿途天气及能见度良好,其出发队形如附图一。

五、十时三十分,我机到达常德,以情况变化奉令改炸副目标,当即以电报令知。乃于十一时零五分,我机在副目标上空,高度八千公尺,连续投弹,弹落岳阳火车站及江边,并中敌舰,全数爆发,目睹车站浓烟四起,敌高射炮火射击甚为猛烈,均爆发于我机附近,其轰炸队形如附图二。

六、十一时十分,我机开始回航,于十四时二十分到达太平寺上空,开始降落,至十四时三十八分全部安全降落完毕。其归还队形如附图三。

七、此次作战队形保持齐整,无线电通讯正确,氧气使用亦较良好。惟第八大队尚有少数人员于下机后微感头晕,或系尚未习惯之故。

右报告

部长徐

附呈表、图各一份〔图略〕

空军第三路司令官田　曦(印)

附表一

队别	飞机号码	驾驶员	轰炸、通信员	载弹量	备考
空军第八大队	DB-3 92	徐焕升	刘荣光 杨健华	70公斤四颗 100公斤一颗	
	71	洪养孚	杨　伯　林长富	同上	
	83	苏光华	袁恕明　赵盛培	同上	
	72	李昌雍	冯克和　朱镇国	同上	
	66	李森芹	聂毅潜　李鸿东	同上	
志愿队	DB-3 91	克滋洛夫	吉贺兹连阔 安屯诺夫	100公斤一颗 70公斤六颗 50公斤燃烧二颗	
	89	喀士里阔夫	瓦连阔 马施林开夫	100公斤一颗 70公斤六颗	
	90	阔耳陈克	乌索夫 帕得郭尔诺夫	同上	

(续表)

队别	飞机号码	驾驶员	轰炸、通信员	载弹量	备考
志愿队	82	洛满诺夫	哥留夫诺夫 施　金	同上	
	88	阿耳洛夫	萨帕夫 阿尔查阔夫	同上	起机后因发动机不良,弹投新津,仍降太平寺机场。
	86	尼卡诺洛夫	列兹尼陈阔帕婆夫	同上	
	70	日牙诺夫	施夫陈阔 苏　林	70公斤一颗 14公斤廿六颗 8公斤杀伤十二颗	
	67	苦陈斯基	舍利梅特 多不洛梅士列夫	同上	
	63	乌祖诺夫	倭斯塔或夫 阔瓦列夫	同上	
	64	奇里牙诺夫	帕鲁施金阔瓦仪	同上	

(4) 空军战斗要报(4月24—25日)

空军战斗要报　廿九年四月廿四日至廿五日

重庆遂宁方面

(一) 本(廿四)日,敌机三批由汉口敌机场起飞,每批机数九架至十架。其起飞时间:

第一批　二十一时起飞。

第二批　二十一时五十分起飞。

第三批　二十二时廿五分起飞。

(二) 二十二时四十八分,重庆发放空袭警报。二十三时四十八分,空军第四大队E-15四架、第五大队第廿九中队E-15二架,起飞警戒。

（三）敌机到达重庆北卅公里处，折向西北，经合川向遂宁侵袭。

（四）零时三十二分，第一批敌机到达遂宁，经我巡逻机一架攻击，敌机投弹后，经合川、广安东窜。

（五）第二批敌机亦相继侵入遂宁，盘旋多时，于零时四十六分与第三批敌机会合，侵入渝市上空。此时我起飞警戒之 E-15 六架已降落加油，先加油之一架仍起飞警戒，余五架即行疏散，此外另行起飞 E-15 机三架。

（六）敌机在渝市上空往来盘旋，在广阳坝及市区投照明弹多枚，旋于一时四十五分在白市驿第一次投弹，二时五十四分在白市驿第二次投后，向东窜去。重庆于二时四十七分解除警报，我机均平安着陆。

（七）敌机轰炸结果：

遂宁机场西南部中弹多枚，跑道附近未落弹。白市驿机场仅中弹五枚，除场内三小棚被炸坏一部外，我机无损失，其余炸弹大部偏落场东，村中起火，立即扑灭。

（八）廿五日五时，据防空司令部情报，恩施闻机声甚大，机数不明，重庆市乃复发放空袭警报。

我机场人员于三时处理完毕，当即电梁山、遂宁我驱逐机集中重庆。追敌机至涪陵、石柱一带，乃判明系敌之侦察机，我起飞驱逐机二架捕捉。敌机至渝市附近折回，至长寿附近与我由梁山来渝之 E-16 机二架遭遇，我机即行攻击，敌机当冒白烟，我机因油量关系未穷追，敌机过丰都后，重庆于六时五十五分解除警戒。

(5) 空军战斗要报（4月26日）

战斗要报　二十九年四月二十六日于渝本部

　　甲、二十四日

一、据情报所报称；二十四日十一时十分，敌侦察机一架经黄河坝上空西飞,企图窥渝。附敌机动向图(一)。

二、十一时十五分,我空军第四大队派 E-15、E-16 式机各三架,第二十九中队派 E-15 式机三架起飞,分别拦击。

三、十二时十五分,敌已经过武陵东逸,乃命我升空拦击之飞机九架全部降落,于十二时四十分降落完毕,均未遭遇敌机。

乙、二十四日至二十五日

一、据情报所报称:二十四日二十点五十八分及二十二点五十八分,在浩子口上空先后闻隆大机声由东西飞,当判定为敌机二批,企图袭川。因高度颇高,夜间视线不良,故不能知其确实架数。附动向图(二)、(三)。

二、二十四日二十二点四十八分,第一批敌经建始上空,渝市发空袭警报,于二十三点四十二分敌侵入石堰,乃发紧急警报。

三、二十四日二十三点二十五分,我空军第四大队埋伏梁山之 E-15 式机一架升空警戒。二十三点四十二分,于紧急警报后,我空军第四大队 E-15 式机四架,于广阳坝机场起飞,在渝市上空警戒。第二十九中队 E-15 式机二架,在白市驿起飞,警戒白市驿上空。二十五日零点十五分,我空军第四大队埋伏遂宁之 E-15 式机一架升空警戒。附配备图(一)、参战人员飞机表(一)。

四、第一批敌机于侵入茨竹后,转向合川一带窜扰,待其第二批到达黔江时,乃趋赴遂宁进袭,于二十五日零点三十六分,在遂宁机场上空先投照明弹,再进入投弹后东飞。我军恐其仍施惯技赢扰过久而受其控制,乃于零时四十八分乘际命令我警戒渝市上空之飞机六架全数降落疏散,并于零时五十五分命令第四大队准备机 E-15 式四架在广阳坝起飞,分别警戒渝市及白市驿之上空。

五、一时二十五分,第二批敌机侵入北碚,先以侦察机一架高度约×千米,在市区浮图关投下照明弹多枚,于一点四十五分及一点五十四分,敌大批轰炸机方进入白市驿机场上空投弹多枚,后分为二股向长寿、江津东逸。

2251

六、二十五日一点二十分，第一批敌机回航时取高度×千公尺，由西南方侵入梁山上空，并开放翼尾各灯，被我在梁山上空警戒之 E-15 式机一架发觉，当即猛施右侧攻击，敌即息闭灯火，向东遁逃。我机因无照空灯协助，旋亦失去敌踪。附战斗要图（一）。我机于一时五十五分安全降落。

七、当敌侦察机一架在市区浮图关投掷照明弹时，我警戒渝空之飞机已全神贯注期待照空灯捕捉，以便迎头痛击，但至大批敌机进入白市驿投弹，而我地上照测部队终未开灯照射，以至不能寻获敌机之所在，任敌从容投弹分股东逸。

八、我遂宁上空警戒机未能发现敌机，故未作战，于二时二十五分安全降落。

九、二时四十三分敌机均已远去，乃发解除警报，并令渝市上空我机全部降落，于三时降落完毕。

十、我遂宁机场仅中弹一枚，余落场外，伤亡我卫兵三名，并焚毁汽油二桶，别无损失。

十一、我白市驿机场中弹五枚，炸损席棚三座，余无损失。

丙、二十五日

一、二十五日四时四十二分，据宣恩监视哨报称：敌机多架经宣恩上空西飞，渝市乃于四时五十五分发空袭警报，直至五时五十分，敌经忠路附近上空，方判明系敌侦察机二架，分别企图窥渝。附动向图（四）。

二、五时零五分，因情况不明，乃命驻梁山及遂宁之我军飞机以最迅速之手段飞渝集中，并沿途搜索敌机，注意警戒。

三、六时十八分，已判明敌侦察机一架将进入渝市上空，我空军第四大队派 E-15 式机二架在广阳坝起飞升空截击，但未遇敌，旋于六时五十五分渝市发解除警报后，降落归队。

四、我空军第二十四队队长李文庠、队员陈少成分驾 E-16 式机 7505、7506 号，于六时在梁山机场起机飞渝集中，至六时三十二分飞抵木洞上空,与敌侦察机一架对头遭遇,距离约一公里,高度约××××公尺,略低于我机,当即猛攻二次,均未得手。该敌机仍以最大速度东窜,我机尾追至长寿附近,敌已远去,乃折回白市驿降落。附战斗要图(二)。

五、我空军第二十四中队队员韩参、吴国培分驾 E-16 式机 7527、7502 号,于六时零五分在梁山机场起机飞渝集中,至六时四十分在长寿上空发现同高度之敌侦察机一架,离我机左侧约一公里处东飞,乃急转截击猛攻一次,当见敌机尾冒白烟甚大,仍以最大速度东遁,我机尾追至涪陵,当因 7527 号机机枪发生故障而敌又已远去,乃折回白市驿机场降落。附战斗要图(三)。

六、此次敌侦察机于木洞、长寿上空连续与我第二十四队飞机遭遇二次,我机均未将其击落,殊属有失我空军军誉,当即罚处,第廿四中队队长李文庠记大过一次,队员韩参、吴国培、陈少成三员各记过一次,以肃军心。

又照测部队无敌不开灯照射,以致我机无法作战,殊属贻误战机,已报请航委会查办。

附:(一)敌机动向图四纸〔缺〕
(二)二十四日夜间参战人员飞机表一纸
(三)二十四日夜间我机配备图一纸〔缺〕
(四)战斗要图三纸〔缺〕

附表一

二十四日夜间参战人员飞机表

职 别	姓 名	机 种	机 号	备 考
第二十一队队长	陈盛馨	E-15	七二二四	警戒渝市上空
第二十一队副队长	柳哲生	E-15	七二一五	警戒渝市上空
第二十一队队员	毕超峰	E-15	七二二〇	警戒渝市上空
第二十一队队员	周志开	E-15	七一二九	警戒渝市上空

(续表)

职　别	姓　名	机种	机号	备　考
第二十一队队员	林绍华	E-15	七一二五	警戒渝市上空
第二十二队副队长	龚业悌	E-15	七二二五	警戒渝市上空
第二十三队队长	王玉琨	E-15	七一八一	警戒渝市上空
第二十三队队员	温　炎	E-15	七二二六	警戒渝市上空
第二十三队队员	黎　良	E-15	七一六九	警戒遂宁上空
第二十三队副队长	范新民	E-15	七一三九	警戒梁山上空
第二十九队队长	孔叔明	E-15	二九一九	警戒白市驿上空
第二十九队队员	郭崇勉	E-15	二九一八	

(6) 空军战斗要报(4月27日)

空军战斗要报　四月廿七日

兰州方面

一、本日十时二十七分，接甘肃防空司令部电话，敌机一架经长武、窑店、什字镇、泾川、平凉、隆德、静宁、界石铺、会宁等地向西飞行，其经过地点及时间如附图。

二、我于十二时十一分起飞，志愿队 E-16 机三架，第三大队 E-15 机二架升空警戒。

三、据领队拉兹别依阔报告，十二时四十分，在兰州机场对面黄河北岸上空，发现该敌机由东北方向飞来，我 E-16 机三架与之遭遇，敌我相距八百米，敌机高度三千八百米，我机高度四千米，我机当向敌射击，敌机即急向北转弯窜去，我 E-16 机跟踪追击有八、九分钟，因敌机速度过大，时速约四百至四百一十公里，未能追及。

四、于十三时十二分又有敌机一架，经陕扶风、宝鸡、草川铺等地西飞，至天水侦察后，折回东窜。

五、我机皆安全降落兰州机场。

六、附:敌机行动要图。〔略〕

(7) 空军战斗要报(4月29日)

空军战斗要报　廿九年四月廿八日及廿九日

　　甲:虞乡方面

一、本(廿八)日七时廿分,志愿队SB机一架由温江机场起飞,赴汉中侦察天气。

二、九时零四分,志愿大队长为乌瓦落夫领SB机七架,由温江机场起飞,十时四十分到达南郑降落加油,由成都出发时携带炸弹共计:50公斤　　　30颗
　　　　　　　10公斤　　　108颗

三、十一时廿分,SB机七架会合先行出发侦察天气之SB机一架,共计SB机八架,由汉中起飞,以××××公尺高度,向西安前进,到渭南上空遇云,乃降低高度,到风陵渡上空时,高度××××公尺,旋渐升高至××××公尺。

四、十二时五十分,我机到达虞乡上空高度××××公尺,因云不能由高空至主目标运城,乃投弹于车站及敌仓库,立即起火,成果待查。

五、我机投弹后,于十四时四十五分降落天水加油。十六时十三分由天水起飞,十七时十分安抵兰州。

六、廿九日,SB机八架,由兰州起飞,于十五时零分,均安降温江机场。

　　乙:信阳方面

一、本(廿九)日八时零分,志愿大队DB-3机九架,第八大队DB-3机七架,共计DB-3机十六架,从太平寺机场起飞,由志愿大队长克慈洛夫领队,以南京为主目标,携带炸弹其数量共计:

　　70公斤炸弹　　　15颗
　　50公斤炸弹　　　60颗

14公斤杀伤弹　　　　104颗

8公斤杀伤弹　　　　48颗

二、八时十一分我机起飞,整队完毕离成都向东进航,到达信阳后,高度8200公尺,东飞约十五分钟遇云,能见度不良,领队克慈洛夫机之通讯员双手冻伤,发报困难,乃折回信阳,投弹于车站及铁路线附近,成果待查。

三、十一时四十五分,我机开始回航,经巫山、云阳,于十五时二八时〔分〕,志愿大队DB-3机九架,及第八大队DB-3机四架,均安降太平寺机场。

四、其余未返之DB-3机三架,计苏光华83号机,于出发过城口附近时,因油箱漏油,降落梁山机场检修,人机均安,于卅日九时三十分起飞回成都。

刘为诚71号机在确山附近,与领队失却联络后,将炸弹投落信阳敌飞机场,旋即回航安降老河口机场,于本(卅)日五时卅分,由老河口起飞回蓉。敌机六架于本(卅)日七时十五分,追踪至老河口上空盘旋。

钱祖伦66号机,因故障降落安康机场,人机安全,已派比机送冷气接头前往,即可飞回。

附:(一)参战人员姓名及飞机号码表三纸

　　(二)我机行动要图二纸〔缺〕

　　(三)轰炸成果表

志愿大队出发人员表

职　别	姓　名	飞机机种	号　码
大队长	乌瓦落夫	SB	B-1943
驾驶员	俄员	SB	B-1942
驾驶员	俄员	SB	B-1935
驾驶员	俄员	SB	B-1934

(续表)

职　别	姓　名	飞机机种	号　码
驾驶员	俄员	SB	B-1933
驾驶员	俄员	SB	B-1932
驾驶员	俄员	SB	B-1927
驾驶员	俄员	SB	B-1926

第八大队出发人员

飞机号码	飞行员	轰炸员	通信员
92	徐焕升	刘荣光	杨健华
93	梁国璋	唐　钦	李鸿东
66	钱祖伦	林荣光	苏尚恭
85	李福遇	陈祖柯	何之艺
83	苏光华	袁恕明	赵宁培
71	刘为城	卿特生	寇新亚
72	李昌雍	冯克和	朱镇国

志愿队出发人员

飞机号码	飞行员	轰炸员	通信号
91	克慈洛夫	俄员	俄员
90	俄员	俄员	俄员
89	俄员	俄员	俄员
88	俄员	俄员	俄员
82	俄员	俄员	俄员
70	俄员	俄员	俄员
67	俄员	俄员	俄员
64	俄员	俄员	俄员
63	俄员	俄员	俄员

(8) 空军战斗要报(4月30日)

战斗要报　　四月三十日于渝本部

一、据情报所报称：本日(三十日)上午一点四十五分及一点五十一分，敌机二批先后经长阳西飞，因在夜间无法确知其架数，渝市于二点三十八分发空袭警报，待至三点二十分敌机侵入长寿上空，乃发紧急警报。其动向如图(一)(二)。

二、三点三十分，我空军第二十九中队 E-15 式机二架在白市驿机场起飞，警戒白市驿上空。第四大队 E-15 式机九架在广阳坝起飞，分别警戒渝市及广阳坝上空。五时二十分我第二十四队 E-16 式机三架在梁山机场起飞，警戒梁山上空。所有参战飞机人员如附表(一)，各机警戒位置如附图(三)。

三、三时四十一分，第一批敌机由南方侵入广阳坝机场，投弹后经双河东逸，未与我机遭遇。

四、四时零五分，第二批敌机经渝市西方侵入白市驿上空，当敌机经渝市西方上空时，即被我照空灯所捕获，我在白市驿上空警戒之第二十九中队 E-15 式机 7203 号驾驶员严均适，在该批敌机之左侧约一千公尺处，当即从左侧方突入，瞄准敌第二分队第三机猛加扫射，但此时敌机已脱离照空灯之照射，入于黑暗，故未收效，旋亦失去敌踪，无法追击，敌于被攻时盲目投弹后向东逸去。附战斗要图(一)。

五、五时二十七分，第二批敌机九架，以四千公尺高度从东南方侵入梁山上空，与我在梁山上空警戒之第二十四队 E-16 式机 7506 号驾驶员杨元臣遭遇，此时我机之位置在敌机后右侧约二公里处，高度相同，当即从右侧方突入攻击敌之第二分队第二机，我机脱离时中敌弹颇多，滑油管忽破裂，滑油飞散，粘涂风档，阻隔视线，以至〔致〕虽曾继续攻击二次，均未收效，同时机枪又告卡子，乃折回机场，敌机于被攻时仓惶投弹后东逸。附战斗要图(二)。

六、在梁山及白市驿上空战斗时,除参加战斗之我机二架外,其余升空各机均因离敌机过远及高度不足,未能适时加入围攻。

七、此役中我军之损失如左:

1. 广阳坝机场,西北角中弹三枚,毁站部房屋二间,伤卫兵排长一员,士兵死一伤一。

2. 敌误炸离白市驿三公里处之骑马台,我民工及百姓死伤数十名。

3. 梁山机场东北角中弹四枚,余无损失。

4. 空军第二十一中队队长陈盛馨驾 E-15 式机 7215 号,因迷失方向迫降纳溪,机损人伤。

5. 空军第二十三队队员刘英役因发动机发生故障迫降大中坝,机损人安。

八、第二十四中队队员杨元臣于滑油管破裂后,犹能奋不顾身勇敢攻击,应予奖励,当即传令嘉奖,以励士气。

九、近来夜间作战,我军飞机因迫降所受损失颇重,已严饬各部队详切调查原因,俾便妥筹对策。

附:敌机动向图二纸〔略〕

我机配备图一纸〔略〕

参战飞机人员表一纸

战斗要报图壹纸〔略〕

附表一:

我空军参加作战人员表(二十九年四月三十日)

隶　属	职级	姓名	飞机种类及号码	供　考
第二十一中队	队长	陈盛馨	E-15P-7315	警戒渝市上空迫降纳溪
同上	队员	蓝锡芳	E-15P-7154	警戒渝市上空附近

(续表)

隶属	职级	姓名	飞机种类及号码	供考
第二十一中队	队员	司徒坚	E-15P-7133	警戒渝市上空附近
第二十二中队	分队长	张浩英	E-15P-7225	同上
同上	队员	王延龄	E-15P-7111	同上
第二十三中队	队长	王玉琨	E-15P-7182	同上
同上	队员	刘英役	E-15P-7226	警戒渝市上空迫降大中坝
同上	同上	李世武	E-15P-7178	警戒广阳坝上空
同上	同上	朱赦华	E-15P-7129	同上
第二十四中队	队长	李文庠	E-15P-7502	警戒梁山上空
同上	队员	陈少成	E-15P-7508	同上
同上	同上	杨元臣	E-15P-7506	同上
第二十九中队	分队长	严均	E-15P-7203	警戒白市驿上空
同上	队员	陈荣昆	E-15P-7201	同上
合计		十四员	十四架	
附记	1. 损机二架　2. 人员受伤一员			

空军一九四〇年五月战斗要报

(1940年5月2日)

(1) 空军战斗要报(5月2日)

空军战斗要报　二十九年五月二日

　　钟祥方面

(一) 本(二)日晨 DB-3 一架,由成都起飞,赴遂宁侦察天气。

(二) 九时三十分,志愿大队长乌瓦洛夫,率领 SB 机五架,由温江机场起飞,经遂宁于十一时零分降落梁山机场加油挂弹,其携

带炸弹数量如下:

50公斤爆破弹　18颗

10公斤杀伤弹　72颗

(三)十一时三十七分,SB机五架由梁山机场起飞,经万县、巴东,向主目标钟祥进航。

(四)十三时二十四分,我机到达钟祥敌机场上空,高度6 000公尺,场内停敌驱逐机八架,另起飞敌驱逐机二架,我机当向敌机场及钟祥城市北郭投弹。

(五)我机投弹时,敌高射炮猛烈射击,并有敌驱逐机三架,在我SB机下400公尺向我攻击。我机亦猛烈还击。

(六)轰炸后,因遭遇敌驱逐机攻击,未及侦察轰炸成果。

(七)十五时四十五分,我SB机五架,返降遂宁加油,于十六时四十四分,由遂宁起飞,十七时三十四分全部安降温江机场。

附:(一)参战人员姓名表

志愿大队出发钟祥人员表

级　别	姓　名	飞机机种	飞机编号
大队长	乌瓦洛夫	SB	B-1943
驾驶员	俄员	SB	B-1942
驾驶员	俄员	SB	B-1935
驾驶员	俄员	SB	B-1934
驾驶员	俄员	SB	B-1933

(2)空军战斗要报(5月2日)

空军战斗要报　五月二日于成都

一、志愿大队SB八架,于四月二十八日上午九时二十分,由温江机场出发,其携带炸弹量50kg三十枚、10kg百零八枚,预定轰炸目标为运城敌机场。

二、当日十时四十分,降落南郑加油,于十一时二十分由南郑起飞,高度为××公尺,过西安后,因云降低至×千公尺,至潼关附近复盘旋升高至×千公尺,终因天气关系不能飞往运城,遂于十二时五十分在虞乡车站附近(此地有敌仓库)投弹,均命中起火。当时有敌驱逐机三架因不及攻击,尾追至渭南始逸去。

三、十四时五十分降落天水加油,旋即飞降兰州,于三十日十二时二十五分,由兰州起飞,十五时安返基地。

四、参加作战人员姓名如附表:

右报告

军令部长徐

我空军参加作战人员表　二十九年四月二十八日

隶属	职级	姓名	飞机种类及号码
志愿队	总领队	乌瓦洛夫	SB 1 号
	领航员	波他年阔	
	射击手	卢金	
	代理队长	史才泥阔夫	SB 4 号
	领航员	基勒司基	
	射击手	莫轧也夫	
	副大队长	特鲁深	SB 9 号
	领航员	别特里参阔	
	射击手	克里棉阔	
	分队长	马克西棉阔	SB 5 号
	参谋长	喀切林楚克	
	射击员	列别了夫	
	飞行员	阿布拉司金	SB 3 号
	领航员	札多罗内衣	
		苦得俩错夫	
	飞行员	葛雷楚诺夫	SB 6 号
	领航员	普拉索洛夫	

(续表)

隶　属	职　级	姓　名	飞机种类及号码
志愿队	射击员	特洛非诺夫	
	飞行员	普罗特尼诺夫	SB 7 号
	领航员	顾斯岑	
	射击长	咯史岑	
	飞行员	别特罗先	SB 8 号
	领航员	李西岑	
	射击长	皮聂诺夫	

（3）空军战斗要报（5月19日）

战斗要报　五月十九日于渝本部

一、据情报所报称：敌机分三批，每批九架，于本日（十八日）十七时零五分、十七时二十分、十八时二十分，分别经房县上空向西南飞行，本市于十八时四十五分发空袭警报。

二、于二十点五十分、二十点五十六分，敌机一、二两批先后在成都温江各机场投弹，其第三批在宜宾等处窜扰多时，未曾投弹，向东逸去。

三、于十九点二十三分，第四批敌机架数不明，经沙洋上空西飞窜入川境，在宜宾等处窜扰甚久，于二十三点五十八分在自贡上空分为两股，一股北飞至遂宁上空投弹后逸去，另一股东飞至永川，又分为两队，一队向綦江方向逸去，另队经白市驿、广阳坝附近东逃，均未投弹。渝市于十九日零点十七分敌机窜至荣昌时发紧急警报。敌机动向如附图（一）。〔略〕

四、敌机第一、二、三批进袭成都、宜宾时，均先后曲折在距渝七十公里左右处窜扰，企图惑乱我驻渝备战空军而升空应战，以达消耗我人力物力后，再以第四批生力部队袭我疲乏之重庆基地，但我军洞悉其奸，严密控制，终不所惑，待第四批敌机分股窜至荣昌

2263

时,知敌必将来袭,乃于零时二十分命令我军起飞应战。

五、零点二十分,我空军第四大队派 E-15 式八架由广阳坝机场起飞,以六架分为三组,在广阳坝上空警戒,另二架在白市驿上空警戒。空军第二十九中队派 E-15 式机二架,在白市驿机场起飞,警戒白市驿上空(附配备图一)。参战飞机人员如附表。

六、零点二十五分,在白市驿上空警戒之我机遥见敌机一群全部开灯,以二千五百公尺高,自西南方飞来,此时因天气昏暗异常,我警戒机亦开灯,虽即关灯追击,但已为敌所见,而亦关灯向南逸去。于零点三十分,该批敌机又全开灯,为广阳坝上空警戒之我机所追击,敌机发觉我机追击,乃即息闭灯火,不敢投弹,狼狈遁去。

七、一时零五分,在广阳坝、白市驿上空警戒之我机全部安全降落,渝市一点三十分发解除警报。

附敌机动向图一纸〔略〕

我机配备图一纸〔略〕

参战飞机人员表一纸

十八日我军参战飞机人员表

职　别	姓　名	机种	机　号	备　考
第二十一队分队长	武振华	E-15	P-7224	
第二十一队队员	李宿光	同	P-7154	
第二十二队队长	张伟华	同	P-7169	
第二十二队副队长	范金函	同	P-7178	
第二十二队队员	周志开	同	P-7133	
同右	毕超峰	同	P-7220	
第二十三队队长	王玉琨	同	P-7182	
队员	朱嶅华	同	P-7156	
第二十九队分队长	邢天柱	同	P-7203	
队员	伍贤	同	P-7201	

（4）空军战斗要报（5月19日）

空军战斗要报　廿九年五月十九日

　　随县、钟祥方面

（一）本（十九）日我第八大队DB-3三架，及第一大队SB九架，于拂晓前整备完毕，轰炸随枣襄钟一带之敌溃兵及交通线。

（二）出动概要情形。

甲、第八大队之部：

1. 九时三十分由太平寺机场起飞。

2. 往返航线及队形如附图一。

3. 参战人员及飞机如附表一。

4. 携带炸弹种类及数量如附表二。

5. 轰炸经过：

A. 于十二时四十分，以五千五百公尺，由随县北约一千公尺处沿公路至城边止，自北向南连续投弹。

B. 投弹时见地面有高射机关枪射击，黑烟约二百余。

C. 发现随县东南有长约一千公尺之东南西北向敌机场一处，并场内有跑道一条。

6. 于十六时十分全部安然飞返原机场。

乙、第一大队之部：

1. 十时十分由温江机场起飞。

2. 往返航线及队形如附图二。

3. 参战人员及飞机如附表三。

4. 携带炸弹共二千四百公斤。

5. 轰炸经过：

A. 十二时十分，九机降梁山机场加油，十三时五十一分起飞，我100号机在落地滚行时陷入场内新修软地，致螺旋桨触地弯曲，轰炸舱微损，未能随同出发。

B. 以钟祥城区公路及车站附近一带为目标。

C. 以四千公尺高度将所有炸弹一齐投下。

D. 当时敌高射炮位置在车站附近猛烈射击,俱在我机后方爆炸,我机无损失。

E. 返航时见车站及城区发生烈烟二处,公路上车辆被毁甚多。

6. 我第四大队驱逐机十一架,在梁山担任机场警戒。

7. 十七时三十分落梁山机场加油,十八时由梁山起飞,十九时抵蓉,三、四两号机发生故障留梁山,翌日飞返成都。

附:

(一)我机往返航线要图二纸〔略〕

(二)我空军参战人员姓名表二纸

(三)轰炸成果表

我空军第八大队参加作战人员表　二十九年五月十九日(附表一)

隶　属	职　级	姓　名	飞　机		备　考
			机种	号码	
空军第八大队第十中队	上尉本级中队长	梁国璋	DB-3	93	
同	中尉本级轰炸员	唐　钦			
同	技副三级通讯员	李鸣东			
同	中尉本级分队长	钱祖伦	DB-3	66	
同	准尉上级轰炸员	聂毅潜			
同	技副三级通信员	周士铎			
同	中尉本级分队长	李福遇	DB-3	85	
同	上尉上级轰炸员	陈祖珂			
同	少尉本级额外通讯员	赵　环			

五月份我方空军轰炸成果报告表(附表二)

日期	隶属	目标		轰炸状况	机种	机数	弹种	总弹数	证明者	备考
		地点	种类							
五月十九日	空军第八大队第十中队	随枣襄钟一带	敌溃兵及其交通线	自随县北约一公里,沿公路线上开始投弹,弹落公路沿线,	DB-3	3	50 kg	20		爆破弹
				最后数弹落在随县城边,见敌地上高射机枪火甚密。			10 kg	14		同
							8 kg	6		同
附记										

我空军第一大队参加作战人员表 二十九年五月十九日(附表三)

隶属	驾驶员	轰炸员	通讯员	飞机		备考
				机种	号码	
空军第一大队	郑长庚	黄宗汉	黄柏根	SB	1	
空军第一大队	郭宗荫	黄志卿	岳国政	SB	6	
空军第一大队	林定善	柯芝芬	裘先斌	SB	3	
空军第一大队	姚元恺	宋德珲	张富桢	SB	4	
空军第一大队	刘福庄	汤厚涟	刘建勋	SB	5	
空军第一大队	陈汉章	何煜辉	樊孟云	SB	7	
空军第一大队	傅学进	丁振亮	崔芳运	SB	8	
空军第一大队	喻克勋	张斗魁	金光德	SB	9	

(5) 空军战斗要报(5月19日)

空军战斗要报　廿九年五月十九日
　　成都方面

一、据四川防空司令部情报：本(十九)日十五时十五分，敌机第一批九架；十六时十分，第二批九架；十六时二十分，第三批九架；十七时二十分，第四批九架；及二十一时十分，第五批九架，先后由汉口起飞，向西飞行。其动向如附图一。

二、蓉市于十九时二十分发出空袭警报，二十时三十分紧急警报。

三、二十时三十分，命第一批飞机六架由太平寺机场起飞，计空军第二十七中队E-15式机三架，空军第十七中队地机二架、E-15式机一架，分别于规定空域巡逻警戒，其部署如附图二。

四、二十点四十五分，敌机第一批九架，由蓉市东北方向窜入，在凤凰山山麓投弹三十余枚，死民众三，伤十余，毁家屋一。二十点五十分，复在温江机场投掷重磅弹三十枚，弹落机场西北方场边外，麦田内落弹二枚，弹面漏斗孔直径约五一八公尺，侵彻力深约一公尺半至二公尺。我第一大队CB六号一架，右发动机炸毁，余无损失。

五、此役我攻击情形如左：

(一)第十七中队胡佐龙机当发觉我照空灯光芒时，即加速追往，继敌机被照测后经约十五分钟后，始潜占敌机后下方约一百公尺处，向敌第三分队领机猛力攻击二次，敌亦还击，当见弹穿敌机内，旋以枪炮卡子乃脱离，在原空域巡逻约二十分钟后，接无线电命令，安全降落双流机场，俟后检查机身中一弹。

(二)二十七中队陈镇和机乘敌投弹凤凰山时，潜入敌后约六百公尺处，连续攻击约三十秒钟后，因油量将尽，降落温江机场，于翌日八时飞回太平寺机场。

(三)二十七中队谢荃和、罗宗焜及第十七中队李宝诚等三机，或因探照灯未能适时照射，或因相距过远，均未与敌遭遇，分别降落双流机场。

（四）第十七中队雷廷枝机亦未与敌遭,因无收报机,仍在原空域巡逻。

六、二十时,命我第二批飞机四架由双流机场起飞,计空军第二十七中队 E-15 式机二架,空军第十七中队 E-15 式机二架,分别于规定空域巡逻。其部署如附图三。

七、二十二点十四分,敌第四批九架由蓉市东北方向进入,经温江西北后折回市空,窜入太平寺机场,投重磅爆炸弹四十一枚,弹落场内西北至东南连接之线,弹面漏斗孔及侵彻力与温江机场同., 余无损失。

八、此役空战情形如左:

（一）第二十七中队王广英机于敌进入蓉市上空被我照测时,开大油门追击,于距离一千公尺处攻击三次。

（二）第一批起飞之雷廷枝于敌被照测时,攻击二次。

（三）第十七中队侯臣、叶思强、黄栋权各机,均以相距敌机太远及探照灯未能适时照测关系,故未接敌。

（四）二十三时全部安降双流机场。

九、其余敌机三批,于十九点五十分一批,于二十一点零三分,先后在宜宾投弹,弹落机场附近,最末一批于二十三点五十七分及二十四点在梁山两次投弹。

十、蓉市于二十日零时三十分解除警报。

附:我空军参加作战人员表、成都附近我机警戒部署要图〔略〕、敌机袭川航路经过要图〔略〕。

我空军参战人员表　五月十九日

隶　属	职　级	姓　名	飞　机		备　考
			机种	号码	
空军第五大队第二十七中队	中尉本级中队长	谢荃和	E-15	2701	

(续表)

隶属	职级	姓名	飞机		备考
			机种	号码	
空军第五大队第二十七中队	中尉本级分队长	罗宗焜	E-15	2704	
空军第五大队第二十七中队	少尉本级飞行员	陈镇和	E-15	2710	当晚降落温江机场,翌日飞回太平寺机场。
空军第五大队第二十七中队	中尉本级飞行员	王广英	E-15	2712	空战时被敌击中一弹。
空军第五大队第二十七中队	少尉本级飞行员	黄栋权	E-15	2706	
空军第五大队第十七中队	中尉本级副队长	胡佐龙	地机	1701	
空军第五大队第十七中队	少尉本级飞行员	李宝诚	地机	1702	
空军第五大队第十七中队	少尉本级飞行员	雷廷枝	E-15	1712	
空军第五大队第十七中队	少尉本级飞行员	侯臣	E-15	1117	
空军第五大队第十七中队	少尉本级飞行员	叶思强	E-15	1713	
合计	E-15式机八架,地机二架,驾驶员十人。				

(6) 空军战斗要报(5月21日)

战斗要报 二十一日于渝本部

一、据情报所报称:二十日五时四十七分,敌轰炸机二十四架经沙洋上空西飞渝市,始于七时二十分,当敌机飞至小江时发空袭警报,敌机动向如图。

二、当敌机侵入小江,迫近我驻梁山空军,第二十四中队派E-16式机八架,于七时十五分在梁山机场起飞拦截,参战飞机人员如表。

三、七时三十二分,敌机以××公尺高度,由梁山东北方侵入机场上空,此时我机群适在敌机右前方一千公尺高度为××××米,乃从敌机群前右侧突入猛扑,敌虽即行投弹,以最大速度左转逃遁,但其领队及右分队两侦机均已中弹而离队落荒溃窜。我队员伍国培、陈少成二人跟踪追击,向忠县方向逃去之领队机,当于忠县上空被队员伍国培击落于清河乡,队员陈少成追至忠县时,适与敌侦察机一架遭遇,乃反复猛扑,亦将该机击落着火焚毁。分队长韩参向北追击敌之落伍僚机,在开县上空将敌机击落,其余李队长等五员在梁山上空击落敌机一架,后跟踪敌之残余,勇猛追击,直至万县附近为油量所限,乃向重庆飞回。附战斗要图(一)。

四、我机于八时五十分分别降落于梁山机场及白市驿机场,渝市于八时零六分解除警报。

五、此役我军共击落敌轰炸机三架、侦察机一架,计:

1. 第二十四队队长李文庠,分队长张光蕴、王文骅,队员彭均、李廷凯等五员,在梁山上空合力击落敌重轰炸机一架(残骸在寻觅中)。

2. 队员陈少成在忠县上空击落敌侦察机一架,该敌机在忠县汝溪焚毁,番号为二五八,敌乘员三人全毙。

3. 队员伍国培在梁山上空击落敌重轰炸机一架,该机在忠县马家祠损毁,番号为四五二八,敌乘员六人全毙。

4. 分队长韩参在开县击落敌重轰炸机一架,敌机残骸正寻觅中。

六、此役中我军之损失如左:

1. 梁山机场被敌投中炸弹三十余枚,并炸毙场夫二名。

2. 队长李文庠驾 E-16 式七五一八号因发动机停车,迫降梁山机场,机损人微伤。

3. 分队长韩参驾 E-16 式七五三〇号,因油量不继,迫降土沱,机损人伤。

4. 队员伍国培所驾飞机中敌枪弹四十余颗,安全迫降梁山机场检修。

5. 队员彭均、李廷凯等所驾飞机之发动机中敌弹数颗,安全降落白市驿机场检修。

6. 余无损失。

七、此役我军以少胜多,各参战员应予奖励如左:

1. 第二十四队队长李文庠于此役中指挥有方,勇猛作战,应予撤消四月二十五日之记过处分,并传令嘉奖。

2. 分队长韩参于此役中作战有功,应予撤消二十五日记过处分,并传令嘉奖。

3. 队员陈少成、伍国培二员于此役中作战有功,应予撤消二十五日记过处分外,并各记功一次。

4. 分队长张光蕴、王文骅,队员彭均、李廷凯等四员此役中勇于作战,应予一并传令嘉奖。

八、命梁山空军修理所即派员赴忠县等拆运敌机残骸。

附:敌机动向图(一)〔缺〕、参战人员飞机表(一)、战斗要图(一)〔缺〕。

我空军参加作战人员表　二十九年五月二十日

隶　属	职　级	姓　名	飞机种类及号码	备　考
第二十四队	队长	李文庠	E-16　P-七五一八	迫降梁山机场机损人微伤
同上	分队长	张光蕴	E-16　P-七五○五	降落白市驿机场
同上	同上	王文华	E-16　P-七五○二	同上
同上	同上	韩　参	E-16　P-七五三二	迫降土沱,机损人伤
同上	队员	伍国培	E-16　P-七五二七	降落梁山机场
同上	同上	陈少成	E-16　P-七五○三	降落白市驿机场
同上	同上	彭　均	E-16　P-七五○六	同上
同上	同上	李廷凯	E-16　P-七五三五	同上

(7) 空军战斗要报(5月21日)

战斗要报　五月二十一日于渝本部

一、据情报所报称：本(廿一)日二十点四十七分、二十二点十八分、二十三点二十一分，敌机三批，每批多架先后通过长阳上空西飞，渝市于二十一点四十分发出空袭警报，二十二点二十分第一批敌机通过垫江时，发紧急警报。附敌机动向图。

二、二十一点三十五分，我空军第四大队派霍克Ⅲ式机二架升空飞赴丰都拦截，并规定于四十分钟内不能截住敌机即飞加广阳坝上空警戒。二十二点二十五分，第四大队派E-15式机八架升空，分别警戒广阳坝及渝市南北方，另派霍克Ⅲ式机二架会同第二十九队所派E-15式机二架升空，警戒白市驿上空。我军配备如图参战人员飞机如表。

三、二十二点四十六分，第一批敌机以×千公尺高度从白市驿东方侵入，于未投弹前即为我照空灯所捕获，此时我霍Ⅲ式机二架适在敌机西南同高度距离约一千公尺处，当即突入猛扑其领队机，敌乃仓惶投弹于场外东北角，向北遁去，因在夜间视线不良，旋即失去敌踪。附战斗要图。

四、零点三十二分，第二批敌机以××××公尺高度由西南方侵入白市驿，此时在白市驿上空警戒之我机E-15式二架，霍克两架，适在敌机之左后侧二公里处，乃突入攻击，敌即仓惶投弹于机场西南角后逸去。附战斗要图。

五、零点五十七分，升高警戒之我机均已油尽，而第三批敌机又甚迫近，不得已乃命我机利用月光于广阳坝机场行不开灯之迫降，幸我各战斗员技术水准颇佳，均得安全着落，推至场边疏散。至一时二十分，第三批敌机进入广阳坝机场上空投弹，经过照空灯之捕捉，敌机恐为我机所攻击，仓惶乱投炸弹，多偏落东南角。我机E-15式二架稍受破片微伤外，余无损失。

附：敌机动向图三纸〔缺〕、我机配备图一纸〔缺〕、参战人员飞机表一纸、战斗要图二纸〔缺〕。

我空军参加作战人员表　二十九年五月二十一日

隶属	职级	姓名	飞机种类及号码		备考
第二十一队	分队长	武振华	E-15	七二二四	
同上	队员	余拔峰	同上	七二二〇	
同上	同上	李宿光	同上	七一二〇	
同上	同上	洪奇伟	同上	七一五二	
第二十二队	副队长	范金函	霍克Ⅲ	七一	
同上	分队长	龚业悌	同上	六九	
同上	队员	王延龄	同上	六四	
同上	队员	吴振猷	同上	六七	
第二十三队	分队长	姚杰	E-15	七一八二	
同上	队员	黎良	同上	七二一六	
同上	同上	郑松亭	同上	七一七八	
同上	同上	贺欣	同上	七二二六	
第二十九队	分队长	邢天柱	同上	七二〇一	
同上	队员	陈梦琨	同上	七一三五	

(8) 空军战斗要报(5月22日)

一、据情报所报称：本日(二十二)六时三十九分及七时二十五分,敌机两批,每批二十七架,先后经过咸丰上空西飞。渝市于六时四十五分发空袭警报,七时二十八分,第一批敌机过涪陵上空时乃发紧急警报。

二、七时二十分,我空军第四大队派 E-15 式机五架,E-16 式机六架,霍克Ⅲ式机三架,第二十九中队派 E-15 式机七架,合共计二十一架升空应战。各队群之配备如图,参战飞机人员如附表。

三、第一、二两批敌机于通过涪陵后,两批之间隔始终保持十公里左右,在綦江、合川、永川一带窜扰,消耗我机油量,待机进袭。另一侦察机一架,取七千五百公尺以上之高,跟踪我升空应战之机群,监视行动,并指导其轰炸机群之进袭时机及目标。此时因我机已升空,而敌侦察机又远在高空,机声混乱,无法发觉敌侦察机之所在。

四、九时,我 E-16 式及无加油箱之 E-15 式机均已至必须加油之时间,但情况仍十分紧急,乃决心于敌机距渝市犹有二十分钟之空隙时间,命令 E-16 式机六架下落白市驿机场作紧急加油,而无加油箱之 E-15 式机因其而于迫降郊外,可于油尽时听其自由处置,其余各机则集中白市驿机场上空警戒。

五、九时十五分,我 E-16 式机六架降落完毕,便无加油箱之 E-15 式机因已油尽,未经许可亦追随而下。至九时二十六分,除 E-16 式机三架加油完毕起飞升空外,其余各机正在加油中,而敌机受侦察机之指导,已适时进入投弹。虽经留空警戒之我机勇猛攻扑,终因机数过少,未能收效,机场内人员各努力于抢救飞机,亦不及退避。附战斗要图。

六、我机除迫降者外,其余于九时四十分安全降落广阳坝机场,渝市于十时十七分发解除警报。

七、此役我军之损失如左:

1. 第二十四队分队长张光蕴驾 E-16 式机七五零四号,于攻击敌机时被敌弹击中五十余发,迫降遂宁机场检修。

2. 第二九队队员余炳蔚驾 E-15 式机七二零五号于攻击敌机时被敌弹击中四十七发,迫降兔儿坪检修。

3. 机场被敌投中炸弹四百余枚,全场不能应用。并炸毁站部房屋多间。

4. 第二总站医务股长李弗民被炸殉职,并死伤士兵伕四十余名(附人员配备表)。

5. 第四大队 E-16 式机七五零六号一架,第二十九中队 E-15

式七一五〇、七一一八、七一〇一、七一三五号等四架被炸焚毁,第四大队 E-16 式机七五〇二、七五〇五号二架,E-15 式机七一八二、七一七八号二架,第二十九中队 E-15 式机七一二七、七一八八、七二〇一号等三架被炸受损。

八、我军之无加油箱 E-15 式机各驾驶员,未遵照地面之符号指挥,自由降落,以至遭受莫大之损失,本应按贻误戎机论罪,姑念各战斗员素昔建有殊功,且该机亦确将油尽,特减轻处分如左:

1. 第四大队第二十三队队长王玉琨、队员康保忠二员,不遵守地上符号,擅自降落,以至飞机被炸受损,各记大过一次。

2. 第二十九队队长马国廉因平日管理不严,纪律松懈,以至此次升空作战之队员多未能遵守地上符号,擅自降落,以至损毁飞机六架,应受连带处分记过一次。

3. 第二十九队分队长孔叔明、队员江东胜、郭春田、任贤、黄崇士、黄荣发等六员,不能遵守地上符号,擅自降落,损毁飞机,各记大过一次。

九、此役中我军奋勇尽职之人员应予嘉奖如左:

1. 二十四队分队长张光蕴勇敢作战,奋不顾身,飞机被敌弹射中五十余颗,安全降落,连同本月二十日梁山空战之战功,合并记大功一次。

2. 第二十九队队员余炳蔚勇敢作战,奋不顾身,飞机被敌弹射中四十余颗,安全降落,应予记功一次。

3. 第二总站医务股长李弗民尽忠职守,在机场被炸殉职,已另案呈请追赠优恤。

4. 第二总站及二十四中队、二十九中队地面工作人员在危急时间,均能尽忠职守,已另案呈请奖励。

十、敌于本月二十日在梁山上空受创后,乃采用侦察机协同轰炸机作战之新战术,以求报复。我方因机数不足,机场过少,以至运用欠敏遭受损失,当即召集各部队长官商有对策,务求破其诡计,以收战果。

附:敌机动向图一纸、我军配备图一纸、参战人员飞机表一纸、战斗要图一纸。

我空军参加作战人员表　廿九年五月廿二日

隶　属	职　级	姓　名	飞机种类及号码	备　考
第二十一队	队长	陈盛馨	E 15 七二二四	
第二十一队	分队长	王特谦	E-15 七一二〇	
第二十一队	队员	丁寿康	E-15 七二二〇	
第二十二队	队长	张伟华	霍克Ⅲ七一	
第二十二队	队员	周志开	霍克Ⅲ六九	
第二十二队	队员	李继武	霍克Ⅲ六四	
第二十三队	队长	王玉琨	E-15 七一八二	落白市驿机场,飞机被炸重损。
第二十三队	队员	康保忠	E-15 七一七〇	同右
第二十四队	副队长	张光明	E-16 七五〇二	同右
第二十四队	分队长	张光蕴	E-16 七五三二	空战时被敌弹射中五十余发,安全降落遂宁。
第二十四队	队员	陈少成	E-16 七五〇五	降落白市驿机场,飞机被炸重损。
第二十四队	队员	彭　均	E-16 七五〇三	
第二十四队	分队长	王文骅	E-16 七五〇三	第二次加油升空
第二十四队	队员	孔明波	E-16 七五三九	
第二十四队	队员	伍国培	E-16 七五〇六	落白市驿机场,被炸焚毁。
第二十九队	分队长	孔叔明	E-15 七一五〇	落白市驿机场,被炸焚毁。
第二十九队	队员	江东胜	E-15 七一三五	同右

(续表)

隶属	职级	姓名	飞机种类及号码	备考
第二十九队	队员	郭春田	E-15 七一〇一	同右
第二十九队	队员	任贤	E-15 七一一八	同右
第二十九队	队员	黄崇士	E-15 七一八八	飞机被炸重损
第二十九队	队员	黄荣发	E-15 七二〇一	同右
第二十九队	队员	余炳蔚	E-15 七二〇五	空战时被敌弹击中四十余发,安全迫降兔儿坪。
合计		二十三员		
附记				

(9) 空军战斗要报(5月26日)

战斗要报　五月二十六日于渝本部

一、据情报所报称：第一批敌机二十七架,于本日(二十六日)十时零九分,经长阳西飞；第二批三十六架,十时四十四分经长阳西飞；第三批三十六架,于经五峰西飞。另敌侦察机三架,于六时五十五分起至十四时,轮流在渝市附近侦察。渝市于十时五十分发空袭警报,十一时四十三分发紧急警报。敌机之动向如图。

二、十一时四十分,我空军第四大队派 E-16 式机二架,在广阳坝机场起飞,升空巡逻广、白两机场上空,专任击落或驱逐敌侦察机之任务。该机于升空一小时后,听命赴指定地点降落加油。

三、十一时四十分,我空军第四大队派 E-15 式机四架、霍克Ⅲ式机四架,在广阳坝机场起飞,巡逻广阳坝、白市驿等上空,专任攻击敌轰炸机群,E-15 式机于升空二小时后,听命赴指定地点降落加油,霍克Ⅲ式于升空三小时后听命降落加油。参战人员飞机如附表。

四、敌机三批先后到达涪陵,分别转向离渝市四十至七十公里地带盘旋,待机进袭。十二时四十分,我 E-16 式机因油量关系,乃命其飞赴遂宁机场降落加油,回渝迎战。

五、十三时四十五分,第一批敌机二十七架,十四时四十八分,第二批敌机三十六架,先后以四千公尺高度,由西北方进入白市驿机场投弹。此时我机之位置只在第二批敌机之右前方一公里处,且高度亦四千公尺,乃从第二批敌机右前侧突入,猛扑其第二分队第二机,该机当即受伤落伍。而敌机群仗其机数众多,火力浓密,亦减低速度,将受伤之敌机藏于队群中心,以求卫护。但我机仍冒弹雨反复冲扑,卒将受伤敌机击落于小观音桥附近,其余数机乃经南川向东逃去。附战斗要图。

六、第三批敌机三十六架,于十三时四十五分以四千公尺之高度,由西北方进入化龙桥,投弹多枚后向南图逸,被我霍克Ⅲ式机截住猛攻,敌乃向东逸去,我机追至南川附近折回。

七、十四时及十四时三十分,我霍Ⅲ及 E-15 式各机分别安全降落遂宁及广阳坝机场,渝市于十四时四十二分发解除警报。

八、1. 此役中我军之损失:我白市驿机场被敌投中炸弹二百余枚,炸毁机棚八座,并炸坏住室数间。2. 空军第二十一队队长陈盛馨所驾之 E-15 式机七一五二号机,于攻击敌机时被敌射中枪弹三发,队员高又新所驾之 E-15 式七二一六号中敌枪弹十九发,第二十二中队副队长范金函所驾之霍克Ⅲ式机中敌枪弹二发。

九、此役我军以数架之飞机当敌机十倍之众,所有勇敢作战人员应予奖励如左:

1. 空军第二十一队队长陈盛馨作战勇敢,记功一次。
2. 空军第二十二队副队长范金函作战勇敢,记功一次。
3. 空军第二十一队队员高又新作战勇敢,记大功一次。

附:敌机动向图二纸〔略〕、参战飞机人员表一纸、战斗要图一纸〔略〕。

我空军参加作战人员表　廿九年五月廿六日

隶　　属	职级	姓　名	飞机种类及号码	备　考
第二十一队	队长	陈盛馨	E-15 七一五二	
第二十一队	队员	高又新	E-15 七二一六	
第二十一队	队员	杜兆华	同　七二二〇	
第二十二队	副队长	范金函	霍克Ⅲ七一	
第二十二队	分队长	龚业悌	同　　六四	
第二十二队	队员	黄金龙	同　　六九	
第二十二队	队员	王延龄	同　　六七	
第二十三队	队长	王玉琨	E-15 七一二九	
第二十四队	分队长	王文骅	E-16 七五〇三	
第二十四队	队员	佟明波	同　七五三五	
合　　计		十员	十　架	
附　　记				

(10) 空军战斗要报(5月27日)

战斗要报　五月二十七日于渝本部

一、据情所报称：本日(二十七日)八时二十分及八时二十三分，第一批敌机二十七架、第二批敌机三十六架，先后经过湖口西飞。又八时三十六分，第三批敌机三十六架经公安西飞。各批敌机之动向如图。渝市于九时二十八分发空袭警报，十时十六分发紧急警报。

二、十时二十分，我空军第四大队派 E-16 一架在广阳坝机场起飞，专任驱逐盘旋行都附近为目标上空之敌侦察机，预定于升空一小时后，听命赴指定地点降落加油。

三、十时十分，我空军第四大队派霍克Ⅲ二架、E-15 五架由广阳坝机场起飞赴遂宁降落，会同由蓉飞遂宁之空军第十七队所派 E-15 式机九架加油待命，俾收集中兵力控制我之耐航时间，适时来渝迎击之效。

四、十一时二十分，我升空警戒之 E-16 式机一架飞赴遂宁加油。十一时三十七分，在遂宁待命之我机十六架起飞来渝迎击，但第二批敌机二十七架已于十一时五十一分乘隙进入磁器口投弹逸去，以至我机不及迎战。参战人员飞机如附表。

五、十三时十二分，第一批敌机三十六架进入北碚投弹后逸去。此时我机之位置在重庆市上空未能遭遇。

六、十三时三十分，我由蓉来渝参战之空军第十七队 E-15 式机油量将尽，乃赴遂宁降落加油。

七、十四时十七分，第三批敌机三十六架由东南方以××××公尺高度进入小龙坎投弹，此时我机之位置在其正前方三公里处，但高度稍低于敌机，乃即作迎头攻击，敌机见我机猛扑，以最大速度右转趋避我机，乃变为左前下方攻击，终因机数过少，火力薄弱，未曾收效。附战斗要图。

八、我空军第四大队 E-15 式机七二二六号，因油尽迫降土儿坪，机损人安，其余各机均于十四时三十五分安全降落归还，渝市于十四时五十四分发解除警报。

附：敌机动向图二纸〔缺〕、参战人员飞机表一纸、战斗要图一纸〔缺〕。

我空军参加作战人员表　廿九年五月廿七日

隶　属	职　级	姓　名	飞机种类及号码		备　考
第二十一队	分队长	武振华	E-15	七二二〇	
同上	队员	余拔峰	同上	七一五二	降落时螺旋桨触地湾〔弯〕曲。
同上	同上	王庆利	同上	七一二〇	
第二十二队	队长	张佛华	霍克Ⅲ	七一	
同上	队员	毕超峰	霍克Ⅲ	六七	

(续表)

隶属	职级	姓名	飞机种类及号码		备考
第二十三队	副队长	吴鼎臣	E-15	七一二九	
同上	队员	黎良	同上	七二二六	迫降土儿坪,人安机损。
第十七队	队员	胡佐龙	同上	一七一一	降落遂宁加油回蓉
同上	副队长	黄栋权	同上	二七〇六	同上
同上	分队长	曹世荣	同上	二七〇一	同上
同上	同上	杨新发	同上	二七〇四	同上
同上	队员	叶恩强	同上	一七一三	同上
同上	同上	顾涌	同上	二七〇三	同上
同上	同上	王广英	同上	二七一二	同上
同上	同上	李硕	同上	二七一〇	同上
同上	队员	孙伯宪	同上	二七一三	同上
合计		十六员		十六架	

(11) 空军战斗要报(5月28日)

空军战斗要报 五月廿八日

安陆方面

一、本(廿八)日我空军第八大队DB-3六架于拂晓前整备完毕。

二、出发概要情形:

1. 十时二十分由太平寺机场起飞,十时三十分,由副大队长洪养孚率领整队离蓉。

2. 往返航线及队形如附图。

3. 参加人员及飞机如附表一。

4. 携带炸弹种类数量及传单如附表二。

5. 轰炸经过:A. 于十三时三十分,以××××公尺高度,以随县附近公路上之敌及安陆城东公路交叉点为目标,成队单发投弹(因能见度恶劣,未能发见重要目标)。

B. 投弹后当见目标冒烟极盛。

C. 返航过钟祥时,敌曾以周密之高射炮火发射。

6. 途次竹山云层极厚,两分队由是分离,第一分队经安康、南郑回成都,第二分队由苏中队长率领经城口、渠县、南充回抵成都,第一分队63号机刘德俭到南郑后,因滑油温度太高,亦即离队回蓉,于十七时四十分安然降落基地。

7. 于出发飞抵宜城复船山附近,90机发动机忽停,当即返航迫降于奉节东三十公里,机损人跳伞平安。

附:(一)参战人员姓名表。

(二)轰炸成果表。

(三)飞机损耗表。

(四)我机出发往返航线要图〔略〕。

我空军参加作战人员表　廿九年五月廿八日

隶　　属	职　　级	姓　名	飞　机		备　考
			机名	号码	
空军第八大队	上尉本级副大队长	洪养孚	DB-3	92	
第八大队十四中队	中尉本级轰炸员	杨　伯			
第八大队十四中队	技副二级通信员	林长富			
第八大队十中队	中尉本级飞行员	韩锦桐	DB-3	85	
同上	准尉上级轰炸员	陈建奇			
同上	技副三级通信员	刘梓榕			
第八大队十四中队	上尉本级中队长	苏光华	DB-3	91	
同上	少尉本级轰炸员	袁恕明			
同上	技副三级通信员	赵盛培			

(续表)

隶 属	职 级	姓 名	飞机 机名	飞机 号码	备 考
同上	中尉本级分队长	赵锡铎	DB-3	72	
第八大队十四中队	准尉本级轰炸员	李 滨			
同上	技副三级通信员	张之光			
同上	中尉本级飞行员	刘德俭	DB-3	63	
同上	少尉本级轰炸员	卢连城			
同上	技副三级通信员	申才炯			
同上	中尉本级飞行员	孟崇尧	DB-3	90	至宜城附近时，因一发动机停车，折回迫降奉节附近。
同上	少尉本级轰炸员	赵建予			
同上	技副三级通信员	谢中石			

五月份我方空军轰炸成果报告表

日 期	隶属	目标 地点	目标 种类	轰炸状况	机种	机数	弹种	总弹数	证明者	备考
五月廿八日	第八大队	随县安陆	敌兵及公路	目标冒烟极盛	DB-3	6	长型50 kg	20颗		
							短型50 kg	20颗		
							杀伤10 kg	28颗		
							杀伤8 kg	14颗		
附 记										

五月廿八日我方空军飞机损耗表

隶属	驾驶员	机名	号码	机 数			地点	原　因	报告者	备考
				待查	可修	全毁				
空军第八大队第十四中队	孟宗尧 赵建予 谢中石	DB-3	B-1927				奉节安坪刘家坡	出发时一发动机停,跳伞机毁。		三人无恙
小　计							1　架			
总　计							1　架			

(12) 空军战斗要报(5月28日)

战斗要报　五月二十八日于渝司令部

一、第一批敌机三十六架于本日(二十八日)八时四十五分经松滋西飞,第二批敌机二十七架于九时经渔洋关西飞,第三批敌机三十六架于九时四十六分经澧县西飞。另侦察机二架在市区附近盘旋。渝市于九时五十五分发空袭警报,十时三十四分发紧急警报。

二、十时十分,我空军第四大队派E-16式机一架,在白市驿起飞,担任驱逐敌侦察机,于升空四十分钟后,听命飞赴梁山降落加油。

三、十时三十三分,我空军第四大队派E-15式机六架、霍克Ⅲ式机二架,在广阳坝机场起飞警戒。我空军第十七队派E-15式机六架在遂宁机场升空飞渝迎击。参战飞机人员如附表。

四、十时五十五分,令E-16式机赴梁山机场降落加油后,在梁待命拦截。

五、十一时二十分,第一、二两批敌机以六千公尺之高度,由北碚方向进袭渝市区。我机由电讯之指挥向北迎击,当在北碚上空与敌遭遇,但我机之高度仅五千公尺,无法攻击,乃于未接触前折回,与敌机同方向航行,借以求得攻击之高度,俾可迎头痛击,终因我机性能不良,直到渝市上空,犹不能得取预期之高度,而敌机于投弹后速度更大,我机恐空失良机,分散自由攻击,但均因占位不佳,高度不足,未能奏效。我第十七中队队长胡佐龙左腿中敌弹一发,安全迫降广阳坝机场(附战斗要图)。

六、十二时,我升空各机均已近加油时间,而第三批敌机犹迫近渝盘旋,乃令各机分别飞赴梁山、遂宁降落加油待命。

七、十三时零五分,第三批敌机三十六架进入广阳坝投弹后东逸,乃令在梁山待命之 E-16 式机一架飞机起飞拦截。该机当于十三时三十分起飞,系十分后在忠县东方,发现敌机以四千余公尺高度,由西向东飞航。我机之高度为四千五百公尺位置,于正前方,当即以迎攻击一次,后继以右侧下方攻击二次,因火力过弱未能收效,而敌机亦渐远去,乃折返梁山降落,渝市于十四时四十分发解除警报。

八、此役我方之损失如下:

1. 广阳坝机场被敌投中炸弹八十余枚,毁第四大队营房一座,炸毙卫兵二名。

2. 第十七队队长胡佐龙空战受伤,飞机中敌弹十余颗。

3. 第二十一队队长陈盛馨所驾之 E-15 式机 2111 号中敌枪弹三枚,第二十三队队长王玉琨所驾之 E-15 式机 2701 号中敌枪弹二粒,分队长姚杰所驾之 E-15 式机 2704 号中敌枪弹六枚,第十七队队员许成棨所驾之 E-15 式机 2713 号中弹多发。

九、奖惩

1. 第十七队队长胡佐龙作战勇敢,受伤后犹能安返基地,应予记功一次。第十七队队员许成棨、第二十一队队长陈盛馨、第二十三队队长王玉琨、分队长姚杰作战勇敢,中弹多发。第二十四队分队长张光蕴右手受伤,犹能奋勇作战,各予传令嘉奖一次以资鼓励。

附:敌机动向图一纸〔略〕、参战人员飞机表一纸。

我空军参加作战人员表　二十九年五月二十八日

隶　　属	职　　级	姓　　名	飞机种类及号码	备　考
第四大队	副大队长	刘宗武	霍克Ⅲ六七	
第二十一队	队长	陈盛馨	E-15 二一一一	
同上	队员	李宿光	同　二一〇四	
同上	队员	洪奇伟	同　二一〇七	
第二十二队	分队长	张浩英	霍克Ⅲ七一	
第二十三队	队长	王玉琨	E-15 二七〇一	
同右	队员	姚　杰	同　二七〇四	
同右	队员	郑松亭	同　二三〇九	
第十七队	队长	胡佐龙	同　一七一三	
同右	分队长	许成棨	同　二七一三	
同右	队员	刘振远	同　二七一〇	
同右	队员	黄栋权	E-15 二七〇六	
同右	队员	王广英	E-15 二七一二	
合　　计		十三员	十三机	
附　　记				

(13) 空军战斗要报(5 月 29 日)

战斗要报　五月二十九日于渝本部

一、据情报所报称:第一批敌机二十七架于九时三十五分,经澧县西飞。第二批敌机三十六架于九时四十五分,经巴东西飞。渝市于十时二十五分发空袭警报,十一时零三分发紧急警报。其动向如图。

二、十一时十八分,我第四大队派霍克Ⅲ三架、E-15 式机六架,由广阳坝升空警戒。第二十四队及二十六队合派 E-16 式机八架由白市驿升空警戒。配备如图,参战飞机人员如表。

三、十一时四十一分,第一批敌机在永川一带盘旋。当命 E-16 式机前往拦截,倘不能遭遇时折回渝市,直赴遂宁降落加油,霍克Ⅲ及 E-15 式机仍在市空警戒。

四、十一时五十五分,第一批敌机以××××公尺高度由西北进入小龙坎、化龙桥一带投弹,此时我机之高度为××××公尺位置,于敌机正前方二千公尺处,当即施以猛烈之迎头攻击后,并反复尾随围攻。惟因速度不及,不五分钟,敌已脱离我机之射界。此时第二批敌机正由正北方以×千公尺高进入市区投弹,我机在无线电话诱导之下回头猛攻,同时赴永川拦截之 E-16 式机因拦截未遇,除第廿六队五架径飞遂宁加油外,其余三架亦于此时赶回市空参战,空战情况颇为激烈。惟因火力过少,敌机虽受伤惨重尾冒白烟,但当时并无坠落者,敌机于十二时十五分在小龙坎一带投弹后,经江津东逸。附战斗要图。

五、渝市于十二时五十五分发解除警报,我机除第廿六中队队员潘荣华因所驾之 E-16 式机发生故障迫降江津机毁人伤外,其余均安全降落白市驿及遂宁。

六、此役我军之损失

1. 第廿六队队员潘荣华 E-16 式机五三二五号,迫降江津,机毁人伤。

2. 第廿二队队员周志开所驾之霍克Ⅲ六四号机被敌射中炮弹一发,枪弹十五发;第廿四队分队长王文骅被敌射中枪弹二发,均安全归还。

七、我军第廿四队分队长王文骅、第廿二队队员周志开作战勇敢,中弹多发,应予传令嘉奖二次,以资鼓励。

附:敌机动向图一纸〔缺〕、参战飞机人员表一纸、战斗要图一纸〔缺〕。

五月二十九日参战人员飞机表

机　别	姓　名	机　种	机　号	备　考
第二十一队分队长	王特谦	E-15	七一二〇	
队员	司徒福	同上	七一五二	
	司徒坚	同上	七二二〇	
第二十三队分队长	范新民	同上	二七〇一	
	刘英役	同上	七一二九	
	朱皷华	同上	二七〇四	
第二十二队副队长	范金函	霍克Ⅲ	七一	
队员	周志开	同上	六四	
	吴振猷	同上	六七	
第二十四队分队长	王文骅	E-16	二六〇四	
队员	李廷凯	同上	七五三二	
	伍国培	同上	七五七五	
第二十六队队长	刘领赐	同上	七五〇三	
第二十六队副队长	杨孤帆	同上	二六〇三	
队员	刘孟晋	同上	二六〇七	
	严桂华	同上	二六〇九	
	潘荣华	同上	五三二五	

(14) 空军战斗要报(5月30日)

战斗要报　五月三十日于渝司令部

一、据情报所报称：敌机二十七架于八点二十四分，经五峰上空西飞。渝市于九时零七分发空袭警报。九时四十五分发紧急警报。又侦察机一架于九时十分到达长寿。敌机动向如附图。

二、九时二十分,我第十八队派霍克75式机三架,第二十四队派E-16式机二架,于白市驿机场起飞,专任为击或驱逐敌侦察机之任务。若发现敌轰炸机进入时,亦须合力围攻。其配备如附图。

三、九时四十八分,我第四大队派E-15式机八架,霍克Ⅲ式机八架于广阳坝机场,升空警戒。其配备如附图参战人员飞机表。

四、九时四十五分,敌经涪陵上空时,其中一架在涪陵投弹东逸,其余二十六架仍施用惯技在广阳一带窜扰,并至合川投弹二十余枚,借以表示已行投弹,以资欺诱,然后转向綦江、南川一带盘旋,待机袭渝。

五、十时及十时四十五分,我E-16式机及无加油箱E-15式机已至加油时间,当令赴遂宁加油后回渝参战。

六、十时三十七分,我有加油箱E-15式机巡逻至北碚附近时,最后僚机一架驾驶员高又新发现敌机在合川投弹,因该机与本队群距离颇远,恐因通知而贻误时机,乃至迷失目标,不得已即以单机脱离队群,前往追随攻击,前后共计攻击七次,直至敌机在广阳坝后东逸,乃停止攻击,终因火力过弱,未曾收效,而自己所驾之二一零七号E-15式机则被敌射中炮弹一发、枪弹二发,于十二时三十七分安全降落白市驿。附战斗要图。

七、十一时二十分,我霍克Ⅲ式机二架,因驾驶员体力不支,迫降广阳坝,当即令调换人员继续升空应战。

八、十一时四十二分,我有加油箱之E-15式机已至加油时间,乃令赴遂宁降落加油待命。

九、十一时五十九分,敌机以六千五百公尺高度,由东南方进广阳坝投弹,此时我机之高度为五千公尺,因高度不良,未能取得有效之攻击。附战斗要图。

十、渝市于十二时三十七分发解除警报,我机乃全部安全降落白市驿。

十一、此役我军之损失。

1. 二一零七号 E-15 式机中炮弹一发,枪弹二发。

2. 广阳坝机场被敌投中炸弹五十三枚,毁小油库一座,震毁房屋六间。

十二、第二十一队队员高又新搜敌周密,作战勇敢,应予记功一次,以资鼓励。

十三、此次敌机战术之特征为分次投弹,以求欺诱。

附敌机动向图一纸〔略〕

参战人员飞机表一纸

我机配备图一纸〔略〕

战斗要图一纸〔略〕

我空军参加作战人员表　二十九年五月卅日

隶　属	职　级	姓　名	飞机种类及号码
第十八队	队长	范光华	霍克75一八二六
同右	队员	胡国英	霍克一八四五
同右	队员	吴国栋	霍克一八二四
第二十一队	副队长	柳哲生	E-15 七一〇二
同右	队员	杜兆华	E-15 七一五二
第二十三队	副队长	吴鼎臣	E-15 二七〇一
同右	队员	莫同浙	E-15 二七〇四
同右	队员	贺炘	E-15 七一七四
同右	队员	刘英役	E-15 七一二五
同右	队员	徐吉让	E-15 七一二九
第二十二队	队长	张伟华	霍克Ⅲ七一
同右	分队长	龚业悌	霍克Ⅲ六七

(续表)

隶　　属	职　级	姓　名	飞机种类及号码
同右	队员	黄龙金	同　五六八七
同右	队员	黄光耀	同　五六八三
同右	队员	李继武	同　七二一
同右	队员	黄延龄	霍克Ⅲ五六八二
同右	队员	武振华	同　七五
同右	队员	王庆利	同　六九
合　计		十八员	十八机
附　记			

周至柔呈报十九日敌机六次轰炸四川各机场及我空军与之激战情形电

(1940年5月20日)

29/5/20

成都。02005渝。委员长蒋：感密。转呈主任周：(一)昨十九日，第一批敌机九架，廿时四十五分在凤凰山机场西北天回镇附近及温江机场投弹。第二批敌机九架，廿二时十四分分别在温江及太平寺机场投弹。(二)廿时十五分，我驱逐机二机及廿时卅五分，我驱逐机四架起飞警戒，与第一批敌机在新繁上空遭遇激战。我机于廿一时四十分均平安降落加油。廿一时五十三分，我驱逐机五架复行起飞，与第二批敌机在蓉市西郊发生激烈空战，均未击落。(三)计温江轰炸先后中弹卅余枚，太平寺场中弹四十余枚，天回镇附近弹落荒郊。除温江被破片微伤飞机一架外，余无损失。太平寺场本二□□□□。(四)昨十九日，另敌机两批各九架，于十九时五十分及十九时五十七分，轰炸宜宾机场四次，场内外中弹百余枚,仅炸毁营房三间,余无损失。(五)昨十九日,又敌机两批于廿四时〇三分及廿四时〇八分,在梁山机场投弹百余枚,跑道中弹四十余枚,余落荒郊,无损失。(六)本廿日七时卅分,敌机廿七架复炸梁山机场,投弹百余枚。我第□四中队E-16八架起飞攻击,当有敌机四架脱去队形。经追击后,一落忠县马家湖,为四五六八号,一落开县以西,正查询中。我机并追击至万县附近回航,经忠县时复与敌侦察机一架遭遇,当将其击落,已在忠县西寻狄,为528号。我机一架迫降北碚,一架降梁山,余六架安降重庆机场。除详情另呈战斗要报外,谨奉。职周至柔。叩。暇蓉。印。

蒋介石同意空军协助第五战区作战方式致周至柔等电

(1940年6月9日)

(1)

急。成都航委会周主任:庚暇蓉电悉。△密。准如拟照办。中△。佳申。令一亨。

(2)

急。老河口李长官:△密。据周主任庚电呈复空军协力贵战区战斗之方式如次:一、准备轻轰炸机十五架,以梁山为基地,轰炸钟祥附近之敌机场及陆军部队。二、准备重轰炸机十九架,轰炸武汉、孝感、信阳、随县、钟祥各地之敌机场及敌重要据点,等语。特电知照。中△。佳申。令一亨。

周至柔呈报我DB机到宜昌等前线侦察电

(1940年6月11日)

(1)

总长何转呈委员长蒋:本真日派钱祖伦驾DB一架,飞往前线侦察,据报:于十四时十六分到宜昌时,发现敌侦察机两架,在我机左方,向西北飞去。十四时四十分到达远安,城内大火,远安西南及荆门以西之南桥铺一带公路上均无动静,由南桥铺至宜成路附近多小村落,大半烧毁,宜城以南未见我军行动,襄樊、南漳一带无情况,等语。谨闻。周至柔叩。真战。

(2)

总长何转呈委员长蒋:六斗密。本真日梁队长国璋率领DB六架,于十一时零五分出发,二时四十分到宜昌,在宜昌东之鸦雀岭,发现散乱之敌驱逐机九架(前方六架较我高,后方三架较我低)。因我机机〔群〕未被发现,并即经当阳在该城两端一公里许公路上发现汽车百余辆,当即投弹命中,敌起火。我机于十七时二十五分全部安返。职周至柔叩。尤。战。

空军一九四〇年七月战斗要报

(1940年7月4—28日)

(1) 空军战斗要报(7月4日)

空军战斗要报　二十九年七月四日于成都航空委员会

宜昌方面

一、本(四)日九时五十分,第八大队第六中队范中队长伯超率DB-3机八架,共携带炸弹二千八百五十公斤,由太平寺机场起飞,轰炸镇镜山及大、二娘子岗敌军。十时零一分,空中集合完毕,向东航进。

二、参战人员姓名如附表。

三、本日天气:长江中游一般阴云,巫山、恩施、万县均为积雨云所笼罩,航行高度仅及四千公尺。

四、十二时二十一分,过秭归后开始警戒,此时高度升至××××公尺。十二时四十分到达宜昌,即自宜昌西北向目标镇镜山进入,因领航员精神一时过度紧张,致目标瞬即消逝,乃改向大、二娘子岗附近之目标投弹,投弹法单发连续投下,当见弹落大娘子岗附近爆发。

五、当我机投弹后约三分钟,全队向右转弯回航时,右翼小队92号蒋绍禹机首先发现敌下单翼驱逐机一架,由左前下方云层中急速上升,较我机高度低约五、六百公尺,自后下方向蒋机攻击二次,我一面还击,一面上升,当见该敌机冒烟下降,似被击伤。另型式同前敌驱逐机一架,于敌第一架攻击脱离后,亦由后下方向我72号乌钺机攻击一次后脱离,复折向我第二分队89号刘俊机攻击,并尾追至十分钟之久。此时我机高度已升至六千三百公尺,队形保持紧密整齐。另有双翼驱逐机二架,并向我攻击多次,我机以密集火网还射,悉被击退。

美孚行江边及磨鸡山一带,敌高射炮火射击甚为猛烈,其炮火所及之处,高于我机四五十公尺处爆发,其中以黑色爆烟者为多。

六、回航时,我89号刘俊机,因左发动机滑油管被敌击中三弹,油管破裂,滑油漏完,遂致汽缸内受高热烧坏,乃勉以单发动机飞回,安全迫降梁山机场,已派车另送发动机一具,前往换装中。

七、往返航线及投弹队形如附图。

八、十四时五十八分,除89号机迫降梁山机场外,余机七架全部安返基地。

九、轰炸成果:事后据陈兼兵团长征亥情电略称:据李军长延年支电称:我九四军一团已攻击观音堂时,我机轰炸龙泉铺、鸦雀岭之敌,毙敌甚多。

附:参战人员姓名表、轰炸成果表、飞机损耗表、我机往返航线要图〔略〕、我机轰炸时队形图〔略〕。

我空军参加作战人员姓名表

隶属	驾驶员		轰炸员		通讯员或射击士		飞机		备考
	职别	姓名	职别	姓名	职别	姓名	机名	号码	
第八大队	飞行员	范伯超	轰炸员	林君颜	通讯员	谢中石	DB-3	91	
第八大队	飞行员	乌 钺	轰炸员	赵建予	通讯员	廖竟成	DB-3	72	
第八大队	飞行员	邢厌非	轰炸员	李鑫淼	通讯员	圆瀛洲	DB-3	85	回航时被敌击中三弹，滑油漏完，迫降梁山。
第八大队	飞行员	刘 俊	轰炸员	梁怀邦	射击士	骆忠唐	DB-3	89	
第八大队	飞行员	李福遇	轰炸员	林荣光	通讯员	赵 环	DB-3	70	
第八大队	飞行员	王 其	轰炸员	李世群	射击士	田喜龙	DB-3	71	
第八大队	飞行员	胡振祥	轰炸员	李金榜	射击士	徐鼎祥	DB-3	83	
第八大队	飞行员	蒋绍禹	轰炸员	袁恕明	射击士	寇新亚	DB-3	92	
合计	二十六员士								

七月份我方空军轰炸成果报告表

日期	隶属	目标		轰炸状况	机种	机数	弹种	总弹数	证明者	备考
		地点	种类							
4	第八大队	大、二娘子岗	敌阵地	投弹命中龙泉铺、鸦雀岭敌阵地，毙敌甚多。	DB-3	8	50 kg 短形	30	陈诚七月征亥情电	
							70 kg	9		
							8 kg	90		

七月四日我方空军飞机损耗表

隶属	驾驶员	机名	号码	机 数			地点	原　因	报告者	备考
				待查	可修	全毁				
第八大队	刘俊	DB-3	89		1		梁山	空战被敌击中三弹,滑油管破裂。		人无恙
小　　　　计					1			1 架		
总　　　　计								1 架		

（2）空军战斗要报（7月4日）

战斗要报　七月四日于渝本部

一、本日（四）敌轰炸机三批，其第一批于十时四十五分经长阳，第二批于十一时二十分经恩施，第三批于十一时二十三分经来凤等地西飞。其动向如图。

二、我第十八队 H-75 机一架于十一时三十分，第二十二队 H-3 机九架于十一时四十五分，在广阳坝、白市驿两场起飞。E-15 机十五架于十一时五十分，E-16 机六架于十二时八分相继在白市驿机场起飞升空警戒。参战人员飞机如表。

三、十二时二十五分，令 H-75 机率 E-16 机飞经邻水至遂宁拦截，尔后 E-16 机即在遂宁加油后返渝，并于十三时五十五分令 E-15 机飞梁山加油。

四、敌机两批在渝西，一批在渝南，复曲折绕飞多时后，第一批于十四时四十五分在遂宁机场投弹，第二、三批十四时二十五分、五十五分在渝市沙坪坝一带投弹，我机大部因高度不够，故未能攻击，仅伍国培所驾 E-16 一架及周志开所驾 H-3（油箱拉去）一架高度相当，曾予敌猛烈攻击，追至长寿而返，见二敌机曳烟遁去。

五、此役我机迫降四架，又周志开机之发动机中敌小炮弹，暂难修复。

六、十五时十三分,令 H-3 机在广阳坝机场降落,H-75、E-15、E-16 在白市驿机场降落,渝市十五时三十五分解除警报。

附:敌机动向图一份〔略〕、参战人员飞机表一份。

七月四日我空军参战人员飞机表

职　　别	驾驶者	机　种	机　号	备　　考
第四大队大队长	郑少愚	E-15	二一〇一	
队员	杜兆华	同	二一一六	
	丁寿康	同	二二一一	
	雷炎均	同	二八〇三	发动机故障,无法挽救,且高度太低,遂跳伞,人微伤,机落白市驿南,全毁。
	周培恭	同	三二〇四	渠县迫降,人机微伤。
	黎宗彦	同	三二〇五	达县迫降,机毁人亡。
	司徒福	同	二一一四	
	蓝锡芳	同	二一一七	
	洪奇伟	同	二一一五	油尽迫降大中坝,警报解除后回队。
	王玉琨	同	二三二三	
	黎良	同	二三〇八	
	姚杰	同	二三〇五	
	张祖骞	同	二三〇六	
	刘英役	同	二三二四	
	郑松亭	同	二三一一	
	龚业悌	E-16	七五一一	
	伍国培	同	七五一五	
	严桂华	同	七五一六	

(续表)

职别	驾驶者	机种	机号	备考
	周　纯	E-16	七五三六	
	翁心瀚	同	五三八〇	
	张　浩	同	七五二一	
	张伟华	H-3	二二一四	
	周志开	同	二二二〇	
	王延龄	同	二二二二	
	张浩英	同	二二一八	
	吴振猷	同	二二一六	
	顾泽光	同	七二	
	孔宪惠	同	七八	
	方　纬	同	八一	
	金有德	同	六六	
	古　恒	H-75		
合　计	三十一员		三十一架	

(3) 空军战斗要报(7月6日)

战斗要报　七月六日于渝本部

一、本日(五)敌轰炸机三批,第一批二十七架,十一时三十分经忠县,第二批三十六架,于十一时三十二分经来凤,第三批二十七架,于十一时二十分经利川等地相继西飞。渝市于十一时二十五分发空袭警报,十二时七分发紧急警报。敌机动向如图。

二、我空军 E-15 五架于十一时四十五分在白市驿机场起飞,H-3 机八架于十一时五十六分在广阳坝机场起飞,E-15 机五架于十二时四分及 E-16 机四架于十二时十三分在白市驿机场相继起飞,升空警戒。参战人员飞机如表。

2299

三、十二时五分，以无线电话令 H-3 机八架、E-15 机五架，由江津飞往龙岗，拦击盘旋于綦江西北之敌机，途遇敌机分前后两编队向江津西飞。当即攻击，敌机窜入云内，良久不出，我机即飞返渝空警戒。

四、十二时二十五分以后，敌机均在渝西之资中、岳池、隆昌一带，遂于十二时四十七分，令 E-16 机到梁山加油后飞返渝空，十三时二十分令 E-15 机在白市驿机场加油待命。

五、第二、三批敌机于十三时四十五分，敌机二批回经泸县东飞，乃令在白市驿加油完毕之各机再度起飞警戒。敌机临时改变轰炸目标，于十四时五分及十四时十五分在綦江投弹遁去。其另一批于十四时四分在自流井投弹后东飞。渝市于十五时十分解除警报，我机于十五时五分分别安全降落白市驿、广阳坝机场。

附：敌机动向标示图一份〔略〕、参战人员飞机表一份。

我空军参加作战人员表　二十九年七月五日

隶属	职级	姓名	飞机种类及号码	备考
第四大队	大队长	郑少愚	E-15 二三二三	
第二十三中队	副队长	吴鼎臣	E-15 二三二五	
同右	队员	朱嶅华	E-15 二三二四	
同右	分队长	曾培复	E-15 二三〇八	
同右	队员	康保忠	E-15 二三〇六	
第二十一中队	队长	陈盛馨	E-15 二一〇一	
同右	分队长	武振华	E-15 二一一四	
同右	队员	余拔峰	E-15 二一一七	
同右	队员	孙伯宪	E-15 二一一六	
第二十一中队	分队长	高又新	E-15 二二一一	
第二十四中队	分队长	王文骅	E-16 二四一七	

(续表)

隶　　属	职级	姓　名	飞机种类及号码	备　考
第二十六中队	队员	王云龙	E-16 二四一八	
同右	队员	黄克亮	E-16 二四一九	
		翁心瀚	E-16 五三八〇	
		张　浩	E-16 七五二一	
合　　计				
附　　记				

我空军参加作战人员表　　年　月　日

隶　　属	职级	姓　名	飞机种类及号码	备　考
第二十二中队	副队长	范金函	H-3 三二一四	
		陈镇和	H-3 七二	
		张鸿藻	H-3 二二一六	
第二十二中队	分队长	高品芳	H-3 二二一八	
第二十七中队	队员	李　硕	H-3 二二二一	
同右	队员	顾　涌	H-3 二二二二	
第二十二中队	队员	黄光耀	H-3 六八	
第二十一中队	队员	李继武	H-3 八一	
合　　计		二十三员	二十三机	
附　　记				

(4) 空军战斗要报(7月8日)

战斗要报　七月八日于渝本部

一、本日(八)敌轰炸机三批,第一批三十六架于九时经宜都,第二批二十七架于十时五十五分经宜都,第三批二十七架于十二时三十八分经野三关等各地西飞。渝市于十时二十七分发空袭警报,十一时发紧急警报。敌机动向如图。

二、我空军H-75一架于十时四十一分,E-15机十三架于十时五十八分,E-16机三架于十一时三分,相继在白市驿机场起飞,H-3机七架于十时五十五分在广阳坝场起飞。E-15及H-3机起飞后在江津上空待命。参战人员飞机如表。

三、十一时十二分,令H-3及E-15机回渝空迎战由太平进袭之第一批敌机,发现敌在六千五百公尺以上。我机高度在五千公尺,不能实施攻击。但我E-16机二架曾予攻击,敌于十一时二十五分在彭家花园及南岸一带投弹归去。十一时三十八分,令E-16机飞遂宁加油待命,十一时五十七分,令E-15机在白市驿机场加油,十二时二十分又起飞。

四、十二时三十二分,令我升高迎击茨竹进袭之第二批敌机,发现敌在七千公尺以上,我机大部高度在六千公尺,亦不能实施攻击,敌于十二时四十五分在曹家岩、牛角沱一带投弹归去。十三时二分,令E-15机亦在该场降落休息,并以电话指示郑大队长升高应战之要领。

五、十三时十分,令E-15机三度起飞,尽力升高。十三时三十分,在遂宁待命之E-16机起飞来渝。至十四时五分,我机已升至七千五百公尺以上,发现第三批敌机在白塔上空,当即猛烈围攻,更番冲击,敌队形遂凌乱分散,多机冒烟逃逸,追至南川附近始脱离,回渝空于十四时十分。敌被围攻,慌乱投弹,尽落于学田湾及嘉陵新村一带。

六、十四时三十分,令H-3及E-15、E-16机在广阳坝、白市驿机场降落,H-75机一架因温度甚高,于十三时十六分,E-15机两架于十四时十二分,相继在白市驿机场安全降落,E-15机2325号迫降花岩附近,驾驶员姚杰右臂受伤。

附敌机动向图一份〔略〕

参战人员飞机表一份

七月八日我空军参战人员飞机表

队别 职	驾驶者	机 种	机 号	备 考
第四大队大队长	郑少愚	E-15	二一二一	
第十一中队副队长	柳哲生	E-15	二一〇一	
队员	司徒坚	E-15	二一一六	
分队长	王特谦	E-15	二一一七	
队员	蓝锡芳	E-15	二一一四	
分队长	司徒福	E-15	二一一八	
队员	王庆利	E-15	二一〇七	
第二十三中队队长	王玉琨	E-15	二三二三	
分队长	姚 杰	E-15	二三二五	迫降浮图关西花岩附近,人机俱伤。
队员	徐吉骧	E-15	二三〇六	
	刘英役	E-15	二三〇四	
	张祖骞	E-15	二三〇二	
	温 炎	E-15	二三〇八	
第二十四中队队长	李文庠	E-16	二四一七	
队员	李廷凯	E-16	二四〇七	
第二十六中队队长	祝瑞瑜	E-16	二四一六	
第二十二中队队长	张伟华	H-3	二二一四	
	金有德	H-3	二二二一	
队员	周志开	H-3	二二一六	
分队长	张浩英	H-3	二二一八	
队员	王延龄	H-3	二二二二	
	刘振远	H-3	二二一五	
	吴振猷	H-3	二二一七	
	胡国英	H-75		

(5) 空军战斗要报(7月9日)

战斗要报　七月九日　于渝本部

一、本日(九)敌轰炸机九十架分三批袭渝,敌机动向如图。

二、我空军 H-3 机七架,于十时二十五分在广阳坝机场起飞,E-15 机十二架于十时三十分,E-16 机二架于十时五十分,在白市驿机场起飞升高警戒。参战人员飞机如表。

三、十一时,两批敌机到太平小观音一带,分成四五个队形同时袭渝,我机群发现后,当即于十一时十分起向敌各队形猛烈攻击,经多番射击后,至十一时十五分,敌慌乱在江北及市内投弹遁去。另一队敌机在小观音上空见到我机群,即折转向右逃逸。于十一时四十五分,令 E-16 机在白市驿机场加油再起。

四、十一时三十五分,第三批敌机在南川投弹至四十分,我机场发现后,即于攻击追击十余分钟,敌已远遁,返渝空警戒。于十二时三十分,令 H-3 机降落广阳坝机场,E-15、E-16 机降落白市驿机场。

附:敌机动向图一份〔略〕、参战人员飞机表一份。

七月九日我空军参战人员飞机表

队别职	驾驶	机种	机号	备考
第四大队大队长	郑少愚	E-15	二一二一	
第二十三中队副队长	吴鼎臣	E-15	二三二三	
第二十三中队队员	莫同渐	E-15	二三〇六	
第二十三中队队员	曾培复	E-15	二三二四	
第二十三中队队员	康保忠	E-15	二三〇八	

(续表)

队别 职	驾　驶	机种	机　号	备　考
第二十三中队 队员	郑松亭	E-15	二三〇二	
第二十一中队 队员	陈盛馨	E-15	二一〇一	
第二十一中队 队员	孙伯骞	E-15	二一一五	
第二十一中队 队员	丁寿康	E-15	二一一四	
第二十一中队 分队长	武振华	E-15	二一一六	
第二十一中队 队员	余拔峰	E-15	二一一七	
第二十一中队 队员	黄栋权	E-15	二一〇七	
第二十二中队 分队长	龚业悌	E-16	二四〇七	
第二十四中队 队员	严桂华	E-16	二四一七	
第二十二中队 副队长	范金函	H-3	二二一四	
第二十二中队 队员	李　硕	H-3	二二一六	
第二十二中队 队员	陈镇和	H-3	二二二一	
第二十二中队 分队长	高品芳	H-3	二二一八	
第二十二中队 队员	李继武	H-3	二二一七	
第二十二中队 队员	黄光耀	H-3	二二二二	

(续表)

队别 职	驾 驶	机种	机 号	备 考
第二十二中队 队员	顾涌	H-3	二二一五	
合 计	二十一员		二十一机	

(6) 空军战斗要报(7月10日)

战斗要报　七月十日　于渝本部

一、本日(十),敌轰炸机九十九架分三批向渝西飞,敌各批动向如图。

二、我空军 H-15 机一架,于九时三十分在广阳坝机场起飞,H-3 机七架于九时三十五分,E-15 机十架于九时四十分,H-16 机四架,于九时五十七分在白市驿机场起飞,升高警戒。参战人员如下表。

三、十时十分,H-3 机在永兴场上空出现敌机,因速度慢追赶不上,立施攻击,遂随敌机飞行,监视其行动。敌因渝空云量甚多,不敢进袭,向江津、永川、铜梁等地盘扰,以待云散进袭。至江津时,敌第一、二批复又分成四个队形,一部与第三批向沪隆西飞,一部向遂宁西北飞,似有变更目标另袭情形。我 H-3 机随行至永川,已十时三十分,以无线电话令知返渝空警戒。至十一时三十五分,一批敌机在三台投弹,其余两批均在泸隆一带盘施向东飞返。

四、十时三十五分,令 H-16 飞遂宁加油候令回渝。E-15 机于十一时五十八分在白市驿机场降落,H-15、H-3 机于十二时十五分在广阳坝机场降落。

附:敌机动向图一份〔略〕、参战人员飞机表一份。

我空军参加作战人员表　　二十九年七月十日

隶　属	职级	姓　名	飞行机种及号码	备　考
第二十三中队	队长	王玉琨	E-15　二三二三	
同上	队员	徐吉骧	同上　二三〇二	
同上	队员	温炎	同上　二三〇六	
同上	分队长	范新民	同上　二三二四	
同上	队员	黎良	同上　二三〇八	
第二十一中队	队长	陈盛馨	同上　二一一七	
同上	队员	杜兆华	同上　二一一四	
同上	队员	洪奇伟	同上　二一一五	
同上	分队长	王特谦	同上　二一一六	
同上	队员	王庆利	同上　二一〇七	
第二十四中队	队长	李文庠	E-16　二四〇七	
同上	队员	黄克亮	同上　二四二〇	
同上	分队长	黄文骅	同上　二四一四	
同上	队员	于学炽	同上　二四一九	
第二十二中队	队长	张伟华	H-3　二二一四	
同上		王有德	同上　二二二一	
同上	队员	王延龄	同上　二二一六	
同上	分队长	张浩英	同上　二二一八	
同上	队员	周志开	同上　二二二二	
同上	队员	刘镇远	同上　二二一五	
同上	队员	张鸿藻	向上　二二一七	
第二十八中队	分队长	古恒	H-15　一八二四	
合　计		二十二员	二十二机	

(7) 空军战斗要报(7月16日)

战斗要报　七月十六日　于渝本部

一、本日(十六日)，敌轰炸机五十四架分两批袭渝，均自武汉起飞。渝市于十时十分发空袭警报，敌机动向如图。

二、我空军二十二中队十时二十五分，派 H-3 机七架在广阳坝机场起飞，第四大队于十时三十五分，派 E-15 机十六架，97 机一架在白市驿机场起飞。时渝市附近云高三千五百公尺，我机升至云下最高处巡逻警戒。参战人员飞机如表。

三、十一时五分，敌至长寿西北，飞行甚高，即以无线电话令我机升高。至十一时十七分，敌机近市区，高六千八百公尺，我机二十四架已升至六千五百公尺，发现敌机后即对敌爬高迎击，见敌【机】左右两中队立即散乱，我机脱离后，复在敌侧后两面冲击多次，追至永兴附近，返回渝空警戒。我 E-15 机二一一二号及驾驶员丁寿康均重伤不能迫降，乃跳伞落于郊野，因救护稍迟流血过多阵亡。战斗如图。

四、十一时三十分，令 97 机、E-15 机在白市驿机场加油，E-15 机第一队机群先降下加油，第二队机群与 H-3 机留空警戒，俟第一队机群加油起飞后，再着陆加油。十一时四十五分，E-16 机六架已自遂宁飞到，亦令在该场加油待命。

五、我 E-15 机十三架，97 机一架，于十二时六分在白市驿机场再度起飞，E-16 机五架，于十二时二十五分亦在该场陆续升高。

六、十三时，第二批敌机自龙岗方向进入投弹，高六千七百公尺，我机高六千五百公尺，发现后一部爬高对敌迎头攻击，一部自敌前下方仰攻猛射之后，敌遂弯向东遁逃。我机跟踪空战多时，追过长寿落远，乃返回，见二敌机由二、三中队脱落，偏摆不定，另一敌机发动机击停，一个挣扎侧飞。战斗如图。

七、此役我空军 E-15 机二一一二号机毁人阵亡，余均安全于十三时四十五分返回基地。

附：敌机动向图一份〔略〕、参战人员飞机表一份、战斗要图一份〔略〕。

七月十六日我空军参战人员飞机表

队 职别	驾驶员	机 种	机 号	备 考
第四大队				
大队长	郑少愚	E-15	二一二一	
第二十一中队				
副队长	柳哲生	同上	二一一七	中二弹
第二十一中队				
队员	司徒坚	同上	二一〇七	
同上				
分队长	王特谦	同上	二一一一	
同上				
队员	蓝锡芳	同上	二一一四	
同上				
队员	洪奇伟	同上	二一一五	
同上				
分队长	武振华	同上	二一一六	中三弹
同上				
队员	高又新	同上	二一一九	
同上				
队员	丁寿康	同上	二一一二	人机重伤，跳伞降落于江北罗家老房子，机毁人阵亡，以上九机系赵大队长领队。

(续表)

职别	驾驶员	机 种	机 号	备 考
第二十三中队				
队长	王玉琨	同上	二三二六	
同上				
分队长	曾培复	同上	二三二三	中一弹
同上				
队员	张祖謇	同上	二三〇八	
同上				
副队长	吴鼎臣	同上	二三二七	
同上				
队员	温 炎	同上	二三〇六	
同上				
队员	康保忠	同上	二三一〇	
同上				
队员	王广英	同上	二三二四	
同上	徐吉骧	同上	二三二八	以上八机系王队长领队
第二十一中队				
分队长	司徒福	97	无机号	
第二十二中队				
副队长	范金函	H-3	二二一四	
同上				
队员	陈镇和	同上	二二一一	中一弹
同上				
队员	黄光耀	同上	二二一六	
同上				

(续表)

职别	驾驶员	机 种	机 号	备 考
队员	黄品芳	同上	二二〇八	
同上				
队员	吴振猷	同上	二二二二	
同上				
队员	顾 涌	同上	二二一五	
同上				
队员	李继武	同上	二二一七	以上七机系范副队长领队
第二十四中队				
分队长	王文骅	E-16	二四二一	
同上				
队员	黄克亮	同上	二四一七	
同上				
分队长	张光蕴	同上	二四一四	
同上				
队员	陈少成	同上	二四一九	
同上				
队员	严桂华	同上	二四一八	中二弹
同上				
队员	伍国培	同上	二四二〇	以上六机系王张两分队长领队
合 计	三十一员	三十一机		

(8) 空军战斗要报(7月22日)

战斗要报 七月二十二日 于渝本部

一、本日(二十二),敌轰炸机九十架自武汉起飞,27、27、36

2311

架三编队群同向渝西飞,陕南方面亦有敌轰炸机一批三十六架,南飞袭渝。另有敌侦察机二架,轮番到渝空侦察气候及指导轰炸,渝市于十二时四十分发空袭警报。敌机动向如图。

二、空军第四大队 H-3 机七架,于十二时四十分在广阳坝机场起飞,E-15 机十八架,于十二时五十分,E-16 机七架,于十三时十五分在白市驿机场起飞,因渝空云幕高三千五百公尺,令在云上巡逻警戒。参战人员飞机如表。

三、十三时四十分,我机群在渝北清平附近见一批敌机,旋即躲入云内,无法攻击,即在云外严阵以待敌出,敌知我戒备周密,且因云多,冒险进市投弹必受重创,乃通知各批敌机共同向附目标飞去,至十三时五十分,合川即告又三批敌机在该处相继投弹肆虐。

四、十四时二十分,查有一批敌机尚未投弹在渝东涪陵向南川飞绕,有伺机进市投弹情形,令我机群在渝空警戒,E-16 机因到加油时间,即于十四时三十分,令在白市驿降落加油待命。

五、十四时四十分,我以无线电话通知我机群,敌已到达綦江附近。同时据我机群回报,已发见敌机,即接近攻击,敌急慌乱投弹,大部分于綦江郊外,钻入云内遁返。我机追赶不上,且因云多索机困难,遂于十五时十五分降落于白市驿、广阳坝两场。

附:敌机动向图一份〔略〕、参战人员飞机表一份。

我空军参战人员飞机表　七月二十二日

队　别	职　别	姓　名	飞机型号及编号	备　考
第四大队	大队长	郑少愚	E-15　二三二三	
第二十一中队	队员	杜兆华	E-15　二一二一	
同上	队员	司徒坚	同上　二一一八	
同上	分队长	王特谦	同上　二一〇八	
同上	队员	余拔峰	同上　二一一六	
同上	队员	王庆利	同上　二一一四	

(续表)

队　别	职　别	姓　名	飞机型号及编号	备　考
同上	分队长	武振华	同上　二一一一	
同上	队员	黄栋权	同上　二一一五	
同上	队员	高又新	同上　二一一九	
第二十三中队	队长	王玉琨	同上　二三二六	
同上	队员	王广英	同上　二三二七	
同上	队员	康保忠	同上　二三二四	
同上	分队长	范新民	同上　二三〇一	
同上	队员	朱皴华	同上　二三〇八	
同上	队员	张祖骞	同上　二三一〇	
同上	副队长	吴鼎臣	同上　二三二八	
同上	队员	莫同淅	同上　二三〇二	
同上	队员	黎　良	同上　二三一一	
第二十二中队	分队长	龚业悌	E-16　二四〇七	
第二十四中队	队员	伍国培	同上　二四一五	
同上	队员	于学炽	同上　二四一九	
同上	分队长	张光蕴	同上　二四一四	
同上	队员	王云龙	同上　二四二一	
同上	队员	陈少成	同上　二四一八	
同上	队员	黄克亮	同上　二四〇五	
第二十二中队	队长	张伟华	H-3　二二一四	
同上	队员	张鸿藻	同上　二二一六	
同上	同上	许成棨	同上　二二二一	
同上	分队长	张浩英	同上　二二一八	
同上	队员	刘振远	同上　二二一五	
同上	队员	李　硕	同上　二二二二	

(续表)

队别	职别	姓名	飞机型号及编号	备考
同上	队员	周志开	同上 二二一九	
合计		三十二员	三十二机	

(9) 空军战斗要报(7月22日)

战斗要报 七月二十二日 于渝本部

一、本日上午,敌侦察机二架分别于汉口、运城等地飞渝侦察。八时十五分,其由北方来渝之敌机飞抵达县,由东方来渝之敌机飞抵宣恩。我军于八时三十分派E-16式机二架升空迎战。附参战飞机人员表。

二、九时,在达县之敌机飞抵白市驿后,向重庆市飞航,其高度为四千米。我机之位置在渝市向东巡逻,高度为四千五百米,贴住层云飞航。我地上司令电台当即告以敌机之所在,并命令我机速即回头搜索,我机于受令之下方一回头,即发现敌侦察机一架,由正西方向进入市空,乃即紧粘云幕以求隐蔽,蹑入敌机之左侧后死角,突入攻击,敌虽警觉图逃,然已受重伤,无法漏网,再于正后方攻击一次后,敌机即着火坠落于彭家花园。查该敌机为九八式侦察机,乘员为桑原太郎中尉及加腾光夫曹长两名。附战斗要图。

三、由东方来渝侦察之敌机于我正在空战时,进入市空,故未能分身迎击,该机于渝市近郊作侦察后东逸。

四、此次我机之能达成任务击落侦察机之原因如下:

a) 云幕低垂,我机藏身有所。

b) 陆空联络适时而确实。

c) 战斗员张光蕴、伍国培二员善于利用天时,隐蔽自己之位置,发挥突击之效能。

五、我机于九时三十分安全降落。

附:战斗要图一份〔略〕、参战飞机人员表一纸。

我空军参战人员飞机表 七月二十二日

职　别	姓　名	机种	机　号	备　考
第二十四队分队长	张光蕴	E-16	二四二一	
第二十四队队员	伍国培	E-16	二四〇五	
合　　计	二　员		二　机	

(10) 空军战斗要报(7月24日)

空军战斗要报　　二十九年七月二十四日
于成都航空委员会

成都方面

一、本(二十四)日据四川省防空司令部情报：十三时十九分，敌侦察机一架窜抵阆中，经梓潼、绵阳、遂宁等处逸去。十二点零八分敌轰炸机三十三架抵镇安，经城固、阆中向西南飞行，其航线如图。

二、十三点三十分，机场发出空袭警报。十三点四十六分紧急警报。

三、十三点四十五分，我空军第三大队 E-15 三架、E-16 四架、格机一架、地瓦丁一架，及士校 E-15 三架、霍克Ⅲ式一架，自太平寺机场起飞，由第八中队长邹赓续总领队，升高至五千公尺，警戒于蓉市及太平寺、双流各附近上空。参战人员及飞机如附表一。

四、十三点五十分及十四点，我空军第四大队 E-15 九架、霍克Ⅲ式七架，分自白市驿机场、广阳坝机场起飞来蓉，因到达已晚，未参战。其人员及飞机如附表一。

五、空战经过：

邹赓续：十四点二十分，领 E-16 四架首先发现敌机群三十三架在新津上空向南飞行,高度约为四千七百米,当即加大油门追击,经约十分钟许,乃由正前方占位开始攻击,计在敌机投弹前攻击三次,投弹后攻击四次,此外四次因有云或占位不利,未能开枪,后追至江油上空,因子弹用尽始返航,当见敌五编队第三机冒黑烟。

翁心瀚:在投弹前攻击三次,因枪发生故障,未能追击。

高庆长:在敌投弹前攻击一次,于新津南脱离后,左枪发生故障,抢修后,因天气不良,未能发现敌机即返航。

石大陆:在太平寺南发现敌机向北飞行,十四点三十五分,即在右上前方对头攻击,第二次在右前下方攻击,第三次在右后下方攻击。

莫大彦:领 E-15 三架、格机一架,于十四点三十五分,于成都东南发现敌机群,当行左侧方成对攻击一次,继续攻击二次脱离。

伍相杰:行下方攻击一次。

阳永光:行左下方攻击一次。

以上各机于十五点十二分全部安全降落太平寺机场。

赖逊岩:领士校 E-15 三架,霍克Ⅲ式一架,起飞升高至五千米,在新津西北发现敌机群,即单机行左前方攻击一次,敌机进入云上,复于太平寺上空右前方攻击一次,继续追至新繁北方攻击一次。

陈玉桑:于新津附近上空攻击一次。

陈桂林:于新津附近上空行前上方攻击一次,及左侧方攻击一次,继又行后下方攻击一次。

余腾甲:于新津附近上空行左侧方攻击一次。

以上四机于十五点全部降落于太平寺机场,十四时五十五分解除警报。

六、本役合击落敌机重轰炸机一架,坠于南部东南约二十公里附近盘龙驿,立时起火。

七、我方损失:

1. 我机六架被敌弹击伤,如附表二。

2. 蓉市区计落弹约二百枚,以燃烧弹为多,起火共十八处,地点在春熙南段东大街,南北打金街及外东一带,死伤约四十余人。

八、本日十三时,蓉市天气为高积云及层云所笼罩,高度约三千八百——四千三百公尺。

附:1.敌机袭蓉经过要图〔略〕、2.参战人员姓名表、3.飞机损耗表〔略〕、4.战斗成果表〔略〕。

我空军参战人员姓名表

隶 属	职 务	姓 名	型号	编 号	备 考
第三大队	中尉				
第八中队	队长	邹赓续	E-16	7536	兼总领队
第七中队	少尉				
	飞行员	翁心瀚	同上	7540	
第七中队	同上	张 曷	同上	5364	
第二十八中队	同上	石大陆	DT	5915	
第三十二中队	中尉				
	副队长	莫大彦	E-15	7128	兼领队
同上	中尉				
	分队长	何觉民	G	5733	
同上	少尉				
	飞行员	阳永光	E-15	7126	
第二十八中队	同上	伍相杰	E-15	7116	
第八中队	中尉				
	分队长	高庆长	E-16	5380	
暂编驱逐队	教官	赖逊岩	E-15	309	兼领队
同上	中尉				

(续表)

隶 属	职 务	姓 名	型 号	编 号	备 考
	教官	余腾甲	霍克Ⅲ	335	
同上	同上	陈桂林	E-15	320	
同上	同上	陈玉燊	E-15	323	
第四大队 第二十三中队	上尉 队长	王玉琨	E-15	2326	
同上	中尉 飞行员	刘英役	同上	2311	
同上	同上	王广英	同上	2327	
同上	同上	郑松亭	同上	2328	
同上	同上	张祖骞	同上	2310	
同上	同上	康保忠	同上	2324	
同上	同上	莫同淅	同上	2302	
同上	同上	朱福华	同上	2308	
第四大队 第二十二中队	上尉本级 队长	范新民	同上	2301	
同上	中尉本级 飞行员	高品芳	H-3	2214	
同上	同上	顾涌	同上	2215	
同上	少尉本级 飞行员	陈镇和	同上	2221	
同上	同上	金有德	同上	2216	
同上	同上	王延龄	同上	2219	
同上	同上	李继成	同上	2222	
合 计		二十九员			

附:第四大队第二十二及第二十三两中队飞机,因到蓉后敌机已窜去,故未参与攻击。

(11)空军战斗要报(7月28日)

一、本日上午六时十八分,据报敌机九架经宜都西飞,继于七时五十分在资丘,八时五十一分在松滋,九时零二分在长阳及十时廿五分在碗市,相继发现其二、三、四、五批各廿七架西飞。渝市当于六时卅五分发放空袭警报。

敌机动向如附图(一)。

二、十时十五分,我E-15Ⅲ机十六架,由成都基地起飞,向遂宁、合川、重庆之线出动拦截,由第四大队赖大队长率领九机为第一编队,第五大队第廿七中队中队长刘敬光率领七机为第二编队,各驾驶人员及飞机号码如附表(一)。

三、十二时四十五分,我第一编队群机九架、第二编队之一部三架,飞达壁山附近,适与由自贡投弹后东遁之敌轰炸机十八架遭遇,此时敌之高度为五千米,我机之高度为六千米左右,当即迎头猛扑,攻其无备,敌队散乱,向北窜逸,我机尾追不舍,至合川作第二次攻击,追至清平作第三次攻击,在末次攻击时仅发现敌机十七架,另一架似已被我机所击落。附战斗要图(二)。

四、十三时五十分,第三批敌机正在自贡窜扰,此时我机之油量已尽,乃命其分别降落白市驿、广阳坝机场紧急加油,作第二次截击之准备。

五、此役之结果如下:

甲:击落敌轰炸机一架,残骸正清查中。

乙:A. 我第廿九中队队员高春畴驾E-15式2904号机被敌弹击中受伤后,迫降合川阵亡。

B. 第二十三队队长王殿弼驾2306号因飞机中弹损坏,迫降黄山受伤。第廿七队队员王季哲驾1702号及刘福聚驾2702号因发动机故障,迫降江津受伤。

C. 第四大队队长赖逊岩驾2101号及第廿九中队队员吴国栋驾2901号飞机中弹甚多,安全降落白市驿。飞机人员伤亡损毁如

2319

附表(二、三、四)。

　　D. 其余各机均安全归还基地。

　　六、二次之拦截：十三时五十八分，在自贡投弹返航之第三批敌机廿七架已返达内江，乃命降落白市驿及广阳坝机场。紧急待命中 E-15 式机八架，于十四点十分及十四点十五分在二机场先后起飞升空，向内江之线搜索前进。因敌机向北偏航，故未遭遇，我机乃飞返成都，安全降落。渝市当于十五时十分解除警报。

　　七、此役之检讨
劣点：

　　甲、第二编队领队机对战地地形、地物、方位不甚谙熟，对僚机之掌握亦不确实，以至各机成分离行动之态势，多机均未能获取战斗之机会。

　　乙、陆空通信不良，在成都起飞后之编队群迨飞至重庆附近时，彼此之波长不能协调，致呼叫不灵，传音亦欠明晰，以至不能确实掌握。

　　丙、敌机十八架投弹归来，我乘其不备而攻之，则应奋不顾身以击落之，倘不能击落，亦应与敌相撞，使敌我同归于尽，以雪我军一年来之积耻，然此次仍未能建功一二，在雪耻之精神上殊欠旺盛。优点：

　　甲、攻击之一般精神颇佳。

　　乙、对器材之爱护颇为尽力。

　　附：敌机动向图一份〔略〕、我空军参加作战人员表一份。

我空军参加作战人员表

隶　属	职　级	姓　名	飞机种类及号码	备　考
第四大队		赖逊岩	二一〇一	降白市驿
同		张光润	二一〇九	降广阳坝
同		欧阳鼎	二一〇三	降广阳坝

(续表)

隶　　属	职　级	姓　名	飞机种类及号码	备　　考
同		王殿弼	二三〇六	降黄山
同		谭廷煌	二三〇九	降广阳坝
同		杨修伦	二三〇三	降白市驿
同		刘振远	二三〇二	降广阳坝
同		龙震泽	二一〇六	降大中坝
同		臧锡兰	二三〇四	降广阳坝
第五大队		刘敬光	二七〇一	降白市驿
同		许陶勋	二七〇三	降遂宁
同		刘福聚	二七〇二	降江津
同		刘尊	二六〇二	降遂宁
同		王寄哲	一七〇二	降江津
同		吴国栋	二九〇一	降白市驿
同		高春畴	二九〇四	降合川
合　　计		十六员		

(12) 空军战斗要报(7月31日)

战斗要报　七月三十一日于渝本部

一、本日(三十一)，敌陆军轰炸机一批计三十六架，自运城起飞；海军轰炸机三批，计八十一架，自武汉起飞，向重庆航进。另有侦察机多架先后随伴，续飞渝空，监视我机行动，侦察天候及指导轰炸。渝市于十二时四分发空袭警报。敌机动向如图。

二、我空军第四大队E-15机二十一架，于十二时十五分在白市驿起飞，分两编队，由郑少愚、陈盛馨各领一队，H-3机八架于十二时十八分在广阳坝起飞，由范金函领队，E-16机七架于十二时二十五分在白市驿起飞，由龚业悌领队，各在重庆市上空警戒。参

2321

战人员飞机如表。

三、十二时三十五分,敌陆军机三十六架到达依凤上空,即令我机飞往迎击,当敌发现我机群时,急折向东北,其一部在北碚作非预定之投弹,嗣在合川盘旋,经铜梁仍图袭渝,但在铜梁附近与我 E-16 机遭遇,发生猛烈空战,我 E-15 机亦赶到参加,敌即将炸弹投在铜梁,向东北回航,其中一架被我击伤冒出浓烟,我 E-16 机为油量所限,未予穷追,即飞遂宁加油弹,E-15 机仍返渝空警戒。

四、十四时二十分,第二批敌机到木耳,第三批敌机到依凤,同时进入市区投弹,其高度与我 E-15 机群约略相等,均在七千五百公尺,我机立予迎头猛击,敌即俯冲逃避,复遭我控制于下层高度六千五百公尺之 H-3 机群猛烈攻击,当见敌机多架尾曳浓烟。我遂宁加油后返渝之 E-16 三架亦适时到达,立即加入攻击,至涪陵时,我 E-16 机一架驾驶员王云龙中弹受伤,勉强飞至重庆附近时,不能支持跳伞,另 E-16 一架陈少成驾驶失踪未回。

五、十四时四十五分,第四批敌机于飞近渝东关后,仍折回在涪陵投弹逸去。

六、此役击伤敌机多架,我 E-16 机二四○二号驾驶员王云龙受伤跳伞后阵亡,机坠毁。E-16 机二四一八号驾驶员陈少成失踪,E-15 机受伤四架。

附:敌机动向图一份〔略〕、参战人员飞机表一份、战斗要图一份〔略〕。

我空军参加作战人员表

职　别	驾驶员	机种	机号	备　考
第四大队大队长	郑少愚	E-15	二三二六	担任 E-15 机第一编队(十二机)领队
第二十三中队队员	康保忠	E-15	二三二三	
队员	黎良	E-15	二三○六	中一弹
分队长	曾培复	E-15	二三○一	

(续表)

职别	驾驶员	机种	机号	备考
队员	莫同淅	E-15	二三〇二	
队员	张祖骞	E-15	二三一〇	
副队长	吴鼎臣	E-15	二三二七	
队员	朱骰华	E 15	二三〇八	
第二十三中队队员	徐吉骧	E-15	二三二八	
队员	刘英役	E-15	二三一一	
队员	温炎	E-15	二三二四	中一弹
第二十一中队队员	高又新	E-15	二一〇七	中一弹
队员	陈盛馨	E-15	二一二一	担任 E-15 机第二编队（九机）领队
分队长	司徒福	E-15	二一一一	
队员	黄栋权	E-15	二一一五	
分队长	王特谦	E-15	二一一六	未攻击
队员	蓝锡芳	E-15	二一〇八	未攻击
队员	王庆利	E-15	二一一四	未攻击
分队长	武振华	E-15	二一一八	中一弹
队员	杜兆华	E-15	二一〇四	
队员	洪奇伟	E-15	二一一九	
第二十四中队副队长	龚业悌	E-16	二四〇七	担任 E-16 机领队
队员	王云龙	E-16	二四二〇	机受伤坠毁，人跳伞，着陆后伤重阵亡。
队员	严桂华	E-16	二四一九	
分队长	王文华	E-16	二四一五	
队员	佟明波	E-16	二四一四	
队员	陈少成	E-16	二四一八	失踪，正清查中。

2323

(续表)

职　　别	驾驶员	机种	机　号	备　考
队员	黄光亮	E-16	二四〇五	未攻击
第二十二中队副队长	范金函	H-3	二二一四	担任 H-3 机领队
队员	许成棨	H-3	二二二一	
队员	张鸿藻	H-3	二二一六	
分队长	张浩英	H-3	二二一八	
队员	黄光耀	H-3	二二二二	
队员	刘振远	H-3	二二一七	
队员	吴振猷	H-3	二二一九	
第十八中队队员	胡国英	H-3	一八七四	
合　　计	三十八员		三十八架	

军委会西安办公厅抄送讯问敌空军俘虏笔录快邮代电
（1940年7月10日）

重庆军令部长徐：午冬亨代电暨午支申亨电计达，谨抄送空军第十一总站审问敌空军俘虏须田等三名原记录三份，以供参考。熊斌。午灰。地叩。附抄原俘虏讯问笔录三份。

俘虏审问笔录

日期：六月二十九日上午八时半

审讯：总站长　　　　张抑强

翻译：第一股股员　　郑德文

记录：摄影班长　　　李宝寅

被审讯人：射手矢野正雄

总站长宣示：现在开始审讯俘虏矢野一案

问:姓什么?名什么?多大岁数?哪里人?住什么地方?什么职业?

答:我叫矢野正雄,年二十五岁,四国爱援县人,住八幡矢野町一七〇番地,曾在寻常高等小学肄业,家中务农,现充射击。

问:几时入伍?

答:我在昭和十一年入伍,期共四年。

问:在何处入伍?

答:滨松第七联队。

问:何时到中国来?

答:本年二月一日至中国太原。

问:由太原共出发轰炸几次?

答:曾到重庆轰炸两次。

问:曾轰炸其他地点否?

答:未。

问:你会驾驶否?

答:不会驾驶,仅担任尾部机枪射手。

问:此次轰炸重庆是何种飞机?性能如何?

答:机种不明,普通称为〔新重轰炸机〕,共有发动机二具,耐航时间约为十五六小时,速度约三百公里,机前舱有机枪一柄,中部上方有双管式机枪一柄,尾部有机枪一柄,每分钟约三百发,射程不知。

问:能载机弹若干?

答:约两吨。

问:发动机马力若干?

答:不详。

问:机上能载几人?任务分配如何?

答:正副驾驶员各一,无线电管理者一名,射手三名,补充射手一名兼照相工作。

问:太原机场大小如何?

答:不详。

问:此次飞重庆轰炸共有飞机几架?

答:本月十六日约上午十时,自太原起飞,二时许达重庆上空,共三十六架。

问:飞回时编队情形如何?

答:队形已散,本机强迫着〔陆〕,六时仅见天空尚有一架。

问:你所乘飞机为几号? 迫降后情形如何?

答:飞机号码为3010,迫降后飞机完好。

问:何以迫降?

答:大概系空战受伤。

问:何以受伤?

答:大概发动机受伤,驾驶员亦伤一名。

问:迫降后有无僚机掩护?

答:无。

问:何人主张将飞机点火焚毁?

答:我当时神智不清,不知谁点的火。

问:机上机关枪旋转角度多大?

答:中部之机关枪可以作三百六十度的旋转度数,前后两机枪均可以数十度转度。

问:机上七人谁担任轰炸?

答:驾驶员担任。

问:驾驶员二人,究竟是谁担任?

答:我到中国以后才充射手,故不清楚。

问:机枪瞄准器系何种式样?

答:系环状瞄准器。

问:你每月薪饷若干?

答:每月二十五元。

问:有其他津贴否?

答:无。

问:机上担任照相者系何人?

答:我平素喜欢照相,我也担任过。

问:你已结婚否?

答:未。

问:何人据中部之机枪?

答:已死。现被捕之森田系中间助手,项田担任前座机枪,我任尾部机枪射手。

矢野正雄口供

须田实男,年二十五岁,山梨县人,甲府市本町七番地寻常小学毕业,家中务农,射手。

问:几时入伍?

答:昭和九年,两年以后回乡。

问:在何处入伍?

答:岐阜第一联队(空军任炊事)。

问:几时来到中国?

答:今年二月一日到太原。

问:由太原出发几次?

答:到重庆轰炸一次,其余各地均未往。

问:你会驾驶否?

答:不会。

问:此次所乘飞机性能若何?

答:机种为〔新重〕,共有发动机二具,机枪三具,我本人担任机前部之射手,机枪每分钟约三百发至四百发左右,直线射程约五六百米,飞机速度不详。

问:炸弹可载几吨?

答：好像两吨，但实情不详。

问：发动机马力若干？

答：不详。

问：乘坐几人？任务分配若何？

答：射手三人，驾驶员二人，机械人员一名，无线电人员一名兼习轰炸。

问：谁担任照相？

答：不详。

问：飞机迫降原因？

答：发动机不良。

问：原因若何？

答：或系空战受伤。

问：迫降时见有其他飞机否？

答：只有一架。

问：迫降后飞机状况如何？

答：着陆后飞机外表良好。

问：谁放的火？

答：不详。

问：双统枪上之复进簧系何时遗失？

答：原来完好，系由当地驻军分解或系该时遗失。

问：每月薪金多少？

答：二十五元。

问：出发时有无报酬？

答：无。

问：你已否结婚？

答：未。

问：家庭环境如何？

答：贫乏。

问:家庭尚有何人?

答:有母亲一人,现年五十三岁。

须田实男供词

森村荣男

问:姓名?年岁?籍贯?住址?职业?

答:我叫森村荣男,年二十三岁,东京人,住东京市板桥区三五三番地,寻常高等小学毕业。家中有母及姐各一人,现充射手,乃预备射手。

问:机上坐几人,任务分配若何?

答:共七人,三射手,二驾驶,一轰炸,一无线电。

问:谁担任轰炸?

答:无一定,谁好谁担任。此次由小野寺君担任,但我亦不甚详细或不确实。

问:机枪装备若何?

答:机身中部为双统机枪,单统者在机之前部,带套筒者装于后部。

问:会驾驶否?

答:不会。

问:几时入伍?

作:在岐阜,于昭和十四年一月十日至去年为止,担任守卫警戒。

问:何时到中国?

答:今年二月一日到太原。

问:你与须田、矢野过去认识否?

答:同来,但原来不认识。

问:由太原出发几次?

答:仅第一次。

问:所乘飞机为何种?性能如何?

答:是陆军新重爆击机,发动机二具,机枪三具,飞机巡航速度为三百五十公里,航续时间约十五六小时,但我未坐过那么久。

问:谁担任照相?

答:不详。

问:此次迫降原因何在?

答:发动机转动不良,是否中有子弹或其他方面障碍则不详。

问:迫降后曾见空中有飞机否?

答:曾见两架。

问:机枪究有几挺?

答:中部双统一挺,前部一挺,后部一挺。

问:据本站机械士称后部有两挺。

答:或有一挺,是预备之用,但尾部不能装置。

问:炸弹可载几吨?

答:一千五百至二千公斤,但亦不甚清楚。

问:每月薪金若干?

答:每月十元。

问:家庭状况如何?

答:有菜地及房屋,但亦不富有。

森村荣男供词

空军一九四〇年八月战斗要报
(1940年8月2—21日)

(1)空军战斗要报(8月2日)

一、本日(二),敌陆军轰炸机一批计三十六架,自运城南飞;海军轰炸机两批计八十六架,自武汉西飞。另有侦察机多架,轮流飞渝监视我机行动。渝市于十一时二十五分发空袭警报。敌机动向如图。

二、我空军第四大队 H-3 机七架由张伟华领队，于十一时三十六分在广阳坝起飞。E-15 机分编两队计十九架，由王玉琨、柳哲生领队。E-16 机队四架由张光蕴领队，先后于十一时四十分及十二时十五分在白市驿起飞，各在重庆上空警戒。参战人员飞机如表。

三、至十三时，各批敌机仍未进入，当令 E-16 机飞遂宁加油回渝，其余各机队仍留市空严密警戒。

四、十三时九分，第二批敌机二十六架飞广安投弹后东返。十三时十六分，第一批敌机三十六架在璧山投弹后回航，至潼南东郊与在遂宁加油返渝之我 E-16 机队遭遇，敌高六千公尺，我高四千公尺，乃一面追击，一而〔面〕升高，至广安时高度略等，乃从侧后方攻击多次，见无异状，回渝警戒。

五、第三批敌机飞至合江，复分为 27、25、8 架三个编队，其中一编队二十七架，于十三时四十分飞隆昌投弹东返，两个编队于十三时三十分及十四时五分在泸县投弹东返。渝市于十五时三分解除警报。我机于十四时四十五分安返驻地。

六、此役，我 E-16 机二四一四号驾驶员伍国培飞遂宁加油时，着陆机损人伤。

附：敌机动向图一份〔略〕、参战人员飞机表一份。

我空军参加作战人员表

职　　别	驾驶员	机种	机　号	备　　考
第二十一中队副队长	柳哲生	E-15	二二一	担任领队
队员	孙伯宪	E-15	二一一五	
队员	司徒坚	E-15	二一一四	
分队长	王特谦	E-15	二一一一	
队员	余拔峰	E-15	二一一九	
队员	高又新	E-15	二一〇七	

(续表)

职　　别	驾驶员	机种	机　号	备　考
分队长	司徒福	E-15	二一一六	
队员	蓝锡芳	E-15	二一〇八	
队员	洪奇伟	E-15	二一〇四	
第二十二中队队长	王玉琨	E-15	二三二三	担任领队
队员	温　炎	E-15	二三〇八	
队员	张祖骞	E-15	二三二四	
队员	王广英	E-15	二三二七	
队员	莫同淅	E-15	二三〇二	
队员	徐吉骧	E-15	二三二八	
分队长	曾培复	E-15	二三〇一	
队员	康保忠	E-15	二三一〇	
队员	郑松亭	E-15	二三一一	
队员	黎　良	E-15	二三〇六	
第二十四中队分队长	张光蕴	E-16	二四〇七	
队员	严桂华	E-16	二四二二	
队员	祝瑞瑜	E-16	二四〇五	
队员	伍国培	E-16	二四一四	飞遂宁加油着陆时机损人伤
第二十二中队队长	张伟华	H-3	二二一四	
队员	陈镇和	H-3	二二一一	
队员	王延龄	H-3	二二一六	
分队长	高品芳	H-3	二二一八	
队员	李继武	H-3	二二一九	
队员	顾　涌	H-3	二二一七	
第十八中队队员	胡国英	H-3	一八七四	
合　　计	三十员		三十架	

(2) 空军战斗要报(8月3日)

一、本日(三),敌陆军轰炸机一批计三十六架,自运城向渝航进。渝市于十三时三分发空袭警报。敌机动向如图。

二、我空军第四大队 H-3 机八架由范金函领队,于十三时二十分在广阳坝起飞,E-15 机十八架分编两队,由郑少愚、陈盛馨领队。E-16 机四架由杨梦青领队,先后于十三时二十分、二十五分、三十分在白市驿起飞警戒。参战人员飞机如表。

三、十三时三十三分,敌飞至北碚附近,被我机发现后,当即移动队群占领攻击位置,但敌机则左转趋避,窜至铜梁投弹北遁。我 E-16 机四架因速度较佳,跟踪追至广安时,其中两架追上攻击多次,因火力太少,见无异状返回,其余各机均未能攻击。

四、此役,敌先我发现逃避,我拦截距离太远,速率不及,无法追上,其中 E-15 机第 2121 号一架因追敌速度太大,螺旋桨损坏,返白场平安降落。

附:敌机动向图一份〔略〕、参战人员飞机表一份。

我空军参加作战人员表

隶　　属	职　级	姓　　名	飞机种类及号码	备　　考
第四大队	大队长	郑少愚	E-15 二三二三	E-15 机第一编队领队
第二十三中队	副队长	吴鼎臣	E-15 二三〇二	
同上	队员	郑松亭	E-15 二三二四	
同上	队员	王广英	E-15 二三二七	
同上	队员	康保忠	E-15 二三一〇	
同上	队员	温炎	E-15 二三〇八	
同上	分队长	范新民	E-15 二三〇一	
同上	队员	朱戢华	E-15 二三二八	

(续表)

隶　　属	职　级	姓　名	飞机种类及号码	备　　考
同上	队员	黎良	E-15 二三〇六	
第二十一中队	队长	陈盛馨	E-15 二一二一	E-15 机第二编队领队
同上	分队长	王特谦	E-15 二一一一	
同上	队员	黄栋权	E-15 二一〇七	
同上	分队长	武振华	E-15 二一一六	
同上	队员	蓝锡芳	E-15 二一〇八	
同上	队员	王庆利	E-15 二一一九	
同上	队员	孙伯宪	E-15 二一一五	
第二十三中队	队员	徐吉骧	E-15 二三一一	
第二十一中队	队员	洪奇伟	E-15 二一〇四	
第二十四中队	队长	杨梦青	E-16 二四〇七	E-16 机领队
同上	队员	黄克亮	E-16 二四〇五	
同上	分队长	王文骅	E-16 一四一五	
同上	队员	于学炽	E-16 二四二二	
第二十二中队	副队长	范金函	H-3 二二一四	H-3 机领队
同上	队员	许成荣	H-3 二二一六	
同上	队员	黄光耀	H-3 二二二一	
同上	分队长	张浩英	H-3 二二一八	
同上	分队长	周志开	H-3 二二一九	
同上	分队长	李硕	H-3 二二二二	
同上	队员	刘振远	H-3 二二一七	
合　　计	人员	二十九名	机二十九架	
附　　记				

(3) 空军战斗要报(8月9日)

一、本日(九),敌海军轰炸机二批计九十架,自武汉起飞向渝航进。另有侦察机多架,轮流飞渝监视我机行动。渝市于十一时三十分发空袭警报。敌机动向如图。

二、我空军第四大队H-3机七架由张伟华领队,于十一时三十五分在广阳坝起飞。E-15机十八架分编两队,由陈盛馨、王玉琨领队,E-16机四架由杨梦青领队,先后于十一时四十五分及十二时十二分在白市驿起飞。参战人员飞机如表。

三、至十二时十七分,敌飞抵长寿后,仍沿用惯技返丰都、道真、松坎一带飞绕,以消耗我机油量及疲劳我战斗员精神,而后入市投弹,我洞悉其奸,遂于十二时三十分令E-16机飞遂宁加油,至十三时三十八分在该场起飞返渝。又于十三时四十分令E-15机在广阳坝、白市驿两场加油,至十四时二十八分再起迎战。

四、至十四时三十九分,第一、二批敌机同时进市投弹,我H-3机当即在敌大编队前侧方全队攻击,脱离后各机复攻击多次,因火力太少,未获战果返回。E-16、E-15机因高度不足,未能攻击。

五、另有敌机两架分别在秀山、来凤投弹。

六、此役,我H-3机第二二一九号中二弹,驾驶员张鸿藻无恙。E-15第二一一一号故障迫降白市驿场外,机损,驾驶员司徒福无恙。又,E-15机第二三〇二号空中螺旋桨断一叶,发动机架坏,机枪走火,安降白市驿,驾驶员莫同渐无恙。

附:参战人员飞机表一份

隶属	职级	姓名	飞机种类及号码	备考
第二十一中队	队长	陈盛馨	E-15 二三二三	担任E-15机第一编队领队
第二十一中队	分队长	武振华	E-15 二一一八	
第二十一中队	队员	司徒坚	E-15 二一〇四	

(续表)

隶　　属	职　级	姓　名	飞机种类及号码	备　　考
第二十一中队	副队长	柳哲生	E-15 二一一六	
第二十一中队	队员	余拔峰	E-15 二一一五	
第二十一中队	队员	王庆利	E-15 二一〇八	
第二十三中队	队员	王广英	E-15 二三二七	
第二十三中队	队员	莫同淅	E-15 二三〇二	本机空中螺旋桨折断，发动机架坏，迫降无恙。
第二十三中队	队员	朱嶯华	E-15 二三〇六	
第二十三中队	队员	徐吉骧	E-15 二三二四	
第二十三中队	队员	温　炎	E-15 二三二四	
第二十三中队	队员	曾培复	E-15 二三〇一	
第二十三中队	队员	康保忠	E-15 二三〇八	
第二十三中队	队员	张祖骞	E-15 二三一〇	
第二十三中队	队长	王玉琨	E-15 二三二六	担任 E-15 机第二编队领队
第二十一中队	分队长	司徒福	E-15 二一一一	
第二十一中队	队员	黄栋权	E-15 二一〇七	
第二十一中队	队员	高又新	E-15 二一一四	
第二十四中队	队长	杨梦青	E-16 二四〇七	担任 E-16 机领队
第二十中队	队员	严桂华	E-16 二四〇五	
第二十中队	分队长	张光蕴	E-16 二四一五	
第二十中队	队员	祝瑞瑜	E-16 二四二二	
第二十二中队	队长	张伟华	H-3 二二一八	H-3 机领队
第二十二中队	队员	陈镇和	H-3 二二一一	
第二十二中队	队员	吴振猷	H-3 二二一六	
第二十二中队	分队长	高品芳	H-3 二二二〇	

(续表)

隶属	职级	姓名	飞机种类及号码	备考
第二十二中队	队员	顾涌	H-3 二二一七	
第二十二中队	队员	张鸿藻	H-3 二二一九	
第二十二中队	队员	李继武	H-3 二二二二	
合计		二十九员	二十九架	
附记				

(4) 空军战斗要报(8月11日)

一、本日(十一),敌海军轰炸机二批计九十架,自武汉起飞向渝航进。另有侦察机多架,在市空盘旋。渝市于十二时十八分发空袭警报。敌机动向如图。

二、我空军第四大队 H-3 机七架由范金函领队,于十二时十八分在广阳起飞。E-15 机十六架分六机与十机两编队,由郑少愚、陈盛馨领队。E-16 机四架与第三大队 E-16 机二架合编一队,由龚业悌先后于十二时二十五分及十三时四十五分在白场起飞。参战人员飞机如表。

三、十三时五十六分,二批敌机会合飞抵北碚,沿用本月九日惯技,以大编队群同时进入市空投弹,我空军先以 E-15 机(六机编队)一队用空中爆发炸弹对敌大队机群盘旋轰炸,其余各机队于敌机群被炸散乱之际,趁势扑入猛攻,当即击落敌机一架,坠于渝市近郊,残敌仓惶溃遁,我机奋勇进击,在石柱上空又击落一架,坠落双庆乡。

四、此役敌我之损失

1. 击落敌机二架,其一落于石桂双庆乡,另一架之地点待查,受伤遁返者多架。

2. 我机被敌击中子弹者计有八架,第二十一中队队员蓝锡芳受伤。

2337

五、查第二十中队队员温炎奋勇进击受伤，敌机至石柱将其击落。

六、所有参加本战役功过部份，另行奖惩。

我空军参加作战人员表　　二十九年八月十一日

隶　　属	职级	姓名	飞机种类及号码	备　　考
第四大队	大队长	郑少愚	E-15 二三二六	E-15 机第一队领队
第二十三中队	队员	郑松亭	E-15 二三〇一	
同上	队员	王广英	E-15 二三〇八	
第二十一中队	副队长	柳哲生	E-15 二一一六	
同上	队员	高又新	E-15 二一〇七	中弹三发
同上	队员	洪奇伟	E-15 二一一四	中弹一发
同上	队长	陈盛馨	E-15 二一〇一	E-15 机第二队领队
同上	分队长	王特谦	E-15 二一二〇	
同上	队员	蓝锡芳	E-15 二一一八	该员肩部中弹,手指受伤。
同上	分队长	曾培复	E-15 二三二三	
同上	队员	康保忠	E-15 二三一〇	
同上	队员	黎良	E-15 二三二四	
第二十三中队	队员	刘英役	E-15 二三二七	中弹四发
同上	队员	朱皺华	E-15 二三〇六	尾部中弹
同上	队员	温炎	E-15 二三二八	中弹二十发
第二十一中队	队员	余拔峰	E-15 二一一五	
第二十四中队	副队长	龚业悌	E-16 二四〇七	E-16 机领队
同上	队员	佟明波	E-16 二四〇三	
同上	分队长	王文骅	E-16 二四一五	中弹一发
同上	队员	黄克亮	E-16 二四二二	
第三大队		曾达池	E-16 七五四〇	中炮弹一发

(续表)

隶　属	职　级	姓　名	飞机种类及号码	备　考
同上		牛增慎	E-16 七五三六	
第二十二中队	副队长	范金函	H-3 二二一八	H-3 机领队
同上	队员	张鸿澡	H-3 二二一六	
同上	队员	李硕	H-3 二二二一	
同上	分队长	范新民	H-3 二二二〇	
同上	队员	王延龄	H-3 二二一九	
同上	分队长	刘浩英	H-3 二二二二	
同上	队员	刘振远	H-3 二二一七	
合　计		廿九员	廿九机	
附　记				

(5) 空军战斗要报(8月12日)

一、本日(十二),敌海军轰炸机二批计九十架,自武汉起飞向渝航进。渝市于十一时七分空袭警报。敌机动向如图。

二、我空军第四大队 H-3 机七架,由张伟华领队,十一时十三分在广场起飞,E-15 机十五架分六机与九机两编队,由郑少愚、王玉琨领队。E-16 机五架与第三大队 E-16 机二架合编一队,由杨梦青领队,先后十一时五十分及十二时五分在白场起飞。参战人员飞机如表。

三、十二时四十九分,第一批敌机飞至渝西内江、安岳一带,向自流井方向航进,当即于十二时五十分令 E-15 及 E-16 机降落白场加油待命,并令 H-3 机警戒掩护。

四、至十三时二十分,敌机已在自流井、泸县投弹回航,至合江附近,即令 E-15 及 E-16 机升空飞赴綦江一带拦截,十三时四十分,我爆炸队飞抵綦江时发现敌机一批三十六架,疾向东飞,我机

2339

一架因速度较佳,得以接近敌机,即用空中爆炸弹轰炸,因弹少未获战果。其余各队均未发现敌机,至十五时十分,全体归还广、白两场。

附:敌动向图一份〔略〕、参战人员飞机表一份。

我空军参加作战人员表　二十九年八月十二日

隶　属	职　级	姓　名	飞机种类及号码	备　考
第四大队	大队长	郑少愚	E-15 二三二六	E-15 机第一队领队
第二十三中队	队员	郑松亭	E-15 二三〇一	
	队员	王广英	E-15 二三〇八	
第二十一中队	副队长	柳哲生	E-15 二一二〇	
	队员	高又新	E-15 二一〇七	
	队员	洪奇伟	E-15 二一一六	
第二十三中队	队长	王玉琨	E-15 二三二三	E-15 机第二队领队
同上	队员	张祖骞	E-15 二三〇六	
同上	队员	黎　良	E-15 二三二四	
同上	分队长	曾培复	E-15 二三二七	
同上	队员	莫同淅	E-15 二三〇二	
同上	队员	徐吉骦	E-15 二三二八	
第二十一中队	分队长	武振华	E-15 二一〇一	
同上	队员	司徒坚	E-15 二一一五	
同上	队员	王庆利	E-15 二一一八	
第二十四中队	队员	杨梦青	E-16 二四〇七	E-16 机领队
同上	队员	严桂华	E-16 二四〇三	
同上	队员	祝瑞瑜	E-16 二四〇五	
同上	分队长	张光蕴	E-16 二四一五	
同上	队员	于学炽	E-16 二四二二	
第三大队	队员	曾达池	E-16 七五四〇	

(续表)

隶属	职级	姓名	飞机种类及号码	备考
同上	队员	牛增慎	E-16 七五三六	
第二十二中队	队长	张伟华	H-3 二二一八	H-3 机领队
同上	队员	李硕	H-3 二二二一	
同上	队员	吴振猷	H-3 二二一六	
同上	分队员	高品芳	H-3 二二二二	
同上	队员	顾涌	H-3 二二二〇	
同上	队员	李继武	H-3 二二一七	
同上	队员	陈正和	H-3 二二一〇	
合计		二十九员	二十九架	
附记				

(6) 空军战斗要报(8月16日)

一、本日(十六),敌海军轰炸机一批计五十四架,自武汉起飞向渝航进。渝市于十时五十五分发空袭警报。敌机动向如图。

二、我空军第四大队H-3机六架,由张浩英领队,于十一时十三分在广阳坝起飞,E-15机十六架分编两队,六机编队由郑少愚领队,携带空中爆炸弹,十机编队由王玉琨领队,E-16机四架与第三队E-16机二架合编一队,由杨梦青领队,先后于十一时十六分及十二时四十五分,在白场起飞警戒。参战人员飞机如表。

三、十二时二十七分,敌机在泸县投弹后,分批东遁,并以侦察机在其回航路线两侧警戒,以防我机之拦截。

四、我机因速率不佳,且距敌甚远,未予拦截。至十三时三十五分,全体归还广、白两场。

附:敌机动向图一份〔略〕、参战人员飞机表一份。

我空军参加作战人员表　　二十九年八月十六日

隶属	职级	姓名	飞机种类及号码	备考
第四大队	大队长	郑少愚	E-15 二三二六	E-15 机第一编队领队
第二十三中队	队员	郑松亭	E-15 二三〇一	
	队员	王广英	E-15 二三〇八	
第二十一中队	副队长	柳哲生	E-15 二一二〇	
	队员	高又新	E-15 二一〇七	
	队员	洪奇伟	E-15 二一一八	
第二十三中队	队长	王玉琨	E-15 二三二三	E-15 机第二编队领队
第二十三中队	队员	刘英役	E-15 二三〇六	
第二十三中队	分队长	李廷凯	E-15 二三二七	
第二十三中队	队员	朱嶶华	E-15 二三一〇	
第二十三中队	队员	张祖骞	E-15 二三〇二	
第二十一中队	分队长	王特谦	E-15 二一〇一	
第二十一中队	队员	余拔峰	E-15 二一一五	
第二十一中队	队员	王庆利	E-15 二一一八	
第二十一中队	分队长	武振华	E-15 二一二二	
第二十一中队	队员	黄栋权	E-15 二一〇四	
第二十四中队	队员	杨梦青	E-16 二四一七	E-16 机领队
同上	队员	黄克亮	E-16 二四〇五	
同上	分队长	王文骅	E-16 二四一五	
同上	队员	严桂华	E-16 二四二二	
第三大队	第七队队长	曾达池	E-16 七五四〇	
第三大队	队员	牛增慎	E-16 七五三六	
第二十二中队	分队长	张浩英	H-3 二二一八	H-3 机领队

(续表)

隶　属	职级	姓　名	飞机种类及号码	备　考
第二十二中队	队员	刘振远	H-3 二二一六	
第二十二中队	队员	李继武	H-3 二二一九	
第二十二中队	分队长	范新民	H-3 二二二二	
第二十二中队	队员	王延龄	H-3 二二二〇	
第二十二中队	队员	张鸿溁	H-3 二二二一	
合　计		二十八员	二十八架	
附　记				

(7) 空军战斗要报(8月17日)

一、本日(十七),敌海军轰炸机二批计五十四架,自武汉起飞,向渝航进,渝市于十时十八分发空袭警报。敌机动向如图。

二、我空军第四大队三机七架由张伟华领队,于十时十五分在广阳坝起飞。E-15机十七架分编三队,由郑少愚、陈盛馨、王殿弼领队,E-16机五架,由龚业悌领队,先后于十时四十六分及十一时二十分在白市驿起飞,各在白市驿上空升高待命。参战人员飞机如表。

三、十二时,第一批敌机在富顺投弹。十二时二十七分,第二批敌机在永川投弹,先后回航至江津附近时,我机速率不佳,且距敌甚远,未予拦截。至十四时三十分,H-3及E-15机分别降落于广、白两场,同时E-16机在遂宁降落,至十六时十五分返回白场。

四、E-15机第二一一六号在空中油路滞塞停车,迫降白市驿场外,机毁,驾驶员王庆利受伤。

附:敌机动向图一份〔略〕、参战人员飞机表一份。

我空军参加作战人员表　二十九年八月十七日

隶　属	职级	姓　名	飞机种类及号码	备　考
第二十三中队	队员	朱骰华	E-15 二三一〇	
第二十三中队	队员	温　炎	E-15 二三二八	
第二十四中队	副队长	龚业悌	E-16 二四一七	E-16 机领队
第二十四中队	队员	佟明波	E-16 二四〇七	
第二十四中队	队员	祝瑞瑜	E-16 二四二二	
第二十四中队	分队长	张光蕴	E-16 二四一五	
第二十四中队	队员	于学炽	E-16 二四〇五	
第二十二中队	队员	张伟华	H-3 二二一四	H-3 机领队
第二十二中队	队员	毕超峰	H-3 二二一六	
第二十二中队	队员	李　硕	H-3 二二一九	
第二十一中队	队员	黄栋权	E-15 二一〇四	
第二十三中队	副队长	王殿弼	E-15 二三三三	E-15 机第三编队领队
第二十三中队	队员	莫同浙	E-15 二三二四	
第二十三中队	分队长	李廷凯	E-15 二三二九	
第二十三中队	分队长	曾培复	E-15 二三二七	
第二十二中队	队员	顾　涌	H-3 二二二〇	
第二十二中队	队员	陈正和	H-3 二二二一	
第二十二中队	队员	吴振猷	H-3 二二二二	
第二十二中队	分队长	高品芳	H-3 二二二一	
合　　计		二十九名	二十九架	
附　　记				

(8) 空军战斗要报(8月19日)

一、本日(十九)，敌海军轰炸机九架，自汉口起飞，向渝航进。渝市于零时五十一分发空袭警报。敌机动向如图。

二、我空军第四大队 H-3 机六架,于一时十六分在广阳坝起飞,E-15 二架,携带空中爆炸弹于一时二十三分在白市驿起飞。各机位置及高度如图,参战人员飞机如表。

三、一时四十六分,敌机进入市空投弹,其高度在六千五百公尺以上,我机高度不足,未能攻击,至二时二十五分开灯,降落于广、白两场。

附:敌机动向图一份〔略〕、参战人员飞机表一份、我机配备要
图一份〔略〕。

我空军参加作战人员表　二十九年八月十九日

隶　属	职　级	姓　名	飞机种类及号码	备　考
第二十一中队	副队长	柳哲生	E-15 二三〇八	
第二十三中队	队员	郑松亭	E-15 二三二六	
第二十二中队	副队长	范金函	H-3 二二一四	
	分队长	范新民	H-3 二二二二	
	分队长	张浩英	H-3 二二一八	
	队员	张鸿藻	H-3 二二二一	
	队员	周志开	H-3 二二二〇	
	队员	刘振远	H-3 二二一九	
合　计		人员八名	飞机八架	

(9) 空军战斗要报(8月19日)

一、据报:本(十九)日上午九时零五分,敌机八十一架过宜都西飞,至宣恩后其大编队群忽分忽合,到处窜扰,以至当时之情况骤感混乱,且于十一时十四分,敌陆军机三十六架飞经雒南,十二时四十六分直抵万县,与东来之敌机先后会合,于是情报之混乱臻于顶点,并有侦机多架,分别监视我各机场。渝市于十时四十一分发空袭警报,十一时二十二分发紧急警报。敌机之动向如图。

二、十一时十分,我霍克Ⅲ式机六架,于广阳坝机场起飞升空警戒。十一时十五分及十一时三十分,E-15式机十四架、E-16式机五架,在白市驿机场起飞升空警戒。我机各队群升空后之区分如下:

1. E-15式机六架(带空中爆炸弹)
2. E-16式机
3. E-15式机
4. 霍克Ⅲ式机

三、十一时三十五分,忽又据报,利川上空发现敌机九架,建始、宣恩等处发现敌机二三架不等,均分别西飞。此时敌之大编队群已分散为四批,在丰都、石柱、长寿一带窜扰,则利川西飞之敌机系敌队群之分散部队,抑系另有敌机,或系敌之驱逐部队,殊难判断,稍一犹豫而利川之敌机已侵入石柱上空,观其航速、机数、队形等及突来之奇,乃决断该机群为敌之驱逐部队,但我机之装备均系专为攻轰炸机之用,绝不适于与驱逐机之格斗,若勉强应战,必遭受最严重之损失,乃急以电话向最高长官请示机宜,奉令准避免空战。当于十二时命我全部机群移至遂宁上空待命,因素昔已有准备,通信联络均甚确实,故我机得于三分钟内已全部脱离市空。

四、十二时十分,敌驱逐机九架进入市空,其高度约为七千公尺左右,沿广阳坝、大中坝、白市驿市空盘旋搜索,约五十分钟后,其中一架以烟幕在空中作一长条之符号后,全部向东飞去。揣其作用该符号似为表示(空中无敌机,我已返航之意)。此时为十三点钟。

五、十三时及十三时零六分、十三时四十五分,敌机四批先后以六千公尺高度侵入市空投弹,各批敌机侵入市空时,其上层均有微弱之驱逐机声音,则必为敌驱逐机之掩护部队,随敌轰炸群侵入市空。

六、渝市于十四点四十四分发解除警报。

附：敌机动向图一纸〔略〕、我军参战飞机人员表一纸。

我空军参加作战人员表　二十九年八月十九日

隶　属	职　级	姓　名	飞机种类及号码	备　考
第二十一中队	上尉队长	陈盛馨	E-15 二三二六	
第二十一中队	队员	高又新	E-15 二一〇七	
第二十一中队	队员	洪奇伟	E-15 二一二二	
第二十三中队	队员	王广英	E-15 二三〇八	
第二十三中队	队员	朱嶽华	E-15 二一二〇	
第二十三中队	队员	温　炎	E-15 二三〇一	以上为一编队
第二十三中队	上尉队长	王玉琨	E-15 二三二三	
第二十三中队	分队长	曾培复	E-15 二三二七	
第二十一中队	分队长	王特谦	E-15 二一〇一	
第二十一中队	分队长	武振华	E-15 二一一八	
第二十三中队	队员	刘英役	E-15 二三二四	
第二十三中队	队员	莫同淅	E-15 二三一〇	
第二十三中队	队员	余拔峰	E-15 二一一五	
第二十一中队	队员	黄栋权	E-15 二一六四	以上为一编队
第二十四中队	上尉队长	杨梦青	E-16 二四一七	
第二十四中队	分队长	龚业悌	E-16 二四〇七	
第二十四中队	队员	黄光亮	E-16 二四〇五	
第二十四中队	队员	伍国培	E-16 二四一五	
第二十四中队	队员	严桂华	E-16 二四二二	以上为一编队
第二十二中队	上尉队长	张伟华	H-3 二二一四	
第十八中队	见习官	方　憬	H-3 二二一九	
第二十二中队	队员	顾　涌	H-3 二二二二	
第十八中队	见习官	李　硕	H-3 二二二〇	

(续表)

隶　属	职级	姓名	飞机种类及号码	备　考
第十八中队	见习官	史复兴	H-3 二二一六	
第二十二中队	队员	陈镇和	H-3 二二二一	以上为一编队
合　计		二十五员	二十五架	

(10) 空军战斗要报(8月20日)

一、本日(二十),敌陆军机三十六架,于十一点零五分经商县南飞。十一时左右,敌海军机一百一十七架分为四批,分别经过长阳、贺家坪等地西飞。另有驱逐机多架故意分散飞行,经龙马山、斗坪、熊家岩等处时,均为二、三架所成之小队,于十一时五十一分,经利川上空时,则为十二架之编队,向西直航。渝市于十一时四十六分发空袭警报,十二时四十五分发紧急警报。

二、我军因装备未妥,不能与敌驱逐机格斗,乃变更部署,于十一时五十分令我 E-15 式机六架、E-16 式机五架飞赴遂宁待命,霍克Ⅲ式五架、E-15 式八架飞蓉待命,拟于敌轰炸机群单独进入时,适时飞渝截击。

三、十二时四十分,敌驱逐机九架侵入市空盘旋,四十分钟后,仍以烟幕作符号一条东遁。

四、十三时十五分,第一批敌轰炸机侵入市空投弹,十三时三十五分,第二、三两批敌机侵入投弹,细察二、三两批敌机侵入投弹时,均无敌驱逐机伴随掩护,乃命在遂宁待命之我机飞渝截击。

五、十三时四十五分,第四、五两批敌机分别轰炸南岸及白市驿,但由遂宁飞渝之我机则于十四点到达市空,故未能遭遇适时截击,乃仍命其飞返遂宁降落。

六、当第一批敌机三十六架由北向南侵入市空投弹时,我高射部队以猛炽之炮火集中射击,即将敌机二架击伤下坠,事后确悉敌机一架坠落于秭归柳树湾,并俘获敌驾驶员二名。

七、渝市于十四时零二分发解除警报。

附：敌动向图一纸〔略〕、参战飞机人员表一纸。

我空军参加作战人员表　二十九年八月二十日

隶　　属	职　级	姓　名	飞机种类及号码	备　考
第四大队二十一中队	上尉队长	陈盛馨	E-15 二三二六	
第四大队二十一中队	队员	高又新	E-15 二一〇七	
第四大队二十三中队	队员	王广英	E-15 二三〇八	
第四大队二十三中队	队员	朱嶽华	E-15 二一二〇	
第四大队二十三中队	队员	温　炎	E-15 二三〇一	
第四大队二十三中队	副队长	王殿弼	E-15 二一〇一	
第四大队二十三中队	队员	张祖骞	E-15 二三一〇	
第四大队二十三中队	队员	康保忠	E-15 二三二八	
第四大队二十三中队	队员	徐吉骧	E-15 二三二四	
第四大队二十一中队	分队长	王特谦	E-15 二三二七	
第四大队二十一中队	队员	余拔峰	E-15 二一一五	
第四大队二十一中队	分队长	武振华	E-15 二一一八	
第四大队二十一中队	队员	黄栋权	E-15 二一〇四	
第四大队二十四中队	上尉队长	杨梦青	E-16 二四一七	
第四大队二十四中队	队员	祝瑞瑜	E-16 二四〇五	
第四大队二十四中队	队员	于学炽	E-16 二四〇七	
第四大队二十四中队	分队长	王文骅	E-16 二四一五	
第四大队二十四中队	队员	佟明波	E-16 二四二二	
第四大队二十二中队	中尉副队长	范金函	霍克Ⅲ 二二一四	
	分队长	范新民	霍克Ⅲ 二二二〇	
	队员	张鸿藻	霍克Ⅲ 二二二一	

2349

(续表)

隶属	职级	姓名	飞机种类及号码	备考
	队员	周志开	霍克Ⅲ二二一九	
	队员	王延龄	霍克Ⅲ二二一六	
合计		三十三名	三十三架	
附记				

(11) 空军战斗要报(8月21日)

战斗要报　八月廿一日于本部

一、据报：敌驱逐机三架，于四时五十八分过石牌西飞，六点三十分飞抵万县，旋由万县于七点三十八分过秭归东飞。十时三十分，有敌机三十六架过潼关南飞，十二点四十六分窜至南充。渝市即发出空袭警报。

二、我E-16式机五架，奉命于十二点三十分由遂宁机场起飞，向南充方向拦截。

三、十三点零五分，敌机在渠县投弹，十三点十分，在达县投弹复逸去，故我机未与之遭遇。三点三十分渝市解除警报。

附：敌机动向图一份〔略〕、作战人员职名飞机号码表一份。

我空军参加作战人员表　二十九年八月二十一日

隶属	职级	姓名	飞机种类及号码	备考
第二十四队	上尉队长	杨梦青	E-16 二四一七	
同上	中尉副队长	龚业悌	E-16 二四○七	
同上	队员	伍国培	E-16 二四一五	
同上	队员	黄克亮	E-16 二四○五	
同上	队员	严桂华	E-16 二四二二	
合计		五员	五架	

李汉魂呈报海丰境内失事敌机状况电

(1940年8月8日)

急。重庆。委员长蒋、行政院长蒋、副院长孔：兜密。据前在海丰辖境失事敌机系邮航机，由广州飞台湾，经海丰青坑羊固，因天气被迫降落，机内四人被焚，五人为该处税警队捕获，等情。已报桂林办公厅长官部。职李汉魂。未齐戌收。印。

薛岳呈报我军击落敌机一架情形电

(1940年8月9日)

渝。委员长蒋：夺密。据报：七月真日至删日，敌约七百余、兵舰三(停泊陆溪口狼沟)、小汽艇十二，由红庙分五路向内河我各防区南犯。激战连日，被我击退。又敌机三架低飞扫射，被第一中队以步机枪集中火力击落一架，坠落于梅湖附近。机身上所订载号牌、名称(小型爆弹投弹器、战斗机用)改一第七八号，邮式会社蒲田制作，昭和十四年十二月七日。该机飞行员三(击毙一人)及机枪等已被增援之敌救去。仅将夺获发动机零件四件、号牌四块解呈核奖，等情。除敌机残骸径解衡阳空军总站，并谨将击落敌机情形呈察，乞照章核奖，俾便转发。薛岳。佳量。印。

军事委员会关于研用爆炸弹对敌机群实施高空轰炸与航空委员会来往文电

(1940年8月10—28日)

(1) 蒋介石致周至柔电(8月13日)

有线电

成都。航委会周主任：兜密。近来敌机连续以集团编队轰炸我后方城镇，我方可否使用轰炸机在高空以爆炸弹对敌机群实施轰炸，希研究具报。中○。元令一亨。

(2) 周至柔复蒋介石代电（8月28日）

航空委员会快邮代电　　战庚蓉字第1890号

中华民国二十九年八月廿八日发

重庆。军事委员会委员长蒋钧鉴：元令一亨电奉悉。密。遵查反轰炸之理论，创始于意人哀蒙范宁，而防空掷弹机则系法人美龙Melon本于轰炸之理论而发明，其作用在补救防空驱逐机与高射炮之不足，予来袭敌空军以精神上及物质上之严重损失。然此项飞机对技术上之绝鲜记载，虽欲仿效，苦无参考。抗战以还，鉴于二十七年南昌之多次空战，敌机依其紧密之大编队群与浓密无间之火网，使我机既难折散其队形，复鲜攻击之良机，乃思以轰炸还轰炸，遂开始对空炸炸弹及引信与炸弹架等作热烈之研究、设计、试制、实验等。几经逐步改进，刻已著有成效。谨将渝蓉两地应用状况呈述于下：

（一）在重庆方面，因仅驻有驱逐机队，乃利用小型降落伞悬挂十公斤之炸弹于驱逐机翼上，在遭遇敌机群时，先投弹，后攻击。虽每机只可悬挂炸弹四枚，然如能命中，固可粉碎敌机于空中，即未命中，亦冀能折散其队形，予我驱逐机以各个击破之良机。现此项小型降落伞已在大量加制中。

（二）在成都方面，本年三月间，经指定空军第六大队第十九中队专受是项训练，并指定该大队长黄普伦负训练专责，依据颁发之空炸训练预定表实施。计学科训练于四月一日开始，同月十八日完成；术科训练于四月二十日开始，迄今猛在不断训练中，其成绩堪称良好。惟黄大队长设计之测炸弹爆炸高度及偏差之仪器及敌我飞机之进路角（由0—180度）及高度（10 000—2 500米）之投弹表两项尚未完成,已令限期速制。并就第十九中队之SB机装妥可挂空炸炸弹架两机(原装妥三机,八月十八日轰炸宜昌时损失一机),计每机可装挂十公斤之空炸炸弹三十二枚。依历次试验;在假设目标上空1500米投掷时,命中均属良好。惟在上次仪表未装成之先,对敌机速度、高度及投弹诸元,尚有待于实际作战乃能证明其成果如何。奉电前因,理合将办理经过情形电呈鉴核。职周至柔。(俭)。战庚蓉。

石柱县长呈报敌重机一架坠落该县状况与蒋介石来往电

(1940年8月13—25日)

(1)石柱县长致蒋介石电(8月13日)

急。渝。防空司令部兼司令刘□泽转委员长蒋:〇密。真亥据双庆乡长报,穴塘坝坠落敌重机一,身焚,航员死四,其跌落者杉野一助、西池次男、大野敏夫俱擒县管押医治。获得机枪三挺,手枪六支,地图、航线计算盘、测远镜各一,神符一袋。机头笨重,请派工来石拆卸,以便搬运,连同俘敌送渝法办。余详另呈,速电示遵。石柱县长冯腾蛟叩。元辰。印。

(2)蒋介石复石柱县长电(8月25日)

石柱。冯县长:元辰电悉。△密。除已饬航委会派工拆运机件外,仰将俘虏及一切物品即送航委会接受为要。中△。有令一亨。

余汉谋转报敌机轰炸汕尾等地伤民毁房情形电

(1940年8月17日)

渝。委座蒋、部长何、部长徐、杨厅长:弛密。情报:(一)佳(九)辰,敌机三架飞汕尾投弹二十余,死伤士民百余,毁店铺二十余间。(二)灰(十),敌机十二架飞惠阳属马溶投二十余弹,死伤土民三十余人,毁民房十余间。同日,敌机一架飞潮安属鹤陇乡投十余弹,死伤土民十一人,毁屋十余间。(三)文(十二)卯,敌机六架飞惠阳城投五十余弹,死伤土民百零一人,毁屋五十八间。同日辰,敌机三架飞海丰三白沙投二十三弹,死伤土民八人。同日巳刻,敌机二架飞台属广海投九弹,死伤土民十余。(四)寒(十四)日,敌机八架飞博罗城投百余弹,死伤土民百余人,毁屋甚多。(五)查文寒飞袭惠阳之敌机均系双发动机以上之重轰炸机,似系上月由伪满方面调来。除分报外,谨闻。余汉谋。未篠申。绥仁。

周至柔报告我军空袭宜昌机场空战惨烈电

(1940年8月18日)

(提前)渝。总长何转委员长蒋:安密。第一大队SB三架、第十九中队SB六架由郑大队长长庚率领,于昨(十七)日黄昏到达梁山,于本(十八)早七时三十分由梁山出发,九时到达宜昌敌机场上空尘云下四千五百公尺投弹。弹着点在机场两边,场中未停有敌机,惟高射炮猛烈射击,我机达成任务回航。五分钟后,敌机三架迎头攻击,继增三架续向我第二、三两分队追击。除郑大队长率机五架于十二时许安返成都外(内有一架中敌弹二枪),其余四架,一架坠云阳,三人跳伞;一坠巴东西南之野三关,人员状况未明;余二架下落不明,续查中。谨禀。职周至柔。18:20。暇印。

周至柔呈请迅行拨兵增强空军第一军区辖属各机场警卫电

(1940年8月19日)

航空委员会快邮代电 航庚蓉字第5534号

重庆。军事委员会总长何转呈委员长蒋:查本会保留之各机场对于防敌空军陆战队活动需要增强警戒兵力,经以六月航庚蓉3141号支代电呈请钧会转饬各省负责当局,按每场配足步兵五百人暨机枪一连之原则,充实机场警卫,以资防范。嗣奉亨字第三五二一号灰令一亨代电内开,已分令有关机关核办径知矣。等因,各在案。兹据兰州空军第一军区司令部电略称,本部所辖区内各机场倘卫兵加强后,对敌降落部队可无顾虑,请电催八战区长官部对各机场迅行设法增兵为祷。等情。据此,该部各机场兵力既未派到,理合缮同空军第一军区辖属各机场请增强警卫兵力表一份,电呈鉴核,赐予转饬第八战区司令长官部迅拨,以备不虞而免贻误,并乞示遵为祷。职周至柔。皓。古蓉。印。计附呈"空军第一军区辖属各机场请增强警卫兵力表"一份〔缺〕。

张发奎呈报我军击中一敌机致其坠地电

(1940年8月25日)

GB。委员长蒋:弛密。□据夏总司令未马申记电称:据萧师长巧午参电报,篠〔十七〕日敌机一架在那贞附近(崇善南)上空盘旋侦察,被我机射击。该机中弹起火坠地,飞行员三人均已毙命,机上物整理待解,等语。谨先电呈,等情。除饬将机件妥解核办外,谨先电呈。□张发奎。有辰。攻。印。

军事委员会指示敌机一二架进袭时应对办法代电

(1940年9月11日)

重庆。防空刘兼司令:九月四日报告悉。对敌机仅一二架向我都市进袭时可作如下处置:(一)可于敌机到达我都市之空袭警报圈时,布露一种"单机空袭情报"(其标示可以并列悬挂现用之红圆球及绿长球各一个表示之),使民众知所戒备。(二)空军起飞迎击。(三)高射部队准备射击。(四)并应通报各机关,对发布"单机空袭情报"时,该车不必趋避,工场、学校、机关等有防空设备者仍照常继续工作。以上各项除分电航委会外,仰即遵照为要。中△。真令一亨。

空军第一路司令官毛邦初关于敌我空军交战情况的战斗要报

(1940年9月13日)

战斗要报　九月十三日于空军第一路司令部(廿九年)
甲、敌情

一、据情报电台报称:八时十分,敌机十八架由武昌起飞向西。八时二十四分,敌机十一架由武昌起飞向西。八时二十五分,敌机廿七架由汉口起飞向西。

二、据重庆情报所报称:九时五十分,官店口发现敌机廿七架向西飞。十时零九分通过小关,十时五十七分过长寿。另九架于十时四十一分过龙驹坝西进中。

三、九时五十分,敌机九架过贺家坪西飞。九时五十六分,另十一架过红土溪西进。以上敌机二十架似为敌驱逐机。

四、十一时十分,敌侦察机二架先后飞临市空监视。十一时廿分,敌机多架过隆盛,十一时廿四分过茨竹,逼近市空。十一时卅分,敌机九架在南岸俯冲投弹,旋即东逸。十一时卅五分,第二批廿七架在国府路、上清寺两路口一带投弹逸去(附敌机动向图)〔图缺〕。以上所述与敌机动向图略有出入,因动向图系经事后整理,非当时之实际情形。

乙、我军状况

五、我 E-16 式机九架,E-15 式机廿五架,先后于十时四十五分及十一时零三分由遂宁起飞,十一时四十二分达到渝市。遥见敌机大编队一群,上有模糊之白点若干(按即系敌驱逐机)。该批敌机投弹后即东逸,因我距离过远,未予追击,即于市空环绕两圈,此时轰炸机投弹后已远遁。

丙、遭遇敌驱逐机及战斗经过

六、十一时五十七分,敌轰炸机逸去后,而奉节又发现敌机九架西进,乃命我机飞回遂宁。十二时一分,我机群于白市驿西方十余公里处对正遂宁航向飞进。E-15群之高度约四千五百至五千五百公尺,E-16群在其上,高度约六千公尺。此时突有敌机约三十余架,大小两种型式,大者收轮有座舱罩及无线电杆机枪约六挺,内一挺似为二公分五以上口径之小炮。小者为九七式,数较大者少,均由左侧方向我机群袭击。E-16群首先接触,E-15群亦随即应战。敌机以其优越之性能,升高及脱离均能操纵自如,纵虽坠入我机射程之内,不一秒钟,亦即兔脱远去。鏖战约二十分钟,我机受伤颇多。战斗中我二机跳伞,数架被击坠落,五架迫降白市驿。总领队郑大队长虽手足均受弹伤,但仍奋勇迎敌,援救友机多架,战斗终结,掩护各机飞返遂宁。渝市始于十三点五十分解除警报(附战斗要图)。〔图缺〕

丁、战斗结果

综计次役,我机伤损十一架,毁十三架,人员伤九员,阵亡十员。至于敌机,则有数架冒白烟,历久未消,当系受伤(但尚未获得地面发现敌残机报告)。又有敌机之机翼断片由空坠下者(亦尚未获得地面报告,恐系敌下油箱坠落之误)。又当日空战时白市驿附近监视哨报,来见敌机坠落二架(嗣该哨复报,前报坠落系敌机俯冲低飞之误)。

戊、得失检讨

次役敌以最新机种参加空中各兵种之连合战斗,以其九七式对我E-16,另以其较九七为优越之一种专对我E-15式,背向太阳,利用高度分为上下二层,向我分进突击,综其性能速度,均较我为优越。我机则以性能关系,利于三千公尺高度作战,故敌先占高度之优势。我机性能太差,速力、升空力、火力均较敌机远逊,除防御外,几无还击之机会。故全战斗中,我机之取得发射之机会者实属寥寥,胜败之因果昭然若揭。幸我军精神旺盛,始终团结一致,虽伤亡惨重,但无一离队者。亲爱精诚,生死与共,实为此次减少损害之总因。而爱护器材之心犹切,虽于人机两均受伤之困苦中,均能将飞机勉强飞回基地,此点确为难能可贵。

附敌机动向图一份〔缺〕、参战人员飞机号码表一份、战斗要图一份〔缺〕、参战人员(伤亡)及飞机(损毁)详表一份。

我空军参加作战人员表　　二十九年九月十三日

隶　属	职级	姓　名	飞机种类及号码	备　考
第四大队	大队长	郑少愚	E-15 二一〇一	第一群领队机及总领队,伤右手、左足,机伤。
第廿一大队	队长	陈盛馨	E-15 二三〇一	伤左手,机损。
	分队长	王特谦	E-15 二一〇八	伤左足,机毁。
		武振华	E-15 二一一六	伤胸腰,机毁。
	队员	司徒坚	E-15 二一二三	阵亡,机毁。
		孙伯宪	E-15 二一二二	
		黄栋权	E-15 二一〇四	阵亡,机毁。
		余拔峰	E-15 二一一五	阵亡,机毁。
		高又新	E-15 二一〇七	机损。
第廿二队	分队长	龚业悌	E-16 七五三三	足伤,机损。
	队员	李硕	E-15 二二〇一	
第廿三队	队长	王玉琨	E-15 二三二三	第二群领队机。
	分队长	曾培复	E-15 二三二七	伤足,机伤。
	队员	温炎	E-15 七一二七	机损。
		刘英役	E-15 二三〇九	阵亡,机毁。

(续表)

隶属	职级	姓名	飞机种类及号码	备考
		徐吉骧	E-15 二三一〇	人微伤,机损。
		黎良	E-15 二三二八	
		王广英	E-15 二三〇八	伤腿,机毁。
		康保忠	E-15 二三〇六	阵亡,机毁。
第廿四队	队长	杨梦青	E-16 二四一五	第四队领队机,阵亡,机毁。
	队员	李廷凯	E-15 二一三六	
		祝瑞瑜	E-16 二四〇五	
		佟明波	E-16 二四一四	
		刘孟晋	E-16 二四二四	
		伍国培	E-16 二四二二	
		蔡名永	E-16 七一三	机伤。
		周廷熊	E-16 七〇三	机损。
		于学炽	E-16 二四〇七	机中一弹。
第廿七队	队长	雷炎均	E-15 三二〇八	第三群领队机,人机均伤。
	队员	张鸿藻	E-15 二二〇一	阵亡,机毁。
第廿八队	分队长	曹飞	E-15 二二〇八	阵亡,机毁。
		韩文虎	E-15 二八一一	
	队员	雷廷枝	E-15 二一一三	阵亡,机毁。
第卅二队	分队长	何觉民	E-15 三二〇六	阵亡,机毁。
合计		三十四员	三十四架	
附记				

参战伤亡人员及损毁飞机详表

职 级	姓名	伤（亡）	原　因	机种	号码	损伤（毁）	原　因	备考
第廿四中队上尉本级队长	杨梦青	亡	空中飞机中弹着火,人跳伞致脑震荡,面颈均灼伤,左腿骨折断。	E-16	二四一五	毁	空中被击着火焚毁。	
第廿一中队中尉本级队员	黄栋权	亡	空中被击重伤,随机坠落,身粉碎。	E-15	二一〇四	毁	被击落坠毁。	
同右	余拔峰	亡	空中被击重伤,随机坠落,头碎,下肢碎断,腰及臀部碎烂。	E-15	二一一五	毁	同上。	
第廿八队队员	雷廷枝	亡	空中被击重伤,随机坠落,头颅压碎,腹部破裂,上下肢复杂骨折。	E-15	二一一三	毁	同上。	
第廿三队分队长	何觉民	亡	空中阵亡,随机坠落,鼻梁骨中弹穿入脑内,下颔裂,右臀复杂骨折。	E-15	三二〇六	毁	同上。	
第廿三队中尉本级队员	刘英役	亡	空中飞机重伤迫降,人面部及体上下肢复杂骨折。	E-15	二三〇九	毁	空战迫降,毁。	

(续表)

职级	姓名	伤(亡)	原因	机种	号码	损伤(毁)	原因	备考
第廿三队中尉本级队员	康保忠	亡	空中飞机重伤,人跳伞,复坠于树上,头椎骨折,面部切伤,左踝骨折。	E-15	二三〇六	毁	机重伤,人跳伞后坠毁。	
第二十七队队员	张鸿藻	亡	空中飞机着火,人跳伞,颈部火伤,右下腿骨折,脑震荡。	E-15	二三〇一	毁	空中着火焚毁。	
第廿八队分队长	曹飞	亡	空中被击,随机坠落,胪底骨断,右耳部切伤,口鼻流血。	E-15	二三〇八	毁	空战被击落坠毁。	
第廿一队中尉本级队员	司徒坚	亡	空中被击断右腿骨,跳伞,胪底骨折,颜面切伤,两小腿复杂骨折。	E-15	二一二三	毁	空战被击伤,人跳伞后坠毁。	
第四大队上尉本级大队长	郑少愚	伤	右手弹伤,左足部破片伤。	E-15	二一〇一	伤	被敌击中,仪器板分裂,无线电机中一弹,上翼中五弹,下翼中十四弹,第七片块中一弹,螺旋桨中二弹,左机轮中二弹,机身中十八弹。	人机均伤,飞回基地。

2361

(续表)

职级	姓名	伤(亡)	原因	机种	号码	损伤(毁)	原因	备考
第二十一队上尉本级大队长	陈盛馨	伤	被击穿左手掌。	E-15	二三〇一	损	机身左前面中廿一弹,左方向舵操纵线击断二条,右断一条,螺旋桨中部中一弹,裂孔数寸,左排气管中一弹,包皮中九弹,左轮腿中三弹,左下轮根中三弹一炮弹,下油箱中二弹,安定面左支柱中一弹,面上中三弹,方向舵升降各中一弹,中翼中五弹,左上翼中二弹。	人机均伤,飞回基地。
第二十一队中尉本级分队长	王特谦	伤	弹伤左足。	E-15	二二〇八	毁	空战,钢线折断,机翼脱落,人跳伞。	该机系廿七年十月接受,发动机曾换过一次。
同右	武振华	伤	左手掌弹伤,胸部及腰部碰伤。	E-15	二二一六	毁	空战被击伤,迫降翻毁。	
第二十二队中尉本级分队长	龚业悌	伤	弹伤足部。	E-16	七五三三	损	左中翼中二炮,左前方机身因炮弹爆裂炸伤多处,机身前上方中二弹,滑油箱中一弹。	人机均伤,飞回基地。

(续表)

职级	姓名	伤(亡)	原因	机种	号码	损伤(毁)	原因	备考
第二十三队中尉本级分队长	曾培复	伤	同右。	E-15	二二七	伤	右上翼中六弹,左上翼中三弹,右起落架中一弹,右支柱中一弹,安定面中五弹,升降舵中三弹,方向舵中五弹,机身头部中十三弹,右机轮击破,滑油箱击漏。	同上。
第二十三队中尉本级队员	徐吉骧	伤	微伤。	E-15	二三〇	损	中弹卅余,发动机被击,空中停车。	该机落遂宁,中弹部位待查。
第二十三队队员	王广英	伤	左腿部关节被击断。	E-15	二三〇八	毁	跳伞坠毁。	
第廿七队上尉本级队长	雷炎均	伤	微伤。	E-15	三二〇八	伤	中弹数十。	该机落遂宁,中弹部位待查。
第廿一队少尉本级队员	高又新			E-15	二一〇七	损	中弹四十余。	同上。

(续表)

职 级	姓名	伤(亡)	原 因	机种	号码	损伤(毁)	原 因	备考
第廿三队中尉本级队员	温炎			E-15	七一二三	损	发动机右前包皮中一弹,发动机中三弹,左上翼中三弹,右上翼中二弹,左下翼中四弹,右下翼中三弹,中翼中二弹,方向舵中三弹,直尾翅中二弹。	飞回基地。
第廿四队中尉本级队员	蔡名永			E-16	七一二三	伤	机身中一弹。	人安全。
同右	周廷熊			E-16	七〇三	损	左翼附翼中爆炸弹一枚,发动机右包皮中一弹。	同上。
同右	于学炽			E-16	二四〇七	伤	机身中一弹。	同上。
共　计	人员伤九员,亡十员。飞机伤十一架,毁十三架。							

蒋介石为拟在重庆试行空袭时地下室之机会教育致政治部电

（1940年9月22日）

(1) 军事委员会政治部关于机会教育之意见具伸(9月18日)

意见具伸　　二九年九月十八日于第二厅

一、案由

为敌机空袭时实施地下室内之机会教育由

二、理由

　　甲、敌忾心之唤起。

查吾民族为自卫而发生之神圣抗战于今四年,此四年中,吾民族饱受战争之涂毒、敌寇之蹂躏,深悉光明灿烂、平等自由之民国必须经此惨淡艰辛时期始可有观厥成,以故任何牺牲任何威胁,吾民均还报以惟铁与血。顽固之敌至陷泥淖崩溃之期行将不远,惟目前敌寇眼见德意志在欧洲之赫赫战绩,眸被熏红,贪戾之心跃然纸上,最后一逞之妄念今竟引起。因是动其举国空军,大肆轰炸我后方不设防城市,以为如此可以摧毁我坚强抗战之意志,加速我之灭亡。我为针对此项阴谋,不能不及时的恳切晓谕国民,揭发暴敌用心,然后必胜必成之抗建工作必深印于国民脑海。敌虽奸狡,其奈我何?盖敌机之所以频频空袭者,无非欲使我国民心理发生高度激荡,由激荡而生畏惧,由畏惧而生悲观,以是厌战,以是怀恨政府。今试以最忠实的检讨民众心理,确大有玩索价值。为今之策,宜于空袭时人民入地下室之际,先以静的手段(音乐或口技)安其心理,而后揭发敌寇阴谋,动其情绪(演讲),如此漆黑的地下室内可稍获安慰,高度的敌忾心亦可唤起矣。

　　乙、室内秩序严肃,可使空气良好。

查目前各公私地下室内,其秩序均极混乱。盖民众一入室内,必相索相问,你一声,我一句,互为干涉,各不相下,因是室内空气大受激荡。时间一久,睡的睡,动的动,睡者呼吸急迫,醒着立坐不安,以故窒息之事往往发生。细查此种情形发生之根本原因,确由于民众一入地下室内,注意力不能集中所致。今欲争取民众之注意力,最好先用静的手段(音乐口技)减低其紧张程度,而后再开始演讲,激发其爱国情绪,利用此一二人作为标的,则室内全体民众注意力自可集中。如此秩序井然,空气更得保持良好矣。

　　丙、民众知识程度太浅,借此实施常识教育。

拿翁云,战争为教训国民之最好机会,此确系至理名言。盖我抗战四年,吾民族在有形无形方面均在加速的进展,尤其对现代战争之形态,更得知其梗概。此四年来之收获,确完成了训政时期未完成的工作。不过吾民众之知识根基太浅,虽经战争训练,仍嫌不及敌之十一,苟能利用此机实施各种常识教育,想对抗战工作必有裨益也。

丁、地下室机会教育可收普遍之效。

查提高民智在乎教育,教育之道贵乎普遍。过去,一般教育全为有产阶级所享受,而一般平民只得望洋兴叹。本党执政以来,虽极力提倡平教,但又以多数平民因职业关系不能享受教育。今者空袭频繁,百业停顿,过去所最不易集合之一般平民,今尽须入地下室避难,团聚一地,正为施教之好机矣。

基于右列四项理由,特拟定办法如左:

三、办法

甲、先由防空司令部将公私地下室调查清楚,绘制图表。

乙、由防空司令部敦请国内各项问题专家权威,担任各军政机关地下室内之演讲,请政治部、青年团、地方政府派员担任各公私地下室内演讲前后之娱乐教育。

丙、演讲题目须先由政治部与防空司令部(或党部与地方军政最高机关)洽商规定,以资进度齐一。

丁、由防空司令部按地区排定次序表(以演讲宣传者便利为原则),分交各演讲宣传者。在空袭警报前十分钟,各宣传者务到达指定之地下室,预备一切,空袭警报发出后,即开始第一次之音乐口技。紧急警报前十分钟,各演讲者务到达指定之地下室。空袭警报发出后,音乐口技停止,各演讲者开始演讲。防空司令部挂红球两个时(或演讲告一段落),演讲停止,又由宣传者开始第二次之音乐口技,至警报解除时止。

戊、对各公私地下室之第一次音乐口技,以能引人入幽静者为原则,第二次者则以悲壮激昂为原则。

己、对军政机关地下室演讲题目,以国内外政治、军事、经济及领袖第二期抗战言论、公务人员应具之修养等为演讲题材。对民众地下室演讲题目,以领袖第二期抗战言论为中心,其他关于防空、防毒、抗战史实、抗战金钱板各种普通常识等,均为演讲题材。他如政府法令与劝令奸商勿事囤积居奇及劝人民节约储备等,若利用此时机工作,更可收伟大效果。

庚、工作人员概系义务性质,惟工作勤奋者,防空司令部得订奖励办法鼓励之。其怠惰者,得由防空司令部通知其原隶机关予以处分。关于勤惰之考查,由防空司令部行之。

辛、右案请用委座名义通电并颁发全国遵行,则收效更可观矣。

上项理由及办法,不过仅举其荦荦大者,关于实地实施,尚有待于缜密研讨与规定。职以此事关系太大,环境最需,故不敢缄默,谨此陈词,伏维采纳,并乞示遵。

(2)蒋介石致政治部电稿(9月22日)

政治部张部长、重庆防空刘兼司令:为唤起国民及公务人员之敌忾心并提高民众教育起见,可利用空隙时间在重庆试行空袭时地下室之机会教育,希由政治部会同防空司令部及有关机关酌办具报。除分令外,特电遵照。中○。养。申令一亨。印。

空军一九四○年十月战斗要报

(1940年10月4—27日)

(1)空军战斗要报(10月4日)

空军战斗要报　二十九年十月四日于成都航空委员会

成都方面

(一)据报,敌机五十四架经梁山西飞,当判定为驱轰混合编队，企图袭蓉。鉴于九·一三渝市空战之经验及我机性能数量之劣势，为减少牺牲计，如敌确有驱逐机掩护时，决心避免决斗。惟我驱逐机仍先行升空警戒，相机进击，并使敌侦察机知我尚有有力部队，间接与〔予〕敌机以精神上之打击。

（二）敌机动向如附图。〔图缺〕

（三）各机场于九时五十五分发出注意情报，十一时空袭警报，十一时二十分紧急警报。

（四）我兵力区分、队形、高度及通讯连络等规定如左：

1. 兵力区分及高度：

第一组：第三大队 E-15 九架，地机二架，格机一架，高度××公尺。

第二组：士校 E-15 三架，霍克Ⅲ式二架，高度××××公尺。

第三组：第四大队 E-15 九架，高度××××公尺。

第四组：第十八中队霍克 75 式六架，高度××××公尺。

第五组：第三、四大队 E-16 四架，高度××××公尺。

2. 派第三大队第卅二中队长张光明为总领队，队形如。〔队形图略〕

3. 集合空域之规定：

a. 蓉市上空；

b. 高度××××公尺；

c. 集合完毕，即向灌县方向飞行，升到预定高度，盘旋待命。

4. 预定降落加油场所：

a. 第一、二、四组太平寺机场，第三、五组温江机场。

b. 如遇特种情形，各组降落场所临时以无线电指挥之。

5. 通信联络临时之规定如左（用一次即取消）：

a. 不攻击之符号：

无线电用"NO"。

布板信号用"＋"。

b. 待命符号：

无线电用"西西北"。

布板符号用"士"。

如无敌驱逐机时，则各组之警戒空域预定为太平寺、成都市之间。

（五）处置经过：

1. 十一时卅分，我 SB、DB-3 及士校轰炸总队各机先后起飞疏散。

2. 十一时廿分，我太平寺机场第三大队第十八中队及士校驱逐机二十五架起飞警戒。

3. 十一时卅分，我温江机场第四大队作战飞机十一架相继起飞警戒。

4. 十一时四十六分，即判断敌似有驱逐机掩护，遂以无线电命令我驱逐机待命。

5. 敌机扫射及轰炸情形：

a. 十二时零四分，敌机六架窜抵市空，向西南飞行，经察明确为敌驱逐机后，复以无线电命令我机待命。并此时敌机即分为两群，第一群九架，于十二点十六分在太平寺机场低空扫射，并有一机曾一度降落场面，见系双座，被卫兵猛烈射击，敌机师有一人受伤，旋即仓皇飞去；第二群十八架，在高空任敌驱逐机轰炸机之掩护。

b. 十二时廿五分，因敌机在太平寺机场低空轮流扫射，遂命 SB、DB-3 全部待命。又于十二时卅五分再命继续待命。

c. 十二时四十分，我训练用之 DB-3 一架因机器故障拟回场降落，被敌击坠，机毁。飞行员王其、轰炸员卢国民、射击士杨伯威均殉职。又格机一架、E-15 一架自动先后飞返太平寺机场附近，与敌遭遇被攻击。除格机安降邛崃外，E-15 被二敌机围攻，迫降太平寺场中，飞行员金炜微伤，飞机座舱至尾部全折毁，损约 30％。另我 E-15、P-2120 号于返蓉时，忽发动机与机身脱离，进入尾旋，飞行员梁镇生跳伞，机毁人伤。

d. 同时,我第十八中队之霍克75式六架,自动飞向蓉方,致第二小队三机与敌机遭遇,即发生空战,陈桂林P-5026号及吴国栋P-5033号机被敌五机攻击,顾涌P-5043号被敌二机攻击。各机一面还击,一面求脱离,但以性能及速度等关系,是以P-5026号及P-5033号两机中弹甚多,P-5043号机飞往温江降落。又第一分队石幹贞驾驶之5044号机被敌击落于双流第三区金华桥附近,机毁人亡。另地面部队被敌机枪扫射,伤兵佚三名。

e. 十二时十六分,即令我高射部队开始射击,因廖连长由红牌楼阵地去新南门阵地连络,致十二时卅分始实施。

f. 敌轰炸机进抵中江后,即在中江德阳间盘旋,期待敌驱逐机之会合。在敌驱逐机直接掩护下,于十二点二十五分相继侵入市空,在市区东北投弹。东门内局部起火,旋即扑灭。

g. 十二时,敌机全部逸去,于十二时五十五分解除警报。我机除飞行员邢肇熙E-15 P-7218号一架回场降落时因机生故障,失事坠地,机毁人重伤外,其余均分别降落原场。

(六) 此役我军损失:

1. 场外疏散待修之我机,被击焚毁及重伤者计十五架:

E-16两架焚毁(三大队)。

E-15两架焚毁(士校)。

霍克Ⅲ式两架焚毁(士校)。

弗机六架焚毁(三大队)。

台夫来一架焚毁(三大队)。

地瓦丁一架重伤(三大队)。

霍克75式一架焚毁(十八中队)。

2. 空中被击落者计二架:

DB-3一架焚毁(八大队)。

霍克75式一架(十八中队)。

3. 空中被击伤者计一架:

E-15 一架,损失约 30%(三大队)。

4. 原因待查者计二架:

E-15 一架全毁,人跳伞(四大队)。

E-15 一架失事,机毁(三大队)。

(七) 判断敌机系 97 式新型攻击机,火力速力较我机优异。

(八) 补救办法:

1. 加强地面警卫部队,并拟组织敢死队。

2. 待修飞机即拆除内翼及螺旋桨,分别疏散及尽量伪装。

十月四日我遭遇空战人员姓名表

隶属	职级	姓名	飞机 种类	号码	备考
第三大队	队员	刘尊	格机	P-5733	人机无恙。
第三大队	队员	金炜	E-15	P-5822	中弹着陆后机尾折毁,人左腿受伤。
第八大队	飞航员	王其	DB-3	B-1610	被击,机毁人亡。
第八大队	轰炸员	卢国民			被击,机毁人亡。
第八大队	射击士	杨伯威			被击,机毁人亡。
第十八中队	分队长	顾涌	霍75	P-5043	中弹。
第十八中队	飞航员	陈桂林	霍75	P-5026	中弹。
第十八中队	飞航员	吴国栋	霍75	P-5033	中弹,人左手微伤。
第十八中队	飞航员	石幹贞	霍75	P-5044	

十月四日空军军官受伤表

隶属	姓名	职级	受伤时间	地点	原因	伤势	现在地址	备考
第十八中队	金炜	少尉本级飞行员	4	太平寺	阵伤	被敌机围攻迫降,人微伤。		
第十八中队	吴国栋	少尉本级飞行员	4	温江	阵伤	被敌击,左手中弹受伤。		

2371

(续表)

隶 属	姓 名	职 级	受伤时间	地点	原因	伤 势	现在地址	备考
第廿三中队	梁镇生	少尉本级飞行员	4	昭觉寺	阵伤	被击跳伞,坠水中受伤。		
第廿八中队	邢肇熙	少尉本级飞行员	4	圆通桥	阵伤	警戒机生故障坠下,机毁人伤。		

十月四日空军军官死亡表

隶 属	姓 名	级 职	死亡时间	地点	原因	死亡情形
第六中队	王其	少尉本级飞行员	4	双流	阵亡	驾机避警报,因故障拟回场降落,被击坠。
第六中队	卢国民	少尉本级轰炸员	4	双流	阵亡	驾机避警报,因故障拟回场降落,被击坠。
第六中队	杨伯威	射击士	4	双流	阵亡	驾机避警报,因故障拟回场降落,被击坠。
第十八中队	石幹贞	少尉本级飞行员	4	双流	阵亡	被敌击坠于双流之金华桥附近。

十月四日我方空军飞机损耗表

隶 属	驾驶员	机名	号码	机数 待查	机数 可修	机数 全毁	地点	原 因	报告者	备考
第七中队		E-16	P-5355			1	太平寺	停场外检修,被敌机枪扫射焚毁。		
第七中队		E-16	P-5364			1	太平寺	停场外检修,被敌机枪扫射焚毁。		

(续表)

隶 属	驾驶员	机名	号码	机 数 待查	机 数 可修	机 数 全毁	地点	原因	报告者	备考
第三大队		地机	P-5914			1	太平寺	停场外检修，被敌机枪扫射焚毁。		
第三大队		台夫来	T-6535			1	太平寺	停场外检修，被敌机枪扫射焚毁。		
第十八中队		霍75	P-5021			1	太平寺	停场外检修，被敌机枪扫射焚毁。		
军士学校		E-15	P-7170			1	太平寺	停场外检修，被敌机枪扫射焚毁。		
军士学校		E-15	P-7780			1	太平寺	停场外检修，被敌机枪扫射焚毁。		
军士学校		霍Ⅲ	P-5616			1	太平寺	停场外检修，被敌机枪扫射焚毁。		
军士学校		霍Ⅲ	P-5615			1	太平寺	停场外检修，被敌机枪扫射焚毁。		
军士学校		弗机	F6166			1	太平寺	停场外检修，被敌机枪扫射焚毁。		
军士学校		弗机	F6104			1	太平寺	停场外检修，被敌机枪扫射焚毁。		
军士学校		弗机	F6187			1	太平寺	停场外检修，被敌机枪扫射焚毁。		

(续表)

隶属	驾驶员	机名	号码	机数 待查	可修	全毁	地点	原因	报告者	备考
军士学校	卢国民							故障返场降落时被敌击坠。		人亡
军士学校	杨伯威									人亡
第二十八中队	邢肇熙	E-15	P-7118			1	太平寺附近圆通桥	警报解除后回场降落时故障失事坠毁。		人重伤
第二十一中队	梁镇生	E-15	P-7160			1	昭觉寺	警戒飞行,忽发动机与机身脱离,人跳伞,机毁。		人伤
小 计					1	19		20 架		
总 计								20 架		

(2)空军战斗要报(10月5日)

空军战斗要报 二十九年十月五日于成都航空委员会

成都方面

一、敌轰炸机二十七架、驱逐机十八架,于上午八时二十分分两批由武汉先后起飞,其行动如附图。〔缺〕

二、各机场于十时五十四分发注意情报,十一时二十五分空袭警报,十一时四十四分紧急警报。

三、所有各种飞机悉数疏散。

四、疏散飞机空域、高度及注意之规定事项如左:

1. 空域规定:

A. 第一空域:第八大队之DB-3十五架。

B. 第二空域:第一大队、轰炸总队及第六大队之SB共十三架。

C. 第三空域:士校及其他各机。

D. 第四空域:各队驱逐机(其部署另定)。

2. 高度××公尺以下,由各该领队机酌定之(系指距地面高,非标高)。

3. 注意事项:

A. 力保队形之完整与空域之划分。

B. 注意敌机及收听无线电。

C. 如有敌机攻击时,应构成火网,妥为还击。

D. 不准无故脱离长机或无令先返成都。

4. 各空域之飞行路线如左图。〔略〕

五、我驱逐机防御部署:

A. 兵力区分:

第一组:第三大队E-15六架、地瓦丁一架、格机一架。

第二组:第四大队E-15七架。

第三组:士校E-15三架、霍克Ⅲ式二架。

第四组:E-16四架。

以第一组邹赓续为总领队,其队形如左。〔略〕

B. 集合空域高度及集合后行动:

1. 集合地点在温江机场上空。

2. 高度××米。

3. 集合完毕后,即向邛崃、雅安方向飞行。

4. 疏散空域为雅安、邛崃间,高度为××米至××米。

C. 通讯连络之临时规定:

无线电用密语:　　　　布板符号:

待命或继续飞　NO　　　　中

归回原处降落　YES　　　　干

返蓉攻击　　　COME　　　↑

(布板符号铺设地点在邛崃机场西南角,指示成都方向)

D. 降落加油地点:

第二、四两组降落温江,第一、三两组降落太平寺。

如临时发生特别情形,各组降落地点以无线电指挥之。

E. 注意事项:

a. 无特殊原因,不许擅自脱离队形飞回。

b. 随时注意空中有无敌机。

c. 如敌驱逐机首先来挑战,我应避免决斗。

d. 注意空中疏散友机。

六、经过情形:

A. 十二时零二分,各机场飞机先后起飞完毕。

B. 十二时零七分,高射部队完成射击准备,并令各机场警卫部队就准备姿势。

C. 十二时二十分,敌侦察机一架窜入市空,同时敌驱逐机八架亦窜抵凤凰山,即对机场作低空扫射约二十分钟,被我警卫部队射击逸去,继续在太平寺、双流、新津等上空盘旋,十二时五十分向东逸去。

D. 十二时四十九分,敌轰炸机二十七架在另批敌驱逐机掩护下,由西北方向相继窜入市空,投弹后即向东逸去。弹落城西北角一带(青龙街、宁夏街及北门附近等处),数处起火,旋即扑灭。

E. 十三时十四分,以无线电及布板符号命我机即返基地。

F. 十三时十五分,蓉市解除警报。我驱逐机因油量不敷,一部分曾降落邛崃机场加油,除SB一架因发动机漏滑油(预备换发动机)、地机二架开车困难,内一架被弗机一架降落时撞伤右翼,及弗机亦因撞及地机致损留邛外,余均先后飞返基地。

七、此役我方损失(凤凰山):

A. 场边被击毁之待修飞机:

沙洋号一架焚毁。

B. 场边被击伤之待修飞机：

伏机一架，中卅余弹。

白机一架，除发动机可用外，余均焚毁。

SB一架，除机翼着陆架及发动机可用外，余焚毁。

SB一架，除机翼机尾可用外，余焚毁。

C. 场面中弹之待修飞机：

亨克一架，中五六弹。

可机一架，中二三弹。

地机一架，中十一二弹。

比机一架，中六七弹，螺旋桨不能用。

D. 地机一架在邛崃开车准备返蓉时，被士校弗机一架降落撞伤右翼，弗机本身亦受轻伤。

附：(一)敌机动向图〔略〕、(二)飞机损耗表。

十月五日我方空军飞机损耗表

隶属	驾驶员	机名	号码	机数			地点	原因	报告者	备考
				待查	可修	全毁				
第十一工厂		沙洋号				1	凤凰山	被击焚毁。		
第十一工厂		伏机	A-0706		1		凤凰山	翼、机身被击，中卅余弹。		
第十一工厂		柏机	B-1437			1	凤凰山	除发动机外，余均焚毁。		
轰炸总队		可机	O-4318		1		凤凰山	上翼中部及后座各中一弹。		
轰炸总队		亨机	B-1131	1			凤凰山	左前部、左油箱、螺旋桨被击伤。		

(续表)

隶属	驾驶员	机名	号码	机数 待查	可修	全毁	地点	原因	报告者	备考
第十一工厂		SB	B-1536			1	凤凰山	除机翼着陆架及发动机外,余均损毁		
第十一工厂		SB	B-1943			1	凤凰山	机身、机翼、发动机可用,余焚毁。		
空运大队		比机	C-2009		1		凤凰山	中二弹,螺旋桨不能用。		
第十一工厂		地机	P-5907		1		凤凰山	中十一、二弹。		
第三大队		地机	P-5915		1		邛崃	被弗机撞损右翼。		
军士学校	黄才贵	弗机	F-6708		1		邛崃	落地撞及地机,微损。		人无恙
小计					7	4		11 架		
总计								11 架		

(3) 空军战斗要报(10月27日)

空军战斗要报 二十九年十月二十七日于成都航空委员会

成都方面

(一)本(廿七)日,敌轰炸机、驱逐机各廿一架入川,当判断有袭蓉企图,即令驻蓉飞机准备悉数疏散。因敌驱逐机巡航半径颇大,我机待避地区未便固定,鉴于昨(廿六)日我机与敌机遭遇之经验,加以蓉西山地气候变化不定,为期安全计,学校飞机令飞向雅安以西疏散,驱逐机轰炸机飞向汉中待避。

（二）十时二十八分，敌轰炸机二十七架窜抵忠县王场，乃命各机场发注意情报。

十一时零八分，经广安、大良发空袭警报。

十一时十八分，过南充，发紧急警报。

（三）我军疏散部署如左：

1. E-15 十五架、霍克Ⅲ式六架、霍克 75 三架，命第四大队副大队长刘宗武为总领队，并派空运机一架领航，飞汉中降落加油待命（事先即命各机飞温江机场待命）。

2. DB-3 机十二架、SB 机十二架，飞汉中以西待命。

3. E-16 六架及地瓦丁一架分别在温江、新津、双流等三场漏油伪装疏散。

（四）十时三十分，命 DB-3 机起飞，十时五十分起飞完毕。十时二十七分，命 SB 机起飞，十时四十五分起飞完毕。十时四十五分命驱逐机起飞，十一时零五分起飞完毕。

（五）十二时廿分，敌轰炸机二十一架，高度六千公尺以上，由西南方进入蓉市投弹后向东逸去，少城公园、金河街一带均落弹。

（六）十一时四十分，命我高射炮队完成射击准备，相机射击。当敌通过市空时，曾发射数发，高度不及，未命中。

（七）十二时五十八分，解除警报。

（八）十二时五十六分，用无线电命我 DB-3 及 SB 机返蓉。十四时卅分，DB-3 机全部安降太平寺机场。十五时廿二分，SB 十架在南郑加油起飞，十七时卅分回蓉，安全降落温江机场。另二架因场地局部较软，机轮陷入泥内，未克即时起飞，暂留南郑，已于二十九日飞返成都。

（九）第四大队 E-15 P-2105 号机驾驶员莫同淅于起飞后，因发动机临时故障，迫降德阳东南约十二里之南塔寺沙滩上，人机均安。以该处起飞困难，已派员前往拆机抵成都。其余各驱逐机全

2379

部安降南郑,当令暂留该场,已全部于二十九日飞返成都。

附:敌机袭川动态要图。〔略〕

航空委员会关于第三、五大队等在太平寺、双流机场及崇庆一带战斗要报

(1941年3月14日)

空军战斗要报

三十年三月十四日于成都航空委员会

(一)本(十四)日九时二十五分,据四川全省防空司令部情报:九时十五分,发现敌驱逐机七架(实系十二架,计下层七架、上层五架),九时五十分经建始,十时四十分经广安,十一时零三分经遂宁,其详细经路及到达各地时间附图(一)。

(二)作战部署:

十时十五分,令第三、五大队驱逐机 E-15Ⅲ 三十一架完成战斗准备,由第五大队长黄新瑞为总领队,其兵力部署如下:

1. 第三大队 E-15Ⅲ 十一架,由第二十八中队长周灵虚率领为第一层,高度 6500 公尺。

2. 第五大队 E-15Ⅲ 十一架,由副大队长岑泽鎏率领,为第二层,高度 7000 公尺。

3. 第五大队 E-15Ⅲ 九架,由黄大队长新瑞率领,为第三层,高度 7500 公尺。

我机利用太阳方位,各群重层配备于邛崃东北与新津西北之间空域警戒待命,其参战人员如附图表(一),各机位置如附图(二)。

(三)疏散部署:

1. 十时零八分,令第一总站、临时总站、第三十五、五十五、六十八站等站长,会同各部队长确定检查地面,疏散飞机伪装。

2. 十时十五分，令第二大队、第八大队所有 SB 机飞降温江集中待命。

3. 十时十五分，令第八大队 DB-3 机飞至停机线待命，其疏散部署如左：

A. 集合空域　梓潼上空
B. 集合高度　二〇〇〇公尺
C. 疏散空域　沔县、洛阳上空

4. 十时二十分，令空运大队作疏散准备，其疏散部署如左：

A. 集合空域　绵竹上空
B. 集合高度　××××公尺
C. 疏散空域　城固、汉中上空待命

5. 十时二十三分，令第一、二、六、八大队所有 CB 机由轰炸总队负责领队，其疏散部署如左：

A. 集合空域　绵阳上空
B. 集合高度　二五〇〇公尺
C. 疏散空域　广元、昭化、姚家渡上空待命。

6. 十时三十四分，令第五大队 E-15 二架、第三大队 E-15 二架，推出场外疏散加油，确实伪装之。

7. 十时三十八分，令第十一大队霍 75 机四架在邛崃以西上空疏散待避。其余 E-15 二架、E-16 教练机一架及第十二大队之飞机悉数漏油疏散伪装之。

（四）十时零七分，各站发出预行警报，十时五十分发出空袭警报，十一时零七分发出紧急警报。

（五）起飞经过：

1. 据报十时四十分窜抵广安时已十时四十七分，即令 E-15Ⅲ三十一架起飞警戒，于十时五十六分第五大队 E-15Ⅲ二十架起飞完了。十一时零分第三大队 E-15Ⅲ十一架起飞完了，均各按规定空域高度警戒。

2. 十时五十分,令第八大队 DB-3 机九架起飞疏散。十一时零三分起飞完了。十时五十三分,令 SB 机十七架起飞疏散。十一时零五分起飞完了。

（六）战斗经过：

十一时十七分,敌机经简阳三哨西飞,分两批,第一批一架十时三十分到达凤凰山侦察,大部敌机于十一时二十五分经太平镇西飞,十一时三十二分到达新津,盘旋一匝后即降低高度,乃用无线电指挥,我机利用优势高度向敌攻击之时,敌机乃分两群,七机在双流、太平寺两机场低空扫射,五机在崇庆上空掩护（高度极高且当时能见度不佳,地面监视哨无明确报告）。十一时五十三分,我机一部东飞攻击,与敌机在崇庆上空不期遭遇。十二时零分,大部我机在双流上空与低空扫射后正在集合中之敌机发生激烈空战,格斗约三十分钟。据报,敌机被我击落六架,击落地点如附表（二）,副大队长岑泽鎏,中队长周灵虚,分队长江东胜,飞行员任贤、林恒、袁芳炳、陈鹏杨等七员被敌击落阵亡,大队长黄新瑞机与敌格斗,重伤后不治阵亡,飞行员杨种德因与敌机缠斗,飞机在空中着火,随即跳伞,机毁人安,史复新机似为误被我高射炮击伤。其人员伤亡如附表（三）,飞机损耗如附表（四）。

（七）十二时二十九分,据报敌机第二批到达花果坪,乃以无线电话命令 DB-3 机飞往兰州疏散待避。因通信联络迟缓,误被我志愿队 E-15 机击伤三架,现均分别修复,仍留兰待命。

（八）十二时四十五分,敌机回窜过遂宁后,以无线电话及布板符号令 E-15Ⅲ机及霍 75 机降落加油待命。

（九）空中疏散之 SB 机,除轰炸总队 SB 一架落邛崃着陆失事,DB-3 一架降落广元机损,及第一大队 SB 一架迫降宜宾机损外,其余各机分别降落温江、太平寺各机场。

（十）本战役之得失检讨：

1. 敌驱逐机十二架分高低两层,以低层七架为攻击群,以五架为掩护群(高度极高,沿途各监视哨均未发见)。其攻击群见我成都附近上空并无飞机活动,即冒险低飞扫射机场,而敌掩护机群则以大高度秘密控制于崇庆上空,是为敌人用兵之谨慎处。

2. 我各层作战飞机得到无线电之攻击命令后,并不迟疑,立即东飞攻击,且与敌机遭遇后相互缠斗,甚为激烈,士气旺盛,实属可嘉。

3. 我机兵力约三倍于敌,高度优势,且乘敌机低空扫射时实行攻击以后,各机联络欠佳,作战行动未能协同一致。故在缠斗时期力量每嫌单薄。

4. 据黄司令秉衡报导:敌控制于崇庆上空之掩护部队,在命令我机东飞攻击之前未能发见,至于敌机不期遭遇,难得相当之战果,而我仍有重大损失。此失职于指挥方面顾虑欠周之处,恳请处分,不胜惶恐待命之至。等情。理合报请鉴核备查。

附:

(一) 参战人员姓名表

(二) 战斗成果表

(三) 人员伤亡表现(两张)

(四) 飞机损耗表

(五) 敌机经路要图〔图略〕

(六) 我各机位置图(兵力配备图)〔图略〕

(七) 战后结果调查图〔图略〕

(八) 疏散飞行失事飞机表

(九) 飞机现数表

附表(一)

三月十四日空军参加作战人员表

隶属	第三大队第二十八中队						第三大队第三十二中队	
职级	上尉三级中队长	准尉三级飞行员	准尉三级飞行员	中尉三级分队长	准尉三级飞行员	准尉三级飞行员	中尉二级分队长	准尉三级见习官
姓名	周灵虚	陈大权	史复新	林 耀	袁芳柄	魏凤岗	王飞凰	王蔚梧
飞机 名称	E-15Ⅲ	E-15Ⅲ	E-15Ⅲ	E-15Ⅲ	E-15Ⅲ	E-15Ⅲ	E-15Ⅲ	E-15Ⅲ
飞机 号码	P-7292	P-7288	P-7290	P-7287	P-7286	P-7284	P-7297	P-7299
备考	第一层领队			第一层第二分队僚机	第一层第二分队僚机		第一层第三分队长机	第一层第三分队僚机

三月十四日空军参加作战人员表

隶属				第五大队	第十七中队	第廿九中队	第十七中队	第十七中队
职级	准尉三级见习官	少尉一级飞行员	准尉三级见习官	上尉一级副大队长	准尉三级见习官	准尉三级见习官	上尉三级副队长	中尉二级分队长
姓名	乔无边	金 炜	陈鹏杨	岑泽鎏	林 恒	杨种德	邓伟殷	江东胜
飞机 名称	E-15Ⅲ	E-15Ⅲ	E-15Ⅲ	E-15Ⅲ	E-15Ⅲ	E-15Ⅲ	E-15Ⅲ	E-15Ⅲ
飞机 号码	P-7298	P-7294	P-7301	P-7240	P-7239	P-7251	P-7274	P-7279
备考	第一层第三分队僚机	第一层第四分队长机	第一层第四分队僚机	第二层领队	第二层第一分队僚机	第二层第一分队僚机	第二层第二分队长机	第二层第二分队僚机

三月十四日空军参加作战人员表

隶属	第廿七中队	第廿九中队		第十七中队	第廿七中队	第廿九中队	第五大队	第十七中队
职级	准尉三级见习官	上尉三级中队长	准尉三级见习官	准尉三级见习官	上尉三级分队长	上尉三级分队长	上尉一级大队长	少尉一级飞行员
姓名	何德祥	余平想	陈　康	许晓民	黄元寿	沈木秀	黄新瑞	任　贤
飞机 名称	E-15Ⅲ	E-15Ⅲ	E-15Ⅲ	E-15Ⅲ	E-15Ⅲ	E-15Ⅲ	E-15Ⅲ	E-15Ⅲ
飞机 号码	P-7255	P-7242	P-7257	P-7238	P-7249	P-7277	P-7252	P-7246
备考	第二层第二分队僚机	第二层第三分队长机	第二层第二分队僚机	第二层第二分队僚机	第二层第四分队长机	第二层第四分队僚机	第三层领队	第三层第一分队僚机

三月十四日空军参加作战人员表

隶属	第廿九中队	第十七中队			第廿七中队	第廿七中队	第廿九中队	合计
职级	准尉三级见习官	上尉三级中队长	少尉一级飞行员	准尉三级见习员	中尉二级分队长	少尉一级飞行员	上尉三级队员	31员
姓名	孔宪惠	马国廉	何汉鸿	梁同生	罗宗昆	吴国栋	陈士杰	
飞机 名称	E-15Ⅲ	E-15Ⅲ	E-15Ⅲ	E-15Ⅲ	E-15Ⅲ	E-15Ⅲ	E-15Ⅲ	31架
飞机 号码	P-7250	P-7244	P-7241	P-7239	P-7256	P-7233	P-7258	
备考	第三层第一分队僚机	第三层第二分队长机	第三层第二队僚机	第三层第二队僚机	第三层第三分队长机	第三层第三分队僚机	第三层第三分队僚机	

附表(二)

三月十四日我方空军战斗成果报告表

隶属		空军第三、五两大队			总计	附记
得力战斗员						
级职						
击落敌机	机种	零式驱逐机	零式驱逐机	零式驱逐机		
	番号	待查	待查	待查		
	架数	二架	二架	二架	六架	
击落地点		崇庆附近	双流县附近	新津县附近		
证实者		防空司令部情报所	双流站官兵亲目所睹	新津站官兵报告		
备考						

附表(三)

三月十四日空军军官受伤表

隶属	第廿七中队	第十七中队	第廿七中队	第卅二中队	第十七中队	第廿九中队	合计
姓名	何德祥	郑伟殷	史复新	金炜	许晓民	沈木秀	
级职	准尉三级飞行员	上尉三级副队长	准尉三级飞行员	少尉一级飞行员	准尉三级飞行员	上尉三级分队长	
受伤时间	14	14	14	14	14	14	六员
地点	双流西门外	彭家场	新津	双流	温江	双流机场附近	
原因	与敌格斗	停车迫降	与敌格斗	与敌格斗	油尽迫降	油尽迫降	
伤势	人伤	微伤	人伤	微伤	人伤	人伤	
现在地址							
备考							

三月十四日空军军官死亡表

隶属	第十七中队	第十七中队	第十七中队	第廿八中队	第廿八中队	第卅二中队	第五大队	第五大队
姓名	任贤	江东胜	林恒	周灵虚	袁芳柄	陈鹏杨	岑泽鎏	黄新瑞
级职	少尉一级飞行员	中尉二级分队长	准尉三级飞行员	上尉三级中队长	准尉三级飞行员	准尉三级飞行员	上尉一级副大队长	上尉一级大队长
死亡时间	14	14	14	14	14	14	14	14
地点	双流	双流	双流	双流	双流	重庆	双流	苏码头
原因	与敌格斗	与敌格斗	与敌格斗	与敌格斗	与敌格斗	与敌格斗	与敌格斗	与敌格斗
死亡情形	空战被击中人亡	空战被击中人亡	空战被击中人亡	空战被击中人亡	空战被击中人亡	空战被击中人亡	空战被击中人亡	空战被击重伤后亡
备考								

附表(四)

三月十四日我方空军飞机损耗调查表

日期	三月十四日								
隶属	第廿八中队	第廿八中队	第廿八中队	第廿八中队	第卅二中队	第卅二中队	第廿八中队	第廿八中队	第五大队
驾驶员	周灵虚	史复新	陈大权	袁芳柄	金炜	陈鹏杨	林耀	魏凤岗	黄新瑞
职级									
机名	E-15Ⅲ	E-15Ⅲ	E-15Ⅲ	E-15Ⅲ	E-15Ⅲ	E-15Ⅲ	E-15Ⅲ	E-15Ⅲ	E-15Ⅲ
架数 待查									
架数 可修			1				1	1	
架数 全毁	1	1		1	1				1
号码	P-7292	P-7290	P-7288	P-7286	P-7294	P-7301			P-7252
损失地点	双流	新津机场	中心场	双流东门外	重庆县第三区复兴乡	重庆	双流	双流	双流机场附近
原因	与敌格斗阵亡机毁	与敌格斗受伤机毁	与敌格斗受伤迫降机损	与敌格斗机毁	与敌格斗受伤迫降机毁	与敌格斗机毁	空战右翼中三弹	空战机中三十三弹	与敌格斗人头部中弹迫降机毁
备考	人亡	人伤	人无恙	人亡	人微伤	人亡	人无恙	人无恙	人重伤后亡

三月十四日我方空军飞机损耗调查表

日期	三月十四日								
求属	第五大队	第十七中队	第十七中队	第十七中队	第卅二中队	第廿七中队	第廿九中队	第廿九中队	第十七中队
驾驶员	岑泽鎏	林恒	江东胜	任贤	郑伟殷	何德祥	杨种德	沈木秀	许晓民
职级									
机名	E-15Ⅲ	E-15Ⅲ	E-15Ⅲ	E-15Ⅲ	E-15Ⅲ	E-15Ⅲ	E-15Ⅲ	E-15Ⅲ	E-15Ⅲ
架数 待查									
架数 可修					1	1		1	1
架数 全毁	1	1	1	1			1		
号码	P-7240	P-7239	P-7279	P-7246	P-7274	P-7255	P-7251	P-7277	P-7238
损失地点	双流机场附近	双流机场附近	双流十二保	双流南门外	彭家场	双流西门外	重庆双流之间	双流机场附近	温江
原因	与敌格斗机毁	与敌格斗着火跳伞机毁	与敌格斗机毁	与敌格斗机毁	升空警戒因故障迫降	与敌格斗被击受伤迫降	与敌格斗空中着火跳伞机毁	油尽迫降失事机毁损	油尽迫降失事机毁损
备考	人亡	人亡	人亡	人亡	人伤	人伤	人无恙	人伤	人伤

三月十四日我方空军飞机损耗调查表

日　期	三月十四日			小计	总计	附记
隶　属	第五大队	第五大队	第三大队			
驾驶员						
职　级						
机　名	E-15	E-15	E-15Ⅲ			
架数 待查						
架数 可修			1	8		
架数 全毁	1	1		13		
号　码	P-7165	P-7125	P-7303		21架	
损失地点	双流机场跑道外	双流机场公路上	双流机场公路上	21架		
原　因	地面疏散被击起火焚毁	地面疏散被击起火焚毁	地面疏散被击中数弹			
备　考						

空军一九四一年五月战斗要报

（1941年5月20—26日）

（1）空军战斗要报（5月20日）

空军战斗要报　三十年五月二十日于成都空军总指挥部

一、本（二十）日五时四十八分，据川省防空司令部情报：五时四十分云阳发现敌侦察机一架西飞，六时零七分经大竹，六时四十八分经遂宁，其经过详细地点及到达各地时间如附图。

二、六时十五分所报：敌机于五时五十二分过梁山后，即由第三路张司令官负责指挥令第四及第五两大队 E-15Ⅲ 机各五架待命，起飞截击，其兵力部署如左：

第一组 E-15Ⅲ机二架在中江、淮州之间上空警戒。
第二组 E-15Ⅲ机二架在淮州、简阳之间警戒。
第三组 E-15Ⅲ机一架在温江、凤凰山机场之间上空警戒。
第四组 E-15Ⅲ机二架在连山镇、广汉、新繁间上空警戒。
第五组 E-15Ⅲ机二架在太平镇、新津间上空警戒。
第六组 E-15Ⅲ机一架在双流、太平寺机场间上空警戒。
各组高度皆在八千五百公尺。

二、六时二十五分敌机经岳池,即令第四、五大队准备截击之E-15Ⅲ机起飞,第四大队于六时四十五分开始飞,六时五十一分起飞完毕;第五大队七时零八分开始起飞,七时十五分起飞完毕。各按规定空域及高度巡逻。七时四十分第五大队之第四第六两组飞机三架因油温太高回场降落,以新补充之精锐武器,使用未久,即有此种现象发生,正饬查明何以事前未加检查修理,审查确实严惩负责保管人员,续报。

四、七时三十五分,敌机窜经简阳东方即转南飞,七时五十六经眉山,迄未进入蓉市上空,致我机未与遭遇。查捕捉敌侦察机,正饬第一、三路司令部拟具拦截计划,并饬属切实研究捕捉有效办法,修改施行。

五、八时二十一分,据报敌机东逸经泸县后,乃以无线电话及布板符号命令警戒之,E-15Ⅲ各机降落原场加油待命,惟第四大队第二组僚机姚全黎一架在简阳附近六千公尺高度脱离长机,后迫降犍为之五通桥沙滩,机焚毁人无恙,其余各机于八时五十五分安全降落,迫降之姚全黎机已令第四大队派车前往拆运矣。查该组警戒空域为简阳、淮州上空,而迫降地点远在犍为,方向距离相差甚大。据查该大队赖大队长转据领队王特谦称:该机系在简阳附近六千公尺高度脱离长机,此后迫降犍为,致机焚毁等语。除由该大队派车前往检收残机,并接回该飞行员查明脱离原因后,再行呈报。惟判断似系飞机故障后脱离,以致迷航失事。

六、九时十四分,据报九时零七分猫儿坪发现敌机十二架,又九时十分太阳河发现单翼单发动机敌机九架西飞,当即令各部站场发出预行警报,九时十八分经奉节,九时二十八分经万县,九时三十四分经武陵,当判断敌有袭蓉企图。九时三十五分,令各部队之妥善飞机,作空中疏散准备,其部署如左:

第一及第二大队之 SB-3 机各十四架飞西昌上空待命。

第三大队之霍 75 机、第四大队之 E-15 机、第五大队 E-15 机各一架飞宜宾机场降落加油待命。

第四大队 E-15Ⅲ六架及第五大队 E-15Ⅲ十六架飞成县机场降落加油待命。

第十一大队 E-15 七架 E-15Ⅲ机三架飞宝兴上空待命,必要时降落邛崃加油。

第十二大队 SB 机六架及轰炸总队 SB 机二架,飞天水机场降落加油待命。

其余各部队之北美机、白机及弗机等小飞机随士校同速度飞机,向雅安以西及洪雅、夹江一带空中疏散。

至不能起飞之各部队之检修飞机,除昨(十九)夜得知敌机多架飞集宜昌情报时,即以电话通令各部队须连夜推出机场漏油,确实伪装疏散。第三及第五大队之 E-16 机,因油量太少,亦令漏油拆翼,推出马路外,利用民房或树林掩蔽疏散。

七、十时零四分,敌机过广安西窜,令各机场发出空袭警报,并令疏散飞机全部起飞,十时十五分第二大队首先起飞,至十时四十分各部队疏散飞机全部起飞完毕,各按规定疏散空域进航,乃令各机场发出紧急警报。

八、十时五十六分敌驱逐机二十一架,经新津向蓉市进袭,在高空盘旋约十五分钟,乃降低高度分别在太平寺、双流、邛崃、凤凰山、温江各机场低空扫射,经我警卫部队炮火猛烈射击,于十二时零七分经遂宁东窜。

九、十一时三十分,彭水发现敌轰炸机二十七架西飞,十二时二十四分经泸县,十三时到宜昌投弹后东逸。同时另有敌侦察机一架,在蓉市上空侦察。

十、十一时二十五分,据报敌机十二架分两批,每批六架,在梁山城内投弹。

十一、十四时十分敌机全部东逸,乃令各站解除警报。

十二、十一时半据本会特务旅第三团团长及太平寺二十四站先后报称:

十一时二十五分,敌机一架被我警卫部队击落,坠于太平寺机场东南约二公里之白羊场附近,机毁,敌飞行员一人当场毙命。查系三菱工厂制造单座单翼发动机、大部金属之舰上战斗机,属第十二战队由木村俘驾驶,有海军符号、地图、手枪、保险伞等物,因入土甚深,其武器装备等正发掘研究中。查警卫部队在敌机空袭扫射下,仍能冒险奋勇击落敌最新锐之驱逐机,经电话奉准照规定加倍议奖。至敌机残骸,正发掘交由战利品保管所保管,饬有关处科研究具报。

十三、十一时五十分,据报敌机多批连续西犯时,即用无线电命令第一、二大队 SB-3 机于到达西昌时,即降落加油待命,内第二大队三十中队潘中队长万全所领之七机,因无线电故障不能联络,于十三时零五分返太平寺机场安全降落。该中队长所领七机,据司令部报告:因无线电故障不能联络,致当敌机正在川境盘旋投弹警报未解除时飞回原场降落,复径向该中队长查询,据报该七机俱装备无线电,有五架良好,除领航机随时与地面通话外,其余僚机,因须担任警戒,免予收发,该机通信员丁光国在地面试听良好,起飞后混杂不清,三十余分钟后收到密码,因未加括弧,以为系"解除警报",故飞回基地,若加括弧即为降落加油,但其他各部队飞机,均系收到降落符号。复查第三路司令部主管通信人员称:该两符号不易混误,究系无线电故障,抑系通信技术错误,若为机件故障,在未奉命指示飞回成都,应在疏散地降落,亦不应擅自飞回,正饬

第三路司令部查明真确原因,严予惩办,并已由司令部通令规定通信故障处理办法,饬各部队切实遵照。

十四、十一时四十分,据邛崃三十五站韩站附电话报告,当敌机在邛崃低空扫射时,第十二大队疏散场边抢修之 SB 机一架被敌击中枪弹数发,另一架被击起火旋经救灭,事后由第三路司令部派参谋孔自立驾机前往视察归远报导:"第十二大队万能起飞之 SB 机二架,因机场周围全系水沟,不能推出场外,利用碉堡在场内确定伪装疏散,先有敌机七架低空盘旋绕一匝未被发现,旋敌一机复返详细侦察,乃急行离邛崃东飞,旋率二机复返低空扫射,一机中破片数枚,一机中弹百余枚,前中座舱着火,经站队人员努力抢救,立即将火扑灭,损失率约百分之三十左右等情。"又太平寺第二大队在场外疏散检修之 SB-3 机一九九七号一架,亦被击中约四十弹,即可修复,余无损失。查邛崃飞机道早经修建,但因场边桥梁未开工,场内飞机无法推出场外疏散,致遭意外损失,已饬负责机关加紧修建,并查延误工程原因及责任后究办。抢救飞机站得力人员,饬查正确后,即予奖赏。

十五、第一大队之 SB-3 机十四架及第二大队 SBⅢ机七架,已令暂留西昌待命。内第二大队 1991 号一架,因压力分布器损坏不能飞行,已着漏油推出场外疏散,确实伪装。又第五大队 E-15 Ⅲ机一架,因故障离队,降阆中加油后飞回双流,余十五架飞抵成县降落,因天气不佳,未能飞回。另第三大队霍75机一架,降落宜宾疏散,据第一路司令部章参谋长报告,系在碉堡内疏散,敌机投弹时被破片炸伤风档及机身各一处无碍飞行。另有中航机一架在宜宾被炸损毁。轰炸总队之 SB 机一架,到达天水降落着落时轮未放完失事,该机轮未放完非因机件故障,即为技术错误,正饬彻查交失事审委会办理。余各机先后飞回原场安全降落。附

(一)五月二十日敌机袭川行动要图〔略〕

(二)参战人员姓名表

(三) 五月二十日战斗成果报告表

(四) 五月二十日我方空军飞机损耗表

我空军参加作战人员姓名表

隶属		第四大队	第四大队	第四大队	第四大队	第四大队	第五大队	第五大队	第五大队	第五大队	第五大队
职级		少校三级大队长	少尉三级飞行员	上尉三级副队长	中尉三级飞行员	中尉三级飞行员	上尉三级副队长	中尉三级分队长	少尉三级分队长	少尉三级飞行员	中尉三级分队长
姓名		赖逊岩	欧阳鼎	王特谦	姚全黎	莫同淅	江秀辉	刘尊	吴金龙	高春畴	吴国栋
飞机	机名	E-15Ⅲ	E-15Ⅲ	E-15Ⅲ	E-15Ⅲ	E-15Ⅲ	E-15Ⅲ	E-15Ⅲ	E-15Ⅲ	E-15Ⅲ	E-15Ⅲ
	号码	P-7271	P-7275	P-7277	P-7296	P-7265	P-7298	P-7231	P-7291	P-7243	P-7258
备考		第一组长机	第一组僚机	第二组长机	第二组僚机迫降犍为	第三组	第四组长机因油温太高降落	第五组长机	第四组僚机因油温太高降落	第五组僚机	第六组因油温太高降落

五月份我方空军战斗成果报告表

日期		三月二十日			
隶属		特务旅			
得力战斗员		第三团			
级职					
击落敌机	机种				
	番号				
	架数	1			
击落地点		太平寺东南			
证实者		经派员前往视察报导属实			
备考					

五月二十日我方空军飞机损耗调查表

日期	20	20	20	20	20	20			
隶属	轰炸总队								
驾驶员	翁克杰	姚全黎							
职级		中尉三级飞行员							
机名	SB	E-15Ⅲ	SBⅢ	SB	SB	霍75			
架数 待查									
架数 可修		1	1	1	1	1			
架数 全毁		1							
号码	B-1577	P-7239	P-7276	E-1997	B-1564	B-1864			
损失地点	天水	犍为五通桥	太平寺机场	邛崃机场	邛崃机场	宜宾机场			
原因	着落时轮未放完	待查	地面疏散被射击中弹四枚	地面疏散被击焚立即扑灭	地面疏散被击一架中弹数弹	地面疏散被破片炸伤风档及机各一处			
备考		机毁人安全	即可修复	损耗率20%	无碍	无碍飞行			

(2)空军战斗要报(5月21日)

空军战斗要报 三十年五月廿一日于成都空军总指挥部

(一)本(廿一)日八时二十分,接甘肃防空司令部情报:敌侦察机一架窜至郭城驿西飞,八时三十分,至靖远,九时零五分在七千公尺高度经兰州上空掠过,九时二十分经会宁向东窜去。

(二)九时十七分,陕西郃阳发现敌重轰炸机二十七架向西飞行,其经路及到达各地时间如附图。〔略〕

(三)作战部署:

(1)八时四十四分,由第四路司令部命第廿四中队 E-16Ⅲ机两架,及西古城第廿一中队 E-15Ⅲ机两架起飞,在兰市与机场上空搜索警戒,未与敌机遭遇,九时廿五分用布板指示各机原场降落。

(2)十一时廿七分,命驻西古城第四大队廿一中队 E-15Ⅲ机七架(内有第五大队吴国端一架),十一时卅二分命俄员队 E-15 机七架,十一时五十七分命第四大队廿四中队 E-16Ⅲ机六架,先后在原场起飞,由俄员队队长潘阔夫任总领队。在兰州及机场间上空巡逻警戒,其兵力区分如附图。〔略〕

(3)E-16Ⅲ机六架由第廿四中队长柳哲生率领,为第一编队,高度六千公尺(海拔)。

(4)E-15 机七架由俄员队队长潘阔夫率领,为第二编队,高度六千五百公尺(海拔)。

(5)E-15Ⅲ机七架由第廿一中队长陈盛馨率领,为第三编队,高度七千公尺(海拔)。

(四)本(廿一)日午,兰州天气佳,有卷层云,能见度良好,兰州以东各地天候一般均良好。

(五)十时廿分机场发出注意情报,十一时空袭警报,十一时四十九分紧急警报,十三时廿分解除警报。

(六)疏散部署:

1.十时廿分先命第八大队 DB 机八架滚至出发线上待命,十时五十九分开始起飞,十分钟后起飞完毕,先命向永昌以西上空疏散待命,嗣于十二时廿五分后由无线电指挥飞嘉峪关降落。

2.十一时十分,令第一大队第二中队长姚元恺机、第二大队大队长王世箨机,第九中队长杨仲安机,共 SB 机三架,由杨中队长仲安率领起飞,向武威以西上空疏散。

3. 十一时二十五分,仅第四大队 E-16Ⅲ机一架起飞,向中川村站疏散,并命须确实伪装。

(七)战斗经过概要:

1. 我 E-15Ⅲ机七架于十一时廿七分起飞后,则按规定高度巡逻。十二时五十八分于六千公尺高度,发现敌编队群机廿七架,自西古城方向成雁队形入市空,我 E-15Ⅲ机群自敌前方占位同队攻击后,敌猛烈还击,并将编队群向右移动,冀图避我火力,二分钟后,于敌左侧下方再度攻击一次,以分队长伯宪最为勇敢,当见敌第三编队第三小队第三号机冒出浓烟,着火尾旋下坠,坠落兰州机场南侧面山谷中,机全焚毁,仅存残骸,体无全者四具,其他皆模糊不清。至所投炸弹约七十余枚,全落机场东南方向指挥洞附近山上,我方毫无损失。作战有功人员正查明议奖,另案呈报。

2. 我 E-16 机于十一时五十七分起飞后,队员于学炽机因机腿不能收上,即降西古城疏散。副队长武振华机,升之三千五百公尺时,发动机突然停车,迫降原场,机微损,另饬查报失事原因及责任议处。其他四机巡逻于指定空域巡逻,因敌延不进入,四十五分钟后,乃用布板批示降落临洮叶家坪机场待命,该队于警报解除后,先后安返原场。

3. 俄员队 E-15 机,因高度不够,未与敌机遭遇,未攻击。

附:(一)我空军参加作战人员姓名表

(二)空战经过要图〔略〕

(三)我方空军作战成果报告表

(四)我空军飞机损耗表

(五)敌机袭兰航行经过要图〔略〕

我空军参加作战人员姓名表

隶属	俄员队						第四大队第二十四中队		
职级	队长	队员					中队长	分队长	队员
姓名	潘阔夫	霍达阔夫	米罗诺夫	卫斜洛夫司吉	拉兹别依阔	儒克	马喀雷柴夫	柳哲生	高又新	黄淑友
飞机 机名	E-15	E-15	E-15	E-15	E-15	E-15	E-15	E-16Ⅲ	E-16Ⅲ	E-16Ⅲ
飞机 号码	无	51	58	55	56	53	57	P-7585	P-7589	P-7576
备考	总领队							领队		

我空军参加作战人员姓名表

隶属				第廿一中队					第五大队	合计
职级	副队长	分队长	队员	队长	副队长	分队长	队员			20员
姓名	武振华	张祖骞	于学炽	陈盛馨	张光蕴	孙伯?	胡乃武	王庆利	赵伯英	吴国端
飞机 机名	E-16Ⅲ	E-16Ⅲ	E-16Ⅲ	E-15Ⅲ	E-15Ⅲ	E-15Ⅲ	E-15Ⅲ	E-15Ⅲ	E-15Ⅲ	E-15Ⅲ
飞机 号码	P-7588	P-7596	P-7593	P-7554	P-7278	P-7267	P-7280	P-7266	P-7264	P-7253	20架
备考	升至三千公尺时发动机突然停车迫降原场失事微损	因升空后不能收腿遂降落西古城机场		领队						

五月二十一日我方空军战斗成果报告表

日　　期		21						附记
隶　　属		第四大队 第廿一中队 第五大队 第廿九中队	第四大队 第廿一中队 第五大队 第廿九中队				合 计	
得力战斗员		陈盛馨等七员	陈盛馨等七员					
级　　职								
击落敌机	机种	重轰炸	重轰炸					
	番号							
	架数	1	1					
击落地点		兰州机场南	待查				2架	
证 实 者		敌机残骸	第四路司令部报告					
备　　考		据防空司令部通知回航敌机2架						

五月二十一日我方空军飞机损耗表

日　　期		21						附记
隶　　属		第四大队 第四中队					合 计	
驾 驶 员		武振华						
职　　级		副队长						
机　　名		E-16						
架数	待查							
	可修	1					1	
	全毁							
号　　码		P-7588						
损失地点		兰州机场					1架	
原　　因		因停车迫降机微损						
备　　考		人无恙						

(3)空军战斗要报(5月22日)

空军战斗要报　三十年五月二十二日于成都空军总指挥部

一、据报敌侦察机一架、轰炸机二十五架、驱逐机十二架,于本(廿二)日上午由陕入甘袭兰,其经路如附图一。

二、因我驱逐兵力处于劣势,乃决心将留兰各机悉数疏散,并命我高射炮部队严整战备,以全力射击敌机。

三、本日兰市及以东各地天气晴,能见度一般良好。

四、七时五十五分,机场发出预行警报,九时二十五分空袭警报,十时十六分紧急警报。

五、为警戒敌侦察机,于六时三十二分命驻西古城第二十一中队起飞E-15Ⅲ机二架,在兰市上空警戒,但未遭遇敌机。嗣于七时五十分,敌机经华家岭东窜,E-15Ⅲ机两架于七时五十五分安降原场。

六、规定各机疏散地点如下:

(一)十时二十二分,命第二大队第九中队杨中队长仲安所驾1722号SB领航第二十四中队E-16Ⅲ机七架,飞武威机场就地疏散,各机号码及驾驶人员姓名如附件一。

(二)十时零五分,命俄员队E-15式机七架由潘阔夫队长领队赴武威疏散,但俄代表郭洛瓦洛夫,因飞武威航线不熟,由该代表改命向西古城疏散。

(三)十时二十分,命第二十一中队陈队长盛馨,率领E-15Ⅲ机八架飞西宁机场就地疏散,各机号码及驾驶人员姓名如附件二。

七、疏散及战斗经过:

(一)杨中队长领航之E-16Ⅲ机七架于十一时零二分飞抵靖边,发现武威方向天气忽变,突起沙阵,编队长柳哲生灵机应变,决心回航中川村机场降落疏散。十二时零五分,各机降落甫毕,目视敌机二十五架由机场西北向通过机场上空,十二时十分高分队长又新以尚有油料,且见上空并无敌驱逐机,乃奋力起

2401

飞,单机攻击三次,于十二时四十分安降原场。其经过如附图二。该队长柳哲生处置得当,该分队长高又新勇敢机敏,据第四路欧阳司令官璋呈请奖赏前来,已另案议奖。续报据防部通知,靖远附近坠落敌机一架全焚毁,其余各机因加油开车不及故未起飞。十二时十五分,敌机九架复窜入上空投弹四十五枚,均落机场东部,在场E-16Ⅲ机以疏散得法,除P-7581号李廷凯机被破片击中八洞外,无损失。十五时三十分各机先后安返原场降落。

(二)俄员队E-15机七架飞至西古城降落后,即推入场边土堡内疏散。铺设错误,以致失事,机微损,其余七架,于十七时安返原场降落,已饬查报原因及责任议处。

八、袭兰经过

敌轰炸机于十二时分窜至中川村后,即分为二批,其一批十六架在西古城以北附近上空与驱逐机会合,于十二时十九分八千米高度,由西向东方向进入兰市上空,在市区南门一带及机场东端投弹共八十余枚,计市区被炸房屋约三十余栋,机场毫无损失。

附:敌机袭兰航线经过要图一份、敌机袭兰空军第二十一、四中队疏散队形图二份、我机攻击经过要图一份。

五月二十二日敌机空袭兰空军,第二十一中队飞西宁机场疏散,其飞机号码、飞行人员姓名及队形如下图。〔略〕

(4)空军战斗要报(5月22日)

空军战斗要报　三十年五月二十二日于成都空军总指挥部

(一)敌情

1. 本(廿二)日十时十分,据报九时五十八分宜昌敌驱逐机九架起机西飞,继据四川省防空司令部情报,十时零五分经野三关,十时二十八分经万县地宝滩,十一时十分经梁山。

2. 十时五十三分,长阳发现敌第二批轰炸机廿四架西飞,十一时卅八分过奉节,十二时三十五分经大竹之周家镇。

3. 据情报:十一时三十五分,宜昌敌驱逐机九架起机西飞。继据四川省防空司令部情报:十二时十五分经柏杨坝,十二时五十五分经渠县,其各批敌机经过详细地点及到达各地时间如附图。

(二)疏散部署:

十时四十五分,据报第一批敌驱逐机九架于十时卅八分过万县时,即由第三路张司令官令各部队妥善之飞机准备空中疏散,因是时西安及兰州均有警报,及宜宾机场被炸尚不能用,拟定疏散部署如左:

1. 第二大队 SB-3 机飞西昌机场降落加油待命。

2. 第四大队 E-15 Ⅲ 机飞广元机场降落加油待命,其 E-15 机令随第十一大队 E-15 机行动。

3. 第五大队 E-15 Ⅲ 机飞成县机场降落加油待命,其 E-15 及白朗卡机随十一大队 E-15 机行动。

4. 第十一、四大队 E-15 机暨第五大队 E-15 机及白朗卡机,飞宝兴上空待命,必要时降落邛崃机场加油。

5. 第十二大队 SB 机暨轰炸总队 SB 机比机,飞昭通机场降落加油待命。

6. 空运大队比机飞南郑机场降落加油待命,其余各部队之达机、北美机、弗机等小飞机,令随士校同速度之飞机飞雅安及洪雅夹江间疏散待命,其余 E-16 机因油量有限,及十一大队之 E-15 Ⅲ 机均漏油推出场外,地面疏散,确实伪装。

(三)处置经过:

1. 十时三十分,据报敌机于十时廿一分过奉节西进,乃令各机场发出预行警报。

2. 十一时三十分,据报敌机于十一时二十分过大竹西飞,乃令各机场发出空袭警报,即令各部队准备空中疏散之飞机起飞,十一时卅五分第二大队 SB-3 机首先起飞,迄十一时五十分各部队疏散飞机悉数起飞完毕,各按预定疏散空域进航。

3. 十一时五十分,我机全部起飞后,乃令各机场发出紧急警报。

(四) 敌机扫射及轰炸情形:

1. 十二时十五分,敌第一批驱逐机九架经凤凰山,十二时二十分经温江,十二时三十二分在双流机场低空扫射,我无损失,于十二时三十五分经蓉市东窜。

2. 十三时五十五分,第二批敌轰炸机廿四架,经眉山北飞,于十四时零五分经新津,十四时零七分经双流,于十四时十五分在太平寺机场及士校投弹轰炸。

3. 第三批敌驱逐机九架,于十三时四十分经凤凰山,十三时五十五分窜抵邛崃,适值我 E-15 机及白机以油量将罄,降落邛崃机场,正拟加油之际,忽被敌驱逐机发现,乃即行低空扫射。十四时三十五分,复经蓉市盘旋一同后东窜。

4. 十六时十五分,据报十五时廿七分敌机在万县三次投弹东窜后,乃令各机场解除警报。

(五) 损失概况:

A. 轰炸:

1. 敌轰炸机二十四架在太平寺机场及士校间投弹轰炸,士校中弹廿七枚,士兵死四名,伤一名。二十四站部中弹十五枚,房屋全部炸毁,准备紧急加油用之汽油四十三桶半,滑油一桶分置场边多处,均被炸燃烧。场夫死一名,伤二名,警卫部队之特务旅死亡士兵六名,重伤六人,轻伤七人,死亡官一员。

2. 第八大队之第六、第十四中队机务室中弹全毁,第六中队死机器士一人,机械士及公役各一人,第十四中队失踪兵一人,死炊事兵一人。

3. 第八修理工厂疏散棚厂两座,芦席围被震坏,棚内停放修妥之 E-15 P-7134 及波音 P-5606 两机及 M-87 发动机两具,被破片微伤。

B. 扫射:

1. 第三批敌驱逐机九架在邛崃机场低空扫射时,正当我 E-15 机及白机在场紧急加油,着陆方约十分钟未及起机,被其扫射焚毁者计:

第十一大队 E-15 机六架。

第四大队 E-15 机一架。

第五大队白机一架。

第三大队之北美机一架,原随士校北美机行动,正欲归还邛崃加油,适值敌机低空正在邛崃机场扫射,乃急行折回西飞,因油尽迫降于离邛崃约廿余里之沙滩,机翻微损,飞行员乔捷无恙。

(六) 轰炸总队教官黄维敬 SB 机 1927 号,原令疏散至昭通降落加油待命,乃竟于十四时五十分适值敌机临空尚未回窜之际,飞还温江降落。除饬彻查原因,严予惩处,另案办理外,由第三路司令部规定通信故障疏散飞机之处置办法,通令施行。

(七) 其余疏散降落各场之飞机均安全降落。

(八) 规定改进事项:

1. 疏散机区域必须在某战场上空,俾警报过久时下降加油。

2. 必须下降加油时,我机应以半数在空中掩护,半数方可下降加油,尤以敌驱逐机袭击时为然。

3. 现所疏散区域之通信应速检查务须灵活,如广元之通讯困难,不如向汉中疏散。

附:五月廿二日敌机袭蓉经路要图〔图略〕、我方空军飞机损耗表。

五月廿二日我方空军飞机损耗调查表

日期	22	22	22	22	22	22		
隶属	第四大队	第五大队	第十一大队	第十一大队	第十一大队	第十一大队	第十一大队	第十一大队
驾驶员								
职级								
机名	E-15	白朗卡	E-15	E-15	E-15	E-15	E-15	E-15
架数 待查								
架数 可修								
架数 全毁	1	1	1	1	1	1	1	1
号码	B-7166	1431	P-7200	5898	P-7144	P-7103	P-7216	P-7126
损失地点	邛崃	邛崃	邛崃	邛崃	邛崃	邛崃	邛崃	邛崃
原因	降落加油不及起飞被击焚毁	降落加油不及起飞被击焚毁	降落加油不及起飞被击焚毁	降落加油不及起飞被击焚毁	降落加油不及起飞被击焚毁	降落加油不及起飞被击焚毁	降落加油不及起飞被击焚毁	降落加油不及起飞被击焚毁
备考								

五月廿二日我方空军飞机损耗调查表

日期	22					分计	合计	附记
隶属	第四大队	第三中队	第八工厂	第八工厂	士校			
驾驶员	乔捷							
职级								
机名	E-15Ⅲ	北美	E 15	波音	北美			
架数 待查								
架数 可修	1	1	1	1	1	5		
架数 全毁						8		
号码	P-7165	257	P-7134	5606			13架	
损失地点	邛崃场外约二十公里	太平寺第八工厂修理棚	太平寺第八工厂修理棚	温江				
原因	疏散降落时机翻转人机微伤	油尽迫降机翻转	被片破微伤	被片破微伤	降落时殃及我地面警卫部队射击机微损人无恙			
备考		人无恙						

(5)空军战斗要报(5月26日)

空军战斗要报 三十年五月廿六日于成都空军总指挥部

(一)敌情:

1.本(廿六)日七时零十八分经万源,七时三十二分经通江、巴中,盘旋多时,侵入广元侦察后东返。

2. 据情报，七时五十七分武昌敌重轰炸机廿七架起飞向西，八时十二分孝感重轰炸机九架起飞向西。

3. 八时十一分，大水田发现敌机九架西飞，九时二十分，经西乡西进。

4. 九时零五分，紫阳发现敌机六架，九时五十分经西乡，九时三十八分房县发现敌轰炸机廿七架西飞，九时五十五经竹山，十时五十分经西乡向南郑进袭。

5. 十时二十三分，据四川省防空司令部情报：十时零五分咸阳发现敌机五架，十时十分渭南发现敌机十架西进，十时十五分凤翔上空发现敌侦察机一架。

其各批敌机经过详细地点及到达各地时间如附图。

（二）张司令官处置经过：

八时十六分，据报大水田于八时十一分发现敌机九架西飞。当由第三路张司令官有谷判系敌驱逐机有袭南郑企图，但是时因南郑长途电话不通，即用无线电报饬知南郑第八总站注意情报。八时三十七分得知敌机多批活动，且适时重庆、成都电话亦不通，四川省防空司令部通重庆防空司令部情报线亦以故障不能直达，皆由自流井转接，期时情报极感迟滞。又以川境西南昭通、西昌等处天气不佳，乃用无线电饬南郑第八总站转饬空军第五大队疏散，南郑之 E-15Ⅲ 机十七架第四大队 E-15Ⅲ 机一架共十八架，于空袭时飞赴兰州，听空军第四路司令部指挥。

十时三十分，成都、南郑间电话已修竣通话。张司令官据杜总站长联华报称：九时四十八分，敌驱逐机六架在南郑低空扫射。九时五十五分敌轰炸机廿七架在南郑投弹，炸弹落机场外。十时二十分复有敌机六架在南郑上空，我 E-15Ⅲ 机十八架于未奉到无线电命令飞赴兰州之先，已于八时二十五分由南郑起飞赴成县等情。当时以渭南、咸阳、南郑均有敌机活动，且成县情报通讯均欠灵活，恐被奇袭，该司令官决心仍令 E-15Ⅲ 机飞赴兰州，即用无线电话令杜总站长再转饬第五大队领队余平想遵照。

(三) 敌我遭遇情形：

八时二十五分，我机因情报自南郑起飞，分两编队群，由中队长余平想、副队长谭卓励分别率领。九时三十分分批降落成县，九时五十五分由成县起飞赴兰州，十时五十分，经天水以南约四十公里之小天水上空我机高度四千公尺，与高度约五千公尺敌驱逐机五架不期遭遇。我机即转弯拉下加油箱，相互爬高至六千公尺，敌机再度向我机攻击时，第一编队领队中队长余平想机着火跳伞，张森义机空战被击尾，旋人跳伞无恙，机毁。敌机即东遁，我十六机由谭卓励集合领队向天水航进，于十一时零五分飞抵天水机场，见场内铺有指向西北之箭头一个（指示敌机方向符号）不令降落，我机乃急行盘旋爬高，不以旋见场中改补T字布板符号，我机乃分组降落，俄顷十一时十五分敌驱逐机九架出现上空，立刻向我正加油之E-15Ⅲ机十六架低空扫射，十四架全毁，其余二架发动机尚可用，暨卡车油车各一部被击毁，始动车一辆被击损，人员无恙。

(四) 得失及责任检讨：

1. 职顾虑欠周，统率无方。

2. 通信不良，电话不通，不能适时传达重要命令情报。

3. 部队警戒欠周。

4. 命令下达不透彻，飞往兰州之命令只传达至余平想，即因起机迫促，未能传达全体人员，迨余机着火后，其他人员不知飞往何处。

5. 谭卓励既与敌机遭遇后，即不应降落天水加油，降落后亦不应立即开车。

6. 天水站长何禄生妄加臆断，在空袭时期擅铺T字符号，致使我机误会降落，遭受重大损失，该站长应负其责。

7. 据张司令官报称："职以庸才荷蒙优遇，乃莅任以来不及两月,损耗国家重要器材如此众多,清夜自思,寝不成寐,请从严惩处,以警部属而稍减职良心上之谴责"等情。所有此次空袭损失,各级有关负责人员除已遵钧座手令,转饬各员自陈所犯过失及应负责任,严予查究另案报请,核示惩处。

附:五月廿六日敌机袭南郑天水经路要图,飞机损耗表。

五月廿十六日我方空军飞机损耗调查表

日期	26	26	26	26	26	26	26	26	26
隶属	第五大队	第五大队	第五大队	第五大队	第五大队	第五大队	第五大队	第五大队	第五大队
驾驶员	余平想	张森义	陈康	陈诗杰	江秀辉	王寄哲	叶塑飞	王宗士	刘贯洲
职级									
机名	E-15Ⅲ	E-15Ⅲ	E-15Ⅲ	E-15Ⅲ	E-15Ⅲ	E-15Ⅲ	E-15Ⅲ	E-15Ⅲ	E-15Ⅲ
架数 待查									
架数 可修									
架数 全毁	1	1	1	1	1	1	1	1	1
号码	P-7295	P-7258	P-7303	P-7259	P-7244	P-7300	P-7233	P-7248	P-7235
损失地点	天水南四十里小天水	天水南四十里小天水	天水机场	天水机场	天水机场	天水机场	天水机场	天水机场	天水机场
原因	空战后机着火焚毁人跳伞	空战机被击尾旋人跳伞	降落加油被敌机低空扫射	焚毁	焚毁	焚毁	焚毁	焚毁	焚毁
备考	人无恙	人无恙	人无恙	人无恙	人无恙	人无恙	人无恙	人无恙	人无恙

五月廿十六日我方空军飞机损耗调查表

日期	26	26	26	26	26	26	26	26	26	合计
隶属	第五大队	第五大队	第五大队	第五大队	第五大队	第五大队	第五大队	第五大队	第四大队	
驾驶员	李景熙	谭卓励	孔宪惠	许陶勋	周世仁	韦现科	梁大嘉	杜中定	赵曜	
职级										
机名	E-15Ⅲ	E-15Ⅲ	E-15Ⅲ	E-15Ⅲ	E-15Ⅲ	E-15Ⅲ	E-15Ⅲ	E-15Ⅲ	E-15Ⅲ	
架数 待查										
架数 可修										
架数 全毁	1	1	1	1	1	1	1	1	1	18
号码	P-7243	P-7256	P-7331	P-7242	P-7299	P-7391	P-7298	P-7287	P-7265	
损失地点	天水机场	天水机场	天水机场	天水机场	天水机场	天水机场	天水机场	天水机场	天水机场	18架
原因	焚毁	焚毁	焚毁	焚毁	焚毁	焚毁	焚毁	焚毁	焚毁	
备考	人无恙	人无恙	人无恙	人无恙	人无恙	人无恙	人无恙	人无恙	人无恙	

航空委员会拟订空军协同陆军对宜沙攻势作战计划

(1941年6月)

(1) 毛邦初致蒋介石呈(6月2日)

航空委员会拟送空军协同陆海军对宜沙攻势作战计划致蒋介石呈
案奉

钧会三十年五月铣秋辛渝代电开：

"准军令部本(五)月五日庚一元松第六一九号代电，为奉谕颁发国军攻势作战计划，嘱切实准备见复，以便转呈等因，兹特检送原电，即希按照计划所示，关于本军应行部署准备事项，分别拟定实施计划见复，以便转复"。等因。奉此，遵即按照计划所示，关于本军应行部署准备事项，拟定计划，如另件，除分别令发空军第一、

二、三各路司令部密存备用,并先作必要准备外,理合备文检附该项计划一份,伏祈核转。谨呈

委员长蒋

附呈空军协同陆军对宜沙攻势作战计划一份

空军总指挥毛邦初

中华民国三十年六月二日

空军协同陆军对宜沙攻势作战计划

第一　方针

一、基于国军收复宜沙之目的,即将现有之驱轰部队加以调整,以重轰炸机一个大队,控制成都区,轻轰炸两个大队分别跟进梁山、芷江、衡阳各站场,驱逐机两个大队分别配置于安康、恩施、梁山、重庆、芷江、衡阳各站,侭集结机动之协力,以期达成地面部队之希望。

第二　兵力配置

二、以重轰炸第八大队控置于新津,待机出动,备攻势开始之前对敌后武汉各要点之轰炸。

三、于宜沙敌之正面及其右侧背,以轻轰炸第一、第二两大队,分遣于梁山、芷江、衡阳,以重点置于梁山,除与重轰炸第八大队协力于对敌后之轰炸外,并适时参与第六战区主攻方面战场之协力。

四、以宝庆为芷江轻轰炸队之预备机场,以零陵为衡阳轻轰炸队之预备机场。

五、以驱逐第四大队之第二十三、二十四(E-15Ⅲ)两中队分别配置于安康、恩施,相机为宜沙以北,襄河以西,对敌第一线之攻击,必要时并会合由梁山出动之轰炸部队,参与战场之战斗。至会合之时刻空域,由各部队先期协定之。

六、安康驱逐部队出动及归还时,应乎需要,得使用老河口为前进着陆场。

七、以驱逐第四大队之第二十一、二十二两中队(E-16Ⅲ)配置于重庆,努力获得陪都之制空,并相机策应梁山之空战。

八、以驱逐第五大队之第十七中队,配置于梁山。至该场之制空及陪都外围之警戒,着受第四大队之指挥。

九、以驱逐第五大队之第二十六、二十七两中队配置衡阳,第二十九中队配置芷江,任各该场之制空。

兵力配备如附图第二。

十、第一路区重庆附近广阳坝、白市驿、梁山、恩施、芷江,第二路区之衡阳、零陵、宝庆,第三路区新津、安康、老河口等站之部队,由各该路区司令官指挥,特应注意相互绵密连击。

第三 作战指导

十一、在我地面部队攻势开始之前,对敌后武汉集结之空军,依情报以成都之重轰炸机及由衡阳、芷江、梁山出动之轻轰炸机,以分进合击之势,集中连续轰炸。

十二、轻轰炸机之出动,以拂晓为当,但如有利时,亦可施行小部队之夜袭及大编队群之昼袭。

十三、轻重轰炸机于任务达成后,务必变换经路及机场,必要时并依最迅速之行动向成都集结,当返航之际,特应注意防御队形之保持。

十四、亘会战各时期,对敌后续部队与补给之阻绝,应努力达成。故于襄河沿线敌之交通应不断搜索,适时遮断,尤应注意渡河及桥梁之轰炸,俾我地面部队攻击奏功容易。

十五、空中搜索机关,以 E-15Ⅲ 机当之,在搜索开始时,应预置一部轻轰炸部队于梁山或芷江,以便发现敌情时之出击。故空中搜索机与地面通讯联络,特应注意保持不断为要。

十六、依战况之演进,应乎地面部队之要求,对敌各个据点之攻略,应以驱逐配合,以驱逐主力任战场之制空,一部协同轰炸机对据点之顽敌予以扫射轰炸,期杀伤其兵员,摧毁其工事,为我地面攻击部队,开拓冲锋路,以建立战捷之端绪。

十七、如攻击奏功时,应窥破好机,即诱导地面部队,努力战果之扩张,并应即续行遮断阻绝之任务。

十八、攻略据点时所要之驱逐机,即以分遣安康、恩施两地之部队当之。所要之轰炸部队,以由芷江或梁山出动为当,各部队出动之先,应妥为周密协定。

第四　使用机场状况

十九、新津、梁山、芷江、衡阳、安康、宝庆、零陵、老河口各场,以及重庆附近白市驿、广阳坝二场,目前状况均良好。惟恩施场刻正在修复中,约下月完成。

机场状况如附表第三。

第五　油弹补给

二十、亘会战全期预定轻轰炸 SB 两个大队,驱逐 E-16 六个中队,E-15 四个中队,共出动二十次,重轰炸 DB-3 一个大队出动十次,所有各出动基地之油弹补给,暂按此预定出动次数准备,尔后依战况演进之需要,出动次数之增减,对补给量,当随时灵活运用之。

油弹补给预定概数,如附表第四。

第六　通讯联络

二十一、平面通讯以有线电报话为主,无线电报为副,陆空通讯以无线电报话为主,烟火、布板信号为副。

二十二、机上通讯自即日起,即着手检查整备妥善。

使用地境无线电台配备如附图第五。

附:

一、空军协同陆军对宜沙攻势作战,驱轰部队兵力配备要图一份。〔略〕

二、空军协同陆军对宜沙攻势作战,驱轰机种航行半径要图一份。〔略〕

三、空军协同陆军对宜沙攻势作战,使用站场面积及跑道概数表一份。〔略〕

四、空军协同陆军对宜沙攻势作战,油弹配备预定概数表一份。

五、空军协同陆军对宜沙攻势作战,使用地境无线电台现时配备要图一份。〔略〕

空军协同陆军对宜沙攻势作战油弹配备预定概数表　三十年六月一日

需要油弹		站场 机种机数 出动次数	成都 （新津） DB-3　10	重庆 （白市驿） （广阳坝） E-16Ⅲ　20	梁山 SB　30	梁山 E-16Ⅱ　25	安康 E-15Ⅲ　10	恩施 E-15Ⅲ　10
需要量	汽油	91号(介仑)	60 000	40 000	380 000		20 000	20 000
	枪	7.62(发)	280 000	840 000	2 100 000		420 000	420 000
	炮	12.7(发)		80 000		40 000	40 000	40 000
	弹	20(发)		24 000		12 000	12 000	12 000
	炸	8(公斤)			10 000			
	弹	100(公斤)	100		1 550			
		250(公斤)	120		500			
		500(公斤)	20					
现存量	汽油	91号(介仑)	14.25	58 701	13 115		24 765	22 564
	枪	7.62(发)	23 280弹 20 680夹	414 371弹 316 035夹	145 635 145 960		37 000 37 000	
	炮	12.7(发)		120 585弹 137 590夹		79 347 74 380	11 238 10 000	
	弹	20(发)		3 502弹 220夹		1 600 1 600	1 500 1 500	
	炸	8(公斤)			2 599			
	弹	100(公斤)			96			

(续表)

需要油弹		站场 机种机数 出动次数	成都 (新津) DB-3　10	重庆 (白市驿) 广阳坝 E-16Ⅲ　20	梁　　山 SB　30　E-16Ⅲ　10		安　康 E-15Ⅲ　10	恩　施 E-15Ⅲ　10
				20	20	20	20	20
现存量	炸弹	250(公斤)			40			
		500(公斤)						
	汽油	91号(介仑)	58 575	21 299	366 885		383 000	420 000
	枪炮弹	7.62(发)	256 720	425 629	1 954 645			
		12.7(发)					28 762	40 000
	弹	20(发)		20 498		10 400	10 500	12 000
补充量	炸弹	8(公斤)			7 401			
		100(公斤)	100		1 454			
	弹	250(公斤)	120		460			
		500(公斤)	20					
备　考				两站合如上数，枪弹系比美12%	一、炸弹根据五月上旬旬报表 二、系比美12.7		12.7枪弹系安康第七库存	汽油仅有10 000CC，不敷配用，尚须补充

2416

空军协同陆军对宜沙攻势作战油弹配备预定概数表 三十年六月一日

		老河口	芷江		宝庆		零陵		衡阳	
站场 \ 机种机数 出动次数		E-15Ⅲ 10	SB 10	E-16Ⅲ 10	SB 10	E-16Ⅲ 10	SB 10	E-16Ⅲ 10	SB 20	E-15Ⅲ 10
		20	20	20	5	5	5	5		20
需要量	汽油 91号(介仓)	20 000	140 000		350 000		65 000		280 000	
	枪 7.62(发)	420 000	980 000						1 960 000	
	炮 12.7(发)	40 000		40 000					80 000	
	弹 20(发)	12 000		1 000					24 000	
	炸 8(公斤)		2 000						5 000	
	弹 100(公斤)		104						2 000	
	250(公斤)									
	500(公斤)									
现存量	汽油 91号(介仓)	1 583	50 587		7 455		93 855		7 439	
	枪 7.62(发)		315 720	184 300	10 000	10 000	102 880	70 400	19 545	46 065
	炮 12.7(发)	4 500	495 988	218 852	4 000	4 000	5 770	6 525	27 133	30 800
		4 500								
	弹 20(发)		1 618	1 618			139	139		
	炸 8(公斤)		2 828						905	
	弹 100(公斤)		1 514						464	

2417

(续表)

站场 机种机数 出动次数		老河口		芷江		宝庆		零陵		衡阳	
		SB	E-15Ⅲ	SB	E-16Ⅲ	SB	E-16Ⅲ	SB	E-16Ⅲ	SB	E-15Ⅲ
需要油弹		10	10	10	10	10	10	10	10	10	10
		20	20	20	20	5	5	5	5	20	20
现存量	炸弹 250(公斤)			399							
	500(公斤)			130							
	汽油 91号(介仑)	18 417		89 413		27 545		55 615		272 561	
补充量	枪弹 7.62号(发)	420 000		644 280						1 940 455	
	枪炮弹 12.7(发)	35 500								52 867	
	20(发)	12 000		10 387						24 000	
	炸弹 8(公斤)										
	100(公斤)									4 095	
	250(公斤)									1 536	
	500(公斤)										
备考		枪弹系比美12.7		一、炸弹系第二油弹库与九总站之合 二、炸弹系根据九总站五月份上旬报表，第二油弹库三月份下旬报表		一、汽油仅有676CC，不敷配用尚有补充 二、枪弹系比美12.7		12.7枪弹系比美12.7		一、根据五月份上旬报表 二、系比美12.7枪	

附记

一、驱逐机用油以一百加仑计,轰炸机用油以六百加仑计。

二、轰炸机用 7.62 枪弹,以二八〇〇发(四枪每枪七百发)计,炸弹以六百公斤计。

三、驱逐机用 20 公厘,以六〇发计,12.7 以二〇〇发计,7.62 以二一〇发计。

四、上项均按一架一次量计。

五、宝庆为敌袭芷江时之预备机场。零陵为敌袭衡阳之预备,不作出击之用。

(2)周至柔致何应钦代电(6月20日)

航空委员会快邮代电

第参辛渝发文第 544 号

重庆军事委员会总长何,核呈委员长蒋钧鉴:案据空军总指挥部毛总指挥邦初齐指战辛 1754 号代电称,"卅午令一亨电奉悉。查空军协同陆军对宜沙攻势作战,已准备之状况如次:(一)通讯设备完善,飞机如附表一。(二)氧气及冷气配备如附表二。(三)地面各种设备现状如附表三。(四)预定作战主备各场之使用油弹,因各处存油较少,而运输力又甚薄弱,均难按规定出动次数之使用而完全配齐,尤以梁山机场之油料缺乏甚多。而该场预定使用之油料数量,系依 SBⅢ机轰炸三十架及 E-16Ⅲ机(驱逐)十架,各出动二十次计算,共需要三八〇.〇〇〇加仑。现原存量及补充量共有四六,五六〇加仑,约可供 SBⅢ机三十架出动二次及 E-16Ⅲ机十架出动十四次,或专供 SBⅢ机三次用,照规定应配备量,尚差三三三,五四〇加仑。将来可由仰光内运一千吨油料调补三分之一吨,计一二四,二二〇加仑,但须三个月方能运抵梁山。尔后再依飞机状况及运输力相机补充。对本战役使用各场站油弹之配备现状,如附表四。所有对协力收复宜沙之作战准备现状,理合报请鉴核"等情,据此,谨检原表四纸转电鉴核为祷。职周至柔。(弜)。参辛渝。(附原表四份)〔略〕

空军一九四一年六月战斗要报

(1941年6月22—23日)

(1) 空军战斗要报(6月22日)

空军战斗要报　三十年六月廿二日

　　甲　捕捉敌侦察机经过情形

一、敌情：

本(廿二)日五时十五分,据川省防空司令部情报:四时五十九分磨刀溪发现敌侦察机一架西飞,五时廿八分经垫江,五时四十分至邻水,六时十分经乐至,其经过详细地点及到达各地时间如附图。

二、兵力部署：

五时二十分据报,五时十八分敌机窜经忠县后,第三路杨司令官即令第四大队准备 E-16Ⅲ 两架、E-15Ⅲ 六架,第五大队准备 E-15Ⅲ 四架,共编为六组。其兵力部署如下：

(1) 第四大队

第一组:E-16Ⅲ 机二架,在成都四周(双流、太平寺、温江、凤凰山等机场)上空巡逻警戒。

第二组:E-15Ⅲ 机二架,在太平寺机场上空警戒。

第三组:E-15Ⅲ 机二架,在双流机场上空警戒。

第四组:E-15Ⅲ 机二架,在温江机场上空警戒。

(2) 第五大队

第五组:E-15Ⅲ 机二架,在凤凰山机场上空警戒。

第六组:E-15Ⅲ 机二架,在邛崃等机场上空警戒。

本日天气欠佳,云量较低,各组飞行高度均三千公尺,贴近云底飞行,并饬注意掩护各该警戒机场,防敌机低空扫射。

三、起飞截敌经过：

六时零二分敌机窜经安岳时,即分令第五、四大队起飞,第五大队六时零七分开始起飞,六时零九分起飞完毕,第四大队六时十五分起飞,六时十九分起飞完毕。

六时廿五分,敌机窜经清水铺西窜,六时卅九分侵入邛崃机场上空,当被我机发现,急行追击,敌机即窜入云内逃逸,致攻击未实施。七时十四分,敌机回窜太平镇后,七时十六分以无线电令E-16Ⅲ机二架降落。七时廿二分,该部得有敌机由宜昌起飞之情报后,即以无线电及布板符号令我在空中各组飞机降落加油待命,七时卅八分降落完毕。

乙　我机疏散经过情形

一、敌情:

1. 七时二十七分,兴山发现第一批敌机九架,七时四十五分经房县于八时廿分在安康投弹后东逸。

2. 七时五十六分,第二批敌机九架,由宜昌起飞,于八时廿一分经建始西飞。

3. 八时廿三分,石牌发现第三批敌机廿七架西飞,于十时廿一分经巴中窜至金仙场、昭化一带盘旋后,于十一时十分窜至广元投弹后东逸。

4. 九时零七分,石牌发现第四批敌机七架,于九时四十六分经城口,向西北飞进。以上四批敌机经过详细地点及到达各地时间如附图。

5. 十三时廿七分,朝邑发现敌机十一架西飞,嗣后宝鸡、兰州、海原、甘谷、武功、天水均相继发现敌机活动情报。

二、疏散部署:

八时零三分,判断敌有袭蓉企图时,第三路杨司令官即令第四大队弗机二架、第五大队弗机一架、第十一大队弗机一架、第十二大队达机一架、弗机一架、侦炸班达机二架、滑翔班弗机一架,起飞至雅安降落加油待命。

八时廿一分第二批敌机九架,经建始西飞,因成都西南天气不佳,宜宾天雨,即令第一、二大队 SB-3 各四架,准备按照 SB-3 机疏散第三方案,飞往广元、昭化、剑阁一带上空待命,轰炸总队 SB 一架,空运大队比机三架飞往南郑降落加油待命,第四、五大队 E-15 Ⅲ十六架由轰炸总队大比机一架领航,飞往南郑降落加油待命。另轰炸总队比机一架,因未装无线电,亦令随往南郑降落加油待命。

三、第三路杨司令官处置经过:

九时零二分,第二批敌机窜经渠县时,即令各机起飞,按照预定区域疏散进航。

当我机照规定方案,向广元、剑阁一带航进时,得知敌机七架,于九时四十六分经城口向西飞进时,即以无线电令我第一、二大队 SB-3 机向江油、平武一带西飞待避。

十时五十分,令第四、五大队 E-15 Ⅲ 机在南郑机场,一半加油,一半掩护,全部加油后回蓉(因西北有情报)。

四、敌机扫射情形:

十时零三分,第二批敌机经新津机场西飞时,雅安无线电话不通,乃用电报令雅安站飞机起飞,向荣经、天全一带西飞待避。敌机于十时廿五分窜至雅安低空扫射后,复于十时四十七分窜凤凰山机场扫射,十一时卅二分经遂宁东逸。

五、损失概况:

(1)第二大队杨冠英驾 SB-3 P-1999 号一架,因起飞过迟未能追上长机,致在广元附近与敌机遭遇被击落,驾驶员杨冠英阵亡,其余二人跳伞,内射击士褚梅春受伤,另一人无恙,机损毁,已饬彻查起飞迟误原因。

(2)第五大队长机谭卓励,于由成都飞南郑途中在绵阳附近与僚机陈士杰空中互撞,领队谭卓励迫降广元机场,飞机微伤,已推出场外疏散伪装,僚机陈士杰迫降绵阳,机损人安,正饬查明原因及责任，交失事审查委员会议处。

（3）第四大队飞行员欧阳鼎驾 E-15Ⅲ一架于降落南郑时，因降机场不良部分，机微伤，正赶修中，即可修复，原因责任交失事审查委员会议处。

（4）第十二大队达机一架，由飞行士戴元一、王继颜驾驶在雅安开车时发生故障，未及起飞，俟车开正拟起飞时，敌机已临上空，被击中，机焚毁，飞行士戴元一腿部中弹受伤。

（5）轰炸总教官王自信驾之 AT-0012 号比机一架，据报在距昭化约三十里之车家坝，机内五人，除王自信一员重伤外，同机之张寿泉、卢伟英、吴贻权、卜槐勋四员名均已阵亡机毁。

（6）轰炸总队教官洪养孚驾之 0016 号比机一架，被敌追击，迫降广元附近沙滩，机损可修，副驾驶员吴其辂被敌弹击伤臂部，已送医院诊治，其余人员，三员均无恙。

（7）空运大队小比机一架，因无通信装备，在天水机场东南方被敌驱逐机八架袭击，迫降山坑中机损，飞行员二人轻伤，伤员已送天水医院疗治。

（8）第一大队前在雅安失事之北美机一架，原在地面伪装疏散，被敌击中数弹，机微损。

六、第四大队 E-15Ⅲ二架，因发动机欠妥，已在南郑推出场外伪装检修，其余各机已于本（廿二）日下午先后安返成都。

七、所有各机损失原因及责任，并与敌机遭遇等情形，均分别彻查续报。

八、受伤各员分别送医院疗治，殉职人员已饬妥为收殓，另案请恤。

附：敌机袭川行动要图一份〔图略〕、飞机损耗表一份、人员受伤表一份、人员死亡表一份。

六月廿二日我方空军飞机损耗调查表

日期	22								小计	总计	附记
隶属	第一大队	第十二大队	第二大队	第四大队	第五大队	第五大队	轰炸总队	轰炸总队	空运大队		
驾驶员		戴元一	杨冠英	政阳鼎	谭卓励	陈士杰	王自信	洪养孚	张君正		
职级		飞行士									
机名	北美	达机	SB Ⅲ	E-15 Ⅲ	E-15 Ⅲ	E-15 Ⅲ	大比机	大比机	小比机		
架数 待查											
架数 可修	1			1	1	1		1		5	
架数 全毁		1	1				1			3	
号码	258	D-4008	B-1999	P-7269	P-7237	P-7236	AT-0012	AT-0016	C-2036		
损失地点	雅安站	雅安站	广元附近	南郑机场	广元机场	绵阳	昭化家坝	近沙滩广元附	天水		
原因	扫射中弹穿孔微伤地面疏散待修被敌机	焚毁被敌机击中着火机	空中与敌遭遇被击落	落地时翻覆	与僚机空中互撞迫降	与长机空中互撞迫降	被敌击落	被敌击落	被敌击落	8架	9架
备考		人伤	人亡						损坏程度待查		

六月廿二日空军军官受伤表

隶属	第二大队	第十二大队	轰炸总队	轰炸总队	空运大队	空运大队	合计	附记
姓名	褚梅春	戴元一	王自信	吴其韶	张君正	郑云		
级职	射击士	飞行士	上尉一级教官	准尉三级学员	上尉二级飞行员			
受伤时间	十时	十时半						
地点	广元附近	雅安路	昭化车家坝	广元沙滩	天水	天水		
原因	被敌击落	被敌击中着火	被敌击落	被敌迫降	被敌迫降	被敌迫降	六员名	
伤势	跳伞受伤	腿部受伤	重伤	臂部中弹	轻伤	轻伤		
现在地址								
备考	同乘杨冠英机		0012号比机四人阵亡 王自信以下共五人同乘	同乘洪养孚机	同乘洪养孚机	同乘洪养孚机		

2425

六月廿二日空军军官死亡表

隶属	第二大队	轰炸总队				合计	附记
姓名	杨冠英	卢伟英	张寿泉	吴贻权	卜槐勋	五员名	
级职	飞行员少尉三级	副驾驶准尉三级	副驾驶准尉三级	通讯员	机械士		
死亡时间	十时						
地点	广元附近	昭化车家坝	昭化车家坝	昭化车家坝	昭化车家坝		
原因	被敌击落						
死亡情形	阵亡	阵亡	阵亡	阵亡	阵亡		
备考	杨冠英等三人同乘 E-15Ⅲ 号机一人伤一人无恙 P.1999	同乘王自信机	同乘王自信机	同乘王自信机	同乘王自信机		

(2) 空军战斗要报(6月23日)

空军战斗要报 三十年六月廿三日于成都空军总指挥部

一、敌情：

二、本(廿三)日据川省防空司令部情报

(1) 四时四十七分,梁山发现敌侦察机一架西飞。五时卅二分经南充,六时零分经射洪,六时卅分至茂县后回窜。

(2) 六时四十七分,兴山发现敌机九架,向西北飞行。七时零九分经房县,七时四十分经平利,八时窜抵安康投弹。

(3) 八时十六分,石牌发现敌轰炸机廿七架西飞,九时零七分经云阳,十一时零三分经平武,十一时卅五分,窜抵松潘城内投弹。

(4) 八时廿五分,敌驱逐机四架窜抵兰州,在机场低空盘旋。

(5) 八时四十一分,建始发现敌驱逐机九架西飞。九时零七分经忠县,十时十三分经简阳,十时廿二分窜抵蓉市上空,十一时十分经雅安扫射后东逸。

(6) 十一时十分,敌轰炸机廿七架经白水、平凉至西宁投弹后逸去。

(7) 九时五十三分,建始发现敌驱逐机七架西飞。十时十分经黔江,十时五十九分经南川,十一时廿六分经合江,十二时在宜宾机场扫射。

(8) 十时廿二分,在汉阴发现敌驱逐机三架西南飞,十时四十六分经通江,十一时十八分经广元盘旋,十一时卅八分折向东北逸去。

(9) 十三时至十六时四十四分敌驱逐机九架,分批扰我西安、宝鸡、天水、成县、南郑各机场。

以上袭川各批敌机经过详细地点及到达各地时间如附图。

二、捕捉敌侦察机经过:

(1) 五时廿分,敌第一批之侦察机一架窜经渠县后,即令第四大队准备 E-15Ⅲ 机四架,第五大队准备 E-15Ⅲ 机三架,其兵力部署如下:

第四大队

第一组:E-15Ⅲ 机二架在成都附近(太平寺、双流、温江、凤凰山等机场)上空警戒巡逻。

第二组：E-15Ⅲ机二架在温江机场上空警戒,并掩护温江机场。

第五大队

第三组：E-15Ⅲ机三架在双流、太平寺上空巡逻警戒,并掩护太平寺双流两机场。

以上各组高度皆在四千至五千公尺,贴近云底飞行。

(2) 六时,敌侦察机窜经射洪后,即令第四、五大队准备妥善之各组飞机起飞警戒。六时十分起飞,六时十五分起飞完毕。各按规定空域高度警戒巡逻。

(3) 六时卅分,敌机窜经茂县后东逸,未侵入蓉市上空,致我敌未能遭遇。

(4) 六时五十五分据报：敌侦察机沿罗江东逸时,兴山发现敌机队西飞,乃以无线电即〔暨〕布板符号,令警戒之 E-15Ⅲ机降落原场加油待命。七时零分开始降落,七时十分各机安全降落双流机场完毕。

三、疏散部署：

(1) 八时四十一分据报：敌驱逐机九架经建始西飞,成都区各场由杨司令官发出预行警报,其疏散部署如下：

1. 第二大队 SB-3 机三架即飞赴温江与第一大队 SB-3 机四架合并编组飞行,由第一大队派员领队,预定飞赴昭通上空待命。旋因该处天气有变化象征,复予部队长以权宜处置范围,于起飞时视蓉北天气较蓉南天气为佳时,可改飞广元、昭化以西山地上空待命,惟起飞离地后,即须迅速决定。

2. 第四、五大队之 E-15Ⅲ机六架合并编组,由第四大队领队,准备飞雅安以西三十分钟后,再回航雅安机场看符号,遵照布板信号指示降落双流原场或宜宾机场加油待命。

3. 其余三小时油量以下之小机,乃悉令推出场外,漏油切实伪装地面疏散。

四、起飞经过：

九时三十四分,敌驱逐机九架经邻水西飞,乃命令各机场发出空袭警报,并命令第一、二大队之 SB-3 机起飞,于九时四十分开始起飞,九时四十五起飞完毕后,向昭化疏散空域进航。

据报:敌驱逐机九架,于九时四十分经广安西窜,令第四、五大队之 E-15Ⅲ 机起飞,于九时五十分开始起飞,九时五十四分起飞完毕后,向预定疏散空域航进。

五、十时敌驱逐机窜遂宁,我机全部起飞完毕后,乃令各机场发出紧急警报。

六、敌机轰炸及扫射情形：

(1) 八时,敌机轰炸机九架,窜抵安康投弹,该处未有我机,无损失。

(2) 十时廿二分,敌驱逐机九架,窜抵蓉市上空盘旋一匝搜索后,即向西南进袭。十时四十九分经邛崃,十一时十分窜抵雅安,在机场低空扫射。

(3) 十一时廿五分,敌轰炸机廿七架,于十时零七分经巴中鼎山镇,与敌驱逐机三架,于十时廿二分经汉阴西飞,乃以无线电令我第一、二大队之 SB-3 机西飞待避,十一时卅五分,敌轰炸机廿七架在松潘城内投弹后东逸,据报死伤百余人。

(4) 十二时敌驱逐机七架窜抵宜宾扫射,宜宾六厂放存草棚内待报废之寇机一架及 SB-3 机尾轮二个被敌射损,余无损失。

(5) 十一时十分,敌轰炸机廿七架窜抵西宁投弹。

(6) 十三时起,敌驱逐机九架,分批扰陕甘各重要机场,内四架十四时五十分到南郑低空扫射后,又至广元扫射北飞。

(7) 十二时敌轰炸机九架,在敌驱逐机四架掩护下,到达天水机场投弹,场内落弹廿一枚,无损失。

七、十一时四十分,在雅安机场扫射之敌机,回经乐山东窜时,乃以布板符号及无线电令第四、五大队 E-15Ⅲ 回航双流机场降落,紧急加油,十二时卅分飞抵双流原场,十二时卅五分各机安全降落完毕。

十二时四十分在宜宾机场扫射之敌机回经永川时,乃由三路司令部以无线电命令第一、二大队之SB-3返航,于十四时十分飞抵成都,十四时十七分均安全降落原场。

八、十三时廿分,敌各批机队皆先后东逸,分经永川、铜梁后,乃令各机场解除警报。

九、敌我损失情形及我战斗成果:

(1)九时卅四分,第二大队之SB-3一架由太平寺飞降温江机场时,起落架一螺丝钉受损,不能起飞,乃令第一总站推出场外漏油疏散伪装。惟以当时情况迫促,该总站卒能于极短时间内努力达成任务,伪装确实,未被敌机发现,得免损失,该机已令第二大队派员更换该螺丝钉,即日修复。

(2)八时廿五分,敌驱逐机四架在兰州机场低空盘旋,当被我机场地面警戒部队击落二架,内一架坠落机场北侧段家湾黄河中焚毁,经检视为敌舰上战斗机三菱九四八号,系十二队,小林驾驶员已当场毙命,另一架正寻觅中。得力部队人员已饬查明议奖。

(3)我第五大队飞行员谢家仪驾小教练机一架,迫降双流附近,机微损,已由第三路司令部予以记过处分,余无损失。

附:敌机经路及到达各地时间图一份。〔图略〕

空军参谋长王叔铭为报告日机在云南境内蒙自、安宁、会泽、寻甸、昆明等地活动情况致蒋介石电

(1941年7月2日)

30 7 2

武家坝

渝委员长蒋:城密。冬日(一)敌侦察机一架由马关侵入,经八寨、中和营,于七时四十三分到达昆明,盘旋廿余分钟后,循原路出

境。(二)八时四十分,敌轻轰炸机九架由屏边侵入,经蒙自、婆末、晋宁、昆阳,于九时卅五分到安宁,两架在该城南投弹二枚,七架在海口投弹七枚后,循原路于十时卅六分不详。(三)十时十二分,敌侦察机一架率驱逐机五架由普梅侵入,经阿基得师宗、罗平、曲靖,于十时卅二分到达沾益上空,盘旋后北飞,于十时卅分抵会泽①,低飞向我工作人员扫射,经该站员兵以机枪远射,我疏散于该场之各机均以掩蔽妥善,未经发现,其他亦无损失,敌机经半小时后逸去。于十一时四十分窜抵寻甸机场,飞向站部及我飞机掩蔽处一带,盘旋并俯冲扫射约十五分钟,我毫无损失。该批敌机至杨林航空站上空盘旋搜索,于十二时零五分窜抵昆明,在呈贡上空盘旋后,循宜良、竹园、中和营于十二时五十分经屏边出境。又敌机近来在滇省活动之企图,全以搜索及攻击我飞机为目的。除呈核外,谨闻。王叔铭。02、21参印。

空军总指挥部关于杨鹤霄所属各大队遭敌重创战斗要报

(1941年8月11日)

空军战斗要报　三十年八月十一日于空军总指挥部

(一) 敌情:

本(十一)日3:47,据川省防空司令部情报所报称:3:18秭归发现敌机多架西飞,4:09经开江,4:35经南充。4:15梁山发现敌二批敌机多架西飞,4:50经遂宁、蓬莱镇,其详细经过地点及到达各地时间如附图。

(二) 杨司令官处置经过:

近日敌机异常活跃,不断分批先后连续袭击我渝蓉附近各要地。为预防敌机夜间连续轰炸后利用拂晓进袭起见,乃预令温江、太平寺、邛崃、双流、凤凰山各机场夜间漏油疏散之。SB-3、E-15Ⅲ

---

① 原文如此。

及36号大达机等,于三时开始加油,当于三时五十分令作紧急战备行动。

(三)疏散及作战部署:

3:55敌机经万县、双江镇后,杨司令官乃令第一大队在温江之SBⅢ机四架及昨(十)日午后疏散至邛崃之SB-3机二架,与第二大队在太平寺SB-3机一架,以是时尚无天气报告,乃令准备飞成都以南疏散待避,36号大达机令饬六十八站转知该机飞行员起飞空中疏散。其余SB、E-16Ⅲ比机、达机、霍75弗机等,早经于昨(十)日已令悉数推出场外漏油,疏散伪装。

第四大队E-15Ⅲ机六架暨无名大队E-15Ⅲ机四架,令由第四大队第廿一中队陈中队长盛馨负责编且准备起飞,掩护疏散各机起飞,并就掩护空域利用云层索敌而攻击。

(四)4:15敌机经梁山后,于4:20令各机场飞行人员坐机待命。

(五)起飞经过:

4:30敌机经岳池后,于4:35令温江、邛崃、太平寺第一、二大队之SB-3悉数起飞,停留温江之SB-3机四架,于5:07起飞一架,5:12起飞一架,其另二架因机场泥泞,滑行时着陆轮陷入泥中,敌机即到达扫射,不及起飞。

5:25疏散邛崃之第一大队SB-3机二架起飞完毕,按照指定空域疏散航进。至第二大队之SB-3机一架因该大队机务长赵焕南于奉到加油命令时,正雷雨交加,稍延缓加油时间,待雨稍小正加油时,敌机已迫近,乃漏油伪装,故未起飞。

4:35敌机经南充后,于4:40令第四大队暨无名大队之E-15Ⅲ机起飞,无名大队E-15Ⅲ机四架,五时起飞完毕,第四大队E15Ⅲ机二架,于5:15起飞完毕,其余E-15Ⅲ四架因加油不及,未及起飞。

(六)战斗情形:

5:05敌先头部队到达蓉,5:15敌驱逐机九架及侦察机一架侵入蓉市上空盘旋,敌轰炸机七架相继进袭,盘旋一匝后,敌驱逐机旋即由云上俯冲,降低高度,分散向我双流、温江、太平寺、凤凰山等各机场低空扫射。我E-15Ⅲ机四架与敌轰炸机七架先行遭遇,领队谭卓励即摇翼,下令各机从前方及后方猛勇攻击四次,时谭卓励、王崇士等两机复与敌驱逐机遭遇,黄荣发、陈康两机仍在敌轰炸机之内外围攻击四次后,亦与敌驱逐机遭遇,战斗至为激烈。

（七）空战后情形及损失概况:

5:55敌机因遭受我机攻击,敌轰炸机未敢投弹,先后狼狈东窜。6:25回经岳池清溪场后,乃以无线电及布板符号令我在空中各机降落加油待命。6:40第四大队王承鉴所驾E-15ⅢP-7285号机一架,未经参战,降落双流机场。

6:54无名大队陈康所驾E-15ⅢP-7289号机一架于攻击敌轰炸机后,与敌驱逐机三架格斗,因众寡悬殊,进入云中回避,在云层内飞行一小时余迷航出云,在中兴场机场平安降落。

9:35第一大队自温江及邛崃起飞之SB-3机四架,计:三架降落温江机场,一架降落宜宾机场。

其余第四大队欧阳鼎驾P-7261号E-15Ⅲ机空战后人臂部受伤,迫降仁寿籍田铺,机损,人伤重,不及救护阵亡。

无名大队谭卓励P-7260号机攻击敌轰炸机后,与敌驱逐机格斗阵亡,人机在倒石桥坠落。

王崇士驾P-7293号机于攻击敌轰炸机后,与敌驱逐机空战被击阵亡,坠落华阳县属第廿四保甲区,机毁人亡。

6:35黄荣发驾P-7288号机于攻击敌轰炸机后,与敌驱逐机格斗后飞机操纵失灵,回新津机场降落时,机落新津河中,人阵亡。

（八）据防空情报所称:敌机一架被我击伤,落于广安、太平场附近,机毁,已派员处理。

（九）敌机低空扫射损失情形:

敌机临蓉市上空后,驱逐机于5:30首在双流低空扫射,我加油迟缓未及起飞之第四大队 E-15Ⅲ、P-7272号机一架被击焚毁,另 P-7305 号被击中小弹数发,轻伤无碍。又 P-7271 号机尾部蒙布被击焚毁。经抢救扑灭,即可修复。P-7273 号机则被击中子弹三粒,均即可修复,另有在场木制伪装机六架,内四架亦被射伤。

5:40在太平寺机场扫射无损失。

5:45在温江及凤凰山机场扫射,温江有第一大队未及起飞之 SB-3 B-1242、B-1736 号两机被击焚毁。

5:40凤凰山未及起飞在场边伪装之36大达机,于敌机扫射留场内跑道上之木制伪装机十余次焚毁后,忽为敌机发现,扫射亦被击焚。轰炸总队场外疏散之北美机一架尾部被中弹数发,无碍飞行。空运大队在场外疏散之大比机一架被发见扫射,翼上被击中三十余弹,即可修复。

(十)检讨:

自昨(十)日廿三时至本(十一)日四时止,蓉郊附近,雷雨交加,机场泥泞。十一日三时许,更大雨如注,致碍加油工作,而各站队准备不周,情报传递迟缓,敌机临空急迫,实为此次损失主因。兹检讨如左:

1. 无名大队及第四大队作战之勇敢,士气之旺盛,虽众寡悬殊,已予敌寇严重之打击,一挽年来颓风,迫令敌轰炸机未敢投弹即逸去。

2. 敌机第一次利用拂晓袭击成都,适当成都倾盆大雨后,故准备欠充分。

3. 因情况迫促,各方面纵横连击稍欠确实。

4. 沿途防空情报,因深夜传递稍迟,且有缺报,故各队站未能充分明了全盘情况。

5. 空军情况瞬息万变,命令不免前后变更或重复。

6. 因限于人力物力,各站场之场面宿营、交通场夫等设备,不能适应天候突变或情况紧急时之要求。

7. 第二大队机务长赵焕南，因雨后加油迟缓，幸该机务长知情况急迫不及起飞，迅速漏油伪装，虽有敌机到场低飞扫射，未被发现，拟仍予申斥。

8. 第四大队机务长马联瑞虽因天雨及场地关系，未能即〔及〕早加油完毕，拟予记过一次。

9. 第五十五站站长董益泰亦因雨致油车及场夫动作迟缓，协助部队不力，但该站长到差未久，终夜奔走指挥，于7267号机被射焚机尾时，亲率消防兵前往救灭，拟予记过一次。

10. 第一大队队长顾兆祥，第二中队队长祝鸿信准备不周，处置欠当，致有雨机不及起飞，拟各记过一次。

11. 军官附员衣复恩驻宿距场较远，虽因得到情况急迫，赶到机场不及起飞，而戒备欠周，拟记过一次。

12. 杨司令官鹤霄于收到情报后处置稍迟，拟记过一次。

13. 第一大队射击士边汀林遇敌后跳伞，经军法审判，审查结果，系该机遭遇敌驱逐机格斗数次后，飞机忽作猛烈俯冲，斯时我机高度仅三至四百米，该士认为驾驶员已失操纵，或已阵亡，故决心离机跳伞，判明无罪。

14. 无名大队第廿九中队飞行员陈康作战勇敢，拟予记功一次。除殉职各员，已优予装殓，另案请恤外，拟将此次经过得失编为战训分发参考。

附：

（一）袭川敌机行动图〔图略〕

（二）参战人员表

（三）空中疏散飞行人员表

（四）军官死亡人员表

（五）飞机损耗表

（六）战斗成果表

我空军参加作战人员表

隶属	无名大队				第四大队	
职级	上尉三级副队长	中尉三级分队长	中尉三级分队长	少尉三级飞行员	少尉三级飞行员	少尉三级飞行员
姓名	谭卓励	王崇士	黄荣发	陈康	欧阳鼎	王承鉴
飞机 机名	E-15Ⅲ	E-15Ⅲ	E-15Ⅲ	E-15Ⅲ	E-15Ⅲ	E-15Ⅲ
号码	P-7260	P-7293	P-7288	P-7289	P-7261	P-7285
备考						未参加作战

我空军空中疏散人员表

人员及飞机	隶属	第一大队	第一大队	第一大队	第一大队
人员	职别	中队长	飞行员	分队长	飞行员
	姓名	祝鸿信	郭岳生	赵英杰	李衍洛
	职别	轰炸员	轰炸员	机工长	机工长
	姓名	曹毓双	许汶明	辛连仲	王圻
	职别	通信员	通信士	通信长	通信士
	姓名	黄伯根	边湘林	汪复强	邱贾宝
飞机	机名	SB-3	SB-3	SB-3	SB-3
	号码	B-1732	B-1745	B-1734	B-141
备考					

八月十一日空军军官死亡表

隶属	无名大队	无名大队	无名大队	第四大队	合计	附记
姓名	谭卓励	王崇士	黄荣发	欧阳鼎		
职级	上尉三级副队长	中尉三级分队长	中尉三级分队长	少尉三级飞行员	四员	
死亡时间	11	11	11	11		
地点	倒石桥	华阳	新津	仁寿		
原因	阵亡	阵亡	阵亡	阵亡		
死亡情形						
备考						

八月十一日我方空军飞机损耗调查表

日　期	11	11	11	11	11	11	11
隶　属	无名大队	无名大队	无名大队	第四大队	第四大队	第四大队	第四大队
驾驶员	谭卓励	王崇士	黄荣发	欧阳鼎			
职　级							
机　名	E-15Ⅲ	E-15Ⅲ	E-15Ⅲ	E-15Ⅲ	E-15Ⅲ	E-15Ⅲ	SBⅢ
架数　待查							
可修					1	1	
全毁	1	1	1	1			1
号　码	P-7260	P-7293	P-7288	P-7241	P-7272	P-7368	P-7273
损失地点	倒石桥	华阳县廿四保	新津	仁寿籍田铺	双流机场	双流机场	双流机场
原　因	空战后坠落	空战后坠落	空战后坠落	空战后迫降	停场未及起飞被敌击中数弹焚	停场未及起飞被敌机击中数弹焚	停场未及起飞被敌击中三弹
备　考	人亡	人亡	人亡	重伤后亡			

八月十一日我方空军飞机损耗调查表

日　期	11	11	11	11	11	11	小计	总计
隶　属	第一大队	第一大队	空运大队	轰炸总队	会　属	第四大队		
驾驶员								
职　级								
机　名	SB-3	SB-3	大比机	北美	36号大达机	EB-3		
架数　待查								
可修			1	1		1	5	
全毁	1	1			1		8	
号　码	B-1742	B-1736				P-7267		
损失地点	温江机场	温江机场	凤凰山机场	凤凰山机场	凤凰山机场	凤凰山机场	13架	13架
原　因	停场未及起飞被敌击焚	停场未及起飞被敌击焚	场外疏散被击中三十余弹	被敌击中弹数粒	被敌击焚毁	被敌击机尾部蒙布烧毁		
备　考								

八月十一日我方空军战斗成果报告表

日　期	11	11	11	11	
隶　属	无名大队	无名大队	无名大队	无名大队	
得力战斗员	谭卓励	黄荣发	王崇士	陈　康	
职　级	上尉三级副队长	中尉三级分队长	中尉三级分队长	少尉三级飞行员	
击落敌机	机种	待查				
	番号	待查				
	架数	1				
击落地点	广安太平寺				
证实者	防空情报所				
备　考	四员合力击落敌机一架				

　　细密之研究预期下次协同作战当有良好之改进

　　附:敌机动向图(一)

　　　参战人员姓名飞机号码表(一)

　　　战斗配备图(一)

我空军参加作战人员表三十年八月十二日

隶　属	第四大队二十三中队	第四大队二十三中队	合　计	附　记
职　级	上尉队长	中尉分队长	二　员	
姓　名	陈盛馨	孙伯宪		
飞机种类及号码	E-15Ⅲ 二三〇二	E-15Ⅲ 二三〇二	二　架	
备　考				

2438

航空委员会向军委会军令部检送空军总指挥部战斗要报

(1941年8月14日)

重庆军事委员会军令部勋鉴：兹送上空军总指挥部指战辛字1690号战斗要报一份，请查收转呈为荷，并呈航空委员会(灰)参辛渝(附一件)。

航空委员会(印)

空军战斗要报　三十年七月廿七日于空军总指挥部

一、敌情：

本(廿七)日六时,据川省防空司令部情报:5:55野三关发现敌侦察机一架西飞,6:35经梁山,7:07经遂宁任隆场。

6:36慈利发现敌第二批侦察机一架西飞,7:00经来凰,7:15经彭水。8:16分松滋发现第三批敌轰炸机一百零六架西飞,8:48经五峰,9:00经恩施,9:13经利川,10:05经长寿,10:23经合川大河坝上空盘旋,10:52经岳池勾角场,11:06转经潼南古溪镇。

9:04建始发现第四批侦察机一架西飞。9:32经涪陵兰市镇,10:10经南充与隆场,10:17经遂宁蓬莱镇。

10:08三斗坪发现第五批驱逐机十架西飞,11:14经大竹、高穴。以上各批敌机详细经过地点及到达各地时间如附图。

二、对敌第一批侦察机之捕捉：

1. 6:35敌第一批侦察机窜经梁山西飞,即由第三路杨司令官令无名大队准备E-15Ⅲ机四架担任警戒,其部署如下：

第一组E-15Ⅲ机二架在淮州、简阳间上空巡逻。

第二组E-15Ⅲ机二架在成都附近各机场(双流、太平寺、新津)上空巡逻。

各组高度均七千公尺(捕捉敌侦察机人员姓名如附表)。

2. 7:07敌第一批侦察机经遂宁任隆场,即令准备之E-15Ⅲ机四架起飞,各按规定空域高度警戒,敌机窜抵三台后东逸,我机未与遭遇,于8:20以无线电话及布板符号令我机降落太平寺加油待命,8:30开始降落,8:35各机皆安全降落完毕。

三、疏散部署：

9:00敌轰炸机一百零六架窜经恩施西飞后,即令各机场作紧急战备行动及疏散部署如下：

第一大队SB-3机十架暨第二大队SB-3机六架以练习长途飞行为目的,准备经兰州飞酒泉降落,加油待命。

第四大队E-15Ⅲ机十架暨无名大队E-15Ⅲ机八架,准备飞雅安以西上空待命。

第十二中队SB-3机一架准备飞雅安以西上空待命,随第四大队暨无名大队之驱逐机行动（因据该中队韩中队长锡伦前报称：该中队接收之SB-3机较第一、二大队之SB-3速度为小,不能跟随,故特别另为处置）。其余各部队SB、E-16Ⅲ、E-16、北美机、弗机、白机、比机、达机、容克等机悉数推出场外漏油疏散,确实伪装。

四、起飞经过：

10:30敌轰炸机经潼南后,10:35即令第二大队SB-3机六架先行起飞,10:45起飞完毕,按照预定疏散空域航进。

10:52敌轰炸机在潼南、武胜一带往返盘旋后,经岳池、勾角场西飞,即令第一大队及第十二中队之SB-3机起飞,11:05第一大队SB-3机开始起飞,11:12起飞完毕,按照预定疏散空域航进。

第十二中队SB-3机因迟疑不决,未起飞疏散。

第十二大队之SB机一架据邛崃无线电话报告,自动由邛崃起飞疏散松潘,正饬查报原因。

11:06敌轰炸机窜经潼南左溪镇后,令第四大队及无名大队E-15Ⅲ机起飞,分别于11:20开始,11:30起飞完毕（敌驱逐机距敌轰炸机计约十五分钟之距离,故尽量控制我驱逐机于地面,便于敌轰炸机临市空前再行起飞,俾我驱逐机得有充分足之油量,以行疏散)。

五、敌轰炸经过：

敌轰炸机计一百零六架,分四大编队,第一编队廿五架,第二、三、四编队各廿七架于11:35窜抵蓉市上空,在市区投弹轰炸后,于11:45离蓉东逸。

六、敌驱逐机扫射情形：

12:00敌驱逐机十架侵入蓉市上空,即分向双流、新津、雅安进袭,于12:40敌驱逐机两架分别先后在新津及太平寺机场低空扫射后东逸,其余敌在上空掩护。

七、第三路司令部至情报所电话于敌机投弹后即告中断。13:30据重庆第一路司令部情报称:敌轰炸机东窜经广安及敌驱逐机亦相继东窜。第三路司令部乃令各机场解除警报,并令第四大队暨无名大队E-15Ⅲ各机飞成都原场降落,加油待命。

八、损失概况：

十二中队SB-3机B-1764号一架,系新由该队长韩锡伦接收担任警戒,据报该机虽略有不妥,终因该队长犹豫不决,对空中疏散似有畏惧,对地上疏散迟疑贻误,既不起飞,不早为疏散,在新津机场被敌驱逐机低空扫射击中焚毁。当将该中队长押交军法科审明责任,依法惩办,详情续报。

第四大队飞行员谭锟驾E-15ⅢP-7275号机一架,回航时因机械故障空中停车,迫降雅安机场,未放起落架,机翻转失事,机损人无恙。第二大队飞行员曾致中驾E-15ⅢB-1998号机一架,迫降兰州西廿公里之河口附近,机损坏率约百分之六十,该驾驶员及轰炸员轻伤,均已接兰治养,射击士无恙。正饬查明脱离队形时间、空域及原因责任,具报后续报。

九、其余第四大队之E-15Ⅲ机九架,无名大队E-15Ⅲ机八架,于十四时零五分均平安降落双流、太平寺两场,第一、二大队SB-3机八架降落兰州,两架降落临洮,四架降落岷县,一架因故障降落三台,第十二大队 SB 机一架降落邛崃,均安全(落临洮、岷县各机场均于廿八日已集中兰州)。

附:敌机袭川经路要图〔图略〕

捕捉敌侦察机人员姓名表

疏散飞行人员姓名表

飞机损耗表

我空军捕捉敌侦察机人员表

隶 属		无名大队第廿七中队	无名大队第廿九中队	无名大队第廿九中队	无名大队第廿九中队
职 级		中尉三级分队长	少尉三级飞行员	中尉三级分队长	中尉三级飞行员
姓 名		吴国栋	陈 康	王崇士	梁大嘉
飞机	机名	E-15Ⅲ	E-15Ⅲ	E-15Ⅲ	E-15Ⅲ
	号码	P-7288	P-7279	P-7293	P-7289
备 考					

我空军疏散飞行人员表

隶 属		第四大队						
职 级		上尉一级中队长	中尉三级分队长	少尉三级飞行员	中尉三级飞行员	少尉三级飞行员	上尉三级分队长	少尉三级飞行员
姓 名		陈盛馨	孙伯宪	朱 权	王庆利	赵 曜	曾培复	赵襄国
飞机	机名	E-15Ⅲ	E-15Ⅲ	E-15Ⅲ	E-15Ⅲ	E-15Ⅲ	E-15Ⅲ	E-15Ⅲ
	号码	2101	2109	2106	2307	2103	2304	2303
备 考								

	隶属	第四大队				无名大队		
我空军疏散飞行人员表	职级	少尉三级飞行员	少尉三级飞行员	中尉三级飞行员	上尉二级中队长	中尉三级分队长	上尉三级分队长	少尉三级飞行员
	姓名	王承鉴	谭锟	莫同淅	刘敬光	刘尊	吴国栋	刘福聚
	飞机 机名	E-15Ⅲ	E-15Ⅲ	E-15Ⅲ	E-15Ⅲ	E-15Ⅲ	E-15Ⅲ	E-15Ⅲ
	飞机 号码	2306	2301	2302	7260	7232	7288	7236
	备考							

	隶属	无名大队				第二大队		
我空军疏散飞行人员表	职级	少尉三级飞行员	少尉三级飞行员	中尉三级飞行员	上尉三级飞行员	中尉二级飞行员	中尉二级飞行员	中尉二级飞行员
	姓名	陈康	李景熙	梁大嘉	王崇士	刘汉	曾致中	欧阳寿
	飞机 机名	E-15Ⅲ	E-15Ⅲ	E-15Ⅲ	E-15Ⅲ	SB-3	SB-3	SB-3
	飞机 号码	7257	7237	7289	7293	1993	1998	1950
	备考							

	隶属	第二大队			第一大队			
我空军疏散飞行人员表	职级	中尉二级飞行员	中尉二级分队长	上尉二级中队长	中尉三级飞行员	中尉三级飞行员	中尉三级飞行员	中尉三级飞行员
	姓名	傅振伯	刘观薰	杨仲安	罗思圣	张焕新	谢琏	张彪
	飞机 机名	SB-3	SB-3	SB-3	SB-3	SB-3	SB-3	SB-3
	飞机 号码	1982	1997	1981	1966	1732	1742	1753
	备考							

	隶属	第一大队						第十二大队	合计
我空军疏散飞行人员表	职级	中尉三级飞行员	中尉三级飞行员	上尉三级飞行员	少校三级副大队长	少校三级中队长	中尉一级飞行员	少尉三级飞行员	三十五员
	姓名	张缙绅	陈学波	王宗干	陈汉章	祝鸿信	赵英杰	胡碧天	
	飞机 机名	SB-3	SB-3	SB-3	SB-3	SB-3	SB-3	SB-3	三十五架
	飞机 号码	1969	1741	1737	1745	1734	1736	1572	
	备考								

三十年七月廿七日我方空军飞机损耗调查表

日期	27	27	27	小计	总计	附记
隶属	第四大队	第十二中队	第二大队			
驾驶员	谭锟		曾致中			
职级	少尉三级飞行员		中尉二级飞行员			
机名	E-15Ⅲ	SB-3	SB-3			
架数 待查						
架数 可修	1			1		
架数 全毁		1	1	2		
号码	P-7275	B-1964	B-1998			
损失地点	雅安	新津	兰州			
原因	空中停车迫降机翻失事损	地面被敌扫射焚毁约三分之二	迫降飞机损坏率约百分之六十	3架	3架	
备考	人无恙		飞行及轰炸员轻伤机械士无恙			

空军一九四二年一至十二月战斗要报

(1942年1—12月)

(1) 1月8日

战斗要报　卅一年一月八日于空军总指挥部

第一，轰炸计划

为协同第九战区陆军联合作战，以围歼进攻长沙敌军之目的，俟诱敌进入长沙；我陆军包围形势完毕后，即集中空军部队索敌主力轰炸，并断绝敌军退路，以求达成陆军协同完成围歼之企图。

第二，口授命令要旨

一、准备命令

于十二月卅一日，会同苏首席顾问面授第二大队长金雯之出击准备命令要旨：

(一) 该大队应即准备协力第九战区之作战，轰炸进犯长沙之敌，即行准备，待命出动。

(二) 出击时第一日及第二日之行动要领及使用站场。

(三) 预想对空中可能遭遇诸般状况之处置。

二、第一日任务

于元月八日9:30召集空军第二大队大队长金雯口授命令：

(一) 湘北进犯长沙之敌军现已退集长乐街、浯口市、新市之线。

(二) 我机以协助湘北第九战区我陆军部队追击溃退敌军之目的，对敌重要据点及退却之密集纵队予以猛烈轰炸，并求截断敌军退路之桥梁，使我陆军围歼容易。

(三) 由第二大队长率领SB机九架，于本(八)日10:30由成都太平寺机场起飞后，侬需要可与重庆、芷江、桂林各电台取连络。

(四) 任务完毕后，径飞桂林机场降落，务于降落后迅速疏散，并漏夜检查飞机加挂油弹,预防敌袭。及明(九)日,由谢司令指挥工作后,飞返成都。

三、第二日任务

(一)空军第二大队于八日到达桂林后,即由该司令指挥工作。

(二)该大队飞机降落桂林后,需漏夜检查飞机加挂油弹,准备明(九)日之工作。

(三)明(九)日第二大队之任务及轰炸目标,由该司令请示薛司令长官后明示之。

(四)八日夜须严防敌机乘夜或拂晓袭击,在拂晓袭击时,我机乘加挂油弹完毕之际,全部飞向全州附近空域规定高度集合后,径往指定目标实施轰炸,其航线须避免与敌机遭遇。

(五)该大队于明(九)日工作完毕后,即令机返成都基地,如途中天气不良,得降落芷江待令。

第三,战斗指导

(一)我机由成都向长沙附近去航时,至常德上空,即须开始严密警戒。

(二)队形始终确实保持密集队形。

(三)遭遇敌驱逐机攻击,无论如何猛烈,须确实保持浓密火网射击敌机,严禁各自战斗。

(四)轰炸时,应注意弹着点及轰炸成果。

(五)向桂林返航时注意敌机之尾追。

第四,部署

一、军队区分

总领队队形之编成及所载炸弹数量。〔略〕

二、航行规定

(一)八日10:30由太平寺起飞,并在该机场上空集合。

(二)去航之路　成都—→常德—→目标

（三）返航之路　目标——→长沙——→桂林

（四）飞行及轰炸高度均为××××公尺。

（五）由××××公尺之高度向××度进入轰炸目标。

（六）轰炸目标为长乐街、浯口市、新市线之敌及敌军阵地与桥梁。

（七）对轰炸目标则分次投弹，每机每次各投弹二枚，投毕向右转入返航路线。

（八）通信连络。〔略〕

第五，战斗经过

（一）本（八）日 10：30 由第二大队长金雯率领 SB 机九架由成都太平寺机场起航，10：40 空中集合完毕，按预定布署向目标上空飞行。

（二）出发人员及飞机号数如附表一。

（三）14：10 到达目标上空投弹后之轰炸成果，如附表二。

（四）经到达目标上空投弹，在投弹后向右转弯进入航途之时，于我机队右后方发现敌九七式驱逐机八架，即通知各机严密警戒，一瞬间敌即用梯队队形先向我长机分队攻击，继即分别向我各分队攻击，我机亦运用浓密火网与敌以猛烈还击，约激战 20 分钟（敌攻击我约五至七次），我机（1103，1105，1101，1104）四架因中弹过多，致机伤被迫离队，分别迫降，其余（3013，902，913，914，915）五架仍保持队形飞返桂林。惟长机 3013 号因中弹过多，机仓〔舱〕内电动仪器表、信号灯等等均被击损，故油尽迫降桂林二十八公里之李家村附近，余（902，913，914，915）四架均安降秧塘机场。

（五）（1）1103 号张之冈机被敌攻击受伤，迫降郴县火车站附近，机轻伤，人安全。

（2）1105 号戴邦模机亦受伤，迫降衡阳附近渣江，机损，戴邦模眼部轻伤，其轰炸员郑炳兴头部轻伤，射击士应家坯左胫骨因中弹，骨裂创伤。

(3) 1101号欧阳寿机及1104吴伦机被敌机多架攻击,焚坠于椰黎市及东山两地(长沙东南附近),乘员陆续跳伞,飞航员欧阳寿头部被捣重伤,两大腿后侧刺刀伤,吴伦跳伞未开阵亡,轰炸员龙飞头部轻伤,轰炸员毛鉴安降,射信士张其蔚被敌射击,左下腿盲管枪伤,胫骨创伤,右下腿盲管创伤二处,射信士高传贤被民众误认抠伤,头部胫部刀伤,右斜肋被敌枪伤阵亡。

(六) 我作战人员伤亡如附表三。

(七) 我机损失情况如附表四。

(八) 空战时据我机人员目睹敌机被我击伤者三架,经查明其中一架坠在长沙东北枫林港南方六、七里(已派员拆运)处。

第六,检讨

(一) 敌以优势之飞机性能与优势火力,并协同其他地面防空火力,以攻击我机,我机于其猛烈攻击下,安然达成任务,经敌优秀之驱逐机对我攻击约二十分钟,直尾追至湘潭始返。但我机不顾敌火之猛烈,反与〔予〕敌机以重创,我固有损失,而敌机亦被我击落数架。

(二) 谨查各地人民敌忾之心良好,以此往往本军飞行人员跳伞或随机降落,致被民众误认为敌驾驶人员遭遇意外者甚多,除令后将飞行人员衣帽特加标识外,仍请各当地地方长官,通令地方人民部队注意。

附:返航路线图〔略〕

附表一:

我空军参加作战人员表　卅一年一月八日

隶　属	职　级	姓　名	飞机种类及号码	飞机编队号码
空军第二大队 同　右 同　右	少校一级大队长 上尉三级轰炸员 中尉通信长	金　雯 钱长松 林木镇	SB-3 B-1760	3013

(续表)

隶属	职级	姓名	飞机种类及号码	飞机编队号码
空军第三大队第九中队 同　　右 同　　右	上尉三级分队长 中尉三级轰炸员 三等三级射信士	方镇基 古学礼 程镇江	SB-3 B-1975	902
同　　右 同　　右 同　　右	中尉二级飞行员 中尉二级轰炸员 三等五级射信士	傅振伯 冯大谦 易世科	SB-3 B-1957	915
同　　右 同　　右 同　　右	上尉二级副队长 中尉三级轰炸员 同中尉三级通信员	杨荣志 张英先 赵文殷	SB-3 B-1765	913
同　　右 同　　右	中尉二级轰炸员 三等五级射信士	冯大谦 易世科	SB-3 B-1957	915
同　　右 同　　右 同　　右	上尉二级副队长 中尉三级轰炸员 同中尉三级通信员	杨荣志 张英先 赵文殷	SB-3 B-1765	913
同　　右 同　　右 同　　右	中尉二级飞行员 三等五级射信士 中尉一级轰炸员	欧阳寿 张其蔚 龙　飞	SB-3 B-1979	1101
同　　右 同　　右 同　　右	中尉二级飞行员 少尉三级轰炸员 三等五级射信士	朱兴义 毛尚武 霍正辉	SB-3 B-1955	914
空军第二大队第十一中队 同　　右	上尉一级分队长 中尉三级轰炸员	张之冈 龙　衮	SB-3 B-1982	1103
同　　右 同　　右 同　　右	中尉二级飞行员 中尉一级轰炸员 三等五级射信士	欧阳寿 龙　飞 张其蔚	SB-3 B-1979	1101
同　　右 同　　右 同　　右	中尉二级飞行员 少尉三级轰炸员 三等五级射信士	朱兴义 毛尚武 霍正辉	SB-3 B-1955	914
空军第二大队第十一中队 同　　右 同　　右	上尉一级分队长 中尉三级轰炸员 三等五级射信士	张之冈 龙　衮 姚　琴	SB-3 B-1982	1103

(续表)

隶　属	职　级	姓　名	飞机种类及号码	飞机编队号码
同　右 同　右 同　右	中尉三级飞行员 中尉三级轰炸员 三等五级射信士	吴　伦 毛　鉴 高传贤	SB-3 B-1983	1104
同　右 同　右 同　右	中尉二级飞行员 少尉三级轰炸员 三等五级射信士	戴邦模 郑炳兴 应家坪	SB-3 B-1986	1105
合　计	战斗员二十七员		SB-3 机九架	
附　记				

附表二

卅一年一月八日我方空军轰炸成果报告表

日　期		元月八日		附记
隶　属		空军第二大队		
目标	地点	新市、长乐街、浯口市		
	种类			
轰炸状元		(1) 全部命中长乐街、浯口市,被轰炸中弹起火 (2) 轰炸后于目标上空与敌 97 式驱逐机八架遭遇,发生空战,击落敌机八架		
机　种		SB-3		
机　数		9		
弹　种		50、100 kg		
总弹数				
证明者		准九战区长官部电,击落敌机已查明,一架落于枫林南(长沙东北),其余二架〔?〕		
备　考				

2451

附表三

卅一年一月八日空军人员伤亡表

隶属	姓名	职级	伤亡时间	地点	原因	伤亡情况	备考
合计	九员						
第十一中队	高传贤	射信士三等五级	卅一年一月八日下午	长沙附近	被敌机陆地焚毁	阵亡	
空军第二大队第九中队	张其蔚	射信士三等五级	卅一年一月八日下午	长沙附近	被敌机陆地焚毁	两下腿枪伤	
第十一中队	吴伦	飞行员中尉一级	卅一年一月八日下午	长沙附近	被敌机陆地焚毁	头部轻伤	
空军第二大队第九中队	龙飞	轰炸员中尉二级	卅一年一月八日下午	长沙附近	被敌机陆地焚毁	头部侧刀伤	
空军第二大队第九中大队	欧阳寿	飞行员中尉一级	卅一年一月八日下午	长沙附近	被敌机陆地焚毁	腿底侧刀伤、头两大	部报告第二路司令
第十一中队	郑炳兴	少尉三级	卅一年一月八日	衡阳	迫降	头顶部挫伤	
空军第二大队第十一中队	戴邦模	飞行员二级	卅一年一月八日	衡阳	迫降	左眼上缘挫伤	
空军第二大队第十一中队	应家圩	射信士三等五级	卅一年一月八日	长乐街附近	中弹受伤	右足部弹伤	
空军第二大队第十一中队	林木镇	信长通中尉	卅一年一月八日	长乐街附近	中弹受伤	中弹多处重伤	18:15医院逝世 因伤重已于十一日在桂林省立

附记：伤亡人员均分别饬派救护料理

附表四

卅一年一月八日我方空军飞机损耗表

隶属	空军第三十中队第二大队	空军第十一中队第二大队	空军第十一中队第二大队	空军第十一中队第二大队	空军第十一中队第二大队	
驾驶员	金雯	张之冈	戴邦樟	欧阳寿	吴伦	
机 名	SB-3	SB-3	SB-3	SB-3	SB-3	
号 码	B-1760	B-1982	B-1986	B-1979	B-1983	
机数 待查						
机数 可修	1	1	1			
机数 全毁				1	1	
地 点	桂林附近	郴县火车站附近	衡阳附近渣江	长沙东南梨市	长沙东南至东山	
原 因	被敌机攻击受伤油尽迫降	被敌机攻击受伤迫降	被敌机攻击受伤迫降	被敌机攻击陆地焚毁	被敌机攻击陆地焚毁	
报告者	第十总站	第六总站	第六总站	第九站区管部电话长	第九站区管部电话长	
飞机编队 号码备考	3013	1103	1105	1101	1104	

2453

(2) 5月21日

战斗要报　卅一年五月廿一日于成都空军总指挥部

第一,轰炸计划

为遏止敌之窜扰,即集中我空军轰炸部队主力,对由腊戌前进之敌运输补给车辆及腊戌附近敌军事设施实施轰炸,并以P-40式驱逐队担任直接掩护。

第二,命令要旨

(一)着第五路副司令龚颖澄偕第一大队副队长杨仲安飞赴垒允,与美志愿队指挥官陈纳德少将会商协同掩护轰炸,并通讯连络等诸规定事项,协商完毕后,即返昆明。

(二)我机为遏止敌快速部队之窜扰,对沿腊戌至新威间公路上之敌坦克车、装甲车部队,以及腊戌附近之敌军事设施,予以彻底轰炸之、破坏之。腊戌附近之敌先头部队现正向北推进中。

(三)着第一、二两大队合派CB-3轰炸机九架,每机携带50 kg瞬发信管爆炸弹各六枚,并由美志愿队派P-40驱逐机八架,协同掩护之。

第三,部署

一、军队区分

出动队形之编成及所载炸弹。〔略〕

二、飞行规定

(一)轰炸机以昆明为基地,以保山、祥云为临时降落场;驱逐机以保山为基地,等候轰炸机到达该上空,即起飞集合协同向敌袭击。

(二)航路:昆明、保山、腊戌进入点,由该领队长依情况自行决定。

返航:与出发航线同。

(三)轰炸高度:预定高三千公尺。

(四)通信连络:轰炸机以昆明副主台为司令台,驱逐机以昆明特台为司令台,空中联络由轰炸领队与志愿队协定。回航时可用广播电台作以定向。

(五)补给:由昆明、云南驿、保山三站准备之。

第四,轰炸经过

(一)第一、二两大队C-63机九架由副大队长杨仲安率领,于五月二日13:20由昆明起飞,于15:20在保山上空与P-40机八架会合,高度始终保持××公尺(往返航路如附图二,航行情形如附图一,人员姓名如附表一)。

(二)16:20在新腊戍附近之车站交通要点,新腊戍市区及敌临时机场投弹。新腊戍市敌占领区当时中弹即着火,敌机场亦被我炸中破坏。

(三)投弹时以九架品字形,二发连续射下,高度为其高二千公尺。

(四)我机任务完毕,除C-63 912号一架因油量关系于回航时着陆保山外,余均于18:30在昆明安全降落。

第五,侦察所得

(一)新威至腊戍间公路上未发现敌坦克车部队。

(二)新威东约五公里公路旁有白色⌐符号。

(三)新威市区内发现摩托化部队约二十余辆。

(四)新威北端公路上发现有敌活动之坦克车约十余辆。

(五)新威至垒允间之十余里处田亩中发现有弹痕甚多。

(六)新威腊戍之敌临时机场内,发现停有侦察机四架及运输机一架(双发动机)。

附图一:

空军第一、二大队与美志愿队联合出动缅甸之轰炸掩护队形要图。〔略〕

附表一

空军第一、二大队本(五)月二日出动缅甸之机种机数机号人员区分表

区分	第一分队			第二分队			第三分队			附记	
编号	1	2	3	1	2	3	1	2	3	总领队杨仲安	副领队陈御凤
机种	C-53	C-53	C-53	C-53	C-53	C-53	C-53	C-53	C-53		
号码	109	1731	105	112	2012	408	1113	3002	3006		
飞行员	杨仲安	陈御凤	玉鼎基	张凤瑞	朱兴义	李衍洛	胡碧天	张彪	吴化熙		
轰炸员	任传芳	李汗明	任化钧	管介武	毛尚武	吕继宏	项尔寿	尹士悦	李朝魁		
通信士	汪复强	傅克成	王炳琳	褚梅春	陈茂成	袁建业	黄光强	朱意志	李风		

附表二

空军第一、二大队五月二日出动缅甸之弹药消耗数量表

炸弹	类别	重量	数量	附记
	爆炸弹	五〇公斤	五十四枚	1. 共出动九机各机携弹六枚 2. 使用信管皆为瞬发 3. 发射机枪总计1 000发用以扫射敌腊戍机场停留之敌机因距离远命中不良
枪弹	类别	口径	数量	
	俄式斯卡司	七·六二厘米	一〇〇〇发	

(3) 12月5日

战斗要报　卅一年十二月五日于成都空军总指挥部

第一，出击计划

为彻底歼灭敌运城之空军，以减少我成都区空军根据地之威胁，乃以我轰炸机之一部袭击运城，对敌机场重要军事设施及场中停机予彻底破坏，并以我驱逐机之一部担任掩护。

第二，命令要旨

（一）着第二大队派A-29机九架，轰炸运城敌机场重要军事设施及场面停机。

（二）着第四大队派P-43机十二架先跃进安康机场，俟与第二大队之A-29机会合，任袭击运城时沿途之掩护，使安全达成任务。

（三）着第四大队另派P-40E机四架，跃进南郑，任我机任务达成回航加油时之掩护。

（四）三路司令官率参谋一员，乘空运机飞安康及南郑，担任指挥部署事宜。

第三，部署

一、军队之区分

出动队形之编成及所携炸弹。〔略〕

二、飞行计划

（一）P-43机先飞至安康机场加油待命，依据防空情报，得知我A-29机将到安康机场上空，即起飞追随掩护。该机分两编队，以李大队长向阳为总领队，率第一编队，张队长光蕴率领第三编队。

（二）掩护要领：因P-43机与A-29机速度之差别，可以交叉飞行掩护之如左图。〔略〕

如遇敌驱逐机抵抗时，以九机任战斗，以三机仍确实掩护，除非不得已时，不准加入战斗。

（三）我机飞抵仓房上空时开始警戒。

（四）遇敌机攻击时，严禁各机落后或脱离，并应确保密切联系,互相支援。

(五)返航南郑降落加油时,须迅速务必当日归还成都基地。

(六)航路:

(1) A-29机以温江为基地,以南进为前进降落场,于返航时降落加油。去时须经安康以与P-43机会合,会同向目标前进,其往返航路如左:

往:温江——→安康——→目标

返:目标——→南郑(加油)——→温江

(2) P-43机以太平寺为基地,以安康、南郑为前进机场,去时于安康降落加油,俟A-29机到达会合后,会同向目标前进,返航时降落南郑加油,飞返基地,其往返航路如左:

往:太平寺——→安康加油——→目标

返:目标——→南郑加油——→太平寺

(3) P-40E机以太平寺为基地,跃进南郑机场降落加油后,待A-29机及P-43机返航,至南郑加油时即起飞于上空掩护,后随伴掩护A-29机飞返基地。

(七)速度:每小时=九〇公里。

(八)轰炸高度及进入航路:轰炸高度为××××公尺,进入方向为××度。

(九)投弹法:一齐投下。

(十)预定轰炸时间:12:15

(十一)驱轰协同及应遵守事项

(1)会同空域:洵阳西北洵河上空。

(2)会同时间:11:00,俟我轰炸机将到达安康机场上空时,P-43机即行起来。

(3)会合高度:定为四五〇〇公尺。

(4)会合队形:(A-29)

    T   T

  (P-43) (P-43)

（十二）通信连络：以温江第一总战区主台，为地面对空之无线电报连络指挥电台，以第三路司令部播音室，为对空之无线电话连络指挥台机及队与队间之连络，利用各机上之通信设备，按呼号波长与规定之密码实施之。

（十三）补给：由温江、太平寺、安康、南郑四站准备之。

第四，轰炸经过及成果

（一）十月二十七日 7:50，空军第四大队李大队长向阳率领P-43 机十二架，由太平寺起飞，于 9:20 到达安康降落完毕，加油待命。

（二）本(廿七)日八时廿五分，第四大队 P-40 机四架由苑中队长金兰率领，自太平寺起飞，于 9:25 到达南郑机场降落，加油待命。

（三）廿七日八时卅分，空军第二大队佟彦博率领 A-29 机九架由温江起飞，以疏开队形向安康前进，10:15 到达紫阳上空。安康因情报失灵，不明敌我，P-43 机乃于 10:15 起飞警戒。又因P-29 机较预定时间早二十五分钟，于 10:25 到达安康，致未能如期会合。A-29 机于安康上空盘旋一周后，即密集队形向目标航。P-43 机由李大队长向阳与张中队长光蕴分别率领，亦于规定会合时间向目标航行。

（四）11:52 我机到达目标上空，依预定速度、高度进入航路与投弹法，向敌机场跑道停机之一端（东端）停机二架及营房瞄准投弹，并开始摄影。当见尘烟顿起，敌机场跑道、敌营房中弹被毁。我 A-29 机于投弹后即返航，向南郑飞行，P-43 机于 A-29 机投弹后，在目标上空盘旋二十分钟，见空中并无敌机，亦即向南郑回航，于 13:25 降落南郑机场完毕加油。A-29 机亦于 13:30 返抵南郑机场降落加油。当时均由先行跃进该场之 P-40E 机，由范中队长率领起飞掩护，14:40 P-45 机加油完毕，由南郑起飞返太平寺基地，于 16:00 全部安全着陆。A-29 机除三架因起动机故障不能开车留南郑修理外，其余六架于15:45起飞，由P-40E随伴掩护返航，于17:30安全降落温江基地，P-40E机则全部安降太平寺。

（五）当我机到达运城目标上空时，只有敌高射炮火向我机射击，并无敌机迎战，我以变换高度及航向，使敌不易瞄准，我无损失。

（六）事后据情报，运城车站票房中一弹炸毁，敌侦察机一架、汽车一辆亦被炸毁。

（七）当我P-113返航飞抵南郑上空时，我地面防空部队曾发生误会，致行射击，经三路杨司令官急令制止，始行停止。

（八）三路杨司令鹤霄率该部参谋安凤礼，于本(廿七)日7:30乘太比机由太平寺赴安康，待我机会合向目标前进后，于11:20赴南郑担任指挥部署事宜。

第五，检讨

（一）计算飞机之地速尚欠确实，空中疏散队形之距离太大，因A-29机之地速不能计算正确，而较预定时间早二十五分钟到达安康，致我驱轰机未能按照预定时间地点会合。未到安康前之空中疏散队形之距离太大，致使我地面监视哨不能将飞机确数报告，嗣后应注意改善与精确计算。

（二）安康情报欠灵：A-29机于成都飞安康航程中，安康并未接到情报，致误会为敌机。川陕边境情报监视网固较稀疏，然各监视队哨人员素质太差、训练不足，川陕两省防空情报连系较差，亦系主因。今后应切实加强，以利作战。

（三）地面防空部队与总站联系欠佳，南郑警备司令部与第八总站缺乏密切联系，致P-43机返抵南郑上空时，地面防空部队即误行射击，经杨司令官急令制止，始停幸无损失。嗣后各站对当地防空部队，应确保密切联系。

（四）驱轰协同尚欠熟练。此次我驱轰机未能按照预定之时间、地点如期会合，因为A-29机与P-43机之速度相差过远之故，但与练习时间与次数少，致两种飞机不能协调，亦不无关系，今后应多加练习。

（五）因照相机无向后角度之装置,致垂直收容面积不能包括弹着点,而未将弹着情形摄入照片,仅将开始下落之炸弹摄入。嗣后应带斜照相机摄影,以补其缺点。

第六,附记

（一）第二大队出动之机种机数机号人员编制区分如附表一。

（二）第四大队出动之机种机数机号人员编制区分如附表二。

（三）弹药消耗数量如附表三。〔略〕

（四）航路与弹着点如附图。〔略〕

附表一

空军第二大队十月二十七日出动之机种机数机号人员编制区分表

卅一年十二月五日空军总指挥部本一科制

区 分	编号	机种	机号	飞行员	轰炸员	通信员	射击士
第一分队	1	A-29	P-31004	佟彦博 钱元正	黄宗汉	陈光斗	张祖德
第一分队	2	A-29	P-31005	祝鸿信 张 彪	冯大谦	周士铎	朱意志
第一分队	3	A-29	P-31006	张凤瑞 毛尚贞	管介武	陈泽远	陈 剑
第二分队	4	A-29	P-31008	方朝俊 王法祥	唐启太	姚久楠	周 敏
第二分队	5	A-29	P-31010	马金鸣 江富志	段宗虞		雷授时 卢福林
第二分队	6	A-29	P-31019	傅振伯 戴汉生	张德华		霍正祥 张宪启
第三分队	7	A-29	P-31009	林定喜 章长庚	谢承恩	章嘉禾	李志超
第三分队	8	A-29	P-31011	吴乃安 赵炳焕	王永熙		刘恒绍 戴凤鸣
第三分队	9	A-29	P-31017	朱广义 黄庚和	白金鼎		项志英 黄凌飞
附记	总领队佟彦博						

附表(二)
空军第四大队十月二十七日出动之机种机数机号人员编制区分表
卅一年十二月五日空军总指挥部本一科制

区分		编号	机种	机号	飞行员		备考
					职级	姓名	
第一编队	第一组	1	P-43	P-12052	少校三级 大队长	李向阳	系掩护 A-29 轰炸运城
		2	P-43	P-12027	中尉一级 分队长	高又新	系掩护 A-29 轰炸运城
	第二组	1	P-43	P-12047	上尉三级 副队长	周志开	系掩护 A-29 轰炸运城
		2	P-43	P-12042	少尉三级 飞行员	王承鉴	系掩护 A-29 轰炸运城
	第三组	1	P-43	P-12081	上尉三级 分队长	张祖骞	系掩护 A-29 轰炸运城
		2	P-43	P-12051	少尉三级 飞行员	梁同生	系掩护 A-29 轰炸运城
第二编队	第一组	1	P-43	P-12003	上尉一级 中队长	张光蕴	系掩护 A-29 轰炸运城
		2	P-43	P-12048	少尉三级 飞行员	臧锡兰	系掩护 A-29 轰炸运城
	第二组	1	P-43	P-12033	中尉一级 分队长	温炎	系掩护 A-29 轰炸运城
		2	P-43	P-12083	中尉三级 飞行员	谭廷煌	系掩护 A-29 轰炸运城
	第三组	1	P-43	P-12044	上尉三级 副队长	毕超峰	
		2	P-43	P-12080	准尉三级 飞行员	李长泰	
第三编队	第一组	1	P-40E	P-36812	上尉一级 中队长	范金兰	系跃进南郑掩护 A-29 与 P-43 返航加油
		2	P-40E	P-36820	少尉三级 飞行员	黄光润	系跃进南郑掩护 A-29 与 P-43 返航加油
	第二组	1	P-40E	P-36818	中尉三级 飞行员	陈康	系跃进南郑掩护 A-29 与 P-43 返航加油
		2	P-40E	P-36810	中尉三级 飞行员	张锡钰	系跃进南郑掩护 A-29 与 P-43 返航加油

战斗要报　卅一年十二月七日于成都空军总指挥部

第一，出击计划

为摧毁敌汉口江汉关码头及敌机场之停机及建筑物，乃以我轰炸机之部，利用月夜实施轰炸，予以破坏。

第二，命令要旨

（一）着第二大队大队长佟彦博派 A-29 机四架，于十一月二日前，利用月夜出动，轰炸汉口敌之设施，以江汉关码头为主目标，汉口机场停机及建筑物为副目标。

（二）着派空运机一架，送第二大队机工长、军械士各二名，随带必要器材及工具，赴梁山准备工作。

（三）派第二大队大队长佟彦博，于当日前往梁山担任指挥连络事宜。

（四）A-29 机须于一日日落前跃进至梁山，午夜时须准备完成，以汉口时间 3:50 到达目标投弹为准则。

第三，部署

一、军队区分

出动队形之编成及所携带炸弹

总领队姜献祥（31004）

领队祝鸿信（31006）

每机携带炸弹及引信：

1 kg 燃烧弹三十枚

50 kg 爆炸弹五枚引信——瞬发信管

100 kg 爆炸弹一枚引信——十分之一秒延期信管

二、飞行规定

（一）A-29 机以温江为基地，以梁山为前进机场。

（二）往返航路

往：温江——→梁山（加油）——→恩施——→公安——→邓家口——→目标

返：目标——→油坊岭——→华容——→恩施——→梁山（加油）——→温江

(三)高度:三千公尺——四千公尺

(四)速度:每小时一百九十公里

(五)轰炸进入点:以邓家口为进入点,各部队对各目标自行单独投弹。

(六)进入航向及转向:进入航向,投弹后右转弯向油坊岭方向前进,以油坊岭为会合点。

(七)投弹法:以水平单发连续投下法,燃烧弹连续时间间隔一秒。

(八)投弹高度:4 250 公尺

(九)投弹速度:每小时 285 公里。

(十)预定投弹时间:3:50

(十一)出发各机在温江机场挂弹不装引信,飞梁山加油后再行装上引信。

(十二)到达公安后即开始严密警戒,领队机航行灯关闭,其余各机跟随关闭,返机过华容后即为警戒解除。

(十三)途中如遇敌袭各机应密集队形,但射击时机不可过早,以免暴露我机队之行动。

(十四)通信连络:

甲:陆空间:

(1)无线电通信:由温江至梁山间以第三路司令部对空电台为主,梁山至目标间,以梁山第三总站对空台为主,重庆芷江对空台随时守听。

(2)灯火连络信号:

A. 在我空域航行无敌机顾虑时,开翼间航行灯表示我机。

B. 通过我机场时开腹下绿色信号灯三次,并开航行灯表示我机。

C. 在我机场上空连续开关腹下红色信号灯,即为要求降落。

乙:飞机间:

(1) 无线电通信：利用机工无线电，按照规定波长，僚机对长机通信以每点钟之零分、十五分、三十分及四十五分为机间相互连络时机。如僚机除脱离队形外，不得自行与对空电台直接连络。

(2) 灯火连络信号：

A. 航行时以翼尖航行灯为主。

B. 开弹舱：长机开关机背白灯二次。

C. 投弹：长机轰炸员座舱内之工作灯对僚机开关一次。

(十五) 补给：由温江及梁山二站准备之。

第四，轰炸经过及成果

空军第二大队大队长佟彦博于十月二十九日奉到命令后，于当日十四时即饬所部开始地面准备，至三十日二时半准备完成，以天气关系，当日未能出动。十一月一日，天气转晴，乃以13:48着由该大队副大队长姜献祥率 A-29 机四架，由温江机场起飞，十五时三十分到达梁山机场降落，担任指挥连络事宜。A-29 机四架于当日（十一月一日）24:00 前，加油、装置炸弹引信，完成一切准备。

十一月二日 1:10，A-29 机四架分二个小队（第二小队由祝队长鸿信率领），由总领队姜副大队长献祥率领，由梁山前进机场先后以顺序起飞，经恩施、公安向目标航进，沿途云高××××公尺，目光被遮蔽。待至目标附近，此时碧空无云，遂按照预定方向目标准备投弹。此时第二小队僚机因领队机夜航灯关闭，以致不能追随而落后，致于 3:50 分左右先后分三批目标，按照预定进入航向高度、速度、时间与投弹法向目标投弹。当第一、二次投弹时，汉口市灯火全未管制，第三次投弹亦尚可见一部分灯火，而江汉关附近一带已起火，连成一线。当时敌机场虽开放照明灯及 T 字，但始终未见敌机，仅有地面及舰上高射炮于我机第二次投弹时向我机盲目射击，我毫无损失。各机于投弹后即按照预定转向脱离目标。

我机于返航途中,第二分队僚机因充电机保险无损坏,无线电及灯火全行失效,而致离队迷航。嗣于天明修复,均于6:20先后在梁山机场全部安全降落。除一架因螺旋桨受损留梁山修理外,余机加油完毕后于9:05飞归返温江基地,于10:40安全着陆完毕。

第五,侦察所得

(一)汉阳北及武昌周围时见小型闪光,似为敌高射炮阵地。

(二)进入轰炸时,见敌机场开放照明灯及T灯,似有准备飞机起飞模样。

(三)敌照明空灯虽经放射,但光度不强,仅于我机第一次投弹时照及僚机一次,旋即总灭。

(四)当我机飞抵目标时,汉口二中灯火全未管制。

(五)江面闪光连成一线,空中又见火花,断为敌机排成纵队发射高射枪炮。

第六,检讨

(一)梁山第三总站对空哈佛机仅有一部,致第一、二小队分航后定向通报不能兼顾,事前未能顾虑及之,以求补救。

(二)夜间出击沿航路机场未设置标示灯,以致航路修正困难,应设法在可航范围尽量补置。

(三)梁山机场跑道头所置之边界灯光暗淡,致第二分队僚机误撞及放置灯火之空油桶,而螺旋桨弯曲,幸未失事。今后对跑道头之边界灯火,应设法予以加强。

第七,附记

(一)第二大队出动之机种机数机号人员编制如附表一。

(二)弹药消耗数量如附表二。〔略〕

(三)航路及弹着点如附图。〔图略〕

附表一

空军第二大队十一月二日出动之机种机数机号人员编制区分表
卅一年十二月十七日空军总指挥部本一科制

分区	编号	机种	机号	飞行员	轰炸员	通信员	射击士
第二	1	A-29	31004	姜献祥 林□章	黄宗汉	姜益湘	霍正辉
小队	2	A-29	31010	吴乃安 赵炳焕	李项平		张能修 刘恒绍
第二	3	A-29	31006	祝鸿信 张　彪	傅锡利	周士铎	朱意志
小队	4	A-29	31009	林定喜 陈　旭	谢承恩	章嘉禾	李志超
附记	总领队姜献祥						

鄂边会战空军战史纪要暨附录

(1943年5—6月)

〔前略〕

第二章　敌空军概况

第一节　敌空军兵力及配置

敌空军当时在汉口地区约有飞机一百五十架,在安阳、新乡约有飞机三十架,广州约有飞机三十架,但在汉宜地区有使用三百架飞机之设备,其兵力配置如附图四、五及附表一、二,其飞机性能如附表三。

第二节　敌空军作战企图

敌空军因以往与我无制空权之竞争,故以直接协同其陆军参与地面战斗为主,每日可出动于前线之飞机约四十至六十架,对我陆军前线及后方以及江防要塞等之攻击为有效之支援。

第三节　湘鄂边区敌机场分布概况

湘鄂边区敌机场分布概况如附图六。

附表一 其一 敌在华陆军航空队状况表 三十二年五月二十五日航委会参二科调制

区分驻地	军队符号	番号	部队长	兵种	机型	架数	最近行动	备考
汉	18S(9)	第十八独立中队	今川少佐	司令部侦察队	一〇〇式九七式	9		现在部队长似为青木秀夫，一〇〇式似为九七式二型。
	59FR(36)	第五十九战队		驱逐机	一式战斗机	12	五月二十日十六架袭梁山，五月二十一日十一架袭衡阳，与美机空战。	番号待证。
宜	62FR(27)	第六十二战队	大西洋中佐	重轰炸	九七式战斗机	24	最近未出动。	同。
	90FR(24)	第九十战队	濑户克己中佐	轻轰炸	九九轻轰炸机	24	五月二十日九架袭梁山，五月二十一日一中队南飞。	

(续表)

区分 驻地	军队符号	番号	部队长	兵种	机型	架数	最近行动	备考
广	70FR(15)	第七十战队		驱逐	九七式战斗机	15	最近未出动。	
州	(27)	安田战队		轻轰炸	九九式	27	同。	
	18S(3)	第十八独立中队	今川少佐	司令部侦察队	九七式	3		
京杭	45FR(24)	第四十五战队	土生秀治中佐	侦察		24		该队似已他调，土生秀治似已升大佐。
济南运城新乡	16FR(36)	第十六战队	久米清一中佐	轻轰炸	九九式	36		
平	25FR(27)	第二十五战队				27		
津	90FR(12)	第九十战队	濑户克己中佐	轻轰炸	九九式	12		
合计						240		

附表一 其二　汉宜地区敌陆军航空队状况　三十二年五月二十五日

区分驻地	军队符号	番号	兵种	机型	架数	最近行动	备考
汉	90FR(27)	九十战队	轻轰炸	双发九九式	27	昨(二十四)日出动一中队。	
	45FR(36)	四十五战队	直协侦察	九七式	36	常至白螺矶、荆门，本(二十五)日出动六架，编队两队以上，自七时起至十九时尚在活动。	
	甲E(27)	不明，暂名曰甲E	轻轰炸		27	本(二十五)日未出动。	
	甲G(27)	不明，暂名曰甲G	轻轰炸		72	常来往汉口华北间，本(二十五)日未出动。	
口	甲H(50)	不明，暂名曰甲H	驱逐		50	汉口南京常有起飞，每次约两小时降落，似为巡逻模样。常由地面指示方向，如令注意东方西方等。本(二十五)日有七架以上出动，至十四时三十分停止。	另在南京有三十架。
	18S(18)	十八中队	司令部侦察机	一〇〇式	18	本(二十五)日出动一架。	一〇〇式系为九七式二型。

(续表)

区分驻地	军队符号	番 号	兵 种	机 型	架数	最 近 行 动	备 考
荆门	甲Ⅰ(18)	不明，暂名曰甲Ⅰ	军协侦察		18	每日在渔洋关附近活动，本(二十五)日九时起至十八时出动三机之编队三队，至十九时均已降落，前在子良坪坠落之机即系谘之机。	
合计					248		

附表二

敌陆军航空兵力配备状况判断表　三十二年六月六日参二科调制

区分驻地	军队符号	番 号	部队长姓名	兵 种	机 型	架数	最近行动	备 考
武汉	185(10)	第十八中队	青木少佐	侦察机	一〇〇式	4	最近常作测向训练。	一〇〇式为九七式二型。
					九七式	6		
	90FR(18)	九十战队	濑户户已中佐	轻轰炸	九九式	18	最近常联合甲Ⅱ战队起飞，无作战行动，似为训练。	
	25FR(20)	二十五战队		驱逐机	九七式一型	30	最近未见活动。	

(续表)

区分 驻地	军队符号	番号	部队长姓名	兵种	机型	架数	最近行动	备考
武汉	甲H(20)			驱逐机	同	20	常住返汉口南京间,曾联合九十战队及鄂西前线一带。	
	45FR(27)	四十五战队	土生秀治中佐	侦察机	九七式	27	直协侦察机最近常活跃汉宜间。	
荆门	甲I(27)			同	九八式	27	最近在鄂西前线,协助陆军作战,甚活跃。	
广州	甲H(10)			驱逐机	九七式	10	最近甚沉静。	
新乡运城	16FR(27)	十六战队	久米清一中佐	轻轰炸	九九式	27	五月二十九日曾袭洛阳,系由运城起飞后降新乡。	
北平	90FR(9)	九十战队	濑户克己中佐	同	同	9		
杭州南京	丙(27)	丙战队		同	九七式	27		

2472

(续表)

区分驻地	军队符号	番号	部队长姓名	兵种	机型	架数	最近行动	备考
缅甸	8FR(27)	第八战队	安田中佐	同	九九式	27	数日来常袭炸吉大港。	
仰光	81FR(30)	八十一战队		驱逐机	九七式一型	30	曾联合袭炸部队炸吉大港。	
塔瓦	藤斋(30)	藤斋战队		同	同	30		
泰国	98FR(27)	九十八战队	濑邦	重袭炸	九七式二型	27	最近很沉静。	
曼谷	34FR(27)	三十四战队		轻袭炸	九九八式	27	数日来常袭炸吉大港。	
总　计						346		

第三章　我空军状况

第一节　作战方针

我空军以夺取战场之制空权，减轻我陆军空中之威胁，并得直接攻击敌海陆军之目的，以中国境内中美两国空军之全部，采取积极的空中攻势，以支援陆军，进而歼敌于洞庭湖之西岸。

第二节　作战指导要领

第一款　侦察

以美空军侦察部队侦察长江敌船舶、汉宜间敌机场及枝江、渔洋关、石门之线以东敌野战军之行动，嗣后不断监视敌后方陆海军之兵力，搜索轰炸目标，特别监视枝江、宜都、宜昌各渡河点。其第一次之侦察目标如左：

甲、土门垭、当阳、荆门、江陵、汉口、武昌、孝感各机场敌空军兵力状态。

乙、长江内宜昌、汉口间敌船舶行动及状态。

丙、弥陀寺、公安、藕池口、枝江、洋溪各地区之敌集结部队及行动。

丁、聂家河、渔洋关、子良坪、刘家场、西斋各敌后方部队之状态行动，侦察手段及无线电通信依美军之所定。

第一线陆军布板符号，依军事委员会之所定（如别纸）。〔略〕

第二款　战场制空

空军活动之主要目的为获得战场上之制空权，本会战获得制空权之手段有三：

一、彻底击灭汉口及荆宜间之敌航空部队。

二、确保战场上我陆军上空之安全及我空军活动之自由。

三、截断敌军长江之水运。

基于上述之目的，空军之活动区分为三部分如左：

一、对空军战。

二、直接协同。

三、基地之防空。

为对空军战，以驻衡阳、零陵、桂林、新津之美军驱逐轰炸部队，积极破坏敌武汉、荆宜等空军基地之一切重要设施，及消灭敌空军于地面，制压敌空军之活动，并轰炸长江之敌船。

驻梁山、芷江之我驱逐部队，经常在战场上空巡逻，以捕捉击灭敌之侦察及轰炸机，并掩护我空军之活动。

为直接协同，以我轰炸部队直接协同地面部队之作战，攻击敌地面陆军及其运输之船舶车辆等，以断绝敌之增援与补给。

获得战场上制空权后，以中美空军主力协同我陆军之作战，攻击敌地面部队，遮断敌之退却路及渡河点，期于洞庭湖西岸一举而歼灭之。

第三款　对空军战

以中美各空军部队，同于五月二十五日到达指定之基地，预定于翌(二十六)日(依天气而定)以零陵美驱逐部队掩护B-25机，以梁山我驱逐部队掩护B-24机，全力强行轰炸武汉敌机场，并迫其决战。

芷江之驱逐部队则活动于我陆军第一线上空，捕捉攻击敌之轻轰炸机。

无论敌空军由广州、新乡各地向汉口之增援力量如何，美空军应连续寻求敌空军主力，强迫其决战而击破之。

设敌空军经我之攻击而萎靡时，我仍搜索左之目标攻击之：

一、长江宜汉间敌运输船舶及渡河部队。

二、汉荆宜各机场之残余敌机。

第四款　直接协同

自第一次向武汉之敌空军攻击后，梁山、芷江之驱逐部队及我第一第二两大队，以直接协同我陆军及攻击敌陆军为主。

第一第二两大队之轰炸目标，根据侦察结果，以破坏敌后方机关为主。确实之轰炸目标得依侦察及第六战区之要求定之。

梁山、芷江之驱逐队则分区分时巡逻于第一线上空,以保我陆军上空及直协轰炸机之安全。

设制空权确实掌握时,梁山P-40E部队亦努力俯冲轰炸前线之敌小目标。

协同战斗实施时,第一线之位置及目标之指示由陆军方面负责,陆空布板符号依军事委员会之所定。

第三节 使用兵力及配置

在本会战间,中美两国空军准备之兵力,计轰炸机三个大队,一个中队,有重轰炸机十八架,中轰炸机十架,轻轰炸机十六架;驱逐机三个大队,有驱逐机一百二十一架,均由空军司令陈纳德统辖之。其作战指挥,中国空军由航空委员会直接指挥;重庆梁山地区部队行动之指挥,由第一路司令杨鹤霄任之;成都地区部队行动之指挥,由第三路司令王叔铭任之;美国空军由第十四航空队参谋长格兰将军指挥之,并由文申上校分任衡阳地区美空军之指挥。其兵力配置如附表四。

鄂边会战中美空军兵力配置表

队 号	兵 种	机种	机数	基地	备考
空军第四大队	驱逐队	P-40E	一六	梁 山	
		P-43	九		
空军第十一大队		P-66	一七	白市驿	
空军第一大队	轰炸机	SB-3	九	温 江	
空军第二大队		A-29	七		
美空军第十四航空队	第二十三大队	驱逐队	P-40E	七九	衡 阳 芷 江 昆 明 云南驿	上列四地各驻有一中队。
	第十一中队	中轰炸队	B-25	一〇	零 陵	
	第三百零八大队	重轰炸队	B-24	一八	新 津	

第五章　鄂边会战空军所得之教训

一、敌惯用战法之认识

1. 敌驱逐机向利用其性能优越或乘我之弱点而行奇袭,在本战役中,六月六日,敌更用驱轰联合尾蹑我归机而奇袭之于梁山机场。

2. 低空扫射机场亦为敌之惯技。

3. 敌一般战斗高度在一万五千至一万八千英尺。

4. 敌侦察机常以单机低空窥伺我机场。

二、关于轰炸之教训

1. 轰炸诸技术及战斗作业应加精练。

例如:五月二十七日,第二大队之轰炸员因未能看见长机投弹而将炸弹带回投于途中。同日,第一大队因照相机插头不妥,以致到达目标上空不能施行摄影。

2. 俯冲轰炸,对于俯冲之高度、脱离之时机以及炸弹装置等,均有研究之必要。

例如:第四大队徐葆昀、张祖骞二员驾 P-40 机俯冲时,一则空中爆炸,一则翅膀脱落,是否因俯冲高度或脱离时机之不适宜而被敌弹击中,或炸弹装置不适自行撞炸,诚堪研究。

三、关于射击之教训

在本战役,我驱逐机扫射之成果甚多,可知对陆上及水上敌军之扫射为驱逐机对敌攻击之主要手段,而对地面飞机施行扫射,其效果更巨。

四、关于通信之教训

1. 各级部队任通信业务之幕僚,除有周密之部署与准备外,更应密切联系,以免抵触或滞碍不通。

例如:五月十九日,我驱轰联合出动,未规定呼叫顺序及空中定向,同时又错定领队 P-40E 机上所无之 3024KC 波长,以致驱轰不克会合。

2. 凡关于作战指挥机构及情报机构,均应专设通信线,以资敏捷,并应注意架设预备线。

3. 各级司令部之电话应切实遵守通话规则详细记录,并时时整理线路。

五、关于航行之教训

1. 应详细研究航法、目标、地图,并确守航行纪律。

例如:五月二十七日,第一大队 CB-3 机错认轰炸目标,以及返航时队形散乱。又如六月一日,第二大队 A-29 机五架出动,仅有一架达成任务。

2. 应明确规定诸种信号,并使部下全体明了,以免误解。

例如:五月十九日,三路部付予轰炸队命令,规定恩施驱轰会合之地面布板符号为"布板两块",而轰炸队则误为"白 T 字布两个"。

3. 部队长须能确实掌握地面滑行。

例如:六月一日,第二大队 A-29 机拂晓起飞,在地面滑行情形错乱,甚至有顺风起飞者。

4. 会合由各机场起飞之部队,应先校准时。

六、关于指挥连络之教训

命令、报告、通报为各级部队指挥与作战之渊源,纵横联系之主要手段,故必须发布适时,文字明确,传达切实,执行认真,而命令尤为重要。

但目前空军命令之详略,一方要顾虑受令者之程度,一方要不束缚次级指挥官之天才,此种详略是否适切,全赖各级指挥部参谋业务之连系。

七、关于站场及补给上之教训

1. 沿野战军第一线,在驱逐机活动之半径内,应多筑前进机场,以增大驱逐机之活动性,并在主要根据机场增设秘密机场,以便紧急支援或策应主机场。

例如：六月二日，鄂西敌军退却时，因川东天气恶劣，我机由梁山机场不能出击，但由衡阳机场则可以出击，足征多筑前进机场不致受局部天气不良之影响而能随意出击。

又如：六月六日梁山之役，倘梁山附近有秘密机场以资策应，必能收获更大之战果。

2. 站场之设备与作战准备应力求周密，以免掣肘空军之活动。

3. 应增进站场勤务人员战术之头脑，俾站场勤务能配合空军机动之行动。

4. 站场作战机构之组织应力求完善，各人之任务职掌应力求明显，使各项业务有条不紊。

5. 站场勤务应精练纯熟，且须时常演习，期连系适切。

6. 油弹之配备应视各机场之性质，经常保持其需要量，以免影响空军之机动。而各站场油弹储存之位置，应顾及飞机紧急加油之迅速。

八、关于气象之教训

1. 测候、通信、指挥各机构应尽可能使在一处，以免因传递耗时而有应用迟缓之感。

2. 应多设测候台并举办高空探测，以增大天气预报之准确性。

3. 空军对于天气，犹如陆军对于地形，空军军官及幕僚尤应研究气象学术。

鄂边会战空军战史纪要附录

附录第一 其二

鄂边会战空军战斗成果表 三十二年五月十九日至六月六日

日期	隶属	得力战斗员	级职	击落敌机 机种	击落敌机 架数	击落地点	证明者	备考
五月三十一日	空军第四大队	臧锡兰	中尉三级分队长	零式驱逐机	一	当阳宜昌三斗坪一带	美员爱迪生	
		李继武	上尉三级分队长		一			三人合击
		高绍杰	中尉二级队员					
		李志远	队员					
		爱迪生			一			美员
		不详			三			可能击落
	美空军第三七四中队	不详			二〇			
					五			可能击落
六月二日	美空军	不详		零式驱逐机	一	宜昌附近		
		某少校			三	洞庭湖西岸		
		不详			二	岳阳		可能击落
六月六日	空军第十一大队	胡庄如	少校大队长	单翼双发动轰炸机	一	花果坪	情报所	
		刘冠伦	飞行军士					
		乐嘉涛	上尉分队长					
		魏文汉	飞行军士					
		任肇基	上尉副队长					
		钟秦山	飞行军士					
		吴振猷	上尉分队长					

(续表)

日期	隶属	得力战斗员	级职	击落敌机		击落地点	证明者	备考
				机种	架数			
六月六日	空军第四大队	周志开	上尉中队长	轰炸机	三	分水岭 云阳 官渡口	情报所	
合计			四一架(其中可能击落者十架)					

附录第二

鄂边会战空军指导要领　三十二年五月二十三日于航委会

第一　敌情判断

一、敌陆军目前已占有洞庭湖以西用兵之地步,而长江及洞庭湖水运甚便,敌有使用重兵利用长江上游水涨之时,以海陆空军向恩施、万县深入之可能。

但石牌五峰之线地形险要,敌如攻击顿挫,有被我压迫于湖沼地区歼灭之危险。敌空军目前在汉口地区约有飞机一百五十架,在安阳、新乡约有飞机三十架,广州约有飞机三十架,但在汉宜一带,敌有使用三百架飞机之设备。敌空军因与我无制空权之竞争,故以直接协同陆军参与地面战斗为主,每日可出动于前线之飞机约四十至六十架,对我陆军前线及后方以及江防要塞等之攻击为有效之支持。

第二　空军作战方针

二、我空军以夺取战场上之制空权,减转我陆军空中之威胁,并得直接攻击敌海陆军之目的,以中国境内中美两国空军之全部,采取积极的空中攻势,以支援陆军。

第三　空军使用兵力及基地

三、中美两国空军在鄂西会战中作如左之区分:

空军司令少将陈纳德(格兰将军代)(格兰将军曾提议组织联

合指挥部，但军事指挥机构以单纯为有利，以采取本案较妥）。

美空军第十四航空队

驱逐第二十三大队 P-40　79架　　　　基地衡阳

一中队　　　　　　　　　　　　　　　衡阳

一中队　　　　　　　　　　　　　　　芷江

一中队　　　　　　　　　　　　　　　昆明

一中队　　　　　　　　　　　　　　　云南驿

中轰炸机第十一中队 B-25　10架　　　零陵

重轰炸机第三〇八大队 B-24　18架　　新津

中国空军第一路司令　　　　　　　　杨鹤霄

空军第四大队 P-40E　16架　　　　　基地梁山

空军第四大队 P-43　9架　　　　　　梁山

空军第十一大队 P-66　17架　　　　 白市驿

空军第一大队 SB-3　9架　　　　　　基地温江

空军第二大队 A-29　7架　　　　　　温江

第四　侦察

四、美空军侦察部队自明（二十四）日起侦察长江敌船舶，汉宜间敌机场及枝江、渔洋关、石门之线以东敌野战军之行动，嗣后不断监视敌后方陆海军之兵力及行动，努力搜索轰炸目标，特别监视枝江、宜都、宜昌各渡河点。

五、第一次之侦察目标如左：

1. 土门垭、当阳、荆门、江陵、汉口、武昌、孝感各机场敌空军兵力状态。

2. 长江内宜昌、汉口间敌船舶行动及状态。

3. 弥陀寺、公安、藕池口、枝江、洋溪各地区之敌集结部队及行动。

4. 聂家河、渔洋关、子良坪、刘家场、西斋各敌后方部队之状态行动。

六、侦察手段及无线电通信依美军之所定。

第一线陆军布板符号依中国军事委员会之所定(如别纸鄂边会战陆空布板符号)(在印刷中)。

第五 战场制空

七、空军活动之主要目的为获得战场上之制空权,本会战获得制空权手段有三:

1. 彻底击灭汉口及荆宜间之敌航空部队。
2. 确保战场上找陆军上空之安全及我军活动之自由。
3. 截断敌军长江之水运。

八、基于前条之目的,空军之活动得区分为三部分如左:

1. 对空军战。
2. 直接协战。
3. 基地之防空。

九、驻衡阳、零陵、桂林、新津之美军驱逐轰炸部队,积极破坏敌武汉、荆宜等空军基地之一切重要设施,及消灭敌空军于地面,制压敌空军之活动,并轰炸长江之敌船。

驻梁山、芷江之我驱逐部队,经常在战场上空巡逻,以捕捉击灭敌之侦察及轰炸机,并掩护我空军之活动。

我轰炸机部队直接协同地面部队之作战,攻击敌地面陆军及其运输之船舶、车辆等,以断绝敌之增援与补给。

十、获得战场上制空权后,以中美空军主力协力我陆军之攻击,共同攻击敌之地面部队,遮断敌之退却路及渡河点,期以洞庭湖西岸一举而歼灭之。

第六 对空军战

十一、所有中美各空军部队均同时于二十五日到指定之基地。

十二、预定于五月二十六日(依天气而定)以零陵美驱逐部队掩护B-25机,以梁山我驱逐部队掩护B-24机,全力强行轰炸武汉敌机场并强之决战。

十三、芷江之驱逐部队则活动于我陆军第一线上空，捕捉攻击敌之轻轰炸机。

十四、无论敌空军由广州、新乡各地向汉口之增援力量如何，美空军应连续寻求敌空军主力，强迫其决战而击破之。

十五、设敌空军经我之攻击而萎靡时，我仍搜索以左之目标攻击之：

 A. 长江宜汉间敌运输船舶及渡河部队。

 B. 汉、荆、宜各机场之残余敌机。

  第七　直接协同

十六、自第一次向武汉之敌空军攻击后，梁山、芷江之驱逐部队及我第一、第二两大队以直接协同我陆军及攻击敌陆军为主。

十七、第一、第二两大队之轰炸目标，根据侦察结果，以破坏敌后方机关为主。确实之轰炸目标，得依侦察及六战区陈长官之要求定之。

十八、梁山、芷江之驱逐部队则分区分时巡逻于第一线上空，以保我陆军上空及直协轰炸之安全。

十九、设制空权确实掌握时，梁山 P-40E 部队亦努力俯冲轰炸前线之敌小目标。

二十、协同战斗实施时，第一线之位置及目标之指示，由陆军方面负责，陆空布板符号如第六条。

  第八　地面准备

二十一、准备基准：

 1. 温江　　　　　　轻轰炸机二中队

 2. 新津　　　　　　重轰炸机一大队

 3. 白市驿　　　　　驱逐机一大队

 4. 梁山　　　　　　驱逐机一大队

 5. 芷江　　　　　　驱逐机一中队

 6. 恩施　　　　　　侦察机一分队

7. 第二路区内各机场及昆明仍依美军所定数。

二十二、人员及给养宿营：

1. 各站以基本站之人员为主，由各当地附近工厂修理所等补助之，必要时飞送一部分人员补充必要之站场。

2. 机场抢修由站场先与地方政府协力征调民工，并预作准备。

3. 给养宿营分为两部分：

A. 美空军由战地服务团准备。

B. 中国空军由总站准备之。

二十三、油弹补给：

1. 汽油应经常保持中美空军全部机械使用四次之油量，共计四十一万加仑。

2. 保持必须之子弹如左：

A. 12.7子弹　　一百万发

B. 7.62子弹　　三十七万发

C. 7.7子弹　　九万八千发

3. 亘全会战期间，平均驱逐机出动五十次，轰炸机出动二十五次，所需油弹概数如左：

A. 汽油　七，一〇二，三五〇加仑

B. 12.7子弹　一九，七七六，〇〇〇发

C. 7.62子弹　七，〇八〇，〇〇〇发

D. 7.7子弹　一，八三七，五〇〇发

E. 炸弹　一，三七二吨

4. 本国所存汽油及子弹用尽时，由美国空军补给之。

5. 在全会战期间，对地面陆军之空运补给应予暂停，以全部空运力量运输油弹，以能供给现时空军之使用为准。

二十四、陆空通信

1. 所有电台之通信连络与美空军司令协议规定之。

2. 地面部队：

A. 一营应有一标示幕。
B. 师司令部、军司令部应有一对空通信班，开设对空通信所。
C. 陆空布板通信之要领，依陆海军对空通信教范实施。
D. 陆空布板符号如第六条另纸。

第九 与盟军连络事项

二十五、陆空战术协定事项，由美空军派军官三员至恩施，与第六战区长官部取连络。

二十六、陈纳德司令部内，由航委会派参谋三员与之取得连系。

二十七、美空军所驻各基地，即由路司令总站长及站长任连络。

二十八、各基地之无线电台，凡陆空通信之呼号、波长、密语等诸元，均依美空军司令之命令实施。

二十九、陆军布板信号依第六条之所定。

第十 我空军部队之整饬

三十、中国空军各部队限于五月二十四日前准备完毕。

三十一、于五月二十四日召集空军各部队长来渝，予以恺切之训示。

三十二、各总站即整备作战应具备之事项，特要者为防空情报所缺之机械人员，得由工厂之机械士临时调用。

为拟具鄂边会战空军指导要领，敬恳鉴核示遵由。

报告 五月二十三日于航委会

一、谨遵钧座面谕各项及参酌本(二十三)日刘次长、林主席谈话要旨，拟具鄂边会战空军指导要领，敬恳鉴核。

二、此次空军攻势发动后，欲收最大之效果，必须有继续不停之活动，而继续不停之活动，实赖源源不断之补给。贺安将军称丁江、昆明间已于本(二十三)日开始运输空军之物资，然自昆明至衡阳、零陵、芷江、梁山、重庆等地之地面运输，必需有大量之运输力始克有济,拟请由后方勤务部统筹办理。

三、本指导要领拟俟钧座核示后,再与格兰将军详商实施办法。

右三项是否有当,敬恳鉴核。

总长何核呈

委员长蒋

附呈鄂边会战空军指导要领一份(见上)。

附录第三 其一

与美空军交涉经过

因鉴于美军事当局对本会战之重要性不甚了解(毛副主任五月二十六日电称,第六战区情形一如去年北非隆美尔向亚历山大前进之情况,史迪威将军仍然漠视之,不愿全力以赴,亦一证明),乃一面于十四日下令我空军部队先作小规模之活动,一面于重庆及华盛顿两地与美方当局积极交涉,经过概略如下:

一、重庆方面由主任亲与美军事代表团努力商讨。

二、因在重庆交涉无显著之进步,乃于五月二十日以手启电致毛副主任,嘱告知美方当局以最近鄂西之战况,并与安德森将军交涉:(1)调第十航空队驱逐二中队、轻轰炸二至三中队驻华;(2)即将抵印之P-40机十架拨我补充。上二项由安德森会同陈纳德向美方上峰请示,但史迪威以印度防务为辞不同意。又经折冲,仅允将第十航空队之P-40二十五架及第十四航空队十五架交我使用,并对地面协助及食宿问题颇多要求。而拨我之十五机,七架于六月一日始在白市驿接收,八架迄六月底尚未飞渝。

三、五月二十三日,遵照委座之指示要点,根据目前环境及中美空军之兵力,策立鄂边会战空军整个指导要领。二十四日,送达特替上校。二十五日,接贺安将军备忘录,讨论指挥权(指导要领中已规定中美空军作战部队在本会战中由陈纳德指挥)及运输问题。我方据此于当晚报告委座,并促格兰来渝商讨。二十六日,格兰抵渝,十六时三十五分,委座接见,自是各项问题乃得一解决。格兰并允先由昆明第十四航空队飞交 P-40E 机十五架,其他各部队准于二十七日(规定二十五日)到达制定之基地。

四、五月二十七日,B-24 八架到达新津,其他部队亦于二十七、二十八、二十九、三十数日中先后到达湘桂各基地。但正式出动乃由二十八日轰炸岳阳、二十九日轰炸宜昌开始。

五、初,美方要求指挥权,但既付予后又不执行,且对工作方面亦自由行动。如五月三十日,我方接获敌机已大部进驻荆门时,当令易总站长国瑞:"B-24 由宜都方面工作归还时即行加油挂弹,拟在黄昏炸荆门机场,消灭敌机于地面。"但美员不允,致将挂上之弹又复卸下。又如五月廿八、廿九等日前线情况十分紧张时,而驻衡阳美空军反炸岳阳、临湘等地,与第一线不发生影响。六月二日攻击宜都渡江之敌,亦复于一日夜亲与贺安商量此等问题,均系指挥不统一之病象。

附录第三　其二
　　　　致特替上校函
特替上校:
　　兹遵照委座谕旨,拟定鄂边会战空军指导要领,并已奉委座同意,惟未知格兰将军意见如何?关于战斗实施日期,兵力能否确实实施,攻击开始后损耗飞机与油弹、器材等补充能否按时供应,由昆明运至前线机场之空军所用接济之物资,委座批示应由美国空军运输部队担任之。鄙意美空军之空运部队固甚困难,然中国地面运输更加艰难,且由地面运输缓不济急,此点请统准备为要。

　　兹特抄送鄂边会战空军指导要领一份,请查照并祈见复为荷。
此致
勋绥
　　　　　　　　　　　　　　　　　　　　周至柔

附录第三　其三

美国驻中缅印军总部一九四三年五月二十五日备忘录

主题：关于宜昌洞庭湖前线派遣空军助战事

送致：商局长

一、接奉本月二十四日大函，关于派遣空军协助宜昌洞庭湖前线地面华军作战一节，敬悉种切。鉴于尊函之目的系求于最短期间内获有效之空军协助，谨将下列数点奉告阁下：

甲、我方已令格兰将军在上述前线协助地面华军作战，关于此点已于星期日（二十三）午后奉告阁下。

乙、格兰将军已奉派一联络军官赴恩施陈诚将军司令长官部，俾地面华军与格兰将军之空军得以保持作战上之联系。

丙、我方已通知格兰将军空运指挥部及第十航空队，对其作战予以必要之协助。

二、为保证迅速之行动及密切之连系起见，特建议下列数点：

子、由委员长立即下令，在此联合作战期内，将所有中国空军之作战单位置于格兰将军直接指挥之下。据鄙人所知，此种办法实与航空委员会之意见与计划相符合。

丑、授格兰将军以全权，俾得依照其最佳之判断以指挥作战，庶能应付连续发生之战术上问题。

寅、陆军部队之联系由陈司令长官与格兰将军完全负责，至于取得联系之方法及人员，统由陈诚将军与格兰将军商定之。

卯、通令一切管辖地面或空中运输工具之中国政府机关，凡遇本部请其运输物资时，必须予以充分之协助。

三、为求行动之迅捷及联系之有效起见，凡对格兰将军之训令，均应由现任本战区司令官惠勒将军颁发之。

四、上述各点敬祈同意并即赐复为祷！

史迪威

贺安代启

对史迪威将军五月二十五日备忘录之签拟办法

〔备忘录同前,略〕

〔一〕甲乙丙等三项拟呈阅。

〔二〕〔子项拟复〕按子项与空军指导要领中第三项相同,已奉委座批准在案,即第一路杨司令鹤霄及其指挥之第一、第二、第四、第十一等大队共飞机五十八架,在鄂边会战期间归格兰将军指挥。丑项拟复:在委座命令意志范围内,与以战术上部署之全权。〔卯项拟复〕拟请交主管机关核议办理。

〔三〕三项意义不明,拟函复:关于格兰将军之战术行动,应依照委员长之命令。

〔四〕拟由商主任统一函复。

　　谨呈
总长何核呈
委员长蒋

附录第三　其四

美国驻中缅印军总部一九四三年六月三日备忘录　美总字第五四五号

主题:对格兰将军颁布命令事

送致:商局长

接奉五月三十一日第四九七号大函,承转示委员长同意鄙部本年五月二十五日第五五〇号函内第二节甲项之建议敬悉。一是关于颁发命令之系统问题,格兰将军除直接受命鄙部外,鄙部不能同意彼得由他处接受任何直接之命令或指示。但是,委员长与格兰将军同在重庆以外之某地,而彼时经由鄙部传达命令将不免贻误重要之战机则不在此例,兹请阁下注意。为达成适宜之节制及有效之作战行动起见,所有军队仅服从单纯系统之命令,如次级司令官接获由多方发布传达之命令,则势将造成混乱。鄙人已与格兰将军洽谈此事,渠表示完全同意。

为使双方依据确切商定之方针,以便进行计划及作战起见,深盼吾方对于上述各点达成充分谅解。

史迪威
贺安代启

附录第四　其一

五月二十九日十八时,空军参谋长对明(三十)日之状况判断:

判决

一、空军应以协力第一线友军战斗、振兴士气为目的,明(三十)日以驱轰联合部队攻击敌地上部队,并另以驱逐机一部分批扫荡战场上空之敌机,以主力任陪都之防空为宜。

理由

二、敌地上部队行动似甚积极,且无增援部队,我陆军将乘此时机予以有效之反击。

三、敌空军为协力其陆上部队之战斗,必企求获得战场上之制空权,其手段约有三种:

1. 仍封锁我前进基地梁山与恩施。
2. 战场上空之扫荡战斗。
3. 来渝与我决战。

四、我空军应发挥伟大机动力与旺盛之士气,以积极而轻快之行动协力空军之战斗,并准备与敌于陪都上空决战,以振奋民众之精神。

处置

五、第二大队以 A-29 六架受第四大队 P-43 九架之掩护,于明(三十)日十四时攻击宜昌西岸渡河点上下五龙口及孝子岩附近之敌。

六、第四大队另派 P-40 八架,明(三十)日八时起分批巡逻于第一线上空,共四次,每次以四机为一巡逻队,每队任一小时之巡逻,以振奋友军之士气,相机击坠敌侦轰机,遇优势之驱逐机则回避战斗。

七、第四、第十一大队留渝之驱逐机任陪都之防空及出击部队归还时之掩护。

航空委员会关于建立北战场空军基地事与军令部来往函电

(1943年8月4—16日)

(1) 航空委员会致徐永昌公函(8月4日)

航空委员会公函　谋战癸渝1369

中华民国卅二年八月四号

案奉委座八月二日机秘(甲)第7897号手令开,"徐部长次辰、周主任至柔:对于北战场(包括黄河南北岸)空战之基地与准备,希研拟具体方案呈报为要"等因。奉此。请即将北战场作战计划之方针、指导要领、使用兵力重点、预定攻击开始日期及全会战时日及对于空军之希望等赐示,以凭办理为荷。此上
徐部长次辰先生

(2) 徐永昌致周至柔代电(8月16日)

航空委员会周主任勋鉴:八月四日谋战癸渝第1369号公函敬悉。兹将本部对于北战场空战基地与准备案之意见录如附件,仍请卓裁主办赐会为荷。徐〇〇。未铣一亨。附件一份。

附件

一、北战场敌我态势

敌我现隔黄河对峙,目前敌除以主力集中交通线待机转用外,以有力一部借据点工事之掩护,扼守黄河北岸及邙山头、中牟县城两桥头堡,阻止我军进出黄河。查敌在华北所有设施均为永占性质,利用交通之便利及部队装备之优良,配合空军对我攻守自如。我军如无有力之空军协同作战,非特而后总反攻时我大军无法渡河,规复华北,即守势作战亦感困难。

二、国军现阶段对北战场之作战方针

自卅年中条山被敌击破后,迄今黄河北岸我游击军亦多不能立足,我大军只能退守黄河南岸,是以北战场现阶段作战方针暂取守势。依情况之推移,敌或有在陕东渡犯西安,或由孟津、郑州进窥洛阳,并以一部由陕潼渡河,截断陇海路之可能。惟依目前敌人行动判断,似无大举渡犯之企图。国军乘此时机,除以一部巩固河防,确保潼、洛、西安外,主力积极整训,以准备而后之总反攻(本战场总反攻计划尚待策定,预计当在盟军对倭反攻时配合行动,届时中国战场之空军当可加强)。

三、北战场空军基地之建立

基于上述情况,我在北战场应即秘密预行建立空战基地,完成攻势作战准备。

四、对于空军之希望

空战基地完成后我军尚取守势时,希望能随时侦明敌之动态,妨害其对我攻势准备,并协力地上部队阻止敌进犯。可能时,袭击其空军基地,破坏其军事设施,在我军攻势作战时能获得主攻方面之制空权。破坏敌后方交通及军事设施,并直接协力地上部队之作战。

五、空战基地位置之决定

查北战场目前适于建立空战基地之地点,除兰州外莫如西安,约有下列优点:

1. 陆上掩护、对空监视均较确实。
2. 交通运输(利用陇海铁路)便利。
3. 地形开阔平坦,机场容易迅速构筑或扩修完成,并于附近随处可以构筑着陆场。

其害有二:

1. 运城敌机场威胁性甚大。
2. 对华北敌占领区心脏(太原、石家庄、北平、天津、德县、济南等处)距离较远。

六、前进着陆场之选定

前进着陆场以洛阳(旧有)、南阳(旧有)为第一线,富平(待修)、卢氏(旧有)、内乡(旧有)、老河口(旧有)为第二线。以上各区大半可以利用旧有机场整修,且交通补给均尚便利。

七、空战基地之准备工作

对上述空战基地及着陆场,仅供参考,至于究竟如何采决,应由贵会考虑空军战略战术诸关系,先行实地侦察为宜。

右意见如何拟办,尚希卓裁径呈为荷。

航空委员会转呈陈纳德关于我机轰炸沙洋成果甚佳的快邮代电

(1943年11月4日)

航空委员会快邮代电

重庆。军令部勋鉴:据陈纳德将军十月三十一日电称:"P-40式驱逐机十二架,掩护B-25式轰炸机六架,于三十日轰炸沙洋,目标为汽车集中存放地点及营房,成果甚佳。各机于十时起飞,于十三时十五分安全返抵基地,共投一百磅杀伤炸弹七十二枚,并未遭遇敌高射炮火或敌机之抵抗。"等语。用特电请查照为荷。航空委员会。(支)。谋战癸渝。

中华民国卅二年十一月初四日发出

周至柔关于我空军大队在鄂、湘、粤等地作战经过的报告

(1943年11—12月)

(1) 11月12日

报告　承办机关号次谋战癸渝字第2138号

据空军第一路张司令廷孟报告,十一月十日我空军驱轰部队联合袭击洋溪镇蠢动之敌,经过情形如左:

一、职于十日九时十分先率一部必要人员飞赴恩施指挥,空军第四大队大队长李向阳率P-40九架随往。

二、空军第二大队A-29九架，每架各带五十公斤炸弹六枚、二百公斤炸弹二枚，由该大队大队长祝鸿信率领，于十二时四十五分自白市驿起飞，十二时五十九分开始航进高度××××公尺，十三时五十九分到达恩施上空，与空军第四大队P-40四架于十四时四十六分会合后，向目标航进，十五时二十一分到达预定之轰炸航路进入点长阳上空。

三、驱逐机与轰炸机会合后，即在轰炸机右方行直接掩护，至洋溪上空轰炸机投弹时，驱逐机即向前搜索，未发现敌机，并对敌地面部队扫射后，以油量关系先返防。P-40一架因扫射时触树梢，左翼微伤。

四、轰炸经过：

1. 十五时二十一分到达长阳上空，以××××公尺高度、××××度航向，平直飞行，进入轰炸航路。
2. 投下法：一齐投下。
3. 投弹完了后，向右转弯，经来凤，十七时十四分安返白市驿。
4. 成果：炸弹二分之一命中洋溪镇，二分之一命中该镇南郊。
5. 所获情况：投弹后在长江上游发现小型敌船数十艘。

五、天候：能见度不良，往返均在云层中飞行。

谨报请鉴察。谨呈

总长何核呈

委员长蒋

附呈要图一份〔略〕。

职周至柔

卅二年十一月十二日

(2) 11月14日

报告　承办机关号次谋战癸渝字第2152号

据空军第一路张司令廷孟报告，本(十一)日战斗概要如左：

一、六时三十分，敌侦察机一架至长阳、五峰一带侦察，第四大队自恩施起飞，P-40 二架拦截，未遭遇，平安降落。

二、八时，第四大队第二十三中队队长周志开，率 P-40 三架侦察津市一带之敌，发现津市东北有小木船十余只渡河，正欲扫射时，复见敌零式机八架，贴云迎面飞来，当即迎头攻击，敌机匿入云中窜去，我机追至枝江附近，未能发现。七时四十分安返恩施机场。

三、八时四十七分，第四大队大队长李向阳率 P-40 四架，搜索石门北二十公里花溪峪之敌辎重驮马（据报有五百匹）。四机分两组到石门，低空盘旋四十分钟，未发现任何情况，当搜索目标之际，四架失却连络。李向阳两机于十时十二分安返恩施，分队长谭廷煌、飞行员舒鹤年驾驶之 P-40 二架迷航，经来凤、咸丰、潜江等地，谭廷煌机安全降落梁山机场，舒鹤年机飞至武陵跳伞，人微伤，飞机坠毁。

四、十四时三十分，第四大队 P-40 二架由该队分队长潘承祜率领，侦察西斋、王家厂间地区，所获情况：

1. 北至聂家河、西至暖水街、南至王家厂间地区，发现敌我战斗情况较之本（十一）日上午稍缓和。

2. 敌大部向合口西北集结中。

谨报请鉴察。谨呈

总长何核呈

委员长蒋

职周至柔

卅二年十一月十四日

（3）11 月 14 日

报告　承办机关号次谋战癸渝字第 2157 号

据空军第一路张司令廷孟报告，十一月十二日空军第二大队

及第四大队,分别自白市驿及恩施袭击王家厂、大堰垱一带之敌,经过如左:

一、第四大队P-40N三架,掩护第二大队A-29三架,袭击王家厂仓库数处起火。

二、第四大队P-40N两架,低空扫射大堰垱之敌陆军部队。

三、第四大队P-40N三架,扫射萧家岩、王家厂、河口之敌,发现地面部队,正对少数敌军攻击中,

四、第四大队P-40N八架,袭击松滋、公安之敌,经过如左:

1. 猛烈扫射松滋东方十里铺之敌阵地、营房及满载器材之敌自动车。

2. 扫射江陵敌军。

3. 在公安以西发现敌房屋数栋起火。

4. P-40一架被敌高射炮击坏左落地轮及油箱,惟亦安返。

五、第四大队P-40二架,扫射子良坪、河口间敌炮兵阵地及敌辎重驮马。

六、第四大队P-40M五架,每架各带五十磅炸弹八枚,轰炸萧家岩附近之敌,地面冒烟甚大,并发现子良坪东南方,敌我战斗甚为激烈。

以上情形除即通报第六战区外,谨报请鉴察。谨呈
总长何核呈
委员长蒋

职周至柔

卅二年十一月十四日

(4) 11月14日

报告　承办机关号次谋战癸渝字第2155号

据空军第一路张司令廷孟报告,十三日我驻恩施空军第四大队战斗概要如左:

一、P-40N 二架，由副大队长张光蕴率领，于十时许侦察子良坪，未发现敌炮兵阵地。附近村落三处起火，并扫射敌辎重驮马，死伤甚多。

二、P-40N 二架，由大队长李向阳率领，于十时许侦察刘家场敌军司令部。在王家厂与敌侦察机一架遭遇，当即向之攻击，敌机逃入云内窜去。

三、P-40N 二架，由第二十三中队队长周志开率领，于九时许侦察并扫射子良坪、河口、暖水街、王家厂等地区敌辎重驮马。

四、P-40N 三架，由第二十二中队队长孙伯宪率领，于十二时许扫射洋溪，敌房屋起火，盘旋二十余分钟，未发现敌踪。

以上出动各机均安返，经过情形并已通报第六战区长官部。

谨报请鉴察。谨呈

总长何核呈

委员长蒋

职周至柔

卅二年十一月十四日

(5) 11 月 18 日

报告　承办机关号次谋战癸渝字第 2190 号

据空军第二路谢司令莽报告，十一月十五日，驻桂林空军第一大队与美空军 B-25 各一架，连合袭击广州湾船舶，在赤坎附近（雷州半岛东岸）炸伤敌大型货船一艘，船上人员死伤甚多，B-25 二架均安返。

谨报请鉴察。谨呈

总长何核呈

委员长蒋

职周至柔

卅二年十一月十八日

(6) 11月20日

报告　承办机关号次谋战癸渝字第2210号

据空军第一路张司令廷孟报告,十九日驻恩施空军第四大队P-40M二架,于十三时二十分起飞,侦察慈利,十六时二十分安返,所获情况如左:

一、慈利城内及城北村落均大火。

二、敌我地面部队战斗甚为激烈。

谨报请鉴察。谨呈

总长何核呈

委员长蒋

职周至柔

卅二年十一月二十日

(7) 11月22日

报告　承办机关号次谋战癸渝字第2235号

据恩施空军张司令廷孟报告,本(廿一)日我驻恩施空军第四大队及第十一大队战斗经过如左:

一、六时四十四分,敌驱轰联合编队共三十九架,经聂家河、长阳向恩施进袭。七时十分,敌轰炸机九架,在驱逐机掩护之下,以一千五百米高度窜入恩施机场投弹。场内中弹三十六枚。

二、六时四十五分,第四大队P-40三架、P-43一架、第十一大队P-66四架起飞迎击;七时十二分在恩施机场上空向敌机群猛烈攻击,尤以P-66机群战斗最为激烈,队长任肇基机中弹数十发,座舱玻璃被击破。

三、战斗成果:确被我击落敌零式飞机一架,坠于恩施南五公里之天桥;可能击落者三架,据报一架坠于五峰附近,另二架坠于恩施东南方,刻正派员查寻中。战斗得力人员另行详报。

四、我方损失:

1. P-66二架空战着火焚毁,坠落吐祥坝山上(建始西北十八公里),驾驶员第十一大队四十一中队副队长颜泽光、飞行士周福心阵亡。

2. P-66一架被击重伤,坠落松树坪(恩施西南五公里),驾驶员第十一大队四十一中队飞行士张传伟阵亡。

3. 恩施机场随即抢修,本(廿一)日驱逐机已可降落。

谨报请鉴察。谨呈

总长何核呈

委员长蒋

职周至柔

卅二年十一月二十二日

(8) 11月23日

报告 承办机关号次谋战癸渝字第2246号

据空军第一路张司令廷孟报告,二十二日驻白市驿空军第二大队 A-29九架,共带五十公斤炸弹四十五枚、一百公斤炸弹六枚及宣传品多种,于十二时四十九分,会合驻恩施空军第四大队 P-43五架、P-40四架,联合轰炸津市敌补给点,数处起火,其中一架因速度落后,弹中澧县,所携宣传品均散发完毕。十七时二十七分前,各机均安返防地。谨报请鉴察。谨呈

总长何核呈

委员长蒋

职周至柔

卅二年十一月二十三日

(9) 11月24日

报告 承办机关号次谋战癸渝字第2256号

据空军第一路张司令廷孟电话报告,本(廿三)日空军第二大

队A-29七架,共带五十公斤炸弹三十五枚、一百公斤炸弹三枚,由驻恩施空军第四大队P-40M四架、P-43二架、P-40E一架掩护,轰炸公安之敌,经过如左:

一、十一时十分,A-29七架自白市驿起飞,十二时廿九分与恩施起飞之P-40M四架、P-43二架、P-40E一架会合,向公安航进。

二、十三时二十一分,到达公安上空,连续投下,命中公安城内及该城北关附近,城内当即冒烟。

三、A-29七架、P-43二架、P-40M、P-40E各一架,于十五时三十分前均安返原防地。

四、P-40M二架,于掩护轰炸机投弹后脱离,侦察常德、石门、新安一带,所获成果如左:

1. 在澧县张公庙附近,发现敌船百余只、浮桥一座,二机即予攻击,浮桥当起火。

2. 临澧城内及漆家河均大火。

五、P-40一架,由二十二队队员李志远驾驶,于轰炸机投弹后失踪,刻正派员查寻中。

谨报请鉴察。谨呈
总长何核呈
委员长蒋

职周至柔
卅二年十一月二十四日

(10) 11月26日

报告 承办机关号次谋战癸渝字第2269号

据空军第一路张司令廷孟报告,十一月二十四日驻恩施空军第四大队及第十一大队袭击鄂西之敌,经过如左:

一、第四大队P-43四架、P-40二架,九时四十分起飞,袭击澧县附近之敌,经过如附图(一)。

二、第四大队 P-40E 一架,十时十五分起飞,发现洋溪附近河面有敌木船七、八只,十一时十分安返。

三、第四大队 P-43 三架,十二时零二分起飞,侦察常德附近敌情,发现常德城内大火。

四、第四大队 P-40M 二架,第十一大队 P-66 三架,扫射澧县江内敌船舶,经过如附图(二)。

五、第四大队 P-43 三架侦察常德附近,经过如附图(三)。

六、第四大队 P-40M 二架、第十一大队 P-66 三架,十四时三十分起飞,侦察常德一带,发现常德以北及城厢附近起火,十六时廿二分安返。

谨报请鉴察。谨呈

总长何核呈

委员长蒋

附呈要图三份〔略〕。

职周至柔

卅二年十一月二十六日

(11) 11月26日

报告　承办机关号次谋战癸渝字第 2270 号

据空军第一路张司令廷孟报告,本(廿五)日驻恩施空军第四大队战斗概要如左:

一、P-40、P-43 各二架,六时零二分起飞,侦察常德、澧县一带,七时四十五分安返,所获情况如左:

1. 在澧县以西十公里张公庙附近河中,发现敌船共约四百余只,被我击中十只。

2. 新安西南方大火。

3. 新安东北有我友军向南运动。

4. 在石门发现我友军向南活动。

5. 河洑大火。

6. 常德城内沉寂。

二、P-43四架，六时三十七分起飞，侦察澧县、常德一带，七时五十二分安返，所获情况与第一次相同。

三、P-43三架，九时二十五分起飞，侦察第一线之敌我动态，所获情况如左：

1. 漆家河及常德各有烟火十一处。

2. 桃花江船只甚多。

3. 常德东面河内无敌船。

4. 河洑附近江面木筏甚多。

四、P-43三架、P-66二架，十一时十九分起飞，袭击常德附近之敌，十二时五十五分安返。所获成果如左：

1. 在常德西南公路上击毙敌人马数十。

2. 河洑有敌汽船三、四艘，内一艘被击中起火。

3. 常德城内东南部大火。

4. 漆家河有烟火十余处。

谨报请鉴察。谨呈

总长何核呈

委员长蒋

职周至柔

卅二年十一月二十六日

(12) 11月30日

报告　承办机关号次谋战癸渝字第2302号

据空军第一路张司令廷孟电话报告，驻恩施空军第四大队十一月二十九日袭击常德附近之敌，经过如左：

一、P-43四架掩护P-40一架，为保卫常德之守军运送步、机枪子弹共六千三百五十发。八时四十五分起飞,九时三十五分到达常德上空,P-40一架当将子弹全部投下后安返。据余师长程万电称,已全部收到。

P-43四架,九时三十五分于常德以东湖沼地带上空,与驱轰联合之敌机四批共二十一架遭遇,当即发生激烈空战,战斗成果及我之损失如左(附图一):

1. 击落敌轰炸机一架,坠于汉寿以东。
2. 击落敌驱逐机一架,焚毁于安乡附近。
3. 可能击落敌轰炸机三架、驱逐机二架。
4. 我P-43一架驾驶员杨枢于空战后,迫降于友军阵地,详情不明,刻正派员查寻中。

二、P-43三架,十二时零四分起飞,袭击常德附近之敌,所获情况及经过如附图(二)。

三、P-43二架、P-40三架,掩护P-40一架,为常德守军运送药品及步、机枪子弹共二千五百发。十四时四十分起飞,十五时二十二分到达常德上空,发现东南城及东北城内均大火,P-40一架即将子弹、药品全部投落城西南角。经过如附图(三)。

谨报请鉴察。谨呈
总长何核呈
委员长蒋

附呈要图三份〔略〕。

职周至柔
卅二年十一月卅日

(13) 12月2日

报告 承办机关号次谋战癸渝字第2308号

据空军第一路张司令廷孟电话报告,本(卅)日驻恩施空军第四大队侦察常德附近敌我,情况经过如左:

一、P-43三架、P-40四架,七时起飞,以常德附近浓云密布,仅发现洋溪西南方起火,九时五十分安返。

二、P-40三架,九时三十五分起飞,至常德、临澧间侦察,所获情况如附图(一)。

三、P-43三架、P-40二架,十二时二十五分起飞,至常德、澧县间侦察,所获情况如附图(二)。

谨报请鉴察。谨呈

总长何核呈

委员长蒋

附呈要图二份〔略〕。

职周至柔

卅二年十二月二日

孙连仲报告恩施空战情形电

(1943年11月21日)

即刻到。重庆。委员长蒋、军令部徐部长次宸兄、航委会周主任至柔兄:厉密。马辰,敌驱逐机轰炸机群卅八架,经长阳袭恩。我机八架升空迎击,战斗至烈,混战约半小时。结果击落敌机一架(已落恩施西方天桥),三架重伤(其一架有落鹤峰说)。我损失两架,重伤一架。机场落弹卅余枚,已抢修完成,余无损失。谨闻。孙连仲。戌马申。昌先。印。

孙连仲报告我机轰炸公安及盟机炸澧县情形电

(1943年11月23日)

重庆。委员长蒋、军令部徐部长次宸兄、航委会周主任至柔兄:赔密。梗日空军战果:(一)午刻,我机十五架轰炸公安,城内中弹大火。在新安城东侦察发现澧水河面有木船二百余只,浮桥一座,经扫射,击毁木船卅余只,浮桥中弹着火。(二)澧县城被盟机炸毁,烟甚。谨闻。孙连仲。戌梗亥先。印。

余汉谋报告盟机飞袭香港汕头概况电

(1943年11月24日)

渝。委员长蒋、军令部长徐、航委会周主任:扫密。空情:(甲)据本部港谍组哿电称、删、铣等日,盟机飞袭香港,炸沉敌约万吨运输船一艘,港敌总督部、红磡船坞及旧日牛奶公司等处均中弹。(乙)据本部谍十一组哿电称,铣午,盟机三架飞袭汕头市,在崎碌机场、浩滨中学、安宁码头等处共投弹九枚,伤毙敌兵卅余、市民十八余名,各等情。除呈报渝委座、桂主任李及航委会周主任、桂谢司令外,谨闻。余汉谋。戌敬。筹仁霖。印。

孙连仲报告我机轰炸合口新安等处命中良好电

(1943年12月14日)

TM3渝。委座蒋、徐部长次宸兄、航委会周主任至柔兄:奖密。(一)据确报,元日十一时,我机六架在合口、新安等处轰炸,毙敌甚众。周日,美机十二架轰炸公安、澧县,命中良好。(二)寒日,我机九架在澧县以北公路沿途扫射。谨闻。孙连仲。亥寒明先。印。

余汉谋报告击落日机一架及日机两架迫降清远开平情形电

(1943年12月28日)

特急。重庆。委员长蒋、军令部部长徐:井密。空情:(甲)本部谍报:铣日,敌巨型运输机一架在惠州属龙冈西之荔枝园上空被盟机击落,内载敌十二飞行团长成田山及医官山本洋二等十二人,均随机焚毙。另据惠□守备部迥电称,该敌机残骸已为我机动部队寻获,运惠摩达两个,尚在拆运中;卤获重要文件,拟有日派员赴韶呈缴。皓日,敌一部犯龙冈,挖掘敌尸时,全部敌兵跪哭,旋运返平湖,马日开追悼会,书有板垣征四郎大将灵位,确否,待证。(乙)159师梗电:马晨,敌单翼侦察机一架迫降清远属江谷东南约八公里之泥塘,敌机师木义清少尉一名额鼻受伤,经四会县俘解本部,定亥敬送156师转解韶关。该机头尾均坏,机身完好,机码为5364号,有中岛飞行机株式会社制造及昭和十八年八月组立检查等字样。机上尚有机枪两挺、无线电机一副、降落伞一具、空军飞行图两张,由四会县府派员妥为保护中。(丙)广阳守备部李指挥官有日电:迥午,敌一式二型单翼99号战斗机一架迫降开平县龙塘湾黄县附近,机师田作贺惹一名拒捕图逃未遂,将降落伞及文件等焚毁后自杀。该机身大部完好,昭和十八年八月中岛飞行机株式会社制造,机内尚有机枪两挺、子弹三百余发、无线电机一副,经妥为掩蔽保管中。等情。除分报委座、部长徐外,谨闻。余汉谋。亥俭。筹仁霖。印。

周至柔抄送宜沙攻势中空军活动计划致徐永昌快邮代电

(1944年3月15日)

航空委员会快邮代电　谋战甲渝字第四六三号

　　军令部徐部长次辰先生勋鉴:极机密。案准贵部三十二年十月六日元签字第二五二四号代电略开:"附抄送收复宜沙作战计划有关空军协同作战各项一份,请拟定协助陆军之空军作战计划"等由;并奉军事委员会十月三十日元字第二一零七三号代电略开:"抄附孙代长官连仲在将来对宜沙发动攻势时要求空军协力为要,希研究具报!"等因。当经交陈纳德拟定宜沙攻势空军活动计划,并报奉委座批准在案,现正积极准备,待命实施中。特检附该项计划副本一份,请即查照,为荷!附宜沙攻势空军活动计划一份。周至柔。渝。中华民国三十三年三月十五日发

　　副本第一号
　　极机密　　陈纳德来函

主题:宜沙攻势中之空军活动计划

致周主任

（一）兹陈奉收复宜沙战役对陆上部队之空中掩护计划一件,附说明图一张(图略)。

（二）特指明如战役于十二月一日以后迟迟开始,则恶劣天气将予空军活动以严重之影响。

（三）如计划中大部机场之建筑不赶速完成,则空军之活动亦必大受影响。

陈纳德

一九四三年十一月三日

副本第一号

极机密　宜沙攻势中之空军活动计划　三十三年十一月三日拟

一、主要目的

收复宜昌、沙市区域之作战。

二、空军之目的

A. 在下列二项之上空保持优势:

（1）地面部队。

（2）机场。

B. 毁灭敌人河道、公路及铁道之运输。

C. 毁灭敌人在作战区域内之补给基地。

D. 对敌人无论在宿营或进行中之结集部队,直接攻击。

E. 对敌炮阵地直接攻击。

F. 对敌人在宜昌、当阳、荆门、信阳、汉口、九江、南昌、岳阳之阵地,及活动之照相及肉眼侦察。

三、所有部队

（A）中国空军

第四驱逐大队　　　　　　四中队

第五驱逐大队 四中队
第十一驱逐大队 三中队
第二轰炸大队 三中队(A-29)
第三轰炸大队 三中队(SB-3)
(B) 美国空军
第廿三驱逐大队
第三驱逐大队 二中队
第一轰炸大队 一中队
第廿一照相侦察中队 一分队
第十一中轰炸中队
第廿一中轰炸中队 ⎫
第四九一中轰炸中队 ⎭ 未决定

四、目的实施之优先及程序

A. 自"D"日减十五日起,如天气许可时,应将下列各地之照相侦察准备完竣。

宜昌、沙市、藕池口、石首、监利、岳阳。

以便对敌人在各该地之配备及活动情况,作继续之研究。在同期间,亦应遂行对下各地机场之照相/肉眼侦察。宜昌、荆门、孝感、汉口、武昌、白螺矶、岳阳。

B. 自"D"日减七日起,应消灭敌人在宜昌、安庆间之扬子江航运,同时对敌在下列地区中公路或铁道上活动之车辆、车厢实施攻击。宜昌、孝感、汉口、武昌、岳阳、监利、石首。

C. 自"D"日减三日起,应攻击敌之补给基地、营地、机场及已知阵地,同时获得空中优势。

D. 在"D"日遂行轰炸扫射敌之阵地,以作前进之中国军队之攻击,准备射击,此应与地面部队指挥官所计划,而至迟于"D"日二日前交付于空军指挥官之程序符合。如地面指挥官能将攻击准

2509

备射击需要之时期于实施廿四小时前进知,则如天气准许,当能适时遂行。

E. 空军仍继续消灭敌水上、公路及铁道运输及保持陆上部队上空之空中优势,至最终目的达到而后已。

五、作战计划

(A) 机场

(1) 中国空军将派遣驱逐机一大队(四中队)及中轰炸机一中队(九机)参加。此役中国空军仍负责保卫重庆及成都。

(2) 驱逐机两中队及轰炸机一中队,将以梁山为基地。

(3) 驱逐机二中队,将以恩施为基地。

(B) 美国空军将派遣下列部队参加此役。

(1) 第廿三驱逐大队(三中队另加第五十一驱逐大队之一中队)。

(2) 第十一轰炸中队(中)。

(3) 第廿一照相侦察中队(一分队)。

(4) 混合联队第三驱逐大队(缺两中队)。

(5) 混合联队第一轰炸大队之一中队(中)。

(6) 第三四一轰炸大队之两中队(未决定)。

C. 美国空军部队将进驻使用以下各机场:

(1) 桂林区 (甲)二塘。(乙)秧塘。

(2) 零陵

(3) 衡阳

(4) 遂川

D. 以下各预备机场应准备,以供中美空军双方之用:

(1)芷江,(2)宝庆,(3)湘潭(如已备妥),(4)吉安,(5)赣县,(6)柳州,(7)南雄,(8)白市驿,(9)广阳坝。

E. 于接得陆上部队之全部作战计划时,即分别为中美空军指定之特定之任务。

六、补给

A. 因此次战役所经之时间不能预定,故无法估计应须若干之各项补给品。但建议最低须储备能供以美空军进驻各场之每一飞机出动十次用之飞机补给品。如汽油、滑油、弹药及炸弹等,且须随时能有以应用。

B. 每一预备机场须储备能供预备以该场为基地之每一飞机出动三次用之补给品。

C. 每一进驻或预备机场均须储有最低限之补给品,如飞机零件、发动机及其装备等,以备随时应用,拟以最大努力使重要修理甚至第二、三等修理皆得在后方各机场行之。为达此目的,白市驿将被指定为中国空军修理基地,桂林为美空军修理基地。

七、通信

A. 中美空军应建立地面之无线电传报网,包括各进驻及预备机场以及中国空军总部。

B. 中国空军并须在各进驻及预备机场建立对空无线电台,以指挥在各该场附近之飞机。

C. 美空军亦与中国空军同样建立以上 A 及 B 节所述之地面间及对空电台。

D. 在中美空军同驻一机场时,得联合使用同一电台。在此情形之下,其所需人员中美双方均须指派并须安排联合之程序。

E. 应尽可能使用电话、电报,以作无线电之辅助。

八、汽车运输

A. 中国空军应以足用之汽车及燃料,拨派于中美空军所使用之各进驻及预备机场,以便能迅速移动人员、装备及补给品。

B. 美空军将以汽车拨派于其部队所进驻之各机场。如美空军(包括混合联队)所驻之机场。所有汽车不敷用时,得向中国方面之站长请求增拨汽车及燃料。

九、医药

A. 中美空军皆须于进驻及预备各机场上设立并维持可供救伤站及紧急手术用之适当医药设备。应须住院之人员,将以飞机或其他适当之运输方法,撤至基地医院。

十、指挥所

A. 中国空军将其总部留在重庆,大中队部分别设在其部队所进驻之机场。

B. 美国空军总部设昆明,分部设桂林,大中队部分设在其部队所进驻之机场。

C. 所有自中队部以上之各指挥所,在此战役期间皆须廿四小时昼夜工作不息。

D. 中国空军总部与美国空军总部相互间之直接无线电通信,在战役全期中须廿四小时昼夜工作不息,其程序及密码由双方通信官会同商定之。

附注:本计划中之战术部队之分配,仅系拟议性质,得依"Y"应需之实力及届时中国其他各战场之情况,而予以变更。

军事委员会同意实施"空军协助地面部队保卫西安"计划的快邮代电

(1944年4月7日)

国民政府军事委员会代电　侍参第五七五号

军令部徐部长勋鉴:航委会周主任报告称:奉钧座一月五日机密甲字第八四四八号手令开:今年各战区发动夏季攻势时,空军方面应如何配合作战,希与陈纳德参谋长共同研究,并拟具办法,呈报为要。等因。兹准陈纳德参谋长三月二十日来电,略以前后已拟定两种计划:(一)宜沙攻势空军活动计划,(二)空军对平汉路作战计划,可用。等由。查该两计划已包括各战区之反攻在内,如本(三十三)年度各战区发动夏季攻势时,在空军方面能积极完成上述两种计划之准备,可以应付夏季攻势。等语。除批准予照办外,查其计划中所假定"D"日之时机,应由该部审定通知可也。中正。卯阳亥。侍参。(抄附空军协助地面部队保卫西安区计划一份)

极机密
副本第四号(本抄件以军令部所必须知之事项为限)
空军协助地面部队保卫西安　三十三年三月九日拟

一、敌人在过去两月间之活动,已显露打通郑州、信阳间铁路线之意向。因据各方报告,信阳方面及黄河铁桥北端之铁路交点,敌人正在集结军队及军用品,长江下游敌人正积极向上游九江及汉口一带增兵。而二月间所摄得之照片,又表示敌人正在竭全力修复郑州铁桥,估计可于五月间修竣使用。

北平汉口间之铁路线,如畅通无阻,则敌人运输物品给养前往华中占领区,可无须专赖长江水运。近日十四航空队对敌人长江水运之攻击,已显示水道运输易为空袭所制。故假定敌人最近活动之企图在打通平汉路,实甚有理由。

二、中美两国空军将在保卫西安及其迤南、迤西一带之战争中积极合作。其行动及分配计划如下:

(a) 保卫在敌机航程内之中国机场及城市。

(b) 举行目力侦察及照相侦察,以侦察所得供给中国陆军部队,并扶助中美两国之空军部队。

(c) 毁坏广武附近之黄河大桥。

(d) 毁坏新乡及开封之铁路交点。

(e) 攻击

1. 敌空军所使用之飞机机场及地面设备。
2. 敌人之阵地及辅助设置。

3. 敌人在黄河、长江两航线之运输及渡口。

4. 敌方汉口、信阳间之铁路及汉口之各火车站。

(f) 攻击在飞机航程内之其他有利目标。

三、空军协力之行动程序如下：

(a) "D"日即获悉敌方给补品及装备已运置就绪，相信敌方攻势已迫在眉睫之日，希望此项"D"日能于约四天前探知。

(b) "D"日减去两天之日，中美两国空军部队，应分别进驻。

(c) "D"日即中美空军应行毁坏广武附近之黄河铁桥及新乡之铁路交点之日，或于另外指定之日期，完成此两项任务。

(d) 对下列地区之照相侦察，应尽早举行。广武附近之黄河铁桥、新乡及开封之铁路交点、新乡运城以及东经110度0分起、115度0分止、北纬35度0分以北之一带地区之其他机场。

四、使用之部队

(a) 中美混合团

1. 中美混合团应于下列每一机场派驻战斗机两中队，恩施、梁山、汉中。

2. 中美混合团应以中型轰炸机一中队驻于梁山。

3. 第廿一照相侦察中队应派照相侦察机两架驻梁山。

(b) 中国空军

1. 中国空军应于下列每一机场派驻战斗机两中队，安康、白市驿。

2. 中国空军应派中型轰炸机一中队驻汉中。

五、补给详细计划见所附清单，但有须特别指明者两点如下：

(a) 运输补给品至上述各空军基地，归航空委员会负责。其自美方存货中取给之补给品，将在沾益交航委会接收。

(b) 航委会在恩施、梁山、安康、汉中各地区，所储存之各种战略空军补给品，包括航空汽油、炸弹、子弹及养〔氧〕气等，必须拨供应用。

六、交通:详见附件。但亦有两点必须在此特别指明。

(a) 美国电台一座,连同工作人员,应立刻乘机前往南阳,改乘汽车转往中国地面部队之长官司令部,担任该处与各空军基地暨十四航空队司令部间之直接联络及通信。

(b) 通信程序及密码等项,应即洽定办法,庶几中美两国人员间能以无线电相互通讯。

七、西安及宝鸡两地应即进行能容纳战斗机两中队之各项准备。

八、估计以上各项作战行动,将于"D"日起三十天以内完毕。

陈纳德

(五) 中原会战空军战史纪要

(1944年)①

中原会战空军战史纪要

第一章 陆军战斗一般概况

敌寇自常德会战蒙受重创后,我国国内战场经三个月比较沉寂,但其野心不死,复于本年三月上旬赶修郑州北之黄河大桥,一面开始调动军队,输送军实,情况至为繁忙,由此可以判断,其将在我国战场发动一大规模之蠢动。果于四月十七日夜(十八日晨三时),由豫东之中牟南北地区,分三股强渡贾鲁河(黄河泛滥区)向我进犯。又豫北方面,黄河铁桥南岸邙山头敌,由北岸增到万余人,似图策应豫东蠢动之敌,亦于十九日向我进犯。另有敌机数架

---

① 原文无时间。该时间系从文中推出。

同时袭击广武,投弹轰炸。

此次进犯中原之敌,最初使用于前线作战之兵力即有五、六万人,其后陆续增加,计有四个师团,一个战车师团,两个步兵旅团,一个骑兵旅团,三个炮兵联队,四个工兵联队,及其他若干兵种与协力飞行队等,不下十余万众。具有重炮、野炮、山炮一百余门,各种装甲汽车二千五百辆。其由邙山头进犯者为敌第一一〇师团、第六二师团、第九独立旅团、第三战车师团、第一一〇独立野战炮兵联队、第二七山炮兵联队、第六重炮兵联队之第十一中队、第一一独立炮兵大队、第二七工兵联队及第二工兵大队。由中牟进犯者为敌第三七师团、第七独立旅团、第四骑兵旅团、第二六工兵联队、第三六及第四零独立工兵联队、第五九及第六六独立工兵联队,以及后续之第二七师团。此外伪军有庞炳勋、孙良诚、张岚峰及各县警察队共约万余人,均由第一二军司令官内山莫太郎指挥之。

至于敌军企图,不外:(一)由于最近因长江水运被中美空军封锁,对华中华南战场补给困难,故有打通平汉线之企图。(二)企图打击我野战军,防我与盟军协力反攻。(三)敌发动平汉线攻势,可吸引中美空军使用于平汉线方面,而解放沿海及长江方面之水运。又依据我军所击毙敌后方勤务参谋石川少佐获得文件,更得知敌之作战方针及其行动如下:

1. 第一期黄河河畔会战指导方针,系以 12A 主力由邙山头附近,一部由中牟方面向南曹挺进,拟突破我阵地,续向郑州平地捕捉我野战军。

2. 敌军大部系于三月底由鲁冀晋绥调集,四月上旬分别在小冀、朱仙镇附近集中完竣,于四月十八日开始攻击,以确占郑州、新郑,并向荥阳、密县、许昌进击,是为会战第一期。

至于敌第二、第三两期会战指导,虽无记载,然亦可判断为敌欲占据洛阳、陕县及永宁、嵩县、鲁山等地,所待不言。综观其侵略经过,自四月中旬开始侵扰以来,沿平汉线南北进犯,一面则以其主力利用优势之装备向豫西进扑。

（一）豫西方面：敌自豫东及豫北分路向西南窜犯，其西路敌军曾一度被阻止于泛水之虎牢关及密县以西地区，嗣后敌之战车第三师团及其他后续部队加入战场后，敌乃由郏县转向西北地区，向洛阳方面迂回突击。五月三日，侵入郏县之敌，续以战车与装甲部队为前驱，并以空军掩护，于五日经由临汝、白沙向洛阳进扑，被我军奋力阻击于龙门（洛阳南约十五公里），血战五、六日，将敌战车第三师团联队长伊松吉三击毙，并毁敌战车十余辆。□□，敌复分数路钻隙渗入龙门以北地区。五月中旬，豫西各路敌续向西窜，一为垣曲渡黄河之敌，由渑池附近地区西犯张茅镇，陕县于十八日陷落。一为宜阳附近敌挟装甲部队沿洛河向洛宁以西之长水镇进扑，一为沿伊水流域绕侵嵩县后，续向西窜，我军在各该地区与之对战。

至于洛阳城郊外围战，则自五月十一日晚起，我敌连日展开激战，曾于十三日一度将钻隙至西关及东门与城垣西北角及附近地区之三股轻装敌，分别消灭殆尽，并先后毁敌战车二十余辆。迄至二十四日晚，洛阳之攻防战已达两旬，其侵至虎牢关一带之敌，复由洛河北岸西经偃师向洛阳围犯，我守备洛阳之全体忠勇将士虽处于被敌四面包围下，仍在城郊外围与敌奋战，双方死伤均极惨重，尤以在庄王山、史家屯、后洞、南关、西关等地区最为壮烈。二十三日下午，敌又一度攻城，经我第九四师击退，敌伤亡千余。二十四日战况更猛烈。入晚以后敌向城垣猛扑，至二十五日晨，城内外连络中断，洛阳遂于二十五夜失守。但我守城将士之英勇忠贞，已足与此历代名城永垂不朽矣。

五月下旬及六月初，我军曾于二十二日、二十八日两度攻克鲁山县城，于三十一日一度攻克嵩县，于二十三日攻克大营，以及六月三日攻克卢氏以东之长水镇，宜阳以西之韩城等地。而敌复于五日以来在各处增援反扑，以上各地又相继陷落。我敌遂在豫西之大营西南、豫东之鄢陵附近、豫中之鲁山以南、叶县以西各地区对战，敌寇似有继续西犯之模样。

沿陇海路自大营西犯之敌，十一日晨侵入灵宝，续向阌乡猛犯。经我军堵击，将其拒阻于城东约二十里地区附近之线。十二日晚，我向其猛烈反攻。至十三日傍晚，卒将顽敌击退，我军追击前进，克复大营，残敌东窜。自六月中旬经我军先后克复灵宝、大营、嵩县后，中原形势已稳定，敌旅团长本村千代太郎少将则在陕县附近战役被我击毙。

（二）平汉线方面：自敌于四月二十日攻陷郑州，二十一日攻入尉氏，二十三日攻陷密县后，我军遂自二十七日拂晓起，在平汉线正面及密县附近对敌开始反攻，向新郑推进。我敌最初系在平汉线铁路东西两侧之长葛县石固镇及密县西南各地区对战。自新郑失守后，敌遂于四月三十日拂晓分路进犯许昌，一股千余由南席窜至五女店，一股二千余由长葛窜至五女店附近，一股三千余由新郑窜至灵井寨附近，与我军激战。经数日之猛斗，许昌、临颍终于陷落，战事遂展至郾城以北地区进行。五月二日拂晓信阳附近敌约五千，番号为 3D、58D 各一部，分四路向北进犯。敌由南北夹攻打通平汉线之企图业已明显。八日晚遂平失守，其由平汉线南北进犯之敌于五月九日晚会陷驻马店，我敌遂在其以西地区续战。但经过数日激战，我军终于十三、十四两日先后克复遂平与驻马店，十五日并将确山通明巷间敌之交通切断。综观一般战况，敌势已成衰退现象，其打通平汉线之企图虽曾一度实现，但一经我反攻，复被切断矣。

及至六月中旬，湘鄂战事日趋激烈，战事重心移至湘省，因而中原方面豫东、豫西及平汉线各地，我敌仅有小接触。六月十七日至二十三日之一周中，沿平汉线东南进犯敌，与我在商水、上蔡、汝南及正阳各地往返冲杀，互有得失。商水、上蔡、汝南虽曾一度被敌侵陷，然不旋踵即被我攻克。至于豫西，我敌则在平阳镇、虢略镇、卢氏等处互相对峙，各防地均无变动。直至十二月底，双方成

为胶着之状态。(参阅附图一)〔略〕

第二章 敌空军概况

第一节 敌空军兵力及其配置

自中原战事发生后,敌空军兵力增强,北战场方面,计有90FR(战队)轻炸机二中队,竹内部队轻炸机三中队,21FR战斗机二中队,44FR直协机四中队(内军侦机一中队),55FS(中队)司侦机一小队,总计兵力十一中队,飞机一百零六架。南战场方面,计有85FR战斗机二中队,87FR战斗机三中队,90FR轻炸机一中队,海军7FG战斗机二中队,轰炸机二中队,18FS司侦机一小队,总计十个中队,飞机一百一十四架。此方面之敌空军,在于牵制我中央空军。

中原战场方面,则有90FR及16FR轻炸机各二中队,共三十六架,以运城为前进基地,以安阳、徐州、武汉为后方基地。44FR直协机三中队,军侦机一中队,共三十六架,54FS直协机一中队,计九架,直协第八飞行队直协机九架,以新乡、运城、开封、信阳、荆门为基地,穿梭活动于本战场前线。55FS司侦机二小队,计六架,以运城、荆门、安阳、武汉为基地,作远程之侦察。25FR战斗机三中队,共三十六架,21FR战斗机二中队,共二十四架,以运城、临汾、安阳、新乡、开封、信阳、荆门、武汉为基地,除掩护轰炸部队作战外,担任该地区之警戒,总计约有飞机一百十六架。

此外,驻运城之滑翔机及驻新乡之运输机,并有伞兵四百余名,似为敌空输挺进队。(参阅附图二、三)〔略〕

第二节 敌空军作战企图

当敌于四月十七日开始在郑州方面蠢动时,其空军即有如左之作战企图:

(一)以轻轰炸机作先发制人之袭击,自四月中旬开始轰炸我宝鸡、西安、咸阳、南郑、安康、老河口、内乡、卢氏等机场,企图破坏我后方基地,使陷于暂时不克使用,俾其陆上部队得以顺利进展。

(二)以直协机部队直接配合陆上部队,参与地面战斗,侦炸我前线阵地,增强其攻击力。

(三)由南洋调遣 21FR 及 54FR 于武汉、运城及新乡一带,除增强空防外,有向我后方基地蠢动之企图。

第三节 敌机场分布概况

中原作战敌所使用之机场计十一处,其分布概况与各机场可能容纳之飞机数量等,如附图四。〔略〕

第三章 我空军概况

第一节 作战方针

此次我空军作战,以夺取战场之制空权,减轻我陆军空中之威胁,轰炸敌重要桥梁及渡口,阻其进攻,并协助地面部队作战,攻击敌各战区,并保卫西安区之目的。以中国境内中美两国空军各若干队及中美混合团,采取积极的空中攻势,随时主动的袭击运城、临汾、安阳、新乡、开封、信阳等敌机场,并与地面部队切取联络,表现协同作战之行动,振起地面友军之士气,以争取胜利。

第二节 作战指导要领

我空军之作战之指导要领如次:

(一)在会战期间,须善于利用时机袭击敌方重要飞机场。

(二)攻击开封附近之重要桥梁及中牟附近之渡口。

(三)视油量准备之标准,考虑目标之重要性,情况之紧急程度,规定空军使用之兵力及攻击次数。

(四)以实施小部队之奇袭为原则,(虽在情况许可时,亦宜少用大部队之活动)期能用最经济之兵力获得最大之效果,俾亘于会战期间任何时期,均保有使用空间之可能。

(五)轰炸黄河铁桥、汉口至信阳铁道线、汉口车站及机场、长江之敌船舶、郑州车站、信阳敌补给基地等敌方重要目标。

第一款　会战前之准备

本会战以前,我方针对敌方企图,以空军协助地面部队保卫西安之目的,由航空委员会主任与美国空军司令陈纳德将军一再协议,拟定空军对平汉路作战计划,于三月三十日报告委员长,统称为空军计划(甲)字第二号(如附图五),并通报有关各单位限于三月底以前筹备完妥。兹将本军三月十八日所准备情况要点列左。

(一)上项计划内,美军应允供给之补给品共一千一百吨,决定在沾益拨交,我方一面电催美方按照规定日期拨交,一面设法派机协助输送。

(二)由沾益至预定使用各机场之输送,由本军负责办理,共需水陆运费一二六,八五八,四七元。

至于补给计划(如附图表一)内所预定使用各场站之各种需要量,均于三月底以前完成如附表二之准备。

此外,并拨给中美混合团以 25 机五十八架供其支配,并另拨双发动机(比机)一架以供负伤人员后送之用。

第二款　会战中之侦察

我空军、美空军及中美混合团之驱逐机,随时自南郑、西安、梁山、恩施、安康等基地出发,分别侦察黄河铁桥附近,汉口、信阳间及平汉铁路线一带,开封、安阳、新县、运城、临汾、汉口、信阳等敌机场,及豫西之登封、偃师、洛阳、新安、渑池前线敌野战军之行动,白沙、伊川、宜阳、洛宁、龙门、垣曲、陕县茅津渡等地之敌军动态。并不时侦察天气,搜索轰炸目标,以便我空军之出动。又不断监视敌后方陆空军兵力之调动,随时报告,以利戎机。另备照相侦察机二架驻梁山,分往黄河铁桥、新乡及开封之铁桥交叉点,各主要敌机场,摄空中照相,以供判读之用。并以所得情况,供给中国陆军部队及中美空军部队。所有侦察手段,无线电通信等,均有适切规定。

第一线陆军布板符号,则依军事委员会之所定施行之。

第三款　战场制空

空军作战之主要目的,在于获得战场上之制空权,本会战期间,对临汝、伊阳、宜阳、渑池、偃师、登封等地区局部制空及获得制空权之要旨有五:

1. 制空时间应多于攻击时间。
2. 每批出动之飞机以六架掩护,六架攻击。
3. 到达制空地区时间须在五点三十分。
4. 第一批飞机十二架,第二批四架,以后二、三架均可。
5. 注意在同一空域时间我空军与盟军共同出击之联系。

基于上述之要旨,遂订立"空军对洛阳附近地区制空计划",并于五月十一、十二日,分别以电话饬第三路司令王叔铭、蒋副司令冀辅,遵照计划先行实施。五月十二日,我空军第四大队派P-40机八架,于四时五十分、五时四十分、九时十五分、十二时,自安康起飞,分四批出击洛阳附近及龙门附近之敌。中美混合团派B-25与P-40机一批六架,一批十四架,由梁山、安康起飞会合后,分别出击洛阳附近之敌。又该混合团复派P-40机一次六架,一次七架,分两批由恩施起飞,出击石首以东敌船,在各战场上均收获巨大战果。是日战场上制空权遂在我手。(参阅附图六,空军对洛阳附近地区制空计划详见附录第三其一)

第三节　使用兵力及配备

在本会战间,中美两国空军所准备之兵力,计轰炸机三个中队,有重轰炸机十二架,中轰炸机十二架,轻轰炸机十二架;驱逐机十个中队,有驱逐机一百二十架。其作战指挥,中国空军由航空委员会直接指挥,重庆、白市驿地区部队行动之指挥,由第一路司令张廷孟担任。成都、南郑、安康地区部队行动之指挥,由第三路司令王叔铭担任。中美混合团行动之指挥,由驻梁山之副司令蒋冀辅与美国摩斯上校协商,共同担任。美国空军则由美国第十四航空队司令陈纳德指挥之。其使用兵力及配备如附表三。

附表三

中原会战中美空军兵力配备表

队　　号	兵团	机种	架数	基地	使用机场	备　考
空军第四大队	驱逐队	P-40N	四八	白市驿、安康	主机场——梁山、南郑	上列基地各驻两中队
空军第二大队	轰炸队	A-29	一二	南郑	前进机场——老河口	
美空军第十四航空队及中美混合团	驱逐队	P-40N	七二	南郑、梁山、恩施	前进机场——安康、恩施	上列基地各驻两中队
中美混合团	中轰炸队	B-25	一二	梁山	补助机场——西安、宝鸡	
美空军十四航空队	重轰炸机	B-24	一二	成都	临时迫降场——南阳	一中队由上列基地出发工作三次
附注　照相侦察机二架驻梁山						

第四节　地面准备

第一款　站场

其一　使用机场

本会战间,中国空军之驱逐大队自成都出动,分驻白市驿、安康,使用之主机场为梁山、南郑。轰炸大队驻南郑,以老河口为前进机场。美国空军及中美混合团则概自滇、桂、湘、川出动,使用桂林、衡阳、新津、南郑、梁山及西安各总站。宝鸡、恩施、安康各航空站,其驱逐队分驻各地,以安康、恩施为前进主战场。中美混合团之轰炸队驻梁山,以西安、宝鸡为补助机场。美空军重轰炸队驻成都附近,则以南阳、内乡航空站为临时迫降场。

以上各总站及航空站所有昼夜升降、通信、气象、交通、卫生、修理等项,均有永久设备,其场面亦加以整顿,足供轻重轰炸机之升降,并构筑飞机掩体与推机道等。其总站附近各机场,则仅供飞机疏散、加油、休息及临时迫降之用。除有充分之升降场面外,其他设备均较简单。

其二　准备基准

甲、中国空军

一、白市驿　　　　驱逐机一中队

二、安康　　　　　驱逐机一中队

三、南郑　　　　　轻轰炸机一中队

四、梁山　　　　　照相侦察机一分队

乙、美国空军及中美混合团

一、南郑　　　　　驱逐机二中队

二、恩施　　　　　驱逐机二中队

三、梁山　　　　　驱逐机二中队

四、梁山　　　　　轻轰炸机一中队

五、新津　　　　　重轰炸机一中队

其三　人员给养宿营之准备

一、各站均以其本站之人员为主,得由各当地附近之工厂修理所等机关之人员补助之,必要时并空输一部人员补充,以应需要。主要站场则准备有多数场夫,并另由站场当局先与地方政府协力征调民工,预作必要之补充,以供机场抢修之用。

二、给养与宿营分为二部分如左:

1. 中国空军之给养与宿营,由总站妥为准备。

2. 美国空军之给养与宿营,均由中国空军按照预定计划表实施(参阅甲字第二号之补给计划)。

第二款　油弹补充

中原会战中美空军全部飞机所需之汽油、滑油、散热液等,及各机种应备之子弹、炸弹,悉按照甲字第二号补给计划,视各基地原存之数量分别加以补充调配,作充分准备,使适合作战之需要,而毫无补给不充足之感。兹将汽油、弹药二项之概况分述于次。

一、汽油 本会战期间,以南郑、安康及西北各基地原存飞机油量不敷应用,经限期抽调补充后,中美空军全部飞机所需要之数量(包括滑油与散热液)已充分调整,各基地所调配补充之油量,共计四千二百吨。而各基地自四月二十日至六月六日止,则消耗百号汽油、一二零号滑油及散热液共计四十二万九千七百七十八介仑。中原会战飞机油料补给消耗状况及各基地耗用油料数量,详见附录第一其八、其九。

二、弹药 分为子弹与炸弹二项,其应保持之数量如下:

甲、子弹

1. 7.7 mm 口径枪弹 三,○二四发
2. 5.0 mm 口径枪弹 四,九三四,○○○发
3. 7.5 mm 口径炮弹 三,○二四发

乙、炸弹包括(A-29机所用)三七八吨

各基地所存五○及一○○公斤炸弹,均汇集及改造,以供给中美混合团 P-40 驱逐机使用,空军作战之弹药补充数量及四月二十日至六月六日之消耗数量详见附录第一其十及其十一。

第三款 通信

此次中原会战关于空军通信事项有三:(一)各地电台整备情形。(二)作战期间工作概况。(三)美方电台之协助。兹分述于次:

其一 各地电台之整备

所有南郑、安康、老河口、西安、广元等处之电台,就其原有设备加以整顿与充实。例如改设遥控装置、增加各种器材、改善对空通话等。并将驻郑州第一三四电台移驻西安,协助第五三电台,驻固始之第一三五电台移驻安康,协助第五二电台工作(详见附录第一其十二)。

其二 工作概况

甲、作战期间,以我空军使用兵力侧重驱逐机之出击,故陆空

联络则以无线电为主。此次作战,南郑、西安、安康、老河口等处无线电话已做到随呼随应之地步。即本会第二对空话台及第一战区对空话台之通话,亦甚畅达。

乙、平面通信,干路联络,昼夜无阻。惟支线联络方面,如洛阳第五五电台因受敌压迫太速,撤退较迟,致机器全部损失。又卢氏第一零二电台随站部撤退时,因行军不慎,亦略有损失,但终能维持通信,未曾中断。至于其他支线之气象报告,飞报及紧急电报之传递,均能适合要求,未有贻误。

丙、布板信号:作战间以我机出动频繁,布板通信使用日多,陆军通信之训练、补给及运用,已由军训、军政、军令部分别负责办理。作战期间,陆军布板通信之要领,均依照陆海军对空通信教范实施。惟地面陆军部队间有不按规定铺设布板符号,致出动飞行任务之飞机有无法判明我敌之情事。

其三　美方电台之协助

美国空军为协助我空军通信计,曾设立通信联络队携带无线电及电码机,分赴梁山、恩施、安康、南郑及老河口各站工作。当由我方各站无线电台之协同,从事构成情报网,以利通讯。至于中美空军所有电台之通信联络、通信程序及密码等项,亦均与美国空军司令部协议实施。各地情报相当圆满,中美双方联系甚佳。

又美国空军在作战以前三月中旬,即派美国电台一座,连同工作人员乘机赴南阳,改乘汽车转往第一战区长官司令部,担任该战区与空军基地暨十四航空队司令部间之直接联络及通信事宜。

第四款　气象

本会战间关于气象之测候一项,系利用各地现有之气象设施,每日自晨至暮将各地每时之天气报告,由无线电总台收集,经气象总台译绘成图,以供应空军部队活动之参考。每日复预测翌日之天气,借供事前准备之用。嗣自四月二十六日起,复于每日十九时(午后七时)特将四川、陕南、豫中、桂林一带之天气预报,送由第一科电蓉主任办公处,自五月起改报第三路司令部。每次预测以区域而论,大致无误。惟局部地点之天气,无法详悉。盖现时据以办理天气预报之气压、气温、温度等项报告,其地点犹欠稠密,高空测候亦尚缺乏,对于各种气流消长变化之情形,未克窥其全豹,仅可预测其大概情形,因而对天气之准确性不免大受影响。且以每次制成天气图,因通信方法犹欠迅速,常需要一小时之久。而气象总台又与统帅部远隔,传递耗时,其迅速程度殊属欠缺,实有加以改善之必要。

自洛阳、卢氏两处测候台先后撤退后,此方面最有价值之天气报告遂告缺乏,而更感困难,乃随时派遣驱逐机兼负气象之侦察任务,以补充其缺点。

其次为供应美空军之气象报告,曾经一度欠佳。例如四月二十八日六时及九时,西北方面之气压、气温报告常缺,因而影响美国空军天气预报之办理。盖兰州方面通信设备不甚优良,致有此弊。嗣经竭力加以整顿,遂少缺报。又本军气象观测与美国空军之测候情形在细目上略有不同,为彼此联系免除误会计,已协议改善,以求完美。

此外,工作方面,精神尚属紧张。例如第八总站区各属自会战伊始,昼夜测报气象,悉能尽其责任,绝少贻误。其余各地测报情形及全般通信状况,亦均较以往为佳。至于派至洛阳之第十八测候台,其工作人员迄至洛阳危急之际始行撤退,器材全部虽受损失,然已尽其应尽之责任,而获得空军作战之效用矣。

第五节　火箭式炮弹之使用

火箭式炮弹系美国最近所发明,在欧洲战场及太平洋各战役中均曾使用此种新式武器,颇著成效。现在美国有五种新式驱逐机均装有火箭式炮弹,我军 P-40N 驱逐机每架可装此种炮弹六枚。每枚重三十八磅,用以攻击坦克车、装甲车及坚固桥梁,最为有效。我空军当局有鉴于此,遂电请美国第十四航空队司令部,将此新式炮弹供给本军使用,并令第三路司令部先行准备。

嗣据五月十四日驻南郑第三路司令王叔铭报告,关于翌(十五)日使用火箭式炮弹之准备情况如次:

(1)南郑方面有火箭式炮弹计二百枚(梁山所准备之火箭筒明(十五)日即可送达南郑)。

(2)南郑有五架飞机可携带火箭式炮弹,每架携带六枚,可使用三十三次。

五月十八日,我空军第四大队 P-40 机十二架与中美混合团 P-40 机十三架由高又新副队长领队,自安康起飞出击长水镇附近之敌时,即以其中三架携带火箭式炮弹各六枚,供作战增加效力之用。当时击毁敌装甲车多辆,所获成果至大。

又中美空军混合团空军第三大队 P-40 机八架,于五月七日由安康起飞,曾用火箭式炮弹攻击临汝至龙门敌坦克车、装甲车百余辆,共击毁二、三十辆之多,其他各战役凡使此种火箭式炮弹时,其战果均甚辉煌。

本会迄至五月三十日止,恩施、安康、南郑、梁山、西安等站共存火箭式炮弹一百五十九枚。兹将各站所存数量列左:

(一)恩施　　五十枚

(二)安康　　五一枚

(三)南郑　　三二枚

(四)梁山　　二枚

(五)西安　　二四枚

第六节　与美空军之协定

中原会战关于我空军之部署与运用,主任周与美国空军司令陈纳德将军及中美混合团摩斯上校等作数度会商,并协定中美空军兵力之使用及配备,空军部队集中时间及攻击时间,地面诸准备(各机场之使用、补给品、人员、给养、宿营、通信之准备)等项,分别实施。其会商经过情形及所得之结果,详见附录第二。

附录第一 其二

中原会战空军战斗成果表 三十三年四月二十八日至十二月十八日

日期	隶属	得力战斗员	职务	击落敌机 机种	击落敌机 机数	击落地点	备考
五月三日	混合团第三大队	邓力军	队员	零式驱逐机	二	渑池附近	
		不详			三		
五月六日	混合团第三大队	张乐民	分队长	零式驱逐机	一	襄城附近	
		不详			约二十	汉口附近	
五月十一日	混合团第三大队	杨永光	副队长	零式驱逐机	一	垣曲附近	可能击落三架
		叶望飞	作战参谋		一		
		谭鲲	分队长		二		
		不详			二		
五月十六日	混合团第三大队	叶望飞	作战参谋	零式驱逐机	一	龙门黄河交界处	
				九七俯冲轰炸机	一		
		谭鲲	分队长	零式驱逐机	二	龙门山附近	
六月一日	混合团第三大队	王延周	队员	小型运输机	一	郑州附近	
六月二日	混合团第三大队	臧锡兰	副队长	零式驱逐机	一	郑州附近	伤敌机一架
				东条式驱逐机	一		
		王延周	队员	零式驱逐机	一		
		贺哲生	队员	东条式驱逐机	一		
		外员		零式驱逐机	二		

（续表）

日期	隶属	得力战斗员	职务	击落敌机 机种	击落敌机 机数	击落地点	备考
六月八日	空军第四大队	不详		零式驱逐机	三	观音堂附近	该大队无战斗报告，此项系依据本会参一科阵中日记。
六月二十五日	混合团第三与第一大队	李宗唐	队员	零式驱逐机	二	郑州附近	可能击落一架
		牛慎会	副队长		一		
		仲邦飞	分队长		一		
		黄良能	队员		一		
		王忻才	射击士		一		
七月十四日	混合团第一大队	罗秉谦	射击士	零式驱逐机	一	新乡附近	
八月十日	混合团第三大队	田云祥	副队长	零式驱逐机	一	太原附近	
八月十一日	混合团第三大队	钟洪九	队员	东条式驱逐机		西渭河北	
		王松金	队员			黄河东岸	
		外员			一	永济附近	
八月十七日	混合团第三大队	仲邦飞	分队长	九七式拖靶机	一	太原附近	
八月二十三日	混合团第三大队	臧锡兰	分队长	东条式驱逐机	二	开封附近	可能击落一架
八月二十五日	混合团第三大队	廖谭清	分队长	东条式驱逐机	二	郑州附近	董斐成可能击落一架
		外员			一		
		外员			一		

(续表)

日期	隶属	得力战斗员	职务	击落敌机 机种	击落敌机 机数	击落地点	备考
十月二十六日	美第十四航空队	外员		东条式驱逐机	二	郑州附近	
十二月十八日	混合团第二大队	外员		中型轰炸机	一	孝感附近	
合计	六十七架(外员可能击落六架伤一架)						

附录第一　其三

中原会战敌方损失一览表

　　地面被炸毁七九架

飞机　　　一四六架(可能被击落及受伤并未计算在内)

　　空中被击毁八七架

机场　运城机场被轰炸二次,扫射二次。

　　　郑州机场被轰炸一次

　　　汉口机场被轰炸一次

　　　太原机场被轰炸三次　　　　　　　　一三次

　　　临汾机场被轰炸一次

　　　孝感机场被轰炸一次

　　　永济机场被轰炸一次,扫射一次。

城市　密县城内被炸一次

　　　郑州城内被炸二次

　　　鲁山城内被炸一次

　　　嵩县城内被炸一次

　　　洛阳西工被炸一次　　　　　　八次

2531

陕县城东南区域内被炸一次

大营城内被炸一次

黄河铁桥被炸十三次

炸毁龙门中正桥

炸毁洛阳林森桥

附录第一 其四

三十三年中原会战我军负伤人员统计表
自三十三年四月二十五日至十二月底

隶属	级职	姓名	负伤			备注
			原因	日期	地点	
第二三中队	少尉三级飞行员	向一学	出击返防迷途，迫降受伤。	三三、四、二八	万县	
第八中队	中尉一级副队长	牛曾慎	同上	三三、五、六	洵阳	
第二八中队	上尉二级副队长	李硕	同上	三三、五、八	綦江	
第八中队	少尉三级飞行员	钟宝泉	同上	三三、四、三〇	酉阳	
第三二中队	同上	王松金	出击河南敌军，被击伤。	三三、五、五	灵宝	
第二一中队	中尉一级副队长	劳家彦	出击起飞时停车，失事受伤。	三三、五、五	南郑	
第三大队	少尉飞行员	杨克明	出击运城之敌，返回基地着陆失事轻伤。	三三、五、五	安康	
第二二中队	中尉三级飞行员	李启驰	空战被敌击落，机焚人跳出后被伪军击伤，伪军亦被击毙二名。	三三、六、六	黄河北岸	
第三二中队	少尉一级分队长	仲邦飞	出击郑州附近公路之敌，返航油尽迫降。	三三、五、三	渭南	

(续表)

隶属	级职	姓名	负伤			备注
			原因	日期	地点	
第三二中队	中尉三级分队长	钟洪九	出击伊川附近之敌,机器损坏迫降受伤。	三三、五、三	伊川	
第七中队	中尉三级分队长	孔宪惠	出击高门关之敌,人机均被击伤。	三三、五、二四	高门关上空	
第七中队	少尉三级飞行员	赵立品	出击洛宁之敌,返航迫降受伤。	三三、六、一〇	鄌西	
第四大队	少校三级副大队长	司徒福	低空扫射时,被敌高射炮击中,迫降受伤。	三三、五、三	嵩山附近	
第四大队	飞行士	魏自华	出击龙门一带之敌,返航迫降受伤。	三三、五、九	山阳	
第二大队	射击士	蔡元德	出击敌军,被地面炮火击伤。	三三、五、三〇	密阳上空	
第二大队	通信士	张国庆	同上	同上	同上	
第一中队	通信士	李泉润	同上	同上	同上	
第二四中队	上士飞行士	魏文汉	出击敌军,臂与腹部受伤。	三三、六、六	闵乡	
第八中队	少尉三级飞行员	吴振铎	警戒安康时,机生故障,迫降受伤。	三三、七、二九	安康	
第十二中队	少尉三级飞行员	陆诚	出击太原机场,被击伤胸部。	三三、八、一〇	太原	
第十二中队	少尉三级飞行员	虞为	出击敌军迫降,头部受伤。	三三、八、一八	洛宁	
共计二十一人						

附录第一　其五

三十三年中原会战我军死亡人员统计表
自三十三年四月二十五日至十二月底

隶属	级职	姓名	死亡原因	日期	地点	备注
第三大队	上尉一级	王特谦	在机场指挥疏散,被飞机撞死。	三三、五、三	西安机场	
第二一中队	中尉三级分队长	白熙珍	出击龙门一带之敌,被地面炮火击落,被俘殉职。	三三、五、一二		
第二一中队	中尉三级飞行员	李霖章	空战时被敌高射炮击中阵亡。	三三、六、一一	平陆	
第二一中队	少尉三级飞行员	刘业祖	迫降灵宝失事,殉职。	三三、六、五	灵宝	
第二一中队	少尉三级飞行员	刘国栋	空战时被敌高射炮击中阵亡。	三三、六、一〇	同上	
第二二中队	中尉三级分队长	石泰庚	在机场上警戒失事,殉职。	三三、五、一二	安康	
第三大队	少尉三级飞行员	陈国英	出击因机件生故障,撞山失事。	三三、六、七		
第一中队	中尉三级分队长	杨天雄	自白市驿飞梁山中途触山殉职。	三三、六、七	长寿	
第一中队	上尉一级轰炸员	李项平	同上	同上	同上	
第二中队	少尉三级飞行员	曹光柱	同上	同上	同上	
第二中队	少尉三级轰炸员	陆巨熙	同上	同上	同上	

(续表)

隶属	级职	姓名	死亡 原因	死亡 日期	死亡 地点	备注
第七中队	中尉三级飞行员	胡曦光	同上	同上	同上	
第二中队	少尉三级飞行员	林汝澄	同上	同上	同上	
第一大队	照相员	褚台天	同上	同上	同上	
第一大队	少尉三级飞行员	易莹贞	同上	同上	同上	
第二中队	中尉二级领航员	黄汉儒	同上	同上	同上	
第二二中队	上士飞行士	何沛泉	空战阵亡。	三三、五、二一	韩城	
第一大队	射击士	夏训典	自白市驿飞梁山中途触山殉职。	三三、六、七	长寿	
第一大队	射击士	郝德荣	同上	同上	同上	
第一大队	同上	刘毅				刘毅等三人死亡原因、日期及地点等均不详，此系根据本会人事处调查登记科所编统计表而记载者。
第一大队	同上	梁兆琛				
第一大队	同上	赵凤岐				
第四三中队	中尉三级分队长	梁松宁	因空袭起飞警戒时失事殉职。	三三、七、二二	西安	
第一中队	上士机器士	毛涤正	随机自白市驿移防南郑，迷航油尽，坠地殒命。	三三、一〇、二三	城固	
共计二十四员						

附录第一 其六

三十三年中原会战我军失踪及被俘人员统计表
自三十三年四月二十五日至十二月底

隶属	级职	姓名	失踪及被俘			备注
			原因	日期	地点	
第二二中队	中尉二级参谋	吉承涛	出击河南高门关之敌失踪	三三、五、二三	河南	
第二三中队	三等三级军士长	江定汉	同上	同上	同上	
第二中队	少尉三级飞行员	张建功	出击黄河铁桥失踪	三三、八、三		
同上	中尉三级领航员	陈芳锷	出击黄河铁桥失踪	同上		
同上	下士通信士	张国庆	同上	同上		
同上	上士射击士	王欣才	同上	同上		
第三二中队	中尉二级副队长	田云祥	出击许昌被击降落后被俘	三三、八、一八	许昌	
共计七员						

附录第一 其七 甲二作战计划飞机油料调拨状况表〔略〕

附录第一 其八

中原会战飞机油料补给消耗状况

（一）空军协助中原会战各基地原存飞机油料如后：〔略〕

（二）准备——会战前，梁山、恩施、白市驿所存百号汽油尚能适应作战计划所需数量，惟南郑、安康及西北各站存量较少，亟待补充，经限期将沾益美军拨交之百号汽油及本会之一〇〇号滑油抽调补充如下：

一、调百号汽油一，二八九桶，(每桶装五三介仑)120号滑油一二桶，散热液六桶，补充汉中总站。

二、调百号汽油五四〇桶，120号滑油二二桶，散热液二桶，补充安康站。均限于四月二十一日前运达。同时并由昆明提散热液二十五桶，以十五桶补充白市驿总站，十桶补充汉中总站。

（三）补充——会战自四月二十日开始。各作战基地耗用之百号汽油平均每日约在一万介仑之数。而沾益美军每日拨我者仅二十吨，(六十桶，计二，六〇〇介仑) 兼以补充路线过长，面积又广，输送困难，经向美空军洽妥，在成都及宜宾拨交之汽油数量如下：

拨油日期	油料名称	数　　量	备　考
五月九——十一日	百号汽油	第一批拨给两百吨，计提到一，一四三桶	
五月十四——十八日	同上	第二批拨给一七〇吨，计提到九七二桶	
六月——二日	同上	第三批拨给五〇吨，计提到二八六桶	
六月十五——三十日	同上	第三批允拨一千五百吨，计于六月份提到一，一四三桶（两百桶）	
六月二十八——三十日	同上	第四批允拨两百吨，计于六月份内提到三五〇桶	
共计	同上	三，八九四桶	

（四）调配——会战期内各基地调配补充之飞机油料共四千二百三十五吨(详见附表三)。

（五）消耗——各基地自四月二十日至六月六日止共耗百号汽油，一二〇号滑油及散热液四十二万九千七百七十八介仑(详见附录第一其九)。

附录第一　其九　各基地自四月二十日至六月六日耗用油料数量表〔略〕

附录第一 其十

中原会战弹药补充数量表　三十三年七月二十六日制

弹　种	数　　量	拨运地点	接收机关	备　考
五〇装链弹	四八一,三二二粒	沾益总站	梁山总站	
七五炮弹	八五〇粒	同上	同上	
一〇〇〇炸弹	三六吨	同上	同上	
五〇〇炸弹	九〇吨	同上	同上	
三〇〇炸弹	四五吨	同上	同上	
一二〇井弹索	一六吨	同上	同上	
二五〇公斤炸弹	一,二七五吨	白市驿二总站	同上	
二三〇公斤炸弹	二三吨	广阳坝十三库	同上	
·五〇子弹	四九,〇一八粒	沾益总站	南郑总站	
一二〇井弹索	一〇三吨	同上	同上	
·五〇装链弹	三三,三〇〇粒	同上	安康站	
同上	一七二,三六五粒	南郑总站	同上	
同上	四七,七二〇粒	同上	西安站	
同上	六〇,〇〇〇粒	宝鸡站	同上	
同上	五〇,九二五粒	温江一总站	同上	
同上	六,四〇〇粒	西安站	咸阳站	
同上	七三,三五〇粒	南郑总站	宝鸡站	
总计	子弹九七四,四九〇粒 炸弹二三,三〇五吨七 五炮弹八五〇粒			

附录第一 其十一

中原会战弹药消耗数量表　三十三年七月二十六日制

基地	消耗数量		备考
	子(粒)弹	炸(吨)弹	
梁山	二〇,三〇五	三五,〇一八	自四月二十日起至六月六日止
汉中	四〇,一四三	三	同上
安康	一九,一七五	六·七	同上
西安	四〇,一一四	一〇·五	同上
宝鸡	二,二五〇	〇	同上
总计	一七一,九八七	五五·三八	同上

附录第一　其十二　中原会战空军通信整备情况表　三十三年八月五日制〔略〕

附录第二　其一

中原会战主任周与美方协定事项

中原会战关于空军之部署与运用　主任周曾与美国第十四空军司令陈纳德将军等作数度之会商,并协定有关作战事项,其经过情形与所获结果大概如次。

(一) 第一次会谈

三十三年三月七日,于昆明美第十四空军司令部举行,参加人员为主任周及陈纳德将军与两方幕僚,商得协定事项如次:

1. 状况判断　主任周根据既得情报,判断敌有由郑州及信阳南北夹击平汉铁路之企图,现正赶修黄河铁桥,预计五月一日左右铁桥可以完成,届时即为敌发动攻势之时期。

2. 计划兵力部署

(1) 中美空军混合团以芷江、梁山、恩施、安康、南郑为基地,俾可切断长江敌之水上补给线及汉口至信阳之交通线,并可攻击武汉敌空军基地。

(2) 以 B-52 一中队驻梁山,任破坏黄河铁桥及铁桥以南信阳以北之铁道线。

(3) 美第十四空军及中美空军混合团兵力不能全部转移北战场,因东战场及南战场不能停止活动,否则敌空军将集中轰炸我桂林、衡阳等基地。

(4) 混合团之兵力配备如下:

B-52 一中队　　　　梁山

P-40 一中队　　　　安康

P-40 一中队至二中队　南郑

老河口距敌较近,不宜驻驱逐机。

3. 补给计划　对北战场作战所需油弹约一个月左右,可准备妥善,美方决定在沾益每日交付燃油二十吨。

4. 破坏黄河铁桥之方法。

(二) 第二次会谈

翌月八日,于同地点继续举行谈话,其要点如下:

1. 状况判断　主任周判断敌对平汉路攻击,在信阳方面随时可发动佯攻,至真正之攻势,约需五月一日以后黄河铁桥完全修复时始可发动,又中原地势平坦,敌有使用战车可能。

2. 兵力部署

(1) 梁山　　　　B-52 一中队

白市驿安康　　P-40 二中队(由第四大队调派)

恩施梁山南郑　P-40 各二中队(由美第十四空军及混合团调派)

(2) 派照相侦察二架进驻梁山。

(3) B-24 以成都为基地,使用三次。

(4) 重要攻击目标为:

汉口至信阳铁道线

汉口火车站

长江内敌舰船

信阳敌补给基地

沿江敌空军基地

3. 补给计划　中原会战之油弹量概以一个月为计算标准。

4. 通信　由本会借与现在 U. T. C. ASSAM 收发报机六箱,供混合团使用,配备于梁山、安康、南郑等处。

(三) 第二次会谈

三月十日,复举行第三次谈话,其要点如次:

1. 于敌未发动攻势前,我空军先行轰炸黄河铁桥。

2. 美方决定在沾益交付补给品一千八百吨。

3. 要求美方于广汉、新津、邛崃、彭山四处机场中指定一处作为重轰炸部队基地(按现已决定为彭山)。

4. 将我 B-52、P-40 各部队每中队机数由十架增至十二架,及每轰炸大队由三中队增至四中队之事实,函知美方。

(四) 与摩斯准将谈话

三月二十五日摩斯准将由昆来渝,主任周与之商谈作战准备事项,蒋副司令亦在座。谈话要点如次:

1. 派照相侦察机二架进驻梁山。

2. 准备赴梁山中美人员之食宿事宜。

3. 伤员后送问题。

4. 混合团在梁山、恩施、安康、南郑、南阳成立通信网。

5. 准备梁山、安康、南郑三基地之运输车辆数量。

6. 决定交付我方补给品数量,除去各站现存数七百吨外,再在沾益交付一千一百吨。

7. 改装炸弹。

8. 提早完成梁山机场飞机掩体及推机道。

9. 派 P-43 担任基地夜间警戒。

10. 决定使用火箭式炮弹攻击铁桥。

以上历次会谈细部,见所附各次谈话记录如次。

主任与陈纳德第一次谈话记录

时间:三十三年三月七日十五时三十分。

地点:美国十四航空队司令部

参加人员:美国空军:司令陈纳德将军,参谋长葛兰将军,作战处长阎尔上校。

中国空军:主任周,参谋长刘国运,第五路副司令蒋翼辅,航政处长陈又超,交通处长沈延世。

主任谈话:

一、现在敌人有由郑州及信阳南北夹攻平汉路企图,其可能性之理由如下:

1. 敌最近因长江被我方空军炸毁船舶甚多,水运补充几失效力,所以积极企图打通平汉路。

2. 敌因常德会战失利,依过去敌方惯用战术,俟经相当补充后,必另有新的企图。

3. 在芜湖之敌116师团已转进武汉,似为敌发动进攻平汉路之征候,谈话至此时,主任即检出二月十一日及二月二十九日对黄河铁桥侦察所得之照片,供陈纳德将军参阅,以证实平汉路敌人之企图。

二、参阅空中照片后,即提出我方对攻击平汉路空军使用方案,交陈纳德参考。

三、如日军果发动南北夹攻平汉路,委员长意见希望中美混合团,美第十四航空队,必要时应全力转移北战场,南战场可暂停止活动。

陈纳德答复:

一、东战场及南战场不能停止活动,否则敌空军将集中轰炸我桂林、衡阳等空军根据地。

二、最近广州天河机场敌已集中驱逐机百余架,十四航空队及中美混合团驱逐机不能离开桂林。

三、北战场油弹大成问题,约需一个月左右准备时间方能办到。

谈话至此,陈纳德即在图上计划使用之机场,认为南郑站补给线太远,最好B-52一中队使用梁山基地,黄河铁桥以南及信阳以北之铁道线均在轰炸半径之内。

四、十四航空队及中美混合团如以芷江、梁山、恩施为基地活动,可以控制并切断长江敌之水上补给线。又汉口至信阳之交通线,及武汉敌之机场亦可攻击,如敌军不能打通平汉线,其军需品之补给无法解决,敌军必自撤退武汉。

五、敌人确有攻击平汉路之可能,因敌发动平汉线攻势,可以牵制我空军使用于平汉线,而解放其长江之运输。

主任问:委员长希望十四航空队早调二个驱逐队驻成都担任防空,如平汉路敌方发动攻势时,即可推进基地,加入平汉线作战,但此项部队究何时可开去?

陈纳德答:三月二十日可先派一个加强中队驻成都(P-40机二十五架)。

主任问:调成都之驱逐机队,系整个大队调去,抑每个中队逐次调去?

陈纳德答:按一个中队逐次调去。因为调成都之两大队,一队约为P-41机,其人员多由欧洲调来,尚须在卡或在美受训八至十小时之补助训练。

主任问:第三中队究在何时可到成都?

陈纳德答:第二、三中队使用P-47机,其飞行员多已到卡受训,人数大致已齐。惟飞机及零件一部尚在航运中,预料第三中队在五月一日左右方能抵成都。究竟是否可到?尚无确实把握。

陈纳德：关于我方提出空军之使用方案，陈氏提出如左之意见：

一、南郑驻 B-25 一中队及 P-40 一中队，此项驱逐兵力实属太小，应再增一中队，以一中队担任机场掩护，一中队担任 B-25 出动时之掩护。

二、B-25 一中队最好驻梁山，安康可驻驱逐机一中队，B-25 由梁山出动时经安康与 P-40 会合，担任掩护。

三、老河口距敌太近，不能驻多数驱逐机。

主任：老河口系作补助机场，内乡、南阳系作临时我机迫降之用，在情况紧要时，可派部队驻用。

陈纳德：关于北战场预定使用各机场之形状及现存之油弹数量如何？

主任：当告知南郑、梁山、安康、西安、宝鸡、老河口、南阳、内乡机场之形状及现存之油弹数量，由陈纳德之参谋笔记备查。

主任：东印度出产之油料，P-40 机可否使用？

陈纳德：P-40 机可用。

陈纳德：南郑站有否备 P-40 机用冷却液体？

主任：没有。

陈纳德：现在运输困难，美军运成都之油料在五月以前尚难运到。

葛兰：北战场使用机场之地勤人员及需用之氧气有无准备？

主任：无问题。

陈纳德：本军每日供给中国二十吨之油料，可按日交沾益总站。

主任：我方各机场需要手摇加油邦浦甚多，贵方可供给若干？

陈纳德：可供给一百二十个。

陈纳德：梁山、恩施之招待所没有问题，南郑、安康之招待所不知是否够用？如不足用，尚可使用帐棚，伙食不知有无问题？

主任：伙食无问题。

陈纳德：日军何时可发动是项攻势？

主任：据我判断，黄河铁桥约五月一日左右可完成之时间，即敌发动攻势之时期，我方最好先以空军妨害敌人之修复铁桥工作，及破坏黄河北岸营房。

葛兰：铁桥目标很小，B-25轰炸困难。

主任：A-29机亦不能担任铁桥破坏工作，最好使用P-40低空扫射及轰炸。

陈纳德：梁山、安康、南郑油弹数量，我方多多供给，但需给我需要之数目。

主任：油弹需要数目，请贵方计算，明（八）日下午二时决定。

陈纳德：同意。

主任与陈纳德第二次谈话纪录

时间：三十三年三月八日十五时

地点：昆明美十四航空队司令部

参加人员：

美国空军：司令官陈纳德将军　参谋长葛兰将军　中印缅总部空军参谋长史特梅耶将军　十四航空队补给司令胡特准将　作战处长阎尔上校

中国空军：主任周　参谋处长刘国运　第五路副司令蒋翼辅　航政处长陈又超　第三路参谋长石隐

陈纳德问：我方第四大队现有P-40机若干架？南郑及安康机场每处配备中国驱逐机二中队是否可能？

主任：第四大队现有P-40机四十五架。

陈纳德：如南郑、安康各配中国驱逐机两中队，成都就没有驱逐机担任防空了。

主任：如果这样配备不但成都没有，就是重庆也没有驱逐机担任防空。现在重庆防空任务系由白市驿第四大队担任的,将来如梁山、恩施机场各驻驱逐机一中队或两中队,可否兼任重庆之防空任务。

陈纳德:如果将第四大队分驻南郑、安康各两中队,重庆没有防空兵力也是不妥,我想由十四航空队及中美混合团共派四个驱逐中队,梁山、恩施各驻两个中队。

史特梅耶:平汉线日军何时可发攻势?

主任:日军对平汉路攻击,在信阳方面随时可发动佯攻。至于真面目之攻击,据本人判断,须至五月一日以后黄河铁桥完全修复时方可发动。

陈纳德:我现在对于兵力的使用,有下列的决定,贵方是否同意?

(一)白市驿、安康各驻驱逐机两中队,由第四大队派遣。

(二)梁山、恩施、南郑各驻两个驱逐中队,由十四航空队及中美混合团抽派。

主任:同意。但该项部队何时可进驻南郑、梁山、恩施?

陈纳德:敌军在平汉线开始发动时,上项部队就可进驻。

主任:梁山是否驻 B-25 一中队?

陈纳德:对的。

主任:南郑驻 A-29 八架,或可增加一、二架。

陈纳德:我想现以 B-25 三中队对信阳、汉口及长江敌运输船舶攻击,以驱逐机掩护桂林、衡阳、遂川三个空军基地。

陈纳德:南郑招待所要求能招待八十员。

主任:可以的。

陈纳德:六百吨之补给品从五月一日以后可由成都付交贵方。

主任:贵方现有照相侦察机若干架?

陈纳德:照相侦察机很少,三架在修理,现在只有四架。

主任问史特梅耶:印度贵方现有照相侦察机几架?

史特梅耶:只有五架。

陈纳德:日军现有坦克若干？平汉线发动攻势时,是否有用坦克可能？

主任:数目不知,北方均属平原,有用坦克可能。

陈纳德:空军对平汉线攻击,有下列几个重要目标:(一)汉口至信阳铁道线;(二)汉口车站;(三)长江敌之船舶;(四)信阳敌补给基地;(五)沿长江敌空军基地。

陈纳德:重轰炸 B-24 轰炸信阳、汉口敌人机场及车站,委座是否允准？

主任:当然允许的。

陈纳德:贵方需要时可随时通知。

主任:B-24 之基地应在何处为宜？

陈纳德:在昆明,但油消耗较多。

葛兰:以成都为基地,航程较短。

陈纳德:决定在成都使用三次。

陈纳德:南郑、安康、梁山、宝鸡等处之防空情报如何？

主任:上项站场防空情报无困难。

陈纳德:北战场四、五、六月之天气如何？

主任:晴朗无云。

陈纳德:自四月以后,美军补给品每批运到基地请通知美方。

主任:可随时通知。

主任:我要求在白市驿驻照相侦察机一架至两架。

葛兰:美十四航空队在中国全战场共有照相侦察机六架。

陈纳德:可想办法在白市驿驻照相侦察机两架。

阎尔:贵方新接收之 P-40N 机每日之飞机现况如何？请通知。

主任:可照办。

陈纳德:现有六箱 350 瓦收发报机在 U. T. C. ASSAM 是贵

方的,本军希借用配备于梁山、安康、南郑等处,六个月后可以归还。

陈纳德:此次空军使用油弹准备标准,以十五日计算,是否足用?

主任:根据鄂西及常德会战经验,会战期间概为一个月,仍请以一个月为计算标准。

陈纳德:同意。

主任与陈纳德第三次谈话纪录

时间:三十三年三月十日十五时

地点:昆明美第十四航空队司令部

参加人员:同第二次谈话纪录

陈纳德:关于平汉线攻击计划,在敌军准备完毕尚未发动前数日,我空军应先行轰炸黄河铁桥。惟开始攻击之日期,由贵方通知。

主任:同意。

陈纳德:旋将攻击平汉线空军使用计划及补给计划交与主任研究,并询主任同意与否。

主任:同意。但贵方在沾益拨交我方一千八百吨之补给品,究于何时可开始付交?

葛兰:拨交日期正在计划中,待办妥后即送交贵方。

主任:在美受训之三十组重轰炸将于十月完成回中国,此项部队我方原拟驻新津,现新津为美空军用,该重轰炸部队系为北战场使用之兵力,其驻地应如何决定?

陈纳德:白市驿如何?

主任:不可。重轰炸部队使用之油弹系由印度直接空运来的,其基地以在成都附近为好。

葛兰:白市驿距敌过近,似不甚妥。

主任：白市驿机场面积长度不够，不能供重轰炸使用。

陈纳德：凤凰山如何？

主任：凤凰山机场太低，雨后容易积水，驱逐机可以使用，重轰炸不适宜，至广汉、新津、邛崃、彭山四个机场中，请指定一场作我方重轰炸部队基地均可。

陈纳德：上述四个机场，每场已计划驻飞机五十六架（一大队），最好另辟一新场，时间尚够。

主任：新辟机场恐委座不易批准，但我希望能在成都附近仍有一机场供我方重轰炸部队使用。

陈纳德：贵方空军除重轰炸队外，驱逐及轻轰炸部队每中队飞机由十架增至十二架，每轰炸大队由三中队增至四个中队之事实，请贵方用函正式通知我方。

主任：照办。

中原会战摩斯上校与主任晤谈之纪录

三月二十一日，摩斯上校由昆明出发，一行十人至恩施、梁山各站场视察，并于三月二十五日在渝进〔晋〕谒主任，举行谈话，其纪录如左。

摩斯：美方拟派照相侦察机两架进驻梁山，要求航委会三事：

1. P-40机一中队进驻梁山担任警戒。

2. 四月一日以前梁山准备照相暗室。

3. 在四月一日以前准备二十五人（美方照相工作人员）之食宿。

主任：以上各项均可照办。

摩斯：在五月一日以前尚请贵方准备三百人之食宿，其中美方一五〇人，中国方面一五〇人。

主任：同意。

摩斯：梁山防空驱逐指挥室电话线有无架设。

主任：查明后即办。

摩斯：平汉线会战发动，关于伤员后送，请求贵方供给运输机一架，以备美方伤员后送成都、中国伤员后送重庆之用。

主任：我们运输机不敷分配，不能供给运输机，本会可供给双发动机一架担任后送，必要时或可派遣运输机。

摩斯：美方最近拟在梁山、恩施、安康、南郑各设电台一所，请通知各站协助合作。此外，拟在南阳汤恩伯总部设一电台担任连络。

主任：照办并通知各站。

摩斯：四月一日美方即派通信军官赴恩施、梁山观察。

主任：可以的。

摩斯：请求将芷江总站划归第二路司令部，混合团拟在芷江，恩施各驻 P-40 机各两中队。

主任：芷江仍归一路司令部指挥，如混合团进驻芷江，通信连络及食宿毫无问题，可由蒋副司令负责连络，芷江不必划归二路指挥。

摩斯：此次平汉线会战，请求贵方以 B-25 三架拨交美方。

沈副主任：我们共有 B-25 机五十九架，除一架失事外，尚有 B-25 机五十八架。

主任：B-25 机五十八架都可交混合团使用。

摩斯：B-25 机五十七架担任作战，以 B-25 机一架在印度卡拉其担任训练。

摩斯：请主任发给站场位置图一册，以供参考。此外关于黔、桂、湘、川、滇、陕、鄂情报纲要图亦请发给一份。

主任：本会现有站场位置图系三年前刊印的，材料陈旧，要改的地方很多，如有新的刊印小册即可分送，以供参考，情报纲要图可由防空总监部供给。

摩斯：请在五月一日以前准备下列各站卡车。

1. 山卡车十五辆。
2. 康卡车十辆。
3. 南郑卡车十辆。

主任：目前车辆很成问题，所要求之辆数当尽力设法。

摩斯：美方以一一〇〇吨补给量在沾益交付贵方，并由贵方在五月一日以前担任转运，前次在昆明会议决定沾益由美方供给贵方补给品一八〇〇吨，现在恩施、梁山、安康、南郑贵方储存油弹约七〇〇吨，所以陈纳德将军意见，此次平汉线会战，美方在沾益交付贵方一一〇〇吨补给品。

主任：将来我们这七〇〇吨补给品应如何补充？

摩斯：梁山、恩施、安康、南郑各站现在储存油弹，可否由美方派员改装？

主任：可以的。

摩斯：梁山 B-25 机十架、P-40 机二十四架之掩体与推机道，请在五月一日以前完成。

主任：当设法尽量在五月一日以前赶工完成（并将梁山蓝图交黄副主任赶办）。

摩斯：美方拟即派无线电台赶梁山、恩施、安康、南郑各站工作，请求贵方各站无线电台协同工作，同时请贵方届时派 P-43 或 P-40M 机八架作夜间警戒之用（每机场二架）。

主任：同意。

沈副主任：请来正式公文，我们即可照办。

主任：黄河铁桥最好以 P-40 低空攻击。

摩斯：P-40 装火箭式炮弹，每机六枚，每枚重三十八磅，攻击桥梁最为有效。

主任：请沈副主任记下火箭式炮弹电陈纳德将军供给本军使用。

参谋处根据上项谈话纪录，召集有关各处举行会议研究准备事项,并分别实施。

附录第二　其二

主任与陈纳德将军协商空军作战计划经过报告

委员长事项:

主任奉委员长谕:与陈纳德将军协商敌人在豫中蠢动时,关于使用空军攻击黄河铁桥及平汉路敌人计划事宜,乃与三十三年三月七日,率参谋处处长刘国运,第五路副司令蒋翼辅,航政处处长陈又超,交通处处长沈延世,在昆明美国第十四航空队司令部举行会商三次后,于十三日将会商经过情形,及陈纳德草拟空军对平汉路作战计划,报告委员长,其要点如左:

一、关于平汉路方面敌情之判断,陈纳德参阅黄河铁桥两次照相侦察照片后,即同意敌人有发动攻击平汉路企图之判决,并同意如左之理由:

1. 敌最近因长江水运被中美空军封锁,对华中华南战场补给困难,故有打通平汉线之企图。

2. 鉴于常德会战敌军之失败,依敌过去惯用之战术,经过相当之补充后,必另有一次新的攻势发动。

3. 敌发动平汉线攻势,可吸引中美空军使用平汉线,而解放沿海及长江方面之水运。

二、陈纳德与职研究攻击平汉路使用空军之兵力,认为平汉路作战虽属重要,然仍不能将十四航空队及中美混合团之全力转移北战场,其理由如左:

1. 东战场及南战场不能无空军活动,否则敌空军将集中轰炸我桂林、衡阳等空军根据地。

2. 最近广州天河机场敌已集中驱逐机百余架,十四航空队驱逐机不能离开桂林、遂川、衡阳等基地。

3. 北战场各基地所存油弹有限,一时大量补给不易,如空军全力在该方面作战,不能供其消耗。

三、美十四航空队预备派驻成都之两个驱逐大队,经双方研究,认为平汉路方面敌人发动攻势时,可推进基地加入平汉路作战。该项部队调往成都之时间及顺序,陈纳德作如左之说明:

1. 本(三)月二十日可先派一加强驱逐中队,驻成都担任防空(P-40 二十五架)。

2. 预定驻防成都之两个驱逐大队使用 P-47 机,飞行人员均由欧洲调来,刻已抵卡一部分,飞机及零件止在航运中。惟是项空勤人员须留卡受训八至十小时之补助训练,预计五月一日左右可按中队次序逐次调来成都。

四、攻击平汉线决定使用之空军兵力及机场如下表。

使 用 部 队	使 用 机 场	备 考
A. 第四大队(驱逐机)驻白市驿安康各两中队	A. 主机场——梁山南郑	
B. 十四航空队及中美混合团派驱逐机六中队(南郑、梁山、恩施各驻两中队)	B. 前进主战场——安康恩施	
C. 第二大队 A-29 一中队(驻南郑)	C. 前线机场——老河口	
D. 中美混合团或十四航空队 B-25 一中队(驻梁山)	D. 补助机场——西安宝鸡	
E. 十四航空队重轰炸 B-24 一中队由成都出发工作三次	E. 临时迫降场——南郑内乡	
F. 派照相侦察机二架(驻梁山)		

五、关于平汉线空军作战补给品及运输问题,双方决定原则如左:

1. 由美方供给油弹一千八百吨,由沾益交付中国空军接收。

2. 由沾益至预期使用各基地之输送,由中国空军负责。

3. 关于平汉路作战预定,可使用中国空军现存之补给品。

六、地面准备双方决定原则如左:

1. 美军派电台一座及其工作人员即乘飞机赴南阳,转往第五战区汤总司令处直接担任连络。

2. 南郑、梁山、恩施、西安、宝鸡等站之美军给养,由中国空军负责。

七、对预定使用于平汉路作战之空军部队集中时间及开始攻击时机决定如左:

1. 敌军在平汉路开始发动时,上项预定使用之部队即向预定基地集中。

2. 敌军攻击准备完毕尚未发动攻击之前数日,美方轰炸部队先行轰炸黄河铁桥。惟开始轰炸之时机,仍由我方负责通知。

八、空军对平汉线开始攻击时,陈纳德提出左列之重要攻击目标,职在谈话时已表示同意。

1. 汉口至信阳铁道线。

2. 汉口车站及机场。

3. 黄河铁桥。

4. 长江敌之船舶。

5. 信阳敌补给基地。

6. 沿长江敌空军基地。

7. 敌人在黄河长江两航线之运输及渡口。

附录第二 其三

蒋副司令冀辅与摩斯上校商决关于中美混合团进驻梁山事项

一、中美双方主要参谋人员及部队长先到梁山,筹划团部指挥机构。

甲、作战指挥室。

乙、驱逐指挥室(包括防空情报通信对空通信定向及气象)

二、抵梁山后应办事项:

甲、布置防空情报网,架设对空电台。

乙、检查梁山机场地面设施准备程度。

丙、解决油弹补给之集积及运输问题。

三、预定由桂林推进于梁山之中美空地勤务人员如左：

1. 中国军官一四四人,机械士兵一二〇人。(内第一大队七〇人第三大队五〇人)

2. 美国军官四〇人,转业军士一二七人,共一六七人。

3. 中美人员合计三一四人。

四、预定部署

1. 第一批：第一大队 B-52 机六架,由桂林二塘机场起飞,第三大队二十二中队 P-40N 机十二架,由桂林李家村机场起飞,至零陵与三大队第八中队 P-40N 机十二架会合后,直飞梁山。

2. 第二批：第一大队 B-52 机六架由桂林二塘机场起飞,第三大队第七中队 P-40N 机十二架由桂林李家村机场起飞,至零陵与第三大队二十八中队之 P-40N 机十二架会合后,直飞梁山(二十八中队飞机不足之数由第五大队抽调一部补足之)。

附录第二　其四

中美混合团抵梁山成立团部之工作概况

四月二十二日,摩斯上校、斑尼特上校、蒋副司令冀辅、第一大队长李学炎、第三大队长范金函,及美方通信、气象、情报、补给、交通运输参谋人员九人,同乘 C-47 美国运输机一架,九时四十五分自桂林起飞,十三时二十分抵梁山,即着手成立团部。

一、原定第一批飞梁山之 B-25 机六架及 P-40N 机二十四架,因 B-25 机二架螺旋桨变距发生故障,全部未能按照预定时期到达梁山。

二、梁山机场之防空警戒,在第三大队未到达时,先由第四大队二十一中队派 P-40N 机八架担任警戒(系由二十一中队长高又新率领自白市驿进驻梁山)。

三、梁山防空情报气象联系问题，四月二十三日，蒋副司令冀辅与摩斯上校商决如下：

（一）美方派遣情报军官一员至蟹子洞防空洞情报室工作，利用坐方位图随时将防空情报以电话通知驱逐指挥室。

（二）由美方派遣气象军士二名至气象台工作，搜集气象情报，并直接通知驱逐指挥室。

（三）现驻安康南郑之第四大队飞机，如有行动，应通报当地美方电台，俾即转告梁山。

四、主任电话询问通信及防空情报状况，蒋副司令呈复二点如左：

（一）桂林、昆明、成都、南郑、恩施等地均有美军架设之电台，并已构成情报网。

（二）已派运输机输送电台赴安康，自四月二十四日起可通报，并与梁山驱逐指挥室连系，要求南郑、安康、重庆情报所之防空情报随时转告万县情报所。

五、调查西安、宝鸡机场状况及现存油库，以便 P-40 机及 B-25 机降落加油。

六、运输问题，前在重庆会商时，预计由梁山派卡车十五辆应用，现梁山总站仅有卡车三辆，座车一辆，交通处所派卡车八辆尚未到。

七、电请防空总监情报处改进川北防空情报，陕北情报传至梁山需时三十五分钟，川北重庆情报所情报应转之万县，派专人在重庆情报所工作，供给本团防空情报。

八、与美方商定警报范围，以梁山为中心，二百里发现敌机预行警报，一百里空袭警报，一百里以内紧急警报。

九、四月二十九日，蒋副司令冀辅与参谋处商定左列三事：

1. 安康应存汽油五万加仑，以备由梁山出动之 P-40 返航时在安康加油（因每次约需二——五〇〇〇加仑）。

2. 中美混合团驻南郑，萨麦斯中校负责指挥，与第三路王司令切取联系。

3. 梁山飞机过安康加油时,请第四大队掩护,由梁山美电台通知南郑或安康。

十、四月二十五日,蒋副司令冀辅接奉主任如左之电示,并通知摩斯上校。

昨(二十三)日,余与陈纳德将军会商决定事项:

1. 驻梁山部队由本会随时指示攻击目标。
2. 该团每次战斗后,从速送本会战斗报告一份。
3. 目前由梁山出动侦察敌情之照相迄未收到,以后先送本会一份,即转知摩斯上校。

主任所指示各点,已面告摩斯上校表示同意,当即电复主任。

十一、四月二十五日,规定梁山飞机无论来去,禁发无线电飞报可用电话或有线电报部报会。

十二、摩斯上校要求 B-25 低空攻击,使用延期炸弹引信二百个(二十二秒),梁山现存五十个,尚缺五十个,电会请拨发。

十三、摩斯上校要求全国气象预测及天气报告,现此间测候人员不敷,发电机尚缺一部,美方允给 ⅡOW 发电机一部,否则请用 AR77 收报机及 12V 蓄电池,已报告主任并电会。因美方对气象情况仍要求改善,而问题则在电源。

十四、美方要求空军照相应先判读再呈主任,并请事先通知。

附录第二　其五

关于四月三十日轰炸目标问题与摩斯上校交涉经过

四月二十九日蒋副司令冀辅以密语电话报告主任明(三十)日之轰炸目标如下:

摩斯上校与我面谈,确定明(三十)日 B-25 机之轰炸目标为新乡敌空军基地伞兵及运输机。

主任由蓉电复如下：

1. 转告摩斯上校，黄河铁桥是第一主要目标，如炸新乡敌空军基地，我有考虑必要。

2. 明(三十)日整顿准备，暂不出动。

3. 本(二十九)日下午三时我回重庆，另再电示。

四月二十九日二十二时三十分，蒋副司令与摩斯上校面谈，彼答复如后，当即电复主任。

1. 黄河铁桥 B-24 重轰炸机已攻击二次，以为不必再行攻击，拟在下次执行。

2. 明(三十)日任务还是攻击新乡，不过不炸敌机场，改炸新乡车站，目的是在阻击敌人军需补给之南运。

3. 轰炸黄河铁桥拟在下次执行，假如明(三十)日天气不佳，可暂不出动。

四月二十九日二十三时主任电示如下：

1. 余对新乡目标有考虑必要，该处敌驱逐兵力甚强(约二十余架)，破坏新乡机场，不能阻止敌空军活动，因敌人仍可使用黄河北岸其他各机场或开封机场。

2. B-25 机在梁山补给量，只准备六次，所以对目标选择务要特别审慎。

四月三十日八时，蒋副司令再与摩斯上校商谈，彼答复如下：

1. 本(三十)日轰炸任务是新乡车站，P-40 机二十架在安康加油后，担任掩护 B-25 机出动。

2. 关于 B-25 机轰炸目标，陈纳德将军亦有电示，共计任务五项，我希望今(三十)日下午与阁下乘机同赴重庆晋见主任。

四月三十日八时三十分，主任电话指示，并转告摩斯上校。

1. 中美混合团驻梁山各部队出动任务，如对轰炸目标与航委会所通知者不一致，其所需用之弹药，航委会未便供给。

2. 同时施总站长送到通报一件，内容："中美混合团驻梁山使用弹药需请示主任核准后方可拨发。"

四月三十日九时摩斯上校之答复经转报主任后,并蒙许可。

1. 本(三十)日任务取消,B-25本日不出动,听候指示。

2. 余将与蒋副司令于本(三十)日下午赴重庆晋见主任。

四月三十日十七时四十五分,摩斯上校与斑尼特上校来总站与蒋副司令会商,提出意见三点:

1. 请示明(一)日任务是否轰炸黄河铁桥,如主任不指示目标,则明日暂不出动。

2. P-40机仍拟赴安康加油,任B-25机掩护。

3. 嗣后指示目标请用密语,以保机密。

附录第二　其六

　　关于五月十一日攻击目标问题与摩斯上校交涉经过

五月十日十九时,蒋副司令与摩斯上校商谈明(十一)日之攻击目标,将所商谈之结果报告主任,其内容如下:

1. 明(十一)日拟以B-25机四架由P-40机五架掩护,轰炸信阳北长台关车站桥梁。

2. 另以在南郑之P-40机八架各携带火箭六发,攻击敌之前线部队。

3. 明(十一)日摩斯上校拟与蒋副司令一同乘机赴渝晋见主任。

主任对以上各项指示如下:

1. 使用B-25机四架、P-40机五架攻击长台关车站桥梁,碍难同意,北战场油料补给困难,B-25机耗油量大,尤需特别审慎使用。该项存油原系准备对前线特别重要目标攻击之用,开封、信阳、新乡等地不合本会要求,明(十一)日除以B-25机二架攻击登封及临汝附近敌人车辆部队外,其余应控制于梁山机场,候令出动。

2. 同意。

3. 可转告摩斯上校明(十一)日不必来渝。

二十时蒋副司令经以主任指示各项通知摩斯上校后,得复如下:

1. 明(十一)日拟加派 P-40 机由安康出动赴前线工作。

2. 派 B-25 机二架攻击登封及临汝之敌,如天气许可拟于晨间即行出动。

3. B-25 机控制不用甚觉可惜(此点经蒋副司令告以洛阳形势危殆,为图挽救危局,控制 B-25 机实属必要之举后,摩斯未表示其他意见)。

4. 长台关集有敌部队万余,机械化车辆甚多,倘能不失时机予以攻击,敌部队行动必将因此而迟滞,故原定派遣之 B-25 机四架 P-40 机五架执行此项任务,仍请转报主任请示是否可行。

二十二时蒋副司令将上述各项报告主任奉谕如下:

1、2、3 各项均同意。

4. 以 B-25 四架、P-40 五架出击长台关之任务不同意。

附录第三　其一

空军对洛阳附近地区制空计划　三十三年五月十一日拟

第一　方针

一、空军以争取临汝、伊阳、宜阳、渑池、偃师、登封等地区制空权之目的,决于明(十二)日以一部掩护基地,以主力自安康分批出动制空。

二、以拂晓后黄昏前为紧要之制空时间,制空重点为第一制空区,预定连续制空日期共五日。

第二　制空区之规定

三、以渑池—宜阳—洛阳—偃师—孟津—马屯街—渑池—为第一制空区(圆周共二四〇公里)。

四、以伊阳—临汝—登封—洛阳—宜阳为第二制空区（圆周共二六〇公里）。

五、制空地境为偃师—洛阳—宜阳之线。

第三　使用基地及兵力区分

六、使用基地

A. 主前进基地—安康。

B. 辅助前进基地—西安。

七、兵力区分

A. 第一批 P-40N 机八架；

B. 第二批 P-40N 机八架；

C. 第三批 P-40N 机六架；

D. 第四批 P-40N 机六架；

F. 第五批 P-40N 机六架。

第四　任务及行动概要

八、任务——明(十二)日之任务如下：

A. 对洛阳南方关帝陵敌炮兵阵地之攻击。

B. 控制区内对敌机之攻击。

C. 巡逻制空区内，掩护我地面部队之行动，制压监视并攻击敌地面部队，特须注意黑石关、偃师、洛阳东边及三山村等处敌部队之攻击。

九、执行概要

A. 各批到达制空区上空及应服行制空之时间如下表：

批　数	到达制空区上空之时间	制空时间	离开制空区时间
第一批	5:30	一小时	6:30
第二批	6:30	一小时	7:30
第三批	7:30	一小时	8:30
第四批	13:30	一小时	14:30
第五批	16:00	一小时	17:00

B. 第一、二批中，各以四机每机携带一〇〇磅炸弹二枚，于预定时间到达洛阳南方关帝陵上空，对敌炮兵阵地攻击后，再服行制空任务。

C. 各批在制空区内服行四十五分钟制空任务，如未遭遇敌机，应即搜索地面目标，实行低空攻击后返航。

D. 各批制空任务应以较多之时间巡逻于第一制空区上空，以确保我地面部队对空之安全。

E. 基地之防空，南郑由 P-47 机八架，西安由原驻机场之 P-40N 机五架担任外，安康应以预备机及待命出动之各机担任之。

F. 本（十一）日各基地之兵力部署，预定使用于制空之兵力限明（十二）日九时前集中安康完毕，但原驻安康之部队应先服行制空任务。

第五　油料补给

十、所需油料数量之估计：

A. 制空兵力所需油料 34×230×5＝39 100 介仑。

B. 基地防空所需油料未计入。

十一、各基地现存油料如下：

安康——三八、七八八介仑

西安——一七三介仑

南郑——二五、二六二介仑

十二、不足之油料刻正集中车辆赶运补充中。

十三、陆军空运通信联络如平日之规定。

附录第三　其二

空军对洛阳附近地区活动计划　三十三年五月十二日拟

第一　敌空军兵力判断

一、对豫中战场敌之空军兵力部署。

第二　方针

二、空军以攻击洛阳—磁涧镇—龙门三角地区内敌机械化部队,协同我地面部队固守洛阳之目的,决于明(十三)日以一部担任基地防空,以主力于拂晓前自安康、南郑分批出动索敌而攻击之。

第三　使用兵力及基地

三、使用兵力

1. 第四大队 P-40N 机十五架,第十一大队 P-40N 机八架。

2. 美空军 P-47 机八架。

四、使用基地

1. 主基地——安康

2. 补助基地——南郑及西安

五、兵力区分

1. 第一批——P-40N 八架、P-47 四架

2. 第二批——P-40N 四架

3. 第三批——P-40N 四架

4. 第四批——P-40N 四架、P-47 四架

5. 第五批——P-40N 六架

第四　任务及行动概要

六、任务

1. 上下午各派 P-40N 二架,对嵩县—伊阳—临汝—伊川—宜阳一带及垣曲附近,侦察敌地面部队之动向及敌机械化部队之有无。

2. 三角地区内对敌机之攻击、掩护我地面部队对空之安全。

3. 三角地区内对敌机械化部队之轰炸及敌地面移动部队之攻击。

4. 龙门—临汝道上敌交通车辆之制压及黑石关浮桥敌部队之攻击。

七、行动概要

1. 各批到达三角地区上空及服行任务之时间如左:

批次	机种	机数	到达三角地区时间	服行任务时间	离开三角地区时间
1	P-40	八	5:30	1:00	6:30
	P-47	四			
2	P-40	四	7:00	1:30	8:30
3	P-40	四	9:00	1:30	10:30
4	P-40	四	14:00	1:00	15:00
	P-47	四			
5	P-40	六	15:00	1:30	16:30

2.基地之防空以待命出动之飞机及预备兵力担任之。

3.本(十二)日各兵力之部署,安康不足之兵力应由各基地调往,统限明(十三)日九时前到达安康。但原驻安康之部队应先服行任务。

4.为圆满实施任务计,如兵力不足时,第一、二批出动之飞机应担任第四、五批之任务。

5.混合团所属飞机应分批出动前往洛阳—磁涧镇—龙门三角地区对敌攻击,其行动由该团自行计划之。

八、上项行动,司令官得依情况之需要临时酌量变更之。

第五　特别注意事项

九、对敌停止间集中之装甲部队以轰炸为主,力求避免低空攻击。

十、遇行进中之装甲部队及特别有利之目标,可相机施行侧面攻击,其先头或殿后部队攻击及脱离方向,应以低空进入,低空蛇行脱离为原则,并利用太阳方位施行奇袭,次数宜少。

十一、服行任务时,应尽速捕捉目标先行轰炸,以利尔后对敌之战斗。

十二、服行任务时各批应区分为掩护组及攻击组,互相轮流服行警戒攻击之任务,并相互检视战果。

十三、在同一时间区域与盟军共同出击时,特须讲求联系及识别。

十四、在前线如遇优势之敌,以回避战斗为原则。

附录第三 其三

五月十五日空军活动计划 三十三年五月十四日拟

一、方针

空军以继续攻击西工—新安、西工—宜阳及临汝—白沙道上敌机械化之目的,明(十五)日以一部担任基地之防空,以主力于拂晓自安康分批出动索敌而攻击之。

二、任务

A. 侦察

1. 渑池附近敌之动态。

2. 新安—西工—宜阳道上敌机械化部队之兵力、兵种及位置。

3. 洛阳城内状况。

4. 白沙—临汝道上敌机械化部队之有无。

B. 攻击

1. 西工—新安及西工—宜阳机械化部队之攻击。

2. 临汝—白沙道上敌车辆部队之攻击。

C. 先派机侦察,发现有利目标后继续不断攻击之。

三、中美混合团所属飞机应分批出动攻击西工—新安、西工—宜阳道上敌机械化部队。

四、注意事项

1. 停止间之敌车辆部队常配置强烈之高射火力,须以轰炸为主,避低空攻击。

2. 实施低空对敌地面部队攻击时,注意相互掩护及脱离方法之讲求。

3. 遇行进中之敌机械化部队，可相机低空攻击之。

4. 在同一时间区域与盟机共同出击时，特须注意联系及相互支援。

附录第四

与史迪威将军之来往函件纪录

本会曾于五月二十一日以何总长名义函史迪威将军，为请在蓉续拨油料五百吨运往北方各基地供应。五月二十七日，史迪威函复未允拨给。其来往函件如次：

一、致史迪威将军函

查目前正在进行方殷之河南会战，敌利用坦克车及机械化部队之威力，豕奔突进，企图险恶。我中美空军逐日出动助战，予敌机械化坦克部队以重大损害，粉碎其企图，收获辉煌之战果，我地面部队莫不振奋万分。兹据航委会周主任报告，此次空军助战之未能发挥威力于最大限，实由油料补给困难，使用兵力多受限制所致。缘陈纳德将军前代我方所拟之 A-2 作战计划，对预定使用各基地仅准备油料六次量。自会战开始后，因每日油料消耗过巨，又承陈纳德将军在成都续拨我方油料三百七十吨，以维持我空军之活动。依目前敌我态势，河南会战结束尚难预期，以现存有限之油料供每日二、三十吨之消耗，势难持久。故中美空军对河南方面之作战，仍不能打破油料困难之限制，致我空军行动尚未能完全适应状况之需要，得以每次使用足额之兵力，每日出动需要之批数，对敌机械化部队行大规模之攻击，以获得预期之战果等语。核属实情，由此次会战事实上之证明，鄙人认为使用空军对敌机械化部队之攻击最为有效。复查前成都区新修机场所征用之车辆尚有一部未行北返，特函台端请在成都区再续拨我方油料五百吨俾能利用。是项北返空军运送油料于北方基地，使我空军能自动自如将河南之敌全部歼灭，不徒鄙人之期待，想阁下亦必同情也。希鼎力协助,并即见复为荷。

二、五月二十七日美国驻中缅印军总部费利斯致何总长备忘录如下:

本年五月二十一日大函诵悉。关于河南急需之补给品尽量运入中国,若须加运燃料,必须减去原拟运交中国政府之同样吨数,倘承建议具体办法,以增加运华吨位,实深感荷。查空军协助地面部队需要燃料,良所深知,惟深信阁下当能了解若加运燃料五百吨,非仅加运该数米华而已,尚须减去他方面同样之吨数,而他方面之吨数对于作战亦同样重要,甚或过之。运华之空运吨位,每日均充分装满。现有受过训练之参谋人员,经常从事研究用何种方法以增加运输吨位,同时又研究对于现正进行之数处重要战事设法配给最低之吨位。

附录第五　其一

使用何项飞机运输军需品接济洛阳守军之检讨

三十三年五月二十二日,主任指示刘处长国运事项如左:

1. 研究用飞机输送弹药、电池、钞票及卫生药品接济洛阳守军。
2. 将用飞机送弹药、电池、钞票及卫生药品接济洛阳守军任务,告知王司令叔铭,并希其研究实施方案。

刘处长国运基于主任之指示,即将用飞机输送弹药、给养接济洛阳守军任务并研拟实施方案事,以电话通知王司令叔铭,王司令当说明意见如下:

1. 我前方基地至洛阳距离甚远,用 P-40 机输送较为困难,最好以 B-25 机担任该项任务。
2. 必要时,亦可向第十四航空队交涉用 B-25 机代为输送。
3. 如以上二项都办不到,即用 P-40 机输送。

刘处长国运将上项任务通知王司令后,即召集幕僚研究如何飞送子弹、电池、钞票及医药品等接济洛阳守军。其研拟各项如左:

一、能否飞送问题

1. 使用投下袋投送　美军所拨投下袋经询机械处曾处长谓：投下篮已电配妥，尚未具报。查三路军司令部有投送箱百余个，可投送上述物品。

2. 使用下油箱载送　常德会战时曾用 P-40 机携带子弹、钞票、食品等接济常德守军。又查远征军曾请空军飞送药品救济缅甸前线友军，据报三分之一完善，其余均摔坏不能用。

3. 根据 1、2 两项，目前可使用投送箱及下油箱飞送子弹、钞票、食品等，如飞送电池、医药品等则须特别装捆，方可免损伤。

二、使用各机种飞送之利弊比较

1. 使用 B-25

利：A. 输送量大；

　　B. 防御火力强。

弊：易受地面炮火攻击，危害大。

2. 使用空运队飞机

利：输送量大。

弊：A. 如月夜输送投下，难期准确。

　　B. 现有空运机任务繁重，常无法抽派，以无法补充之空运机及有限之飞行员从事此事，万一有所损失，影响空运前途太大。

3. 使用 P-40 机

利：A. 由西安出发可实施输送。以五机不带下油箱可抵 C-47 一机之运输量；

　　B. 投下准确；

　　C. 受敌危害小。

弊：A. 输送量有限；

　　B. 消耗驱逐兵力过大。

三、判决　以使用 B-25、P-40 机输送为宜

以上各项呈报主任并奉批示，以 P-40 机投送之方法为原则。

刘处长国运以电话通知王司令叔铭事项如左：

1. 俞部长交款二百万元药品一包送洛阳守军。

2. 俞部长派员至西安空军站送交钞票药品，请转饬西安站长接收，并查明飞送地点、接收部队、及研究联络方法。

3. 捆包方法，每包宜少，须特别坚固，可多用飞机带投。

4. 洛阳守军有电台，应协定联络方法。

附录第五　其二

中原会战使用空军低空对地攻击之研究

截至五月二十三日止，我空军出动次数及机数、机种：

1. 出动次数——81次；

2. 出动机数及机种：

A. P-40——526架。

B. B-25——44架。

C. P-47——2架。

攻击目标之分析：

1. 车辆——计毁敌卡车、装甲车、坦克车等千余辆，火车头一个。

2. 骑兵部队——歼灭约一团。

3. 步兵——歼灭四千余人。

4. 桥梁——毁四座。

5. 船只——毁小木船及汽船共六十余艘。

6. 仓库——毁二十二座。

7. 机场——扫射二次。

8. 阵地——毁炮兵阵地一座。

飞机及人员伤亡之统计：

A. 飞机毁伤

1. 击落——P-40机23架。

2. 被击伤——B-25机2架，P-40机7架。

3. 出动飞机与毁伤之比为十八与一(60/0)

B. 人员伤亡

1. 伤　　　　　10人

2. 亡(含失踪)　　10人

3. 出动人员与伤亡之比为三十六与一(30/0)

得失比较：

1. 依第二项分析,各次战果如系完全正确,则所付损失尚有价值。

2. 空军系贵重兵种,每损失飞机一架,较毁敌车辆五十部,其代价尚感不足。

3. 以我国飞机补充困难,飞行人员数量有限,油料无法迅速补充,每损失飞机一架,应毁敌车辆百部,方有代价。

对战局影响：

1. 达到迟滞敌突进之目的,并未完全阻敌西进。

2. 空军因损耗过大,俟地面友军与敌决战时,将无力把握战局。

基于以上研究,现阶段之中原会战空军作战之指导要领如左：

A. 使用方法：

1. 以侦察敌情为主,使地面友军能依空中侦察报告,完成决战准备,发现有利目标,使用炸弹攻击之。

（1）低空对地面部队之攻击所受损害必大。

（2）协同地面部队作战应尽量避免低空扫射。

（3）空军为珍贵之兵种,应爱惜使用。

2. 巡逻敌我第一线上空,掩护我地面友军之行动,使用兵力力求节约。

3. 地面部队决战时,空军以全力协同作战。

B. 攻击方法：

1. 攻击目标以敌车辆为主,对敌第一线阵地及行进中之少数部队,以不用低空攻击为原则。

2. 实施对敌攻击以使用炸弹为主,投弹高度应在敌机枪火力有效范围之外。

3. 遇行进中之敌车辆纵队及骑兵部队,可实施低空攻击,但须讲求进入及脱离方法,尤应设法分散敌地面火力,以免损害。

4. 对敌行进或停止中之坦克车部队,均不宜用低空攻击。

附录第五　其三

中原会战期间各基地油料供给之研究

五月二十四日,主任在学田湾官邸召集幕僚,估计西安、安康、南郑各基地之汽油可供我机使用若干次加以研究。其所得结果如下:

基地	现存油料	可供 P-40 使用次数		可供 B-25 使用次数		可能运到油量	可供 P-40 使用次数		可供 B-25 使用次数	
		一架	十二架	一架	十二架		一架	十二架	一架	十二架
南郑	56 370	244	20	36	3	37 250	162	13	24	2
安康	10 360	55	4	6	5	11 000	43	4	7	5
西安	14 000	61	5	9		12 750	55	4.5	8	
宝鸡	1 875	3		1		17 600	77	6	11	1
梁山	54 175	238	19	35	3	27 600	120	10	18	1.5
恩施	23 075	100	9	14	1.5	8 500	37	3	1	5

附记

A. 预料中原会战再行继续十日左右。

B. 按统计,安康、西安两基地过去使用兵力,平均每日十四架。

C. 依一、二两项之估计数字为计算标准,以北方各基地现存油料(包含可能运到之油量)可供 P-40 机八日之用。

D. 如将南郑、宝鸡两基地之油料集中于西安、安康两基地使用,可供 P-40 机十四架三十五日所需之油量。

E. 基于上述估计,北方各基地现已准备之汽油足应付此次中原会战。

附录第五　其四
对付敌机夜袭之方案
甲、关于敌机夜袭之研究
一、敌机夜袭之目的——目前遂川、衡阳、零陵、桂林、恩施、梁山、重庆、成都、南郑、西安等处中美空军共有新式飞机五百余架,敌知白昼进袭我任何方面均感困难。敌为求粤汉路作战容易并开放长江下游之运输起见,非制压我空军活动不可。乃利用其夜间训练有素之第十六战〔?〕战队,机动使用,乘月夜袭击我空军各基地,企图予我以损害及扰乱,以迟滞我空军之行动,而减少其对空之威胁。

二、敌机夜袭之步骤——敌先对粤汉路作战及中原战场有关之我前进各基地实施夜袭,俟袭击有效后,有再进而袭我后方各基地之可能。但如在夜袭我前进各基地受到相当损害时,敌必为之戒惧,进袭我后方各基地之企图或可打消。

三、敌夜袭之时间——自五月三十一日起可能夜袭之时间可分为两期,共约十二日,第一期(前六日)将在午夜以前实施,第二期(后六日)则在午夜之后。

四、敌机夜袭予我之影响——A. 敌系采取少数飞机多批出动连续不断之进袭法,使我作战人员睡眠不安,精神疲劳,影响翌日行动;B. 使我疏散飞机遭重大损害;C. 地面设备被破坏,使翌日我空军行动无形中陷于迟滞;D. 扰乱后方安宁。

乙、基于甲项研究,对敌机夜袭应有之对策:
一、不担任夜间作战之飞机应讲求地面疏散方法。
a. 沿机场周围疏散,加大间隔距离。
b. 推入机堡及机场外滑行道附近。
c. 漏油及夜间伪装。
d. 以一部飞至附近各机场疏散。

二、准备夜间作战飞机对敌作战

a. 成都、重庆、南郑、梁山、衡阳、桂林、遂川应准备夜间警戒飞机六架,区分三组,轮流升空作战。

b. 梁山、衡阳、遂川各基地应以 P-51 机一部携带炸弹乘敌来袭之际升空监视,尾追敌机,相机攻击敌基地。

c. 以 B-25 机一部利用白市驿、衡阳两基地,单机多批轮流袭击武汉及其他各基地,使敌感受同样之痛苦。

附录第五　其五

六月七日 B-25 机四架失事之检讨

甲、失事前有关各事项

(1) 第一大队进驻梁山之 B-25 机自四月三十日以来,常以其大部疏散至白市驿机场,三三两两,来往不定。六月一、二两日疏散在白市驿机场者共九架,迄六日由美员驾驶一架,张建功飞行员驾领三架,飞离白市驿及一架待检修外,余四架系由杨分队长天雄负责处理。

(2) 六月六日十九时奉委员长命令,混合团派 B-25 机九架于明(七)日飞南郑,由王司令叔铭通知轰炸目标,服行任务两次后,即返梁山,准备实施六月八日之预定任务等因。当将命令要旨以电话告知梁山(摩斯上校及蒋副司令冀辅公差赴桂)王副大队长育根商洽柏兰池上校办理。

(3) 是日上午七时三十分白市驿天阴,云高一〇〇〇公尺,能见度二〇〇〇公尺,梁山天阴,云高二〇〇〇公尺,能见度二〇〇〇公尺。王副大队长以梁山天气不甚好,曾用电话告知杨分队长务沿长江飞行,以免迷航。七时四十二分杨分队长率领 B-25 机四架离白市驿,经过重庆市上空时,队形甚佳,高度约千公尺,迄十时尚无到达梁山消息。据情报所报告称,长寿附近机声甚多,当即电话告梁山师科长,并告魏副司令,即通知美空军电台开定向并呼叫回白市驿落地,尔后毫无消息。迄下午三时情报所报告,始悉有一机在长寿附近之石偃镇失事。至八日方知该四机均撞落于该处，详情正派员前往调查中。

（4）机上飞行员及职务、姓名如左表：

飞机号码	分队长飞行员	副飞行员	领航员	轰炸员	通信员	机械员	射击士	其他	小计
610	分队长杨天雄	无	李项平	无	无	无	夏训典	无	3
612	曹光柱	无	张矩熙	无	无	郝旺荣	无	三大队长胡曦光	4
618	林汝澄	无	无	无	无	无	无	照相员诸台夫	2
622	易莹贞	无	黄汉儒	无	无	刘毅梁兆琛	赵凤歧	无	5
共计									14

乙、失事原因

（1）领队者长途飞行之经验不足，且未遵守长官嘱咐，迷航时仓皇失措。

（2）机上通信设备完善，以是日白市驿、梁山两处天气，不应迷航。由于各机上皆无通信人员，对地联络未予注意，致迷航时不能与地面电台切取联络，飞抵梁山或返白市驿机场。

（3）疏散白市驿之 B-25 机机上工作人员不全，装备不够，毫无战斗准备，否则此种失事可以避免。

丙、对混合团派遣领队人员及飞机疏散时之建议

（1）视飞机之多少，应按编制分别由各级部队长领队，避免以飞行员担任分队长之领队，分队长担任副队长及队长之领队。盖无任中美方之各级部队长其所以能被任为各级部队长时，其能力当较飞行员及其低级人员为优，经验尤富，失事机会可以减少。

（2）飞机疏散时，机上各种工作人员均应随机疏散，以备遇有

任务时可径飞指定地点服行任务。

以上各项,奉主任批示如下之处置:

一、函告陈纳德将军,并送飞行失事审查委员会参考。

二、通令各路司令部,轰炸机疏散时,仍应有作战配备,各人员装具领队等不可或缺。

附录第六　其一

陈纳德将军对黄河平汉间走廊地带战役之概述(自一九四四年四月十九日至六月十七日)

敌人目标:

敌人于此次战役,其战略之远大目标,包括其第一阶段之主要努力在内为:(一)为欲实现其加强日本内防线之巨大计划,因图攫取并巩固中国中部、东部、南部之全部;(二)获得自满洲、朝鲜至其控制下最南区域之大陆供应线;(三)消灭十四航空队之前进基地,俾其沿海船运免于连续不断与有效之轰炸;(四)使盟国无法在中国大陆沿海获得立足点。

其春季战役之一时目标,似为(一)获取自郑县至汉口之平汉铁路走廊地带;(二)获取陇海铁路迤西至黄河曲一线,以助其在河曲西部之下一次可能作战;(三)在此两铁路走廊地带间建立防卫之缓冲区;(四)消灭中国第一战区部队,其中据估计有中国最精良军队在内。

作战区域:

日人自中牟迅速冲过黄河,占领郑县,沿铁路线南下足超过铁路线以东之侧翼地带,同时以数个纵队沿陇海铁路西进至郑县之西南地带,最后自南方向洛阳包抄。自北南下日军,确已于五月九日与自信阳推进队伍会师于平汉铁路上之驻马店。而中国之反攻部队仍能收复该线中部并保持一月之久。惟此走廊地带最后仍于六月十七日为日军占领。日军当即修复铁路于十月四日完成,作战区域广达一万四千五百方里。

敌军力判断：

敌人于此次战役使用兵力判明为五个师团，五个独立旅，及一机械化师团构成一最大之机动部队，为向来使用于攻击中国军队所无者。敌人于此次战役使用兵力总计可能达至五万人，而据估计其可能使用兵力可达十一万人。

友军兵力判断：

其时延展于黄河以南及黄河曲周围抵抗日军进攻之中国军队，估计自一十八万五千人至二十万人，参战空军单位包括第三一二战斗联队，第三〇八轰炸大队，中美混合团及数队中国空军。

死伤估计：

此次战役之死伤总数，刻尚未悉。据第十四航空队战绩，死伤于我空军袭击之敌为三千一百四十九名。

空军之参战：

由于地面战斗区域之流动性过大，空军为贯彻战术目的而应有之密切合作遂无法实施。空军之主要活动，在于袭击该两个铁路走廊地带，及沿交叉于郑县之铁路之供应线，袭击其供应区及所能发现之敌移动中部队。

附录第六　其二

陈纳德将军为谷、陈两上士智勇事迹请录入战史之来往函件

一、三十三年十一月二十七日陈纳德致主任函

周主任钧鉴：

兹据中美混合团第一轰炸大队第二分队指挥官来函，述及贵国两飞行上士之惊人功绩，迩闻之余，曷胜欣羡。兹特将原件附呈，并申抽议，可否将两飞行上士之卓著功绩录为史实，记载正式军事史册中，谅蒙鉴纳也。专此。敬颂

钧安

　　　　　附密函一件

　　　　　　　　　　美国第十四空军司令陈纳德

密函 一九四四年九月二十八日

事由，为呈述中国飞行人员之功绩由，请转呈中国航空委员会周主任。

(一) 查一九四四年九月二十三日，往河南新安店作低空轰炸平汉铁道桥梁一役中，因敌地上炮火猛烈，我机一架无线电间弹穿四枚。无线电射击手谷上士丰年(番号一〇〇六)颊部受伤，虽至飞返梁山后始得医药救治，然于飞行途中，谷上士仍能忍创负痛，完全尽职。

(二) 查一九四四年九月二十三日出发任务一役中，驾驶员王中尉文星(番号一二一)因发动机发生故障，乃行折回。然当时四周密云满布，方向莫识，王中尉堕入五里雾中，不知己之所在。其后飞至梁山西面上空，而汽油供给极速低减，乃盘旋于一村庄上空，然无处可降，于无救中由无线电收得"设法"二字。王中尉遂命陈上士福生(番号一二三五)跳伞。陈上士如命而行，及着陆辨明方向，乃以记号指示重庆方向，王中尉即如其所指示安抵重庆，再由重庆返梁山。

如上述之惊人故事中，因得陈上士英勇果敢之精神及聪明过人之智力而挽救一价值巨万之飞机及机上全体人员，此诚惊人奇绩而永不可磨灭者也。

中美混合团第一轰炸队第二分队副官雷特曼上尉

二、周主任复陈纳德将军函(一九四四年十一月二十七日)陈纳德将军阁下：

大函敬悉。中国空军上士谷丰年 X1006、陈福生 X1235 之智勇行为，本会已予适当之奖赏。兹并依尊嘱，将其事迹录入战史矣。

阁下对于此辈忠勇员士之关切，曷胜纫谢。专复。并颂

勋祺

周至柔 敬启

附录第六 其三

中美混合团战史记录员 A. V. 华生对于实际作战之观察

此时期内(一九四四年五月)敌人沿中牟桥梁处及另二主要会流点黄河前进,彼等循平汉铁路自桥梁处推进至沙坪(Saiping),主力南向至许昌,再西南向至襄城,然后沿道路上迄临汝转而北向至洛阳,复自该处重行转向西南上溯伊河河谷而至嵩县。一支自该处西向前进。另一较强部队沿洛河河谷西南向至洛宁,一度深入卢氏,另在渑池之北渡河西至灵宝。是以此时期内敌占有一不甚规则之四边形。自铁路桥梁南至沙坪西偏西北至卢氏,北至灵宝,东沿黄河至桥梁。

此敌前进主力大部为应用坦克、装甲车及卡车之机械化部队,并有骑兵之协助。阻遏此敌大军者,除中国地面部队外,有中国空军第四大队、中美混合团之第三驱逐大队及第一轰炸大队之第二轰炸中队。

斯即吾驱逐及轰炸中队五月份必须应付之错杂境况也。更加月明之夜,敌机经常袭击我空军基地,各中队日复一日记下活动于其本身历史中,苟将其简化成一综合体,包括五个中队历史及战斗之值得特别记载者,及一切抗敌战果撮要,则此历史必更有用。本历史报告第七及第八中队五月份同驻梁山及同一任务同时出动,故该两中队可以同时作为同一作战单位而加以叙述。

此二驱逐机中队于同日抵达梁山——五月一日,第七中队拥有 P-40 十二架,第八中队有十一架。但第八中队有一架于到达时在地面翻斛斗而完全无用,须另配机翼、螺旋桨、引擎及右方起落架,因此第八中队仅有十架耳。

第一轰炸大队、第二轰炸大队或亦须视为该两驱逐中队活动之一部分,此轰炸中队与彼等同驻梁山,并在第七、第八两中队掩护下同时出动。设若该中队在驱逐中队之丰功伟绩中仅得较小酬遇,则可以该中队对五月份作战之检讨,作为解释。下列即对过去之回溯：

以攻势论，吾人在该月份并无殊勋，但亦不乏若干成功。如信阳上空一役，大体言之，吾机穿黄河低飞，黄河南岸平原上敌机械化装备正行进中，混合团之驱逐机即阻碍其调动，成绩殊佳，吾轰炸机对是项工作亦尽其全力从事。

第七中队参与河南战役实自五月五日始，以前两次，纯因天气恶劣，任务均未达成，于掩护轰炸机之任务内丝毫未遭遇敌机抵抗及防空炮火，故此次卅始参加一无精采也。但以第二轰炸中队言，是日出动频繁，为整个五月内后此所无者，目标为信阳及其铁道车场，吾轰炸机未受敌驱逐机及防空炮火牵制，得从容不迫达成其任务，堪称极顶之成功。彼等飞离时，轰炸机已将信阳车场炸遍矣，每一枚五百磅炸弹均落目标四周。

但中原一役及其驱逐机群真正于血与火交流之际建立大功之日，当为五月六日，诚荒唐可笑，敌人竟对之摇旗欢呼。是日，第七中队飞机四架起飞，掩护第二轰炸中队，目标为黄河以南襄城。轰炸机在襄城投弹后，与掩护机同飞至城外路上扫射集结部队及机械化纵队，路上敌人部队不能辨识美机，彼等对之欢呼并摇旗，死亡遂自天而降，来回两次迅速扫射，二十五辆车被毁，二百五十名敌兵被击毙。

同时第八驱逐中队于养精蓄锐之安闲时跃跃欲动矣，终于五月六日亦开始与敌周旋，在临汝及洛阳间道路上对敌卡车百辆予以蹂躏。亦即在路上前日第三十二驱逐中队已破坏敌卡车四十辆及杀伤敌兵二百名，彼等因称之"屠戮路"，于六日彼等又至临汝——洛阳道路上空，又于日前破坏之四十辆外，复增加五十辆，坦克五辆及经常定额之敌人死亡，一日内三度接获通知，中美混合团准备阻止敌人前进，行见敌人又将摇旗矣。

敌人于五月十日对我还袭，作首次梁山机场夜袭，六批敌轰炸机来袭，每批投弹六枚，成串炸弹及百磅杀伤弹一枚落于第八中队之一架 P-40 旁，使之损伤而无法修复，致使第八中队仅余八架飞机，一架于早期任务起飞时在地面翻斛斗，另一架于五月六日出动后未返防。第七驱逐中队不幸于一次着落时相撞，损失两架。

除被毁之 P-40 外，此首次空袭损失甚少，机场被炸成若干弹坑，但数百苦力一夜即可填修，机场招待所全部窗户粉碎。

此空袭后，连续六日安静无事，淫雨恼人又无任务。际此时期，第七中队迁至安康，该地天气较适于出动。第八中队战绩记录员 Moans 仍留梁山："驻安康之第七中队犹姗姗进行作战，殊为惬意。"

五月十一日，第七中队战果辉煌。该中队机五架掩护第三十二驱逐中队 P-40 机六架，俯冲轰炸垣曲附近黄河上敌补给库，轰炸殊为成功，命中库房引起大火。七架零式机起而拦击，使第七中队之五架掩护机得大显身手。杨永光上尉击落一架，叶望飞上尉另击落一架，LtK. an 击落两架，里德少校创一架，第三十二中队之四架亦同建功，毁敌机一架，另伤敌机一架，此为起飞拦击之全部零式机命运之数字统计。

五月十六日，正当第八中队坐镇梁山机场警戒时，第七中队在得意之日，毫不夸张之报导，即似青年冒险事内惊人行径。凌晨里德少校及鲁易士上尉自安康起飞，以破坏遗留洛阳西南敌后之中国空军第四大队 P-40 机，遭遇九九式俯冲轰炸机一架，遂共同合作击落之。但终未能发现停于地面之 P-40 机，彼等飞返。而 Major Reed Capt Cualtor Captair Yieh And Ltan 又起飞遭遇零式一架，Major Reed 与 Captain Walton 击落之，复遇九九式俯冲轰炸机一架，被 Major Reed 击落，又遇东条式机三架，Capt Walton 迎击三架之一而击落之，Major Reed 迎击另二架，创其一，击落其一。

五月十八至二十二日四天颇为紧张，因梁山机场增加 P-40 七架作机场警卫，因此第八中队又有机会出动，并将可用之飞机六架飞至第七中队所在地之安康。此后四日,除一日天雨,战事趋于猛烈,几无法辨明功绩谁属。上午穿过猛烈地面炮火飞回时,机身自螺旋桨至机尾满布弹孔,而下午用胶布补毕后,重又出动。胶布供应是否能维持似乎变成一重大问题。该中队等不予敌人略事休息及喘息机会,对受苦之敌人自晨至午以迄夜晚,有如天空不断之喷火。

第七、第八两中队开始此四日毫不怜悯之役,实起自五月十八日上午,合并总数十三架之机起飞掩护第四人队 P-40 十二架,俯冲轰炸长水镇敌部队及车辆。此任务起始不佳,俯冲轰炸各机仅炸中目标区二处,担任掩护之十三架乃低飞扫射自长水镇至洛宁道路。据第七中队估计,此一任务中彼等毁坏卡车十辆,创损卡车及装甲车辆二十余辆,击毙敌骑兵约三百名。第八中队自鸣得意:"吾等深感自傲",算来"至少占了五十辆的光,损坏坦克八辆,毙马二十匹及敌兵七十五名。"

此实该两中队之过低估计,事后华方报告敌骑兵整个一团实际被歼,中国人不胜欢腾。中国空军第三路司令部司令官王叔铭上校曾致函摩斯上校称:

"对贵团卓越成功,本人谨致庆贺。是役敌骑兵整个一团被击毙,无数卡车被毁,本人业已将此战绩呈报委座。委座亦为之深感幸慰,并饬本人对阁下及参与是役全体官兵表示敬意。"

战事正方兴未艾,虽十九日为天雨休息之日,但该两中队不甘沉静,而敌人亦无法安宁,为补偿十九日之沉默,二十日出动两次任务。于出动两次之间隙中,驾驶员在兼作营房膳所电台及作战指挥部之廊宇内仅进甚少饮食,睡眠亦复殊少,可谓寝食俱废,犹须用胶布修补飞机,诚属令人难信。于返防及出动之间歇内,彼等作简洁之报告:"两中队发现卡车三十辆及五十至六十各骑兵之密集部队后,直至将全部卡车击毁及大部敌兵毙命始行离去",或"经检查有枪弹及防空炮火弹孔四十三处。"但仍又出动,其中三架扫射卡车二十三辆、马六匹及敌兵十四名。

弹孔虽经用胶布修补仍然有碍。五月二十一日晨,第八中队仅有三架能参加,第七中队六架一同出动,担任俯冲轰炸及扫射任务。彼等俯冲轰炸洛阳集中之卡车七十五辆,于返航时并扫射卡车二十二辆及坦克二辆。"此行即 Captain Alfrey 及 Capain Daois 二人已猎获卡车十二辆及敌兵六十名"。是日下午全体均为华籍飞行员出动,录下战果——毁装甲车二辆,卡车八辆及三十至四十名骑兵,另毁水上小船与路上马匹及骑者五十。但是日所余少得可怜之飞机中,三架不得不去梁山修理。五月二十二日晨,仅有之少数飞机,每中队四架出动去嵩县至洛宁道路扫荡,袭击卡车二十三辆,马一百九十匹,敌兵一百七十名及坦克四辆。二十三日天雨,但非骤雨,并不因阴云与天气关系,而飞机几已为子弹洞穿,无法出动矣,彼等亟待加以查勘及修理。机枪约仅一半可用,且安康汽油及补给行将告罄。

但际此闪电式袭击及无休止出动之四日内,达成不少丰功伟绩。第八中队战绩记录员谓:"以六架飞机及驾驶员与一机械士,吾人即可袭敌坦克八辆,卡车一百五十三辆,马二百三十一匹及毙敌四百零九名,在第七中队相助下,本队勇猛无双,使敌人之机械化装备于我驾驶员袭击并自卢氏追踪至洛宁后始得曳出。"第七中队战绩记录员未记下成果,但间述四日来激战之后果曰:"敌人业已开始后撤,近日敌全部车辆向东回驶,似乎吾等已使敌自动引退矣。"

当此四日任务告一段落时,第八中队机六架飞返梁山,俾眼红须张之驾驶员得数日小息,并候新飞机之补充,第七中队机七架仍留安康。天公作美,雨雾使第八中队无法自梁山出动,飞机得加以查勘。月之二十五日即有较多飞机加入该队,原有之六架至月终彼等恢复保有十一架——开始参加时之数矣。敌人似亦成人之美,自卢氏撤退后数日寂静无事,或正预示大事来临之沉寂也。

五月二十八日,据报敌又开始蠢动,此次配有步兵及业已获证明之机械化纵队,开始在洞庭湖区域南进,兵力大为增加。第七中队报告"此次彼等似志不在小",第七中队准备其七架惯战飞机作黄河区整日扫荡。是为五月三十日彼等扫射平陆之建筑物,并使陕县附近一高射炮阵地归于沉寂,扫射至洛阳道路上人与马匹一百。但天气恶劣,敌步兵过于分散,无法作为集中目标,上午开端成绩尚佳,午后任务则退步多矣。

是晚,敌人得手矣。敌轰炸机九架以二磅重杀伤弹及五百磅炸弹轰炸机场,尽其能事,成果颇好。是晚全部损失计 P-40 一架被焚,二架被创,P-47 一架被焚,一架被创,及 P-51 一架被创,P-40 二架于警报前起飞而相撞,其一毁坏,其一受创。最惨者在此次乃中美混合团参加中原之战以来首次,亦即仅有之地面死伤。尤可悯者,厥为一军士大队技术检察士 Pop Castro,服役数年,正拟返美,且极力准备回国已久,竟于壕内发现彼头顶因弹片所伤而死。

一月来深蒙三路部司令、委座暨陈纳德将军称许之卓越成功,竟以如此可怖收场,敌人犹在调动前进中。第七、第八两驱逐中队各拥机十一架如开始然,正严阵以待敌人,甚至第二轰炸中队亦奉命准备执行惯习之扫射卡车及部队之任务矣。

暂不继续叙述该两中队之战史。至中原一役之终,吾人对在最前进基地恩施成立之第二十八驱逐中队五月份战绩如〔加〕以论述。五月一日,史屈兰中校率 P-40 二十架赴恩施,全部飞达该区上空,而中国情报网发现彼等同时在该情报网内史屈兰之机二十架外,尚有 B-25 式六架 P-43 二架及一中队中国飞机,更感麻烦者乃在另有敌轰炸机若干已接近该情报网,中国情报网不习于此等空中交通情形,几手足无措。

在此一团混乱中,史屈兰之驱逐机竟被误认为敌之轰炸机而情形益趋恶劣,盖因此二十架机正在迷失中。驾驶员飞临一从未见过之地区上空,飞向不可知之基地,彼等无法定向,全部飞机汽油均将告罄,殆神意奇迹,史屈兰机队终于飞达一前所未知之来凤机场,彼等降落加油,并得各飞至其应到基地。设非此神秘机场,则此二十架飞机势必于中原一役作战之第一日即全部损失,亦将予此早期未成熟之努力以无可弥补之打击。

河南战役之一般目标,业已加以叙录,与第二十八驱逐中队有关部分尤为重要者,在于该队以宜昌、沙市、当阳及岳州之城市及机场与宜昌及岳州之扬子江为其控制区,更因恩施为中原一役中最前进基地。第二十八中队复担任拦击任务,以保护其他各单位之基地,使不受空袭。

以上所述多半系消极的防御。今再试述其攻击任务:首先发动攻势者为第三驱逐大队第三十二驱逐中队,该中队驻于汉中,但大部分时间均系由西安起飞,计有美籍驾驶员六名:T. B. 赛姆斯中校 Lt. Col. Thomas B. Summers,彼系以驱逐指挥官身份附于该中队者,脱奈少校为 Maj. William L. Turner,该中队十架飞机之指挥官,皮尔上尉 Herman E. Byrd、林达上尉 Reith G. Lindell、马龙尼上尉 Capt. Thomas M. Maloney、伯劳威中校 John W. Browet 及罗伯斯中尉 Roger W. Roberts,彼系该中队之情报员,华籍之官长及驾驶员则有十九人。

五月一日,该三十二中队曾出动飞机十二架,扫射运城之二处机场。由于薄雾障目及所得情报不确之故,竟未发现该机场,但彼等却发现电力厂一座、油料库一座及铁路车场一处,于是遂加以扫射,于归航时,又炸卡车二辆,炸毙日兵三十名。五月三日,该中队又出动飞机十架轰炸黄河之桥梁及库藏区。由于黄沙蔽日,彼等未见桥梁,但彼等却于至洛阳之公路上获见汽车一队,该车队系由每十五辆卡车紧密组成,而每车上复拥塞约三十名日兵。于是该十架飞机遂低飞轰炸,当再度上升时,包有十五辆卡车组成之车队之一被炸毁,约计三百余名日兵已尸陈遍野矣。

五月五日，当第三十二中队飞机八架袭击日军时，日军似已对此袭击未若前此之手足无措，然防空炮火虽强，仍难掩其脆弱之处也。三十二中队机群飞返临汝禹县之公路时，曾获见前此未见之大量集中军队——停于路上者约有摩托化之军队三千人，分装于三百辆卡车、坦克及装甲车上。于飞临此巨大目标时，首先击落其九九式(Val)俯冲轰炸机二架后，三十二中队机群遂低飞于此拥挤之公路上，击毁卡车四十至五十辆，装甲车四辆及日兵二百名。

此次战役，八架机中未有一架于归来时不弹孔累累者。日兵之交错火网曾击毁中美混合团之飞机三架。赛姆斯中校及马龙尼上尉被迫跳伞降落，而王中尉松金竟未及跳伞降落，因爆炸之炮弹伤及彼之颈部及炸断彼之降落伞肩带矣，虽颈部受创处血流如注，王中尉企图将座机驶回原基地，但卒因流血过多，使其迫降于洛阳附近。降落时之震动，又使其神志昏迷，机身起火焚烧。正值千钧一发之际，幸燃烧之热度使王中尉恢复神智而设法爬出行将焚毁之机身，许久后彼始为一农夫所发现，于是代其包扎伤口，以滑竿送其返基地。赛姆斯中校及马龙尼上尉则徒步返防。

稍经休息后，五月十一日，三十二中队又集中于攻击河流区矣。此次系于渑池江会流处作俯冲轰炸之任务，第七驱逐中队亦与有焉。正值敌零式机七架于前方攻击我方之编队时，我七架飞机即开始对准桥边之供应库作俯冲式之进攻，烟火过处，但见敌零式机三架已冒烟下落，我机则无一架受损者。

于飞返之洛阳公路时，驱逐机驾驶员乃戏呼之谓"阎王路"。此徽号由五月十二日之战役中尤称恰当。盖该日六架P-40机曾突击沿公路行进之敌步兵及骑兵大队人马，此次突击可云完全成功。当此六架P-40式袭击完毕时，但见五百日兵与马匹已尸陈遍野矣。

五月十五日，第三十二中队获得其久所渴望之火箭炮发射器，借此新增之火力，自兹以后之战役又恢复旧观矣。敌骑兵部队被获见后，即予以扫射，火箭炮之烈焰亦贯穿于坦克车内、供应库中、河流之渡口处、火车站及货机内矣，故除洛阳外，彼等又称陕县至渑池之公路亦为"阎王路"，两路之侧敌人马尸骨山积矣。

月杪，三十二中队于该月三十一日时阴时晴之恶劣天气中，共计担任任务二十六次，该月最末一日之最末一次任务，可谓凡驾驶员所最理想一次。出动之初原系仅担任侦察及天气探测而已，然结果彼等五架机竟击毁日军之运输机一架，零式一号之战斗机六架，及前数日被彼等窃去之 P-51 一架。于月杪三十二中队之携有火箭炮之俯冲轰炸机十架，曾攻击运城敌人利用为司令部之路德教堂一所，及由中国庙宇所改装之坦克库一处。此二处均被炸为废墟，因此若干日兵及坦克车亦与之俱尽矣。于炸毁上述二处时，曾炸中汽油库二处，我机离去时，运城南角已烟腾火起，烟柱有高达三千尺者，欢愉之中国百姓于空袭时咸集于空旷之地向我欢呼。第三十二中队于结束此月正如此月开始一般——表现极佳。

中美混合团第四驱逐中队及因紧急情况改任驱逐任务之轰炸中队，于该月中之成绩可对下列统计数字中窥见一班〔斑〕：击毙日步兵及骑兵达一千人至一千五百人，长江及黄河流域船只被击沉者达一七六〇吨，被击损者达一一三〇吨，敌机被击毁者达二十四架，可能击毁三架，我方则损失 B-25 式一架及驱逐机二十五架。

然于此等冷酷之数字下，吾人必须认清一事，实即于五月一整月中可飞行之日不过为二十一天，而彼等每日平均可以击敌之联合机数未能超过三十五架，故于月初既未能挽救洛阳之陷于敌手，于月杪虽有各队极辉煌之战绩报告，然亦未克阻止日军之河南攻势。吾人为对如此少数之机数与人数盼以造成若何伟大成就，诚系过分之想。设非撤退，则彼等于延迟日军之行动上已有相当成就矣。敌人乃被迫放弃迅速之机械化攻势，而采取缓慢与分散之骑兵及步兵，与中美混合团所支援之中国地面部队几立于同等地位矣。于月杪时日军虽继续向前移动,然仅系移动而非攻势矣。中美混合团借其少量之飞机,于月杪时仍继续攻击敌之供应库、河流、渡口、军队及铁路,敌人诚然继续前进,然其所费之代价亦至巨也。

中原会战第二月,即六月份之战绩,与第一月即五月份相较,即略嫌逊色及范围狭窄多矣。即最足令人兴奋之战斗任务亦因逐日所攻击者为同一类之目标而略形重复及单调。

于八月中,欲将参与河南战役之中美混合团五个中队了以分别及单独之叙述,亦感不易。盖于五月时,各中队已将彼等日减之飞机集中,以尽其可能形成一空防阵线以御敌人。飞机之集中,对第二轰炸中队之掩护亦殊感需要,因该轰炸中队于六月杪亦开始担负数次轰炸任务。由于五月中之损失飞机二十五架为掩护此项之轰炸任务计,遂使其中之三个驱逐中队不得不将彼等仅少之机数集中以合成十六架之数。其中惟一尚勉强保持完整之中队,厥为第二十八驱逐中队,即此一中队有数次亦与第八中队相混合也。此等混合中队乃从任何中美混合团之基地起飞,梁山、恩施、安康、汉中及西安等地遂成为此四驱逐中队之任何飞机起飞区域矣。此等行动所收之效果虽微,然已可谓竭尽其力矣。

吾人于此必须对彼工作日以继夜之地勤人员加以誉扬,以有限之人力而完成使各机能继续飞行之巨大工作。但此等无名英雄并非无人知晓者,队中之驾驶员及战绩记录员,即非感谢此等仅恃卷尺与皮线之工人,彼等借此工具以修缮参与任务后弹痕累累之飞机,以备其再度出击。

于叙述六月之战史时,仅述其于本篇所已叙述之五月战史完全不同之新战术,端即足于此点上。吾人可忆及参与河南战役之原意有二:其一、支援中国之地面部队,其二、摧毁黄河桥梁。此两者于六月中可谓已完成至某程度。关于第一点,则于众所周知之"宜昌之战"中之数次任务中,已具端倪矣。

(六) 长衡会战空军战史纪要

(1944年)①

长衡会战战史纪要

第一章 陆军战斗一般概况

三十三年中原会战间,敌自五月十九日起,即在岳阳、白螺矶征集民伕修筑机场。嗣又在长江南岸江波渡、老山咀、弥陀寺等渡口架设浮桥,并自汉口、自市等处厚集兵力,开往江陵、沙市、岳阳、崇阳一带。至于蒲圻、藕池口、华容等处,敌兵亦续有增加,备战紧张。判断其企图,实有在湘鄂方面蠢动之趋势。

及至五月下旬,敌在湘鄂边区继续增集自武汉会战以来仅见之庞大兵力。自五月廿七日以来,先后自鄂南之崇阳、亘湘北之洋楼司与临湘、岳阳间,以及鄂西长江南岸之华容、石首、藕池口迄碗市宽约二百五十公里之正面,分路向西向南窜犯。长衡战事之序幕遂启。

敌在武汉区域集中之兵力,已判明者为十一个师团,番号不明者尚有六至七万人,至少共约二十二万人。至在广东方面,敌亦集结有四个师团及战车三百五辆。五月中旬,复有番号不明之敌约二万人在香港登陆,故其总兵力亦在八万左右。是敌寇侵犯长衡之企图,已至明显。

综观其侵略经过,自五月下旬开始侵扰鄂南、鄂西、湘北以来,由通城而南江,而平江;由临湘、岳阳强渡新墙河,而汨罗江,而下

---

① 成文时间不详,仅据文意推出。

武昌,而福临铺;由华容、石首、藕池口,而公安,而南县,而安乡,其目的均在攻略长沙。其后,敌复自归义、新市、长乐街、平江,分五路进犯长沙,另一路则在长寿街向浏阳窜扰。迄至六月七日,我敌在长沙东北外围捞刀河北岸鏖战,敌迄未得逞。嗣敌一再增援,其兵力不下六万之众,凶猛进犯。我对大部敌军从外围至城郊奋勇阻击,经半月之血战,以毙敌极重,达成消耗敌之任务。六月十八日,遂自长沙撤退,继续与敌激战。

其左右两翼沿粤【汉】铁路东西地区分路南下窜犯之敌,五月间先后与我各路军在浏阳、醴陵、萍乡(铁路东)及益阳、宁乡、湘潭、湘乡(铁路西)等县,横广约二百余公里之地区内,展开极猛烈之争夺战。仅在宁乡县城,于五月十五日至十九日五日间,我军曾将两度侵入城垣之敌悉数逐出,毙敌千余。战斗之激烈,于此可见一斑。六月十五至廿一日间,浏阳、株州〔洲〕、湘潭、澧〔醴〕陵、湘乡先后被敌侵入,我军即在各该地附近激战,而益阳、宁乡等地则雄峙无恙。

至中路沿粤汉路线南犯衡山之敌,经我军力予堵击,六月二十三日展开激战。二十四日,敌强渡洣水,续渡耒河,向衡阳分两路猛扑。我军分途力予堵击,战斗异常激烈。其后,敌复分路向南急进,拟与湘江东岸敌呼应,图犯衡阳,被我各部队协力抵抗,在衡阳以北,迄西南约四十里之线以北地区从事激战。七月初,环围衡阳之敌,逐日以大炮数十门,向城内射击燃烧弹与毒气弹,掩护其步兵彻夜衡〔冲〕锋;企图突破我阵地。经我忠勇官兵之奋战,与空军及炮兵之协助,迭于郊区挫敌凶锋,使不得逞。衡阳附近恶战继续进行,敌我伤亡均甚大,尤以七月九日晚至十日晚一昼夜之恶斗最为激烈,但经我忠勇守军喋血奋斗,敌不仅未能获得进步,且受到甚大之创伤。

迄七月下旬,战事重心仍在衡阳。敌一再增援,凶猛围攻。我守城将士被围匝月,弹药等之接济全赖空运。此际,外线各部队对围攻衡阳之敌继续猛攻,曾先后攻克重要据点多处,与郊区之敌展开战斗。自七月二十日晚,敌曾抽集强大兵力,连日向外线西南、西北及东南郊不断反扑冲杀,惨烈异常。双方伤亡均重,尤以东南面敌在我猛攻下死伤更重。

继续进行之衡阳血战,迄至八月初,为时已达四十余日,实已进入最后惨烈之阶段。在此四十余日中,我忠勇守军具坚忍不拔之战斗意志,及我空军与炮兵之协力,先后歼敌达二万余,击毙敌部队长和尔少将一员。敌寇自围衡阳以来,虽使尽一切手段,以图一逞。惟以我军之坚强堵击,决死奋斗,使其屡攻屡挫。敌乃于一再增援后,复自湘潭、衡山等地增加大量新锐部【队】,续向衡阳猛攻。自八月四日晚血战至七月〔日〕晨,我城北郊区将士多壮烈殉职,敌即由此蜂踊突入城内,展开极惨烈之巷战。自七日晨至八日晨,因我官兵壮烈牺牲殆尽,该城遂于八日沦陷敌手。

至于湘江两岸各地,续行攻击之我军均获得相当进展。七月七日攻克澧〔醴〕陵,十日收复永丰,二十六日攻克耒阳,并将该县以南敌之后路切断。八月四日克复萍乡,十三日攻占莲花(并曾一度攻入湘乡城垣)。萍乡西南至茶陵一带,遂无敌踪。宁乡方面,我已攻迫城垣,犯益阳敌亦被我击退。耒阳自八月十四日虽又被敌攻入,但激烈巷战进行不辍,该城仍有三分之一在我固守中。其他如安仁、湘乡等地,战况仍在原战地进行。又鄂西长江南北两岸,我军于八月十四日发动攻势后,甚为得手,其将影响敌之全盘作战计划,当非浅鲜。

截至八月中旬,长衡敌寇之一般动态,显在调整部队,补充伤亡,积极增援,并将其主力逐渐移至湘江两岸,其将继续犯桂,自在意中。但我因衡阳四十七日之苦守,赢得充分之时间与准备,枕戈以待,固无虞敌寇之西犯也(参阅长衡会战战斗经过概况图)。〔图缺〕

第二章　敌空军兵力

长衡会战,敌空军当时之在武汉地区者计有:

（一）轰炸部队：

90 战队　　十八架

16 战队　　二十七架

14 战队　　二十七架

共七十二架

（二）驱逐部队：

54 战队　　三十六架（内一部来往南昌）

25 战队　　三十六架（九架驻白螺矶）

共七十二架

（三）直协及侦察部队：

第八直协飞行队　　九架（分驻信阳、应城、京山）

44 战队直协机　　九架（白螺矶）

18 独立中队司侦察机　　六架

判断：武汉方面：敌空军兵力共约有飞机一百六十八架。

第三章　我空军状况

第一节　作战方针

我空军以适应第六、第九两战区，兼顾中原战场作战之目的，以中美空军主力，于判断敌确实对湘鄂发动攻势之日以前，迅速集中兵力于中战场各基地，以击破敌之攻击企图，相机进取宜昌、沙市。

第二节　指导要领

因敌对湘鄂攻势发生于中原会战进行方殷之际，故中美空军留置一小部兵力继续中原战场之作战，而主力迅速转移于中战场各基地以协助第六、第九两战区作战。

第一款　侦察

以现驻梁山之中美空军部队，每日派机一架，侦察汉宜间及武岳间敌之水陆运输情形，以供判断敌之动态及其企图。

第二款　任务分配

一、中国空军,以其主力担任重庆防空作战,以有力之一部,直接协助第六战区作战。

二、中美混合团,以一部与美国空军联合行动,以主力协助第九战区作战。

三、美国空军,以有力之部队制压敌空军之行动及对运输交通之破坏。

第三节　兵力部署

本会战间,中美两国空军准备之兵力,计重轰炸机二十架,中轰炸机四十八架,驱逐机 P-40 一百三十架,P-38 十二架,P-47 十二架,P-51 十二架。中国空军由航空委员会直接指挥;梁山、恩施地区部队行动之指挥,由第一路司令张廷孟担任;中美混合团由副司令蒋翼辅与摩斯上校共同指挥;美国空军则由陈纳德将军统辖指挥之。其兵力配置及任务如左:

第一款　中国空军

(一)指挥官:空军第一路司令张廷孟。

(二)使用兵力:

a. 空军第四大队 P-40 机二十四架。

b. 空军第十一大队 P-40 机十二架。

(三)使用基地:

a. 主基地　梁山。

b. 前进基地　恩施。

(四)任务概要:

a. 基地防空。

b. 第六战区地面部队上空空中优势之争取及敌情侦察。

c. 第一线敌后交通之破坏及补给线之攻击。

d. 敌集结部队之攻击。

e. 敌炮兵阵地之攻击。

f. 其他有利目标之攻击。

第二款　中美混合团

(一) 使用兵力：

a. 空军第一大队 B-25 机二十四架。

b. 空军第三大队 P-40 机二十四架。

c. 空军第五大队 P-40 机二十九架。

(二) 使用基地：

a. 主基地　桂林。

b. 前进基地　衡阳、遂川、零陵。

c. 补助基地　芷江、宝庆、吉安、柳州、赣县、南雄。

(三) 任务概要：

a. 基地防空。

b. 第九战区地面部队上空空中优势之争取及敌情侦察。

c. 第一线敌后交通之破坏及补给线之攻击。

d. 敌集结部队之攻击。

e. 敌炮兵阵地之攻击。

f. 协同美国空军对敌机场之攻击。

第三款　美国空军

(一) 使用兵力：

a. 成都区轰炸部队 B-24 机十架。

b. 成都区驱逐部队 P-47 机十二架。

c. 桂林区轰炸部队 B-24 机十架，B-25 机二十四架。

d. 桂林区驱逐部队 P-51 机十二架，P-38 机十二架，P-40 机二十四架。

(二) 使用基地：

a. 主基地　成都、桂林。

b. 前进主基地　衡阳、遂川、梁山。

c. 补助基地　白市驿、广阳坝、零陵、芷江、吉安、赣县、南雄。

(三) 任务概要：

a. 信阳、宜阳、荆门、孝感、汉口、武昌、白螺矶、岳阳、南昌、广州等敌机场之攻击。

b. 基地防空。

c. 汉宜、武岳水陆运输交通之破坏及敌后方军事设施之攻击。

d. 其他有利目标之攻击。

第四节　地面准备

各基地应经常保持之油弹数量基准如左：

基地	隶属	机种	机数	准备油弹使用次数	备考
成都	美空军	B-24	10	10	
成都	美空军	P-51	12	10	不准备炸弹
成都	美空军	P-47	12	10	不准备炸弹
广阳坝	美空军	P-51	12	3	不准备炸弹
广阳坝	美空军	P-47	12	3	不准备炸弹
白市驿	中国空军	P-40	24	15	不准备炸弹
白市驿	美空军	P-51	12	3	不准备炸弹
白市驿	美空军	P-47	12	3	不准备炸弹
梁山	中国空军	P-40	24	15	
梁山	美空军	P-51	12	15	
梁山	美空军	P-47	12	15	
恩施	中国空军	P-40	24	15	

至于桂林区中美空军使用各基地应准备油弹数量之基准，由美空军指挥官依情况另行计划之。

第四章　空军战斗经过

三十三年五月间,我空军在中原会战作战方殷之际,获得各处情报判断,敌人有在湘鄂方面发动攻势之趋向。爰于五月下旬,策定空军对第六、第九两战区作战之指导要领。在敌确实发动攻势以前,迅速集中空军兵力于中战场各基地,并自五月二十日起,不断派机赴江陵、沙市以南,及宜昌、当阳、荆门一带侦察敌情,相机攻击,阻其前进。

自五月底至六月初,综合陆军状况观之,敌侵扰鄂南、湘北、鄂西日益扩张,其正面继续分五路进犯长沙,其目的所在,已至明显。我空军乃以适应六、九战区并兼顾中原战场作战之目的,依照上述规定之作战指导要领,作适当之兵力部署,实施战斗。逐日分批出动,协助地面部队作战,并袭击敌后方基地及其交通线。

及至六月下旬至八月初,我衡阳守军被围达四十七日。在此四十七日中,我空军不断派机赴衡阳附近袭敌,逐日在衡阳上空制空,并对守军接济弹药,投送密件,颇具战绩。

迄至八月十七日,敌主力虽已逐渐移至湘江西岸,企图继续犯桂,但我已有备,不虞敌寇之西犯,而我中美空军仍不断予以监视攻击,以期击破其企图。兹将本会战空军作战统计附录于后。

附录第一

其一,长衡会战空军战斗统计表

一、出动飞机次数:

1. 中国空军三四九次 ⎫
2. 美国空军二〇二次 ⎬ 五五一次

二、出动飞机架数:

1. 中国空军　驱逐机　二一八架(内含中美混合团驱逐机

轰炸机　一七一架(内含中美混合团轰炸机)
  2. 美国空军　驱逐机　一七九四架
轰炸机　三八三架
三、总共使用飞机架数：
1. 驱逐机　三九七八架
2. 轰炸机　五五四架
其二,长衡会战敌方损失一览表
飞机：
空中被击落七〇架(可能被击落二十九架)
空中被击伤一七架
地面被炸毁五二架(可能被炸毁十余架)
地面被炸中三十余架
机场：
荆门机场被炸一次
石门垭机场被炸一次
汉口机场被炸三次
白螺矶机场被炸四次
衡阳机场被炸六次
长沙总站被炸一次
湘潭机场被炸三次
马家坪机场被炸二次
许家洲机场被炸一次
新市机场被炸一次
下摄司机场被炸一次
武昌机场被炸一次
南湖机场被炸一次
天河机场被炸二次
白云机场被炸二次

【总共】30次。

机棚被毁三座

机库被毁二座

都市：

平江城被炸起火燃烧四次

崇阳城被炸起火燃烧一次

岳阳城被炸起火燃烧四次

沅江城被炸起火燃烧一次

湘阴城被炸起火燃烧二次

株州〔洲〕城被炸起火燃烧四次

蒲圻城被炸起火燃烧一次

湘潭城被炸起火燃烧四次

醴陵城被炸起火燃烧四次

归义城被炸起火燃烧二次

湘乡城被炸起火燃烧一次

攸县城被炸起火燃烧五次

衡山城被炸起火燃烧二次

衡阳城被炸起火燃烧一次

永丰城被炸起火燃烧一次

新市城被炸起火燃烧四次

【总共】四十一次。

火车站：

株州〔洲〕车站被炸毁二次

黄茶岭车站被炸毁一次

沙洋车站被炸毁一次

岳阳车站被炸毁一次

衡阳车站被炸毁七次

羊楼司车站被炸毁一次

铁道：
铁路桥梁被炸毁五座
火车被炸毁一列
村镇：被炸毁二十四处
汽车站：被炸毁四处
桥梁：
石桥被炸毁二座 ⎫
浮桥被炸毁十八座 ⎭ 二十座
建筑物：被炸毁三十一处
无线电台：被炸毁三座
指挥塔：被炸毁一座
碉堡：被炸毁四座
码头：
石首码头 ⎫
沙市码头 ⎪
长沙码头 ⎪
益阳码头 ⎬ 各被炸一次
湘江码头 ⎪
涟水码头 ⎪
鱼湾市码头 ⎭
司令部：
樟木港司令部被炸中一次
湘乡司令部被炸中二次
东台山高级司令部被炸中一次
长沙司令部被炸中一次
耒阳司令部被炸中一次
醴陵司令部被炸毁二次炸中一次
永丰司令部被炸中二次

上栗市司令部被炸中一次
宜昌司令部被击中一次
沙市司令部被炸中一次
衡阳司令部被击中一次
南岳司令部被炸中一次
【总共】十六次。
高射炮阵地被炸毁十二处
机关枪阵地被炸毁十处
步兵阵地被炸毁或击中五十处
敌工事被炸毁或击中三十八处
工厂被炸毁六所
营房被炸毁二十五座
库：

油库被炸毁十四座 ⎫
军火库被炸毁二座　⎪
弹药库被炸毁四座　⎬ 六十五座
军需库被炸毁五座　⎪
仓库被炸毁三十五座⎪
贮藏库被炸毁五座　⎭

堆栈：被炸毁十四处
军火囤积地：被炸毁四处
汽油囤积地：被炸焚九处
林区：被炸或被击中二十一处
车辆：

坦克被炸毁二十一辆　　　　　　⎫
卡车被炸或击毁一千八百零二辆　⎬ 毁一千八百五十八辆 伤五十三辆
卡车被炸或击伤五十三辆　　　　⎪
货车被炸毁或击伤三十五辆　　　⎭

船舶：兵舰被炸沉一艘

　　　巨型汽船被炸沉一艘

　　　大汽船被炸沉九艘

　　　小汽船被炸沉十九艘

　　　汽艇被炸沉或击毁七十五艘

　　　油船被炸沉击毁十五艘

　　　运输船被炸沉或击毁一百二十二艘　｝毁约二五一九艘伤约一二〇艘

　　　舢板被炸沉或击毁六十只

　　　驳船被炸沉或击毁二十四只

　　　大木船被炸沉或击毁三百五十八只

　　　小木船被炸沉并击毁一千八百三十五只

　　　汽船被炸伤三艘

　　　汽艇被击伤五艘

　　　大木船被炸伤或击伤一百一十二只

辎重队：被炸中或击中共三次

人马：

　　步兵死伤约七千二百人 ｝
　　骑兵死伤约五百人　　　敌人死伤约七千七百人
　　马匹死伤约九百二十匹　马匹死伤九百二十匹

长衡会战我空军作战人员伤亡失踪统计表
自三十三年五月二十日起至八月十七日止

隶属	级职	姓名	类别	原因	日期	地点	备考
空军十七中队	少尉三级飞行员	戴荣巨	亡	作战阵亡	卅三、六、十七	安化	
空军廿一中队	中尉三级飞行员	陶友怀	亡	出击被敌炮火击中阵亡	卅三、六、二九	衡阳	
空军廿三中队	少尉三级飞行员	郑兆民	亡	出击被敌炮火击中阵亡	卅三、七、一五	衡阳	

(续表)

隶属	级职	姓名	类别	原因	日期	地点	备考
空运队	中校三级队长	王汉勋	亡	驾机投送衡阳守军补给品中途失事	卅三、八、七	芷江附近	
空运队	少校一级队附	唐元良	亡	驾机投送衡阳守军补给品中途失事	卅三、八、七	芷江附近	
空军廿九中队	上尉一级中队长	林耀	亡	空战阵亡	卅三、六、廿六	湘乡	
空运队	上尉一级飞行员	孙钟岳	亡	随机投送衡阳守军补给品中途失事	卅三、八、七	芷江附近	
空运队	上尉一级飞行员	许保光	亡	随机投送衡阳守军补给品中途失事	卅三、八、七	芷江附近	
第廿二中队	中尉三级飞行员	何国端	亡	空战阵亡	卅三、七、六	湘乡	
第五大队	少尉三级飞行员	刘一爱	亡	飞行失事	卅三、八、二	芷江	
第廿四中队	少尉一级飞行员	谭明辉	亡	出击敌击中着火阵亡	卅三、七、廿八	衡阳	
空运队	上尉二级通信长	吴芝骅	亡	随机投送衡阳守军补给品中途失事	卅三、八、七	芷江	
空运队	同三佐三级通信员	贺瑞华	亡	随机投送衡阳守军补给品中途失事	卅三、八、七	芷江	
空运队	一等一级机工长	田玉琛	亡	随机投送衡阳守军补给品中途失事	卅三、八、七	芷江	
空运队	三等三级机工长	贾国忠	亡	随机投送衡阳守军补给品中途失事	卅三、八、七	芷江	
第廿六中队	上尉一级中队长	姚傑	亡	出击衡阳之敌阵亡	卅三、七、廿二	邵阳	

(续表)

隶属	级职	姓名	类别	原因	日期	地点	备考
第廿一中队	少尉一级飞行员	沈允哲	亡	驾机侦炸衡阳一带敌军因机生故障迫降殉职	卅三、七、五	辰鸡铺	
第廿九中队	中尉二级分队长	冯佩瑾	失踪	出击白螺矶机场之敌被敌炮击中后失踪	卅三、七、廿三	岳阳	
第廿二中队	中尉三级分队长	周绮干	失踪	空战失踪	卅三、七、卅一	衡阳	
第廿一中队	中尉三级分队长	陈祥荣	伤	空战机生故障跳伞受伤	卅三、六、廿七	衡阳	
第廿九中队	中尉三级飞行员	赵松严	伤	出击衡阳之敌返防迫降受伤	卅三、六、廿九	芷江	
第廿六中队	中尉三级飞行员	冷培树	伤	出击衡阳之敌返防迫降受伤	卅三、六、廿九	常德	
第四大队	少校三级副大队长	司徒福	伤	出击敌军返防时机生故障迫降受伤	卅三、六、廿七	湖南洞口	
第十七中队	分队长	林深光	伤	出击长沙之敌被敌炮击伤	卅三、八、十五	长沙	
第廿三中队	上尉一级中队长	吴国栋	伤	空战飞机着火跳伞受伤	卅三、七、九	衡阳	
第四大队	飞行士	艾学芝	伤	出击衡阳之敌因机生故障迫降受伤	卅三、七、八	祁阳	
第一大队	射击士	李毅夫	伤	出伤〔击〕洞庭之敌因运输船只被击伤	卅三、六、廿三	洞庭湖上空	
第一大队	射击士	员藏文	伤	出伤〔击〕岳阳敌机场被地面炮火击伤	卅三、七、廿九	岳阳	

共计:阵亡七十七人,失踪二人,负伤九人。

附录第二:

其一,攻击武汉敌基地之意见 三十三年六月一日

近两日来,敌机乘月夜窜扰梁山及安康。为拟击破敌空军于地面,使我地面部队作战容易起见,六月一日,参谋处刘处长国运指示幕僚作攻击武汉基地之意见。具申如左:

(一)判决:

中美混合团 B-25 机及美第十四航空队之重轰炸队应迅速袭击武汉,以摧毁敌空军,使中国战场方面部队作战容易。

(二)理由:

1. 敌空军兵力在武汉计有:

(1)轰炸部队

90 战队　　18 架

16 战队　　27 架

14 战队　　27 架(待证)

共 72 架

(2)驱逐部队

54 战队　　36 架(一部来往南昌)

25 战队　　36 架(九架驻白螺矶)

共 72 架

(3)直协及侦察部队

第八直协飞行队　　18 架

44 战队直协机　　9 架

18 独立中队司侦机　　6 架

判断武汉方面共约有敌机 160 架

2. 空军协同陆军作战,按原则,首要任务为攻击敌空军,在制压空军未收到良好效果前,我空军任务仍以制压敌空军为主。

3. 连日来,湘北鄂西方面敌空军协同敌陆军作战甚为活跃,予我地面部队以重大之防〔妨〕害。美驱逐机虽逐日出动前线制

空,但以战区空域辽阔,虽欲制空,亦不可得。只有摧毁敌空军于其基地内,使敌机绝迹于战线上空,是为最有效之制空。

(三)处理:

1. 拟饬蒋副司令与摩斯上校洽商,即于六月二日开始,以中美混合团之主力,攻击敌武汉基地。

2. 拟建议陈纳德将军履行上项任务。

以上意见呈主任阅后,奉谕"陈纳德另有方案实施"。

其二,对湘桂赣境内空军各基地后移之意见 三十三年六月十四日

长沙附近战事,依目前进展情况,将来变至如何程度?实未可预料,湘赣各空军基地之使用,恐受影响。乃于六月十三日,特电陈纳德将军,为未雨绸缪,计应有后移之计划与准备。

基于上项情况,除已电陈纳德将军外,六月十四【日】,刘处长国运召集必要幕僚,研究湘桂赣境内空军各基地后移问题。我方在目前应有准备事项,提供如左之意见具申:

1. 各基地可分二期后移,以衡阳、零陵两基地人员物资之后移为第一期,桂林区人员物资之后移为第二期,目前似可作两期之后移计划。

2. 从战略上着眼及顾念交通与机场情形,如衡阳、零陵、桂林之空军被迫后移时,似可将衡阳、零陵区之人员物资移至柳州,桂林区之人员物资移至贵阳,如此可增强柳州、贵阳之人力物力。尔后作战仍属有利,且中美混合团已移驻柳州,地勤人员亦有增强之必要。

3. 目前急宜准备者为:(1)衡阳、零陵、桂林应后移之人员、器材、工具及补给品之估计;(2)后移时所需交通工具之数量;(3)后移时空军可能使用之交通工具;(4)依能使用之交通工具须经若干时日可后移完毕;(5)后移各项器材补给之程序,拟由航政处、交通处、机械处从速计划。

4. 前项计划拟妥后,可依战况之变化决定后移之时机。

以上各项经呈主任批示:"可照此详细计划呈核"。遂即抄送航政、交通、机械等三处办理。

其三,对长沙会战使用空军之意见　三十三年六月十五日

自六月五日长沙会战保卫战开始,迄今已达十日。为求协力加强该方面地面部队之作战,及直接制压地面之敌,计刘处长国运召集必要僚幕,拟定对长沙会战使用空军之意见,具申如左:

(一)判决:

空军为直接制压地面之敌,以增进协助长沙附近我地面部队作战之效果起见,拟即抽调空军第四大队两个中队,转移衡阳,担任直接攻击敌之运输船只及挺进之骑步兵部队。

(二)理由:

1. 依目前豫中、湘北两战场空军作战之成结〔绩〕比较,豫中战场使用兵力较小,而收获战果反大者,其原因实由于空军第四大队之勇敢低空作战,能确实协力我地面部队之故。

2. 湘北会战,由于连日之空中侦察结果,得知敌后续部队之增援及军需补给品之输送,多依水路利用船只,而敌地面部队之战法,又屡以骑兵纵队及轻装之步兵纵队,常向我军侧后方挺进,均形成良好之地面攻击目标。若使用低空作战,定可收丰硕之战绩。

3. 长沙会战,关系抗战前途至巨。为求我空军在极重要战役能表现光荣之战绩起见,我空军应派机队直接助战,以确立空军在国防军之地位。

4. 自湘桂区驻有美空军后,中美混合团兵力甚大,可获得制空权。我空军第四大队在美空军及中美混合团强大兵力掩护之下,可安达成任务。

5. 空军第四大队驻衡阳,出动作战可提起湘桂空军之攻击精神。

(三) 处理：

1. 组织临时指挥所进驻衡阳，指挥空军第四大队及中美混合团驻桂区之部队作战。

2. 将驻南郑、西安、安康及恩施之空军第四大队飞机迅速整理，并予以数日之休息后，再转进衡阳。

3. 豫中战场及恩施方面之任务，由空军第三大队担任。

4. 重庆防空由空军第十一大队担任。

5. 征求陈纳德将军之意见。

以上意见缮呈主任并奉批示如左：

1. 豫中(北战场)方面空军一时不能调回。

2. 空军第四大队作战已久，人员疲劳，器材缺乏，需要整理。

3. 在零陵、衡阳方面，与美空军及中美混合团同驻一地，而指挥系统又不一致，作战困难。

基上理由，目前本案不能实施。

(七) 桂柳会战空军战史纪要[①]

(1944年)

桂柳会战空军战史纪要

第一章　陆军战斗一般概况

敌自三十三年八月八日攻陷衡阳后，各地军运频繁，继续调整部署，其军队有沿湘桂铁路西进之企图。

敌在湘桂方面集中使用之兵力至为庞大，已判明者计有第三、

---

① 沿用原标题。成文时间不详，仅据文意推出。

十三、廿七、卅四、四十、卅七、五十八、六十四、六十八、一百一十六等师团，第五、十七等混成旅，合计十一师团。此外，特种部队计有第十三战车师团之一个旅团，另一个战车大队，自动车联队七，另大队五，独立炮兵联队五、独立之兵联队三、独立辎重大队一、铁道联队二、架桥材料中队二、兵站地区队三，两个通信队，一个军船舶队，二十五个民船中队，总共约有兵力二十五万人。在衡阳两次会战，其伤亡虽已达五万以上，但仍继续蠢动，企图向西南深入，以求最后之一逞。

自三十三年九月起，继续进行中之湘省战事，其重心即心〔转〕移于湘桂铁路沿线。我各路军分别阻击，与敌展开极激烈之血战。敌寇右翼侵至邵阳东南县境，左翼在零陵东北地区，中路则在湘桂路之冷水滩附近，正面南北长达百余公里，战斗之激烈有加未已。

我在湘江东岸地区及敌后攻击各部队，除猛攻澧〔醴〕陵、茶陵、安仁、耒阳等地外，对敌水陆运输补给线，已予严重之威胁。

敌自九月中旬以来，与我在邵阳城东及东南约十二里之地区激战。其分三路，沿湘桂铁路及其两侧向桂林方向进犯之敌，与我军在全县迄资源、道县激战。经我分别阻击，敌受创甚重，其攻势至二十日显已顿挫。

邵阳外围激战已达二十余日，至九月廿六日后，我敌战斗益烈。我守军沉着应战，坚强抵抗，使屡次进扑之敌军遭受重创。嗣后，敌复大肆增援。遂于二十八日侵入城内，展开激烈巷战。综计邵阳之攻防战达三十八日，已达到消耗敌军之目的。我忠勇守军遂转移阵地，退出邵阳。

自粤桂边境沿西江南北分路西犯之敌，九月下旬侵入梧州、罗定、容县后，复向西北进犯，为我阻击于藤县东北平南之丹竹西南各战区。又，我向敌右侧背之广宁、怀集、信都等地攻击，颇为得手。

十月上旬，平南敌分两股向西进犯，经我军分头阻击，继续在桂平城内及南北地区激战。十月十二日，经全日激战，桂平失陷。十一月四日，永福亦陷地。其绕犯永福以南者，五日续向定理进犯,我军迎战,战斗激烈。六日晚,武宣被敌侵陷。

象县以南敌渡过柳江后,已有援队增加。八日,我敌在柳江西岸石人岭以北山地激战。

沿湘桂铁路进犯桂林之敌,迄至九月底止,被我阻击于兴安境。十月间,继续在兴安以西约二十公里大溶江地区战斗。十月下旬,敌由兴安西沿湘桂铁路正面及南北两侧进犯,所受创伤业已补充,并继续增到强大援队,于十月廿七日拂晓,分三路向桂林外围进犯,我军力阻在大溶江附近进行。十月三十日,敌继有增加,一路向西强渡桂江。卅一日,侵入桂林城北北站附近,并有一股突至北郊北极路以北地区。其由兴安以西沿湘桂路进犯之敌,卅日傍晚侵入灵川城,我敌连日在长约一百四十余里各地区内进行激战。

迄至十一月十一日,桂省战事益趋激烈。在桂林郊区各面,我忠勇守军屡创一再猛扑之顽敌。惟自十一月五日以来,敌复大量施放毒气助攻,以图一逞。尤以桂江东岸之猫儿山、星子岩、七星岩、屏风山等地,战斗异常激烈,双方伤亡极重。十日晨至午,桂林市进行惨烈无比之巷战,我军纤〔歼〕敌遍街衢,我亦牺牲重大。午后桂林与后方通讯联络中断。

至柳州方面,十一月上旬,我敌在城东二十里与城北三十里之地区激烈战斗。迄至十一日,先后在郊外与市区予敌重大创伤后,十一日晚,我守军乃照预定计划退出柳州。

第二章 敌空军兵力

桂柳会战,敌空军当时在武汉地区之兵力判断为:

(一)轰炸部队:

90 战队九架

16 战队十八架

共计二十七架

(二)驱逐部队:

48战队三十六架(内十二架驻白螺矶)

25战队二十四架

共计六十架

(三)直协及侦察部队：

6战队直协机九架

44战队直协机九架

18独立中队六架(分驻武汉、广州)

共计二十四架

合计一百十一架

第三章 我空军状况

第一节 作战方针

我空军以适应第六、第九两战区作战之目的,集中中美空军兵力于中战场各基地,以击破敌攻击桂柳之企图,并相机进取宜昌、沙市,牵制敌军。

第二节 兵力部署

本会战间,中美两国空军准备之兵力,系就长衡会战原有轰炸机队与驱逐机队继续使用者。中国空军由航空委员会直接指挥,梁山、恩施地区部队行动之指挥,由第一路司令张廷孟担任,中美混合团由副司令蒋翼辅与摩斯上校共同指挥,美国空军则由陈纳德将军统辖指挥之。

第三节 使用基地

中国空军使用之主要基地为芷江,前进基地为零陵。中美混合团使用之主要基地为桂林、芷江,前进基地为邵阳、零陵,补助基地为恩施、老河口。美国空军使用之主要基地为桂林、柳州、昆明,补助基地为梁山、成都、芷江、白市驿。

第四节 弹药消耗

本会战斗共消耗子弹二六二,四一五粒,炸弹八二・五吨。

第四章　空军战斗经过

三十三年八月八日,敌自攻陷我衡阳后,迄至八月十八日,其主力已逐渐移至湘江西岸,企图继续犯桂已至明显。我空军遂自八月十八日起,不断派机赴各地侦察敌情,相机轰炸,阻其前进。

是年九月起,敌军继续侵入湘桂铁路沿线,与我各路军展开激战。敌寇右翼侵至邵阳东南县境,左翼在零陵东北地区,中路则在湘桂路冷水滩附近。我军乃以应适第六、第九战区作战之目的,逐日派机分批出动,协助地面部队作战,并不断袭击后方各重要基地及其水陆交通线,且逐日派机赴邵阳前线制空。

十月至十一月初旬,我空军则时常出击衡山、零陵、祁阳、新宁、沅江、全县、邵阳等城市,衡阳、衡山等车站及铁路车辆,予敌以甚大之打击。并不断轰炸平汉路与粤汉路之铁路桥梁及各处运输站、仓库、码头暨水陆交通线,阻其运输及补给。并毁渣江、益阳、衡阳、周家祠、长沙、邵阳等处敌司令部及敌各重要机场。在此四十余日中,战果辉煌。

迄至十一月十一日,桂柳相继失守,敌虽有西犯企图,但我地面部队业已有备,而我空军仍不断予以监视攻击,以期击破其企图。兹将本会战空军作战统计附录于后。

附录:

桂柳会战空军战斗统计表

一、出动飞机次数:

1. 中国空军三一六次。
2. 美国空军二五七次。

二、出动飞机架数:

1. 中国空军:

驱逐机二九七七架(内含中美混合团驱逐机)

轰炸机二一四架(内含中美混合团驱逐机)

2．美国空军：

驱逐机一〇二八架

轰炸机二五八架

三、总共使用飞机架数：

1．驱逐机四〇〇五架

2．轰炸机四七二架

第二节　桂柳会战敌方损失一览表

飞机：

空中被击落七〇架(可能被击落一四架)

空中被击伤一五架

地面被炸毁二四架(可能被炸毁五架)

地面被炸伤四架

机场：

衡阳机场被炸九次

湘潭机场被炸四次

零陵机场被炸一次

长沙机场被炸一次

许家洲机场被炸二次

岳阳机场被炸五次

白螺矶机场被炸二次

城陵矶机场被炸二次

汉口机场被炸八次

荆门机场被炸四次

天河机场被炸三次

白云机场被炸三次

蚌埠机场被炸一次

运城机场被炸一次

机棚破坏二座
机库破坏二座
飞机掩体被毁五处
城市：
蒲圻城被炸一次
安仁城被炸一次
祁阳城被炸四次
永丰城被炸一次
零陵城被炸三次
东安城被炸一次
新宁城被炸一次
全县城被炸一次
沅江城被炸二次
邵阳城被炸一次
衡山城被炸一次
茶陵城被炸一次
车站：
衡阳车站
衡山车站
黎家坪车站
南京下关站 } 各被炸一次
陕县车站
许昌车站
运城车站
开封车站

铁道：
铁路隧道被炸毁一次
铁路桥梁被炸毁或炸伤二十处

火车头被炸毁十三辆,创数辆
车厢被炸毁或击伤一百七十二辆
汽车站被炸毁二处
运输站被炸毁七处
码头被炸毁八处
工厂被炸毁二所
桥梁被炸毁十八座
营房被炸毁六十二所
阵地:
高射炮阵地被炸毁十一处
机关枪阵地被炸毁七处
重炮阵地被炸毁一处
炮兵阵地被炸毁七处
阵地及工事被炸毁五十六处
库栈:
仓库被炸毁七十九处
油库被炸焚十八处
堆栈被炸毁二十一处
村庄被炸毁七十二处
建筑物被炸毁五百九十四处
储藏所被炸毁四处
司令部:
唐家湾司令部 ⎫
衡阳北司令部 ⎪
周家祠司令部 ⎬ 各被炸一次
渣江司令部 ⎪
益阳司令部 ⎪
长沙司令部 ⎭

2613

邵阳司令部被炸三次

车辆：

坦克被炸毁六辆

炮车被炸毁十三辆

装甲车被炸毁十二辆

油车被炸毁六十五辆

汽车被毁一千一百七十九辆，创六百五十三辆

船舶：

军舰被炸毁一艘

炮船被炸毁一艘

江轮被炸毁一艘

汽船被炸毁七十六艘　创五艘

油船被焚毁二十二艘　创一艘

驳船被炸毁五艘

汽艇被炸毁十四艘

大木船被毁二百八十三只，创十八只

小木船被毁六百六十六只，创三十六只

舢板被击沉二百零三只

人马：

步骑兵被击毙约七千人

马被击毙约六百六十匹

桂柳会战我空军伤亡失踪人员表
自三十三年八月十八日起至十一月十五日止

隶属	级职	姓名	类别	事由	日期	地点	备考
第四中队	上尉二级副队长	闵俊傑	死	出击衡山北公路之敌迫降殉职	三三、八、二二	全州	
	中尉三级领航员	谭兆明	死	出击衡山北公路之敌迫降殉职	三三、八、二二	全州	

(续表)

隶属	级职	姓名	类别	事由	日期	地点	备考
第一大队	下士三级射击士	缪元缙	死	随机出击衡山北公路之敌迫降殒命	三三、八、二一	全州	
	下士一级射击士	陈志立	死	随机出击衡山北公路之敌迫降殒命	三三、八、二一	全州	
	下士一级射击士	王潮渤	死	随机出击衡山北公路之敌迫降殒命	三三、八、二一	全州	
第廿二中队	少尉三级飞行员	虞为	伤	驾机击敌迫降头部受伤	三三、八、十八	洛宁	
第八中队	上尉二级分队长	臧锡兰	伤	空战受伤	三三、八、二三	华阴	
第十七中队	中尉三级飞行员	徐滚	失踪	出击岳阳敌机场中途折回失踪	三三、八、二八		
第廿八中队	中尉一级参谋	赵元琨	伤	出击沙洋之敌遭遇空战被击伤	三三、八、二九		
	少尉三级飞行员	田景祥	伤	出击沙洋之敌遭遇空战被击伤	三三、八、二九		
		卫煌	伤	出击沙洋之敌遭遇空战被击伤	三三、八、二九		
第廿四中队	少尉一级飞行员	陈嘉斗	失踪	出击渣江之敌遭遇空战后失踪	三三、八、三〇		
第廿八中队	中尉二级副队长	孟昭仪	死	出击沙洋之敌遭遇空战机身被毁跳伞重伤殉职	三三、八、二九		

2615

(续表)

隶属	级职	姓名	类别	事由	日期	地点	备考
第一大队	中尉三级航领员	彭飞	伤	出击因天气恶劣返航跳伞受伤	三三、九、五	贵州	
第十七中队	少尉三级飞行员	何祖璜	死	出击永丰之敌阵亡	三三、九、八	永丰	
第四中队	飞行员	罗必正	伤	出击敌阵地返航降落时左轮爆裂失事	三三、九、十二	桂林	
第四中队	轰炸员	熊梦周	伤	出击敌阵地返航降落时左轮爆裂失事	三三、九、十二	桂林	
第四中队	射击士	陈炳荣	伤	随机出击返场降落时失事起火	三三、九、十二	桂林	
第十七中队	中队长	项世端	伤	空战受伤	三三、九、十二	湘潭	
第四十一中队	上尉一级副队长	翁心瀚	死	出发炸敌油尽迫降撞山殉职	三三、九、十六	枝江瓦塞	
第廿七中队	中尉三级飞行员	刘春荣	失踪	出击长沙遇敌机空战后失踪	三三、九、十六		
第廿七中队	飞行员	彭传梁	伤	空战受伤	三三、九、二〇	长沙	
第十七中队	中尉三级飞行员	曲士杰	死	出击宁乡之敌空战后迫降殉职	三三、九、二二	芷江	
第二十九中队	中尉三级分队长	王秉琳	伤	射击敌机场被敌高射炮击伤	三三、十一、十一	衡阳	

(八) 空军滇西作战日志[①]

(1944年5—12月)

空军作战日志

卫长官辰养电。据谍报称：

五月十五日,我机轰炸腾冲,城内西街敌野战仓库两处中弹,损失甚重。

五月十七日,我机轰炸腾冲,敌伤亡七十余,临时弹药堆积所亦中弹。

五月十八日

甲:商定:

(一) 侦察(同前)。

(二) 轰炸

A:上午派机至平戞二三次,每次三架。

B:龙陵、芒市间之险道。

C:芒市要点及敌军司令部。

D:有余力时可炸江苴、瓦甸一次。

E:再炸向阳桥一次,务求彻底破坏。

乙:实施:

(一) 侦察

A:由腾冲经龙陵、芒市之公路线发现敌正修芒市以南亭戞桥。

B:由江苴至马面关公路线发现敌军活动。

---

① 沿用原标题。本组资料原件无时间,经考证为1944年。

(二)轰炸

A:扫射芒市以南道路,效果不详。

B:轰炸芒市,效果不详。

C:芒市间险道未轰炸。

D:江苴、瓦甸未轰炸。

E:向阳桥未轰炸。

五月十九日

甲:商定:

(一)侦察(同前)。

(二)轰炸。

A:龙芒间公路之险道。

B:瓦甸、江苴街。

C:集中轰炸芒市。

D:派少数飞机至北斋公房与滚弄一带侦察敌我行动,依状况予敌以轰炸扫射。

乙:实施:

(一)侦察

A:马面关发现我军铺设布板外,未见有敌活动。

B:芒市以南之亭戞桥已被炸毁,不能通车,正修筑新桥中。

(二)轰炸

A:龙芒间公路险道未轰炸。

B:江苴、芒市、北斋、滚弄均未轰炸。

C:向阳桥炸中一弹,不能通车。

D:轰炸并扫射龙陵、锁安街三仓库。

五月廿二日

卫长官辰养电。据谍报称:十九日我机轰炸腾冲,敌野战仓库及行政司令部、野战医院、营房等均中弹。

五月廿二日

又,卫长官辰养电谓:据谍报称:十八日我机炸腾冲,敌宪兵司令部中弹三枚,伤亡十余名,其野战仓库中弹十余枚,办公处全毁,敌伤亡十余名,内有联队长乙员。又我机对城内及水河、六保街一带投弹,敌伤亡六十余名,内有队长乙员。是日轰炸敌共伤亡百余名。

五月廿一日

甲:商定:

(1)侦察(同前)。

(2)轰炸。

A:龙陵、芒市间公路险道。

B:腾冲附近敌河防。

C:北斋公房

乙:实施:

(1)侦察

A:平戛附近仅见我军布置布板,未发现战斗及敌军活动。

B:北斋公房未见敌军活动。

(2)轰炸

A:龙芒间公路险道未轰炸。

B:腾冲附近敌仓库未轰炸。

C:北斋公房未轰炸。

五月廿八日

甲:商定:

侦察、轰炸与二七日同。

乙:实施:

(1)侦察

A:腾冲至八莫及腾冲至腊戍公路线未侦察。

B:平戛、新成未发现敌军活动。
(2) 轰炸
A:炸毁向阳桥及新街附近之桥梁。
B:两次轰炸并扫射瓦甸,效果不详。
C:轰炸北斋公房,效果不详。
D:腾冲、芒市未轰炸。

五月廿九日

甲:商定:
(1) 侦察:腾冲、八莫及腾冲、腊成间公路线。
(2) 轰炸
A:猛炸腾冲,并于上午9时轰炸江苴、瓦甸及界头。
B:巡逻攻击北斋公房。
乙:实施:
A:轰炸腾冲,一弹曾直接命中敌军司令部。
B:攻击江苴、瓦甸、界头,效果不详。
C:攻击北斋公房,效果不详。
D:轰炸畹町,投弹18 000磅。

五月三十日

甲:商定:
(1) 侦察:同前
(2) 轰炸
A:轰炸腾冲。
B:巡逻攻击江苴、瓦甸、界头数次。
C:巡逻攻击红木树一、二次。
乙:实施:
(1) 侦察:腾冲、八莫及腾冲、腊戌间公路线,未发现敌活动。

(2)轰炸

A:以中轰炸机九架猛炸腾冲,结果不详。

B:轰炸江苴。

C:轰炸扫射新成之敌,效果不详。

D:下午轰炸北斋公房,发现敌军向西移动,并见我军标示之布板。

E:轰炸龙陵发生大火。

五月卅一日

甲:商定:

(1)侦察:同前。

(2)轰炸

A:以空军主力轰炸畹町龙陵、众达。

B:留空军一部,应第一线临时要求。

乙:实施:

(1)侦察:未据报。

(2)轰炸

A:轰炸龙江桥,效果不详。

B:在新成扫射,当破坏敌卡车一辆,压路机一辆。

C:在马面关附近对敌扫射并投火箭,收效甚大。

E:①轰炸瓦甸街及以北之敌工事。

F:巡逻攻击桥头、界头、江苴,效果不详。

G:廿九日及卅日曾以重轰炸机对滇缅公路敌后投弹二八吨,地点、效果不详,可能为龙芒间之险道。

又:我机在灰坡附近对一九八师投粮弹廿吨,内弹药5吨。在大塘子附近对五三军及卅六师投粮二七吨。在三炜〔?〕附近对七六师投粮弹二七吨,内弹药四吨。

---

① 档案原件无D。

六月三日

甲:商定:

侦察、轰炸均与二日同,但界头已为我军占领,除外。

乙:实施:

(1) 侦察:因缅境气候不好,腾腊公路几未侦察。

(2) 轰炸

A:巡逻攻击桥头、瓦甸、江苴未发现敌我军。

B:轰炸并扫射南斋公房。

C:轰炸瓦甸东侧敌工事。

D:巡逻攻击平戛。

六月四日

甲:商定:

(1) 侦察同前

(2) 轰炸 A:制压腊猛、松山敌步炮兵,共分四批,于七时、九时、十二时、十四时各出动一批三、四架。B:巡逻攻击桥头、瓦甸、江苴,共分两批,于上午九时、下午二时各出动一批,每批三、四架。

乙:实施:

(1) 侦察:未据报。

A:攻击腊猛山敌炮兵,并在腊猛附近由我炮兵指示目标轰炸森林内之敌酋,发生大火。

B:对腊猛以西及镇安街附近村落攻击,效果不详。

C:巡逻攻击桥头、瓦甸、江苴二次,轰炸敌堡垒并投杀伤弹。

D:在瓦甸东北直接协助地上部队之攻击,炸中敌堡垒一座。并复在该地以南直协地上部队攻击轰炸敌工事。

六月五日

甲:商定:

(1)战略轰炸南坎、腊戍、八莫、贵街、遮放。

(2)直协停止一日。

乙:实施:

A:战略轰炸未据报。

B:直接协同临时巡逻,赶紧江苴、瓦甸、桥头,共出动三次,效果不详。

六月九日

甲:商定:

集中轰炸龙陵,并对龙陵方面各部队多投送粮弹。

乙:实施:

以天气不佳,轰炸未实施,投送粮弹共出动飞机七架,仅回四架投掷,余三架折回。

六月十三日

甲:商定:

侦察轰炸与十二日同。

乙:实施:

(1)侦察未实施。

(2)轰炸

A:战斗机未飞龙陵、松山助战。

B:轰炸瓦甸,效果不详。

六月十九日

甲:商定:

侦察轰炸同十二日。

乙:实施:

(1)侦察:因松山以南天阴云浓,未实施。

（2）轰炸：

A：轰炸腾冲、龙陵(以重轰炸机炸龙陵)效果不详。

B：轰炸江苴、瓦甸。

C：轰炸向阳桥。

E：松山未轰炸。

又：卅一架飞机对十一集团军方面投送粮弹约八十余吨。

六月二十日

甲：商定：

（1）侦察：同前。

（2）轰炸：

A：轰炸江苴、瓦甸间。

B：巡逻腾冲、龙陵、芒市公路上之敌。

C：将已装载火箭、烧夷弹之飞机控制于云南驿飞机场，在步兵开始攻击三小时前通知起飞，猛炸松山敌之据点。

乙：实施：

（1）侦察未实施。

（2）轰炸

A：B-25式轰炸机连炸龙陵三次，腾冲未轰炸。

B：轰炸江苴、松山。

C：临时巡逻攻击在向阳桥以南公路上一千五百人之敌行军纵队，毙伤五百人以上，及驮马七、八十匹。

丙：廿架飞机对第廿集团军投送粮弹，共六十余吨。

六月二十一日

甲：商定：

（1）侦察同前。但对防马桥补修公路之敌应予妨害。

（2）轰炸

A:腾冲

B:巡逻射击腾冲至向阳桥及腾冲至顺江街公路上之敌。

C:协攻松山。

D:临时决定直协龙陵方面作战。

乙:实施:

(1) 侦察未实施。

(2) 轰炸。

A:腾冲未轰炸。

B:下午一时十五分,飞机出动一批,至龙陵东黄草坝附近。因该地上空多云,未能直协地上部队作战。遂转飞腾龙桥。在此桥以南发现敌驮马500匹,卡车数辆,向南运输。当轰炸并扫射,驮马四散。损失不明。时敌随队武器向空射击,我驾驶员二人受微伤,飞机无恙。又,在腾龙桥以北十五公里处发现敌约四百人,即予轰炸扫射,而敌在甚窄之山谷内,伤亡不能估计。

C:下午二时半出动一批,直协龙陵附近作战,为云所蔽飞回。

D:下午三时半又出动一批,又为云蔽,改飞腾北。在腾冲至江苴路上仅发现敌驮马一小队(十余匹)。

E:对腾冲至顺江街公路上巡逻攻击。

F:松山未轰炸。

丙:飞机九架对第二十集团军及第十一集团军投送粮弹约廿吨。

六月二十二日

甲:商定:

以战斗机主力协助龙陵方面之作战,一部自下午一时起轰炸松山。

乙:实施:

战斗机曾起飞至澜沧江上空,为云所阻飞回。

丙:飞机七架对十一集团军方面投送弹药约十八吨。

六月二十三日

甲:商定:

以战斗机主力协助龙陵方面作战,一部协助松山方面作战。

乙:实施:

因天阴,飞机未出动。

丙:运输机两架对第十一集团军方面投送弹药。

六月二十四日

甲:商定:

(1) 侦察:龙陵、芒市、畹町、腊戍。

(2) 轰炸

A:巡逻攻击龙陵方面及龙陵至腾冲公路。

B:轰炸二关营森林内之汽车队。并准备以 B-25 式轰炸机轰炸腾冲城内已知之目标。

乙:实施:以(因)天阴,飞机未出动。

丙:运输机四架在江苴附近对第廿集团军方面投送弹药。

六月二十五日

甲:商定:

除对龙陵之二关及腾冲之敌轰炸外,战斗机主力协助八七、八八师之作战。

乙:实施:

战斗机飞往松山上空,未见我军摆出布板,无法投弹,乃转飞龙陵,又因大雨折回。

丙:A:运输机七架在马面关附近对一九八师投米。

B:运输机三架在江苴附近对五三军投粮弹。

C:运输机七架在龙陵以东对十集团军投粮弹约四十三吨。

六月二十六日

甲:商定:

(1) 侦察:龙陵、芒市公路线。

(2) 轰炸:

A:腾冲、芒市。

B:战斗机协助龙陵方面之作战

乙:实施:

(1) 侦察未实施。

(2) 轰炸

A:B-25式轰炸机出动十四架,分别飞往腾冲及芒市轰炸扫射,多处起火。另炸毁芒市以南之了戛桥及亭戛桥。

B:战斗机两架至二斗。

C:战斗机出动五批,飞至八七、八八师上空,因我军未摆出布板,至未直协作战。其中有两批转飞龙陵南,发现敌战车六至八辆及汽车廿余辆,完全被我击毁,并射伤敌兵多名。

六月二十九日

甲:商定:

(1) 侦察同前。

(2) 轰炸:

A:巡逻攻击腾冲至龙陵一带之敌。

B:直协龙陵方面之作战。

乙:实施:

因天阴多云,飞机未出动。

丙:运输机两架对第二十集团军投送粮弹。

六月三十日

甲:商定:

(1) 侦察同前。
(2) 轰炸：
A：腾冲附近地区集结之敌。
B：上下猛连之敌。
C：遮放敌军司令部。
乙：实施：天阴多云，飞机未出动。
丙：运输机八架，在江苴附近对第二十集团军投送粮弹。

七月四日

甲：商定：
(1) 侦察同前。
(2) 轰炸：腾冲城、满金邑、来凤阁、上下猛连、黄泥克、芒市、遮放。
乙：实施无报告。
丙：运输机卅二架向第二十集团军投送粮弹。
内含空投。

七月五日

甲：商定：
与四日同。另巡逻攻击上下猛连、龙陵、芒市、遮放公路上之敌。
乙：实施：
战斗机出动扫射腾冲城内之敌，效果不详。
丙：运输机卅八架对廿集团军投送粮弹约九十五吨。

七月六日

甲：商定：
在轰炸并扫射腾冲城、来凤山、上下猛连、芒市、遮放、滚龙坡、大哑口。

乙:实施:

A:轰炸腾冲城,效果不详。

B:战斗机自云南驿起飞四批,因气候不佳,均折回。

七月十日

甲:商定:同前。

乙:实施:

A:战斗机P四架①,轰炸来凤寺及满金邑。在飞来寺曾有两弹命中敌工事中心。

丙:运输机二架在江苴对廿集团军方面投送炸药及火焰放射器,另五架对五三军投送粮弹约十三吨。

七月十一日

甲:商定:

(1)侦察:同前。

(2)轰炸:

A:猛炸来凤寺,并以烧夷弹、爆炸弹轰炸腾冲城。

B:巡逻攻击龙陵、芒市、遮放、畹町、南坎公路。

乙:实施:轰炸:

A:B-25、P-40轰炸腾冲及来凤寺共七次。城内数处起大火,城墙东北角炸一大缺口。来凤寺敌堡垒阵地亦命中若干弹。

B:炸毁芒市南之亭夏桥。

C:B-25轰炸机飞往腊戍,未发现敌机,乃撤回互助芒市北敌之仓库,效果不详。

丙:运输机六架对廿集团军投送火焰放射器十六枚,粮弹十二吨。另小型机十七架由保山飞镇安街,运输军米二吨。

---

① 原文如此。

七月十二日

甲:商定:

A:延期爆炸弹猛炸来凤寺,以大量烧夷弹炸腾冲城。

B:轰炸芒市。

乙:实施:

A:上午 B-25 轰炸机以烧夷弹、杀伤弹炸腾街,到处起火,尤以五宝街、六宝街为猛烈。同时有枪炮弹爆炸声甚浓,判断系炸中敌弹药库。延至下午九时,火光与爆炸声仍未息。

B:狠炸来凤寺二至三次,效果不详。

C:下午我战斗机飞至猛堆附近上空助战,因未发现敌人,乃转飞芒市轰炸扫射,效果不详。

丙:运输:

A:运输机四架,对廿集团军投送粮弹十吨。

B:运输机十八架,对十一集团军投送粮弹约四十六吨。

C:小型机三架,载七五山炮弹及零件飞镇安街。

七月十三日

甲:商定:

A:以杀伤弹及烧夷弹炸腾冲城。

B:以爆炸弹猛炸来凤寺。

C:狠炸芒市。

乙:实施:

A:B-25 轰炸机在腾冲南门外附近地区,共投一百磅重之炸弹二百枚。

丙:运输:

A:运输器(机)十五架对廿集团军投送粮弹四十吨。

B:运输机三架对十一集团军投送粮弹六吨。

七月十四日

甲:商定:

A:以烧夷弹及杀伤弹炸腾冲城。

B:连续轰炸芒市及其附近集结之敌。

C:巡逻攻击龙陵、芒市公路线。

乙:实施:

A:下午五时半轰炸腾冲城,尚起大火。

B:龙芒二市因大卜雨,飞机未出动。

丙:运输:

丁:敌机情报:

A:上午敌零式战斗机三架,轻轰炸机六架在猛昌街误投降落伞七个,内系手榴弹、步机弹、药品等,判断系敌投送松山者,但仍有四架到达松山滚龙坡,共投下降落伞十个。

七月十五日

甲:商定:

A:以爆炸弹猛炸来凤寺。

B:以杀伤弹与烧夷弹炸龙陵。

C:以杀伤弹炸芒市及党练集结之敌。

D:再轰炸芒市以南亭戛桥及贵街桥、新维桥。

E:上下午战斗机各出动一次巡逻松山上空,仅防敌机对松山投送物品。

乙:实施:

A:战斗机飞往来凤寺两次。一次因松山方面发现敌机乃转飞松山,但敌机已逸去;一次结果如何不详。轰炸曾否出动亦不详。

B:上午十一时卅分轰炸芒市,效果不详。

C:亭戛桥炸毁补修困难。贵街桥、新维桥均炸毁,估计补修必须两周始能完成。

　　D:巡逻松山曾投500磅炸弹数枚。

　　丙:运输:

　　A:运输机五架对廿集团军投粮弹。

七月十六日

　　甲:商定:

　　A:猛炸来凤寺及腾冲城。

　　B:巡逻松山上空,防敌投送。上午十时至十二时,下午二时至四时为巡逻时间。

　　C:准备协助平戞作战。

　　D:轰炸龙陵城。

　　乙:实施:因气候不佳,飞机未出动。

　　丙:运输:

　　A:运输机二架对廿集团军投送黄包炸药五千个。

　　B:运输机十架对十一集团军投送粮弹二十五吨。

七月十七日

　　甲:商定:

　　A:以B-25轰炸腾冲。

　　B:以P-40巡逻攻击腾冲至八莫间道路之敌。

　　C:以P-40巡逻松山上空,防敌投送。

　　D:以B-25轰炸龙陵。

　　乙:实施:

　　A:B-25一批到腾冲轰炸。

　　B:P-40共出动八次,有二次到来凤寺上空,结果不详。

　　丙:运输

　　A:运输机三架,对廿集团军投送弹药六吨。

B:运输机三架,对十一集团军投送粮弹六吨。

七月十八日

甲:商定:

A:以 B-25 九架猛炸腾冲。

B:以 B-25 十五架轰炸龙陵西侧五个目标(据点及仓库),六架炸龙陵城。

C:P-40 连续轰炸来凤寺及掩护松山上空,并攻击平戛西退之敌。

乙:实施:

气候不佳,飞机未出动。

七月二十三日

甲:商定:同二十日。

乙:实施:因阴雨,飞机未出动。

丙:运输:飞机十三架投送廿集团军粮弹三二吨。

丁:敌机情报:敌战斗机五架、运输机七架在松山大哑口间投下降落伞廿余个。

七月二十四日

甲:商定:同二十日。

因阴雨,飞机未出动。

七月二十六日

甲:商定:同二十日。另派战斗机在松山上空巡逻,防敌机投送。

乙:实施:

A:腾冲方面:第一批战斗机八架,约正午十二时对来凤山扫射并俯冲投弹,敌五三〇〇高地其大堡垒命中三枚。营盘坡两堡垒各投弹两枚,扫射成绩亦好。第二批轰炸机廿七架、战斗机三架对城区轰炸,城内发生大火,惟城墙尚未能破坏。第三批战斗机八架对来凤山俯冲投弹及扫射敌据点,来凤寺中弹起火,定全焚毁。第四批战斗机八架对来凤山攻击,效果不详。

B:松山方面我战斗机三架,在松山上空巡逻,约半小时飞回。

丙:运输:

A:运输机十三架对廿集团军投粮弹廿三吨。

B:运输机飞往十一集团(军)投粮弹,因敌机关系折回。

丁:敌机情报:

A:敌战斗机五架、运输机七至九架乘隙飞到大哑口投下物品廿余包,尚被我阴登山美军高射炮队击落一架,击伤两架,俘敌航员一名,已重伤,送至二四六团部即毙命。被击落之敌机为九八式轻轰炸机,机上机枪两挺,口径为一公分三,已拆下,机内未投完之物品为掷榴弹。

B:下午五时许,敌机三架在镇安街小机场扫射,我无损伤。

七月二十七日

甲:商定:

A:以轰炸机携带多量烧夷弹及杀伤弹,炸腾冲城区及南门外市区。另以轰炸机携带重磅炸弹炸腾冲城东门城墙。

B:以战斗机携带火箭及炸弹轰炸城内中心十字路。

乙:实施:因天雨未出动。

丙:运输:

飞机六架对廿集团军投粮弹十六吨。

七月二十八日

甲:商定:

A:轰炸腾冲,与二十七日同,惟加炸城墙之四角。

B:掩护松山上空。

乙:实施:气候不佳未出动。

丙:运输:

A:运输机四架投廿集团军弹药十吨。

B:运输机二架投十一集团军弹药四吨。

七月二十九日

甲:商定:

轰炸机炸腾冲城内及城之四角。

A:并滑翔轰炸东门之城墙。

B:战斗机掩护松山上空。

乙:实施:下午六时许,我机对腾冲分二批:第一批三架轰炸城内,高空投弹,数处起火。第二批四架向城内投弹,有两弹误投城外我一一六师阵城(地),幸官兵无伤亡,惟电话线炸弹城墙为炸。①

丙:运输:

A:运输机十五架对廿集团军投送弹药。

B:运输机六架对十一集团军投送军米。

C:运输机一架对九三师投送服装。

以上计重五五吨。

七月三十日

甲:商定:与廿九同。

乙:实施:因天雨未出动。

丙:运输:运输机一架对五三军投送弹药二吨。

八月六日

甲:商定:

---

① 原文如此。

A：轰炸腾冲西北城城角,东北城角及其间之城墙,并城之中心区。

B：轰炸芒市南二英里处敌五、六师团司令部。

C：轰炸遮放。

D：掩护松山上空。

乙：实施：

A：自上午九时至下午五时,我机分七批炸腾冲。第一批P-40四架炸城内并扫射;第二批P-40四架炸南城门楼及南门内并扫射;第三批P-40四架炸拐角楼并扫射;第四批P-40四架炸城内及西门外,投四弹;第五批P-40四架炸城西南角并扫射;第六批P-40四架炸南门内,投四弹;第七批P-38四架炸城内投烧夷弹。以上结果:(一)拐角楼大火。(二)南城门楼敌堡垒全毁。(三)城内大火。

B：在芒市南二英里处敌司令部投弹尚毁营房五、六幢。

C：我战斗机飞亭戛桥,见该桥仍未修复。

丙：运输：

A：运输机十五架对廿集团军投粮弹。

B：运输机六架对十一集团军投粮弹。以上计重五十吨。

丁：敌机情报：上午九时敌战斗机三架、运输机六架到松山上空向敌投掷物品,因我高射炮火力猛烈,仅两架能低飞,共投下物品七包。该两架中有一架受伤,殆我机到达时已远遁。

八月七日

甲：商定：

A：轰炸腾冲城西北角、东北角及东北西三门之城楼,并英领事馆,另在西北角至北门间城墙及东门开缺口。

B：掩护松山上空。

乙：A：下午四时P-38四架轰炸腾冲北门附近,及东门至东北角间开缺口。

B：由印度起飞之轰炸机将新维桥炸毁。

丙：运输：

A：运输机七架对五三军投送弹药，十架对五四军投送弹药，另一架投送半英寸高射机枪弹，计重五十吨。

八月八日

甲：商定：

A：轰炸腾冲城拐角楼至北门、东门各开一缺口，及英领馆与中心点十字街魁星楼。

B：掩护松山上空。

乙：实施：

A：上午九时 P-40 八架炸拐角楼英领馆，在城西、北各开一缺口，宽约七公尺，底距地二公尺，城内有两处起火。

丙：运输：

A：运输机十五架对廿集团军投弹药。

B：运输机四架对十一集团军投弹药。以上计重五四吨。

八月九日

甲：商定：与八日同。因气候不佳未出动。

乙：运输：飞机八架对廿集团军投粮弹廿吨。

八月十二日

甲：商定：与前同。

乙：实施：

A：我机飞往芒市以南侦察，未见敌活动。

B：战斗机炸腾冲一次。

丙：运输：对廿集团军投送粮弹廿六包，计六五吨。

丁:敌机情报:敌机九架于下午一时来松山上空轰炸,我无损失,惟敌又投下物品七包。

八月十三日

甲:商定:

A:轰炸腾冲城,与十日同。

B:下午轰炸龙陵。

乙:实施:

A:轰炸腾城,自上午十一时四十分至下午六时三十分,战斗机共去六批。第一批P-40三架,在东门投弹三枚;第二批P-38四架在拐角楼及城内投弹四枚,拐角楼起火;第三批P-40四架,在城东北角投弹四枚;第四批P-40四架,在饮马水河附近投弹四枚,内两枚误落于一九八师五九团阵地,幸无伤亡;第五批P-40四架,在城上空盘旋一周,未投弹;第六批P-40四架,在城东北角内投弹四枚,其东门以南开一小缺口。因城税务司房屋尚为敌盘踞,不能利用。

B:轰炸机分三批炸龙陵,每批六架,均在城内投弹,尚起大火延烧。

C:在芒市以南之亭戛桥发现敌正架设浮桥即炸毁。

丙:运输:

运输机廿二架对廿集团军投粮弹五五吨。

八月十四日

甲:商定:

A:集中轰炸腾冲东门及拐角楼。

B:轰炸龙陵,协助攻击。

乙:实施:

A:战斗机十架分批轰炸腾城,在拐角楼及东门投弹十余枚。

B:上午十时三十分,战斗机十四架分批轰炸扫射龙陵敌阵地。上午效果甚好,下午曾误炸我阵地。

C:轰炸机廿四架分批轰炸龙陵城区,效果良好。

D:轰炸机飞畹町、遮放一带,未发现敌活动,并炸伤新维桥。

丙:运输:

A:运输机八架对廿集团军投粮弹。

B:运输机廿八架对十一集团军投粮弹。

以上计重九二吨。

八月十五日

甲:商定:

A:掩护腾冲上空并监视城墙上之敌。

B:轰炸龙陵。

C:掩护松山上空。

乙:实施:

A:战斗机十二架分批在腾冲上空掩护。

B:轰炸龙陵,效果不详。

C:战斗机十架分批掩护松山上空。

D:我机飞往亭戛桥,发现敌正修补,当予炸毁。

E:轰炸新维桥,未命中。

F:轰炸贵街,效果不详。

丙:运输:

A:运输机十九架对廿集团军投粮弹。

B:运输机廿四架对十一集团军投粮弹。

以上计重一〇七吨。

八月十六日

甲:商定:

A:战斗机轰炸腾冲城区,但至上午十二时停止。

B:战斗机及轰炸机炸龙陵,并直协攻击。
乙:实施:
A:轰炸龙陵城南伏龙寺,成果颇佳。
B:轰炸新维桥,炸中桥梁,但未完全破坏。
C:飞机十八架炸畹町,效果不详。
丙:运输:
A:廿二架对廿集团军投粮弹。
B:十七架对十一集团军投粮弹。
以上计重九八吨。

八月十七日

甲:商定:
A:黄昏前以烧夷弹、杀伤弹及汽油〔弹〕猛炸腾冲城内。
B:上午轰炸龙陵,并直协地下〔面〕军之攻击。
C:再炸新维桥。
乙:实施:
A:飞机六架对腾冲城内轰炸扫射。
B:轰炸龙陵敌阵地,效果不详。
C:轰炸芒市附近及蛮黑、拱府一带敌之仓库,效果不详。
D:飞机六架炸毁新维桥及附近之仓库。
丙:运输:
A:卅六架对廿集团军投送弹药。
B:五架对十一集团军投送粮弹。
以上计重一〇二吨。

八月二十九日

甲:商定:
A:上午十时以前轰炸腾冲城北部,十时以后轰炸龙陵城上指定之目标,并攻击芒市,向北移动之敌军。

B:侦察瓦昌(腾北中缅交界之处)敌之动向。

乙:实施:

A:我机三架对龙陵轰炸并扫射。

B:小型机飞瓦昌侦察,因为气候恶劣,未到达。

丙:运输:

运输机廿七架对廿集团军投粮弹六六吨。

九月二日

甲:商定:

(一)上午七时轰炸腾城内北半部。

(二)巡逻攻击龙陵公路之敌。

(三)轰炸龙陵已指定之目标。

乙:实施:气候不佳,未实施。

丙:运输机六架对廿及十一集团军投粮弹十五吨。

内含空投。

九月三日

甲:商定:与二日同。

乙:实施:

(一)第十四航空队派机袭击贵街,效果不详。

(二)云南驿十四航空队飞机曾出动三次,结果不详。

丙:运输:机六架对十一集团军投送弹药十五吨。

丁:敌机活动:

(一)上午十时,敌机六架到松山外围投下物品七包。

(二)下午二时,敌机九架到腾冲上空对我军轰炸,适机场停有小型机四架,起火焚毁。

九月四日

甲：商定：

（一）集中空军力量连续轰炸南天门附近及龙芒公路上之敌，援助地上部队作战。

乙：实施：

（一）出动廿次轰炸南天门之敌。

（二）飞机三架巡逻攻击龙陵城区之敌。

（三）对亭戛桥出动八次，又在公路上发现敌卡车十二辆，当予扫射。以上效果不详。

（四）飞机八架至芒市西南，炸敌秘密机场，未发现目标。

九月五日

甲：商定：

（一）上午七时至十一时分两批，每批战斗机四架，轰炸机腾城东城门楼东北角，北城门楼西北角，及北门大街。

（二）集中主力连续轰炸南天门附近及龙芒畹公路上之敌，援助地面部队作战。

乙：实施：

轰炸机炸滇缅公路敌后桥梁，结果未据报。

丙：运输：

（飞）机七架对廿集团军投粮弹十五吨。

九月六日

甲：商定：

全力协助十一集团军作战，并巡逻滇缅公路之敌。

乙：实施：

（一）飞机一批沿滇缅路至敌后侦察，未见敌人活动。

丙：运输：

(一)〔飞〕机①四架对廿集团〔军〕②投弹药。

(二)机十架对十一集团投粮弹。

九月七日

甲:商定:

(一)上午七时至十时分两批,每批战斗机四架,轰炸腾城东门、饮马水东北角及北门务求地上摆布板。

(二)集中主力轰炸龙陵已指定之目标,并炸芒市及芒畹公路上之敌。

(三)如敌汽车三百辆到芒市之情报证实,则集中空军于拂晓炸芒市。

乙:实施:

(一)在芒畹公路上巡逻,未见敌人活动。

(二)B-25轰炸机至芒市轰炸,成果未据报。

丙:运输:

(一)机十架对廿集团投送弹药。

(二)机七架对十一集团军投送弹药。

(四)计重四二吨。

九月八日

甲:商定:

(一)上午七时至十时分两批,每批战斗机四架,轰炸腾城东北角及饮马水。

(二)集中轰炸机主力炸龙陵、芒市各附近,及龙芒畹公路之敌。

---

① 本组资料以下"机"之前未加"飞"字。为保持原貌,下均不再加"飞"字。
② 本组资料以下"集团军"之后未加"军"字。为保持原貌,下均不再加"军"字。

乙：实施：

因前方气候不佳，未出动。

丙：运输：

（一）机二架对廿集团投送弹药。

（二）机八架对十一集团投送弹药。计重三五吨。

丁：敌机活动：

（一）我二百师在保山机场开始空运，遇敌零式机十二架于下午五时许来袭，尚未到达，适与我 P-38 四架遭遇，即战斗。结果敌机被击落一架，另两架可能被击落，余均逃去。

（二）我运输机被敌击落一架焚毁。又停保山机场战斗机有一架当敌机坠落时被撞毁。又 P-38 一架被击落。

九月九日

甲：商定：

战斗机全力掩护二百师空运，以轰炸机主力炸龙陵、芒市及公路上之敌，并炸滇缅路桥梁及车队。

乙：实施：未出动。

丙：运输：

机九架对廿集团投粮弹计廿二吨。

丁：敌机活动：

敌机二架袭腾冲，美上士一名被击毙。

九月十日

甲：商定：

（一）战斗机以一部于拂晓后轰炸腾城东城门楼东北角，以主力掩护二百师空运。如敌机袭击腾冲，则前往迎击。

（二）轰炸机全力炸芒市。如气候不佳，不能发现目标时，则回炸龙陵之敌。

乙：实施：

（一）P-40六架炸亭戛未命中，一批炸贵街，效果不详。

（二）轰炸机一批炸曼稳，效果不详。

丙：运输：

（一）机十五架对廿集团投送弹药。

（二）机一架对十一集团投弹药。计重四十吨。

丁：敌机活动：

（一）下午二时敌机十架侵入腾冲上空，与我战斗机八架发生激烈战斗。至二时半，把我击落五架（轰二战三），内有一架受伤迫降买鱼村（机无大损，人被俘）。

（二）下午二时二十分，敌机十二架在黄草坝投小型炸弹八枚。

九月十一日

甲：商定：与十日同。

（一）轰炸扫射龙陵一四一二高地。

（二）攻击南天门敌步兵及汽车，效果不详。

（三）十四航空队战斗机于龙芒间公路发现敌汽车六十辆，被我击毁仪四辆，击伤十二辆。

（四）B-25一批轰炸敌仓库，效果不详。

（五）轰炸南坎附近桥梁，炸伤一部分。

（六）B-25卅架炸畹町。

（七）炸蛮允附近集中之敌，效果不详。

丙：运输：

（一）机十七架对廿集团投粮弹。

（二）一架对十一集团投粮弹。

计重卅二吨。

九月十二日

甲：商定：

（一）战斗机以主力掩护二百师空运外，并以一部轰炸龙陵已指定之目标。同时任黄草坝附近我部队运输、集结之掩护。

（二）轰炸机轰炸芒市之敌，特别注意敌后桥梁。

乙：实施：

（一）第十航空队以侦察机对芒市至蓝市卡（新维瞬时十公里处）空中照相（像），结果未据报。

（二）侦察八莫及秒西各桥梁俱不能用。

（三）战斗机六架巡逻攻击腾冲、龙陵、贵街、八莫公路上之敌。

（四）十四航空队 B-25 两架轰炸文华坡西北敌十五公分重炮阵地，另一批投二五〇磅炸弹并炮击，毁敌炮一门。

（五）炸龙陵西各目标。

（六）十二时四十五分战斗机六架轰炸八莫附近某城，投 250 磅弹十二枚。

（七）B-24 十二架炸美苗，无报告。

（八）掩护由白上保山至黄草坝公路上运输，共出动飞机十八次。

（九）掩护由云南驿至保山空运，飞机出动廿次。

丙：运输：

（一）机九架对廿集团投粮弹。

（二）十五架对十一集团投粮弹。

计重五九吨。

九月十三日

甲：商定：

（一）战斗机掩护黄草坝附近部队之集结。

（二）轰炸龙陵已指定目标。

（三）攻击敌由腊戍、新维向北增援之敌。

乙:实施:

战斗机八架炸贵街附近之曼撤,效果不详。

丙:运输:

机六架对十一集团投弹药十五吨。

九月十四日

甲:商定:

(一) 轰炸龙陵已指定目标,协助地面作战。

(二) 掩护保山至黄草坝间部队之输送。

(三) 以后经常轰炸滇缅路敌修复之桥梁。

乙:实施:

(一) 上午十时四十五分轰炸帛柿?①投百余磅炸弹二百一十枚。

(二) 上午十时三十分至十一时 B-25 分两批轰炸八莫。

九月十五日

甲:商定:同十四日。

(一) 战斗机分批掩护空中投掷。

(二) 战斗机在龙陵以南巡逻攻击敌人。

(三) 上午八时三十分 P-38 八架炸贵街。

(四) 上午十时许 B-25 三架轰炸畹町,结果不详。

(五) B-25 一架轰炸汴萨,效果不详。

丙:运输:

机十架对十一集团军投弹药卅吨。

九月十六日

甲:商定:

---

① 原件如此。

(一）下午二时空军主力轰击龙芒畹公路之敌。

乙：实施：

（一）B-25 二架轰炸机龙陵西某山头二次，效果不详。

（二）P-40 八架炸芒市敌营房、仓库，效果不详。

丙：运输：

（一）机四架对廿集团投粮弹。

（二）机十七架对十一集团投粮弹。

以上计重五二吨。

九月十七日

甲：商定：同前。

乙：实施：

（一）第十航空队派出 B-25 六架炸芒市，三架炸贵街，十二架炸八莫，均效果不详。

九月十八日

甲：商定：同前：因天雨未出动。

九月十九日

甲：商定：同前：因天雨未出动。

九月二十二日

甲：商定：

（一）B-25 轰炸机炸龙陵城内敌之仓库及芒市之敌。

（二）第十航空队战斗机巡逻攻击芒畹公路之敌及军车。

（三）第十四航空队战斗机保护运输机对第二军投送弹药，并巡逻攻击芒市、良子寨、平戛道路之敌。

乙：实施：

因气候不佳未出动。

丙:运输:

机十五架对第军①投粮弹,重卅七吨。

九月二十四日

甲:商定:同前。

乙:实施:

(一) P-40一批炸南拱敌仓库及停车场,当有房屋起火燃烧。

(二) 侦察芒市、猛堆间道路。因视度不良未发现敌人活动。

(三) B-25五架炸芒市附近之敌,效果不详。

(四) P-40八架掩护空中投送。

丙:运输:

(一) 机一架对廿集团投米。

机二十架对十一集团投粮弹。

计重六四吨。

九月二十五日

甲:商定:同前。

惟战斗机掩护由云南驿至保山空运。

乙:实施:

(一) P-40四架对芒市之敌投弹并扫射,又至遮放附近侦察。

(二) P-40八架掩护投送。

丙:运输:

(一) 机九架对廿集团;

(二) 机廿六架对十一集团。

投粮弹八七吨。

---

① 原件如此。

九月二十六日

甲:商定:同前。

(一) 轰炸机四架炸亭戛桥均命中。又至遮放附近侦察,见被炸之公路一段敌仍未修复。

(二) B-25 轰炸机炸芒市营房,效果不详。

(三) 自印度起飞之 B-25 二五架炸芒市,效果不详。

(四) 战斗机主力掩护空运。

丙:运输:

(一) 机十架对廿集团;

(二) 机廿一架对十一集团。

投粮弹七七吨。

九月二十七日

甲:商定:同前。

乙:实施:

(一) B-25 廿五架炸芒市,B-24 一批炸遮放。

(二) 战斗机巡逻攻击木姐、八莫之敌。

丙:运输:

(一) 机六架对廿集团投粮弹。

(二) 机十二架对十一集团投粮弹。

以上计重四六吨。

九月二十八日

甲:商定:同前。

(一) B-24 一批轰炸芒市。

(二) 战斗机两批轰炸扫射芒市之敌。

丙:运输:

(一) 机四架对廿集团投弹药。

(二）机廿五架对十一集团投粮弹。

七十一吨。

(三）机八架对九三师投军服、通讯器材。

九月二十九日

甲:商定:同前。

乙:实施:

(一) B-25两批炸芒市。

(二）轰炸机一批炸亭戛桥共投五百磅炸弹二枚、二五〇炸弹四枚,该桥被炸毁。

(三) B-25六架炸南开桥(新维北)投百磅弹百廿枚,烧夷弹十二枚,当被炸毁。

九月卅日

甲:商定:同前。

乙:实施:

(一) B-25十二架炸芒市,内五架在一处投五百磅炸弹一百十二枚,另一架在一处投百磅炸弹一四九枚,当发生大火及强烈之爆炸。

(二) P-40四架巡逻保山镇、贵街一带。

(三) B-25十一架轰炸芒市桥梁,投五百磅炸弹六四枚,并以机枪猛烈扫射,当即被毁,不能通车。

(四) P-47七架在贵街、腊成机场轰炸扫射,击毁敌三九七式机一架。又在亭戛桥附近击毁卡车一辆。

丙:运输:

(一）机十架对廿集团投送粮弹及通信器材。

(二）机廿九架对十一集团投粮弹。

以上计重九十吨半。

十月一日

甲：商定：

（一）P-40一批轰炸扫射芒市附近之仓库。

（二）P-40四架扫射芒市桥两次，共投五百磅炸弹四枚，杀伤弹廿二枚。

（三）P-38二架在东岸仁勒东南150公里处炸毁敌机三架，双引擎轰炸机五架。

（四）P-47八架在畹町扫射。

丙：运输：

（一）机八架对廿集团投粮弹。

（二）十七架对十一集团投粮弹。

计七五吨。

十月二日①

甲：商定：同前。

乙：实施：

（一）P-47六架炸芒市机场，在遮放、畹町间毁敌卡车六辆。

（二）P-47七架炸贵街敌弹药库，投五百磅炸弹十四枚，毁其堆栈二所。

丙：运输：

（一）飞机九架对廿集团投米。

（二）机廿七架对十一集团投粮弹。

计八十吨。

十月三日

甲：商定：同前。

---

① 原件的日期是九月二日，与前同一日期内容对照不重复，且前有十月一日，后有十月四日，故本日与次日的日期判定为十月二、三日。

乙：实施：

（一）B-25十八架原拟炸芒市因处气候不佳，改炸缅甸西部，效果不详。

（二）B-25六架轰炸芒市共投百磅炸弹一四四枚。

（三）B-25四架炸腊戌，投千磅炸弹十六枚，效果甚微。

（四）在芒市附近炸铺有碎石之敌机场，多命中，判断该场已不能利用。

十月四日

甲：商定：同前。

乙：实施：

（一）B-25三架炸芒市西南之停车场。另P-38三架在芒市附近巡逻攻击敌人，效果均不详。

（二）P-47八架轰炸畹町附近。

丙：运输：

（一）机十二架对十一集团投粮弹廿九吨。

十月五日

甲：商定：同前。

乙：实施：

（一）B-25三架炸芒市敌仓库，投百磅炸弹四八枚，当起大火。

（二）P-40四架炸芒市西南敌牧场，伤牛马四五十头。又在龙芒公路毁敌卡车二辆。

（三）P-40四架在木姐投燃烧弹百枚，仅发生小火数处。

（四）B-25三架炸新涛附近之南开桥，当被炸伤。

丙：运输：

（一）机卅七架对十一集团投粮弹。

（二）机一架对九三师投米盐。

（共）重九五吨。

十月六日

甲：商定：同前。

乙：实施：

（一）十航空队 B-25 七架炸新维桥，共投千磅炸弹廿八枚，内廿四枚命中，不能通车。

丙：运输。

十月八日

甲：商定：同前。

乙：实施：

（一）十航空队 B-25 五架炸新维附近之南开桥，投千磅炸弹廿枚，及通该桥之公路，已大受损伤。

丙：运输。

丁：敌机活动：第十航空队 B-25 十三架与敌战斗机十架遭遇，被我击落三架，我损失一架。

十月九日

甲：商定：同前。另侦察滚弄方面之敌情。

乙：实施：

（一）P-40 十二架炸芒市、亭戛间之公路。又炸芒市敌仓库及营房，均中弹起火。

（二）下午八时 B-25 二架又轰炸芒市。

（三）B-25 十二架炸滚弄渡口。

丙：运输：

（一）机四架对廿集团投弹药。

（二）机十二架对十一集团投粮弹。

以上计重四十吨。

十月十日

甲:商定:同前。

乙:实施:

(一) 机六架炸滚弄敌仓库,并炸其附近之村落。

(二) 芒市、亭戛间之桥梁被我炸断,不能通车。

丙:运输:

机卅四架对十一集团投粮弹八四吨。

十月十一日

甲:商定:同前。

乙:实施:

(一) 飞机一批炸芒市南二英里处敌仓库,当即起火。

(二) 轰炸机一批炸西保桥,投千磅炸弹八枚,效果不详。

(三) P-40一批炸芒市附近之桥梁,投五百磅弹四枚,另四架炸桥附近村庄,投五百磅弹六枚,引起大火。

(四) B-25一批炸断芒市、亭戛间之桥梁。

(五) P-47八架炸畹町、贵街间之孔卡桥,投五百磅弹六枚,被破坏不能通车。又在回家炸坏敌卡车七辆。

丙:运输:

(一) 机二架对廿集团投粮弹。

(二) 机卅六架对十一集团投粮弹。

以上计重九四吨。

十月十二日

甲:商定:同前。

乙:实施:

（一）14航空队派机飞芒市扫射,见十一日被炸目标仍在燃烧。

（二）P-38四架炸新维投五百磅炸弹八枚,引起大火。

（三）P-47八架炸畹町南之蒙游,投五百磅弹八枚并扫射,有三处起火,烟高四千尺。

丙:运输:

（一）机一架对廿集团投米。

（二）飞机廿三架对十一集团投粮弹及通讯器材。

以上计重九五吨。

十月十三日

甲:商定:同前。

乙:实施:

（一）P-47八架炸畹町桥投五百磅弹十六枚,该桥被毁不能通车。

（二）B-25十二架炸新维投五百磅弹廿六枚,有六处起火。

（三）P-47四架炸SO8767处之桥梁被毁,不能通车。另在SO处扫射卡车七辆。又扫射仓库四四所,内二所爆炸。

（四）B-25四架炸腊戌之主要桥梁,投千磅弹六枚,将桥南端炸毁。

丙:运输:

（一）机十一架对廿集团投粮弹。

（二）机一架对九三师投米。

计重卅二吨。

十月十四日

甲:商定:同前。

乙:实施:

(一)飞机一批炸芒市附近敌堆积所,炸中一处起火燃烧。

十月十五日

甲:商定:同前。

乙:实施:

(一)P-40四架袭击芒市敌停车场,效果不详。

(二)P-47八架轰炸并扫射南坎附近之蛮允区,当起火燃烧,火高八千尺,内有两处起爆炸。

丙:运输:

机十八架对廿集团军投弹药及其它五四吨。

十月十六日

甲:商定:同前。

乙:实施:

(一)P-40四架炸亭戛桥投二百五十磅弹六枚,五百磅弹二枚,另四架炸芒市桥。

(二)P-40及P-38各二架袭击遮放,效果不详。

丙:运输:

机十五架对廿集团投粮弹,卅七吨。

十月十七日

甲:商定:同前。

乙:实施:

(一)P-40上午十时半攻击芒市南五里处之村镇,引起大火,烟高九千尺。

丙:运输:

机十三架对廿集团投粮弹卅一吨。

十月十八日

甲:商定:同前。

乙:实施:

(一) P-47八架炸畹町桥投五百磅弹十三枚,即全毁不能通车。

(二) B-25三架炸南坎之中心桥梁,投五百磅弹廿四枚,该桥公路被炸毁。

丙:运输:

机七架对廿集团军投弹药十六吨。

十月十九日

甲:商定:同前。

乙:实施:

(一) P-40四架、P-38两架炸遮放敌汽油库及军事区,投爆炸弹十二枚,五百磅弹二枚,结果仅冒黑烟,判断该地并无汽油库。

(二) P-40二架炸遮放南二里处敌军事区,投弹均命中未起火。

丙:运输:

(一) 机十二架对廿集团投弹药。

(二) 机八架对十一集团投米盐。

计重五七吨。

十月廿日

甲:商定:同前。

乙:实施:

(一) P-38四架炸新维南七里处敌仓库,发生大火。另炸毁卡车三辆。

(二) P-47五架炸孔卡桥,投五百磅弹六枚,该桥炸毁。另在畹町西南五里处扫射,敌马五十余匹大多被击毙。

丙：运输：

（一）机三架对廿集团投米及马料。

（二）机七架对十一集团军投米。

计重廿四吨。

十月廿一日

甲：商定：同前。

（一）P-40三架炸木姐桥敌。

（二）机十架炸亭戛桥,结果均不详。

十月廿二日

甲：商定：同前。

乙：实施：

（一）P-40四架攻击畹町桥,未命中。

（二）P-40一批炸瑞帮河渡口,起火燃烧。

（三）P-38四架炸万来桥（九八〇五〇一二一〇四〇）[①]投千磅弹四枚,结果不详。

十月廿三日

甲：商定：同前。

乙：实施：

（一）遮放北二里村落发现敌集中部队,地面有高射火器,已炸毁。

（二）遮放营房及司令部皆炸毁烧光。

（三）P-38四架袭畹町,仓库炸毁乙座,南坎西之蚌呱桥被炸毁,猛卯已被炸中起火。

---

① 原件如此,疑为地图上之坐标。

（四）P-47四架炸中蚌坎桥,扫射木姐及蛮允,两地均起大火,燃烧殆尽。

（五）B-25九架炸腊戌、梅苗铁道,破坏调车七道及调车场数处。

（六）B-25廿五架炸断西保桥HSLBW。

十月廿四日

甲:商定:同前。

乙:实施:

（一）P-40三架分别袭击遮放及其西南村庄,均命中。

（二）P-47五架炸畹町桥,未命中,但进路已被毁。

（三）P-47十一架炸猛卯附近之螺材地带,无甚效果。

（四）P-38机以千磅弹炸中南坎桥及两端进路。

（五）P-38袭击腊戌铁道桥梁,未命中。

（六）P-51一架在安尼沙干ANLSAKAN机场附近扫射西行火车一列。

（七）B-25三架炸孟尼华MONYWA火车站及营舍区多命中起火。

十月二十五日

甲:商定:同前。

乙:实施:

（一）P-47四架攻击畹町桥及与北两端近桥通路,完全毁坏。

（二）P-47十四架攻击猛卯,投下爆炸弹、燃烧弹多枚,升全镇起火区二、三处,烟高达五千公尺,已在靡漫中。

十月廿六日

甲:商定:同前。

乙:实施:

(一) B-25一批畹町投二五〇磅弹一二八枚及百磅燃烧弹五枚,引起数处大火,并有爆炸声。

十月廿七日

甲:商定:同前。

乙:实施:

(一) B-25十架炸芒市,投二五〇磅弹四十枚,百磅燃烧弹廿枚,该城西部发生爆炸声甚多。

(二) 一批十一架炸畹町,投二五〇弹四十枚及百磅燃烧弹一四四枚,数处有大火。

十月廿八日

甲:商定:同前。

乙:实施:

(一) 十四航空队解放式机二架炸芒市,投弹三枚。

丙:运输:运输机××架对廿集团送棉军服,数量不详。

十月廿九日

甲:商定:

轰炸龙芒间之目标,直协地上部队攻击。

乙:实施:空军轰炸龙芒及直协地面部队攻击,效果颇佳。

丙:运输:

(一) 机八架对十一集团投送棉军服。

十月卅日

气候不佳,未出动。

运输方面:

（一）机五架对十一集团投送棉军服。

十一月一日

甲：商定：与十月廿九日同。

乙：实施：第十四航空队战斗机卅一架直协龙陵、芒市方面地面部队作战。

丙：运输：

（一）飞（机）一架对廿集团投通讯器材。

（二）机十架对十一集团军投冬服弹药。

十一月二日

甲：商定：同前。

乙：实施：

（一）十四航空队战斗机直协龙陵、芒市地面部队作战，共出动卅六次。

（二）P-38四架炸新维桥，又炸芒市南三里处敌仓库，效果不详。

（三）十四单翼机攻击腊戍区，共出动廿四次。

丙：运输：

（一）机四架对廿集团投军服。

（二）机十三架对十一集团投弹药及军服。

十一月三日

甲：商定：同前。

乙：实施：

（一）单机出动四五次，内三七次直协龙芒方面地上作战，其余各炸芒市附近并在芒市机场内毁敌机一架。

（二）P-38四架连续轰炸芒市附近各村庄。

丙：运输：
（一）机三架对廿集团投军服。
（二）机四架对十一集团投粮弹。

十一月四日

甲：商定：同前。
乙：实施：
（一）十四队战斗机直协芒市东方面地上部队作战，共出动卅三次。另P-38四架炸畹町、贵街间之芒友桥。
（二）第十航空队机出动七二次，在八莫、南坎、畹町间公路上巡逻攻击敌人，并炸南坎东北之南桑及安尼坝敌机场。
丙：运输：
（一）机五架对廿集团投冬服。
（二）机四架对十一集团投弹药。

十一月五日

甲：商定：同前。
乙：实施：
（一）飞机一批在南坎附近炸毙敌一百七十名。另在南坎以西之村内毙敌五十名，并炸敌汽油百桶。
（二）P-47八架炸腊戍敌机场。效果不详。
（三）P-47八架在畹町、八莫公路上巡逻，未发现敌人。

十一月六日

甲：商定：同前。
乙：实施：
（一）单机直协芒市东方地上部队作战，共出动四一次。
（二）P-38四架炸中蛮蚌敌油库，引起大火。

（三）P-38 五架炸毁畹町敌仓库建筑。

丙：运输：

曾对十一集团投弹药一次。

十一月七日

甲：商定：同前。

乙：实施：

（一）单机出动廿一次直协芒市东方地上部队作战。

（二）P-38 一批炸中芒市、畹町敌仓库一所。

（三）P-47 廿架在考林东敌机场之东南炸毁房屋五所。

丙：运输：

机十七架对十一集团投弹药四十二次。

十一月八日

甲：商定：同前。

乙：实施：

（一）单机出动十四次，直协芒市东方地上攻击。另在亭戛、畹町间毁敌曳引机。

（二）B-25 十一架炸芒市西南二里处敌仓库，毁房廿余间。

（三）P-47 单机出动卅六次，炸屯抗敌仓库，起火燃烧。

丙：运输：

（飞）机廿三架对十一集团投送弹药五七吨。

十一月九日

甲：商定：同前。

乙：实施：

（一）P-38 二批扫射芒市区及亭戛村，引起大火数处，判断炸中敌汽油。另炸毁遮放东北之滇缅路。

（二）B-25一批炸芒市西二里处敌仓库,起火燃烧。

（三）P-47卅七架轰炸南坎北二里处之工海龙及卡萨西南之考林机场,均起火燃烧。

丙:运输:

（一）机廿五架对廿集团投送豆、盐。

（二）机廿四架对十一集团投送弹药。

十一月十日

甲:商定:同前。

乙:实施:

（一）单机出动十二次飞往亭夏及遮放、畹町附近村庄轰炸。在亭夏击中敌汽油起火,并发生爆炸。

（二）P-38一批扫射遮放、畹町附近村庄,起火燃烧。

（三）B-25十一架轰炸畹町敌仓库区。

丙:运输:

机十二架对九三师投弹药卅吨。

十一月十一日

甲:商定:同前。

乙:实施:

（一）P-38三架炸畹町及安南由盘谷至缅边之达拉桥,效果不详。

（二）P-47单机出动三厂次,炸毁南坎西北四里处之铁道房屋,毙敌二百余人。另炸新维至南坎之公路桥梁,投五百磅弹八枚,效果不详。

（三）P-38七架及P-51九架在眉曼谷至景东之铁路线上,炸毁敌火车头一个。在兰棒机场炸毁敌战斗机一架,同时在该机场上空与敌机九架接战,击落敌机二架,我P-51一架失踪。

丙:运输:

机廿七架对九三师投粮弹六七吨。

十一月十二日

甲:商定:同前。

乙:实施:

(一) P-51 七架炸遮放西南及畹町东北之村落,均起火燃烧。

(二) B-25 八架炸畹町敌仓库区起火,并又炸中腊戍南十里铁路桥梁之北端桥墩。

(三) B-25 十架炸腊戍引起大火及爆炸声音。

(四) P-47 廿三架炸南坎四里处之无线电房一间。

(五) P-47 单机出动四六次,其中炸毁卡萨西南之考林东机场上所有建筑物。

丙:运输:

(一) 机一架对五三军投粮。

(二) 机十九将对十一集团投弹药。

(三) 机四架投九三师弹药。以上计重六四吨。

十一月十四日

甲:商定:同前。

乙:实施:

(一) P-40 及 P-38 单机出动八次,结果如下:

A:轰炸并扫射猛戛附近阵地。

B:炸遮放起火燃烧。

C:轰炸畹町引起大火。

(二) B-25 一批炸中畹町仓库。

丙:运输:

(一) 机廿五架对十一集团投粮及军毯。

十一月十五日

甲:商定:同前。

乙:实施:

(一)战斗机廿架、B-25四架出动。结果如下:A:轰炸扫射芒市北之村庄,该处房屋百分之九十被毁。B:轰炸扫射亭戛村,引火两处。C:扫射遮放敌指挥所,效果不幸(详)。

(二)B-25一批炸畹町,另在腊成西南十里之蛮勃威钱命中巨弹。

丙:运输:

机二架对十一集团投米及军毯。

十一月十六日

(一)战斗机单机出动十五次结果如下:

A:炸街坡起火燃烧。

B:炸蛮赛全部命中。

C:炸亭戛桥效果不详。

D:炸怕底着火燃烧,并有爆炸声。

(二)B-25四架炸畹町。

丙:运输:

机四架对十一集团投弹药十吨。

十一月十七日

甲:商定:同前。

乙:实施:

(一)俯冲轰炸机B-25九架炸毁腊成之大桥及其东之便桥。

(二)B-25单机出动九架炸毁亭戛桥及怕底南一村庄,起火燃烧。另在遮放轰炸,效果不详。

(三)我P-51一架被敌地上火力击中。

丙:运输:

机八架对十一集团投米廿吨。

十一月十八日

甲:商定:同前。

乙:实施:

P二架在亭戛桥附近发现敌装甲车当予扫射,敌亦还击,结果不详。

丙:运输:

机十架对十一集团投粮弹。

十一月十九日

甲:商定:

(一)直协地上攻击。

(二)轰炸敌后,同前。

乙:实施:

(一)战斗机直协蛮噻方面地上攻击,结果甚佳。并炸怕底及遮放南一带村庄,均命中目标。

(二)B-25 四架炸亭戛桥及遮放,结果甚佳。

(三)B-25 九架炸腊戍、西保间公路之蛮维火车站附近之建筑物,并炸伤货车廿四辆及其他设备等。

丙:运输:

机十八架对十一集团投粮弹五四吨。

十一月廿日

甲:商定:同十九日。

乙:实施:

(一)P-47 十五架攻击遮放附近阵地,效果不详。

(二)P-38 二架 P-51 一架炸中畹町南廿里之康卡桥进路。

(三) B-25八架炸腊戍敌军事区域。

(四) P-38八架、P-47一架炸缅甸东中部南蚌河之宛河桥(腊戍东南一二〇里)。

丙:运输:

机十七架对十一集团投弹药五十吨。

十一月廿一日

甲:商定:同前。

乙:实施:

(一) P-38四架攻击畹町区内目标,效果不详。

(二) B-25十一架攻击腊戍南之西保桥,直接命中被毁。

丙:运输:

机廿架对十一集团投粮弹六十吨。

十一月廿二日

甲:商定:同前。

乙:实施:

单机出动共七九次,计在遮放北及其附近攻击敌地面部队四九次,在孔卡、畹町、南开桥一带攻击二十二次,在畹町及贵街敌仓库区攻击八次以上,效果均不详。

丙:运输:

机十五架对十一集团投粮弹40吨。

十一月廿三日

甲:商定:同前。

乙:实施:

(一) 战斗机单机出动共二六次,直接支援地上战斗并攻击孔卡桥及遮放间敌仓库、桥梁及军事设备。又在畹町西南炸敌油库,可能着火。

（二）另在畹町附近炸数村庄之敌。

丙：运输：

机九架对十一集团投粮弹七十一吨。

十一月廿四日

甲：商定：同前。

乙：实施：

（一）战斗机及轰炸机共出动七二次。内卅二次炸三台山及遮放附近各目标，直协地上攻击，效果甚佳。另廿次炸毁新维桥并贵街敌仓库，又泰国境内之铁道目标。又十八次轰炸腊戍、畹町等地。

丙：运输：

机廿一架对十一集团投粮弹。

十一月廿五日

甲：商定：同前。

乙：实施：

（一）P-47七架轰炸并扫射遮放区敌阵地。

（二）P-51四架炸毁畹町一里处敌军司令部，畹町街亦发生大火，并轰炸蛮蚌、腊戍效果不详。

（三）P-38八架轰炸缅中部之黑河及南坎东北之南桑机场，效果不详。

丙：运输：

机十九架对十一集团投送军粮军毯。

十一月廿八日

甲：商定：同前。

乙：实施：

(一)战斗机出动十四次,直协支援地面战斗。

(二)炸畹町桥及冈卡桥,结果不详。

丙:运输:

机廿四架对十一集团投粮弹六十吨。

十一月卅日

甲:商定:同前。

乙:实施:

(一)单机出动廿三次直协遮放方面我军地上攻击,并轰炸敌坚强据点,引起大火数起。

(二)B-25十二架攻击畹町敌之补给设备,又炸腊戌区敌仓库。

(三)P-51四架轰炸泰北敌机场,毁双引擎轰炸机一架。

丙:运输:

机廿一架对十一集团投弹药约五二吨。

十二月三日

甲:商定:同前。

乙:实施:

(一)P-40战斗机四架攻击畹町南沿河区域及其北三里之营舍,结果不详。

(二)B-25轰炸机炸腊戌南侧山地及西波附近公路,效果不详。

丙:运输:

机九架对十一集团投副食品,计十二吨。

十二月四日

甲:商定:同前。

乙:实施:

(一)P-51四架炸冈卡桥,毁其一端。

(二) P-47 接炸冈卡桥,将其破坏。

丙:运输:

机七架对十一集团投副食廿六吨。

十二月五日

甲:商定:同前。

乙:实施:

(一) B-25 轰炸潭贡(瓦城北八十里)附近铁道,毁机车及车厢多节。

(二) P-51 四架炸泰国打拉及坎珑间。

(三) P-38 六架炸泰国之坎珑桥。

丙:运输:

机十六架对十一集团投粮弹四十八吨。

(九) 湘西会战空军战史纪要

(1945年)①

湘西会战空军战史纪要

第一章 陆军战斗一般概要

三十四年三月下旬,湘粤桂之敌运输频繁。其 116D、47D 及 34D、64D、68D 主力与特种部队暨伪 2D 等共约八万人,分别集结于全县、东安、邵阳、湘潭附近,并在邵阳附近屯集粮弹,架设浮桥。判断其企图在进犯我芷江空军基地并打击我野战军。

---

① 原文无时间,此仅据文意推出。

我为确保芷江空军基地并利于尔后反攻计,遂决定以第四方面军所属各部为主力,于武冈、新宁间地区与敌决战,并以第三方面军及第六战区各有力部队策进作战。

(一)邵阳方面:四月九日,邵阳方面敌分四路进犯:(1)其一股以47D所属重广支队一部约一千余人,自黑田铺进犯。十一日窜三口关,经我军阻击。十三日,其主力约三千则北犯小溪栗滩,强渡资水,窜东仓、栗塘。十六日,向西北窜寒婆坳、雷公井。迄廿四日,敌复向西绕窜石屋、维山。廿八日,窜月光山,我15D与78D各一部逐次阻击之。廿九日,敌窜洋溪桥附近,我73A主力奋勇迎击,敌伤亡甚众。

(二)另敌133R/116D四千人,于四月十二日自邵阳向西北进犯石马江,十三日窜新田铺,十五日进窜巨口铺、顺水桥,我187R/63D逐次阻击。十六日敌向西窜隆回司赛市间地区,廿四日敌进犯山门,廿六日继攻古路坪,廿八日晚分股迂窜平江上下查坪,卅日窜犯肝溪、现江等处,我57D主力、T6D一部分别阻击之。

(三)又敌109R约五千,四月十一日自邵阳沿潭榆路以北进犯小塘,十二日窜山溪,十三日窜栗山铺,十六日窜阎罗界、白马山,十七日钻隙窜至放洞附近,其主力旋亦陆续到达。我57D、63D、19D及51D等奋勇迎击,敌伤亡惨重,敌势顿挫。我遂将敌包围于放洞附近,准备聚歼。

(四)敌180R/116D一部于四月十三日自九拱桥强渡资水,其主力则沿潭榆路西犯枫林铺,十七日进窜岩口铺,十八日由两翼抄袭桃花坪,均经19D一部逐次阻击。十九日,敌二千余复分三路向西窜犯,廿一日陷我高沙市石下江,廿三日晨窜竹篙塘,廿六日进犯洞口。我57D及14D各一部逐次阻击,予敌以重大打击后,转移于洞口之既设阵地。

四月廿七日,敌120R向我洞口附近猛攻,敌133R主力则于廿八日晚,分股迂窜平江、上下查坪,卅日晨窜至肝溪、砚江等处,已如上述。

五月二日,敌一股千余猛犯缺口,四日续犯青岩。是时,江口以东地区敌先后增援,总数达六、七千,此为116D之主力。我57D与153R/51D与敌往返冲杀,战斗猛烈。战至六日,敌势已挫,我第四方面军主力遂于五月八日全线反攻。同时,我11D已攻克山门,118D连克赛市、龙潭铺、下江等地。十日,我57D主力与T6D、13D、51D各一部进击大湾、佛门山、半江峰、老隘塘以东之线。残敌(120D与133R)约三千,十一日狼狈逃窜于月塘山、菱角田、长山塘、金龙岩、竹篙塘间地区,十三日,我18A主力(11A 118D)与74A(57D 58D)一部及75A(193D)暨T6D 13D等合力围歼之。十三日晚,193D攻占茅铺,十六日58D攻克金龙岩,残敌退据长山塘以东花亭子、横停子间地区。十九日,残敌千余向东突围,被我193D、118D截击于龙潭铺、横板桥间。廿日,敌逃窜大龙山、对江铺,廿二日续向东溃退,被我18D、T6D、193D等主力尾击,并遭和尚桥、芙蓉山我守军之截击,毙敌甚众。迄六月二日,则已恢复会战前之态势。

至上述钻隙窜犯放洞之敌109R,连日被我51D及100A主力包围攻击,伤亡惨重。五月八日,残敌七、八百向东南突围,至望乡山附近复被包围,我11D一部亦适时到达,参加围歼。十二日,残敌仅四百余突围逃至椒岭,复被我军重重包围。十三日毙敌联队长以下百余人,十六日全部就歼。

犯洋溪东南之敌约二千(47D之重广支队),连日被我猛攻不支,遂于五月一日退据月光山东西之线。五日,我77D一部克巨口铺,18D亦适时进攻大桥边附近侧击洋溪东南之敌。九日并与另股敌激战于顺水桥附近。十六日,敌不支,全股退据风送垛、上下茅坪、迎官桥一带。我13D在西南,73A主力(77D、15D)在东北,合力夹击,毙敌甚众。迄六月二日,亦恢复会战前之态势。

(二) 新宁方面:

东安之敌58B/68D,四月十二日进犯大坳,十三日犯李竹山,同日全县敌34D主力(217R及216R各一部)北犯窑上。十六日,两路敌会合进陷新宁。新宁陷落后,敌分两股继续进犯,一股廿一日窜梓木山,廿二日窜真良,廿三日,其一部窜梅溪口,并续犯长铺子,我44D/26A一部节节抵抗。廿八日夜,敌强渡巫水,被我击退。其主力于廿五日北窜水东及关峡,廿七日北窜珠玉山,与我58D主力激战。是日晚,敌围攻武阳,并绕窜万福桥,廿九日陷白家坊及武阳。卅日,敌向瓦屋塘猛扑,我守军力战,敌不得逞。五月一日,敌主力窜犯水口,二日,我58D主力及193D在空军协力下猛烈反击,将敌217R/34D歼灭殆尽。午后,敌向石溪及茶山东南地区溃退,我军蹑踪追击,进展甚速,敌势从此一蹶不振。

另股敌58R/68D沿新武大道北犯,十九日窜小麦田、峡山口,廿日窜石门司、界牌,廿二日窜安心观、五里牌,廿五日窜蔡家塘、龙溪铺。廿七日,敌三面迫近武冈城郊,我军仅572R/58D之一个加强营,以众寡悬殊,经逐次抵抗予敌重创后,退入城区固守。

四月卅日,我94A主力(5D、121D)自长子铺开始向东北攻击进犯瓦屋塘之敌。五月一日,我5D克武阳。三日,敌增援反扑,与我5D激战于大河、冲龙、烟山之线。经往返冲杀,五日晨,敌不支,向东南罗家铺、武冈以北逃窜。同时我58D主力及193D继续猛攻,敌残部向李溪桥、武冈以北地区及花园市附近败退,我5D沿武冈北侧六道追击,九日迫黄桥铺,121D击破杨都寨据险顽抗之敌,十二日克高沙市。同日,我58D亦击溃瓦屋塘以南桥头之敌,迫抵高沙市。残敌三千东逃,被我5D及94A截击围歼,斩获甚伙。十四日晨,残敌向东南突围,我94A以一部跟踪追击，其主力则分别围击风神寨及茶铺子附近之敌，十六日完全肃清之。

自我44D击破强渡巫水之敌后，四月廿九日午，以一部向武冈、新宁方面，另一部向关峡方面追击。五月四日，我130R迫石狮及小麦田，六日克新宁城。十六日，全县敌34D一部约三四千人续犯新宁，十八日窜抵新宁西北窑子岭，被我43D主力阻击。廿三日，我守新宁之一营以粮弹缺乏，转移黄卜冈附近，与43D主力在马头桥之线，与敌对峙。另我432R五日追敌至张家寨，六日抵武冈西南，与我守城之172R/58D夹击之。七日午，敌伤亡甚众，向东北溃窜，于是武冈围解。九日，我军即向东北尾敌追击之。

（三）益阳方面：

四月十四日，沅江敌伪70B/68D之两个大队约二千余进犯益阳，与我15D之54R一部激战。十七日继续西犯桃花江，十九日另以一部八百绕舒塘迂回桃花江我军左侧背，我即转移于桃花江西南地区，与敌对战。迄廿一日，我军增援反击，敌退至益阳城，与我军隔河对战。

又，宁乡敌约一千，十八日一度窜大成桥，廿一日被我53R/18D之一部痛击，仍回窜宁乡城。

（四）会战结束：

此次会战，自敌从各方面进犯我湘西以来，经我逐次诱敌深入，待其到达预想决战地带后，我正面部队即坚强阻击，同时并令18A星夜由常德、桃源南下，94A主力由湘黔边境向武阳、武冈地区疾进，复调116A主力集结于芷江。五月初，各部队概已到达指定地点从事部署，自八日起即在我空军协力之下全线反攻，对敌施形〔行〕钳形攻势，分别包围之。至廿七日，敌大部被歼，仅有少数敌突围溃逃。迄六月二日，完全恢复原态势，而此会战乃告胜利结束。（参阅湘西会战作战经过要图）〔图略〕

第二章 敌空军兵力判断

本会战,敌系于豫西、鄂北方面激战时期中,于卅四年四月初,向我湘西方面蠢动者,故判断敌空军使用兵力,仍为豫西、鄂北会战时原有数量加以补充,计轻轰炸机十八架、战斗机四十八架、侦察机四十架,综计一百零六架,其机种与数量或略有增减。惟因我空军以优势兵力,控制前方各战场及敌后方重要基地之上空,几使敌军无活动余地。故全战役期间,敌机向前方活动或对我空袭者极少,制空权殆属于我。凡敌机之被我击毁或击伤者均在地面,偶有在空中遭遇之敌机,无不设法逃避,不敢与我抵抗。

第三章 我空军概况

第一节 兵力及配备概要

本会战间,我空军使用兵力为第二大队 B-25 一个轰炸队,驻云南陆良,其一部以芷江为前进机场。中美混合团第一大队 B-25 轰炸队一部驻梁山,一部驻南郑,一部进驻芷江。第五大队 P-51 及 P-40 驱逐队全部驻芷江,是为我空军参加此一战役之主力。此外,则以驻安康第三大队 P-51 及 P-40 驱逐队一部助攻敌后方要地。中美混合团团部驻重庆白市驿,由徐副司令焕升与美国摩斯上校共同指挥,驻芷江空军第五大队由张大队长唐天率领参战,驻陆良空军第二大队则由万大队长承烈指挥之。

又,空军第一路司令张廷孟则坐镇恩施,指挥空军参加湘北之战。

第二节 地面准备

第一款 使用机场

本会战间,我空军部队使用之机场为梁山、南郑、芷江、陆良及安康等。其中以芷江为空军主要基地,中美混合团空军第五大队全队及空军第一大队一部驻此,空军第二大队则以陆良为基地,而以芷江为其前进机场。

第二款　油弹之补充及消耗

本会战间,我空军部队油弹之补充,大部分系由美国空军担任供给,本军自行补给者仅一部分而已。

本战役空军各部队油弹消耗量参照附表一。

附表一:

区分	民国三十四年四月九日至五月十五日止			
	各式炸弹(吨)	一二七子弹(粒)	飞机汽油(介仑)	飞机滑油(介仑)
数量	二九	一二,一九〇	二一一,二一四	四,四三七

第三款　通信

本会战关于通信部署,系于恩施设置地区电台,以为指挥中心。湘北方面作战指挥系由空军第一路司令张廷孟坐镇恩施,以无线电传递之。恩施原设一甲种电台,旋因作战需要,又增设甲种电台一座,以应平面及对空联络之使用。此外,复增设极高周率电台一座,适应指挥驱逐机作战之需要。

重庆总台及白市驿、梁山、芷江等区台与来凤暨东撤场站等电台,均以无线电报话密切联络,俾便于轰炸机、空运机从事各种任务。

重庆白市驿、梁山、芷江、来凤等地电台,均设有长波定向,以利作战飞机之航行。

此外,恩施空军站设有电话班,担任内部相互联络与情报防空,以及各重要中继线之电话联络。

各级电台在会战期中,凡平面、对空定向等工作,均能联络畅达,未遇阻碍,而完成任务。

第三节　陆空联络

本会战关于陆空联络,除由陆军前线地面电台与我飞机直接通信外,并规定第一线陆军部队对空军铺置布板符号及其他陆空联络办法实施联络外,我方更派飞行军官至前线重要地区距敌千余码处,设置游动对空电台,指示我空军轰炸扫射目标及其弹着偏差而修正之。故陆空联络迅速确实,收效甚宏。此实为本战役五十日间即完全击溃敌军,恢复原态势而所以致胜原因之一。

第四章　空军战斗经过概要

本会战,我空军除控制战场上空,制压敌炮兵及其特种部队直接协同陆军作战外,并不断袭击湘鄂桂及长江以南敌后方兵站线、交通线、重要城市、飞机场及铁路、公路、桥梁等,以阻断敌后方运输,破坏其军实,打击其陆空军之兵力,间接协助地面部队作战。

至我后方要地及机场之积极防空,即以配驻于空军各基地驱逐机担任之。

三十四年春,当豫西鄂北我敌激战时期中,湘粤桂之敌即大势蠢动,与之呼应,既攻占我老河口基地后,旋即集中其兵力共约八万人于全县、安东、邵阳、湘潭附近,分向湘西进犯,企图攻占我芷江空军基地,并打击我野战军。

邵阳方面,敌系于四月九日分四路进犯;新宁方面,系于同月十二日自东安、全县发动;益阳方面,则系于十四日开始。除陆军部队在上述各地区凭险固守分别阻击并反击外,我空军则以驻芷江第五大队为主力,及驻陆良第二大队暨驻梁山及芷江第一大队一部,协力攻击当面之敌,并袭击敌后方重要城市、交通线、飞机场、司令部、仓库、桥梁、兵营、铁路、公路及其运输纵队等,阻断其运输补给线,打击其夺取芷江基地之迷梦。

四月十日,我空军第五大队即开始袭敌。一日间出动达七次,使用P-40及P-51驱逐机共三十二架,炸射汉口、岳阳、湘乡、长沙、新市、归义、邵阳等敌重要地点及其交通线。是役,计毁铁路桥梁二座、浮桥一座、地部〔面〕飞机一架、机车多辆、车厢四五十节、卡车数十辆、军火库十余处、建筑物数十栋、汽油船二艘、船舶多只,并创机枪阵地数处,首次出击战果辉煌。十一日出动七次,使用飞机三十六架,主要目标为炸射邵阳、长沙、衡阳、羊楼洞及敌后方基地。命中桥梁二座、浮桥三座,毁火车十五节、汽车多辆、仓库一座、建筑物数十栋、地面飞机二架、汽船一艘、大木船十余只。并以 P-51 七架掩护第一大队 B-25 二架,轰炸羊楼洞铁桥,扫射至邵阳之公路,毁火车五节,房屋一处起火。十二日,第五大队又出动五次,使用飞机廿一架,主要目标则为炸射蓝田、邵阳、长沙、老龙潭一带之敌,成绩优良。是日,并以 P-51 八架掩护第一大队 B-25 轰炸机九架,轰炸武昌车站,毁车厢廿节、飞机棚四座、地面飞机四架、高射炮阵地二处,我仅损失 P-51 机一架。

嗣邵阳方面之敌,于四月十三日窜至粟山铺,继窜白马山,十七日钻隙窜至放洞附近。东安之敌,亦于十六日进犯新宁;沅江之敌,则于十七日西犯桃花江。故我空军第五大队自四月十三日至二十日之八日间,逐日增加次数与架数,对敌前线及后方各要点予以猛击,阻其进犯。十三、十四两日虽仅出动七次至八次,使用飞机廿八架至卅八架,然其后各日则出动自十五次至卅次,由五十一架增加至八十二架,分别集中炸射邵阳、新宁、益阳、湘阴、新化、永丰、零陵、长沙、衡阳等地,及前线蓝田、洞口、放洞、岩口铺、桃花坪一带,均获得极优良战果。其中,尤以四月十五日之一日间出动二十二次,使用飞机达八十二架,集中炸射邵阳一带,及永丰、新化等处,创敌阵地三处,高射炮阵地四处,仓库十二所,兵营四十栋,房屋一百余栋,汽车十余辆,公路、桥梁十座,毙敌人马无数。及十七日之一日间,出动廿次,使用飞机达八十架,集中炸射邵阳、新宁、新化、衡阳、益阳、麻溪、湘阴、洞庭湖、宜阳等地。与〔于〕十八日之一日间出动达三十次,使用飞机六十八架,其炸射目标为新宁、邵阳、益阳、长沙、湘潭,共毁敌阵地数处,机枪阵地二处,战车五辆,卡车二十余辆,火车多节,铁路数段,公路、桥梁多座,浮桥二座,房屋数十栋,仓库多所,被〔毙〕敌人马甚夥,并毁敌根据地二处，又炸中衡阳铁桥一座，予敌以重大打击，致我地面部队得包围敌于放洞附近。

是时，空军第一大队除上述出动两次袭敌外，又自四月十四日起，连日分批轰炸邵阳、衡阳、零陵、湘江、湘潭等处。其中以十四日自芷江出动飞机三架，毁衡阳、零陵间铁路九段，桥梁二座，阻断敌方运输。及十六日出动四架，炸毁湘乡敌仓库房屋多所，燃烧甚烈之，战绩为优。

空军第二大队B-25轰炸机，则以云南陆良为基地，自四月十二日起至十八日止，连日出动五次，使用飞机共二十八架，除十四、十五两日出动各一次，使用飞机各三架，对前线邵阳、桃花坪等处助攻，毙敌甚多及毁浮桥二座外，其余三次则主攻桂林、柳州敌基地，毁敌司令部及营房多栋，战果亦佳。

其后四月十九日至廿九之十一日间，空军第五大队无日不出动多次，飞机数十架，对前方后方之敌予以猛击，协助地面部队作战。其中廿三日因邵阳方面敌窜竹篙塘，廿六日进犯洞口，故第五大队遂自廿四日起，每日出动十六次至卅一次，使用飞机卅五架至六十一架，连续对前线白马山、放洞、洞口、岩口铺、桃花坪敌阵地及炮兵阵地猛击，予以摧毁，并毁其司令部一处，暨炸射新宁、衡山、新化等城市命中。四月廿九日，则对前线放洞等处出动廿四次，使用飞机五十架，予敌以打击更大。据地面电台报告，此次进犯放洞之敌，被我机歼灭殆尽，而放洞附近我地面部队得空军协力，遂克大黄沙及1150高地至景新桥、银角岩、狷〔?〕溪之线。

迄五月初，邵阳、新宁方面敌势已挫，其主力虽曾一度窜犯水口及武冈西南，然地面部队在我空军协力下得以猛烈攻击，敌被歼灭殆尽。例如五月二日，我空军第五大队出动卅三次，使用飞机七十二架，集中炸射邵阳、洋溪、洞口、放洞、瓦屋塘一带。三日，出动卅八次，使用飞机七十八架，集中炸射江口、洞口、放洞、洋溪、瓦屋塘一带及湘乡、新化等处。四、五两日各出动三十九次,使用飞机八十九至九十四架,分批猛烈炸射白马山、瓦屋塘一带之敌。六、七、八等日复各出动二十二次至卅二次,使用飞机四十三架至八十九架,予敌以致命打击。

自八日起,我陆军主力集结芷江,又在我空军协助下开始全线反攻。九日,我第五大队更昼夜出动四十五次,飞机达一百二十架,集中猛烈炸射洋溪、洞口、放洞、江口、白马山之敌,并以其中十五架低空炸射邵阳及其附近,全城大火,被毁甚广。此为一日间出动次数及架数最多而为历次会战战绩之最显著者。其后十日至廿九日,逐日出动自十三次至四十四次,使用飞机廿六架至一百零九架,对被我包围及溃败逃窜之敌,无不予以至大打击,仅于短少时日间,获致最后胜利而结束此一战役。

又,空军第一大队 B-25 轰炸机,自四月十一日至廿六日出动十三次,使用飞机四十五架。五月廿日至廿九日出动十四次,飞机六十八架。共计会战期间出动二十七次,飞机一百十三架,其中除攻击邵阳,毁敌高射炮阵地四处及桥梁、仓库等,暨在邵阳与衡阳等处炸毁敌汽车纵队、铁桥、仓库外,均不时袭击敌后方交通线,阻断其运输与补给。至空军第二大队 B-25 轰炸机,除四月间出动五次轰炸敌前线及后方各地已如上述外,五月三日至十六日复出动六次,飞机三十架,则专炸桂林、宾阳、雒容等处,毁敌司令部、兵营、桥梁、仓库等等。

空军第一及第二两大队轰炸机之出动,虽不及第五大队之频繁,而轰炸效力之宏大,亦有足称者。

至于第三大队 P-51 及 P-40 驱逐机,五月间计出动四次,飞机十八架,十二、十三、十四、十六等日分别命中津浦路四○号铁桥及机车车厢。又,在南京、芜湖一带及安康附近长江江面,命中炮船、运输船十余艘,并击毁自汉口西载敌兵之卡车数辆,亦为此次作战之一助。

此外，美国第十四航空队则不断协助我方袭击敌后方交通线，阻其运输，亦与有功焉。

此次战役，敌每避开公路而由崎岖山路及浓密森林中进犯，致我空军发现不易，难期每击必中。惟放洞一役，因陆空合作，奏效至善，使我空军得以发挥最大威力，歼灭敌一加强联队及炮兵甚众。推其致胜原因有四：(1)我方于作战期间派遣飞行军官至前线距敌约千余码处设置移动对空电台，指示我军轰炸扫射目标及弹着偏差而修正之。(2)第一线陆军部队铺置布板符号及其他陆军联络信号迅速确实。(3)对阴〔隐〕蔽森林区域内敌军投掷汽油弹（箱）效力最大。(4)我空军获得制空权，逐日自晨至晚不断奋勇对敌猛攻及跟踪追击，予敌以至大损害而振奋我地面部队，以无限精神上之鼓舞。

综合此次战役，自四月十日至五月廿九日，共计五十日之作战期间，我空军第五大队出动共九四二次，使用P-51及P-40驱逐机共达二六七二架，其出动次数及架数之多，为历次战役所未见。又，第一大队出动共二十七次，使用B-25轰炸机共一一三架；第二大队出动共一一次，使用B-25轰炸机共五十八架；第三大队共出动四次，使用P-51及P-40驱逐机共十八架。

至我空军各大队参加作战人员，在本会战期间(卅四年四月九日至五月廿九日)，总计失踪者一员，受伤者二员，阵亡者三员。参阅附表二。

附表二

三十四年湘西会战我空军伤亡失踪人员统计表

队名	级职	姓名	类别	原因	日期	地点	备考
空军第五大队	副中队长	谢家仪	失踪	出击长沙之敌飞机中弹起火跳伞	四月十八日	湘乡	
同上	飞行员	俞阳和	受伤	出击零陵被敌火击伤	五月十三日	零陵	

(续表)

队名	级职	姓名	类别	原因	日期	地点	备考
空军第一大队	射击士	毛健海	同上	随机出击宜河之敌腿被击伤	五月十六日	宜河	
空军第二大队	中尉二级飞行员	万钰	阵亡	轰炸桂境之敌阵亡	五月十六日	榴江	
同上	同少尉三级通信员	王河清	阵亡	同上	同上	同上	
空军第五大队	少尉三级飞行员	姜福盛	同上	出击山门之敌被敌火击中阵亡	五月十九日	桃花坪	

(十) 豫西鄂北会战空军战史纪要

(1945年5月)①

豫西鄂北会战空军战史纪要

第一章 陆军战斗一般概要

自三十三年初夏中原会战后,我为阻碍敌所谓"大陆交通线"之利用,除以第五战区部队力保南阳地区随时出击敌人外,并在豫西、陕南各地积极扩充空军基地,加强空军力量,对敌后各交通线,尤其平汉路南段之运输更番轰炸,收效甚大。

敌为实行持久战,妄想在我大陆作最后挣扎计,乃于本(三十四)年三月上旬,纠集其第一一零师团、一一五师团、三十九师团、六十九师团、一一四师团,并骑兵第四旅团等部共七万余人,战车百余辆,马二千余,分在豫西、鄂北秘密集结,企图打击我野战军,摧毁我空军基地,排除其陆军威胁并掠夺我物资,以利其大陆防御

---

① 原文无时间,此仅据文意推出。

战而蠢蠢思动。

我军获悉敌上述奸计后,即于三月上旬,分令第五战区及第一、第六、第十各战区注意防范,加紧完成作战准备。

三十四年三月中旬末,敌军分别集结于荆门以北舞阳、叶县、鲁山、洛宁各附近地区,完成作战准备,将主力保持于南阳东北地区,以有另一部向襄河右岸地区,以一部于洛宁附近,自三月二十一日下午开始向我进犯。其作战目的为略取西坪、卢氏,以威胁西安,以一部先陷老河口、李官桥、淅川、图固、汉江、丹江东岸,主力则经内乡沿西峡口而出西坪。

四月间,西峡口一带战况最烈,惟空军优势属我。敌虽多次增援,以受我空军攻击损失过甚,终无进展。乃五月一日后,即转用兵力,冀由陕州南官道口南侵卢氏附西坪之背。此际,我陆空部队以更适切之配合,乘敌立足未稳,予以猛攻。未及一周,敌乃溃退,嗣后虽屡蹶屡兴,复向峡口鼠扰,然已成强弩之末。其战斗经过大要如下:

鄂北方面之战斗,由荆门附近北犯之敌,为第三十九师团主力及独立第五、第十一旅团各一部,于三月二十一日下午四时,以小部队与我第三十三集团军冯治安部、五十九军一部在桐木岭盐池庙之线发生前哨战。二十二日拂晓,敌增援分股北窜,我一面节【节】堵击,一面集结主力于南漳附近。战至二十三日黄昏,沿襄沙路北犯敌光头部队窜占自忠县。二十四日晨起,我五十九军主力、六十九军一部,将敌遏制于南漳东北地区欧家庙、武安堰之线达四昼夜。二十六日晚,敌一度窜入南漳城内,当经击退,彻战至二十八日,南漳及城西北高地光后陷敌。我军增援反攻,二十九日克复南漳。

二十七、八两日,南漳附近敌一部转向襄阳窜犯。二十九日,襄阳失守。三十日,敌一部渡河陷樊城。敌陷襄樊后,一部增援老河口,一部与南漳东北之敌会合,复攻南漳,企图排除其侧背威胁,直扑谷城,包围老河口。二十八、九两日,我空军轰炸扫射南漳附近敌炮兵阵地及武安堰西犯之敌,毙敌骑百余。自四月二日起,敌分股向南漳城南及城西南一带高地猛扑,我军奋勇迎战,争夺数次,敌我伤亡均重。四日晚,南漳复陷敌手。五日晨,敌续向城西北猛犯。我军频施反击,激战至十日拂晓。敌不支溃退,南漳又为我军克复,并分向自忠、襄阳方面攻击前进。

四月七日,襄阳附近敌四千余沿襄河西窜,八日晨至茨河市与我军接战。至下午二时,茨河市被敌攻占,续向谷城进犯,我即以一部由正面节节堵击,以一部向茨河市之敌猛攻,并由空军协力轰炸。激战至十二日下午三时,茨河市为我攻克,同时窜至谷城以南南河南岸之敌二千余遭我打击,攻势顿挫,狼狈回窜。我军追击,十三日至茨河市,协同该地部队续向襄阳、自忠方面追击。十五日,克复武安堰欧家庙。十六日晨,克复襄阳、自忠,续向南追击。十八日,追至刘家集。是日晨,克复樊城。十九日下午,我恢复三月二十一日前原态势。

豫西方面之战斗,由沙河、叶县、舞阳、鲁山分左右中三路,会犯之敌为一一五师团、一一零师团主力、独立第十一旅团主力、骑兵第四旅团主力及战车、第三师团二分之一,有轻中型战车百余辆,与第三师团之六十八联队等部队,归第十二军军长鹰胜腾指挥。于三月二十一日下午,敌先头部队与我第一线部队发生前哨战。二十二、三两日,左路敌在小史庄、象河关、春水以西之线与我五十五军,中路敌在保安寨、独镇间与我六十八军,右路敌在南召李清店之线与我新八军战斗,异常激烈。二十五日上午,三路敌先头快速部队钻隙窜至南阳东北南地区,并另以强大快速部队(骑兵第四旅团为主)于二十四日晚经南阳以南地区向邓县急进,企图直扑我老河口机场,扰乱我指挥中枢,并期以机械化部队包围我第五战区主力于唐、白两河以东平原而歼灭之。我军基于过去经验,乃以一部与敌保持接触,以六十八军一四三师主力固守南阳,以四十五军一二五师固守老河口,将刘汝明主力六十八军及五十五军八十一师控置淅河以西、淅川以南地区,将五十五军主力及孙震部四十一军主力、四十五军主力附暂一师控置于新野及其以南地区,将二十二师分置邓县文曲集,并调四十一军一二二师固守茨河市,四十七军固守李官桥及丹江西岸险要,掩护后方侧翼。移长官部于白河,设指挥部于车店,各部行动迅速,均于预定时间到达指定地区,集结待机。二十六日三时顷,敌快速部队二千余,经邓县、新野间地区,奇袭窜至老河口、光化附近,与我四十五军一二五师发生战斗。由李青店南窜敌二千余,与由南召窜至南阳北郊敌一一零师团先头部队,十二五、六两日转犯镇平及内乡西北地区。我新八军节节抵抗,迄二十六日晚,敌一部窜过内乡之默河,向我内乡守军威力搜索。

二十七日起,老河口及南阳之攻防战激烈展开。同日晨,另一股敌六七千猛犯邓县、文曲集,我守军二十二师与敌战斗至十四时,突围向西北县进,该股敌乃续向李官桥窜犯。是日,我机轰炸进犯镇平之敌,予以重创。

三月二十六日晚,我孙震、刘汝明两集团军主力已分别到达预定地区。二十七日晨,一齐出动,分由南北向老河口、邓县之敌夹击。孙震部于二十八日晚到达老河口东南地区,与敌接战。北向五十五军八十一师、二十二师及四十七军一部,于二十七日下午进至老河口东北林镇孟家楼之线,因遭意外损失并受敌压迫,乃转向李官桥东北山地继续作战。惟刘汝明部六十八军主力,受由镇平、内乡以南地区渡过湍河西犯敌步骑二千余、战车二十余辆、炮十余门所牵制,无法南下,致夹击老河口、邓县及文曲集以西敌人之计划不克实施。二十八日,李官桥、镇平、内乡相继失陷。二十九日,内乡敌增至万余,战车四十余辆分向宛坪公路及淅川进犯,我军节节堵击,各处阵地均被敌战车冲毁,敌我伤亡均重。三十日,我机轰炸扫射,在南阳附近毁伤敌卡车十四五辆,并在内乡西北炸伤敌一一零师团长。三十一日,敌继续深入,窜占西峡口。四月一日,陷淅川城。我军乃占领西峡口西侧高地及紫荆关以东大石桥附近,拒止淅川西窜之敌,并以一部侧击淅川。是(一)日晨,南阳守军因受优势敌猛攻一周之久,阵地全毁,伤亡殆尽,遂突围至南阳城东南之桐河塞。

四月一日,西峡口之敌由南侧迂回,将我军压迫至魁门关附近,与敌相持一日,我机轰炸扫射内乡西南李家河渡河点,毁伤敌坦克车五辆、卡车八十余辆。三日下午,敌五千余复由魁门关南侧迂回至重阳店。四日,敌屡攻不逞。五日凌晨,我正面部队协同伏牛山兵团开始反攻。四面夹击,将敌层层包围。激战至七日晚,我克复魁门关,先后歼敌四千余,伤毙敌一一零师团长以下官长百余名,完全粉碎敌之西窥企图。四月八日下午,老河口以守军伤亡殆尽,遂陷敌手。同日,淅川附近敌之一部二千余分路渡丹河南犯。十一日度窜至淅川西南之梅家铺,企图与由茨河市北窜敌会犯均县、卓店,当被我击追。十一日以后,我与残敌在淅川城郊继续搏斗,互有进退。自四月初旬以来,老河、李官桥附近敌各二万余受我陆空压迫,于四月十一日起,留置一部掩护队于原地对我顽抗,主力分向邓县、南阳及襄沙公路撤退。我四十一、四十五军各一部于十二日夜攻入老河口、光化,并以有力一部协同邓县附近五十五军主力、六十九军一部夹击敌人。我四十七军于十三日起,一面以主力扫荡丹江西岸挡贼口附近之敌,一面以一部攻击李官桥。战至十五日,返至邓县之敌一一五师团复以有力一部回窜李官桥及老河口附近筑工顽抗,并与西峡口、淅川各附近之敌相呼应,屡向我反扑,企图支援西陕口、淅川、李官桥、老河口之线。连日,我机袭击南阳、内乡、邓县、西峡口、淅川一带之敌,予以重大创伤。四月二十七日,敌一部窜占新野,我五十五军、六十九军各主力暂退枣阳整理。二十八日,我军一度攻入老河口,我敌隔襄河成对峙状态。西峡口、淅川、内乡一带之敌,迄四月底,仍与我王仲廉、刘汝明两部对战中。三十日,西峡口以西之敌两度向我反扑,均被击退,并将敌制压于丁河店以东魁门关及公路两侧。五月二日,敌续由淅川方面增援,至公路南侧西向鹰爪山、豆腐店一带进扑。我军在空军协助下,于四日将豆腐店之敌包围,五日将公路北侧之敌压迫至火星庙隘路内予以痛击。由二日至五日,先后毙敌达一千五百余。十日拂晓,我军复向公路北侧之敌围攻,我空军整日向敌轰炸,当日攻克敌据点多处,并将小沟、大天桥沟迄上店地带之敌完全包围,继续彻夜攻击,残敌均退据各隘路内。十一日晨,我空军复临空助战,我炮兵则集中向隘路内轰击,我步兵乘势突击,迄黄昏,将敌歼灭殆尽。战场中敌遗尸一千三百余具,毙马一百二十余匹。西峡口以西之敌,自被我三次围歼后,已将敌一一〇师团主力予以消灭,残部已支离破碎,急以控置于内乡、西峡口间之独立步兵第四旅团驰至西峡口以西增援,于十五日向公路北侧我军阵地猛扑,十六日续向马头寨围犯。敌发炮四千余发,猛扑十余次,均被击退,并经我空军轰炸扫射,敌死伤惨重,顿呈动摇。十七日,我向敌猛攻,当晚攻克西山沟西侧高地。十八日,续将一二六五一高地克复,残敌东向大土槽溃窜。是役,毙敌一千五百余。西峡口以西公路南侧,我军续向霸王寨一带之敌猛攻中。自是以迄六月下旬,敌我仍相持于淅川以北、西峡口以西地区,我空军不断予以轰炸扫射,惟阵地无何变化。

由洛宁方面西犯之敌,为一一〇师团一一〇联队四五千人,于三月二十二日开始蠢动,二十三日攻占长水镇,经我孙蔚如部三十八军主力、九十六军一部奋力迎击,自三月二十七日迄四月八日,我敌均正在故县东侧往返争夺。四月九日,将敌击退至长水镇附近,打破敌进窥卢氏之妄图。四月十日以后,该敌二千余转用西峡口方面。迄四月底,我敌仍在长水镇附近地区对战中。至五月下旬,阵地仍无变动。

五月上中旬,敌在淅川、西峡口一带遭我严重打击后,乃调集第六十九师团及独立第三旅团,由陕县地区于本月十六日开始蠢动,分四路进犯,一路由大营循陇海铁路西犯威胁灵宝,其余三路由陕县以南沿灵(灵宝)西(西平镇)公路东侧南下,企图一举突破官道口我军阵地,策应西峡口方面之作战。我前线部队于官道口

(陕县南九十里)以北及大营(陕县西南四十里)以西地区,迎击来犯之敌。十七、八两日,在大营以西曾两度击退敌之猛扑。二十二日,我军一部开始反攻,首将官道口以东陈家岭地区及大营以西冯佐北潮之线敌人击退。是日,我空军轰炸扫射官道口以北敌阵地多处。二十四日拂晓,我军在空军协助下,向敌全线反攻。至二十五日晨,攻克寺河街、岔道口等据点,将敌截成数段,分别包围,复以猛烈炮火不断攻击,将各被围之敌压迫于隘路内,更由空军猛施轰炸。至午,各地敌均被歼殆尽。此役,毙敌三千四百余。二十六日晨,我军续向神底雷家河北侧迄寺河街以北地带攻击,敌抵抗顽强,午后复调集其控置部队向我反攻,至晚,均被我击退,歼敌三百余。我军各路协力追击前进,平均进展五里。二十七日进至三角山上社(约陕县南四十六里)之线。迄二十九日,已恢复本月十六日前原阵地。仍续向敌攻击中。

第二章　敌空军兵力判断及空袭概况

在本会战中,判断敌空军有各种飞机百余架,惟因我空军以压倒优势之兵力控制战场及敌后方之上空,几使敌机无活动余地,故全战役期间,敌机之空袭极少,凡被我空军击毁之敌机,均在地面或敌机场上空,间或有空中遭遇之敌机,均系低空逃避,未曾与我抵抗。关于敌空军兵力及空袭概况如附表一、二。

附表一:

三十四年豫西鄂北会战敌空军使用兵力判断

机　种	陆军兵力	海军兵力	合　计	备　考
轻轰炸机	一八		一八	
战斗机	四八		四八	
侦察机	四〇		四〇	包括直协机等
总　计	一〇六		一〇六	

附表二：

三十四年豫西鄂北会战敌机空袭概况统计
三十四年三月二十一日至五月二日

项目统计	空袭次数	敌机架数	投弹枚数	人员死亡	烧毁房屋	高射部队击落敌机数
统计	四	七	一二	三一	无	无

第三章　我空军概况

第一节　我空军作战原则

此次会战，第一、五两战区地域辽阔，南超襄樊，北迄黄河，东及平汉，沿线皆为敌陆空军之活动地区。惟以我空军力量单薄，补给有限，乃协同美空军联合作战，并订下列作战原则：

一、以 P-38 侦察机严密监视敌后方各机场，适度配以 B-25 及 P-51 之猛烈攻击扫荡，使保证战区领空之安全。

二、以中美混合团及美空军 312 联队之大部力量攻击敌之运输补给，阻挠其部队之交通，使之日间无行动之可能，夜间并以 P-61 出击之。

三、以我空军第十一大队全力直接协力于第一线重点之战斗，必要时又以中美混合团及美空军 312 联队支援，并分区作战。

四、我第十一大队以补给不足关系，除尽可能利用美机出动外，并依机动及经济使用之手段，对我第一线方面，利用小编队作长时间之制空与地面攻击，以制压敌炮兵使不能活动，且激励我陆军之士气，协助我陆军在战场上移动及补给运输。

第二节　兵力及配备概要

在全会战间，中国空军部队共使用一个轰炸大队、三个驱逐大队，计有中轰炸机三十五架、各型驱逐机一百二十三架，配置于梁山、南郑、恩施、西安、安康及老河口各基地，由王副主任叔铭驻南郑设指挥所指挥之。另由第一路张司令廷孟,驻恩施中美混合团,徐副司令焕升驻白市驿,分别指挥所辖部队。美国空军部队计使用重轰炸机三十一架、中轰炸机二十架、各型驱逐机一百三十一架,配置于成都、南郑、西安、安康各基地。关于各部队兵力及配备概要参考附表三。

附表三

三十四年豫西鄂北会战中美空军兵力配备概要

队　　号	兵种	机型	机数	合计	使用基地	备　考
中国空军部队						
空军第四大队	驱逐队	P-40	三八		恩施	
空军第十一大队		P-40	二〇	一二三	西安	
中美混合团空军第三大队		P-40 P-51	一七 四八		安康 老河口	驻老河口部队于三月二十六日以后移驻安康
中美混合团空军第一大队	轰炸队	B-25	三五	三五	梁山 南郑	
美空军第十四航空队	驱逐队	P-38	一三	一三一	安康	
		P-47	四〇		西安	
		P-51	七一			
		P-61	七		南郑	
	轰炸队	B-24	三一	五一	成都	
					西安	
		B-25	二〇		南郑	

第三节　地面准备

第一款　使用机场

本会战间中美空军部队使用之机场如附表四。

附表四:

三十四年豫西鄂北会战中美空军使用机场一览表。〔略〕

第二款　油弹之补充及消耗

本会战间，油弹之补充，关于美空军及中美混合团之部分，均由美空军担任之。中国空军各部队使用之油弹，除一部分自行筹措外，余亦由美空军补给之。

本会战间中国空军部队油弹消耗量参照附表五。〔略〕

第三款　通信

此次会战，关于通信之部署，系于南郑指挥所设置电信区台，以为指挥之中心。关于作战指挥，均由无线电传递之，并视情况需要，派员来往于西安、安康各空基地。安康、西安两基地，原设有甲种编组之电台作用平面及对空通信。在本会战中，因业务加紧，乃于安康增设二百瓦及一百瓦电机各一部，于西安增设二百瓦电机两部及其必要之人员。又将向在洛阳之电台撤至西安加入工作。

除上述各基地外，在华阴机场有无线电报话台，使用二十瓦报话两用机，协助陆空联络。又将原在卢氏之电台派至商南，随三十一集团军总司令部行动，并司测报天气。内乡电台随三十七站撤抵商南龙驹寨架设工作，老河口电台移至陕境白河架设工作。

各级电台在会战期中，凡平面对空定向等工作，均能连络畅达，未遇阻隔。

第四节　陆军联络

此次会战，关于陆空联络，除由陆军前线地面电台与飞机直接通讯外，并由南郑指挥所拟定对第一、第五两战区陆空联络办法，规定符号，实施联络。

第四章　空军战斗经过

此次会战，系以中美空军联合作战，除控制战场上空，制压敌之炮兵及装甲部队，直接协同陆军战斗外，并经出击长江以北敌后方兵战线集中地、飞机场、各铁路线，以阻挠敌之运输，破坏敌之军实，打击敌陆空军之兵力，间接协助陆军之作战。至于我后方要地及机场之积极防空,即以配驻于各空军基地之驱逐机担任之,亘整个作战期间,我空军之运用,皆基于第三章第一节所述作战原则进行战斗。三月下旬初,敌开始蠢动。二十二日,我空军即参加第一、五两战区之作战。尔后光化失守,河口我军不久亦退汉江西岸。四月中旬,五战区事实上已形成对峙,战事重心转移西峡口方面。美空军及中美混合团大部服行战场外之攻击,于新乡、郑州、许昌、南阳一带曾获辉煌战果,对敌之交通予以极大之损害。我第十一大队及第四大队则直接参与战场内之战斗。时敌取西坪之企图已著,西峡口战事转趋激烈,第十一大队于山岳沟峪之间,冒敌猛烈炮火,于超低空攻击敌军,尤其于马镫铺、中蒲塘、豆腐店、鹰爪山、丁河店、马头山、红石埃、官道口诸役,曾表现其无畏之精神,予我地面部队以无限之鼓舞。兹将本会战空军作战统计附录于后。

附录第一 其一
三十四年豫西鄂北会战空军出动及战果统计
一、出动次数
1. 中国空军　　中轰炸机　二五四次;驱逐机　四四六次
2. 美国空军　　重轰炸机　六次;中轰炸机　五〇次;驱逐机　三七九次
二、出动机数
1. 中国空军　　　轰炸机　六三四架;驱逐机　一五七三架
2. 美国空军　　　轰炸机　一〇七架;驱逐机　一二九四架
三、战果统计

毙伤敌人	一七六五〇名	毁敌步兵阵地	一六一处
毙伤敌马	三八〇〇匹	毁敌炮兵阵地	五六处
击落敌机	一九架	毁敌机枪阵地	四一处
可能击落敌机	一架	毁敌高射火器阵地	二五处
空中击伤敌机	四架	毁伤敌战车	一二〇辆

(续表)

毁伤地面敌机	七二架	毁敌火炮	六〇门
毁敌机场	一一处	毁敌高射枪炮	二一门
毁敌机棚厂	九座	毁敌碉堡及瞭望台	八座
毁敌司令部	七处	毁敌通信站	三处
毁敌雷达	二座	炸射城市	八八次
毁伤火车头	八五九辆	炸射村落	一一一次
毁伤火车车厢	一三九五辆	毁伤营房	八五座
毁伤油车	二七辆	毁房屋	一六五栋
毁伤汽车	八三六辆	毁敌火药库	一八座
毁伤牛马车	二七五辆	毁敌油库	一五座
毁伤大小汽船	二二只	毁敌仓库	八六座
毁汽艇	一四只	毁敌火车站	三三处
毁油船	三只	毁敌火车站水塔	四座
毁伤大小木船	三六七只	毁汽车站	一处
毁伤公路桥及浮桥	二三座	毁敌铁路桥	一五〇座
炸毁铁路路基及铁轨	二七一段	炸伤码头及栈桥	五处
炸伤船坞	一座	炸毁灯塔	一座
毁敌发电厂	一处	毁伤火车修理厂	一处
毁伤敌工厂	四处	毁敌物资	一〇六堆

三十四年豫西鄂北会战我空军伤亡失踪人员表
自三十四年三月二十一日起至同年八月十四日止

隶属	级职	姓名	类别	原因	日期	地点	备考
空军第三大队	上尉三级副队长	王光复	受伤	出击舞阳之敌被敌地面炮火击伤	三十四、三、二十三		
空军第二大队	少尉二级轰炸员	蔡金龙	同上	随机轰炸南阳之敌受伤	三十四、三、二十七	来凤	

(续表)

隶属	级职	姓名	类别	原 因	日 期	地点	备考
空军第三大队	飞行员	胡原祥	同上	驾机轰炸黄河铁桥返航机翻受伤	三十四、三、二十七		
空军第三大队	中尉三级飞行员	郑 俊	殉职	出击老河口之敌起机失事殉职	三十四、三、二十八	安康	
空军第三大队	同上	赵以淼	阵亡	出击老河口敌人被地面炮火击中阵亡	三十四、三、三十一	老河口	
空军第三大队	同上	李相辅	殉职	驾机出击于起飞后机生故障失事殉职	三十四、四、二	安康	
空军第三大队	同上	钟宝泉	受伤	出击徐州之敌返防返降受伤	同上	梁山	
空军第三大队	少尉三级参谋	仲邦飞	同上	出击淅川敌军因机生故障迫降受伤	同上	安康	
空军第三大队	少尉三级飞行员	陈端宏	阵亡	出击老河口敌人被地面炮火击中阵亡	三十四、四、十	老河口	
空军第十一大队	中尉二级分队长	谭玉芝	殉职	出击豫南之敌起机时失事殉职	三十四、五、六	西安	
空军第三大队	少尉三级飞行员	董裴成	失踪	出击信阳车站在目标上空失踪	三十四、五、八	信阳	
空军第三大队	中尉三级分队长	张大飞	阵亡	出击信阳车站阵亡	三十四、五、二八	信阳	

附录第一 其三

三十四年豫西鄂北会战飞机损耗统计表

队 别	机种	损耗原因						小 计		
		被地面攻击		失事		失踪				
		毁	损	毁	损			毁	损	失踪
第四大队	P-40	—	二						二	二
第十一大队	P-40	—	—	—	—				二	—

(续表)

队　　别	机种	损耗原因						小　　计		
		被地面攻击		失事		失踪				
		毁	损	毁	损	毁	损	毁	损	失踪
中美混合团第一大队	B-25	六	九	一	一	一		七	一〇	一
中美混合团第三大队	P-40 P-51	一四	六	三	六	四		一七	一二	四
合计								二七	二六	六
附记	美空军飞机损耗情况不明									

四月七日，南郑指挥所拟定对第一、第五两战区陆空军联络办法，除通报一、五两战区施行外，并报请航委会转咨军令部知照。其办法如左：

一、陆对空者单日铺"十字"，双日铺"八"字，以表示部队位置。

二、铺箭头符号，表示指示敌人方向，在箭头右侧加一横条，表示敌人在二百公尺处，加二横条，表示四百公尺，最多以五横条为限。

三、箭头之尾部加一横条，表示敌炮兵阵地之位置，此际其右侧之每一横条表示一千公尺。

四、空对陆者，轰炸机单日发绿色信号弹两枚，双日发红色信号弹两枚，驱逐机单日由领队机摇左翼上下三次（45度以上），双日摇右翼上下三次，以表示为友机，此等信号发出后，我地面部队务请于五分钟内将符号铺出。

五、各布板之大小，按照军委会之规定，并自本（四）月十一日起实行。

（十一）中美空军联合作战经过

周至柔关于中美空军轰炸上下五龙口敌渡河点及湘东铁路的战斗要报

(1943年6月1日)

空军战斗要报 三十二年六月一日于重庆航空委员会

（甲）中国空军

（一）空军第一大队 SB-3 机三架、第二大队 A-29 机五架，由第一大队姜大队长献祥领队，轰炸上五龙口、下五龙口敌之渡河点。每机携载五十公斤之爆炸弹六枚，于本（六月一日）日四时三十三分由白市驿起飞，五时十五分到达梁山机场上空，在三千公尺高度盘旋十五分钟，与第四大队 P-40E 机九架会合，掩护前进。于六时四十二分，以一百五十度航向追入目标高度四千七百米（仪表指示），对上五龙口、下五龙口附近发现许多蠕动之小黑点，判断为敌军人马。六时四十五分，对此等目标连续投弹，投弹后右转返航，未遭敌机抵抗。于七时零八分至五峰附近脱离掩护，九时零二分安返白市驿，九时零五分全部着陆完毕。P-40E 九架于七时四十四分安降梁山。

（二）各 SB-3 机使用时间甚久，其中一架于出发途中只有一百九十公里，速度不能跟队，SB-3 机三架皆准备飞蓉检修。

（三）本（六月一日）日空军第十一大队 P-66 机八架，由大队长胡庄如率领，十三时由白市驿起飞，赴宜都、长阳间巡逻，并侦察长阳、宜都及长阳、聂家河道上之敌。追经万县至恩施西北高山附近时，在云下飞行，未能穿过，乃回。经建始至白洋坪时，仍受云阻，未能通过，故折返，于十四时三十七分降落恩施。于十七时十五分，P-66 机四架再由恩施起飞，十八时到达宜都上空。红花套附近发现木船八只,向江西岸开行,见我机,又开回东岸。内一只似为趸船。长阳以南之马鞍山上发现房屋起火,烟火高约二千呎。当时在七千呎及一万呎高度皆有云层,目标多被云盖,余无发现。返航途中,因在云层中迷失方位,自云孔中降下,恰为建始。于十八时五十五分达恩施上空,地面开灯,四机皆安全降落。

(乙)美国空军

(四)美空军P-40式机十架,各载五百磅炸弹一枚,于本(一)日十二时三十分由衡阳起飞,赴湘北前线工作。一批六架轰炸临湘东之铁路,毁路轨一段,并扫射火车及建筑物、仓库等,立见着火。另一批四架轰炸洋楼司、五里牌之铁路,毁路轨甚多,于十四时三十五分安返衡阳机场。

谨呈

总　长何

委员长蒋

职周至柔

附战斗成果表一份、轰炸成果表一份、我作战飞机现数表一份、美十四航空队作战飞机现数表一份。

空军战斗成果表　三十二年六月一日于重庆航空委员会

区分 部队	得力 人员	级 职	日 期	地　点	战斗经过及成果	击落敌机		备　考
						机种	机数	
第四 大队			六 月 一 日	宜昌西岸敌上五龙口、下五龙口渡河点	掩护第一大队SB-3机三架及第二大队A-29机一架轰炸,未遭敌机抵抗。			担任掩护之机数为P-40E机九架。
第十一 大队			六 月 一 日		赴宜都长阳间巡逻,寻找目标而扫射之,至恩施西北,天气不佳,折返,未达成目的。			出动机数为P-66机八架。

2699

(续表)

区分部队	得力人员	级职	日期	地点	战斗经过及成果	击落敌机 机种	击落敌机 机数	备考
第十一大队			六月一日		再行前项任务，在宜都北红花套附近发现江面木船八只向西岸开行，见我机又向东岸开去。马鞍山上房屋起火，焰高约二千呎。目标多为云盖，未行扫射。			出动机数为P-66机四架。
合计								
附记	得力人员及组织待补呈							

六月份我方空军轰炸成果报告表　三十二年六月一日于重庆航空委员会

日期	隶属	目标 地点	目标 种类	轰炸状况	机种	机数	弹种	总弹数	证明者	备考
六月一日	第一大队	宜昌西岸	渡河点	见目标地小屋及小黑点甚多,判为敌军人马所在,炸弹一齐投下。	A-29	一	50公斤爆炸弹各携带六枚。	二十四枚		
六月一日	第二大队	上五龙口 下五龙口			SB-3	三				
附记	得力人员待补呈									

空军各部队飞机现数表　三十二年六月一日

隶属		机名	架数	驻地	备考
第一大队	大队部	SB-3	3	温江	
	第一中队				
	第二中队				
	第四中队				

(续表)

隶　属		机　名	架　数	驻　地	备　考
第二大队	大队部	A-29	4	白市驿	
	第九中队				
	第十一中队				
	第三十中队				
第三大队	大队部	P-66	17	太平寺	
	第七中队				
	第八中队				
	第二十八中队				
	第三十二中队				
第四大队	大队部	P-40E	1	梁山	
	第二十一中队	P-40E	9	白市驿	
	第二十二中队	P-40M	8	白市驿	
	第二十三中队	P-43	6	白市驿	
	第二十四中队				
第五大队	大队部	P-66	5	双流	
	第十七中队	P-66	2	兰州	
	第二十六中队				
	第二十七中队				
	第二十九中队				
第六大队	大队部				
	第十三中队				
	第十九中队				
	第三十一中队				
第八大队	大队部	SB-3	1	兰州	
	第六中队				
	第十中队				
	第十四中队				

(续表)

隶属		机名	架数	驻地	备考
第十一大队	大队部	P-66	7	白市驿	
	第四十一中队	P-66	4	梁山	
	第四十二中队	P-66	4	恩施	
	第四十三中队				
	第四十四中队				
第十二大队	大队部	SB-3	1	温江	
	第四十五中队				
	第四十六中队				
	第四十七中队				
空运大队					
轰炸总队					
教导队					
第十二中队					
小计		SB-3	A-29	P-66	P-43	P-40E	P-40M
		5	4	39	6	10	8
分计		作战飞机	驱逐机	63	72	合计	72
			轰炸机	9			
附记						

美国陆军第十四航空队飞机现数表
三十二年六月一日航空委员会参谋处第一科制

驻地 \ 架数 \ 机名	P-40	P-43	P-40E	P-38	B-25	B-24	小计	备考
昆明		2	37			4	43	
沾益	2				1		3	

(续表)

架数\机名\驻地	P-40	P-43	P-40E	P-38	B-25	B-24	小计	备考
呈 贡						8	8	
羊 街						6	6	
祥 云			13				13	
零 陵			6		8		14	
桂 林		2	11	1			14	
衡 阳			10	1			11	
新 津					9		9	
梁 山			1				1	
芷 江			3				3	
分 计	2	4	81	2	9	27		
合 计	125							
附 记								

周至柔关于美军第十四航空队轰炸宜都附近敌军的战斗要报

(1943年6月2日)

空军战斗要报 六月二日二十二时于重庆航空委员会

(一)本(二)日川东天气阴雨,我驻梁山第十一大队P-66机四架出动后,中途折回,其余驱轰部队均在成都、重庆、梁山各基地等候天气。

(二)美第十四航空队第一次P-40式机十架,于六时四十六分由衡阳机场起飞,赴长阳、宜都间扫射败退之敌,战斗状况如左:

1.宜都城北小河中见满载敌军队之汽艇六七十艘,当击沉七八只。

2. 击沉宜都北小河口江中敌小火轮一艘及其拖曳之木船六七只。

3. 击沉宜都东北江中敌汽艇一只及其拖曳之木船数只,由火光视之,判断为敌之油船。

4. 扫射曾家岗附近敌军数百人,敌死伤甚众。

5. 本役,美员伯尔(Bell)颈部负伤,卒支持安全飞返衡阳,已送医院治疗中。

6. 出动各机于九时五十二分先后安返衡阳机场,无损失。

(三)美军第二次 P-40 机十四架,于八时五十五分由衡阳机场起飞,赴长阳、宜都一带道路搜索敌部队,以六机掩护,八机低空扫射数次,旋与敌零式驱逐机十五架战于宜都上空,确实击落敌机一架,美机九架安返。其 2 号迫降于桃源茶安铺附近,三架据情报所报告迫降于思南境内。另一架迄无消息,已向各地彻查中。

(四)美军第三次 P-40 三架,于九时四十四分由芷江机场起飞,赴宜都、宜昌间江面扫射敌军,击沉敌汽艇一艘。返航经洞庭湖西岸上空,驾驶 125 号机某少校遇敌零式驱逐机三架,当将其全数击落,美机均安返芷江。

(五)第四次 B-25 机五架,各载 100 磅炸弹十二枚,由 P-40 机十架掩护,于十三时四十一分自衡阳机场起飞,轰炸白螺矶机场及营房,将该场破坏后,在岳阳上空与敌零式驱逐机九架空战,敌机二架可能被击落。美机均安返,各机均弹痕斑斑。

谨呈
总长何转呈
委员长蒋

职周至柔

附作战飞机现数表一份。

空军各部队飞机现数表　三十二年六月二日廿三时

隶　　属		机　名	架　数	驻　地	备　考
第一大队	大队部	SB-3	4	温江	
	第一中队				
	第二中队				
	第四中队				
第二大队	大队部	A-29	1	温江	
	第九中队	A-29	4	白市驿	
	第十一中队				
	第三十中队				
第三大队	大队部	P-66	16	太平寺	
	第七中队				
	第八中队				
	第二十八中队				
	第三十二中队				
第四大队	大队部	P-40E	8	白市驿	
	第二十一中队	P-40E	1	梁山	
	第二十二中队	P-43	5	梁山	
	第二十三中队	P-40M	8	白市驿	
	第二十四中队				
第五大队	大队部	P-66	5	双流	
	第十七中队	P-66	2	兰州	
	第二十六中队				
	第二十七中队				
	第二十九中队				

2705

(续表)

隶　属		机　名	架　数	驻　地	备　考
第六大队	大队部				
	第十三中队				
	第十九中队				
	第三十一中队				
第八大队	大队部	SB-3	1	兰州	
	第六中队				
	第十中队				
	第十四中队				
第十一大队	大队部	P-66	7	白市驿	
	第四十一中队	P-66	4	梁山	
	第四十二中队	P-66	4	恩施	
	第四十三中队				
	第四十四中队				
第十二大队	大队部		1		
	第四十五中队				
	第四十六中队				
	第四十七中队				
空运大队					
轰炸总队					
教导队					
第十二中队					
小　计		SB-3	A-29	P-66	P-43	P-40E	P-40M
		5	5	38	5	9	8
分　计		作战飞机	驱逐机	60	70	合计	70
			轰炸机	10			
附　记					

2706

美国陆军第十四航空队飞机现数表
三十二年六月二日航空委员会参谋处第一科制

驻地 \ 机名架数	P-40	P-43	P-40E	P-38	B-25	B-24	小计	备考
昆　　明		1	28		2	3	34	
沾　　益					2		2	
羊　　街						5	5	
祥　　云			13				13	
零　　陵			9				9	
桂　　林		2	10	2	8		22	
衡　　阳			14				14	
新　　津						9	9	
呈　　贡					7		7	
梁　　山			1				1	
分　　计		3	75	2	12	24		
合　　计	116							
附　　记								

六月二日美军第十四航空队飞机损耗调查表

隶属	驾驶员	职级	机名	架数 待查	架数 可修	架数 全毁	号码	损失地点	原因	备考
美军第十四航空队	美员		P-40E			1	121	桃源	与敌空战后迫降	人员头部受伤
美军第十四航空队	美员		P-40E			1	123	据报在思南附近	与敌空战后迫降	人员情况不明
美军第十四航空队	美员		P-40E			1	117	据报在思南附近	与敌空战后迫降	人员情况不明
美军第十四航空队	美员		P-40E			1	116	据报在思南附近	与敌空战后迫降	人员情况不明

(续表)

隶 属	驾驶员	职级	机名	架数 待修	架数 可修	架数 全毁	号码	损失地点	原 因	备 考
美军第十四航空队	美员		P-40E	1			113		与敌空战后迫降	人员情况不明
小 计				5			架			
总 计							五架			
附 记										

周至柔关于中美空军轰炸宜都附近敌军的战斗要报

(1943年6月5日)

空军战斗要报　三十二年六月五日十九时于重庆航空委员会

(甲) 中国空军

(一) 空军以轰炸宜都近郊负隅顽抗之敌为目的, 本(六)月五日九时五十五分, 空军第一大队第四中队王副队长鼎基率SB-3机三架; 九时五十八分, 第二大队第三十中队林队长定喜率A-29机四架, 各机携载五十公斤爆炸弹六枚, 由白市驿机场起飞, 轰炸宜都南郊十里铺、姚家店、过路滩各地之敌。

(二) 轰炸队于十时四十七分至五十分先后到达梁山机场上空, 于十一时零九分以一万呎高度与第四大队P-40十一架、P-43五架、美军P-40一架确实会合后, 于十一时十一分离梁山, 于十二时四十七分至五十分到达目标, 各以四千五百公尺高度二秒连续投弹, A-29机弹落于钱家店、石板堰至过路滩之大道上之敌, SB-3机弹落于十里铺至姚家店、过路滩各地之敌。

(三) P-40机均紧随, 掩护动作甚为确实。据A-29机林队长报称, 曾发现江面有敌汽艇八只, 但P-40机未能发现。

(四) 任务完成后, 十三时五十分, P-40E机六架安降梁山(内有美机166号一架),其余P-40机六架、P-43机五架、SB-3机三架、A-29机四架均于十四时三十分先后安全降落白市驿。除二十四队队员凌鼎钧所驾P-43机左机翼中敌高射炮弹破片数处外,余无损失。

(乙)美国空军

(五)美空军第十四航空队第一编队P-40E机十三架,于本(五)日九时四十分由衡阳机场起飞,赴宜都、宜昌一带搜索目标。出发后其中一架因发动机故障折回,余十二架飞至宜昌、宜都,均未发现敌人。惟在白洋道路上发现敌骑兵数百名,当予扫射,见死伤颇众。十三时顷,四架先返衡阳,余八架降落恩施。

(六)第二次八架自恩施加油后,飞至荆门、沙市,均未见敌踪,至岳阳江边陈家村附近,击烧敌一小火轮及其所拖曳之木船数只,由火光视之,判断为敌之汽油船。十六时零三分,均安返衡阳。

(七)美第二编队P-40E机七架,于七时五十三分自零陵飞芷江加油后,九时五十分起飞,至宜昌敌机场扫射,其中三架因发动机故障折回,余四架未发现有利目标,于十三时顷,二架降落芷江机场,二架降落零陵。

(八)据衡阳空军第六总站总站长转第九战区长官电话,五月二十八日美空军轰炸岳阳所获战果如左:

1. 吕仙亭车站毁火车头三个、火车三辆,毙敌兵十余,伤三十余名。
2. 梅溪桥落二弹,毁日本洋行一间,情形不明。
3. 福音堂街中一弹,毙敌妇女及职员十余人。
4. 岳阳车站毁火车头一。
5. 另报,岳阳毙敌六十余名,伤三十余名,内有特务大队长、宣抚班长一。

谨呈
总长何转呈
委员长蒋

职周至柔

附:驱轰联合行动要图三份〔略〕、轰炸成果表一份、战斗成果表一份、作战飞机现数表二份、飞机损耗调查表一份。

六月五日我方空军轰炸成果报告表
三十二年六月五日十九时于重庆航空委员会

日期	隶属	目标		轰炸状况	机种	机数	弹种	总弹数	证明者	备考
		地点	种类							
六月五日	第一大队	宜都附近	敌阵地	沿青龙寺、十里铺、姚家店之线投弹。	SB-3	三	五十公斤爆炸弹	十八枚		各机携载弹六枚
六月五日	第二大队	宜都附近	敌阵地	沿宜都至过路滩公路投弹。	A-29	四	五十公斤爆炸弹	二十四枚		各机携弹六枚
附记	得力人员待补呈									

空军战斗成果表
三十二年六月五日十九时于重庆航空委员会

区分 部队	得力人员	级职	日期	地点	战斗经过及成果	击落敌机		备考
						机种	机数	
第四大队			六月五日	宜都附近	P-40E 机十一架、P-43 机五架担任掩护第一大队 SB-3 三架及第二大队 A-29 机四架,轰炸宜都附近敌阵地,达成任务。			此外尚有美空军 P-40 机 166 号一架亦同参加。
附记	得力人员待补呈							

空军各部队飞机现数表　三十二年六月五日

隶　属		机　名	架　数	驻　地	备　考
第一大队	大队部	SB-3	3	白市驿	
	第一中队				
	第二中队				
	第四中队				
第二大队	大队部	A-29	4	白市驿	
	第九中队				
	第十一中队				
	第三十中队				
第三大队	大队部	P-66	15	太平寺	
	第七中队				
	第八中队				
	第二十八中队				
	第三十二中队				
第四大队	大队部	P-40E	4	白市驿	
	第二十一中队	P-43	6	白市驿	
	第二十二中队	P-40E	5	梁山	
	第二十三中队	P-40M	5	梁山	
	第二十四中队				
第五大队	大队部	P-66	5	双流	
	第十七中队	P-66	2	兰州	
	第二十六中队				
	第二十七中队				
	第二十九中队				

2711

(续表)

隶属		机 名	架 数	驻 地	备 考
第六大队	大队部				
	第十三中队				
	第十九中队				
	第三十一中队				
第八大队	大队部	SB-3	1	兰州	
	第六中队				
	第十中队				
	第十四中队				
第十一大队	大队部	P-66	11	白市驿	
	第四十一中队	P-66	5	梁山	
	第四十二中队				
	第四十三中队				
	第四十四中队				
第十二大队	大队部				
	第四十五中队				
	第四十六中队				
	第四十七中队				
	空运大队				
	轰炸总队				
	教导队				
	第十二中队				
小 计		SB-3	A-29	P-66	P-43	P-40E	P-40M
		4	4	38	6	9	5
分 计		作战飞机	驱逐机	58	66	合计	66
			轰炸机	8			
附 记					

美国陆军第十四航空队飞机现数表
三十二年六月五日二十一时航空委员会参谋处第一科制

驻地 \ 机名架数	P-40	P-43	P-40E	P-38	B-25	B-24	小计	备考
昆 明	1	1	24		3	7	36	
沾 益					2		2	
呈 贡						8	8	
羊 街						3	3	
祥 云			12				12	
零 陵		1					1	
桂 林		1	7	1	8		17	
衡 阳			13				13	
新 津						9	9	
梁 山			2				2	
芷 江			6				6	
分 计	1	3	64	1	13	27		
合 计	109							
附 记								

我方及美军空军飞机损耗调查表
三十二年六月五日十九时于重庆航空委员会

隶属	驾驶员	职级	机名	架数 待查	架数 可修	架数 全毁	号码	损失地点	原因	备考
第一大队	张继祖		SB-3		1		0115	白市驿	出发途中发动机故障，折返检修。	人无恙
第四大队	李成源		P-40E		1		2305	梁 山	落地出跑道，损落地架、螺旋桨。	人无恙

(续表)

隶属	驾驶员	职级	机名	架数 待修	架数 可修	架数 全毁	号码	损失地点	原因	备考
第十四航空队	美员		P-40E		1		34	衡阳	出发途中发动机故障,折返检查。	人无恙
第十四航空队	美员		P-40E		1		117	芷江	出发途中发动机故障,折返检查。	人无恙
小计				4架						

美国驻中缅印军总部关于洞庭湖前线美国空军作战经过的备忘录

(1943年6月—7月)

(1) 6月1日

美国驻中缅印军总部一九四三年六月一日备忘录

主题:洞庭湖前线之空军作战情况

送致:何总长

兹谨将五月二十八日至三十一日洞庭湖区域空军作战之经过情形列后:

五月二十八日,P-40飞机两队,一队九架,一队七架,向岳阳之铁路设施及仓库区投弹并扫射,结果满意。

五月二十九日,B-24飞机九架轰炸宜昌,投下一千磅炸弹三十六枚,其中四分之三落于目标区。

五月三十日午后,P-40飞机六架沿岳州至沙市之江面扫射,在沙市扫射船只两艘,一艘重伤,一艘沉没。敌零式机一架停在沙市地面,被扫射后焚毁。第二批P-40飞机在沙市毁敌火车头一个,并扫射火车车厢三节。又在岳州之大船及汽艇各一艘被炸重伤。P-40飞机八架另一批扫射宜昌附近,在宜昌东北十里之地面,毁敌单翼机一架,炸伤卡车二辆,另二辆焚毁,估计死伤约三十人。在宜昌有金属大油池三个,焚毁。在宜昌附近载有军队之卡车,六辆被扫射,一辆被焚,二辆翻车,结果在宜昌附近五十里内之江面,断绝航行。

五月三十一日,P-40飞机一队扫射并炸毁火车头一个及货车数辆,并扫射孝感之敌兵营。估计死伤四十名,焚毁旧口(KOKOW)附近之炮艇一艘。关于五月三十一日之其他作战经过,尚未接获报告。

贺安谨启

抄总长致贺安备忘录

一、在曾家畈大桥边之敌军39D被我击溃,其一部正向宜昌大江渡河中。在永昌寺及偏岩附近之敌军13D,向都镇湾长阳方向退却中。

二、希望美空军轰炸此退却之敌军渡河点及在渡河口附近敌军一切船艇。

渡口如下:孝子岩　上下五龙　红花套　宜都　白洋

何应钦　五、卅一

传达法:陈参谋携图说明面达。

贺安答:如可能,下午或能再出动第二次,在本(卅一)日止,凡江两岸十公里之军队均假定系敌军,可以扫射,华军到达地点请见告,以免误伤友军。

(2) 6月2日

美国驻中缅印军总部一九四三年六月二日备忘录

主题:续报洞庭湖前线空军助战之经过

送致:何总长

兹谨将五月三十日及三十一日美国空军在洞庭湖区域作战之

经过情形列后：

五月三十日，B-24式飞机七架，自十二时十分起至十二时半止，轰炸宜昌南部之设备及敌炮兵位置，投下五百磅炸弹四十二枚，内百分之七十五命中目标区，但敌军地面部队及炮兵之损失如何，难于侦察。自空中侦察发现，B-24式飞机于五月二十九日轰炸宜昌后，敌方损失颇重。

五月三十日，B-24式飞机九架起飞，以荆门为轰炸目标。因气候恶劣，无法判别目标，当向第二目标宜昌投下一千磅炸弹三十六枚，其中百分之七十五落于目标区。敌机先后在荆门及宜昌前来拦截，随即发生空战，当击落敌零式机二十架，另有五架或已被击落。我空军毫无损失。

五月三十一日，P-40式飞机十架轰炸湖南城陵矶之铁路场及仓库区，结果圆满。自空中侦察发现，五月三十日被我机扫射之江轮已沉没。此外，铁路上之火车头已倾覆。敌零式机一架应战受伤。

贺安谨启

三二年六月一日下午六时以左之备忘录面交贺安及格兰将军：

一、据报，敌13D后卫在长阳东8K之处，13D师部及其直属部队在茶店子，104R在曾家岗，65R在孟家岭待机渡河中。

二、希望美国空军及中国空军明（二）日轰炸麇集待机渡河之敌。

三、兹派周主任、陈参谋前来商洽，希接见。

何应钦　三二、六、二

贺安、格伦答：桂林、零陵天气均不佳，桂林大雨，云层低，零陵亦然。本（二）日下午天气尚不佳，恐明日亦不佳。若天气许可，则将以零陵之P-40 18架及桂林之B-25出动，B-24不动。

格伦续言：此项目标P-40已可对付，每机机枪6架，18架共有机枪108架，对麇集江岸之敌足可应付。若天气欠佳，B-25或不出动,令P-40循河谷前进,透过低云层前往,自绝早起反复扫射轰炸,请报告总长。我方谓敌人可能利用夜暗渡河,贺格谓昨(卅一)日侦察江上不见,船只只见一二艘,故敌大部队渡河自需时日,并谓有侦察照相送呈总长(当未收到)。

周主任旋询美空军何时开始指挥杨鹤霄部,定明(二)日开会。又中空军所需油,美允供给。

(3) 6月3日

美国驻中缅印军总部一九四三年六月三日备忘录

主题:续报洞庭湖前线美国空军作战之经过

送致:何总长

兹谨将六月二日美国空军在洞庭湖区域作战之经过情形列后:

P-40式飞机一队共十架,在长阳东部十五里处扫射敌各长一里之行军纵队两队,敌队形溃散,死伤甚重。有载军需品之马达驳船被扫射沉没。另在宜都扫射登陆用之驳船六艘,内一艘被毁。距宜都东部三里处有满载敌军之汽艇拖船十艘被扫射。

两小时后,第二队P-40式飞机共八架攻击原地,扫射敌行军纵队四队,死伤甚重。又扫射在宜都以西靠在东岸之敌登陆艇及在宜都对岸之兵营。于飞返途中又扫射敌军,自天空观察,幸免者极少。敌零式机十五架应战,被我击毁一架。

贺安谨启

(4) 6月4日

美国驻中缅印军总部一九四三年六月四日备忘录

主题:续报空军作战经过

送致:何总长

六月二日:P-40式机三架扫射宜昌之江面,大批敌军正向宜昌以东开动。

六月一日:B-25式机五架,由P-40式机十架掩护,轰炸蒲圻,所投炸弹百分之八十命中目标区。此次共投一百磅炸弹六十枚,我掩护之战斗机攻击敌零式机九架,或已击毁其三架。

贺安谨启

(5) 6月7日

美国驻中缅印军总部一九四三年六月七日备忘录
主题:续报洞庭湖前线空军作战经过
送致:何总长

六月五日:P-40式飞机六架扫射当阳之敌兵营、汽车棚及敌军人员,卡车十五辆焚毁。

六月六日午前:P-45式飞机十一架轰炸蒲圻桥梁,有九处几乎命中,邻接桥梁之路有两处命中。岳州、蒲圻间之火车头两节被扫射,锅炉爆炸。第二队P-40式飞机十架,扫射沿宜昌至沙市之江面。沙市以上无活动,沙市有船一艘被扫射损伤。又沙市炮艇一艘及沙市迤南六十里炮艇一艘均被扫射。沙市机场有陆空联络机一架被焚,此外另有无线电室及卡车一辆亦被焚。

贺安谨启

(6) 6月11日

美国驻中缅印军总部一九四三年六月十一日备忘录
主题:续报洞庭湖前线空军作战经过
送致:何总长

六月九日:P-40式飞机六架在松滋、西斋及沙市与岳州间之长江江面作攻势侦察。在沙市发现炮艇一艘,又在郝穴扫射炮艇两艘及随行之运兵驳船二十四艘。在公路及江面之敌军活动颇少,九七式敌机一架在西斋附近被我击落。

P-40式飞机六架轰炸粤汉铁路蒲圻站之桥梁,命中目标一处,几乎命中者两处,焚毁卡车一辆,扫射火车头及车厢各一节。并向同地之仓库区投弹,命中一处。

六月十日:P-40式飞机九架作攻势侦察飞行,在监利扫射炮艇一艘及随行之驳船十艘,驳船一艘焚毁。在沙市以下十里之江面发现第二艘炮艇,江面之航行颇少,公路上并无军运。

P-40式飞机十一架,于午后一时四十五分,在衡阳上空拦截敌零式机一队共十六架,掩护九七式重轰炸机八架,机场无损失。P-40式飞机七架,拦截第二队零式机十五架、敌轰炸机一架及零式机三架,已证实被击落。此外,敌轰炸机一架或已被击落。

贺安谨启

(7) 6月16日

美国驻中缅印军总部一九四三年六月十六日备忘录
主题:续报本月十四、十五日空军作战经过
送致:何总长

六月十五日:B-25式飞机十架由P-40式飞机十二架掩护,轰炸藕池口,结果使仓库区大火。P-40式飞机并向该区扫射。公路上及河流中敌军之活动颇少,我机投下五十公斤爆炸弹一百枚。

六月十四日:敌轰炸机十八架及战斗机二十架之编队,于轰炸赣州及遂川之回程中,在南昌之西南为我P-40式飞机八架拦击。空战结果,敌零式机六架确被击落,另二架或已击落,我机均安返原地。

贺安谨启

三二年五月廿七日中美会报贺安将军提通报系统,最后总结数点如下:

(1) 重庆中国方面之希望可通知美代表团转达美空军,若美空军接到中国方面之命令,须先询明代表团证实后再办。

（2）当地中国陆军之愿望可经由美军联络员转达于美军，美军应即采取处置。

（3）能否实施任务由美军决定，希望如何协助由中国决定。如中国陆军希望打击之目标与美空军不同时，照中国陆军者。如当地指挥官希望之目标与重庆军委会所希望者不同时，由军委会询明当地指挥官后，将最后决定通知美军总部转知美空军办理。

(8) 6月18日

美国驻中缅印军总部一九四三年六月十八日备忘录

主题：续报洞庭湖前线空军作战经过

送致：何总长

六月十六日：P-40式飞机六架实施攻击南昌一带之任务，在南昌以北三十里扫射南下之火车一列，又在南昌以南二十里扫射北上之另一列火车。火车头两段重伤，内一段谅已被毁。第二列火车着火燃烧。城南之铁路仓库亦被扫射。

贺安谨启

(9) 7月31日

美国驻中缅印军总部一九四三年七月三十一日备忘录

主题：续报七月廿三日至廿八日美空军作战经过

送致：何总长

以下系美国第十四航空队于七月廿三日至廿八日作战经过之汇报：

七、廿三：七时三十分，P-40式飞机十五架遭遇敌轰炸机十八架及战斗机四十架，敌机在零陵以南三十里之上空被迫仓皇投弹。结果敌零式机九架及轰炸机五架确被击落，零式机六架及轰炸机三架被击伤。我P-40式飞机三架被迫降着陆损伤，情况不明。P-40式飞机□架在地面被炸毁。

九时四十分,我侦察机由□□□□□□宜昌、九江、白螺矶及南昌机场摄影,四时五十分返防。

七、廿四:三时三十分,我 B-25 式飞机□架由桂林起飞,赴广州一带轰炸,但因气候不良,不得不折返。

九时四十分,我 P-40 式飞机十六架在零陵附近拦截由汉口起飞之敌轰炸机二十一架及战斗机二十架,结果确实击落零式机三架及轰炸机四架,或已击落零式机一架及轰炸机四架,击伤零式机及轰炸机各二架。我方损失:P-40 式飞机一架之飞航员一名殉命。

九时五十五分,我机在桂林上空拦截敌零式机八架,结果确实击落敌零式机七架。我方损失 P-38 式飞机一架,但驾驶员无恙。(以上两日所遇之敌轰炸机均为 I-99M 式,战斗机均为零式。)

十时正,我侦察机自桂林起飞,在宜昌、当阳、荆门、孝感、汉口、武昌、九江及南昌敌机场摄影。午后四时飞返基地降落。

七、廿五:十二时,B-25 式飞机九架、P-38 式飞机两架及 P-40 式飞机十五架自衡阳起飞,一时四十□分在汉口一六〇〇〇呎之高空投弹,结果良好。

十二时二十分,我侦察机自桂林起飞,□□□□白螺矶、武昌及孝感一带侦察。

七、廿六:五时〇八分,B-25 式飞机五架及 P-40 式飞机十二架起飞,轰炸汉口机场。六时四十七分,我机于□□□□□呎之高空轰炸汉口,结果良好。敌战斗机三十至五十架与我机在一一六里之航程中发生追击战。结果确实击落敌机九架,或已击落者十三架。我方损失 P-40 式飞机一架及驾驶员失踪。

五时四十五分,P-38 式飞机在衡阳上空企图拦截敌侦察机,但未遭遇。

我 F-5 式飞机一架侦察香港海岸及黄浦船坞。

七、廿七:十一时三十分,B-24 式飞机十五架由四千至七千呎之高空轰炸海南岛,命中大船三艘,另二艘被炸重伤。敌战斗机二十五至三十架拦截我机。结果:确实击落战斗机十三架,或已击落者四架。

八时,P-40式飞机六架起飞赴海防区侦察,因天气不良,中途折返,扫射河内之工厂。

十二时,我侦察机在琼山、北海、合浦、崖州及钦县之上空摄影。

三时十六分,B-25式飞机六架及P-40式飞机十四架在香港轰炸长五〇〇呎之船,但未命中。

P-40式飞机四架于飞往广州□□途中遭遇零式机三架,但未发生空战。

七、廿八:十一时三十分,P-40式飞机八架由白市驿起飞,轰炸Shweli bridge,但无命中。

P-40式飞机两架侦察芒市、龙陵、垒允。

P-40式飞机两架侦察腊戍及垒允。

黎明,P-40式飞机九架及B-25式飞机六架轰炸太古船坞,结果良好。

综计本期内敌方空军损失如下:

确被击落者五十架,或已被击落者四十一架。被击(炸)伤者十三架。

综计美方空军损失如下:战斗机七架及飞航员两人。

史迪威
贺安代启

周至柔关于美空军大队在湘桂滇粤等地作战情形报告

(1943年7月—12月)

(1) 7月11日

报告　谋战癸渝1174号　机秘(乙)第58382号

据昆明第五路晏司令玉琮、桂林第二路谢司令莽本(七)月十日十九时先后电报,驻昆明美空军轰炸海防经过情形如左:

一、八日九时三十分,B-24廿二架由P-40十三架掩护,分由昆明、呈贡、羊街起飞,轰炸海防敌船舶、码头、仓库及营房等,成果如左:

(一) 敌大型船一艘中弹两枚。

(二) 海防码头、仓库、营房等均中弹。

任务毕返航,除B-24一架因一发动机故障,于14:25降洛南宁修理,已于九日13:47飞返昆明外,余均安返原防。

二、十日十二时二十分,P-40八架由昆明飞赴南宁加油,于十四时四十五分与由昆明起飞之B-24九架会合,轰炸海防。任务毕,美机全部安返,成果查询中。

等情。理合转报,请鉴察。谨呈

总长何核呈

委员长蒋

附呈:一、七月八日美空军驱轰联合轰炸海防经过要图一份〔略〕。

二、七月十日美空军驱轰联合轰炸海防经过要图一份〔略〕。

职周至柔呈

卅二年七月十一日

(2) 7月15日

报告 谋战癸渝1214号

据昆明第五路晏司令玉琮12:18余癸昆电报,美空军本(七)月十一日出动情形如左:

一、B-24八架分两批,第一批三架,第二批五架,先后由呈贡、昆明起飞,轰炸海防。据参与当日作战之本军派在该队服务之谭云鹏中尉报告，经向敌舰投弹与扫射，结果击沉敌运输轮一艘。

二、P-40二架由昆明飞河内老街侦察，返航时一架因被敌地面炮火击伤于文山东南之麻栗坡，人员跳伞。

等情。谨转报，请鉴察。谨呈

总长何核呈

委员长蒋

附呈：一、七月十一日美空军B-24轰炸海防经过要图一份〔略〕。

二、七月十一日美空军P-40侦察老街河内经过要图一份〔略〕。

职周至柔呈

卅二年七月十五日

(3) 8月12日

报告　谋战癸渝字第1434号　机秘(乙)第59059号

准第七战区余司令长官汉谋八月七日电：据本部港谍组江电称，七月二十七日及二十八日，盟机袭击香港，所获战果如左：

一、敌海军及太古船坞中弹多枚，内部被炸毁甚多，伤亡工人四百余名。太古船坞内有待修轮一艘亦中弹。海军栈桥(旧称皇家码头)、薄扶林道煤油仓均被炸毁。

二、敌总督部、舰队司令部、宪兵司令部及警察总署各附近均有中弹，死伤敌伪数名。

三、昂船洲落弹最多，敌仓库损失惨重，并炸伤敌小型轮船数艘。

四、启德机场、鲤鱼门炮台、尖沙咀兵舍、祸利兵房、金钟兵房、广九车站等处均中弹，伤亡印人及敌兵百余名。

等由。谨呈

总长何核呈

委员长蒋

职周至柔呈

卅二年八月十二日

(4) 8月15日

报告　谋战癸渝字第1467号　机秘(乙)第59058号

据空军第五路司令部本(十四)日十时卅分电话称,美空军十二日战斗报告如左:

一、敌机分三批侵入我防区内,计第一批敌驱逐机十三架,13:00以25 000呎之高度侵入衡阳上空。我P-38三架、P-40六架起飞截击,因层云关系未遭遇,我全体安降。第二批敌不明机廿架飞抵衡阳附近,未及攻击即行逸去。第三批敌机机种、机数均不明,于飞达衡阳约190里处无何行动即行逸去。

二、相信敌于七月廿七日开始之攻势现以天气及损失惨重关系显已终止,并可判断敌将于飞行情况良好后立即再为进袭。

三、P-40侦察拉蒙、龙陵及怒江一带,并无军队及车辆之活动。

等情。谨呈报

总长何核呈

委员长蒋

职周至柔呈

卅二年八月十五日

附呈侦察经过要图一份〔略〕。

(5) 8月17日

报告　谋战癸渝字第1476号

据桂林空军第二路司令部本(十六)日十八时电话报告,十六日敌空军及美空军活动情形如左:

一、6:18分,P-40两架由衡阳出动至汉口侦察,在汉口、岳阳中间发现敌木船一批南开。返抵岳阳上空时,发现敌机五架,未发生空战,8:48分返衡。

二、8:25分,平江发现敌机一架南飞,经浏阳、株州〔洲〕,9:10分到衡阳机场上空,侦察高度18000呎,仍循原路逸去。我驻衡美空军8:33分P-40二架起飞警戒,未与敌遇。

三、9:05分,平江南江桥发现敌机34架南飞,经长沙、湘潭、萍乡、攸县、茶陵,到衡山、衡阳附近北飞折向湘潭、长沙,于10:47分经营田北窜。驻衡美空军9:20分先后起飞P-40十七架北飞迎击;9:29分,龙陵亦起飞P-38十一架警戒,均未与敌机遭遇。

等情。理合转报鉴察。谨呈

总长何核呈
委员长蒋

职周至柔呈
卅二年八月十七日

(6) 8月18日

报告 谋战癸渝字第1477号

据昆明空军第五路晏司令玉琮电话报告,七月二十七日及八月十三日美空军出动之情形如左:

(甲)七月二十七日,B-24十六架袭击海南岛沙麻湾(按即榆林港),结果敌船三艘被炸,另3500吨大船尾部命中一弹。此次尚有五弹均落目标不远,中弹之船当即冒烟,并即倾斜。又一弹命中一6000【吨】货船之船面,并有五弹亦几乎命中该二船,相信均已沉没。另二弹中敌仓库及船坞区,当见数处起大火。

(乙)八月十三日

一、P-40机四架各携带炸弹220公斤轰炸龙陵,炸弹二枚直接命中市区中心,立有两处起火,黑烟弥漫,未遇敌空中及地面之抵抗。

二、P-40机二架侦察龙陵、拉孟一带,未见敌任何活动。
以上出动之机均安全飞返。
等情。理合报请鉴察。谨呈
总长何核呈
委员长蒋

职周至柔呈
卅二年八月十八日

(7) 8月21日
报告　谋战癸渝字第1506号
据昆明空军第五路晏司令玉琮本(八)月十八日十二时电话报告,美空军八月十六日出动情形如左:

一、P-40二架于06:15由衡阳起飞,在汉口、岳阳间作目力侦察,发现长约50呎之小汽艇四艘,正向汉口航进中。在岳阳附近并有敌97式驱逐机五架,高度7000呎,企图对我机拦击,但未遭遇。我机于08:45返防(参看附图一)〔图略〕。

二、P-40二架于06:30由衡阳起飞,侦察九江。因气候不佳,未能达成任务,07:30返防。

三、08:40,据报有敌侦察机一架,后随机种不明之敌机二批,每批各20架,均向衡阳进袭。驻衡P-40 22架及P-38 11架起飞截击,升高26000呎,因能见度不佳及云层之阻碍,未能遭遇。据报敌机已进至距衡阳卅公里以内,因得敌侦察机之通报,知我有备,未敢进袭,乃于10:30改炸湘阴。我机均安全降落。

四、P-40二架于09:40由云南驿起飞,赴密支那侦察,未见敌军活动或其他动态,并于该处机场跑道中部发现炸弹坑三个。我机于11:30安返(参看附图二)〔图略〕。

五、P-40机四架于12:25由云南驿起飞,各带50公斤炸弹一枚于腾冲投掷,二弹命中腾冲东南部敌仓库,立即起火。在县城西南之山地有敌高射炮阵地,但未对我射击。此外未见敌部队或车辆活动。我机于14:00返防。

六、P-40二架于13:00由云南驿起飞,侦察腊戍,因气候不佳,于15:20返防。

七、P-38一架由昆明起飞,对河内海防一带作照相侦察。在福安附近发现敌军营房,计有大型25栋、小型37栋,及嘉林、海防、东京湾等机场上空均无敌机活动。海防干船坞附近堆集货物约7000吨,并有小轮船之活动。此外,凡街之铁路、煤矿及船运等之活动甚微。河内大河之水早已汜滥,并已涨至约与防护嘉林机场之堤岸等高。我机于15:00返防(参看附图三)〔图略〕。

等情。谨转报鉴察。谨呈
总长何核呈
委员长蒋

职周至柔
卅二年八月二十一日

(8) 8月21日

报告　谋战癸渝字第1507号

据空军第五路军司令八月十九日电话报告,八月十七日美空军出动情形如左:

一、B-24分三批轰炸考罗敌仓库营房。

(1)第一批十架于9:45由昆明起飞,各携120公斤炸弹15枚,其中一架因发动机故障,中途飞返,其余九架于12:08到达考罗上空,投弹135枚,并行照相。事后判读命中敌大型营房28栋,小型多间,机械化炮兵阵地及汽车均炸中,并有仓库两处被炸起。飞离目标时,未有敌炮火向我射击。我机于14:15安返(参看附图一)〔图略〕。

(2)其余两批,第一批B-24七架由呈贡起飞,第二批B-24六架于12:00由呈贡起飞,以天气恶劣,先后于13:00及12:42中途飞返,安降呈贡机场。

二、P-40二架于7:10飞龙陵、拉孟、芒市侦察,未见敌军活动,于9:10安返。

三、P-40二架于12:00飞龙陵、芒市行目视侦察,未见敌军活动。

四、P-40四架各携25公斤炸弹一枚,于13:20飞炸芒市,命中该处油库,发生大火。在目标上空遭遇敌高射炮火射击,我机于15:06全部安返(参看附图二)〔图略〕。

等情。理合报请鉴察。谨呈

总长何核呈

委员长蒋

职周至柔

卅二年八月二十一日

(9) 8月21日

报告　谋战癸渝1511号　机秘(乙)第59211号

据空军第二路谢司令莽本(八)月廿日十二时四十分电话报告,敌机袭桂及美空军轰炸广州天河机场经过情形如后:

甲、敌机袭桂林情形

8:57,四会发现敌机二批,第一批六架,第二批二十四架,向桂林航进。8:36,湖南营田发现敌机十九架经宁乡、资源来袭,于十时与在四会发现之敌机同时到达秧塘机场上空。我驻桂美空军P-40十五架于9:18起飞迎击,当与敌在二塘三塘间上空发生空战。空战后,敌机均向广州窜去。据外员称,确实击落敌机二架,可能击落一架,惟迄至发话时止尚未证实。美空军亦损失P-40机二架,均机毁人亡(请参考附图一)。

乙、轰炸广州天河机场情形

13:00,驻桂林B-25六架、P-40十架联合轰炸广州敌天河机场,场内停敌机十余架,均被炸中起火。敌起飞零式驱逐机二十余架与我发生空战,结果被我确实击落五架,可能击落一架。16:00美机全部安返(请参考附图二)。

等情。理合报请鉴察。谨呈
总长何核呈
委员长蒋

职周至柔

卅二年八月二十一日

附呈敌机袭桂经过要图一份〔略〕、美空军轰炸广州经过要图一份〔略〕、空军战斗成果表一份、空军作战人员伤亡表一份。

空军战斗成果表　三十二年八月二十日

区分部队	得力人员		日期	地点	战斗经过	击落敌机		证明者	备考
	级职	姓名				机种	架数		
美十四航空队			八月二十日	桂林	敌机约四十九架袭桂,我P-40十五架迎击。	待查	确实一架可能二架	待证明	
美十四航空队			八月二十日	广州	驱轰联合袭击广州天河机场,遭敌驱逐机二十余架攻击。		确实五架可能一架	待证明	
合计									
附记									

空军作战人员伤亡表　三十二年八月二十日

区分部队	姓名	级职	日期	地点	状况及原因	备考
美十四航空队	外员		八月二十日	灵川	机毁人亡	
美十四航空队	毛友桂	少尉飞行员	八月二十日	两江	机毁人亡	
合计	伤			亡		
附记						

(10) 8月22日

报告　谋战癸渝字第1517号　机秘(乙)第59212号

据空军第二路谢司令莽本(八)月廿一日电话报告,敌机进袭衡阳机场及美空军轰炸汉口战果如左:

甲、衡阳战斗

一、敌机三十八架自广州至汉口,其经过如附图(一)。

二、八时四十分,衡阳美军起飞P-40十九架,零陵起飞P-38十架迎击。

三、九时零五分,敌机至衡阳上空,空战结果,击落敌机五架,一架坠落于衡阳东刘湖附近,一架坠落于衡阳西十余里处,一架坠于衡阳银信乡,一架坠于衡山石湾车站南一公里处,一架坠于衡山石湾车站西南对江八里处。所有击落敌机人机俱毁。

四、美P-40一架迫降衡阳北四十里处。

五、其余我机均已安全降落衡阳、零陵机场。

乙、B-24袭击汉口

一、美机B-24十四架自呈贡至汉口,经过如附图(二)。

二、敌机四十一架起飞迎击。

三、美机于任务完成后,即与敌空战,结果美机一架被击落,一架失踪,一架因尾部右翼中弹甚多,枪手一名阵亡,驾驶员受伤,降落零陵,其余美机均已安降桂林机场。

四、轰炸结果及击落敌机数待查。

丙、B-25 P-40第二次联合袭击汉口

一、零陵B-25七架会合衡阳P-40十一架,第二次袭击汉口机场,经过如附图(三)。

二、与敌机两架遭遇。

三、炸弹命中敌机场起大火。

四、美机均已安返桂林、衡阳机场。

五、战斗结果,双方无损伤。

谨报请鉴察。谨呈

总长何核呈

委员长蒋

附呈经过要图三份〔略〕及作战人员伤亡表、作战得力人员表各一份。

职周至柔

卅二年八月二十二日

空军作战人员伤亡表　三十二年八月二十一日二十时于重庆航空委员会

区分部队	姓名	级职	日　　期	地点	状况及原因	备考
美第十四航空队	外员		八月二十一日	衡阳	P-40一架空战时着火迫降,机毁人微伤。	
美第十四航空队	外员		八月二十一日	汉口	B-24一架被敌击落,另一架失踪。	
美第十四航空队	美籍枪手		八月二十一日	汉口	中弹殉职。	
合　计	伤	待查		亡	待查	
附　记						

空军作战得力人员表　三十二年八月二十一日二十时于重庆航空委员会

区分部队	级职	姓名	日　　期	地点	成果	证明者	备考
美十四航空队		外员	八月二十一日	衡阳	击落敌机五架	二路司令部	
合　计		击落敌机五架					
附　记							

(11) 8月26日

报告　谋战癸渝 1540 号

据空军第二路谢司令莽本(八)月廿四日十七时廿分电话

报告,八月二十四日美空军驱轰部队袭击汉口、武昌机场经过概要如左:

一、出动 B-24 七架、B-25 六架,由 P-38 八架、P-40 十六架掩护,其行动经过概要如左。

二、敌起飞零式驱逐机五十余架迎击。

三、B-25 轰炸武昌机场,当即起火。B-24 轰炸汉口机场,命中其场内所停敌机数十架,敌之损失尚难判明。

四、武汉空战成果:

1. P-40 确实击落敌机八架,可能击落四架。

2. B-24 击落敌零式机二十余架(确数待查)。

五、美 B-24 机之状况如左:

1. 在武汉附近上空被击落者二架。

2. 迫降修水附近者一架。

3. 情况不明者一架。

4. 一架正、副驾驶员均受弹伤,右发动机及机身后部均中弹,降落衡阳机场。

5. 二架降落桂林机场内,枪手一员阵亡,三人受伤。

六、B-25 机六架全部安返桂林。

七、P-40 机十六架全部安返衡阳。

八、P-38 机八架全部安返零陵。

至其他详细经过,俟陈纳德将军正式通报后再续呈。

右报告

总长何核呈

委员长蒋

附图一份〔图略〕、表二份。

职周至柔

卅二年八月二十六日

美空军作战人员伤亡表　三十二年八月二十四日二十时于重庆航空委员会

区分 部队	姓名	级职	日期	地点	状况及原因	备考
美十四航空队	外员	B-24驾驶员	八月二十四日	汉口	袭击汉口，中弹受伤。	
	外员	B-24副驾驶员	八月二十四日	汉口	轻伤。	
	外员	枪手一员	八月二十四日	汉口	阵亡。	
	外员	待查			三人受伤。	
合　计	伤	五员	亡	一员		
附　记						

美空军战斗成果表　三十二年八月二十四日二十时于重庆航空委员会

区分 部队	得力人员		日期	地点	战斗经过	击落敌机		证明
	级职	姓名				机种	架数	
美十四航空队		外员	八月二十四日	汉口	P-40十六架、P-38八架、B-24七架、B-25六架联合袭击汉口，遭遇敌零式五十余架攻击。	待查	确实击落三十余架，可能击落三架，受伤一架。	空军第二路司令部
合　计	三十四架							
附　记								

(12) 8月28日

报告　谋战癸渝字1549号

谋战癸渝字第一五一七号战报计呈，兹续据空军第五路晏司令玉琮转呈陈纳德将军八月廿一日美空军B-24、B-25机轰炸汉口及P-40、P-38衡阳空战战果，补报如左：

甲、B-24机部分：

一、B-24十四架由呈贡起飞，每机载五百磅炸弹六枚，轰炸汉口码头与货栈。十二时五十五分至目标上空,与敌零式机五十架发生空战。

二、空战结果:

A. 敌空军:

1. 确被击落者卅五架。

2. 可能击落者九架。

3. 受伤者二架。

B. 美空军:

1. 一架在一万五千呎高度被敌高射炮击中,飞行员跳伞,飞机于四千呎爆炸。

2. 一架降落零陵。

3. 二架被敌击落,机上人员情况不明。

4. 十架中弹,惟均可使用。

5. 另有飞行员四名受伤。

三、轰炸成果:炸弹命中目标,有十五处起火。

乙、B-25 机部分:

一、B-25 七架由零陵起飞,各带一百二十磅炸弹十二枚,会合由衡阳起飞之 P-40 十一架,掩护轰炸汉口机场,遭遇敌驱逐机一架。

二、空战结果:敌我无损失。

三、轰炸成果:在一万六千七百呎高度,以二百呎之间隔,全部连续投下,场内机场均被炸中,一处起火。

丙、P-40 及 P-38 机部分:

一、P-40 机十九架、P-38 机十架,在衡阳上空与进袭之敌机三十八架遭遇,发生空战。

二、空战结果:

A. 敌空军:

1. 已证实击落者:威廉氏中尉两架、哈鲁雷上校与邓普尔敦中尉共一架。

2. 可能击落者：百般克中尉、考尔白中尉、郭斯少校、秀氏中尉、博尔敦中尉等各击落一架。

B. 美空军：损 P-40 一架，飞行员西斯克中尉跳伞，安全落地。

谨报请鉴察。谨呈

总长何核呈

委员长蒋

职周至柔呈

卅二年八月二十八日

附表二份。

美空军作战人员伤亡表
三十二年八月二十五日十七时于重庆航空委员会

区分\部队	姓名	级职	日期	地点	状况及原因	备考
美十四航空队	外员		八月二十一日	汉口	B-24 十四架炸汉口码头及货栈，与敌零式五十架发生空战。	
合计	伤	已证实者四名	亡			
附记	一架被高射炮击中，飞行员跳伞，飞机爆炸。两架被敌击落，人员情况不明。					

美空军战斗成果表　三十二年八月二十五日十七时于重庆航空委员会

区分\部队	得力人员		日期	地点	战斗经过	击落敌机		证明	备考
	职级	姓名				机种	架数		
美十四航空队		外员	八月二十一日	汉口	B-24 十四架轰炸汉口，与敌零式五十架遭遇，发生空战。	零式	三十五	空军五路司令部	可能击落
						零式	九		受伤
						零式	二		
美十四航空队	中尉	威廉氏	同上	衡阳	P-40 十九架、P-38 十架在衡阳上空与进袭之敌机三十八架激战。	零式	二		

(续表)

区分部队	得力人员 职级	得力人员 姓名	日期	地点	战斗经过	击落敌机 机种	击落敌机 架数	证明	备考
	上校	哈鲁雷	同上	衡阳		共一架			
	中尉	邓普尔敦	同上	衡阳					
	中尉	百般克	同上	衡阳			1		可能击落
	中尉	考尔白	同上	衡阳			1		可能击落
	中尉	秀氏	同上	衡阳			1		可能击落
	中尉	博尔敦	同上	衡阳			1		可能击落
	少校	郭斯	同上	衡阳			1		可能击落
合计	五十四架								

(13) 8月29日

报告 谋战癸渝 1562 号

据空军第五路晏司令玉琮八月二十七日转呈陈纳德将军报告,八月二十五日驻桂林美空军轰炸九龙码头、仓库一带区域经过情形如左:

(甲) 第一次

B-25 八架共载五百磅炸弹四十五枚,轰炸成果如左:

1. 五百磅弹两枚直接命中长五百呎船一艘,当即爆炸起火。

2. 其余五百磅弹三十二枚命中干船坞内之船一艘,并船坞附近地带多处起火。

(乙) 第二次

B-25 七架共载五百磅弹四十二枚,袭击停泊九龙附近之敌船二艘,到达后目标已移动,乃改炸太古码头。在一万六千呎高度,炸弹全部投下,因天气不佳,未见成果。

（丙）二次出动时均未遭敌空军之抵抗,但地面炮火甚烈,美空军全部安返桂林。

谨报请鉴察。谨呈
总长何核呈
委员长蒋

附呈美空军驱轰联合袭击九龙经过要图一份〔略〕。

职周至柔
卅二年八月二十九日

(14) 8月29日
报告　谋战癸渝1563号

据空军第五路晏司令玉琮报告,驻昆明美空军八月十九日、二十二日及二十三日出动情形如左:

甲、八月十九日

一、P-38照相机一架侦察南京、芜湖、浦口等地之机场、城站及码头。

二、南京机场上停大型机在十八架以上。

三、南京至九江间江上有船十二艘,径长一百五十呎。

四、任务完成后,十六时十五分返防。

乙、八月廿二日

一、P-40两架十二时十五分自云南驿赴腾冲、龙陵、拉孟一带侦察,未见重要活动,十四时二十五分安返。

二、P-40两架八时零三分自云南驿赴腾冲、怒江侦察,因天气恶劣折返。

三、P-40轰炸腾冲状况如左:

1. P-40四架自云南驿赴腾冲,经过如附图〔略〕。

2. 轰炸成果,三弹命中城内孔庙敌高级将领之住所,一弹命中城东南外火药库。

3. 十六时安返云南驿。

丙、八月廿三日

一、P-38照相机一架六时五十分自昆明赴河内、海防及东京湾侦察,因狂风未能照相,十时十五分安返。

二、P-38照相机一架自昆明赴河内西北二十里处江面照相,任务达成后,十六时安返。

三、P-40两架十六时零二分侦察岳阳一带,尤船舶及火车之活动,即飞返。

四、P-38照相机一架至广州天河、白云两机场,黄埔、九龙、香港等处照相,并见黄埔江有汽轮二艘,香港有三百呎船六艘。十三时十五分安返。

五、P-40六架自衡阳赴岳阳、汉口等地扫射敌军,十时二十分安返衡阳。

各等情。谨报请鉴察。谨呈

总长何核呈

委员长蒋

附图一份〔略〕。

职周至柔

卅二年八月二十九日

(15) 8月30日

报告　谋战癸渝1597号　机秘(乙)第59390号

据空军第五路晏司令玉琮转报,陈纳德将军呈钧座八月廿六日驻滇湘桂美空军轰炸广州敌天河机场及九龙、香港码头、船坞、仓库经过如左(请参阅附图):

一、P-40机十一架掩护B-25机五架,携带一百磅炸弹七十二枚、一百二十磅炸弹一百四十四枚,轰炸天河机场。

1. B-25机第一分队炸中跑道及疏散区之建筑物。

2. B-25机第二分队炸中棚厂。

3. P-40机低空扫射棚厂。

4. 距香港二十五里处遭遇敌新式银白色战斗机二十架拦截。此项敌机系天河附近新辟机场起飞,我机且战且退,空战结果,P-40机击落敌机三架,B-25机击落二架,可能击落共八架。

5. P-40机一架迫降曲江南三十公里处,机微损,人头部微伤,已返抵曲江。其余均安返。

二、B-24机十五架各带炸弹三千磅,会合P-38机十架及P-40机七架,轰炸香港九龙船坞、码头、仓库。

1. 炸弹全部落于目标区域内电力厂、白利船厂、起重机厂及仓库等重要目标及干船坞内五五〇呎轮一艘,全部命中起火。另一装修船及一长二百五十呎之轮船各中二弹。北部油池亦中弹起火,焰甚高。

2. 到达目标投弹后,与敌零式机二十余架发生空战。P-40机击落敌机三架,B-24机击落二架,可能击落四架,击伤一架。

3. 我国飞行员程敦荣所驾P-40机一架迫降平乐,机微损,人无恙。

4. B-24机一架因发动机故障,在邱北(昆明东南一百八十公里处)附近,为减轻重量计,乘员八人跳伞,均安全着地。该机遂安返,其余各机亦分别安返原防。

三、P-38照相机一架于十三点二十五分由昆明飞往广州,侦察天河、白云各机场及黄浦与九龙太古码头等处,见九龙海面有货船六一八艘。十六时十分安返。

四、八月廿四日,B-24机轰炸汉口时,我国飞行员于演存、乌越两员均参加。据称,是日所遇敌机在八十架以上,空战达四十五分钟之久,美中队长一员阵亡。

右四项谨呈

总长何核呈

委员长蒋

附图一份〔图略〕、表二份。

职周至柔

卅二年八月三十日

八月二十六日美空军轰炸成果表

隶属	领队	机名	架数	炸弹重量	个数	信管	地点	种类	数量	爆炸概况	报告者	备考
美空军		B-25	5	100磅	72		广州	天河机场		1. 跑道及疏散区中弹。	五路部据报	
				120磅	144					2. 棚厂中弹。		
美空军		B-24	15	1 000磅	45		香港九龙	太古船坞码头仓库等		1. 电力厂、白利船厂、起重机厂及仓库等目标均中弹。	五路部据报	
										2. 干船坞内轮船一艘被炸起火。		
										3. 装修船厂内之轮船中二弹。		
										4. 油池及多处起火。		
附记												

空军战斗成果表　三十二年八月二十八日二十二时于重庆航空委员会

区分部队	得力人员		日期	地点	战斗经过	击落敌机		证明	备考
	级职	姓名				机种	架数		
美空军			二十六日	距香港二十五英里处	B-25机五架、P-40机十一架袭击天河机场，返航时与敌机二十架空战。	新式银白色战斗机	五		B-25击落二架，P-40击落三架。

2741

(续表)

区分部队	得力人员 级职	得力人员 姓名	日期	地点	战斗经过	击落敌机 机种	击落敌机 架数	证明	备考
							八		可能击落
美空军			二十六日	香港以西地区上空	B-24机十五架、P-38机十架、P-40机七架轰炸香港九龙船坞码头,返航时与敌机二十余架空战。		五		B-24击落三架,P-40击落二架。
							四		可能击落
							一		可能击伤
合计									
附记	1. P-40机一架迫降曲江,机微损,人头部微伤。 2. P-40机一架迫降平乐,机微损,人无恙。 3. B-24机一架发动机受伤,返抵邱北时乘员八人跳伞,安全着地,机遂安返。								

(16) 8月30日

报告　谋战癸渝1598号　机秘(乙)第59389号

据空军第五路晏司令玉琮转报,陈纳德将军呈钧座八月二十七日湘桂境内美空军侦察各地经过如左(请参阅附图):

一、P-40六架扫射岳阳并沿途目标。

1. 在岳阳附近将长一二五呎、宽六五呎小炮舰及小汽轮各一艘扫射起火,并扫射火车二辆。

2. 在岳阳发现满载敌军卡车三十辆,当击焚二辆。

二、P-40五架飞岳阳扫射敌车辆部队。

1. 毁敌卡车四辆,击伤十六辆,车上之敌颇有死伤。

2. 敌高射枪火颇盛炽,P-40一架未返,三机中弹伤。

三、P-38照相机一架侦察浦口、南京、芜湖、九江、南昌等处。

1. 南京江面停敌大船二艘。
2. 明故宫机场停敌大型机七架。
3. 大校场机场停敌机二十架。

四、P-40三架侦察广州天河机场。

1. 新建之跑道上停敌机一架。
2. 附近河内停小汽船一艘。

五、据华方可靠消息,广州东北之新塘由八月二十六日起至九月一日宣布戒严,相信集中兵力或大量补给。

右五项谨呈

总长何核呈

委员长蒋

附呈:(一)美空军侦察湘北及京浦与广州经过要图乙份〔图略〕。

(二)美空军侦察成果报告表一份。

职周至柔

卅二年八月三十日

空军侦察成果表 三十二年八月二十八日二十二时于重庆航空委员会

区分部队	得力人员	级职	出发日期	出发地点	侦察目标	目力侦察或照片判读结果	备考
美空军		美员	八月二十七日	衡阳	岳阳、蒲圻、嘉鱼等处	1. 击沉岳阳、嘉鱼两地汽船二艘。	P-40机一架失踪。
						2. 扫射岳阳附近敌卡车部队,击毁四辆,击伤十六辆。	
美空军		美员	八月二十七日	衡阳	南京、浦口、九江、南昌、芜湖等处	1. 南京江面敌船二只。	
						2. 明故宫机场停敌机七架。	
						3. 大校场停敌机二十架。	

(续表)

区分部队	得力人员	级职	出发日期	出发地点	侦察目标	目力侦察或照片判读结果	备考
美空军		美员	八月二十七日	桂林	广州天河机场	1. 跑道上停敌机一架。	
						2. 附近河内停小汽船一只。	
附记							

(17) 9月1日

报告 谋战癸渝1570号

据空军第五路晏司令玉琮报告,八月二十六日、廿九日驻湘桂美空军出动情形如后:

(一) 八月二十六日

子、六时,P-40一架赴宜昌侦察,因天气不佳,八时卅分飞返。

丑、P-40两架赴石滩侦察,经过如附图一〔略〕。

一、石滩附近有驳船四只。

二、广九铁路及公路上均无敌活动。

三、黄埔有小汽船六艘。

四、无敌机及高射炮活动。

五、十三时五十分安返桂林。

寅、十时四十五分,P-38照相机一架在广州湾西岸之赤坎机场及海南岛之嘉积上空照相。

卯、十一时零五分,P-38一架在汕头、厦门上空照相。

一、汕头附近有汽轮三艘,各长一百五十呎。

二、厦门小汽轮二艘,各长一百五十呎,另一艘长二百五十呎。

(二) 八月二十九日

子、十一时十五分,P-40两架各携五百磅炸弹轰炸香港区内船只,因暴风折回。

丑、B-25自衡阳赴荆门,经过情形如左:

一、B-25九架各携一百廿磅炸弹十二枚,由P-40八架掩护,其经过如附图二〔略〕。

二、炸弹命中机场中心区域、滑行跑道及掩体,并有两处起火。

三、未遭遇敌机及高射炮抵抗。

四、十七时卅分全部安返衡阳。

谨报请鉴察。谨呈

总长何核呈

委员长蒋

附图二份〔略〕。

职周至柔

卅二年九月一日

(18) 9月2日

报告 承办机关号次谋战癸渝1605号

侍从秘书号次 机秘(乙)第59391号

据空军第二路谢司令莽电话报告,八月三十日及三十一日驻湘桂美空军出动情形如左:

甲、八月三十日

P-40四架各带五百磅炸弹一枚,自桂林经南雄加油,轰炸香港附近敌船舶。经过如附图一。

1. 香港海面有敌船八艘出口,即向投弹,命中长二百五十尺船两艘。

2. P-40四架全部安返桂林。

乙、八月三十一日

(一) P-40两架五时五十分自衡阳赴宜昌一带侦察。

1. 荆门、沙市及宜昌新旧机场均无敌机。

2. 石首河内有木船二只。

3. 九时十五分安返衡阳。

(二) P-40 一架自衡阳赴汉口、九江、南昌等地侦察,经过如附图二。

1. 武昌、汉口、南昌各机场均无敌机。

2. 汉口、九江间河内,敌船只甚多。

3. 九江西面有长二百尺军舰一艘。

4. 南昌、九江间击毁敌火车机车二个。

(三) P-40 六架,掩护 B-25 九架,自衡阳起飞,轰炸宜昌敌机场。

1. B-25 六架各带二十磅杀伤弹七十二枚、三架各带一百磅炸弹十二枚。

2. B-25 六架,炸弹中宜昌机场。

3. B-25 三架,炸河边油库,但未命中。

4. P-40 低飞扫射机场建筑物及油库,均未起火。

5. P-40、B-25 各机全部均安返。

(四) P-40 四架自桂林起飞,经过南雄轰炸香港敌船舶。经过如附图三。

1. 二架各带五百磅炸弹一枚。

2. 在赤州岛附近,炸沉长四百五十尺敌船一艘。

3. 十六时三十分全部安返防地。

(五) P-38 四架,衡阳飞岳阳,轰炸经过如附图四。

1. 每机各带五百磅炸弹二枚。

2. 炸毁火车一列及粮食仓库一座。

3. 敌高射炮抵抗甚猛烈。

4. P-38 一架因右发动机被击伤,迫降长沙金井以北二十里新鼓台,机毁人亡。

5. 三架于十六时安返衡阳。

谨报请鉴察。谨呈

总长何核呈

委员长蒋

附图四份〔略〕。

职周至柔

卅二年九月二日

(19) 9 月 4 日

报告　承办机关号次谋战癸渝 1621 号

据空军第五路晏司令玉琮电话报告,驻昆明呈贡街美空军八月三十一日两次轰炸海防、河内,经过情形如左:

甲、第一次

一、P-38 三架 P-40 十四架,掩护 B-24 九架,每机各带五百磅炸弹四枚,自昆明羊街起飞,赴河内轰炸。经过如附图。

二、B-24 六架,炸弹命中机场及附近仓库,有两处起火。

三、B-24 三架,命中码头区,九处起火,一处大火,浓烟高达三千尺,飞离目标后十分钟尚可望见。

四、P-40 六架,因长机无线电罗盘故障迷航,僚机不明长机手势,计跳伞于:

1. 沅江县以南八十里因远镇附近者五架,飞行员一人重伤,四人无恙,美军正设法救护中。

2. 另一架尚无消息。

五、P-38 三架、P-40 八架、B-24 九架,均安返原防地。

乙、第二次

一、P-38 二架、P-40 八架,掩护 B-24 七架,每机携弹量与第一次同。自昆明呈贡起飞,轰炸海防敌船只。经过如附图。

二、B-24 机因天气恶劣,能见度仅五百尺,于距嘉林机场七十里处飞返,炸弹全数带回。

三、P-40 二架返航时,因迷途在宣威迫降。

1. 一架降落宣威城东二公里处,飞行员于当晚由沾益站接回,飞机微损。

2. 一架降落宣威北十五公里红桥铺,经派人前往,尚未据报。

四、P-38 二架、P-40 六架、B-24 七架均安返原基地。

谨报请鉴察。谨呈

总长何核呈

委员长蒋

附图二份〔略〕。

职周至柔

卅二年九月四日

(20) 9 月 4 日

报告　承办机关号次谋战癸渝 1624 号

甲、据空军第五路晏司令玉琮报告,驻湘桂昆明美空军八月三十日出动情形如左:

(一) P-38 及 P-40 各四架,每机携五百磅炸弹一枚,自衡阳起飞轰炸岳阳、咸宁间铁路及船舶。经过如附图一。

(A) P-38 机战果:

1. 扫射新店镇车站及货栈,毁敌机车一辆。

2. 扫射羊楼洞车站,毁敌机车一辆。

3. 茶庵驿车站中弹一枚,火车十辆被扫射,水塔扫射后即倒塌。

(B) P-40 机战果:

1. 轰炸咸宁车站,命中机车两辆,车站起火。

2. 丁泗桥车站被炸起火。

3. 命中蒲圻以南机车一辆。

美空军除 P-38 机驾驶员一人轻伤外,全部安返。

(二) P-40四架,各带五百磅炸弹一枚,自桂林起飞,赴湘北巡逻,所获战果:

(A) 炸中湘江长约三四百尺之敌货轮一艘,当见倾斜。

(B) 敌炮舰一艘,遭扫射起火。

(三) P-38照相机一架,自桂林赴海南岛侦察,见有二百五十尺船四艘,三百尺船一艘。

(四) P-40一架,自衡阳起飞,赴岳阳侦察,岳阳、新堤间机车一辆被扫射炸裂,并扫射火车十一辆。

乙、据空军第二路谢司令莽报告,驻湘桂美空军九月一日出动情形如左:

(一) P-40六架,内二架各带五百磅炸弹一枚,自衡阳起飞赴长江一带工作。经过如附图(二)。

1. 炸弹命中鄂城东五里处长二百五十尺敌油船一艘。

2. 扫射鄂城敌帐棚,马匹死伤甚多。

3. 扫射鄂城至石灰窑间敌小轮船二只,内一只可能被击沉。

4. 石灰窑附近有大船一只,正在装货,并有驱逐舰一只,舰上高射炮火对我机射击甚猛烈。

5. 石灰窑东二十里处有一百尺长敌轮船一只及拖船数只,经我机射击后即冒烟。

6. P-40六架均安返。

(二) 九时五十八分,P-38三架各带五百磅炸弹一枚,自衡阳赴鄱阳湖、南浔铁路一带轰炸。

1. 命中鄱阳湖西岸木船三只,两只可能炸沉。

2. 扫射南浔铁路机车二个及火车三辆。

3. 十二时四十分,P-38三架全部安返。

(三) 十三时,B-25八架,其中六架各带500磅炸弹六枚,二架各带燃烧弹十二枚,由P-40八架掩护,自衡阳赴鄂城轰炸敌驱逐舰一艘,炸弹均未命中。敌高射炮、机枪向我猛烈射击。B-25、

P-40各机均于十五时四十五分安返。

（四）八时二十五分，P-40四架，内一架带五百磅炸弹一枚，由桂林经南雄加油后赴厦门。

1. 带炸弹之P-40机，因故障于十二时十五分安降桂林机场。

2. 其余三架至厦门后，发现三百五十尺长敌船一艘。

3. 十六时二十分安返桂林。

谨报请鉴察。谨呈

总长何核呈

委员长蒋

附图二份〔略〕

职周至柔

卅二年九月四日

（21）9月7日

报告　承办机关号次谋战癸渝1639号

甲、据空军第五路晏司令玉琮报告，驻桂林、昆明美空军九月二日及九月三日出动情形如左：

（一）九月二日

A. B-25十架、P-40六架，共带二百三十公斤炸弹四十八枚，二十磅燃烧弹二十四枚，自桂林赴九龙轰炸敌仓库及船舶。经过如附图（一）。

1. 命中九龙荔枝角敌蓄藏五十架驱逐机仓库一座及油库三座，火焰高达一万三千尺。

2. 命中石柱岛南二百尺长敌船一艘。

3. 返航时，与敌驱逐机五架遭遇，发生空战，结果被我可能击落三架。

B. P-38一架于十四时自桂林赴九龙侦察，发现：

1. 九龙附近荔枝角沿岸浓烟广布，约一百里被炸，三时后火焰仍甚高。

2. 九龙附近石柱岛敌船一艘尾部燃烧甚烈。

C. P-40四架,自昆明赴安南、莱州、山罗、富里、老街等处侦察。经过如附图(二)。

(二) 九月三日

1. P-40十一架、P-38二架,P-40各带五百磅炸弹一枚,自昆明赴山罗轰炸。经过如附图(三)。

2. 命中敌营房、仓库及敌密集部队,成果甚佳。

乙、据空军第二路谢司令莽电话报告,驻桂林美空军九月四日出动情形如左:

1. P-40十一架、B-25十架,内三架各带一百磅炸弹十二枚、七架各带一百九十二磅子母弹十二个(每个内装三十磅炸弹六个),自桂林赴广州天河机场轰炸。经过如附图(四)。

2. 命中天河机场内棚厂一个。

3. 与敌零式机十余架发生空战,当击落敌机一架,我无损失。

丙、以上出动各机均全部安返原基地。

谨报请鉴察。谨呈

总长何核呈

委员长蒋

附呈要图四份〔略〕。

职周至柔

卅二年九月七日

(22) 9月7日

报告　承办机关号次谋战癸渝1653号

事由:为报告九月五日美空军在哈香作战经过情形报请鉴察由。

据昆明第五路晏司令玉琮报告,九月五日驻滇美空军战报,谨附具要图如后:

2751

1. P-40十二架、P-38四架，各带二十磅炸弹六枚，由昆明起飞赴哈香（HAGIANG）（该地在老街东北115公里，在文山东南95公里），轰炸并扫射敌营房、仓库，炸弹全部命中目标，数处起火。

2. P-40十二架、P-38四架，各载二十磅炸弹六枚，由昆明起飞再赴哈香，轰炸敌营房、仓库，数处均大火。

以上美机均安返。

谨报请鉴察。谨呈
总长何核呈
委员长蒋

附呈要图一份〔略〕。

职周至柔
卅二年九月七日

（23）9月8日

报告　承办机关号次谋战癸渝1667号

据空军第二路谢司令莽报告，九月六日驻衡阳美空军出动情形如左：

（一）P-40四架，自衡阳赴石灰窑、武穴一带巡逻。经过如附图（一）。

1. 在武穴东端扫射，焚毁长二百尺敌舰及沉没拖轮各一艘。

2. 德安北黄老门附近击落敌单发动运输机一架，敌飞行员二人跳伞，被我扫射击毙。

3. P-40一架，因故障于浏阳西北四十里处迫降，人机均安。

4. P-40三架于十时三十二分安返衡阳。

（二）P-38二架，各带五百磅炸弹一枚，自衡阳赴石灰窑轰炸。经过如附图（二）。

1. 炸沉石灰窑附近长三百尺敌轮一艘，伤二艘。

2. 击沉岳阳附近敌汽艇三只。

3. P-38二架均安返原防地。

(三) P-40二架,内一架带五百磅炸弹一枚,自衡阳赴岳阳轰炸。

1. 炸毁岳阳敌建筑物一所,并击毁火车数辆。

2. 扫射敌机枪阵地及卡车二辆。

3. 是役我国飞行员杨基昊参加。

4. P-40二架于十一时三十一分安返原基地。

谨报请鉴察。谨呈

总长何核呈

委员长蒋

附呈要图二份〔略〕。

职周至柔

卅二年九月八日

(24) 9月10日

报告 承办机关号次谋战癸渝字第1672号

据昆明第五路晏司令玉琮报告,驻衡阳、昆明美空军九月五日至九日出动情形如左:

(一) 五日

1. P-38三架由桂林起飞,轰炸广州敌船舶,因天气恶劣,中途折返。

2. P-40六架由桂林起飞,企图拦截袭梧州之敌机二十架,未遭遇。

(二) 五日、六日及七日曾利用由昆明赴印度担任运输之B-24机共五架,每架各带五百磅炸弹二枚,轰炸密支那敌机场及仓库,多数命中。

(三) 八日P-40两架自衡阳赴岳阳巡逻,扫射羊楼洞车站,毁敌机车、火车各一辆。

（四）九日

（1）P-40十一架，掩护B-25八架，每架各携一百磅炸弹十二枚，袭击广州白云机场，所获战果如左（附图一）：

A. 命中机场北部棚厂及库房，当即起火，浓烟高达六千尺。

B. 与敌零式机二十余架空战，被我击落两架。B-25机上枪手一名头部中弹受伤。

（2）P-40、P-38各两架，每架带五百磅炸弹一枚，赴南浔铁路一带巡逻，所获战果如左（附图二）：

A. 在德安击毁机车一辆。

B. 轰炸九江一百五十尺至三百尺长大、小敌船三只，均未命中，扫射鄂城敌军舰一艘。

（3）P-38二架，每架各带五百磅炸弹一枚，轰炸蒲圻铁桥，命中一弹。

（4）P-40二架赴南昌、九江一带巡逻，所获战果如左（附图三）：

1. 击沉武穴敌轮一艘。
2. 蕲春敌轮一只，经扫射后起火。
3. 在鄂城西扫射敌商船一艘。
4. 在羊楼洞扫射敌火车一列，内三车厢立即起火。

以上出动各机均安返原防地。

谨报请鉴察。谨呈

总长何核呈

委员长蒋

附呈要图三份〔略〕。

职周至柔

卅二年九月十日

(25) 9月13日

报告　承办机关号次谋战癸渝字第1693号

据空军第二路谢司令莽报告，驻湘滇桂美空军九月八日至十日出动情形如左：

(一) 八日

B-24十架自呈贡赴印度，各带一百磅炸弹六枚，轰炸腾冲，城内一处起火。

(二) 九日

1. P-38四架，每架各带五百磅炸弹二枚，袭击广州、黄埔江面船只，所获战果如左(附图一)：

A. 到达目标后未见敌船，改炸黄埔船坞，均命中。

B. 与敌零式机十一架遭遇，因敌机高度在我机之上，我机投弹后即低飞折回。

C. 返航时遭遇敌运输机一架，当被我击落。

2. P-38一架自桂林赴广州侦察，十七时三十二分安返。

3. P-40两架侦察汉口、南昌一带，所获战果如左(附图二)：

A. 汉口、南昌、九江等地未发现敌机。

B. 扫射藕池口长一百尺敌船一艘，当焚毁。

C. 扫射蒲圻附近火车两列，车厢三辆被毁。

4. P-38照相机一架，自衡阳赴广州白云机场侦察，遭遇敌零式机七架攻击，我机安返。

5. P-40两架、P-38四架袭击蒲圻、石灰窑、蕲春一带，所获战果如左(附图二)：

A. 炸弹一枚命中蒲圻以西十里之桥梁一座，但未爆炸。

B. 扫射九江附近长三百尺汽轮一艘、五十尺小船一艘、二百五十尺炮舰一艘。

C. 击沉武穴附近敌小船两只，并扫射敌电台二座。

D. 在蕲春击沉长一百尺拖船一艘。

E. 在石灰窑扫射，敌兵营起火。

以上出动各机均安返原防地。

（三）十日

1. P-40 七架，掩护 B-25 十架，共带五十磅炸弹八十四枚、一百磅炸弹三十六枚，袭击武汉，所获战果如左(附图三)：

A. B-25 第一、第二两分队命中武昌纱厂及货栈，第三分队命中汉口江岸码头，数处起火。

B. 敌零式机约二十余架起飞抵抗，空战结果，B-25 机击落敌机四架，P-40 机击落敌机五架，内一架系我国飞行员钟洪九击落。可能击落五架。

C. 回场降落时，P-40 一架因顺风降落，撞及在机场行驶之卡车一辆，螺旋桨左翼及着陆架均毁，飞行员无恙，车上场夫八名，殉职六人，重伤二人，汽车驾驶士及助手现正押办中。

D. P-40 六架、B-25 十架均安返防地。

2. P-40 三架各带附油箱，及 P-38 一架带五百磅炸弹一枚，袭击九江、武穴附近船舶，所获战果如左(附图四)：

A. 轰炸九江附近三百五十尺敌运输舰一艘，未命中，继予扫射后，见该舰冒白烟。

B. 扫射武穴附近二百尺长敌轮四艘。

C. P-40 一架未返防，原因不详。

D. P-40 二架、P-38 一架均安返原基地。

谨报请鉴察。谨呈

总长何核呈

委员长蒋

附呈要图四份〔略〕。

职周至柔

卅二年九月十三日

(26) 9月13日

报告 承办机关号次谋战癸渝字第1692号

据空军第二路谢司令莽报告,驻湘省美空军九月十日及十一日出动情形如左:

(一)十日

1. P-38六架,内四架各带一千磅炸弹一枚,自零陵起飞,轰炸广州、黄埔江岸敌仓库、码头,炸弹三枚命中码头中心。敌零式机二十七架迎战。空战结果被我击落一架,我机安返。

2. P-38一架,侦察南昌、南京、安庆、九江等处,所获情况如左(附图一):

A. 芜湖有长一百二十五尺船八艘。

B. 安庆有长一百二十五尺船三艘。

C. 九江有一百尺船四艘。

D. 九江、南昌、安庆、芜湖、南京各机场均未发现敌机。

(二)十一日

1. P-40十二架,掩护B-25十架,每架各带五百磅炸弹六枚,袭击汉口码头及敌仓库,轰炸成果待查。其经过情形如左(附图二):

A. 敌驱逐机多架起飞应战,被我击落零式及九七式驱逐机各一架。

B. P-40一架返航时迷航,于飞抵广西贺县附近油尽,飞行员跳伞。

C. B-25十架安返桂林,P-40十一架安返衡阳。

2. P-38三架各带五百磅炸弹四枚,袭击阳新、大冶,所获战果如左:

A. 命中阳新敌仓库,数处起火。

B. 命中大冶营房,敌伤亡甚重。

C. 我机全部安返。

谨报请鉴察。谨呈

总长何核呈

委员长蒋

附呈要图二份〔略〕。

职周至柔

卅二年九月十三日

(27) 9月12日①

报告　承办机关号次谋战癸渝字第1701号

据空军第二路谢司令莽报告,九月十二日驻湘桂美空军出动情形如左:

(一) P-38四架共载五百磅炸弹五枚,袭击九江、阳新、大冶等地,所获战果如左(附图):

1. 在九江轰炸长二百五十尺敌汽船三只、军舰一艘,结果一弹未命中,一弹未爆发,一弹命中敌舰附近。

2. 在阳新投弹一枚,命中敌大建筑物一处。

3. 在大冶投弹一枚,命中两大建筑物之中间。

(二) P-40四架袭击大冶、石灰窑一带,所获战果如左:

1. 在大冶扫射敌机车。

2. 在阳新扫射敌兵营。

3. 在石灰窑扫射敌船只。

(三) P-40四架各带五百磅炸弹一枚,袭击九江敌军营房,除一架因故障中途折回降落衡阳外,其余三架均到达目标,轰炸成果不详。

(四) P-38十架,内四架各带五百磅炸弹一枚,袭击香港,所获战果及损失如左(附图二):

――――――――
① 注:原件未标时间,该时间为编者根据文件内容推算而出。

1. 命中五百尺及四百尺长之敌船各一艘。

2. 另长五百三十尺敌船一艘被击伤。

3. 炸毁香港西湾附近之堤防。

4. 扫射敌驱逐舰一艘,该舰腹部发生爆炸。

5. 返航时,P-38一架坠落平乐河边附近,机毁人亡,原因不详。

6. P-38九架均安返桂林。

(五)敌机三架自广州飞袭桂林,我驻桂美空军P-40十四架起飞迎击,敌机到达桂林附近后,知我有备,即窜回。

谨报请鉴察。谨呈

总长何核呈

委员长蒋

附呈要图二份〔略〕。

职周至柔

(28) 9月17日

报告 承办机关号次谋战癸渝字第1716号

空军第二路谢司令莽报告,驻湘桂美空军九月十四日出动情形如左:

(一)九时零五分,B-25九架、P-40十一架,自桂林起飞袭击广州。因天气恶劣,中途折返,十一时三十分全部降落桂林机场。

(二)P-40二架袭击大冶、九江一带,所获战果如左(附图一):

1. 扫射大冶敌火车及营房,营房一座起火。

2. 扫射阳新敌营房。

3. 武穴发现一百五十尺敌船两只。

4. 九江发现敌炮舰一艘及二百五十尺敌船二只,并扫射敌营房。

(三)P-38四架,各带五百磅炸弹一枚,由衡阳起飞轰炸九江敌船舶,结果一只沉没,一只尾部冒烟。

以上出动各机均安返。

(四) P-40 五架,内四架各带五百磅炸弹一枚,自衡阳袭击南昌机场附近敌油库,成果尚未查明,美 P-40 一架未返防,余均安返。

谨报请鉴察。谨呈

总长何核呈

委员长蒋

附呈要图一份〔略〕。

职周至柔

卅二年九月十七日

(29) 9月17日

报告　承办机关号次谋战癸渝字第1724号

据空军第五路晏司令玉琮报告,驻滇湘桂美空军九月十四日及十五日出动情形如左:

甲、九月十四日

一、P-40 二架七时四十五分自云南驿赴腊戍一带侦察,发现腊戍机场内停有敌三发动机飞机二架,十时零五分安返。

二、P-38 一架由衡阳赴温州沿海一带侦察,所获情报如左(如附图一):

A. 三都澳无敌船停留。

B. 厦门有长二百尺敌船三艘。

三、B-24 七架袭击海防,所获战果如左(附图二):

A. B-24 四架轰炸海防船坞,内有长二百尺敌船一艘,均被炸中。

B. B-24 三架轰炸长二百五十尺敌船一艘,有九弹落于船旁,其余各弹落于码头、货栈及建筑区。

C. 全城大火,浓烟高达四千尺。

D. 敌机三架起飞应战,未与我机遭遇。

乙、九月十五日

P-40十四架掩护B-25六架,袭击武昌,所获战果并美空军损失如左(附图三):

一、命中武昌旧英国纱厂,其中一部分建筑物起火。

二、敌零式机十二架起飞应战,被我击落一架、伤二架。

三、美驱逐机领队皮克耳(Pike)中校所驾P-40机迄未返防。

四、P-40十三架、B-25六架均安返衡阳。

谨报请鉴察。谨呈

总长何核呈

委员长蒋

附呈要图三份〔略〕。

职周至柔

卅二年九月十七日

(30) 9月17日

报告　承办机关号次谋战癸渝字第1731号

据空军第五路晏司令玉琮报告,驻羊街、衡阳美空军九月十五日及十六日出动情形如左:

甲、九月十五日

一、B-24五架,共带千磅炸弹二十二枚,袭击海防,秘获战果及损失如左(附图):

1. 敌零式机五十余架起飞应战,被我击落十架,可能击落十八架。

2. B-24机两架,当场被击落一架,失踪一架,于回航迫降昆明机场东南角时失事,机毁,乘员九人均殉职。一架安返羊街。

3. 是役我国飞行员普希平一员参加,系阵亡抑失踪正饬查报中。

4. 轰炸成果如何尚未据报。

二、P-40 二架自衡阳赴九江侦察,当发现长二百尺敌船一艘。

乙、九月十六日,P-40 九架掩护 B-25 八架,各带五十公斤炸弹十二枚,袭击刘仁八(大冶西南三十公里),所获成果如左(附图二):

一、命中敌仓库及兵营,见冒烟未见起火。

二、是役我国飞行员钟洪九、刘子中二员均参加。

三、美机全部安返。

谨报请鉴察。谨呈

总长何核呈

委员长蒋

附呈要图二份〔略〕。

职周至柔

卅二年九月十七日

附:据航委会查报,五月三十一日美机五架因油尽迫降于洞庭湖西北某地,当时该地尚属我方,但旋即失陷,故未及破坏云。

职林蔚谨签 八.十三

(31) 9 月 21 日

报告　承办机关号次谋战癸渝字第 1745 号

据空军第五路晏司令玉琮报告,驻滇湘桂美空军九月十八日及十九日出动情形如左:

甲、九月十八日

一、P-40 七架掩护 B-25 四架,每架各带三百磅炸弹八枚,袭击石灰窑敌铁厂,一弹命中铁厂风炉,其余命中仓库、车场、起重机及大车多辆(如附图一)。

二、P-40 二架于十一时二十分由云南驿赴腊戍侦察,未发现敌机。八莫江中有驳船一艘,十四时零五分安返。

乙、九月十九日

P-40六架(参阅附图二),内二架各带五百磅炸弹一枚,袭击南浔铁路永修铁桥四架,扫射石灰窑附近敌船两艘,我国飞行员程敦荣一员参加。

以上出动各机均安返。

谨报请鉴察。谨呈

总长何核呈

委员长蒋

附呈要图二份〔略〕。

职周至柔

卅二年九月二十一日

(32) 9月22日

报告　承办机关号次谋战癸渝字第1757号

据空军第五路晏司令玉琮报告,驻湘桂美空军九月十九日至二十一日出动情形如左:

甲、九月十九日

一、P-40一架赴蕲春、南昌一带侦察,所获情报如左(附图一):

A. 在蕲春遭遇敌炮舰两艘,向我射击。

B. 在武穴发现长二百尺敌船三艘、炮舰一艘及驳船十五艘。

C. 在九江发现敌大型船一艘、中型船三艘。

D. 鄱阳湖有敌炮舰一艘。

二、P-38照相机一架,自衡阳赴上海、南京、芜湖、安庆、九江等处侦察,未发现敌若何活动。

乙、九月二十日,P-38一架自衡阳赴广州白云、天河、黄埔、三灶岛等处侦察,无若何发现。

丙、九月二十一日，P-40八架（内二架系我飞行员毛照品、刘子中二员驾驶）掩护B-25八架，每架各带五百磅炸弹六枚，袭击九江火车站及附近敌人□□□，炸中起火。（附图二）

以上出动各机均安返。

谨报请鉴察。谨呈

总长何核呈

委员长蒋

附呈要图二份〔略〕。

职周至柔

卅二年九月二十二日

(33) 9月22日

报告 承办机关号次谋战癸渝字第1755号

　　　侍从秘书号次机秘(乙)第59175号

甲、据昆明第五路晏司令玉琮报告，九月二十日八时五十六分，敌空军袭击昆明经过情形如左(附图一)：

一、六时三十分，敌侦察机一架，经玉皇阁、马关、乂山向西北飞行，昆明于六时四十四分预行警报，六时五十五分空袭警报，七时十三分紧急警报。

二、八时，敌驱轰部队共五十三架经新街、建水、通海等处，于八时五十六分侵入市空，八时五十八分在巫家坝机场投弹百余枚。

三、七时至七时十八分，美空军先后在呈贡、昆明起飞，P-40三十架、P-38二架迎击，当于机场东北约十公里上空与敌机发生空战。

四、空战结果

1. 敌方损失：据美员称，击落敌机约二十架，内十二架为轰炸机，已寻获七架坠落地址如左：

A. 昆明东十公里大板桥小河边，发现敌驱逐机残骸二架。

B. 滇池内及昆明北十公里之□□村，各发现机种不明之敌机一架。

C. 昆明东三十公里塘池附近,发现已焚毁之敌轰炸机一架、驱逐机二架。

D. 其余击落各机正续查中。

2. 美空军损失

A. P-40 二架于空战后迄未返防。

B. 机场内停美运输机 C-46 一架被炸毁。

C. 机场内汽车加油站、汽车修理棚、汽车四辆及汽车汽油约二十桶被炸毁。

3. 我方损失

A. 昆明机场滑行道被炸毁者数处,跑道无恙。

B. 空军官校、空军第五路司令部及空军第五总站各落弹数枚。

C. 官校秘书唐崇让一员轻伤。

D. 机场附近民众三人被炸毙。

乙、据空军第二路谢司令莽报告,九月二十日美空军驱轰联合袭击九江敌船舶码头,经过情形及所获战果(如附图二)。

谨报请鉴察。谨呈

总长何核呈

委员长蒋

附呈要图二份〔略〕。

职周至柔

卅二年九月二十二日

(34) 9月25日

报告 承办机关号次谋战癸渝字第1772号

据空军第二路谢司令莽报告,驻湘桂美空军九月二十二日出动情形如左:

(一) P-40 八架(内一架系我飞行员孙民厚驾驶),掩护 B-25

七架,共带一百公斤及五百磅炸弹二十四枚,袭击安庆停泊之敌货船,惟未命中。(请参阅附图)

(二) P-38 照相机一架,由桂林赴武汉、孝感各机场及石灰窑、九江、南昌等地,在汉口码头发现一百五十尺至二百尺敌船五艘。

(三) P-40 六架掩护 B-25 三架,每架各带五百磅炸弹六枚,于九时二十分由衡阳起飞,轰炸石灰窑附近之敌船舶,未命中,并发现长江航运频繁,油船及驳船尤多。

以上出动各机均安返。

谨报请鉴察。谨呈

总长何核呈

委员长蒋

附呈要图一份〔略〕。

职周至柔

卅二年九月二十五日

(35) 10 月 4 日

报告　承办机关号次谋战癸渝字第 1854 号

　　　　侍从秘书号次机秘(乙)第 60029 号

据第五路晏司令玉琮报告,驻湘滇桂美空军九月二十九日至十月二日出动情形如左:

甲、九月二十九日,B-24 九架,每架各带一百磅炸弹四枚,于赴印运输途中轰炸密支那,城内建筑物一座起火。

乙、九月三十日

1. B-25 二架,每架各带五百磅炸弹二枚,自南宁起飞,轰炸广州湾内敌船舶,未炸中,并于西营(雷州半岛东岸)敌炮台东方发现货船三艘。

2. P-40 四架掩护 B-25 二架,由南宁起飞,袭击广州湾内敌船舶,击伤敌特别快艇一艘。

丙、十月一日，P-40 二十架掩护 B-24 二十二架、P-38 一架，共带一千磅炸弹二十五枚，袭击海防敌船舶仓库及码头区域。敌零式机四十余架起飞应战，空战约四十分钟。所获成果及美军损失如左（附图）：

1. 成果：

A. 命中敌仓库码头区域及动力厂起火。

B. 确击落敌机三十架。

2. 损失 P-40 机共三架，情形如左：

A. 当场被击落者一架，我飞行员陈炳靖跳伞。

B. 迫降宜良县西十二公里处一架，飞机焚毁，飞行员王德敏殉职。

C. 一架失踪。

丁、十月二日

一、P-40 二架，于六时三十五分赴长江一带侦察，所获情报如左：

1. 在鄂城发现拖船及民船各二艘。

2. 在九江发现大轮船三艘。

二、P-40 五架，内三架各带五百磅炸弹一枚，袭击九江敌船舶，但未命中。

本（二）日出动各机均安返。谨呈

总长何核呈

委员长蒋

　　　附呈要图一份〔略〕。

职周至柔

卅二年十月四日

（36）10 月 6 日

报告　承办机关号次谋战癸渝字第 1862 号

据空军第二路谢司令莽报告,驻湘桂美空军十月二日及十月三日出动情形如左:

甲、十月二日 P-38 二架,分赴岳阳、汉口、武昌、大冶、九江、湖口、南昌、广州、汕头沿岸照相,在南澳岛发现有二百五十尺长敌船一艘。

乙、十月三日

一、P-38 六架,内四架各带五百磅炸弹一枚,自衡阳袭击九江敌船舶,但未命中。

二、P-38 四架,每架各带五百磅炸弹一枚,袭击九江敌船坞,所获成果如左(参阅附图):

1. 命中敌炮舰一艘。

2. 命中敌船坞附近货仓起火。

以上出动各机均安返。

谨报请鉴察。谨呈

总长何核呈

委员长蒋

附呈要图一份〔略〕。

职周至柔

卅二年十月六日

(37) 10 月 7 日

报告　承办机关号次谋战癸渝第 1873 号

据空军第二路谢司令莽报告,十月五日及十月六日,敌空军先后袭击桂林、遂川,经过情形如左:

甲、十月五日(附图一)

一、七时三十八分,敌机十三架经高要、禄步、德庆、苍梧、平南、蒙山、柳州、鹿寨,向东北飞行。

二、八时十二分,敌机多架经四会、广宁、贺县、富川,与前项敌机会同,向桂林进袭。

三、八时零五分至八时五十五分,美空军先后在零陵、桂林起飞,P-40九架、P-38十二架迎击。当于桂林、义宁间上空与敌机发生空战。

四、空战结果:击落敌机一架,据报坠落灵鹫乡(在义宁县西北约三公里),敌飞行员被击毙,美机全部安返。

乙、十月六日(附图二)

一、五时四十二分,敌驱逐机十九架,掩护轰炸机二十七架,经佛冈、曲江、南雄、大庾等处,于六时四十一分侵入遂川机场,向我正在修筑中跑道投弹十余枚。

二、六时十五分,驻遂川美空军P-40八架起飞迎击,当即发生空战。

三、空战成果:击落敌机二架,一架坠落于赣州、万安间大湖江,机毁人亡;一架落于茅店(在赣州东北约十二公里)附近,美空军全部安返。

谨报请鉴察。谨呈

总长何核呈

委员长蒋

附呈要图二份〔略〕。

职周至柔

卅二年十月七日

(38) 10月11日

报告　承办机关号次谋战癸渝字第1895号

据空军第五路晏司令玉琮报告,驻湘滇桂美空军十月三日至七日出动情形如左:

甲、十月三日

六时B-24六架,各带一千磅炸弹三枚,由昆明起飞,轰炸海南岛附近海面船只,但未命中。

乙、十月四日

一、敌机袭击桂林,情形如左(附图一):

1. 驱轰联合之敌机共约四十三架,袭击桂林。八时十一分侵入秧塘机场上空,在六千公尺高度投弹约百余枚。

2. 美空军起飞 P-40 八架、P-38 十一架迎击,当与敌机在太和(桂林东南)十余公里上空发生空战。空战结果,击伤敌机二架,我民众及修理秧塘机场工人死伤十余名,并震坏机场工程处房屋一座,美机全部安返。

二、P-40 二架自衡阳起飞,侦察汉口、岳阳一带,所获情报如左:

1. 岳阳机场停敌机十一架。

2. 洞庭湖北岸发现二百尺敌船一艘。

三、P-40 七架掩护 B-25 六架,各带五百磅炸弹六枚,自桂林袭击九江敌船舶,但未炸中。

丙、十月五日

一、P-38 一架自昆明起飞,侦察腊成、孟姚(腊成东四十公里)附近,发现铁路旁有跑道一条。

二、P-38 一架自衡阳起飞,侦察上海、杭州、九江、芜湖等地,所获情报如左:

1. 吴淞机场停中型机一架、大型机十七架。

2. 虹桥机场停大型机二十架、小型机四架,正在建筑中之掩体四十五个。

3. 大场机场停大中型机各四架,小型机一架。

4. 杭州机场未发现敌机。

三、P-40 七架掩护 B-25 六架,袭击石灰窑敌煤铁厂,所获成果如左:

1. 命中十五尺长之货仓两座。

2. 携炭器直接中弹四枚。

丁、十月七日

一、P-40十六架、P-38二架,掩护B-24九架,共带一千磅炸弹四十一枚、一百二十磅炸弹四十枚,袭击海防码头区,与敌零式机十二架发生空战(附图一)。

1. 空战成果:
 A. 确实击落敌机四架,击伤八架。
 B. 美机P-40一架水箱被击坏,迫降柳州附近,人机情况均不明。
2. 轰炸成果:水泥场东建筑区两处起火。

二、P-38一架,自桂林起飞,侦察汉口、孝感、武昌、石灰窑、九江、南昌等地,所获情报尚未据报。

三、B-25四架,共带五百磅炸弹十八枚,袭击厦门敌船舶。所获战果及经过情形(如附图)。

谨报请鉴察。谨呈

总长何核呈

委员长蒋

附呈要图三份〔略〕。

职周至柔

卅二年十月十一日

(39) 10月　日①

报告　承办机关号次谋战癸渝第1923号

据空军第五路晏司令玉琮报告,驻湘滇桂美空军十月八日至十一日出动情形如左:

甲、十月八日

P-40十七架、P-38二架,掩护B-24十架,共带一千磅炸弹四枚、一百磅炸弹四十枚,袭击河内嘉林机场。所获成果及经过如附

---

① 原文缺日期。

图一。

乙、十月九日

一、B-25四架,每机各带五百磅炸弹二枚,袭击厦门海面敌船舶,所获成果及损失如左,如附图二:

1. 在厦门命中敌油船一艘,当即沉没。

2. 扫射南澳附近之灯塔。

3. B-25一架迫降厦门附近山中,着火焚毁,人员情况不明,其余各机均安返。

二、P-40八架,各带三十磅炸弹六枚,袭击芒市机场附近仓库,炸弹直接命中。美空军P-40一架被敌高射炮击落,其余各机均安返云南驿。

三、P-38一架自昆明起飞,侦察河内、海防一带,返防时,因故障迫降蒙自附近,机毁人安。

丙、十月十日

一、P-40十九架、P-38一架,掩护B-24二十四架,共带五百磅炸弹一百七十枚、一千磅炸弹十枚,袭击海防码头及船坞,敌人损失甚重。其经过详情尚未据报。

二、P-40八架,每机各带三十磅炸弹六枚,袭击龙陵,其成果及损失如左:

1. 命中城内器材库,三处起火。

2. P-40一架失踪。

3. P-40七架安返。

丁、十月十一日

P-38一架自昆明起飞,侦察土伦(Touvane)、仁安(Tuanan)、同汇(Dong-hat)(以上各地均在越南东海岸)等处,所获情报如左(附图三):

1. 土伦机场无敌机停留,码头有二百尺长敌船一艘,火车站有机车六个、货车一百二十辆、客车二十辆、大小厂房各三座。

2. 同汇未发现敌机。

3. 仁安敌无重要活动。

谨报请鉴察。谨呈

总长何核呈

委员长蒋

附呈要图三份〔略〕。

职周至柔

卅二年十月 日

(40) 10月16日

报告 承办机关号次谋战癸渝字第1928号

据空军第五路晏司令玉琮报告,驻滇桂美空军十月十二日及十三日出动情形如左:

甲、十月十二日,B-24三架,内两架各带一百磅炸弹四枚,于自昆明赴印度运输途中轰炸密支那。在二千尺高度发现有银灰色不明机一架,但未遭遇。

乙、十月十三日

一、B-25二架,共带五百磅炸弹五枚,自桂林起飞,袭击福州、厦门间敌船舶。当即炸沉及炸伤七百五十尺敌驳船各一艘,美机安返。

二、B-25一架自桂林起飞,袭击厦门码头,命中长二百五十尺敌驳船一艘,该船内部爆炸,当即沉没,未遭遇敌方任何抵抗。

三、P-38一架自桂林起飞,侦察广州天河、白云、黄埔等处,在七千尺高度遭遇敌黑色零式机六架攻击,美机安返。

四、B-24一架自昆明起飞,于赴印运输途中轰炸密支那,遭遇敌机一架攻击,美机受轻伤,但已安全到达目的地。

谨报请鉴察。谨呈

总长何核呈

委员长蒋

职周至柔

卅二年十月十六日

(41) 10月17日

报告　承办机关号次谋战癸渝字第1942号

据空军第二路谢司令莽报告，驻桂林美空军B-25四架，每架各带五百磅炸弹，于十月十三日及十四日两次袭击厦门海面敌船舶。所获战果及经过情形绘呈如图。

谨报请鉴察。谨呈

总长何核呈

委员长蒋

附呈要图一份〔略〕。

职周至柔

卅二年十月十七日

附图上说明：

一、十三日战果：沉敌军舰及75尺小汽艇各一艘。

二、十四日战果：A. 炸沉敌250尺及200尺各一艘。

B. 敌炮舰一艘被扫射后沉没，另二艘起火。

附记：十三日B-25四架袭击厦门敌船舶，于任务完成后安返南雄机场。十四日晨复行出击，任务完成后，安返桂林。

(42) 10月19日

报告　承办机关号次谋战癸渝字第1952号

据空军第五路晏司令玉琮报告，驻滇省美空军十月十六日及十七日出动情形如左：

甲、十月十六日：B-24共十架，每架各带四百磅炸弹九枚，袭击海防敌机场，所获成果及经过情形如附图（一）。

乙、十月十七日

一、P-38一架自昆明起飞,侦察八莫一带,发现八莫城内及机场周围正在建筑中之工程甚多。

二、P-38一架,自昆明起飞,侦察腾冲、垒允一带,所获情报如左:

1. 腾冲机场无敌机停留。

2. 垒允机场有敌建筑物九所,堡垒四十六个及尚未完成之跑道两条。

三、P-38一架自昆明起飞,侦察海防一带,发现停留敌汽车约三百辆及火车七十五辆。

四、P-40四架,每架共带五百磅炸弹一枚、三百磅炸弹六枚,袭击六库敌军需库。所获成果及损失如左:

1. 炸弹全部命中目标区。

2. P-40两架被敌高射炮击伤,一架迫降怒江西岸,一架迫降六库附近,人员情况不明。P-40两架安返。

谨报请鉴察。谨呈

总长何核呈

委员长蒋

附呈要图二份〔略〕。

职周至柔

卅二年十月十九日

(43) 10月24日

报告　承办机关号次谋战癸渝字第1997号

据空军第五路晏司令玉琮报告,驻昆明美空军P-38两架,十月二十一日侦察泰、越、缅,所获情报及经过情形,谨据以绘具经过要图,报请鉴察。谨呈

总长何核呈

委员长蒋

附呈要图一份〔略〕。

职周至柔
卅二年十月二十四日

(44) 10月28日

报告　承办机关号次谋战癸渝字第2031号

据空军第五路晏司令玉琮报告，驻滇省美空军十月二十三日及二十四日出动情形如左：

甲、十月二十三日

一、P-38一架侦察越南各地，所获情报及经过情形如附图(一)。

二、B-24六架，每架各带一百磅炸弹四枚，于赴印运输途中轰炸拖角(在泸水西方约三十公里)，遭遇敌零式机五架攻击，但无损伤，B-24全部安降印度卡崩机场。

三、P-40四架，内二架各带五百磅炸弹一枚，袭击拉猛(在龙陵东北约四十公里)附近滇缅路，企图截断该路，但未成功。附近山上发现敌炮兵阵地甚多。

乙、十月二十四日

一、P-40二十架，掩护B-24十五架，共带五百磅炸弹十四枚、三百磅炸弹九十六枚、二百五十磅炸弹四十八枚，袭击越南嘉林机场及其附近之桃比敌汽车厂。所获成果及经过情形如附图(二)。

二、B-24八架各带一百磅炸弹一枚，于赴印运输途中轰炸拖角，未遭遇敌机，成果不详。

谨报请鉴察。谨呈

总长何核呈

委员长蒋

附呈要图二份〔略〕。

职周至柔
卅二年十月二十八日

(45) 10月28日

报告　承办机关号次谋战癸渝字第2032号

据空军第五路晏司令玉琮报告,驻昆明美空军十月二十五日(一)P-38一架侦察缅甸,所获情况如附图;(二)P-40六架,十时三十分由昆明起飞赴海防附近,沿河扫射汽艇五艘,另汽船三艘、150尺长货船一艘,均被扫射,损失甚重,码头船坞有长250尺轮船一艘。等情。理合报请鉴察。谨呈

总长何核呈

委员长蒋

　　附呈要图一份〔略〕。

职周至柔

卅二年十月二十八日

(46) 10月30日

报告　承办机关号次谋战癸渝字第2042号

据空军第五路晏司令玉琮报告,驻滇桂美空军十月二十六日出动情形如左:

一、P-40十六架,掩护B-24八架,共带五百磅炸弹一百十枚,分自昆明、呈贡、羊街各机场起飞,袭击海防,命中敌车站及车站东方公路上桥梁一座。

二、P-40四架、B-25八架,共带五百磅炸弹四十四枚,分两次袭击琼山港敌船舶,所获成果及经过情形如附图。

　　谨报请鉴察。谨呈

总长何核呈

委员长蒋

　　附呈要图一份〔略〕。

职周至柔

卅二年十月三十日

(47) 10月30日

报告　承办机关号次谋战癸渝字第2043号

据空军第五路晏司令玉琮报告，驻湘滇美空军十月二十七日及二十八日出动情形如左：

甲、十月二十七日

B-24六架，每架各带二百五十磅炸弹十枚，于赴印运输之往返途中袭击龙陵。先后遭遇敌驱逐机共十六架攻击，所获成果及经过情形如附图。

乙、十月二十八日

P-40六架（内两架为我国飞行员张达飞、孙明年驾驶），自衡阳起飞，赴湘北岳阳、白螺矶一带侦察，所获情报如左：

1. 白螺矶机场上未发现有敌机停留。
2. 长江沿岸未发现敌船舶航行。
3. 扫射白螺矶机场建筑物。

敬报请鉴察。谨呈

总长何核呈

委员长蒋

附呈要图一份〔略〕。

职周至柔

卅二年十月卅日

(48) 11月2日

报告　承办机关号次谋战癸渝字第2073号

据空军第五路晏司令玉琮、及第二路谢司令莽先后报告，驻滇湘桂美空军十月二十八日至三十日出动情形如左：

甲、二十八日

一、P-40三架、P-38一架，自衡阳起飞，分赴监利、洞庭湖一带及台湾海峡、福州、汕头等地侦察，所获情报及经过情形如附图（一）。

二、B-25一架带五百磅炸弹六枚,袭击圣约翰岛(在东经一百二十度四十五分、北纬二十一度四十分处)附近长一百五十尺货轮二艘,一艘当被炸沉,另一艘亦受重伤。

三、P-38七架,掩护B-25三架,每架各带一百二十磅炸弹四枚,袭击西营(在广州湾西岸)西南十里处之敌营房,敌死伤甚重,并扫射停在西营机场之敌零式机一架。

四、P-38一架侦察越南各地,所获情报及经过情形如附图(二)。

乙、二十九日

一、P-40十七架掩护B-24十六架,共带一千磅炸弹六十二枚,分别自呈贡、羊街、昆明起飞,袭击广安(在海防东北)敌锌矿,成果甚佳,主要建筑物均中弹。

二、B-25二架共带五百磅炸弹十一枚,自桂林起飞,袭击西营码头及机场,炸弹多数命中目标。

三、P-40十架,自衡阳起飞,分别赴岳阳、汉口、咸宁及九江、南浔路一带侦察,所获情报及成果如附图(三)。

四、P-38一架自昆明起飞,赴涠州岛、丸街及海防一带侦察,所获情报及经过情形如附图(四)。

五、P-40四架,内一架带五百磅炸弹一枚,轰炸蒲圻附近敌铁桥一座,但未命中。

以上出动各机均安返。

丙、三十日

一、P-38八架,内四架各带五百磅炸弹一枚,由衡阳起飞,袭击九江敌仓库,与敌零式机十一架遭遇,发生空战,所获成果及损失如左:

　　A. 炸毁敌船一艘。

　　B. 击落敌零式机三架。

　　C. 美空军P-38一架被击落,一架起火,飞行员跳伞,另二架失踪。

二、P-40十二架,掩护B-25七架,由衡阳起飞,袭击沙洋之敌,因云层密布,成果不详。

敬报请鉴察。谨呈

总长何核呈

委员长蒋

附呈要图四份〔略〕。

职周至柔

卅二年十一月二日

(49) 11月4日

报告　承办机关号次谋战癸渝字第2080号

据空军第二路谢司令莽报告,驻湘省美空军十一月一日及二日出动情形如左:

甲、十一月一日

P-40九架,掩护B-25六架,共带五百磅炸弹三十六枚,袭击岳阳铁路车厂,炸弹全部投下,敌车厂仓库区起大火,P-40一架被敌高射炮击中,迫降我军防区内,情况不明。

乙、十一月二日

P-40十二架,掩护B-25八架,每架各带一百磅炸弹十二枚,自衡阳起飞,袭击沙市码头及敌仓库,并扫射长一百尺敌轮船一艘。

敬报请鉴察。谨呈

总长何核呈

委员长蒋

职周至柔

卅二年十一月四日

(50) 11月9日

报告　承办机关号次谋战癸渝字第2123号

据空军第二路谢司令莽、第五路晏司令玉琮先后报告,驻滇湘桂美空军十一月三日出动情形如左:

一、P-40二十四架、P-51二十架、P-38十二架,掩护B-24二十架,每架各带五百磅炸弹六枚,袭击香港、九龙码头、仓库、工场等,于十二点四十五分到达目标上空,盘旋约三十分钟,卒以天气恶劣,未能投弹,并在三水上空遭遇敌驱逐机二十架攻击。空战结果及敌我损失如附图一。

二、P-40一架侦察上海码头及台湾敌新竹机场,发现有大型飞机约四十架。

三、P-40九架,掩护B-25九架,内七架各带一百磅炸弹十二枚,自衡阳起飞,袭击藕池口、华容、石首等地,炸弹全部投下,目标区内多处起火。经过情形如附图二。

四、P-40八架,内四架各带一百二十磅炸弹四枚,袭击腊戍敌机场,因地面雾大,成果不详。

谨报请鉴察。谨呈

总长何核呈

委员长蒋

附呈要图二份〔略〕。

职周至柔

卅二年十一月九日

(51) 11月11日

报告　承办机关号次谋战癸渝第2135号

据空军第五路晏司令玉琮报告,驻湘桂美空军十一月四日及七日出动情形如左:

甲、十一月四日

P-38一架侦察台湾新竹机场，所获情报如左：
1. 发现有大型双发动机飞机六十架、小型机十九架停留。
2. 发现有三百十尺长、一百九十尺宽大建筑物十二处，正建筑中。
3. 场内跑道正赶修中。
4. 机场东方有营房二百十八栋。
5. 市区铁路上有火车一百辆。

乙、十一月七日

一、B-25二架，各带五百磅炸弹六枚，袭击厦门敌船舶。所获成果及经过情形如附图。

二、P-38一架自遂川起飞，侦察台湾一带。所获情报及经过情形如附图。

三、P-40六架，内四架，各带五百磅炸弹一枚，袭击缅甸唐阳（在东经九十八度三十八分北纬二十五度处）附近桥梁，但未命中。

敬报请鉴察。谨呈
总长何核呈
委员长蒋

附呈要图一份〔略〕。

职周至柔
卅二年十一月十一日

(52) 11月11日

报告　承办机关号次谋战癸渝字第2133号

据空军第五路晏司令玉琮报告，驻衡阳美空军P-38一架，十一月五日侦察南昌、九江、安庆、吴淞、上海及十一月六日侦察厦门、汕头等地，所获情况谨绘呈如附图。

报请鉴察。谨呈
总长何核呈
委员长蒋

附呈要图一份〔略〕。

职周至柔

卅二年十一月十一日

(53) 11月17日

报告　承办机关号次谋战癸渝字第2181号

据空军第五路晏司令玉琮报告,驻湘、桂、滇美空军十一月十日战斗概要如左:

一、P-40四架,袭击岳阳至新堤间敌船舶,遭遇敌驱逐机八架拦截,所获成果及损失如附图。

二、P-40一架扫射华容至沙市间满载补给品之敌大船一只及小船数只,并侦察沙市、公安、澧县等地,未发现任何情况。

三、P-40七架自云南驿起飞,侦察腊戍,遭遇敌高射炮射击,但我机无损失,并侦察垒允、芒市两机场,未发现有敌机停留。

谨报请鉴察。谨呈

总长何核呈

委员长蒋

附呈要图一份〔略〕。

职周至柔

卅二年十一月十七日

(54) 11月17日

报告　承办机关号次谋战癸渝字第2184号

据空军第五路晏司令玉琮报告,驻湘、桂美空军十一月十一日及十三日出动情形如左:

甲、十一日

一、P-40六架,自衡阳起飞,扫射岳阳东南兵营、招待所、电台,并击毁敌炮兵阵地一处。

二、B-24六架于赴印运输途中,由卡崩(在印度)返航时,每架各带一千磅炸弹三枚,轰炸龙陵西三公里之滇缅公路,炸后灰尘甚多,成果不明。

乙、十三日

一、P-40二十四架,掩护B-25十架,每架各带一百二十磅炸弹十枚,自衡阳起飞,袭击岳阳铁路及堆栈,炸弹均落目标区,并击毁敌高射机枪阵地二处。

二、P-40十架,掩护B-25四架,每架各带一百磅炸弹十二枚,自衡阳起飞,轰炸岳阳堆栈,毁房屋五栋;B-25二架,以低空轰炸,内一架被敌高射机枪击中焚毁,人员情况不明。

三、P-40十二架,掩护B-25三架,每架各带一百磅炸弹十二枚,自衡阳起飞,袭击西斋,所获成果如左:

丙、扫射西斋、洋溪中间敌房屋,被毁甚重。

丁、击沉三岔河附近敌小船六艘。

戊、扫射洞庭湖内敌汽船二艘。

谨报请鉴察。谨呈

总长何核呈

委员长蒋

职周至柔

卅二年十一月十七日

(55) 11月20日

报告　承办机关号次谋战癸渝字第2207号

据空军第五路晏司令玉琮报告,驻滇、桂美空军十一月十五日出动情形如左:

一、P-40六架,自昆明起飞,扫射海防敌舢板八只及长二百五十尺商船一艘,并曾遇敌高射炮之射击,惟我机无损伤。

二、B-24二十一架,分别自呈贡、羊街、昆明起飞,袭击香港码头及船舶,成果甚佳,经过情形如附图(一)。

三、P-38一架,自昆明起飞,侦察缅甸各地,所获情况如附图(二)。

谨报请鉴察。谨呈

总长何核呈

委员长蒋

附呈要图二份〔略〕。

职周至柔

卅二年十一月二十日

(56) 11月25日

报告 承办机关号次谋战癸渝字第2261号

据空军第五路晏司令玉琮报告,驻湘、桂美空军十一月二十日及二十一日出动情形:

甲、二十日

P-40十二架自衡阳起飞,袭击石门、澧县之敌,经过如附图(一)。

乙、二十一日

一、B-25二架,各带五百磅炸弹四枚,轰炸丸街附近敌船舶,其经过如附图(二)。

二、P-40十二架,扫射常德安乡间之敌,并支援我陆军之战斗,其经过如附图(三)。

三、P-40十六架,自衡阳起飞,扫射澧县以东及常德以北敌军及小船五、六十只,并毙敌百余人。

四、P-40八架,在常德以西渡口附近击毁敌渡船一艘及小船五十余只。

谨报请鉴察。谨呈

总长何核呈

委员长蒋

附呈要图三份〔略〕。

职周至柔
卅二年十一月二十五日

(57) 11月27日

报告　承办机关号次谋战癸渝字第2272号

据空军第二路谢司令莽、第五路晏司令玉琮先后报告，驻湘滇桂美空军十一月二十三日至二十五日出动经过如左：

一、二十三日

1. P-38一架，自衡阳起飞，侦察厦门、台湾一带，所获情况如附图（一）。

2. P-40二十四架，自衡阳起飞，扫射汉寿以东敌集中部队、驳船，击毙敌一百五十人、马四十匹。

二、二十四日

1. B-25二架，各带五百磅炸弹四枚，袭击厦门敌船舶，经过如附图（二）。

2. P-40十五架，掩护B-25五架，十时零八分自衡阳起飞，轰炸汉寿，命中城内，多处起火。

3. P-40八架，自衡阳起飞，袭击汉寿及沅江一带之敌，所获成果如左：

A. 扫射汉寿东北河内敌小船八只。

B. 扫射沅江敌舢板十五只，内三只已沉没，七只受重伤。

三、二十五日

P-51七架、P-38八架，掩护B-25十四架，每架各带二十磅炸弹七十二枚、一百磅炸弹七枚，轰炸台湾新竹机场。据报P-38、P-51先后低空扫射，B-25仅在一千公尺高度投弹，共毁地面敌机八十余架，其经过如附图（三）。

谨报请鉴察。谨呈

总长何核呈

委员长蒋

　　附呈要图三份〔略〕。

职周至柔

卅二年十一月二十七日

(58) 11月30日

报告　承办机关号次谋战癸渝字第2296号

据空军第五路晏司令玉琮报告,十一月二十五日驻衡阳美空军出动经过如左:

　　一、P-40八架,自衡阳起飞,扫射汉寿附近敌补给船二十只,内十二只被毁。

　　二、P-40八架,自衡阳起飞,扫射汉寿附近之敌,所获成果及损失如左:

　　1. 在常德以东击毙敌军三十余人。

　　2. P-40一架在湘潭附近脱离编队失踪。

　　谨报请鉴察。谨呈

总长何核呈

委员长蒋

职周至柔

卅二年十一月卅日

(59) 11月30日

报告　承办机关号次谋战癸渝字第2298号

据空军第五路晏司令玉琮报告,驻滇桂美空军十一月二十六日出动经过如左:

　　一、P-40八架,内四架各带五百磅炸弹一枚,自昆明起飞,轰炸越南浪阳车站,所获成果及经过如附图(一)。

二、B-25 二架,自衡阳起飞,扫荡南海一带敌船舶,炸沉自遮浪(在香港东一百五十公里)驶出之敌二百尺长货船一艘。

三、P-38 一架,侦察香港及越南各地,所获情况及经过如附图(二)。

谨报请鉴察。谨呈

总长何核呈

委员长蒋

附呈要图二份〔略〕。

职周至柔

卅二年十一月卅日

(60) 12 月 1 日

报告 承办机关号次谋战癸渝字第 2304 号

据空军第二路谢司令莽及空军第五路晏司令玉琮先后报告,驻湘桂滇美空军十一月二十六日至二十七日出动经过如左:

一、二十六日

1. P-40 十一架,掩护 B-25 五架(内一架于未到目的地前迫降长沙以南),每架各带一百磅炸弹十二枚,自衡阳起飞,轰炸江陵敌司令部,共投下炸弹四十八枚,十分之九命中目标。

2. P-40 八架,由衡阳起飞,在常德以东湖面击毁长七十尺汽艇一艘及击伤二十尺长敌运米船十只。

二、二十七日

1. P-40 六架,自昆明起飞,袭击伊兰宁高地(在东经一百零三度十分北纬十九度三十分处)敌诸设备,其三发动机空运机一架被焚毁。

2. P-38 一架,侦察蓝邦、景迈等地,所获情况如附图(一)。

3. P-38 一架,由昆明起飞赴海防一带侦察,发现广安之炼锌厂,经十月二十九日被炸后完全停止工作。

4. P-38 一架,由衡阳起飞赴汉寿、岳阳、九江等地,发现九江机场有敌战斗机八架。

5. B-25 二架,各带五百磅炸弹四枚,扫荡东南海一带,经过情形如附图(二)。

6. B-25 二架,各带五百磅炸弹四枚,轰炸汕头码头、货栈,即发生猛烈爆炸声,并发现有大舢板多只。

谨报请鉴察。谨呈
总长何核呈
委员长蒋

附呈要图二份〔略〕。

职周至柔

卅二年十二月一日

(61) 12月4日

报告　承办机关号次谋战癸渝字第2329号

据空军第二路谢司令莽及第五路晏司令玉琮报告,驻湘滇桂美空军十一月三十日出动经过如左:

甲、十二月一日二十时第五路晏司令玉琮报告:

1. P-40 六架,十一月三十日九时四十五分由云南驿起飞,轰炸怒江西岸之敌,其战斗经过如附图。

2. P-40 二架,十时零六分由云南驿起飞,扫射伊落瓦地江内伪装大驳船四只。

乙、十一月三十日二十时五十分,第二路谢司令莽报告:

1. P-40 八架,十二时四十三分由衡阳起飞,向我常德守军投送弹药给养,经过如下:

(1) 子弹九千发、猪牛肉一千斤,均投入常德城内。

(2) 发现常德城东面被敌侵入,并有高射炮向我机射击。

2. P-40 八架,九时零五分由衡阳起飞,为我常德守军投送弹药给养,经过如下:

(1) P-40四架,共带子弹一万发,均投入常德城内。

(2) P-40四架,扫射安乡东湖沼内小船十只,毙敌甚众。

以上出动各机均安返。

谨报请鉴察。谨呈

总长何核呈

委员长蒋

附呈要图一份〔略〕。

职周至柔

卅二年十二月四日

周至柔关于中美空军在粤桂鄂等地联合作战经过的报告

(1943年11月)

(1) 11月7日

报告　承办机关号次谋战癸渝字第2104号

据空军第二路谢司令莽报告,十一月四日我驻桂空军第一大队B-25机五架,由美第十四航空队派员领导,袭击汕头、厦门及广州湾。经过情形如左(请参阅附图):

甲、第二中队谭队长德鑫、飞行员高锦纲,驾B-25二架,由美空军第十一队B-28一架领导,经南雄、惠阳、汕头作巡逻飞行,至厦门后返航。所获成果及损失如左:

一、敌方损失

1. 在厦门炸沉敌油船、炮舰各一艘。

2. 在汕头炸沉长四百尺木船一艘,并扫射汕头机场,毁敌驱逐机三架、轰炸机一架。

二、我方损失

B-25一架迫降岭溪,机毁,驾驶员高锦纲、杨焕光,轰炸员刘冠臣,机工长汪镜生等四人均殉职。

三、谭队长及美军第十一队等两架安返桂林机场。

乙、我第二中队美员卡森上尉与第二中队分队长林济洋,驾B-25一架,由美第十一队B-25一架领导,袭击雷州半岛沿岸敌船舶,在广州湾附近炸沉敌小型轮船二艘。返防时:

1. 美第十一队之一架迫降武冈东门外二华里处,美员四人均安,飞机情况不明。

2. 林分队长机迫降宜山德胜山上,正驾驶员卡森上尉(美员)、副驾驶林济洋、领航员李项平均平安,通信员方光伟跳伞,降落地点不明,飞机情况待查。

丙、第二中队B-25两架,随美军B-25七架,由美军P-40十二架掩护,轰炸广州湾、赤坎敌兵营,中途因天气不良,平安降落秧塘。

谨报请鉴察。谨呈

总长何核呈

委员长蒋

附呈要图表各一份〔图略〕。

职周至柔

卅二年十一月七日

附空中作战人员伤亡表

三十二年十一月七日于航空委员会

区分 部队	姓名	级 职	日期	地点	状况及原因	备考
空军第一大队第二中队	高锦纲	见习员正驾驶	十一月四日	岭溪	B-25袭击厦门返防时迫降岭溪,机毁人亡。	
同上	杨焕光	见习员副驾驶	同上	同上		
同上	刘冠臣	少尉三级轰炸员	同上	同上		
同上	汪镜生	二等四级技工长	同上	同上		
合计	伤			亡	四员	
附记						

(2) 11月11日

报告　承办机关号次谋战癸渝字第2134号

据空军第二路谢司令莽报告，十一月八日驻桂林空军第一大队B-25二架，由美第十四航队B-25二架领导，分别袭击广州湾及海口敌机场。经过如左（参阅附图）：

甲、空军第一大队第二中队飞行员戴自瑾驾B-25一架，由美空军第十四航空队B-25一架领导，自桂林起飞，企图袭击广州湾海外敌船舶，未发现目标，遭遇敌零式机二架攻击。空战结果，敌我均无损失。十五时四十二分安全返防。

乙、空军第一大队第二中队分队长林济洋，驾B-25一架，由美第十四航空队B-25一架领导，袭击海口敌机场，经过如左：

1. 扫射机场上停留之敌零式机十余架。
2. 建筑物一处被扫射后起火。
3. 林分队长济洋并对敌运输舰及军舰各一艘投弹。
4. 返航时遭遇敌零式机二架攻击，敌我均无损伤，十六时十分安返桂林。

谨报请鉴察。谨呈

总长何核呈

委员长蒋

附要图一份〔略〕。

职周至柔

卅二年十一月十一日

(3) 11月15日

报告　承办机关号次谋战癸渝字第2166号

据空军第二路谢司令莽报告，驻湘桂美空军及我空军第一大队十一月十二日出动情形如左：

一、P-40二十三架，掩护B-25十架（内二架为我空军第二中队谭队长德鑫及飞行员潘文炎驾驶),共带一百公斤炸弹十二枚,袭击岳阳以北敌仓库,炸弹一部命中目标。

二、P-40十一架、B-25八架,共带五百公斤炸弹十二枚、一百磅炸弹七十二枚,袭击西斋(在公安西十公里)之敌,炸弹大部命中目标,并扫射该镇内窜逃之敌军。

三、B-25六架、P-40十二架,共带五百磅炸弹十二枚、一百磅炸弹四十八枚,袭击湘北一带之敌,成果当未据报,B-25一架失踪。

谨报请鉴察。谨呈
总长何核呈
委员长蒋

职周至柔
卅二年十一月十五日

(4) 11月20日

报告 承办机关号次谋战癸渝字第2212号

据空军第二路谢司令莽报告,驻桂林美空军十一月十六日B-24十二架、B-25七架、P-40二十三架、P-38一架,与我空军第一大队B-25三架,共带五百磅炸弹二百零四枚,联合袭击广东沿海及香港敌船舶。所获成果及经过谨绘呈如附图,报请鉴察。谨呈
总长何核呈
委员长蒋

附呈要图二份〔略〕。

职周至柔
卅二年十一月二十日

(5) 11月22日

报告 承办机关号次谋战癸渝字第2230号

据空军第二路谢司令莽报告,十一月十九日及二十日,我空军第一大队与美空军战斗概要如左:

甲、十九日

一、空军第一大队 B-25 一架,与美空军 B-25 一架,共带五百磅炸弹十枚,联合袭击广东沿海敌船舶,经过如附图(一)。

二、美空军 P-40 十二架,扫射石门附近渡江之敌,经过如附图(二)。

乙、二十日

一、空军第一大队与美空军 B-25 共二架,联合袭击南朋岛敌仓库,经过如附图(三)。

二、空军第一大队 B-25 二架,与美空军 B-25 二架、P-40 十二架,共带一百磅炸弹四十八枚,自衡阳起飞,联合袭击慈利之敌,炸弹均命中,城内起火。

以上出动各机均安返。谨报请鉴察。谨呈

总长何核呈

委员长蒋

附呈要图三份〔略〕。

职周至柔

卅二年十一月二十二日

(6) 11 月 25 日

报告　承办机关号次谋战癸渝字第 2262 号

据空军第二路谢司令莽、第五路晏司令玉琮先后报告,十一月二十一日至二十三日,美第十四航空队与我空军第一大队出击经过如左:

甲、二十一日

P-38 一架侦察上海、吴淞等机场,所获情况及经过如附图。

乙、二十二日

一、P-40 七架,自桂林起飞,袭击广州之敌,返航时一架因发动机故障,驾驶员跳伞坠地,地点待查。

二、P-40十二架,自衡阳起飞,扫射常德附近沅江敌船只,敌伤亡甚重。

三、P-40七架,自衡阳起飞,扫射常德以西沅江敌船只,毙敌二百余人,毁敌船三十只。

四、P-40八架,自衡阳起飞,扫射常德以东敌船,敌死伤甚多。

丙、二十三日

空军第一大队B-25四架,与美空军B-25三架,联合轰炸岳阳火车站仓库,三处起大火。

谨报请鉴察。谨呈

总长何核呈

委员长蒋

附呈要图一份〔略〕。

职周至柔

卅二年十一月二十五日

美国驻中缅印军总部关于美国第十四航空队在常德作战情形备忘录

(1943年11月30日)

军事委员会外事局译文抄件　　美军字第三四〇号

中华民国三十二年十二月一日译到

美国驻中缅印军总部一九四三年十一月三十日备忘录

主题:十四航空队动态

送致:何总长

十一月二十八日美国第十四航空队向常德守军投掷弹药。

十一月二十七及二十八日因天气不佳,无其他任务。

史迪威

贺安代启

贺安将军报告美十四航空队在湘北等地作战情形致何应钦函

(1943年11—12月)

(1) 贺安将军来函(11月26日)

报告十三日来美十四航空队在湘北之战果

何总长勋鉴：在过去十三日中，美国第十四航空队在洞庭湖区之战果如次：

十一月十三日——中型轰炸机十架、战斗机廿四架，于本日上午轰炸岳州之货栈区及铁路场道，共投弹一二〇〇〇磅，并扫射敌人高射炮阵地。同日下午，中型轰炸机四架、战斗机十架，在同一区域内投弹四八〇〇磅，另有中型轰炸机三架、战斗机十二架，在西斋投弹三六〇〇磅，结果甚佳。其外，更有中型轰炸机二架，在蒲圻低飞投弹，炮击及扫射该地之沿江区域，结果极佳。

十四日——空中侦察，未举行攻势。

十五日——空中侦察，无攻势。

十六日——中型轰炸机一架、战斗机十二架，在石门扫射正在渡河之敌骑兵，同时扫射石门、津市间之船只，结果击沉载有五十人之平底船一只及小船三十至五十只。估计击毙或击伤敌马五十匹，敌人一二五至一五〇人。

十七日——无攻势。

十八日——战斗机十二架，在石门扫射敌骑兵，击毙马三十匹，敌人死伤约五十人，击沉载有二十五人之平底船一只，另有零式机一架被击落。

十九日——战斗机十二架，在津市、澧县间举行扫射，另有中型轰炸机四架、P-40型机十一架，飞慈利投弹，结果极佳。

二十日——P-40型机十二架，在石门附近扫射敌骑兵，是时敌骑正在渡河，故死伤甚重，同时美机扫射常德以东湖沼地带之船只，结果良好。

二十一日——P-40型机十二架,在安乡区扫射敌船五十只,敌方死伤甚重。另有P-40型机十六架,在常德以东对船只六十五只扫射。同时有P-40型机八架,在常德以西扫射敌军及敌船。

二十二日——P-40型机十二架,在陬市及围陡〔?〕湖之间,沿河扫射,敌人死伤甚重,该区之敌人活动因以停顿。另在常德以东之河上,有P-40型机七架,沿河扫射,有载敌兵之船只三十艘被击毁。又在常德以东有P-40型机八架扫射,结果乘船之敌兵死伤甚重。

二十三日——中型轰炸机六架、P-40十二架轰炸岳州之货栈区域,共投弹七二〇〇磅,结果极佳,美机并扫射在常德、洞庭湖之间汉寿河附近集中之日步骑兵。

今后,关于美陆军航空队在该区逐日之攻势行动,将每日作函奉告。专此。并颂

勋祺

贺安启
十一月二十六日

(2)贺安将军来函(11月26日)

报告十一月廿四日炸敌结果。

何总长勋鉴:

十一月二十四日——中型轰炸机五架、战斗机十五架,轰炸汉寿,并在河中扫射西行之船只十五只,估计敌人死伤七十五人。其后同一机队在汉寿之东北扫射船只八艘,敌人死伤重大。汉寿东北五英里处,有敌兵二百人,美军机当对之扫射,结果击毙者达一百人,另在河之南岸被击沉或击毁之小船达十艘。

专此。奉闻。并颂

勋绥

贺安启
十一月廿六日

(3) 贺安将军来函(11月27日)

十一月廿五日美空军战报。

何总长勋鉴:十一月二十五日,美空军第十四航空队在洞庭湖区继续扫射地面上之敌人及洞庭湖南侧之船只,以及在汉寿附近之敌军船只,击沉船只若干艘,并击毙敌人甚多。此颂

勋绥

贺安启

十一月廿七日

(4) 贺安将军来函(12月2日)

报告美机十六、十七、十八三日做战情形。

何总长勋鉴:关于第十四航空队十二月十六日作战情形,兹续接报告。该日美机轰炸藕池口,城内多处中弹,有大火数处。

十二月十七日,本区内无攻势任务。

十二月十八日,B-25型五架,由P-40型九架掩护,轰炸南县,投下炸弹一万磅。此颂

勋祺

贺安启

十二月二日

(5) 贺安将军来函(12月17日)

十二月十四、十六日美空军战报

何总长勋鉴:十二月十四日,美机轰炸沙市,担任掩护之战斗机则扫射扬子江中之敌船。

十二月十五日,P-40型机扫射石首、藕池口一带,同时战斗机扫射岳州,击毁敌轻轰炸机三架,击伤停于地面之轻轰炸机二架、战斗机一架。此颂

勋祺

贺安启

十二月十七日

(6) 贺安将军来函(12月18日)

第375号

何总长勋鉴：十二月十六日，美第十四航空队在长江中扫射敌船二十五艘，同时扫射岳州附近运输日军之机车一辆，白螺矶机场亦被扫射，击毁敌轻轰炸机及战斗机各一架，南县及安乡以北之河流，亦被扫射，敌船被击毁击伤者若干艘。此颂

勋祺

贺安启

十二月十八日

美国驻中缅印军总部关于美国第十四航空队在洞庭湖区作战情形备忘录

(1943年12月2日)

军事委员会外事局译文抄件　　美军安第三四二号

中华民国三十二年十二月三日译到

美国驻中缅印军总部一九四三年十二月二日备忘录

主题：第十四航空队十一月二十九至三十日动态

送致：何总长

十一月二十九日，战斗机八架，由衡阳起飞，向常德守军投送弹药。在洞庭湖南面区域之日军营当被袭击，敌人之小舟受袭击，另有一两层甲板之汽船在湖中沉没。在安乡附近，有敌船二十五至三十艘被击中，死伤约一百人。泊在洞庭湖与澍〔?〕头湖之水道上有敌船多艘，被我机袭击，死伤甚众。P-40式机八架向常德守军投送给养。

十一月三十日，第十四航空队向常德之中国军队投送给养及弹药。我战斗机袭击洞庭湖西南区之敌机，战果甚佳。

贺安

伊文思代启

（十二）一九四一至一九四二年中国空军美志愿大队战史纪要

（1943年）①

中国空军美志愿大队

第一节　组织概况

中国空军美志愿大队，系于中华民国卅年八月一日奉委员长蒋命令，正式成立。派美顾问陈纳德上校为指挥官兼大队长，下属三个驱逐中队，共有P-40B机一百架，P-40E二十五架，空地勤人员最多时曾至二百七十余员名，其人员系由志愿来华参战之美员及航空委员会派赴该队之华员共同组成，并由第五路司令部设管理主任，以管理中国人员。该队初用缅甸东瓜英空军机场开始训练，继移仰光明格拉顿机场。是年十二月中旬，因据情报，敌空军将袭滇境，十七日陈纳德令第一、二中队迁驻昆明，保卫滇省，第三中队仍留仰光协助英空军作战。一、二中队迁驻昆明，至十九日晨全部迁竣。其后第一、二、三中队于昆仰两地，轮流换防，并随战局之发展，在缅境作战。部队逐次转移腊戌、雷允、保山等地，积极保卫领空，并协助我军及盟军作战。迄卅一年六月初，滇境雨季来临，且缅战告一段落，该大队乃全部内迁，驻防湘、桂各地。继以自珍珠港事变以来，美日已成正式交战国家，此项志愿性质之部队已无继续存在必要，遂于同（卅一）年七月四日将该大队撤销，并入美国陆军第十航空队第二十三战斗大队。至此志愿大队遂告结束。关于该大队之组织概况参照表（一）（二）（三）。

---

① 原件无时间，仅据文意推出。

(一) 美志愿大队组织系统表（仅供参考）

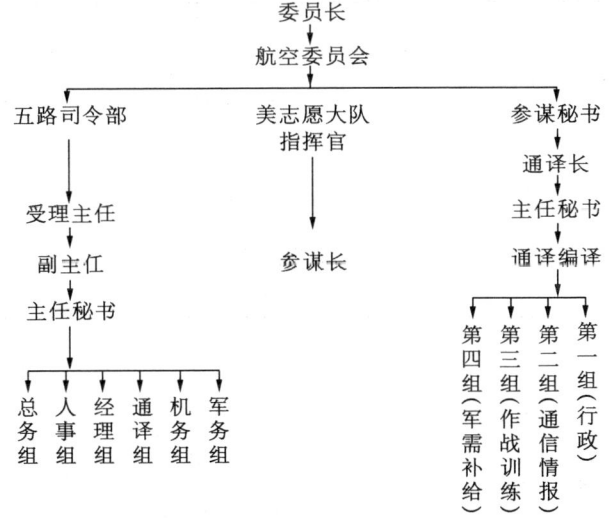

（此表系卅年十一月廿日前敌指挥部参谋处发）

(二) 中国空军美志愿大队人事统计表

民国卅年十二月　　　　　开始在华服务

飞行人员	79	
地勤人员	196	
合　计		275
失踪人员	2	
合　计		277

民国卅一年一月

	在　役	出　差	其　他	合　计
飞行人员	53	18		71
地勤人员	129	59		188
辞职者及其他			9	

(续表)

	在 役	出 差	其 他	合 计
战 死 者			7	
受 伤 者			0	
失 踪 者			2	
总 计	182	77	18	

民国三十一年二月

	在 役	出 差	其 他	合 计
飞行人员	50	19		69
地勤人员	140	42		182
辞职者及其他			7	
战 死 者			1	
受 伤 者			1	
失 踪 者			1	
总 计	190	61	11	

民国卅一年三月

	在 役	出 差	其 他	合 计
飞行人员	48	18		66
地勤人员	129	39		168
辞职者及其他			14	
战 死 者			3	
受 伤 者			2	
失 踪 者			3	
总 计	177	57	22	

民国卅一年四月 迄廿四日止

	在 役	出 差	其 他	合 计
飞行人员	19	46		65
地勤人员	117	45		162
辞职者及其他			7	
战 死 者			0	
受 伤 者			1	
失 踪 者			3	
总 计	136	91	11	

美籍志愿队机械负责人员名单

机务组正组长梅龙安　　副组长王裕虎
队长郭阴田　保降伞长李经纶　修理组长何香琼

第一中队
机务长严棣焯
机械员王庆祥

飞机号码	负 责	机械士
4	胡国仁	李光溲
5	周森贵	王定荃
6	曾行建	高佑伦(董鸿聚)
7	陈国庆	范振贵
10	陈瑞宝	吴振铣
11	何 昌	张志明
13	唐敬让	顾连生
14	黄 文	李 耀
15	雷雨尼	傅 永
17	张大琛	王宇宙
18	郑锡基	叶日海
19	尹秀山	马 骞
20	蒋儒良	王隐德

飞机号码	负责	机械士
21 —	周似撤 —	王志宏
23 —	张耀民 —	周银军
24 —	胡承眉 —	阎世宽
25 —	马剑基 —	果 潘
26 —	卞良才 —	易佑武
33 —	李法宣 —	刘宽沛
93 —	李焕武 —	陈胜芬

第二中队　　　　机务长唐福荣

飞机号码	负责	机械士
36 —	曾荣东 —	秦寿标
38 —	阎振华 —	张怀辉
39 —	张建荣 —	谢安贤
41 —	王 尧 —	梅建才
44 —	杨一雅 —	王书楷
45 —	李学杰 —	姜振海
46 —	崔玉祥 —	葛 斌
47 —	王永年 —	劳卫荣
51 —	李炳堪 —	梁全铎
52 —	黄仲厚 —	李汝江
53 —	张 忠 —	李家瑞
54 —	李 许 —	黄庆泉
56 —	袁乃臣 —	黄冠豪
57 —	张石麟 —	左振铎
34 —	陈胜肺 —	区 才
220 —	郑怀琛 —	严明孙
78 —	严具中 —	李学杰

第三中队		
机务长	甄家驹	
班　长	胡　镜	梁延平
飞机号码	负责	机械士
	左振铎	张呈麟
8	——	杨　雅	劳伟业
69	——	黄冠豪	袁乃达
71	——	葛　斌	黄广根
75	——	徐纪林	周沛光
77	——	张　忠	李瑞泉
83	——	严振华	张怀辉
84	——	曾荣东	陈盛瑞
88	——	黄仲南	李汝江
90	——	李炳堪	梁全铎
94	——	李　许	区　才
96	——	姜振海	王书楷
97	——	崔玉祥	李学杰
98	——	郑怀珠	严明孙
99	——	阎德光	郭杰民

第二节　战斗经过

中国空军美籍志愿队于卅年八月间，因器材补充及训练之便，乃在缅甸成立。因编组训练需时，迄十二月开始作战。是时敌空军进驻安南，有袭滇企图，志愿队乃调两中队至昆明担任防空，其第三中队仍驻仰光协同英空军作战。十二月二十日，敌机十架自越南侵袭昆明，被我机击落四架。是为志愿队作战之始。廿三日，敌机五十四架，初袭仰光，驻仰光第三中队，协同英空军迎战，共击落敌机六架。后各中队于昆明、仰光轮流调防作战，或向安南、泰国出击，或在滇缅地区协助我陆军作战。继随战况之发展,驻缅部队逐次移至滇境雷允、保山等地。迄五月卅一日,大小作战约一百余次,击落或击毁敌机二百六十余架,击伤敌机可能坠毁者犹未计入,我机仅损毁及受伤六十九架耳。兹将该大队作战统计列表于后。

中国空军美志愿大队作战统计简表

(1)

任务	次数
战斗	26
攻击	23
侦察	27
掩护	4
拦截	10
巡逻	9
合计	102

(2)

敌军损失		飞机	其他
证实	击落	193	
	击毁	75	卡车112 仓库15
	击伤	40	
可能	击落	56	
	击毁	8	
	击伤		
合计		372	127

(3)

时间	出动次数	机数	附记
卅年十二月	3	33	
卅一年一月	20	117	机数未注明有三次
卅一年二月	8	5	机数未注明有六次
卅一年三月	12	48	机数未注明有一次
卅一年四月	32	138	机数未注明有三次
卅一年五六月	22 5	131 20	
合计	102	512	

(4)

空间	出动架数
国内	34
安南	9
泰国	7
缅甸	52
合计	102

(5) 美志愿大队之损失

人　　员				飞　机
失踪	殉职	受伤	阵亡	损失
4	9	6	11	68

(6)
美志愿大队飞行员击毁敌机最高纪录表（包括空战击落及地面炸毁者）

队别	第一驱逐中队	第三驱逐中队	第二驱逐中队					第二驱逐中队	第三驱逐中队	
职别	中队长	分队长	分队长	分队长	分队长	分队长	分队长	中队长	分队长	分队长
姓名	尼尔	李得	希尔	麦克格里	尼特尔	白堵得	夫斯特得	牛科克	欧尔得	邦得
籍贯	美国爱奥州	美国德克萨斯州	美国德克萨斯州	美国加里福尼亚州	美国华盛顿州	美国宾西法尼亚州	美国奥勒冈州	美国密歇根州	美国加里福尼亚州	美国德克萨斯州
击落架数	十六架	十一架	十一架							
备注				执行任务时失踪	阵亡				阵亡	

附录（二）　通信组织

美志愿大队之通讯机构，为以下五个单位组织而成。

一、中队无线电通讯——分飞机、装置、维持及收发报四项。

二、指挥网——地面指挥无线电话，设于保山、雷允、腊戍、云南驿、蒙自、沾益六处。其用途在使作战指挥官得借无线电话向空中机群发号施令，或以作两指挥站间彼此通讯及传令之用。此种电台装有 300 mRCA 发报机一座，通讯收报机两座，亦有装用广播收音机一座，以供无线电通话之用者；此外尚有汽油发电机一座，供给动力暨其他电台必需之零星装置之用。

三、行政网——由专送密码行政电报各电台组成之。此项电台设置于腊成、保山、雷允、云南驿、昆明、蒙自、新德里、印度、重庆及菲律宾之克里加多 Gesader 等地。此网与指挥网交线而成，以昆明为其中心，偶亦另设专台，以司其事。

四、大队无线电器材组——专司发给及修理全队无线电器材。

五、大队无线电管理处——该处设于昆明，专司管理全队无线电设备。

大队无线电管理处有美员二十八人，中队无线电通讯处，有美员三人，各站呼号昆明为 BY-8，宜昌为 NB-2，腊成 BP-3，云南驿 BB-1，蒙自 BI-7，昆明 WB-4，雷允 BL-4，沾益 BC-2，罗次 WB-3，日间周律均为 6 048 KC，夜间周律均为 3 024 KC。

曾有数度，本台周律被日人窃获，于警报时，假传命令，指挥美机，但自本部改用美洲土语发令后，此项困难即告破除。

本机构工作人员须具下列三项精神：

一、职员工作时间，须日夜不断，虽休假日，亦照常工作。各工作人员均须受过无线电通话良好训练，务求机中不为闲话所充斥，致损失机件。

二、通讯组负责长官，须具与通讯有关，如收发电报、译电、管理器材、发报机天线装置、报台修整、飞机上无线电之装置以及保管器材通讯管理、地空无线电话联络、点间无线电通话等知识。

三、器材管理及修理人员必须受过良好训练。

附录：

抗日战争时期中国军队海空军序列表

(1937.7—1945.9)

抗日战争时期
中国军队海空军名录表

(1937.7—1945.9)

〔一〕 一九三七年

海　军

职　别	姓　名
海军部部长	陈绍宽
常务次长	陈训泳
第一舰队司令	陈季良
第二舰队司令	曾以鼎
练习舰队司令	王寿廷
第三舰队司令	谢刚哲
海岸巡防处处长	谢葆璋
广东江防司令部司令	冯焯勋（11月免）
	黄文田（11月任）
厦门要港司令部司令	林国赓
	高宪申（后）
马尾要港司令部司令	李世甲
电雷学校校长	蒋介石（兼）
教育长	欧阳格

空　军

职　别	姓　名
航空委员会委员长	蒋介石（兼）
秘书长	宋美龄
常务主任委员	周至柔

职　别	姓　名
常务委员	黄秉衡　黄光锐
空军前敌总指挥部	
总指挥	周至柔
第一军区指挥部(8月设于南京,不久迁至兰州)	
司令官	沈德燮
第三军区指挥部(设于南昌,同年撤销)	
司令官	毛邦初
第一路司令官	张廷孟
第二路司令官	刘芳秀
第三路司令官	田　曦
空军兵站监部(11月成立于汉口)	
兵站监	石邦藩
第一大队(轰炸机)	
大队长	黄泮扬
第二大队(轰炸机)	
大队长	张廷孟(兼)
第八大队(轰炸机)	
大队长	谢　芥
第三大队(驱逐机)	
大队长	蒋其炎　(后)李凌云
第四大队(驱逐机)	
大队长	高志航(11月21日在周家口机场空袭时因座机故障未及起飞而被炸殉职)(后)王常立
第五大队(驱逐机)	

职　别	姓　名
大队长	丁纪徐　（后)宁明阶

第六大队(驱逐机、轰炸机混合)

大队长	陈棲霞　（后)张毓珩

第七大队(侦察机,10月撤销)

大队长	陶佐德

第九大队(攻击机,9月撤销)

大队长	刘超然

航空学校暂编大队(轰炸机、驱逐机混合,9月撤销)

〔二〕 一九三八年

海　军

职　别	姓　名
海军总司令部总司令	陈绍宽(1月,取消海军部,改为总司令部)
参谋长	陈训泳
第一舰队司令	陈季良
第二舰队司令	曾以鼎
第三舰队司令	谢刚哲(6月,改为江防要塞司令部;9月,改为江防要塞守备总队,总队长唐静海)
广东江防司令部司令	冯焯勋(12月,虎门失陷后转移到江西,撤销后改为广东绥靖公署舰务处,处长黄文田)
巡防舰队司令	王寿廷(是年撤销)
厦门要港司令部司令	高宪申(5月,厦门失陷后撤销)
马尾要港司令部司令	李世甲
电雷学校校长	蒋介石(兼)
教育长	欧阳格(6月撤销)

空　军

职　别	姓　名
航空委员会委员长	蒋介石(兼)

职　别	姓　名
委员	宋子文、孔祥熙、何应钦、白崇禧、陈诚、贺耀组、徐永昌、宋美龄、钱大钧、周至柔(航空委员会是年改组)
秘书长	宋美龄
主任	钱大钧

空军前敌总指挥部(3月撤销)

总指挥	周至柔
第一军区指挥部	
司令官	沈德燮
第一路司令官	张廷孟
第二路司令官	杨鹤霄
第三路司令官	陈棲霞　(后)田　曦
空军兵站监部	
兵站监	石邦藩
第一大队(轰炸机)	
大队长	龚颖澄
第二大队(轰炸机)	
大队长	孙桐岗
第八大队(轰炸机)	
大队长	谢　芥
第三大队(驱逐机)	
大队长	吴汝鎏
第四大队(驱逐机)	
大队长	李桂丹(2月6日于武汉空战时阵亡)　(后)郭汉庭、毛瀛初、黄明德

职　别	姓　名
第五大队(驱逐机)	
大队长	宁明阶　(后)黄泮扬
第六大队(驱逐机、轰炸机混合)	
大队长	陈棲霞　(后)张毓珩
第七大队(侦察机,10月撤销)	
大队长	陶佐德
空运大队(运输机)	
苏联空军志愿队(协助作战,不属于中国空军编制)	

〔三〕 一九三九年

海 军

职 别	姓 名
海军总司令部总司令	陈绍宽
参谋长	陈训泳
第一舰队司令	陈季良
第二舰队司令	曾以鼎
马尾要港司令部司令	李世甲
江防要塞守备总队	
总队长	唐静海
桂林行营江防处处长	徐祖善(4月,由广东绥靖公署舰务处改编)

空 军

职 别	姓 名
航空委员会委员长	蒋介石(兼)
委员	宋子文、孔祥熙、何应钦、白崇禧、陈诚、贺耀组、徐永昌、宋美龄、周至柔、唐生智、龙云
秘书长	宋美龄
主任	周至柔
第一军区指挥部	
司令官	沈德燮

职　别	姓　名
第一路司令官	张廷孟
第二路司令官	邢铲非　(后)杨鹤霄、刘芳秀、丁炎
第三路司令官	田曦
空军兵站监部	
兵站监	石邦藩
第一大队(轰炸机)	
大队长	龚颖澄　(后)张之珍
第二大队(轰炸机)	
大队长	金雯
第八大队(轰炸机)	
大队长	徐焕升
第三大队(驱逐机)	
大队长(空)	
副大队长	陈瑞钿
第四大队(驱逐机)	
大队长	黄明德　(后)刘志汉
第五大队(驱逐机)	
大队长	黄泮扬
第六大队(驱逐机、轰炸机混合)	
大队长	张毓珩(辞职)　薛辑辎(调离)　(后)黄普伦
空运大队(运输机)	
苏联空军志愿队	

〔四〕一九四○年

海　军

职　别	姓　名
海军总司令部总司令	陈绍宽
参谋长	陈训泳
第一舰队司令	陈季良
第二舰队司令	曾以鼎
马尾要港司令部司令	李世甲
江防要塞守备总队总队长	唐静海(12月,改为江防独立总队)
粤桂江防司令部司令	徐祖善(5月,由桂林行营江防处改编)

空　军

职　别	姓　名
航空委员会委员长	蒋介石(兼)
委员	宋子文、孔祥熙、何应钦、白崇禧、陈诚、贺耀组、徐永昌、宋美龄、周至柔、唐生智、龙云
秘书长	宋美龄
主任	周至柔

　第一军区指挥部(8月撤销,改为空军第四路司令部)

职 别	姓 名
司令官	沈德燮
第一路司令官	张廷孟 （后）毛邦初 黄秉衡
第二路司令官	邢铲非 谢莽
第三路司令官	田曦 王叔铭
第四路司令官	欧阳璋
空军兵站监部	
兵站监	石邦藩
第一大队（轰炸机）	
大队长	张之珍 （后）陈长庚
第二大队（轰炸机）	
大队长	金雯
第八大队（轰炸机）	
大队长	徐焕升 （后）陈嘉尚
第三大队（驱逐机）	
大队长	刘志汉
第四大队（驱逐机）	
大队长	刘志汉 （后）郑少愚
第五、六大队（驱逐机）	
大队长	黄泮扬
第十一大队（驱逐机,12月成立）	
第十二大队（训练机,12月成立）	
空运大队（运输机）	
苏联空军志愿队	

〔五〕 一九四一年

海 军

职 别	姓 名
海军总司令部总司令	陈绍宽
参谋长	陈训泳
第一舰队司令	陈季良
第二舰队司令	曾以鼎
马尾要港司令部司令	李世甲(5月,马尾失陷后改为闽江江防司令部)
江防独立总队总队长	唐静海
粤桂江防司令部司令	徐祖善(5月调离)
	黄文田(5月任)
第一布雷总队总队长	陈宏泰(9月,由洞庭湖布雷队改编成立,驻长沙)
第二布雷总队总队长	刘德浦(10月,由长江中游布雷游击队改编成立,驻江西上饶)

空 军

职 别	姓 名
航空委员会委员长	蒋介石(兼)
委员	宋子文、孔祥熙、何应钦、白崇禧、陈诚、贺耀组、徐永昌、宋美龄、周至柔、唐生智、龙云

职　别	姓　名
秘书长	宋美龄
主任	周至柔
空军总指挥部	
总指挥	毛邦初
参谋长	张廷孟
第一路司令官	毛邦初　(后)张廷孟　刘牧群
第二路司令官	谢莽
第三路司令官	黄秉衡　(后)张有谷　杨鹤霄
第四路司令官	欧阳璋　(后)李瑞彬
第五路司令官(4月增设)	
司令官	王叔铭
空军兵站监部	
兵站监	石邦藩
第一大队(轰炸机)	
大队长	顾兆祥　(后)张之珍
第二大队(轰炸机)	
大队长	萧　鹏　(后)王世铎　金　雯
第八大队(轰炸机)	
大队长	陈嘉尚　(后)郑长庚
第三大队(驱逐机)	
大队长	刘志汉
第四大队(驱逐机)	
大队长	赖逊岩
第五大队(驱逐机)	
大队长	黄新瑞(3月14日在成都空战中阵亡)　(后)吕天龙　曾达池
第六大队(驱逐机)	

职　别	姓　名
大队长	黄普伦　金　雯
第十一大队(驱逐机)	
大队长	王汉勋
第十二大队(训练机)	
大队长	范伯超
空运大队(运输机)	
中国空军美国志愿大队(协助中国空军作战)	
指挥官	陈纳德

〔六〕 一九四二年

海 军

职 别	姓 名
海军总司令部总司令	陈绍宽
参谋长	陈训泳
第一舰队司令	陈季良
第二舰队司令	曾以鼎
闽江江防司令部司令	李世甲
江防独立总队总队长	唐静海
粤桂江防司令部司令	黄文田
第一布雷总队总队长	陈宏泰(驻长沙)
第二布雷总队总队长	刘德浦(驻江西上饶)
第三布雷总队总队长	薛家声(11月,由荆江布雷队改编成立,驻湖北藕池口)
第四布雷总队总队长	严 智(11月,由川江漂雷队改编成立,驻宜巴要塞)

空 军

职 别	姓 名
航空委员会委员长	蒋介石(兼)
委员	宋子文、孔祥熙、何应钦、白崇禧、陈诚、贺耀组、徐永昌、宋美龄、周至柔、唐生智、龙云

职　别	姓　名
秘书长	宋美龄
主任	周至柔
空军总指挥部	
总指挥	毛邦初
参谋长	张廷孟
第一路司令官	丁　炎(3月10日由芷江乘机回程中,在涪陵附近失事)
	(后)徐康良　龚颖澄
第二路司令官	谢　莽
第三路司令官	杨鹤霄
第四路司令官	李瑞彬
第五路司令官	毛邦初　(后)王叔铭
空军兵站监部	
兵站监	石邦藩
第一大队(轰炸机)	
大队长	张之珍
第二大队(轰炸机)	
大队长	金　雯(1月16日驾机由桂林返成都,在黎云撞山殉职)　万承烈
第八大队(轰炸机)	
大队长	郑长庚(11月1日在兰州失事殉职)　蔡锡昌
第三大队(驱逐机)	
大队长	刘志汉
第四大队(驱逐机)	
大队长	赖逊岩　(后)郑少愚(7月驾机失事殉职)　李向阳

职　别	姓　名
第五大队(驱逐机)	
大队长	曾达池
第六大队(驱逐机)	
大队长	黄普伦
第十一大队(驱逐机)	
大队长	王汉勋　(后)胡庄如
第十二大队(训练机)	
大队长	范伯超
空运大队(运输机)	

中国空军美国志愿大队

指挥官　　　　　　　陈纳德(7月,并入美国陆军第十航空队第二十三战斗机大队)

美国援华航空特遣队(在原中国空军美国志愿大队基础上改编为第十航空队第二十三战斗机大队,脱离中国空军建制,并列入美国陆军航空队战斗序列)

指挥官　　　　　　　陈纳德

〔七〕一九四三年

海　军

职　别	姓　名
海军总司令部总司令	陈绍宽
参谋长	陈训泳（4月病故，暂缺）
第一舰队司令	陈季良
第二舰队司令	曾以鼎
闽江江防司令部司令	李世甲
江防独立总队总队长	唐静海
粤桂江防司令部司令	黄文田
第一布雷总队总队长	陈宏泰（6月调离）
	张日章（6月任，驻长沙）
第二布雷总队总队长	刘德浦（驻江西上饶）
第三布雷总队总队长	薛家声（驻湖北藕池口）
第四布雷总队总队长	严　智（驻宜巴要塞）

空　军

职　别	姓　名
航空委员会委员长	蒋介石（兼）
委员	宋子文、孔祥熙、何应钦、白崇禧、陈诚、贺耀组、徐永昌、宋美龄、周至柔、唐生智、龙云
秘书长	宋美龄

职　别	姓　名
主任	周至柔
空军总指挥部	
总指挥	毛邦初
参谋长	张廷孟
第一路司令官	杨鹤霄
第二路司令官	谢　莽
第三路司令官	王叔铭
第四路司令官	李瑞彬
第五路司令官	毛邦初　王叔铭
空军兵站监部	
兵站监	石邦藩
第一大队（轰炸机）	
大队长	姜麒祥
第二大队（轰炸机）	
大队长	祝鸿信
第八大队（轰炸机）	
大队长	蔡锡昌
第三大队（驱逐机）	
大队长	刘志汉
第四大队（驱逐机）	
大队长	李向阳
第五大队（驱逐机）	
大队长	曾达池
第六大队（驱逐机）	
大队长	黄普伦
第十一大队（驱逐机）	
大队长	王汉勋　（后）胡庄如

职　别	姓　名
第十二大队(训练机)	
大队长	范伯超
空运大队(运输机)	

美国援华航空特遣队(3月,扩编为第十四航空队)

指挥官　　　　　　陈纳德

第十四航空队(3月,由美国援华航空特遣队扩编,驻华协助作战,不属于中国空军编制)

司令　　　　　　　陈纳德

中美空军混合团(10月,由中国空军与美国航空队编成,受第十四航空队指挥)

〔八〕一九四四年

海　军

职　别	姓　名
海军总司令部总司令	陈绍宽
参谋长	陈季良(6月任)
第一舰队司令	陈季良
第二舰队司令	曾以鼎
闽江江防司令部司令	李世甲
江防独立总队总队长	唐静海
粤桂江防司令部司令	黄文田
第一布雷总队总队长	张日章(驻长沙)
第二布雷总队总队长	刘德浦(驻江西上饶)
第三布雷总队总队长	薛家声(驻湖北藕池口)
第四布雷总队总队长	严　智(2月调离)
	郑震谦(2月任,驻宜巴要塞)

空　军

职　别	姓　名
航空委员会委员长	蒋介石(兼)
委员	宋子文、孔祥熙、何应钦、白崇禧、陈诚、贺耀组、徐永昌、宋美龄、周至柔、唐生智、龙云
秘书长	宋美龄

职　别	姓　名
主任	周至柔
空军总指挥部	
总指挥	毛邦初
参谋长	张廷孟
第一路司令官	杨鹤霄
第二路司令官	谢　莽
第三路司令官	王叔铭
第四路司令官	李瑞彬
第五路司令官	毛邦初
空军兵站监部	
兵站监	石邦藩
第一大队（轰炸机）	
大队长	李学炎
第二大队（轰炸机）	
大队长	祝鸿信
第八大队（轰炸机）	
大队长	蔡锡昌
第三大队（驱逐机）	
大队长	刘志汉
第四大队（驱逐机）	
大队长	司徒福
第五大队（驱逐机）	
大队长	曾达池
第六大队（驱逐机）	
大队长	黄普伦
第十一大队（驱逐机）	
大队长	王汉勋　胡庄如

职　别	姓　名
第十二大队(训练机)	
大队长	范伯超
空运大队(运输机)	

中美空军混合团

第十四航空队

司令　　　　　　陈纳德

美国陆军第二十航空队(即 B-29 重轰炸机部队,本年 6 月至 1945 年 2 月驻华作战,不属于中国空军编制)

司令官　　　　　沃尔夫　(后)鲁美

〔九〕 一九四五年

海 军

职　别	姓　名
海军总司令部总司令	陈绍宽
参谋长	陈季良(3月病缺)
	曾以鼎(3月任)
第一舰队司令	陈季良(3月病缺)
	方　莹(3月任,8月调离)
	陈宏泰(8月任)
第二舰队司令	曾以鼎(3月调离)
	李世甲(3月任,8月调离)
	方　莹(8月任)
闽江江防司令部司令	李世甲(3月调离)
	刘德浦(3月任,9月调离)
	李国堂(9月代理)
厦门要港司令部(8月恢复)	
司令	刘德浦
台澎要港司令部(9月新设)	
司令	李世甲
江防独立总队总队长	唐静海
粤桂江防司令部(7月撤销)	
司令	黄文田
粤桂江防布雷总队总队长	黄文田(7月任)

职　别	姓　名
	陈锡乾(9月任)
第一布雷总队总队长	张日章(驻长沙)
第二布雷总队总队长	刘德浦(3月调离)
	刘世桢(3月任,驻江西上饶)
第三布雷总队总队长	薛家声(4月调离)
	郑震谦(4月任,驻湖北藕池口)
第四布雷总队总队长	郑震谦(4月调离)
	郑传经(4月任,驻宜巴要塞)

空　军

职　别	姓　名
航空委员会委员长	蒋介石(兼)
委员	宋子文、孔祥熙、何应钦、白崇禧、陈诚、贺耀组、徐永昌、宋美龄、周至柔、唐生智、龙云
秘书长	宋美龄
主任	周至柔
空军总指挥部	
总指挥	毛邦初
参谋长	张廷孟
第一路司令官	杨鹤霄
第二路司令官	谢莽
第三路司令官	王叔铭
第四路司令官	李瑞彬
第五路司令官	毛邦初
空军兵站监部	
兵站监	石邦藩

职　别	姓　名
第一大队(轰炸机)	
大队长	李学炎
第二大队(轰炸机)	
大队长	祝鸿信
第八大队(轰炸机)	
大队长	蔡锡昌
第三大队(驱逐机)	
大队长	刘志汉
第四大队(驱逐机)	
大队长	司徒福
第五大队(驱逐机)	
大队长	曾达池
第六大队(驱逐机)	
大队长	黄普伦
第十一大队(驱逐机)	
大队长	王汉勋　(后)胡庄如
第十二大队(训练机)	
大队长	范伯超
空运大队(运输机)	

中美空军混合团第十四航空队
司令　　　　　　　陈纳德